바이블테라피
Bible Therapy

지성용 신부 지음

치유하는
도서출판 공감

천주교 인천교구
갑곶순교성지 50주년 기념 영성센터

바이블테라피
Bible Therapy

발행일	2013년 9월 29일
인쇄일	2013년 9월 25일
지은이	지성용
펴낸곳	인천가톨릭대학교 영성생활연구소
편집 · 인쇄	치유하는 도서출판 공감
교회인가	2013년 9월 12일
출판등록	제2013–000010호 2013년 8월 22일
주소	400–090 인천광역시 중구 답동 10–4 / 인천광역시 중구 제물량로 122
전화	032) 766–9520, 032) 933–1525
팩스	032) 933–1526

판매처 : 도서출판 프 로 방 스

TEL : 031-925-5366~7 , F : 031-925-5368

가격 : 30,000원

일러두기

1   바이블 테라피는 대한성경공회, 『공동번역 성서』, 1986, 한국천주교 주교회의, 『성경』, 2005.을 병행하여
     본문의 영성적 의미가 잘 이해 될 수 있도록 함께 사용하였습니다.
2   성경 각 권의 이름은 한국천주교 주교회의, 『성경』, 2005.을 기준으로 하였습니다.
3   바이블 테라피 신약의 '역사순으로 본 네 복음서' (298–344쪽)의 210개의 사건의 순서는 공관복음서의
     예수의 지리적 이동 경로를 시대순, 시간 순으로 조명한 것이며 본문은 대한 성경공회의 공동번역 성서
     를 이용하였고 학자들 간의 이견이 있음을 감안하여 편집하였습니다.

     성경의 흐름과 더불어 바이블테라피, 곧 성경을 통한 치유, 기도의 기본과 과정, 자세와 전개, 주제와 방향에 대한
     50개의 바이블테라피 박스가 주제와 함께 병행합니다.

바이블테라피 Bible Therapy 강의 구성

10강	20강	강의제목	중심흐름 50		성경	Schema
01	01	원 역사와 성조시대	01	원 역사	창세기 1–50	
			02	성조사		
			03	이스라엘 민족의 기원		1
			04	모세의 소명과 출애굽		
02	02	모세와 출애굽 사건	05	광야의 여정 40년	출애굽 1–40 레위기	2-3
	03	모세와 출애굽 사건의 종결	06	모세의 고별연설과	민수기	4
			07	여호수아의 통치	신명기	5
03	04	가나안의 정복과 판관의 시대	08	약속의 땅 입성	여호수아	6
			09	판관들의 시대	판관기, 룻기	7
	05	왕정시대1기: 통일왕국	10	사무엘의 통치	1사무엘 1–7	8
			11	왕정의 시작 : 사울	1사무엘 8–31	8-9
			12	하느님의 종 : 다윗	1열왕기 1–2	10
04	06	왕정시대2기: 통일왕국	13	솔로몬의 시대	1열왕기 3–11	10
					잠언, 아가, 전도	17-18
					욥기, 시편	15-16
	07	왕정시대3기 : 분열왕국	14	남북왕조의 분열시기	1열왕 12–22	10
					2열왕 1–14	11
					아모스,호세아,요나	22-23
			15	북 이스라엘의 멸망	1열왕 15–20	10
					이사야, 미카	19
	08	남유다의 멸망	16	남 유다의 쇠퇴	2열왕 21–23	11
					스바니야, 하바쿡	24
					나훔, 요엘	22-23
			17	징벌의 시기	2열왕 24–25	11
					예레미야, 애가	20
					오바디야, 1,2역대	23,12,13
05	09	바빌론 유배시기	18	포로민 설득	에제키엘	21
			19	설득의 결과	다니엘	22
	10	페르시아 시기 : 공동체의 재건	20	성전재건	에즈라, 하카이	14,24
			21	성벽재건	즈카르야, 에스테르	24,14
					느헤미야, 말라키	24
	11	신구약 중간사	22	헬레니즘시대	마카베오	27

바이블테라피 강의일정이 분기별로 인천 답동 영성생활연구소와 강화 갑곶순교성지 50주년 기념 영성센터에서 10주 20주 50주 통독 강의 프로그램으로 진행됩니다.
인천 답동 영성생활연구소 : 032-766-9520 www.spiritulife.com
강화 갑곶순교성지 50주년 기념영성센터 : 032-933-1525 www.gabgot.net

10강	20강	강의제목		중심흐름 50	성경	Schema
06	12	예수의 탄생과 유년시절	23	예수의 탄생과 유년	Bible Therapy 예수의 생애 1-22	
			24	세례와 광야의 유혹		
			25	세례자 요한의 증언		
			26	카나의 혼인잔치		
	13	예수의 공생활 1기	27	성전정화	Bible Therapy 예수의 생애 23-31	
			28	요한세례자의 투옥과 죽음		
			29	갈릴래아 - 가파르나움		
			30	제자공동체 형성		
			31	산상설교		
07	14	예수의 공생활 2기	32	여러 가지 치유사화	Bible Therapy 예수의 생애 32-76	28-31
			33	오천 명을 먹이신 기적		
	15	예수의 공생활 3기	34	고향에서의 배척	Bible Therapy 예수의 생애 77-143	
			35	제자들의 파견		
			36	세 번째 갈릴래아 전도		
			37	유다지방에서		
08	16	성주간 - 예루살렘 입성 - 수난과 죽음	38	최후의 만찬	Bible Therapy 예수의 생애 144-199	
			39	의회 앞에 선 예수		
			40	예수의 수난과 죽음		
	17	예수의 부활과 승천	41	마리아 막달레나에게	Bible Therapy 예수의 생애 200-211	
			42	열 두 제자들에게		
			43	엠마오로 가는 제자들에게		
			44	토마스에게 발현		
			45	제자들 앞에서 승천		
09	18	승천 이후 사도들의 시대	46	오순절 성령강림	사도행전 1-26 로마서	32,33
			47	교회의 형성	사도행전 27-28	32
			48	바오로의 제1,2,3차 전도	에페소, 필리피	35,38
					콜로새, 필레몬	39,45
					1,2 디모테오, 티토서	42-44
	19	바오로의 투옥과 로마행	49	영적투쟁을 위한 편지들	히브리서, 야고보서	46-47
					1,2, 베드로, 유다서	48-49
10	20	희망의 노래 승리의 노래	50	종말에 대한 희망 메세지	1,2,3, 요한. 요한묵시록	50

바이블 테라피 스케마편을 기획하며

구약성경

모세오경

역사서

시서 · 지혜서

예언서

therapy |ˈTHerəpē|
noun (pl. therapies)
treatment intended to relieve or heal a disorder: a course of antibiotic therapy | cancer therapies.
• the treatment of mental or psychological disorders by psychological means: he is currently *in therapy* | [as modifier] : therapy sessions.

ORIGIN mid 19th cent.: from modern Latin *therapia*, from Greek *therapeia* '*healing,*' from *therapeuein* '*minister to, treat medically.*'

바이블테라피
Bible Therapy

바이블 테라피 스케마편을 기획하며

신자 자신이 가톨릭 신자가 된다는 것이 무엇인지, 그 본질을 잘 모를 때가 있다. 일선 본당에서 사목을 하면서 느끼는 신자들의 신앙에 대한 의식은 '나는 가톨릭 신자다. 나는 가톨릭 신자인 것이 자랑스럽다. 그러나 나는 가톨릭이 무엇인지 잘 모른다'는 것이다. 막연한 의미에서 형식적으로 주어진 전례와 정해진 기도와, 막연한(?) 복음을 듣는 것을 신앙으로 생각하고 있는지도 모른다. 가까운 신자들을 바라볼 때 구체적인 가톨릭교회의 가르침에 대해서는 관심이 없는 것 같다. 너무 비판적인 시각이라 책망받을 수 있을지 모르겠으나, 우리는 스스로 '우리가 성경에 대해 잘 모르지!', '교리는 예비자 교리 한 지가 오래되어서 가물가물하지!'라고 고백하며 교회라는 형식의 그릇이 담고 있는 믿음의 내용이 무엇인지에 대한, 그리고 우리가 믿고 있는 것의 핵심과 근본이 무엇인지에 대해 잘 알지 못하고 있다는 것이다. 그리고는 다양한 신심운동, 예를 들자면 '레지오 마리애', '꾸르실료', 'ME', 등 어떤 정형화된 틀을 가지고 있는 신심 프로그램에 기대어 신앙한다. 사람들은 어떤 틀을 원한다. 그것은 마치 구약의 사무엘에게 '우리에게 임금(틀)이 꼭 있어야 하겠습니다'(1사무엘 8,19)라고 말하는 이스라엘 백성들 같다. 이러한 토양 가운데서는 신앙을 내면화시키고, 영성을 심화시키기가 어렵다. 그렇다고 기존의 신심행위나 운동들을 폄훼하는 것은 절대 아니다. 그것들의 유용함과 의미 그리고 가치는 우리 모두가 주지하고 있다.

교회 권위가 순수성과 신뢰를 잃어버렸다고 말한다. 이제 몸이 아프면 병원에 가고, 마음이나 정신이 힘들 때는 정신과나 전문 상담사를 찾으면 된다. 또한, 지역의 사회복지 시스템을 국가가 운영하며, 자선과 절대적 빈곤에 대하여 국가가 조직적으로 개입 한다. 교회가 할 일은 이제 무엇인가?

현대사회의 세속화, 과학 만능주의, 다원주의, 상대주의는 교회의 정체성을 더욱 혼미하게 만들었고 교회가 나아가야 할 방향에 대해 참으로 어려운 과제를 우리에게 던지고 있다.
어떠한 답을 섣불리 말하기는 힘들지만 오늘날 교회의 정체성 혼돈 상황을 해결할 방법은 '전통을 현대적으로 이해하는 것'이다. 성경, 교회의 보편적인 가르침, 전례, 성인들과 신앙 모범의 역사 등 여러 가지 교회의 전통을 다시 이해하고, 적용 하는 것, 살려내는 것 그것이 현대 세계에서 흩어진 하느님 백성을 다시 불러 모으는 길이다. 그래서 많은 사람들은 무엇보다 먼저 성경을 읽어내는 작업이 필요하다고 생각한다.

성경(聖經)이라는 말은 글자 그대로 '거룩한 경전'을 의미한다.

이스라엘 백성들은 세상과 인간의 기원 및 자신들의 삶을 주관하신 하느님의 업적을 회고하며 그들 손수 체험한 신앙을 기록하여 후손들에게 전했다. 성경은 오랜 역사 속에 펼쳐진 다양한 체험이나 사건들을 통해 만민을 구원하시려는 하느님의 구원역사를 시대적 상황에 따라 각기 다른 메시지를 담아 전해 내려온 회고록이라 할 수 있다.

성경은 구체적인 인류 역사 속에서 살아온 인간들을 통해서 기록되었고, 그 당시의 언어로 씌어졌으며, 그 시대의 문화와 사상의 제약을 받았다. 하느님은 성경에 당신의 메시지를 담아 인류에게 주시되 천상의 언어로 기록한 것이 아니고, 구체적인 인간 실존의 한복판에서 그들이 이해할 수 있는 언어로 전달해 주셨다. 이렇게 성경은 분명히 인간의 언어로 기록되었으나 교부들은 성경이 씌어지고 편집되는 과정에서 하느님께서 함께 일하셨다는 사실을 인정하게 되었다.

최근 많은 신자들은 성경을 새롭게 읽기 바라고, 깨닫기 바라며 쓰기를 원하기도 한다. 그러나 그것이 좀처럼 쉽지가 않다는 것을 우리는 잘 알고 있다. 마음은 간절하나 시작하기를 두려워하기도 하고, 시작한 다음에도 중도에 쉽게 포기하기 일쑤다. 그러다 보니 성경의 전체적인 맥락은 물론 각 권들의 중요한 메시지들을 파악하는 것도 어려운 것이 사실이다.

하느님 친히 필요한 일꾼들을 선택하시어 당신의 말씀을 전하셨고 영감(Inspiration)을 받은 성경의 기자들은 하느님의 말씀을 적는데 자신들의 신명을 다 바쳤다. 우리는 바로 하느님 계시의 원천인 성경을 읽고, 묵상하고, 살아계신 말씀을 통해 치유되고, 새로운 삶의 의미와 가치를 발견하며, 삶에 대한 새로운 의욕과 용기를 가질 수 있도록 말씀을 내 안에 살아 움직이게 해야 한다. 이에 어려운 성경의 주석과 현실에서 멀어져 버린 신학은 더 좋은 성경강의나 열심을 통해서 찾아나가더라도 먼저 성경를 공부하고 흐름을 잡으려는 신앙인들과, 말씀을 어떻게 살아 움직이게 하여 내적치유와 삶에 적용시키는가에 대한 열망을 가진 신앙인들에게 성경일독의 지침서가 필요하다는 사실에 착안하여 "바이블 테라피 스케마"편을 기획하였다. 그리스도교는 계시종교이다. 곧 하느님이 말씀하신다는 것이다. 그렇다면 어디에서 하느님은 말씀하시기도 하고 듣기도 하시는가? 그것은 바로 성경 한 가운데서이다. 우리는 성경을 접함으로써 살아있는 하느님을 체험할 수 있다. 그분의 목소리를 오늘 바로 이 자리에서 들을 수 있다. 쇄신은 바로 여기에서 지금 시작되어야 한다. '지금 여기' 말씀을 통하여 우리들의 삶을 돌아보고, 새로운 삶에 대한 비전을 보아야 한다.

이제 우리는 성경읽기와 함께 치유의 여정을 시작 한다.
이 여정은 이스라엘 백성들이 이집트를 떠나 가나안 땅에 이르기까지의 40년 동안의 여정일 수도 있고, 예수님께서 공생활을 앞두고 광야에 머무셨던 40일 동안의 여정일 수도 있다. 이스라엘 백성은 광야에서 하느님의 목소리를 들었다. 예수님도 광야에서 하느님의 음성을 들으셨다. 광야는 하느님의 소리를 들을 수 있는 공간이다. 이제 우리는 성경이라는 광야를 걸으며 하느님의 소리를 듣게 될 것이다. 이 소리는 우리를 놀라운 기도의 세계로 안내해 줄 것이며, 이 기도의 세계에서 우리는 치유를 체험할 것이다. 성경의 스케마 50개와 함께하는 50개의 Therapy 테마와 함께 마음의 치유와 수련, 마음의 평화를 얻고, 하느님과 일치하는 복된 신앙생활, 영성생활을 일구어 나가시기를 기도한다. 🔲

강화도 갑곶성지 인천교구 50주년기념 영성센터에서

지성용신부

바이블테라피 Bible Therapy 성경읽기 Therapy Map

주간	구분	성경	월	화	수	목	금	토	일	Therapy
1 주간	모세오경	창 세 기	1–5	6–11	12–20	21–27	28–36	37–41	42–50	01
2 주간		탈 출 기	1–4	5–12	13–18	19–24	25–31	32–34	35–40	02
3 주간		레 위 기	1–3	4–7	8–10	11–16	17–20	21–24	25–27	03
4 주간		민 수 기	1–6	7–9	10–14	15–19	20–24	25–30	31–36	04
5 주간		신 명 기	1–4	5–9	10–15	16–21	22–25	26–29	30–34	05
6 주간	역사서	여 호 수 아	1–2	3–6	7–8	9–13	14–19	20–22	23–24	06
7 주간		판 관 기	1–2	3–5	6–12	13–16	17–18	19–21	룻기	07
8 주간		사 무 엘 상	1–3	4–8	9–15	16–20	21–24	25–27	28–31	08
9 주간		사 무 엘 하	1–4	5–8	9–12	13–15	16–20	21–22	23–24	09
10 주간		열 왕 기 상	1–3	4–5	6–10	11–14	15–16	17–19	20–22	10
11 주간		열 왕 기 하	1–3	4–8	9–10	11–16	17–20	21–23	24–25	11
12 주간		역 대 기 상	1–9	10–12	13–16	17–20	21–22	23–27	28–29	12
13 주간		역 대 기 하	1–9	10–12	14–16	17–20	21–28	29–33	34–36	13
14 주간		에즈라 1–3	4–6	7–10	느헤미야	5–7	8–13	에스델1–5	6–10	14
15 주간	시서	욥 기	1–2	3–10	11–19	20–24	25–31	32–37	38–42	15
16 주간		시 편	1–22	23–41	42–72	73–89	90–107	108–134	135–150	16
17 주간	지혜서	잠 언	1–4	5–9	10–16	17–21	22–24	25–29	30–31	17
18 주간		전도 1–2	3–6	7–10	11–12	아가서(1–2/3–6/7–8)				18
19 주간	예언서	이 사 야	1–12	13–25	26–33	34–39	40–47	48–55	56–66	19
20 주간		예 레 미 야	1–6	7–20	21–25	26–35	36–45	46–52/애 가(1–5)		20
21 주간		에 제 키 엘	1–3	4–9	10–13	14–24	25–32	33–39	40–48	21
22 주간		다 니 엘	1–4	5–10	11–14	호세아1–3	4–10	11–14	요엘1–4	22
23 주간		아 모 스	1–5	6–9	오바 1	요나1–4	미카1–7	나훔1–3	하바쿡1–3	23
24 주간		스바니야1–3	하카이1–2	즈카르야–6	7–8	9–11	12–14	말라키(1–3)		24
25 주간		토빗 1–8	9–14	유딧 1–7		8–16	지혜서1–5	6–10	11–19	25

주간	구분	성경	월	화	수	목	금	토	일	Therapy
26 주간	제2경전	집 회 서	1–7	8–15	16–23	24–31	32–41	42–51	바룩 1–6	26
27 주간		마카베오 상	1–7	8–12	13–16	마카베오 하 1–4	5–10	11–15		27
28 주간	4복음서	마 태 오	1–4	5–7	8–9	10–13	14–18	19–22	23–28	28
29 주간		마 르 코	1–3	4–5	6–7	8–10	11–12	13–14	15–16	29
30 주간		루 카	1–3	4–7	8–9	10–12	13–18	19–21	22–24	30
31 주간		요 한	1–3	4–6	7–10	11–13	14–17	18–19	20–21	31
32 주간		사 도 행 전	1–2	3–7	8–12	13–15	16–20	21–26	27–28	32
33 주간	가톨릭서간	로 마 서	1–16							33
34 주간		1 코린토	1–16							34
35 주간		2 코린토	1–13							35
36 주간		갈 라 티 아	1–6							36
37 주간		에 페 소 서	1–6							37
38 주간		필 리 피 서	1–4							38
39 주간		콜 로 새	1–4							39
40 주간		테살로니카 전	1–5							40
41 주간		테살로니카 후	1–3							41
42 주간		티모테오 전	1–6							42
43 주간		티모테오 후	1–4							43
44 주간		티 토	1–3							44
45 주간		필 레 몬	1							45
46 주간		히 브 리 서	1–13							46
47 주간		야 고 보 서	1–5							47
48 주간		베드로 전서-후서	1–5							48
49 주간		요한 1,2,3,	유다서							49
50 주간		요한묵시록	1–3	4–6	7–9	10–12	13–14	15–19	20–22	50

마음, 치유와 수련 바이블테라피 Bible Therapy

참고한 치유와 수련 기도 관련 서적

A. 드 멜로, 『하느님께 나아가는 길』, 성바오로, 1986; 『하느님과의 만남』, 분도출판사, 1998; 『행복한 삶으로의 초대』, 분도출판사, 1994: 작은자매전교회 엮음, 『하느님을 만나는 길』, 성바오로, 1989.

기도의 여러 가지 방법들은 절대로 어느 한 개인의 소유나 저작으로 말할 수 없습니다. 그것은 수 많은 성인성녀들과 기도그룹들의 공통된 생각입니다. 가령 뛰어난 관상가들의 대작, 예를 들어 십자가의 성요한의 『어둔 밤』, 『갈멜의 산길』 혹은 예수의 대 데레사의 『천주 자비의 글』 등에 나타난 기도의 특별한 개념이나. 어원들은 인용의 출처와 학문적 근거들로 주석을 달지만 수 많은 알려지지 않은 관상그룹이나 기도그룹들이 적어놓은 기도들의 형태나 기도문들의 서로 다른 언어들의 번역들을 일일이 주석할 수는 없다는 것이 관상그룹 지도자들의 공통된 생각입니다. 예를 들어 『무지의 구름』의 저자를 알 수 없는 것이나 『예수의 이름을 부르는 기도』의 저자가 익명의 수도자로 적혀있는 것을 어떻게 설명할 것이며 인용할 것입니까? 여기에서 앤소니 드 멜로는 말합니다. "나는 기도 방법들 중에서 반드시 기도의 전문가의 지도를 필요로 하는 것들은 이 책에서 빼도록 배려했습니다. 그리고 이 책에 소개한 기도 방법들 중에 어떤 해를 입힐 위험이 있는 것들에는 반드시 그 위험성을 지적하고 그러한 해를 피할 수 있는 길을 제시했습니다." (A. 드 멜로, 『하느님께 나아가는 길』, 5쪽.) 로욜라의 이나시오가 말하고 사용한 기도와 수련은 이미 전 세계의 교구와 수도원이 사용하는 기도와 수련의 방법이 되었습니다. 이 책은 기도를 학술적으로 논하는 것이 목적이 아니라 성경을 통해 기도를 몸으로 익히는 것을 목적으로 하는 영적 성장의 동반자로서의 보조도구이기 때문에 독자를 위해 꼭 필요한 경우에는 기도문의 저자를 명기하여 주석했지만 불필요하게 과도한 주석을 다는 것을 피했음을 이해해 주시기 바랍니다.

| 모세오경(율법서) |

창세기	1	2	3	4	5	6	7	8	9	10	11	12	13	14	15	16	17	18	19	20
	21	22	23	24	25	26	27	28	29	30	31	32	33	34	35	36	37	38	39	40
	41	42	43	44	45	46	47	48	49	50										
출애굽기	1	2	3	4	5	6	7	8	9	10	11	12	13	14	15	16	17	18	19	20
	21	22	23	24	25	26	27	28	29	30	31	32	33	34	35	36	37	38	39	40
레위기	1	2	3	4	5	6	7	8	9	10	11	12	13	14	15	16	17	18	19	20
	21	22	23	24	25	26	27													
민수기	1	2	3	4	5	6	7	8	9	10	11	12	13	14	15	16	17	18	19	20
	21	22	23	24	25	26	27	28	29	30	31	32	33	34	35	36				
신명기	1	2	3	4	5	6	7	8	9	10	11	12	13	14	15	16	17	18	19	20
	21	22	23	24	25	26	27	28	29	30	31	32	33	34						

| 역사서 |

여호수아	1	2	3	4	5	6	7	8	9	10	11	12	13	14	15	16	17	18	19	20
	21	22	23	24																
판관기	1	2	3	4	5	6	7	8	9	10	11	12	13	14	15	16	17	18	19	20
	21	22	23	24																
룻기	1	2	3	4																
사무엘상	1	2	3	4	5	6	7	8	9	10	11	12	13	14	15	16	17	18	19	20
	21	22	23	24	25	26	27	28	29	30	31									
사무엘하	1	2	3	4	5	6	7	8	9	10	11	12	13	14	15	16	17	18	19	20
	21	22	23	24																
열왕기상	1	2	3	4	5	6	7	8	9	10	11	12	13	14	15	16	17	18	19	20
	21	22																		

책	1	2	3	4	5	6	7	8	9	10	11	12	13	14	15	16	17	18	19	20
열 왕 기 하	1	2	3	4	5	6	7	8	9	10	11	12	13	14	15	16	17	18	19	20
	21	22	23	24	25															
역 대 기 상	1	2	3	4	5	6	7	8	9	10	11	12	13	14	15	16	17	18	19	20
	21	22	23	24	25	26	27	28	29											
역 대 기 하	1	2	3	4	5	6	7	8	9	10	11	12	13	14	15	16	17	18	19	20
	21	22	23	24	25	26	27	28	29	30	31	32	33	34	35	36				
에 즈 라	1	2	3	4	5	6	7	8	9	10										
느 헤 미 아	1	2	3	4	5	6	7	8	9	10	11	12	13							
토 비 트	1	2	3	4	5	6	7	8	9	10	11	12	13	14						
유 딧	1	2	3	4	5	6	7	8	9	10	11	12	13	14	15	16				
에 스 델	1	2	3	4	5	6	7	8	9	10										
에스테르(제2경전)	11	12	13	15	13	14	15	16	9	10	11									
마 카 베 오 상	1	2	3	4	5	6	7	8	9	10	11	12	13	14	15	16				
마 카 베 오 하	1	2	3	4	5	6	7	8	9	10	11	12	13	14	15					

| 예언서 |

책	1	2	3	4	5	6	7	8	9	10	11	12	13	14	15	16	17	18	19	20
이 사 야	1	2	3	4	5	6	7	8	9	10	11	12	13	14	15	16	17	18	19	20
	21	22	23	24	25	26	27	28	29	30	31	32	33	34	35	36	37	38	39	40
	41	42	43	44	45	46	47	48	49	50	51	52	53	54	55	56	57	58	59	60
	61	62	63	64	65	66														
예 레 미 야	1	2	3	4	5	6	7	8	9	10	11	12	13	14	15	16	17	18	19	20
	21	22	23	24	25	26	27	28	29	30	31	32	33	34	35	36	37	38	39	40
	41	42	43	44	45	46	47	48	49	50	51	52								
에 제 키 엘	1	2	3	4	5	6	7	8	9	10	11	12	13	14	15	16	17	18	19	20
	21	22	23	24	25	26	27	28	29	30	31	32	33	34	35	36	37	38	39	40
	41	42	43	44	45	46	47	48												
다 니 엘	1	2	3	4	5	6	7	8	9	10	11	12								
다니엘(제2경전)	3	13	14																	
호 세 아	1	2	3	4	5	6	7	8	9	10	11	12	13	14						
요 엘	1	2	3	4																

아 모 스	1	2	3	4	5	6	7	8	9											
오 바 디 아	1																			
요 나	1	2	3	4																
미 카	1	2	3	4	5	6	7													
나 훔	1	2	3																	
하 바 쿡	1	2	3																	
스 바 니 야	1	2	3																	
하 카 이	1	2																		
즈 카 르 야	1	2	3	4	5	6	7	8	9	10	11	12	13	14						
말 라 키	1	2	3																	
애 가	1	2	3	4	5															

| 지혜문학 |

	1	2	3	4	5	6	7	8	9	10	11	12	13	14	15	16	17	18	19	20
욥 기	21	22	23	24	25	26	27	28	29	30	31	32	33	34	35	36	37	38	39	40
	41	42																		
	1	2	3	4	5	6	7	8	9	10	11	12	13	14	15	16	17	18	19	20
	21	22	23	24	25	26	27	28	29	30	31	32	33	34	35	36	37	38	39	40
	41	42	43	44	45	46	47	48	49	50	51	52	53	54	55	56	57	58	59	60
	61	62	63	64	65	66	67	68	69	70	71	72	73	74	75	76	77	78	79	80
시 편	81	82	83	84	85	86	87	88	89	90	91	92	93	94	95	96	97	98	99	100
	101	102	103	104	105	106	107	108	109	110	111	112	113	114	115	116	117	118	119	120
	121	122	123	124	125	126	127	128	129	130	131	132	133	134	135	136	137	138	139	140
	141	142	143	144	145	146	147	148	149	150										
잠 언	1	2	3	4	5	6	7	8	9	10	11	12	13	14	15	16	17	18	19	20

마 태 오 복 음	1	2	3	4	5	6	7	8	9	10	11	12	13	14	15	16	17	18	19	20
	21	22	23	24	25	26	27	28												
마 르 코 복 음	1	2	3	4	5	6	7	8	9	10	11	12	13	14	15	16				
루 카 복 음	1	2	3	4	5	6	7	8	9	10	11	12	13	14	15	16	17	18	19	20
	21	22	23	24																
요 한 복 음	1	2	3	4	5	6	7	8	9	10	11	12	13	14	15	16	17	18	19	20
	21																			
사 도 행 전	1	2	3	4	5	6	7	8	9	10	11	12	13	14	15	16	17	18	19	20
	21	22	23	24	25	26	27	28												
로 마 서	1	2	3	4	5	6	7	8	9	10	11	12	13	14	15	16				
코 린 토 전	1	2	3	4	5	6	7	8	9	10	11	12	13	14	15	16				
코 린 토 후	1	2	3	4	5	6	7	8	9	10	11	12	13							
갈 라 티 아	1	2	3	4	5	6														
에 페 소	1	2	3	4	5	6														
필 리 피	1	2	3	4																
콜 로 새	1	2	3	4																
테 살 로 니 카 전	1	2	3	4	5															
테 살 로 니 카 후	1	2	3																	
티 모 테 오 전	1	2	3	4	5															
티 모 테 오 후	1	2	3	4																
티 토	1	2	3																	
필 레 몬	1																			
히 브 리	1	2	3	4	5	6	7	8	9	10	11	12	13							
야 고 보	1	2	3	4	5															
베 드 로 전	1	2	3	4	5															
베 드 로 후	1	2	3																	
요 한 1	1	2	3	4	5															
요 한 2	1																			
요 한 3	1																			
유 다	1																			
요 한 묵 시 록	1	2	3	4	5	6	7	8	9	10	11	12	13	14	15	16	17	18	19	20
	21	22																		

Old Testament

성경의 형성과정

구약성경은 구약(舊約), 즉 오래 전 이스라엘 민족과 하느님 사이에 맺어진 옛 계약을 중심으로 한 책들로서 예수님께서 세상에 오시기 전까지 구세주를 기다리면서 준비하던 시기에 한 민족이 어떻게 하느님을 느끼고 그 하느님께 응답하며 살아왔는가에 대한 이야기를 들려준다. 반면에 신약성경은 글자 그대로 새로운 계약(新約)에 대한 책들로서 예수 그리스도의 생애와 가르침에 근거하여 하느님과 인간 사이에 맺어진 새로운 계약을 이야기한다.

정리하자면 '원체험(原體驗)'이 있었고, 그 체험이 공동체 안에서 구전과정을 겪으며 전례와 신앙교육을 위해 여러 가지 형태의 글로 씌어졌으며, 어떤 계기를 통해 편저자에 의해 정리된 것이 오늘날의 성경이 형성된 과정인 것이다.

유대교에서는 구약성경 중에서 '모세오경'이 가장 먼저 그 권위를 인정받게 되었고 (에즈라 시대, B.C. 450년경), 다음으로 '예언서'가 확정된다 (B.C. 2세기). 마지막으로 나머지 책들(聖文書)은 90년경 팔레스티나의 '얌니야(Jamnia)'에서 유대교 학자들의 합의에 의해서 최종적으로 그 범위가 확정되었다. '얌니야 회의'에서는 히브리어로 씌어진 책 이외에 희랍어로 씌어진 종교문헌들은 정경에서 제외시켰다. 이미 그리스도교가 퍼져나가고 있는 시점이므로 희랍어로 씌어진 것에 대한 거부감이 많았던 때문으로 여겨진다.

그런데 이러한 관점과는 다른 정경 분류가 있는데 그것이 바로 '알렉산드리아 목록'이다. 팔레스티나 지역 밖에 살던 유대인들도 많이 있었는데 특히 알렉산드리아에 살던 유대인들은 히브리어보다는 희랍어가 더 익숙했다. 이에 기원전 3세기경에 희랍어에 정통한 유대교 학자 70명이 히브리어 구약성경을 희랍어로 번역하는 작업을 수행한다. 전설에 의하면 70명이 각자 번역한 내용이 모두 일치했다고 한다. 그런데 이들의 목록에는 가톨릭에서 정경으로 분류하는 히

구약성경

브리어로 기록되지 않고 오직 희랍어로만 씌어진 7권의 책 (공동번역성경에서 제2경전으로 분류)이 포함되어 있다.

가톨릭교회는 초대교회의 전통을 따라 70인역 성경을 사용하였다. 382년에 열린 로마 주교회의는 (제2경전을 포함한) 총46권의 구약과 27권의 신약 목록을 확정하였다. 그러나 이후에도 가톨릭 교회의 정경 시비는 계속되다가 1548년 트리엔트 공의회에서 최종 확정하였다. 트리엔트 공의회에서는 교황 다마소 1세가 성 예로니모를 시켜서 라틴어로 번역한 '불가타(Vulgata)' 역본을 성경으로 받아들였다. 공의회 교부들은 개신교에서 정경으로 인정치 않고 '외경'으로 분류시킨 70인역의 몇몇 책들 (제2경전)을 초대교회 전통에 따라 정경으로 받아들였다.

16세기 종교개혁자들은 70인역 대신 히브리어로 기록된 것만 성경으로 인정했다. 왜냐하면 일부 가톨릭 교리들이 히브리어 성경에 없는 70인역 본문에 그 바탕을 두고 있었기 때문이었다. 예를 들어 토빗기(토빗서)에서 비롯된 수호천사 교리와 같은 것들이다.
따라서 제2경전을 개신교에서는 외경(外經)이라 번역하여 정경으로 인정치 않고 있다. 그런데 '꿈란 공동체'에서 발견된 성경 사본 (기원전 100년경 기록)에는 개신교가 인정하지 않았던 부분들이 히브리어로 발견되었다 (꿈란사본은 현존하는 히브리어 성경에서 가장 오래된 사본이다).

따라서 종교개혁 이후 개신교 성경 번역자들이 '외경'으로 처리한 히브리말 성경에 포함되지 않은 70인역 각 권들은 대부분 망각되어오다 최근에 와서야 정경과 더불어 번역되고 출판되기 시작했다 ▓

구약성경 분류

▶ 가톨릭교회의 구약성경 분류 (46권)

오경	창세기, 탈출기, 레위기, 민수기, 신명기
역사서	여호수아서, 판관기, 룻기, 사무엘기1,2, 열왕기1,2, 역대기1,2, 에즈라기, 느헤미야기, 토빗기, 유딧기, 에스테르기, 마카베오기 1,2
시서와 지혜서	욥기, 시편, 잠언, 코헬렛(전도서), 아가, 지혜서, 집회서
예언서	이사야, 예레미아, 애가, 바룩서, 에제키엘서, 다니엘서, 호세아서, 요엘서, 아모스서, 오바드야서, 요나서, 미카서, 나훔서, 하바쿡서, 스바니야서, 하카이서, 즈카리야서, 말라키서

▶ 개신교의 구약성경분류 (39권)

모세오경	5권
역사서	12권 (여호, 판관, 룻기, 1,2사무, 1,2열왕, 1,2역대, 에즈, 느헤, 에스)
시서	5권 (욥기, 시편, 잠언, 전도, 아가)
예언서	17권 (이사, 예레, 애가, 에제, 다니, 12소예언서)

시대구분	이스라엘의 역사
– 1850년경	• 아브라함 팔레스티나 도착 / 창세 1 – 11장
– 1800 – 1700	• 성조시대: 아브라함 – 이사악 – 야곱 – 요셉 / 창세12 – 50장
– 1250 – 1210년경	• 출애굽과 광야시대 – 갈대바다의 사건 /탈출 12,35 – 15장
	• 시나이 계약 / 탈출 19 – 24장
– 1210 – 1030	• 가나안 땅의 정복과 분배(여호수아)
	• 판관시대: 이스라엘의 배신에 대한 하느님의 징벌과 구원 / 판관
– 1040 – 933	• 초대왕 사울, 2대 다윗 등극
	• 통일왕정시대: 사울, 다윗, 솔로몬(1사무 16, 2, 5장)
	• 3대 솔로몬 왕 때 성전 건축 (1열왕 12 – 22장)
– 933 – 722	• 왕국분열 (남유다와 북이스라엘) / 1열왕 12 – 22장
	• 예언자들의 등장
– 722 / 1년	• 북이스라엘 멸망, 사마리아 함락(아시리아 제국에 의해)
– 587 / 6년	• 남유다 멸망(바빌론 네부카드네자르에 의해) / 2역대 36,17 – 23
	• 예레미야, 에제키엘 예언자 등장, 활동
– 587년 – 538년	• 바빌론 유배기간
– 538 – 333	• 페르시아 침입으로 바빌론 멸망,
	• 이스라엘 백성 귀환 (페르시아의 키루스 칙령에 의해)
	• 에즈 1,1 – 4 / 느헤미야, 에즈라 등장
	• 페르시아 영향 시대
	• 유다공동체 – 느헤미야와 에즈라의 업적으로 분명한 조직형성
– 333 – 63년	• 희랍 지배 시대(알렉산더 대왕)
– 165 /6	• 167 분쟁발생
	• 안티오쿠스 4세는 예루살렘의 특별한 지위를 박탈하고 팔레스티나 유다인들의 종교의식에 대한 금지령
	• 하스모네오, 마카베오가문의 독립 투쟁시대(1,2 마카)
	• 63년 시몬 마카베오가 유다의 독립을 쟁취
– 63년경	• 로마제국 예루살렘 점령(폼페이우스)

성 서	주 제	중심 내용 전개	주요 인물	시대 분류
창 세 기	창세부터 요셉까지	− 천지창조 − 카인과 아벨 − 노아의 홍수 − 바벨탑 − 아브라함, 이사악 − 야곱과 요셉이야기	− 아담과 하와 − 카인과 아벨 − 노아 − 셈, 함, 야펫 − 아브라함 − 이사악 − 야곱, 요셉	− 1850 아브라함 팔레스티나 도착 /창세 1 − 11장 − 1800 성조시대: 아브라함 − 이사악 − 야곱 − 요셉 / 창세 12 − 50
탈 출 기	이집트 에서의 탈출	− 모세의 출생 − 모세의 성소 − 파라오와의 대결 − 광야에서 − 시나이 산 계약	− 모세, 아론 − 파라오 − 미리암 − 모세의 장인 이트로	− 1250 출애굽과 광야시대 − 갈대바다의 사건 / 탈출 12 − 15장 시나이계약 / 탈출 19 − 24장
레 위 기	레위인과 희생제사 : 하느님께 불림 받은 이스라엘 백성들이 거룩하게 살아갈 수 있도록 한 각종 규제 와 정결례, 사제들에 관한 규정	이스라엘의 성화 − 시간과 장소 성화 − 구약의 축일, 제사 번제, 곡식제, 친교 제, 속죄제, 보상제	− 모세 − 대사제 − 레위인	
민 수 기	유대 민족 수를 헤아림 브미드바르(광야에서) − 시나이(1 − 10장) − 광야(10,11 − 22,1) − 모압(22,2 − 36,13)	40년의 광야의 여정 시련의 장 광야 축복의 준비	− 모세 − 여호수아	
신 명 기	율법을 되새김	율법을 되새기며 모세 의 연설을 듣는다. 과거 − 회고와 권유 현재 − 계명과 법령 미래 − 축복과 저주 이스라엘의 역사!	− 십계명(5 − 11장) − 신명기 법전 (12 − 26장)	
여호수아서	가나안 심판	"라합"이라고 하는 창 녀가 위기에 몰린 정탐 꾼을 도와준다(2장) 창 녀 라합에게서 보아즈 가 출생한다. 보아즈는 룻의 남편이다. 라합의 역사	− 여호수아	− 1210 가나안 땅의 정복과 분배

성 서	주 제	중심 내용 전개	주요 인물	시대 분류
판 관 기	**반복되는 이스라엘의 악** 배반 – 징벌 – 울부짖음 – 구원(평화)		오트니엘, 애훗, 삼가르, 드보라, 기드온, 톨라. 야이르, 입타, 입찬, 엘론, 압돈, 삼손	– 1030 판관시대: 이스라엘의 배신 – 하느님의 징벌과 구원
룻 기	**계속되는 메시아 족보**		– 나오미 – 룻 – 보아즈	
사무엘 상	**사무엘과 사울**	통일왕정시대: 사울, 다윗, 솔로몬 (1사무 16 –30장)	– 엘리 – 사무엘 – 사울	– 1040 초대 사울 – 다윗등극
사무엘 하	**다윗의 생애** – 다윗은 북이스라엘과 남유다의 지파를 모두 아울러 통일왕국의 기초를 다짐 – 예루살렘을 통일왕국의 수도로 정함 – 우리야의 아내 바쎄바와 불륜의 정을 통하는 악을 저지름, – 맏아들 암몬을 다른 아들 압살롬이 살해 하게 하고 – 자기 아들 압살롬에게 생명의 위협을 받으며 쫓겨 다니는 신세 – 파란만장한 인생	1 – 10장 다윗의 승리 **(하느님의 축복)** 11장 다윗의 범죄 12장 – 20장 다윗의 재난 **(하느님의 징벌)**	– 다윗 – 바쎄바 – 우리야 – 나탄(예언)	– 933 왕국분열 (남유다와 북이스라엘) / 1열왕 12 – 22장 **예언자들의 등장**
열왕기 상	**왕국의 분열** 솔로몬이 아도니야를 물리치고 왕위를 계승 정권을 잡은 후 대규모 숙청이 이어짐. 솔로몬은 성전을 건축하고, 대외중계무역도 활발하게 사업을 하여 이스라엘의 황금기 맞음	– 비생산적인 건축, 사치품 (과중한 세금부여) – 강제노동에 동원(백성의 자유로운 생활억압) – 중앙집권체제(전통적인 부족체계 동맹이 깨어짐) – 급격한 경제발달(빈부격차 심해지고, 이농현상이 생겨남) – 솔로몬의 사후 권력을 받은 르호보암이 무거운 멍에를 가볍게 해 달라고 하자 이 요구를 묵살해버림! – 북이스라엘(여로보암)은 남유다왕국으로부터 완전히 분리되어져 나감	– 솔로몬	– 722 3대 솔로몬왕때 성전 건축(1열왕12 – 22장)

성 서	주 제	중심 내용 전개	주요 인물	시대 분류
열왕기 하	포로가 된 이스라엘, 유다	– 북왕조의 타락 – 북 왕조의 멸망과 유배 – 예루살렘 파괴와 바빌론 유배		– 587 – 538 남유다 멸망 – 바빌론침공 (역대 36,17 – 23) 예레미야, 에제키엘 예언자등장, 바빌론 유배기간
역대기 상	사무엘 하권의 주석	– 통일왕국과 번영 – 왕국의 분열 – 왕국간의 분쟁	– 다윗의 사화	
역대기 하	열왕기에 대한 주석	귀환(페르시아의 키루스칙령) 에즈 1,1 – 4, 느헤미야, 에즈라 등장		
에 즈 라	성전재건과 건축	예루살렘 도시와 성전이 바빌론과의 전투에서 폐허가 되어 하느님께서는 즈루빠벨을 예루살렘으로 보내시어(1차 포로귀환, B.C. 538) 성전을 재건하신다. 80년후 에즈라가 본국으로 귀환하여(2차 귀환B.C. 458) 성전재건 과정을 기록하고 백성들에게 신앙의 쇄신을 부르짖는다.	– 즈루빠벨 – 에즈라	B.C. 538 – 458 바빌론 포로 이후
느 헤 미 야	예루살렘으로의 귀환, 성벽재건과 개혁	하느님께서는 포로로 끌려갔던 느헤미야를 예루살렘으로 보내어(3차 포로귀환, B.C. 445) 52일 동안의 열띤 작업으로 무너진 성벽을 재건하였다. 거센 반대와 살해 음모 속에서도 느헤미야는 성벽 재건을 마친다. 에즈라는 백성들 앞에서 하느님의 율법을 낭독하고 거룩한 모임을 이끌어 개혁에 함께한다.	– 느헤미야 – 에즈라	B.C. 445

성 서	주 제	중심 내용 전개	주요 인물	시대분류
에 스 테 르	**죽음 앞에 놓인 유대인과 구원받는 유대민족**	아하수에로스 시대에 유대민족을 몰살하려는 음모와 그것이 수포로 돌아간 사건의 전모를 들려준다. 아하수에로스 왕은 통치 3년째 되는 해에 큰 잔치를 베풀고 그 자리에 왕후 와스디를 선보이고자 하지만 그녀가 거부하여 폐위된다. 그 자리에 유다인 에스델이 왕후에 오르고, 그의 사촌 모르토가이가 왕의 생명을 구하는 공적을 세워 황제의 두터운 신임을 얻는다. 지위가 높아지면서 교만해진 하만은 시기와 질투의 마음으로 유다인 전멸계획을 세우고 잔치 중에 모르토가이를 매달아 죽이기 위한 나무를 준비한다. 그러나 왕이 에스테르를 통해 전언을 보고받고 하만을 자기가 세운 기둥에 달려죽게 한다. 왕의 칙서가 내려져 유다인은 구원을 받고 오히려 그들을 죽이려 했던 자들은 죽임을 당한다. 이것이 부림절의 기원이다.	– 에스테르 – 아하수에로스 – 하만 – 모르토가이	다리오왕(B.C. 522 – 486)과 아닥사스다 왕(B.C. 486 – 465)의 중간에 통치한 크샐크세로 알려진 아하스에로스 왕의 통치시기(B.C. 486 – 465)
마 카 베 오	**신구약 중간시대**	• 팔레스틴 통치시대 (B.C. 538 – 322) • 헬라 통치시대 (B.C. 332 – 323) • 이집트 통치시대 (B.C. 323 – 198) • 시리아 통치시대 (B.C. 198 – 165) • 마카베오 통치시대* (B.C. 142 – 63) • 로마 통치시대* (B.C. 63 – 예수의 육화 강생)	바사 알렉산드로 프톨레미토스 안티오쿠스 에피파네스 마카베오 안티파스 헤로데왕	신구약 중간시대

바이블테라피
Bible Therapy

성경	영적주제	영적 위기	기도의 주제와 바이블테라피
창세기	창조, 인간 소명, 계약 섭리, 용서 화해, 죽음	죄, 교만, 이기 비교, 우월, 시기 질투, 소유욕, 거짓말	1. 창조의 기쁨과 감사 2. 죄에 대한 묵상 바이블테라피 01 기도의 자세
탈출기	종속, 망명 성소, 계시, 계약 파스카, 광야	광야, 갈증, 배고픔 불편함, 욕구, 우상	1. 묶임에 대한 문제(영적 자유와 속박) 2. 하느님과의 만남(광야, 고독) 바이블테라피 02 기도와 성령
레위기	제물과 규정 사제직 정결과 부정 정화예식	형식과 내용 위선 불순명과 거역, 반항	1. 현상과 본질 2. 보여지는 것과 진실한 것 바이블테라피 03 기도와 일치
민수기	은총, 힘, 거룩함, 인내, 공의 긍정과 부정	반역 우상숭배	1. 긍정의 길과 부정의 길 2. 지도자의 길(고독과 공격) 바이블테라피 04 기도와 권능의 힘
신명기	십계명, 율법 계시와 약속 구원과 약속 미래와 전망	불평, 불만 불안, 두려움 우상	1. 소통의 문제 2. 경청의 태도 바이블테라피 05 기도의 능력

모세오경

창세기 · 탈출기 · 레위기 · 민수기 · 신명기

모세오경은 성경의 첫 부분에 속하는 다섯 권의 책을 일컫는다. 곧 창세기, 탈출기, 레위기, 민수기, 신명기는 서로 연결되고 통일된 맥락에서 읽을 수 있다. 때문에 유대인들은 이를 하나의 율법서로서 '토라(Torah)'라고 불렀다. 일반적으로 모세가 썼다고 하여 모세오경이라 하지만 사실은 여러 저자군에 의해 형성되었고, 모세 오경의 전체적인 흐름은 모세를 통해 구원의 역사를 펼치시는 하느님의 활약과 당신 백성을 위한 자비로운 배려에 관한 이야기이다.

모세오경의 내용을 보면, 절반가량은 율법으로 되어 있고 그 나머지는 설화로 되어 있는데, 설화 부분이 오경 전체에 신학적인 의미를 부여해 주고 있다. 이 설화 부분에서는 창조에서부터 아브라함까지의 인류의 종교적 역사를 아주 일반적인 말로 서술하고 있으며(창세 1 – 11장), 이어서 성조들의 역사(창세 12 – 50장)와 이집트 탈출에 관계된 사건들과 광야생활 전반, 약속의 땅에 다다르는 여정까지를 매우 상세하게 묘사하고 있다. 이 책은 시편과 예언서와 함께 신약 시대까지 회당과 성전에서 안식일마다 봉독된 중요한 성경이었다. 모세오경은 그리스어로 '다섯 두루마리'라는 뜻으로 '펜타테우코스(Pentateuchos)'라고 불린다 ▩

바이블테라피 **01** 기도의 자세
Bible Therapy

01 우리는 하느님의 부르심을 받으면서 먼저 기도하는 사람이 되기를 결심해야 한다.
기도는 이론이나 개념이 아니라 삶이고 실재이다.

　　기도의 초보자는 누구인가?
- 기도의 중요성을 아직 깨닫지 못한 사람
- 기도할 때 못 견디도록 싫증을 내는 사람
- 기도문과 암송기도 없이는 기도할 수 없는 사람
- 기도가 첫째가 아니라 여러 가지 중 하나라고 여기는 사람
- 기도를 의무로 생각하는 사람
- 쉽게 기도를 그만두는 사람
- 기도를 견딜 수 없는 하나의 짐으로 생각하는 사람
- 기도를 돈이나 행복을 가져다 주는 도구처럼 사용하는 사람
- 언제나 기도의 위로만을 갈망하는 사람

참다운 기도를 시작하고 싶다면 이제부터 매일 15분의 시간을 내고 (어떤 기도문을 사용하는 시간 외에)
"주님 이 문제 있어 제가 해야 할 일이 무엇입니까?", "주님 말씀하십시오! 당신 종이 듣고 있습니다!" 말씀드린다.
이제 천천히 시간을 증가시켜 나간다. 이러한 기도의 자세 가운데 몇 가지 살펴보아야 할 규칙이 있다.

02 기도는 하느님과의 인격적인 관계이다. 즉 '너'와 '나'의 관계이다.

기도가 힘들어지는 이유는 두 인격간의 만남이 이루어지지 못하고, 흔히 나 자신도 부재중이거나 하느님 역시
멀리 떨어져 있는 분으로 생각한다. 많은 말을 하기 보다는 몇 마디 안 되지만 뜻 깊은 말을 사용한다.
예) 아버지! 구세주이신 예수님!, 길이요 진리요 생명이신 예수님!

창세기 | GENESIS

창세기 전반부(원역사: 창세 1 – 11)는 세상 및 인류의 창조(창세 1,1 – 2,4)와 세상 안에 존재하는 악의 기원(창세 2,4 – 11,32)을 시작으로 하느님이 창조하신 태초의 인간의 모습이 어떻게 파괴되었는지를 설명한다. 그리고 후반부(성조사: 창세 12 – 50장)는 전반부에 이어 파괴된 창조질서를 회복하기 위해 새로운 일을 시작하시는 하느님의 모습을 설명하고 있다.

날짜	성경 구절	주요 내용	
첫 째 날	창세 1–5	• 창조(1), 인간(2) • 죄의 기원(3) • 카인과 아벨(4) • 아담의 족보(5)	 창세기 1 – 창조
둘 째 날	6–11	• 대홍수, 노아의 방주(6–8) • 약속의 무지개(9) • 노아의 아들들(셈, 함, 야펫)(10) • 바벨탑(인간의 교만과 언어의 기원)(11)	 창세기 2 – 노아의 방주
셋 째 날	12–20	• 아브라함의 소명(12) • 아브라함과 롯(13–14) • 아브라함과 멜키체덱(15) • 계약과 축복: 땅과 자손(15) • 사라와 하갈(이스마엘의 출생)의 갈등(16–18) • 소돔과 고모라 이야기(18–19) • 아브라함의 거짓말(20)	 창세기 3 – 아브라함의 소명
넷 째 날	21–27	• 이사악의 출생(21) • 제물로 바쳐지는 이사악(22) • 이사악과 리브가의 혼인 그리고 자녀들 　(야곱과 에사오)(23–24) • 아브라함의 죽음, 장자권과 불콩죽(25) • 야곱의 속임수와 에사우의 분노(26–27)	 창세기 4 – 제물로 바쳐지는 이사악 (야훼 이레)

날짜		성경 구절	주요 내용
다 째	섯 날	28–36	• 야곱의 꿈(28) • 야곱의 첫 번째 혼인 레아, 야곱의 사랑 라헬 　(29–30) • 야곱의 귀환과 에사우와의 화해(31–33) • 베델에 재단을 쌓다(35) 창세기 5 – 야곱의 꿈
여 째	섯 날	37–41	• 요셉의 편애/형제들의 시기와 질투로 구덩이에 　빠진 요셉(36) • 이집트의 노예로 팔려간 요셉/ 　포티파르 장군의 노예가 됨(37–38) • 누명을 쓰고 감옥에 들어간 요셉(39) • 제빵장과 시종장의 꿈의 해석(40) • 파라오의 꿈의 해석으로 이집트의 재상의 자리에 　오른 요셉(41) 창세기 6 – 파라오의 꿈의 해석으로 이집트의 재상 자리에 오른 요셉
일 째	곱 날	42–50	• 요셉의 형제들이 식량을 구하러 이집트에 옴(42) • 요셉과 형제들과의 해후와 화해(43–45) • 요셉의 가족의 이주(46–47) • 대흉년과 요셉의 지혜(47) • 야곱의 축복과 죽음(48–49) • 요셉의 죽음(50) 창세기 7 – 요셉과 형제들과의 해후와 화해

1. 창조

창세기의 시작에는 두 번의 창조이야기가 나오는데 이는 창조의 찬미가인 동시에 이스라엘 공동체의 신앙고백이라 할 수 있다. 창조주 하느님을 찬미하는 동시에 자신들의 현실을 재조명할 수 있는 원천으로 창조 이야기를 제시하여 시간과 공간을 초월하여 새롭게 현실을 진단하고 미래에 대한 희망을 제시하고 있다.

첫 창조이야기(1,1 – 2,4): 하느님께서는 빛을 창조하시고, 빛과 어두움을 가르시고 빛을 '낮'이라 어둠을 '밤'이라 부르셨다. 물과 물 사이를 갈라 가운데 궁창을 두시어 궁창 아래에 있는 물과 궁창 위에 있는 물을 가르시어 그 궁창을 하늘이라 부르셨다. 또한 하늘 아래 있는 물은 한 곳으로 모여 뭍이 드러나게 하시고 그 뭍을 땅이라, 물이 모인 곳을 바다라 부르게 하셨다.

| 창세기 1 |

땅에는 푸른 싹이 돋아나게 하시고, 하늘에는 낮과 밤을 가르고 표징과 절기, 날과 해를 나타내고 해와 달을 만드셨다. 길짐승과 날짐승을 만드시고 바다 안에 모든 생명도 만드셨다. 그리고 마침내 "우리와 비슷하게 우리의 모습으로 사람을 만들자!"라고 말씀하시어 남자와 여자로 인간을 창조하셨다.

둘째 창조 이야기와 에덴(2,5 – 25): 또 다른 창조이야기는 하느님께서 흙의 먼지로 사람을 빚으시고 그 코에 생명의 숨을 불어넣으시니 사람이 생명체가 되었다. 동산의 한 가운데 생명나무와 선과 악을 알게하는 나무를 자라게 하셨다. 그리고 사람이 혼자 있는 것은 좋지 않으니 그에게 알맞은 협력자를 만들어 주겠다 하시어 여자를 창조하셨다.

2 죄악과 심판

이 대목은 현실적으로 팽배해 있는 죄의 기원에 대한 의문을 제기하면서 죄의 원인과 진행과정, 그리고 죄의 결과에 따르는 하느님의 자비로운 모습 등을 알려준다. 인간이 범하는 죄의 다양성을 묵상할 수 있도록 유도한다.

첫 인간의 범죄(3장): 들짐승 가운데 가장 간교한 뱀이 여자에게 속삭인다. '너희는 동산에 어떤 나무에서든지 열매를 따 먹어서는 안 된다'고 말씀하셨다는데 정말이냐? 그리고 뱀은 다시 말을 걸어온다. "너희는 결코 죽지 않는다. 너희가 그것을 먹는 날, 너희 눈이 열려 하느님처럼 되어서 선과 악을 알게 될 줄을 하느님께서 아시고 그렇게 말씀하신 것이다." 결국 하와와 아담은 그 나무 열매를 먹게 되고 자신들이 알몸이라는 사실을 알게 된다.

이웃에 대한 범죄와 인류의 족보(4,1 – 5,32): 아벨은 양치기였고 카인은 땅을 부치는 농부였다. 카인은 땅의 소출을 하느님께 바쳤고, 아벨은 양 떼 가운데 맏배들과 그 굳기름을 바쳤다. 그런데 하느님은 아벨과 그의 재물은 기꺼이 굽어보셨으나 카인과 그의 재물은 굽어보시지 않으셨다. 그래서 카인은 몹시 화를 내며 얼굴을 떨어뜨렸다. 결국, 카인은 동생 아벨을 '들에 나가자' 꾀어 그를 죽였다. 하느님은 카인에게 "네 아우 아벨은 어디 있느냐? 네 아우의 피가 땅바닥에서 나에게 울부짖고 있다"라고 말씀하시며 분노하신다.

노아의 홍수(6,1 – 9,8): 원조의 타락 이후 집단적인 인류 공동체의 죄악상을 다루고 있는 노아의 홍수와 바벨탑 이야기는 인간의 죄를 심판하시는 동시에 구원의 손길을 펼쳐 주시는 하느님의 자비와 사랑을 보여준다.

주님께서는 사람들의 악이 세상에 많아지고, 그들 마음의 모든 생각과 뜻이 언제나 악하기만 한 것을 보시고 세상에 사람을 만드신 것을 후회하시며 마음 아파하셨다(6,5).

노아를 통해 전나무로 만들어진 방주에 온갖 생물 가운데에서 한 쌍씩 방주에 데리고 들어갔고 그가 육백 살 되던 때에 사십일 동안 밤낮으로 땅에 비가 내렸다. 사십일이 지난 뒤에 노아는 자기가 만든 방주의 창을 열고 까마귀와 비둘기를 차례로 내보낸다. 이레째 되는 날 내보낸 비둘기가 되돌아와 싱싱한 올리브 잎을 부리에 물고 돌아왔다. 노아는 주님을 위하여 제단을 쌓고, 모든 정결한 짐승과 새들 가운데에서 번제물을 골라 그 제단 위에 바쳤다.

| 창세기 2 |

하느님께서 노아와 맺으신 계약(9, 9 – 17): "이제 내가 너희와 너희 뒤에 오는 자손들과 내 계약을 세운다. 그리고 너희와 함께 있는 모든 생물, 곧 방주에서 나와, 너희와 함께 있는 새와 집짐승과 땅의 모든 들짐승과 내 계약을 세운다. 내가 너희와 내 계약을 세우니, 다시는 홍수로 모든 살덩어리들이 멸망하지 않고, 다시는 땅을 파멸시키는 홍수가 일어나지 않을 것이다."(9, 9 – 11)

인간의 타락에 의해 빚어진 재앙의 결과는 인간의 회심만을 요구하는 것이 아니라 심판과 처벌 대신 인간의 잘못을 참아 내시는 하느님의 자비로운 인내의 시대가 도래하였음을 선언한다. 노아가 포도주를 마시고 취하여 벌거벗은 채 자기 천막 안에 누워 있었다. 그때 가나안 조상 함이 자기 아버지의 알몸을 보고 셈과 야펫에게 알렸다. 셈과 야펫은 겉옷을 집어 둘이서 아버지의 알몸을 덮어드렸다. 이리하여 함(가나안)은 셈과 야펫의 종이 되었다.

바벨탑 이야기(11,2 – 9): 사람들이 동쪽에서 이주해오다가 신아르 지방에 이르러 "자! 벽돌을 빚어 단단히 구워내자" 또 "자, 성읍을 세우고 꼭대기가 하늘까지 닿는 탑을 세워 이름을 날리자. 그렇게 하여 우리가 온 땅으로 흩어지지 않게 하자." 말한다. 그러자 주님께서 말씀하신다. "보라, 저들은 한겨레이고 모두 같은 말을 쓰고 있다. 이것은 그들이 하려는 일의 시작일 뿐, 이제 그들이 하고자 하는 것은 무엇이든 못할 일이 없을 것이다." 하며 그들의 말을 뒤섞어 놓아, 서로 남의 말을 알아듣지 못하게 만들어 버리고 온 땅으로 흩어 버리셨다. 그리하여 그곳의 이름을 바벨이라 하였다.

족보 이야기(11,10 – 32): 셈은 나이가 백 세 되었을 때 아르팍샷을 낳고 셀라흐, 에베르, 펠렉, 르우, 스룩, 나호르 테라를 낳았다. 테라가 칠십세 되었을 때 아브람과 나호르와 하란을 낳았다. 하란은 롯을 낳고 아버지 테라보다 먼저 칼데아 우르에서 죽는다. 아브람과 나호르가 아내를 맞아들이는데 아브람의 아내 이름은 사라이고 나호르의 아내이름은 밀카였다. 테라는 아들 아브람과 아들 하란에게서 난 손자 롯과, 아들 아브람의 아내인 며느리 사라이를 데리고 가나안 땅으로 가려고 칼데아 우르를 떠났다. 테라는 이백오년을 살고 하란에서 죽었다.

3. 아브라함

아브라함의 이야기는 창세기 후반부를 이루는 성조사의 출발 부분이다. 절망적인 사건인 바벨탑 이야기를 반전시키는 이 이야기는 새로운 희망을 제공하시는 하느님의 일을 소개하고 있다. 전체적으로 성조사의 주제는 '하느님의 약속과 그 성취'이다. 창세기 12 – 24장에 나타나는 아브라함의 역사는 인간이 공동체를 형성하는 과정을 소개하면서 아브라함은 새로운 시작이요. 인류를 구원하시려는 하느님 계획의 성공적인 출발점이 된다.

| 창세기 3 |

명령과 약속(12,1 – 3; 13,15 – 16): 하느님은 '떠나라'는 명령과 함께 축복을 약속하신다. 축복의 내용은 '땅과 후손'이다. 주님께서 아브람에게 말씀하셨다. "네 고향과 친족과 아버지의 집을 떠나, 내가 너에게 보여 줄 땅으로 가거라. 나는 너를 큰 민족이 되게하고, 너에게 복을 내리며, 너의 이름을 떨치게 하겠다. 그리하여 너는 복이 될 것이다. 세상의 모든 종족들이 너를 통하여 복을 받을 것이다."

이집트 피난과 구원(12,10 – 20): 네겝(팔레스티나 남쪽에 위치한 사막)쪽에서 기근이 들어 아브람은 나그네 살이를 하려고 이집트로 내려갔다. 아브람은 아름다운 자신의 아내로 인해 죽임 당하지 않을까 하는 우려 때문에 아내를 누이로 속여 파라오의 왕궁으로 들여보낸다. 그래서 그는 양과 소와 수나귀, 남종과 여종, 암나귀와 낙타들을 얻게 되었다. 그러나 파라오와 그 집안에 여러가지 큰 재앙이 내리자 파라오는 아브람을 불러 "어찌하여 그 여자가 네 누이라고 해서, 내가 그를 아내로 삼게 하였느냐? 자 네 아내가 여기 있으니 데리고 떠나라" 말하며 그의 모든 소유와 함께 사라이를 떠나보냈다[1].

❤ 1) 이 대목은 하느님께 신뢰하기보다는 자신의 잔꾀에 의지하려한 아브라함의 단면을 적나라하게 고발하고 있다. 이 이야기는 하느님의 구원 의지와 사랑을 알려 주며, 어떤 사람이 선택되는 것이 그 사람의 훌륭함이나 공적 때문이 아니라 하느님의 은총으로 인한 것임을 부각시킨다. 하느님은 선택된 사람의 잘못과 실패에도 불구하고 당신의 약속을 반드시 지키는 성실한 분이시다. 또한 인간의 약점, 죄 혹은 제도는 하느님의 구원의지를 꺾지 못하며, 어떠한 장애에도 불구하고 하느님께서는 당신의 구원 사업을 계속하신다.

아브라함과 롯 사이의 분쟁과 하느님의 축복(13,1 – 18): 아브람의 가축을 치는 목자들과 롯의 가축을 치는 목자들 사이에 다툼이 일어났다. 아브람이 롯에게 말하였다. "우리는 한 혈육이 아니냐? 너와 나 사이에, 그리고 내 목자들과 너의 목자들 사이에 싸움이 일어서는 안 된다. 온 땅이 네 앞에 펼쳐져 있지 않느냐?"[2]

❤ 2) 이 이야기의 목적과 의도는 아브라함과 그의 친족 롯의 싸움이 어떤 폭력도 없이 해결되었음을 보도하는 것이다. 이스라엘의 역사는 한민족 안에서 벌어지는 피와 복수의 역사였지만, 이와는 매우 대조적인 모습으로 아브라함의 모습을 부각시킴으로써 하느님의 뜻을 섬기는 이의 모습을 강조한다.

롯이 갈라져 나간 다음 주님께서 아브람에게 말씀하셨다. "눈을 들어 네가 있는 곳에서 북쪽과 남쪽을 또 동쪽과 서쪽을 바라보아라! 네가 보는 모든 땅을 모두 너와 네 후손에게 영원히 주겠다. 내가 너희 후손을 땅의 먼지처럼 많게 할 것이다"라고 말씀하신다.

아브람이 롯을 구하다(14,1 – 16): 크도를라오메르 군대를 비롯한 침략군들이 소돔에 살고 있는 아브람의 조카 롯을 잡아가고 그의 재물도 가지고 가 버렸다. 그곳에서 도망쳐 나온 사람 하나가 히브리인 아브람[3]에게 와서 이 일을 알렸다. 이에 아브람은 자기 집에서 태어나 훈련받은 장정 삼백십팔 명을 불러 모아 단까지 쫓아갔다. 그는 모든 재물을 도로 가져오고 그의 조카 롯과 그의 재물과 함께 부녀자들과 다른 사람들을 도로 데려왔다.

❤ 3) 아브라함은 여기서 히브리인으로 불린다. 히브리인은 종족의 의미보다는 사회적 의미의 개념으로 파악해야 하는데 사회 안에서 뒤쳐져 있던 사람들이나 모임을 가리키는, 이집트의 아피루인들과 연관시킬 수 있는 개념이다.

멜키체덱 이야기(14,17 – 20): 아브람이 크도를라오메르와 그의 연합군들을 치고 돌아오자 소돔임금이 사웨골짜기로 마중나오고 살렘임금 멜키체덱도 빵과 포도주를 가지고 나왔다. 그는 지극히 높은 하느님의 사제였다. 그는 아브람을 이렇게 축복한다. "하늘과 땅을 지으신 분 지극히 높으신 하느님께 아브람은 복을 받으리라! 적들을 그대 손에 넘겨주신 분 지극히 높으신 하느님께서는 찬미받으소서!" 그리고 아브람은 그 모든 것의 십분의 일을 멜키체덱에게 주었다. 아브람은 소돔임금이 자기에게 재물을 가지라 하자 "나는 아무것도 필요없소. 다만 젊은이들이 먹은 것을 빼고 나와 함께 갔던 사람들의 몫을 가지게 해 주시오" 라고 말한다.

아브라함과 계약을 맺으시는 하느님(15,1 – 17,27): 주님의 말씀이 환시 중에 아브람에게 내렸다. "아브람아, 두려워하지 마라. 나는 너의 방패다. 너는 매우 큰 상을 받을 것이다" 아브람이 주님을 믿으니, 주님께서 그 믿음을 의로움으로 인정해주셨다. 주님께서는 암송아지, 암염소, 숫양, 산비둘기, 집비둘기를 가져오게 하시어 반으로 잘라, 잘린 반쪽들을 서로 마주보게 차려놓았다. 해 질 무렵 아브람 위로 깊은 잠이 쏟아지는데, 공포와 짙은 암흑이 그를 휩쌌다. 해가 지고 어둠이 깔리자, 연기 뿜는 화덕과 타오르는 횃불이 그 쪼개 놓은 짐승들 사이로 지나갔다. 그날 주님께서는 아브람과 계약을 맺으시며 이렇게 말씀하셨다. "나는 이집트 강에서 큰 강 유프라테스 강까지 이르는 이 땅을 너희 후손들에게 준다." 아브람이 나이가 아흔 아홉 살이 되었을 때 주님께서 아브람에게 나타나 말씀하셨다. "나는 전능한 하느님이다. 너는 내 앞에서 살아가며 흠없는 이가 되어라! 너는 많은 민족들의 아버지가 될 것이다. 너는 더 이상 아브람이라 불리지 않을 것이다. 이제 너의 이름은 아브라함이다. 내가 너를 많은 민족들의 아버지로 만들었기 때문이다. 또한 너의 아내 사라이를 더 이상 사라이라는 이름으로 부르지 마라. 사라가 그의 이름이다. 너의 아내 사라가 아들을 낳아줄 터이니 그 이름을 이사악이라 하여라"[4]

4) 약속에 대한 회의와 확신이 서지 않아 고민하던 그가 표징만을 보고 다시 약속을 믿었다. 성경저자는 아브라함의 신앙을 다시 강조함으로써 하느님의 행위에(구원 약속)대한 인간의 자세를 가르치고 있다. 계약은 아브라함뿐 아니라 노아와의 계약을 재확인시키며(9,16), 시나이 계약을 앞당겨 놓은 것으로 계약의 영속성을 강조하고자 하는 의도가 깔려있다. 먼저 계약의 주관자이신 하느님의 자기 소개(15,7), 그리고 계약을 맺은 상대에게 베풀어준 업적을 언급한 후 계약을 체결한다. 그 형식은 동물들을 반으로 쪼개고 하느님이 그 가운데를 지나가는데 그 상징적 의미는 만약 계약을 깨뜨릴 경우에 당사자가 희생 제물과 같은 운명에 처하게 되리라는 엄중한 경고의 뜻을 내포하고 있다. 이 계약은 하느님께서 일방적으로 아브라함에게 스스로 책임을 지게하는 계약이다.

소돔과 고모라 이야기(18,16 – 33; 19,1 – 9): 주님께서는 마므레의 참나무들 곁에서 아브라함에게 나타나셨다. 아브라함의 천막으로 초대받아 온 세 분의 손님을 소돔이 내려다 보이는 곳에 이르러 배웅하러 나가자 주님께서 아브라함에게 말씀하셨다. "아브라함은 반드시 크고 강한 민족이 되고, 세상 모든 민족들이 그를 통하여 복을 받을 것이다. 내가 그를 선택한 것은 그가 자기 자식들과 뒤에 올 자기 집안에 명령을 내려 그들이 정의와 공정을 실천하여 주님의 길을 지키게 하고, 그렇게 하여 주님이 아브라함에게 한 약속을 그대로 이루려고 한 것이다" 아브라함이 소돔을 위해서 빌었지만 소돔은 멸망의 길에 이미 접어들었다. 롯이 소돔 정문에 앉아 있었는데 두 천사가 소돔에 이르러 롯의 집에 머물게 되었다. 동이 틀 무렵 천사들이 롯을 재촉하며 말하였다. "자! 이 성읍에 벌이 내릴 때 함께 휩쓸리지 않으려거든, 그대의 아내와 두 딸을 데리고 어서 가시오" 그러나 롯은 망설이며 떠나기를 주저한다. "달아나 목숨을 구하시오. 뒤를 돌아다보아서는 안되오. 이 들판 어디에서도 멈추거나 서지 마시오. 휩쓸려 가지 않으려거든 산으로 달아나시오" 그러나 롯은 가까이 있는 초아르 성읍으로 달아날 수 있도록 천사들에게 부탁한다. 과연 롯이 초아르에 도착하자 해가 땅위에 솟아오르고 소돔과 고모라에 유황과 불이 퍼부어졌다. 땅위에 있는 모든 것들은 멸망하였고, 롯의 아내는 뒤를 돌아보다 소금 기둥이 되어 버렸다.[5]

5) 이 부분의 핵심 주제는 "죄인이 아닌 사람을 어찌하여 죄인과 똑같이 볼 수 있는가? (18,22 – 25)"라는 하느님의 정의에 대한 물음이다. 이 물음은 특히 패망 이후의 이스라엘과 유다가 바빌론 제국의 일부분이 되었던 유배 시대에 심각하게 대두되었다. 이때 하느님이 왜 유다를 멸망시켰으며 '하느님의 정의를 어떻게 이해해야 될 것인가' 가 중요한 문제로 등장하였다. 즉 의인과 악인을 구분하지 않고 전체가 망하는 것이 과연 하느님의

46

정의에 부합되는가의 문제였다. 이 문제와 씨름한 대표적인 성경이 '욥기'이며 또한 이 물음과 응답을 압축해서 실은 것이 이 대목(18,16 – 33)이다. 하느님께서는 '의인을 죄인과 함께 쓸어버리지 않으시는 정의로운 분이시다'라는 것을 대답하는 것이 소돔 설화의 목적인 것이다.

아브라함의 시련 (22,1 – 14): 하느님은 아브라함을 시험해 보시려고 이사악을 번제물로 바칠 것을 명하신다. "너의 아들, 네가 사랑하는 외아들 이사악을 데리고 모리야 땅으로 가거라! 그곳, 내가 너에게 일러주는 산에서 그를 나에게 번제물로 바쳐라" 아브라함은 아침일찍 일어나 번제물을 사를 장작을 팬 뒤 하느님께서 자기에게 말씀하신 곳으로 길을 떠났다.[6]

💙 6) 이사악은 하느님이 아브라함에게 하신 약속이 실현되기 위한 구체적인 '도구'이며 동시에 하느님의 약속이 실현되었다는 '증거'이다. 뿐만 아니라 이사악은 아브라함이 몇 번씩이나 신앙의 위기와 인간적인 약함을 드러내면서, 모든 희망을 포기한 연로한 나이에 얻은 자식으로서 그의 가장 큰 기쁨이요, 희망이었다. 따라서 이사악을 번제물로 바치라는 시련은 부성애에 대한 시련과 하느님의 약속을 무의미하게 하는 신앙의 시련 모두를 합친 최대의 시험이었다. 이 시험은 23장에 나타난 약속의 땅에 들어가기 위한 일종의 시험의 성격을 띠고 있다. 하느님의 뜻을 순종하는 자세가 바로 약속의 땅을 소유하게 되며 아울러 이사악을 통해 주시고자 하는 축복을 받게 된다.

아브라함은 그곳에 제단을 쌓고 장작을 얹어 놓았다. 그리고 나서 아들 이사악을 묶어 제단 장작 위에 올려 놓았다. 아브라함이 손을 뻗쳐 칼을 잡고 자기 아들을 죽이려 하였다. 그때 주님의 천사가 나타나 "그아이에게 손대지 마라. 그에게 아무 해도 입히지 마라. 네가 너의 아들, 너의 외아들까지 나를 위하여 아끼지 않았으니, 네가 하느님을 경외하는 줄을 이제 내가 알았다". 아브라함이 눈을 들어보니 덤불에 뿔이 걸린 숫양 한 마리가 있었다. 아

| 창세기 4 |

브라함은 그 숫양을 끌어와 아들 대신 번제물로 바쳤다. 아브라함은 그곳을 '하느님 이레'[7] 라 하였다. 그래서 오늘도 사람들은 '주님의 산에서 마련된다'고들 한다.

💙 7) 하느님 이레(본다) '하느님께서 마련하신다(주님께서 보신다)'는 신앙의 의미와 함께 감사와 기쁨이 담겨있다. 하느님이 진정 바라는 것은 제물이 아니라 봉헌하는 이의 마음이다. 이처럼 하느님은 자기의 모든 것을 포기하며 최선을 다해 순종한 아브라함에게 이사악을 되돌려 주시고, 제물을 마련해 주시며 아브라함의 믿음을 축복하시면서 땅과 후손에 대한 약속을 확고히 표명하신다. 즉 하느님의 구원 행위는 인간이 완전히 모든 것을 포기했을 때, 그리고 당신께 절대적으로 신뢰했을 때, 우리의 역사 안에서 구체적으로 드러난다. 좋으신 하느님에 대한 더 굳은 신뢰의 이유가 되는 것이다.

4. 야곱 이야기

장자권은 농경사회에서 중요한 의미를 지니며, 장남에게 하느님의 축복이 부여되는 의미로 전해졌다. 그러나 야곱과 에사오의 이야기는 이 장자권의 부당함에 대해서 쓰고 있으며, 축복은 하느님의 자유로운 행위여서 어떠한 법칙에도 매여있지 않다고 말하고 있다. 축복의 흐름이 하느님의 역사를 통해서 이루어지는 것이지, 인간의 질서에 의해 확정되지 않는다는 것이다.

야곱과 에사오(25,21 – 27장): 이사악은 레베카를 아내로 맞이하였지만 레베카는 임신하지 못했다. 이사악의 기도에 레베카는 아이를 가지게 되었는데 아기들이 속에서 서로 부딪쳐 대자, 레베카는 "어째서 나에게 이런 일이 일어나는가?" 하면서 주님께 문의하러 갔다. 달이차서 몸을 풀고보니 배 속에는 쌍둥이가 들어있었는데 선둥이가 에사우, 살갗이 붉고 온몸이 털 투성이였다. 이어 동생이 나오는데 그의 손이 에사우의 발뒤꿈치를 붙잡고 있어, 그의 이름을 야곱

이라고 하였다. 에사우는 솜씨 좋은 사냥꾼, 들사람이 되었고 야곱은 온순한 사람으로 천막에서 살았다. 사냥에서 돌아온 허기진 에사우는 콩죽 한 그릇을 먹기위해 맹세를 하고 자기의 맏아들의 권리를 야곱에게 팔아넘겼다.[8]

> **8)** 성경은 인간을 크게 두 부류로 나눈다. 하나는 영적인 인간이고 다른 하나는 육적인 인간이다. 전자는 거듭나 하느님께 속한 자이다. 따라서 전자의 사람은 하늘에 속한 것을 추구하나, 후자의 사람은 땅의 것들을 탐한다. 본문에서 에사우가 장자권을 불콩죽 한 그릇에 팔아넘긴 사실은 영적인 것을 소홀히 하고 육적인 것을 취했기 때문이다. 하느님께서 주신 축복을 가볍게 여기는 사람들에 대한 교훈을 담고 있다.

야곱의 꿈 (28,10 – 22): 야곱은 브에르 세바를 떠나 하란으로 가다가, 어떤 곳에 이르러 해가 지자 거기에서 밤을 지내게 되었다. 야곱은 그곳에 누워 자다가 꿈을 꾸는데 그가 보니 땅에 층계가 세워져 있고 그 꼭대기는 하늘에 닿아 있는데, 하느님의 천사들이 그 층계를 오르내리고 있었다. 주님께서 말씀하셨다. "보라, 내가 너와 함께 있으면서 네가 어디로 가든지 너를

| 창세기 5 |

지켜주고, 너를 다시 이땅으로 데려오겠다. 내가 너에게 약속한 것을 다 이루기까지 너를 떠나지 않겠다. 야곱은 잠에서 깨어나, "진정 주님께서 이곳에 계시는데도 나는 그것을 모르고 있었구나." 하면서 두려움에 싸여 말하였다. 그리고 다시 "이 얼마나 두려운 곳인가? 이곳은 다름 아닌 하느님의 집이다. 여기가 바로 하늘의 문이로구나." 야곱은 아침 일찍 일어나, 머리에 베었던 돌을 가져다 기념 기둥으로 세우고 그 꼭대기에 기름을 부었다. 그러고는 그곳의 이름을 '베텔'이라 하였다. 그리고 야곱은 주님을 자신의 하느님으로 고백하고, 기념기둥으로 세운 돌을 하느님의 집으로, 주님이 주시는 모든 것의 십분의 일을 봉헌할 것을 서원한다.[9]

> **9)** 야곱의 고백과 서원은 '두려움'의 은사를 대표하는 구절이다. 하느님을 체험했던 야곱이 신앙을 고백하는 장면이다. 그 고백은 "이제야 하느님을 알았다"라는 간단한 말로 표현된다.

야곱을 지켜 주시는 하느님(29,1 – 31,54): 야곱은 사랑하는 라헬을 얻기 위하여 14년간 일하였고, 재산을 얻기 위하여 6년간 노력하였다. 그 후로 야곱은 두 아내와 두 아내의 몸종을 통해 11명의 아들을 얻는다. 부당한 장인 라반의 태도에도 불구하고 목적한 바를 이루기 위하여 야곱은 주어진 임무를 성실히 수행(31,39 – 40)한다. 라반이 야곱을 속이고 일한 대가를 제대로 치르지 않았을 때 하느님이 개입하셔서 약자인 야곱과 함께 하시며 그에게 은혜를 베풀어 주셨다. 즉 하느님께서는 힘없는 자의 편에 서서 정의가 불의한 힘을 누를 수 있게 하시고 불평등한 관계를 바로 잡아 공존의 관계로 이끌어 주신다.

야곱이 하느님과 씨름을 하다(32장): 야곱은 에사우를 만나러 가는 길, 두 아내와 열한 아들을 데리고 야뽁강을 건네보낸 후 혼자 남아 있었다. 그런데 어떤 사람이 나타나 동이 틀 때까지 야곱과 씨름을 하였다. 그는 야곱을 이길 수 없다는 것을 알고 야곱의 엉덩이뼈를 쳤다. 그래서 야곱은 그와 씨름을 하다 엉덩이뼈를 다치게 되었다. 야곱은 끈질기게 "나에게 축복을 해 주지

않으면 놓아 드리지 않겠습니다." 말하자 "네가 하느님과 겨루고 사람들과 겨루어 이겼으니, 너의 이름은 이제 더 이상 야곱이 아니라 이스라엘이라 불릴 것이다." 이라하여 야곱이 이스라엘이 된다. 이는 '하느님께서 싸우시기를' 또는 '하느님께서 당신 자신을 강하게 드러내시기를' 뜻한다. 이스라엘이라는 새로운 이름은, 이스라엘 민족의 성조가 초월적인 존재를 거슬러 싸우는 가운데 보여준 기력과 그가 대표하는 자연의 힘과 연계되어 있다. 이 이름은 이제 야곱과 그의 후손의 운명을 규정했던 싸움을 기억하는 이름이 되었다.

에사우와의 화해(33장 – 36장): 야곱은 자기가 일한 만큼의 대가를 얻고 도망쳐 나온 후 라반의 추격을 받아 두려움에 싸여 있었으나, 그 문제를 잘 해결하고도 과거에 아버지 이사악만 돌아 가시면 자기를 죽이겠다고 한 에사우에 대한 두려움이 남아 있었다. 야곱은 재산과 종, 많은 자식과 가족을 거느리고 있었지만 이것들이 그를 위로해 주지 못했고, 잘못에 대한 책임 또한 그대로 남아 있었다. 야곱은 형의 관대한 처분만을 기대할 수밖에 없는 무력한 처지에 빠지게 된 것이다. 야곱은 겸손한 태도로 에사우의 마음을 풀어주려 노력한다(32,5). 하느님의 축복을 받은 자로서 부자가 된 자기의 위치를 종으로 하여금 에사우에게 전하게 하여 물질로서 에사우와의 화해를 유도한다(32,6). 야곱이 하느님께 애절하게 호소하는 대목은 야곱의 귀향 이야기의 절정을 이룬다.

5. 요셉 이야기

요셉이야기는 혈연 중심의 사회가 왕정 사회로 바뀜을 암시하고 있다. 이 이야기가 씌어졌을 것으로 추정되는 솔로몬 시대, 곧 왕정시대로 이행한 후 발생한 문제와 갈등을 시사한다. 성경 저자는 요셉의 이야기를 통하여 성조 야곱과 그 자손들이 이집트에 가게 된 경위를 설명하고 선택된 민족의 형성과 출애굽을 준비하고 연결하는 구원사를 전개하고 있다. 이 이야기에서 강조되는 것은 놀라운 하느님의 능력과 이끄심이다. 이스라엘 사람들이 역사를 통해 체험한 하느님, 곧 고통 속에서 구해 주시는 하느님, 어떠한 악의 세력에도 불구하고 구원의 능력과 의지를 펼쳐 가시는 하느님께 대한 깊은 신학적 반성을 엿볼 수 있다.

야곱의 편애와 형제간 불화(37,1 – 11): 야곱 이스라엘은 사랑하는 여인 라헬에게서 늘그막에 얻은 요셉을 다른 어느 아들보다 더 많이 사랑하였다. 이러한 편애에 다른 형제들은 그에게 정답게 말을 건넬수가 없었다. 요셉은 "우리가 밭 한가운에서 곡식단을 묶고 있는데 내 곡식 단이 우뚝서고 형들의 곡식단이 빙 둘러서서 내 곡식 단에게 큰 절을 하였답니다." 라고 말하는가 하면 "해와 달과 별 열한 개가 나에게 큰 절을 하더군요" 라고 말하여 형들의 시기를 사게 되었다. 그의 아버지는 이 일을 마음에 간직하였다.[10]

🔖 10) 형들은 편애를 하는 아버지보다 특혜를 받는 요셉에게 증오를 품는다. 이것이 미움의 발단이 되어 마침내 형제 공동체의 관계가 파괴된다. 두

차례의 꿈은 형들의 권위뿐 아니라 아버지와 어머니의 권위에까지 도전하는 내용이다. 해와 달과 열한개의 별들이 요셉에게 절을 하는 꿈이 그것이다. 이러한 일련의 과정을 지나 형들의 미움을 산 요셉은 이스마엘 상인들에게 팔려 가는 신세가 된다.

요셉이 이집트로 팔려가다(37,12 - 36):
요셉의 형제들이 양 떼에게 풀을 뜯기러 스켐 근처로 갔을 때 이스라엘이 요셉에게 "가서 형들이 잘 있는지, 양들도 잘 있는지 보고 나에게 소식을 가져오너라" 하여 헤브론 골짜기에서 떠나보낸다. 그의 형들은 멀리서 요셉이 오는 것을 보고 음모를 꾸미며 "저기 꿈쟁이가 오는구나 이제 저 녀석을 죽여서 아무 구덩이에 던져넣고 사나운 짐승이 잡아먹게 하자"라고 말한다. 그러나 르우벤은 이 말을 듣고 그들의 손에서 요셉을 살려낼 생각으로 "목숨만은 해치지 말자"라고 말하여 이스마엘 상인들에게 요셉을 은전 스무 닢에 팔아넘겼다.

이집트에서의 요셉(39장 이하):
이집트의 근위대장 포티파르에게 또 다시 팔려온 요셉은 주님의 보호 속에서 주인의 관리인이라는 직책까지 올라갔다. 그러나 이러한 요셉에게 주인의 가장 가까운 사람인 안주인이 유혹해 온다. 요셉은 주인으로부터 받은 신뢰를 버리는 행위는 하느님을 거스르는 결과를 낳을 것으로 생각하여 유혹을 물리쳤다(39, 8 - 9). [11]

11) 한낱 외국인 노예에 불과한 요셉은 누명을 쓰고 감옥에 들어가서도 법적인 도움을 받을 길은 전혀 없었다. 요셉은 단순하게 이 모든 것을 묵묵히 받아들이고 하느님께 대한 믿음을 잃지 않는다. 하느님이 함께 하는 길은 항상 번영과 영광이 보장된 성공의 길이 아니다. 역경과 환난, 처절한 좌절과 고난의 늪 속에서도 하느님은 당신을 부르는 사람들과 함께 하신다. 그러기에 우리에게 진정 필요한 것은 언제 어느 처지에서든 하느님을 놓지 않는 일, 그분께 대한 믿음을 잃지 않는 것이다.

요셉을 이끄시는 하느님(42장 이하):
우여곡절 끝에 이집트 재상에까지 오른 요셉은 형제들과의 극적인 재회를 하게 되며 동시에 야곱 일가를 구원하는 데 결정적인 역할을 한다. 이제 요셉은 '자신이 비록 형제들에게 팔려왔지만 그 모든 것은 악을 선으로, 죽음을 생명으로 바꾸시는 하느님께서 우리 민족을 구원하시기 위한 당신의 섭리'임을 고백하게 된다. 이것이 요셉 설화의 핵심 주제라 할 수 있다. [12]

| 창세기 6 |

12) 요셉 설화를 끝으로 이제 창세기는 막을 내리게 된다. 이야기의 배경 역시 메소포타미아와 가나안이 아니라 이집트로 옮겨지게 된다. 그러나 아브라함으로부터 면면히 이어온 구원 역사는 이제 여기서 끝나는 것이 아니라 오묘하게도 요셉으로 인한 이집트 이주는 백성을 출애굽으로 이끌어야 하는 또 다른 구원의 요소를 낳는 교량 역할을 하게 된다.

형제들과의 만남과 화해(44장 이하):
요셉은 형들의 회개와 아버지 야곱과 베냐민에 대한 생사 여부를 중요시하였다. 요셉은 형제들을 궁지에 몰아넣고서 그 상황에서 그들의 진실된 대답과 형제간의 우애를 확인한다. 형들은 심문을 받는 과정에서 과거 요셉에게 했던 일을 구체적으로 기억해 내고(21 - 24절) 자신들의 잘못을 인정한다. 요셉의 형제들은 예전과 많이 달라져 있음을 알 수 있다. 요셉은 형들에게 자신이 이집트로 팔려온 것은 하느님의 놀라운 섭리라 말한다. 하느님의 계획을 믿는 요셉은 일생 동안 겪었던 모든 어려움과 주어진 환경을 하느님의 손길로 받아들이며 형들을 용서한다.

야곱의 이집트 이주(46,1 – 34): 야곱이 약속의 땅 가나안을 떠나는 중대한 사건은 인간적인 충동이 아니라 하느님의 지시에 따라 이루어졌다 (46,2 – 4). 브에르세바에서 하느님의 나타나심은 성조 시대에서는 마지막 현현으로 성조들과의 약속을 최종적으로 갱신하는 것이다. 이제 요셉 설화의 초점은 요셉에서 이스라엘과 그 후손에게로 옮

| 창세기 7 |

겨진다. 하느님께서는 이집트에서 야곱 가문을 강대국으로 만들 것이라고 약속하신다. 이제 작은 부족에 불과하던 야곱 가문은 이집트에서 한 민족을 이루게 될 터인데, 이는 장차 일어날 출애굽 사건의 배경이 된다. 즉 야곱에 대한 언약은 성조 시대에서 출애굽 시대로의 전환점이다. "내가 그곳에서 너를 다시 데리고 돌아오겠다"는 말씀은 출애굽 이미지가 강하게 엿보인다.

야곱의 마지막 축복(49,1 – 27): 시적인 형태로 표현된 야곱의 마지막 축복은 축복 자체라기보다는 12지파의 역사적 상황과 그 미래에 대한 예언적 서술이다. 본래 이 내용은 성조 이야기나 요셉 설화와는 직접적인 관련 없이 판관시대 말기나 왕정시대 초기에 완성된 것으로 추정된다.

야곱의 유언(49,28 이하): 요셉의 유언은 성조 이야기와 출애굽 시대를 연결시키며 동시에 하느님의 약속과 그 약속의 성취를 일관성 있게 연결시킨다. 아브라함으로부터 이어온 구원의 역사는 창세기에서 끝나지 않고 이제 출애굽이라는 극적인 사건을 향해 급속히 전개되어 간다. 구원의 역사는 창세기에서 끝나지 않고 탈출기와 그 밖의 오경, 그리고 구약성경 전반에 걸쳐서 펼쳐지며 마침내 예수 그리스도에 이르러 성취된다 ■

바이블테라피 **02**　기도와 성령
Bible Therapy

01 기도란 성령의 힘으로 이루어지고, 성령으로 지탱되며, 하느님과의 다정스런 친교이다.

"너희 아버지께서는 구하기도 전에 벌써 너희에게 필요한 것을 알고 계신다!" (마태오 6,8)

"성령께서도 나약한 우리를 도와주십니다. 우리는 올바른 방식으로 기도할 줄 모르지만,
성령께서 몸소 말로 다할 수 없이 탄식하시며 우리를 대신하여 간구해 주십니다" (로마 8,26)

02 기도를 위한 가장 간단한 길은 감사하는 법을 배우는 것이다!

'감사'한다는 것은 "만족"한다는 것이다. 우리에게는 늘 어떠한 기대가 있다. 이것이 채워지면 '만족한다'라고 말한다.
하지만 그 기대가 채워지지 못하면 우리는 불만을 가지게 된다. 불만은 불안을 만들고, 불안은 (내적으로)분노를 만들
고, (외적으로)관계의 갈등을 만든다. 따라서 감사는 자신의 주어진 처지에 대한 긍정이다.
이 긍정의 힘이 기도를 가능하게 만든다.

이스라엘 백성들은 감사하지 못했다. 그것이 그들에게는 화근이었다. 약속의 땅을 정탐했던 여호수아와 칼렙의
긍정의 길은 약속의 땅을 그들에게 돌려놓았지만, 자신들 스스로를 메뚜기로 비하하고, 부정의 길을 걸었던 자들은
모두 염병(저주)에 걸렸다. 우리는 생명과 지혜, 신앙이라는 큰 선물을 받았다.

창세기에 이어 두 번째로 나오는 탈출기는 이집트에 와 사는 성조 야곱의 자손이 하나의 공동체로서 하느님의 백성이 되어가는 과정을 생생하게 보여준다. 즉, 주 하느님이 모세를 시켜 이집트의 노예가 된 이스라엘 백성을 구하시고 이끄시며, 시나이 산에서 계약을 맺어 그들이 지켜야 할 규정을 알려준 이야기가 담겨있다. 모두 40장으로 구성된 탈출기는 이집트에서 종살이를 하던 이스라엘 민족의 이야기를 시작으로 하여 모세를 통해 이루어진 구원과 해방, 그리고 주 하느님이 주신 율법과 그 영광에 관한 이야기로 끝맺고 있다.

날짜	성경 구절	주요 내용	
첫 째 날	탈출 1 - 4	• 이스라엘인들의 종살이(1) • 모세의 탄생, 미디안 망명(2) • 모세의 소명사화 (불타는 떨기나무) • 하느님 이름의 계시(3) • 모세에게 능력을 주시는 하느님 　(지팡이와 아론, 4)	 탈출기 1 - 모세의 탄생
둘 째 날	5 - 12	• 파라오와의 만남, 조장들의 불평과 모세의 탄원(5) • 모세의 부르심, 모세와 아론의 족보 (6) • 지팡이가 뱀으로, 나일강이 피로변함 • 개구리 소동(7) • 모기와 등에(8) • 가축병과 종기 그리고 우박(9) • 메뚜기 소동과 어둠(10) • 열번째 재앙 예고(11) • 파스카 축제, 맏배의 죽음(12)	 탈출기 2 - 파라오와의 만남
셋 째 날	13 - 18	• 맏아들과 맏배의 봉헌(13), • 에탐에서 갈대바다로, 기마와 기병을 바다에 쳐 　넣으심(14) • 모세의 승리의 노래와 미르얌, 마라에서 쓴 물을 　단물로 바꿈(15) • 만나와 메츄라기(16) • 마싸와 므리바의 물, 아말렉과의 싸움(17) • 장인 이트로의 충고(18)	 탈출기 3 - 이집트 탈출
넷 째 날	19 - 24	• 시나이산에 도착(19) • 십계명(20) • 계약의 해설(21 - 23) • 계약체결(24)	 탈출기 4 - 십계명

날짜		성경 구절	주요 내용
다 째	섯 날	25 – 31	• 성소의 건립과정, 계약괘, 제사상 등잔대(25) • 성막, 성막에 쓸 목재, 휘장(26) • 재단(27) 사제들의 옷(28) • 사제임직식(29) • 분향제단(30) • 안식일(31) 탈출기 5 – 성소와 전례의 규정들
여 째	섯 날	32 – 34	• 금송아지, 하느님의 진노와 모세의 간청, 증언판을 깨뜨림(32) • 모세의 기도와 응답(33) • 모세가 새로운 증언판을 받으러 시나이 산으로 다시 올라감(34) • 빛나는 얼굴로 내려오는 모세 탈출기 6 – 금송아지 사건으로 인한 모세의 분노와 계약파기
일 째	곱 날	35 – 40	• 안식일, 성소건립의 예물(35) • 예물봉헌의 중단, 성막, 성막의 목제품, 휘장을 만들다(36) • 계약의 괘, 제사상, 등잔대, 분향제단(37) • 번제 제단(38) • 대사제의 옷(39) • 성막을 세워 봉헌(40) 탈출기 7 – 성막을 세우다

6. 출애굽 전승

이집트에서의 이스라엘(1,1 – 1,22): 요셉을 알지 못하는 새 임금이 이집트에 군림하였다. 그는 "보아라. 이스라엘 백성이 우리보다 더 많고 강해졌다. 그러니 우리는 그들을 지혜롭게 다루어야 할 것이다. 그러지 않으면 그들이 더욱 번성할 것이고, 전쟁이라도 일어나면 그들은 우리의 원수들 편에 붙어 우리에게 맞서 싸우다 이 땅에서 떠나가 버릴 것이다" 이집트의 임금은 산파들을 시켜 남자아이들을 모두 죽여버리도록 하였다. [13]

| 탈출기 1 |

[13] 요셉 이후의 역사가 구체적으로 언급되지는 않지만 아브라함에게 약속하신 축복이(자손) 이루어졌음이 드러난다. 이야기의 중심은 8절 이하에 나오는 억압과 강제노동이다. 이는 앞으로 일어날 일들의 전체적인 서론과 배경이다. 강력한 파라오와 힘없는 약자인 산파와의 대결 모습이 대조적으로 제시되며 하느님의 보이지 않는 손길이 작용하고 있음을 암시한다.

모세의 출생 및 망명과 미디안에서의 사건(2,1 – 22): 이 가운데 레위 집안의 한 남자가 레위의 딸을 아내로 맞아들여 임신하여 아들을 낳았는데 더 숨겨 둘 수가 없었다. 그리하여 왕골상자를 가져다가 역청과 송진을 바르고, 그 안에 아기를 뉘어 강가 갈대 사이에 놓아두었다. 파라오의 딸이 이 아이를 발견하여 "내가 그를 물에서 건져냈다"하여 그 이름을 '모세'라 하였다. [14]

[14] 모세의 등장은 본격적인 출애굽 사건의 시작을 의미한다. 모세의 인물됨이나 자격에 초점이 모아지는 것이 아니라 하느님의 특별한 손길이 함께 하고 있다는 사실이 부각된다. 망명의 동기를 통해 모세의 인물됨과 심성이 소개되고, 인간적인 모세의 노력이 무기력하게 끝나고 피신해야 하는 지경에 이르는 부정적인 노력이 앞으로 하느님의 손길이 함께 할 때 어떻게 바뀌는가를 예비시킨다. 동시에 미디안 피신사건은 이스라엘 백성의 광야 여정과 보잘것없는 목동에서 백성을 이끄는 지도자로서 가난한 일꾼으로 변화된 모세의 모습을 보여준다.

모세의 소명(3,1 – 6): 모세는 미디안의 사제인 장인 이트로의 양 떼를 치고 있었다. 그는 양떼를 몰고 광야를 지나 하느님의 산 호렙에 갔다. 주님의 천사가 떨기나무 한 가운데로부터 솟아오르는 불꽃 속에서 그에게 나타났는데 "모세야, 모세야!" 하고 외쳤다. 그리고 천사는 "이리 가까이 오지 마라. 네가 서 있는 곳은 거룩한 땅이니, 네 발에서 신을 벗어라." 말한다. [15]

[15] 모세의 불리움은 하느님과의 만남과 자신을 소개하는 하느님의 모습, 임무를 부여하시는 모습, 위탁을 거절하는 모습, 다시금 확신을 심어주시는 하느님, 징표를 제공하시는 모습으로 펼쳐진다. 모세는 다만 하느님의 종으로 동족들의 해방을 위해 봉사하도록 부름을 받았을 뿐이다. '타지 않는 떨기나무 사건'은 매우 의미심장한 사건이다. 이것은 하비루들과 하느님과의 밀접한 관계를 상징하는 사건이다. 모세가 잊고 있던 동족들의 삶을 하느님께서는 잊지 않고 계신다. 하느님은 가난한 이들을 감싸안고 그들 안에서 현존하신다. 하느님이 가난한 이들과 함께 계시기에 부르심을 받은 사람은 그들 안에 뛰어들어야 한다. 하느님께서 사랑하시는 사람들을 위한 투신이 부르심에 대한 응답인 것이다. 동시에 하느님이 억압의 현장에 함께 하시도록 초대하는 해방의 동인이 무엇일까? 그것은 다름 아닌 울부짖음이다. 하느님께서 역사 속에 개입하시는 동인(動因)은 공동체적 울부짖음이다.

모세의 파견과 사명(3,7 – 22): 주님께서 모세에게 "나는 이집트에 있는 내 백성이 겪는 고난을 똑똑히 보았고, 작업 감독들 때문에 울부짖는 그들의 소리를 들었다. 정녕 나는 그들의 고통을 알고 있다. 그래서 내가 그들을 이집트인들의 손에서 구하여, 그 땅에서 저 좋고 넓은 땅, 젖과 꿀이 흐르는 땅으로 데리고 올라가려고 내려왔다. 내가 이제 너를 파라오에게 보낼 터이니, 내 백성 이스라엘 자손들을 이집트에서 이끌어 내어라!" 그리고 하느님은 당신 이름을 "나는 있는 자다" 라고 계시하신다. [16]

16 하느님은 말씀으로 구원을 선포하신다. 하느님께서는 당신이 선택한 백성이 시련과 어둠을 당하는 상태에서 그들의 음성에 귀를 기울이시고 해방과 자유를 주시기 위해 역사의 한복판에서 당신의 손길을 보내신다. 파라오의 정책은 인간의 기본권리를 침해하는 것으로(탈출22,20) 이 민자들에 대한 보호와 기본권의 침해가 자행되고 있음을 보여준다. 하느님은 모세에게 당신의 이름을 알려 주신다. 하느님의 이름의 역사가 시작된다. "나는 하느님이다(나는 있는 나다)." 모세를 통해 이스라엘은 처음으로 하느님의 이름과 현존양식에 대한 감각을 갖게 된다. 이 표현은 '나는 너희가 장차 보게 될 방식으로 너희와 함께 있다'는 사실을 확인하려는 것임을 알 수 있다. 결국 "나는 있는 나다"는 하느님의 실존적, 실 천적 현존, 곧 사람들을 위하여 계시는 그분의 존재를 드러낸다는 것이다. 하느님께서는 인간의 구원 역사를 통하여 당신이 어떤 분이신지를 조금씩 드러내 보이신다. 여기에서는 하느님 이름 자체가 계시되었기에 '주님'으로 번역하지 않고 원이름으로 그대로 옮기는데, 기원전부터 유 다교에서는 점차 하느님 (히브리말은 자음만 표기)라는 이름을 발음하지 않고 대신 '아도나이'(주님)으로 읽는 관습이 시작되었다. 이는 칠십인 역(셉투아진따)에서 '키리오스'(주님)로 번역된다.

사명에 대한 확신(4,1 – 9): 세가지 표징은 〈1〉지팡이를 땅에 던지니 뱀이 되고 다시 손을 내밀 어 꼬리를 붙잡으니 도로 지팡이가 되었다. 〈2〉모세가 손을 품에 넣으니 나병에 걸려 하얀 눈 처럼 되어 있다가 다시 품에 넣으니 제 살로 되돌아왔다. 〈3〉주님께서는 그래도 그들이 말을 듣지 않으면 나일강에서 물을 퍼다가 마른 땅에 부어 그 물이 마른 땅에서 피로 변하게 할 것이 라 말씀하신다.[17]

17 다른 예언자와 마찬가지로 모세 역시 부르심을 받을 때 주저하고 피하려 한다. 하느님은 세가지 표징으로 당신 말씀의 위력을 증명하신다.

모세와 아론의 이야기(4,10 – 23; 6,28 – 7,71): 모세가 자신은 말솜씨가 없다고 아뢰자 주님께 서 "누가 사람에게 입을 주었느냐? 누가 사람을 말 못하게 하고 귀먹게 하며, 보게도 하고 눈 멀게도 하느냐? 나 주님이 아니냐? 그러니 이제 가거라. 네가 말할 때 내가 너를 도와, 무슨 말 을 해야 할지 가르쳐 주겠다" 말씀하신다. 그래도 모세가 소명을 뒤로하자 주님께서 화를 내시 며 그에게 형 아론을 대변인으로 세워주신다.[18]

18 소명을 피하려는 모세와 하느님의 결정적인 말씀. 사제직과 예언직의 공존이 드러난다. 이 둘은 서로 보완관계에 있어야 한다. 해방의 기쁨을 전하는 전달자로서 모세는 자신만의 삶을 위한 자리에서 고통당하는 형제들의 자리로 옮긴다. 이러한 이동이 곧 투신이다. 투신은 말로 이루어 지는 것이 아니라 행동으로 드러나는 것이다.

모세와 아론에 대한 이스라엘의 반응(4,1 – 5,23): 처음에 이스 라엘 백성들은 모세와 아론의 표징을 보고 그들을 믿었다. 모 세와 아론이 파라오를 찾아가 광야로 나가 하느님께 제사를 드릴 수 있도록 도와달라 말하자 파라오는 작업감독들과 조 장들을 불러 이스라엘 백성들을 더욱 심하게 다루게 하였다. 그러자 이스라엘 백성들은 모세와 아론을 원망하며 "주님께 서 당신들을 내려다 보시고 심판해 주셨으면 좋겠소. 당신들

┃ 탈출기 2 ┃

은 파라오와 그 신하들이 우리를 역겨워하게 만들어, 우리를 죽이도록 그들 손에 칼을 쥐어 주 었소"라고 말하며 항의하였다. 그러자 모세는 다시 주님께 "주님 어찌하여 이 백성을 괴롭히십 니까? 어찌하여 저를 보내셨습니까?" 라고 울부짖는다.[19]

19 항상 예언자나 선구자는 비난과 박해를 당하기 마련이다. 무지한 백성의 모습은 하느님의 사명을 수행하는 장애요인이다. 교육의 필요성이 이 것이다. 우리들도 많은 일꾼들에 대한 비난을 할 때가 있다. 너무 쉽게 열매를 맺보려는 조급함이 일꾼들의 삶을 위협한다. 이 장면은 이스라엘 이 이집트를 탈출하던 당시의 사회적, 종교적 차원을 드러낸다. 하느님의 보이지 않는 역사하심과 그 진실과 정의는 많은 오해와 박해의 원인 이 되는 것이다.

모세의 소명과 구원을 선포하시는 주님(6,2 – 8): 주님은 모세에게 이스라엘 백성들에게 가서 이렇게 전하라 명하신다. "나는 주님이다. 나는 이집트의 강제노동에서 너희를 빼내고 그 종살이에서 너희를 구해 내겠다. 팔을 뻗어 큰 심판을 내려서 너희를 구원하겠다. 그리고 너희를 내 백성으로 삼고 아브라함과 이사악과 야곱에게 주기로 손을 들어 맹세한 땅으로 너희를 데려가서 그 땅을 너희 차지로 주겠다". [20)

> 💙 20 출애굽의 근본 목적은 하느님 께서 이스라엘을 위해 당신이 누구이신가를 드러내는 것이며 당신이 본질적으로 해방의 하느님, 생명을 주시는 하느님이며 자유를 선사하는 하느님이라는 것이다. 제관계 저자들은 귀양살이를 하고 있던 당시의 독자들을 위하여 이 구원의 선포를 계약의 중심으로 두고 역사적인 측면에서 조명하였음을 볼 수 있다

열 가지 재앙(7,8 – 10장): 하느님께서는 파라오의 마음을 완고하게 하시고 물이 피로 변하고, 개구리들이 소동을 일으키고, 모기, 등에, 가축병, 종기, 우박, 메뚜기, 어둠 그리고 마침내 이집트의 모든 맏배들을 모조리 죽여 버리는 재앙을 준비하신다. [21)

> 💙 21 재앙기사는 이스라엘 백성을 구원하시는 하느님의 권능이 장엄하게 실행되는 모습을 보여준다. 여기에 등장하는 재앙의 일부는 이집트에서 발생한 자연현상을 배경으로 하고 있으나 이 이야기의 근본 의도는 하느님의 위대함과 권능을 찬미하는데 있다. 제관계 저자들은 유배상황에서 하느님보다 마술사들의 능력을 신뢰하는 유혹에 빠지는 이스라엘 백성들에게 경고하는 첫 징표로 제시하는 모습이 엿보인다.

파스카의 밤(12,1 – 20): 주 하느님께서는 이스라엘 백성들에게 "일년 된 흠없는 수컷으로 양이나 염소를 잡아 이스라엘 공동체가 모여 저녁 어스름에 잡아 그 피를 받아 두 문설주와 상인방에 발라라! 그리고 고기를 먹어야 하는데 불에 구워, 누룩없는 빵과 쓴 나물을 곁들여 먹어야 한다. 아침까지 아무것도 남아있어서는 안된다. 그것을 먹을 때는 허리에 띠를 매고 발에는 신을 신고 손에는 지팡이를 쥐고, 서둘러 먹어야 한다. 이것이 주님을 위한 파스카 축제다" 말씀하신다. [22)

> 💙 22 파스카의 밤이 지니는 의미는 다양하다. 이 밤에 이스라엘은 해방의 밤이 되었고, 반대편에 있던 이집트인들에게는 심판과 공포의 밤이 된다. 자신의 능력을 신뢰하는 사람이었던 파라오에 의해 무수한 사람들이 희생의 대가를 치러야 함은 상징적인 의미가 내포되어 있다. 그러나 하느님의 뜻에 따른 이스라엘은 자유와 해방의 역사가 펼쳐지고 인류의 역사는 구원의 역사가 되며, 어둔 밤을 밝히는 신앙의 등불에는 파스카의 희생이 요구됨을 알 수 있다. 이 밤은 이스라엘 역사의 가장 아름다운 밤이며 이집트 종살이에서 신음하던 하비루들의 희망이 성취되는 밤이기도 하다.

열 번째 재앙과 이집트 탈출 (12,29 – 51): 한 밤중에 주님께서는 이집트 땅의 맏아들과 맏배를, 곧 왕좌에 앉은 파라오의 맏아들부터 감옥에 있는 포로의 맏아들과 짐승의 맏배까지 모조리 치셨다. 마침내 이스라엘 자손들은 라메세스를 떠나 수꼿으로 향하였다. 아이들을 빼고 걸어서 행진하는 장정만도 육십만명 가량이 되었다. 이스라엘 자손들이 이집트에서 산 기간은 사백삼십 년이었다. [23)

> 💙 23 주님의 권능행사와 이를 통한 파라오의 반응이 이전의 상황과 대조적으로 제시된다. 파라오는 계속되는 재앙 앞에서 주님을 인정할 수 밖에 없게 된다. 열악한 노동환경과 착취를 일삼던 이전의 모습과는 달리 주님을 섬기는(32절) 모습이 드러난다. 이것이 부활찬송에 나오는 죄악의 신비와 연결된다. 여기서 자칫하면 표면에서 나타나는 하느님의 무서운 심판을 통해 두려움과 공포의 하느님으로 보일 수 있는 위험이 있다. 성경 저자들은 한결같이 현실의 상황 속에서 희망의 근거인 하느님 신앙의 위대함을 노래하는데 초점을 맞추고 있으며 생명의 주인이신 하느님을 인정하는 것이 참다운 자유와 해방의 원천이라는 것을 노래한 신앙고백임을 기억해야 한다.

이집트 출발 (13,17 – 22): 파라오는 마침내 이스라엘이 떠나도록 한다. 하느님께서는 백성들이 닥쳐올 전쟁을 피해 이집트로 되돌아갈 것을 걱정하여 갈대바다에 이르는 광야 길로 돌아가게

하셨다. 주님께서는 그들이 밤낮으로 행진할 수 있도록 그들 앞에서 서서 가시며, 낮에는 구름 기둥 속에서 그들을 인도하시고, 밤에는 불기둥 속에서 그들을 비추어 주셨다.[24]

💙 24 이스라엘에게 새로운 희망과 활력을 주는 아침이 밝아온 것이다. 이 부분에서 부각되는 것은 하느님의 손길과 세심한 배려라 할 수 있다. 새 삶의 여정이 가져다주는 것이 단순히 기쁨만 있는 것이 아니다. 곧이어 닥쳐올 시련을 감수하기 어려워 옛 생활을 동경하며 다시 그 늪에 빠지는 인간의 단면을 간파하고 세심한 배려를 하시는 하느님의 모습이 인상적이다. 불기둥과 구름기둥은 예루살렘의 두 기둥을 상징한다고 하겠다. 이는 하느님에 의한 영원한 도성, 영원한 기쁨과 평화가 있는 터전에로의 탈출임을 강력하게 시사하는 것이다.

이집트 탈출(14,1 – 31): 이집트인들은 이스라엘인들을 뒤쫓기 시작하였다. 파라오는 다시 마음이 바뀌어 자기 병거 육백대에 이르는 정예 부대와 군관이 이끄는 이집트의 모든 병거를 거느리고 나섰다. 이스라엘 자손들은 몹시 두려워하며 주님께 부르짖었다. 그들은 모세에게 말하였다. "이집트에서는 묏자리가 없어 광야에서 죽으라고 우리를 데려왔소? 어쩌자고 우리를 이집트에서 이끌어 내어 이렇게 만드는 것인가!"라며 불평하였다. 그러자 모세가 백성에게 "두려워하

| 탈출기 3 |

들 마라. 똑바로 서서 오늘 주님께서 너희를 위하여 이루실 구원을 보아라. 오늘 너희가 보는 이집트인들을 다시는 영원히 보지 않게 될 것이다. 주님께서 너희를 위하여 싸워 주실 터이니, 너희는 잠자코 있기만 하여라."라고 담대하게 대답한다. 모세가 바다 위로 손을 뻗자 주님께서는 밤새 거센 샛바람으로 바닷물을 밀어내시어 마른 땅으로 만드셨다. 이스라엘 백성들은 바다 가운데로 마른 땅을 걸어 들어갔다. 물이 그들 좌우의 벽이 되어 주었는데 뒤이어 이집트의 말과 병거들이 바다 한 가운데로 들어갔다. 새벽녘에 주님께서 불기둥과 구름 기둥에서 이집트 군대를 내려다 보시고 혼란에 빠뜨리셨다. 그리고 병거들의 바퀴를 움직이지 못하게 만드시고 모세가 다시 손을 뻗자 물이 제자리로 돌아와 이집트의 모든 군대와 기병들을 바닷속에 쳐 넣으셨다.[25]

💙 25 이스라엘은 자기들의 원체험을 가능한 한 구체적으로 전하려 노력한다. 파스카의 정점을 이루는 이 부분은 놀라운 하느님의 개입이 절망을 희망으로 바꿔놓았으며 해방은 하느님의 능력 안에 있다는 것, 신앙이 단순히 역사와 상황을 무시한 채 신비적 차원으로 돌려서는 안 된다는 것이다. 이렇게 이스라엘은 주님께서 이집트인들에게 행사하신 큰 권능을 보고 주님을 경외하고 주님과 그의 종 모세를 믿게 되었다.

모세의 승리의 노래 (15,1 – 21): "주님은 나의 힘, 나의 굳셈, 나에게 구원이 되어 주셨다."[26]

💙 26 출애굽은 본질적으로 모든 이에게 선포되고 전파되어야 할 기쁜 소식이었기에 기쁨과 감사의 노래를 표현하는 소재로 사용되었다. 이 이야기는 과월절 축제가 열릴 때마다 설명되었고 여러 성소에서 봉독되는 거룩한 이야기가 된 것이다.

7. 광야전승

광야의 의미: 광야는 우리를 부자유롭게 만드는 그 무엇을 볼 수 있게 하는 장소이다. 광야는 결코 아름다운 곳이 아니다. 그저 느낌만으로도 황량하고 삭막한, 그래서 인간이 살아가기엔 힘든 곳이다. 광야는 자신의 내면을 솔직하게 바닥부터 볼 수 있게 하는 빈들판이다. 그러므로 광야에 서 있는 시간은 조명의 시간이요, 반성의 시간이며, 하느님을 향한 탄원의 시간인 것이

다. 광야는 이스라엘이 택한 시간이 아니라 하느님께서 마련하신 시간이다. 약속의 땅에 들어가기 전에 반드시 거쳐야 할 길목이다. 이 뒤에는 참다운 자유인으로 살게 하시려는 하느님의 심오한 계획이 숨어있었기에 광야는 이스라엘이 시대와 공간을 넘어 언제든 돌아가 다시금 하느님의 뜻을 찾을 수 있는 자리인 것이다.[27]

27 광야의 존재 목적 : 광야는 이집트에서 가나안으로 향하는 과정이다. 다시 말해서 광야는 그 자체가 목적이 아니다. 언제나 결과만을 찾는 삶을 잠시 떠나 과정의 중요성을 묵상할 수 있게 만드는 곳이 광야다. 노예로서의 삶의 자리와 시간이 지났다 해서 하느님 백성이 된다거나 자유인이 되지는 않는다. 이스라엘은 자기 정화와 하느님 백성으로서의 신원의식을 깨달아 가는 과정이 필요했고 하느님께서는 그 시간을 광야에서 마련해 주신 것이다. 탈출기는 외적인 상황을 떠난다는 것에 초점이 있지만 광야는 내면의 부자유로부터의 탈출인 것이다. 이스라엘은 광야에서 주림과 목마름 앞에서 적어도 정직했다. 그들을 구원하신 하느님의 손길을 찬양하면서도 현실적인 고통 앞에서 솔직하게 불평을 터뜨렸다.

마음의 고향인 광야 : 이스라엘은 어려움에 처할 때마다 광야로 돌아가라는 예언자들의 말을 들어야 했다. 초대 교회 공동체의 정신적 지주였던 교부들도 이 광야로 나갔다. 예수께서도 광야에서 40일간 단식을 하시며 자신의 공생활을 준비하셨다. 광야는 하느님께 우선순위를 두고 살아가게 하는 가르침을 드리는 곳이다. 먼저 자신의 첫 자리를 하느님께 내어 드리는 것, 그것이 참다운 자유를 누리는 길이다. 아울러 광야는 갈림길이다. 자신을 의지하고 끊임없이 방황할 수도, 겸허하게 모든 것을 의탁하며 물 같은 자유를 향해갈 수도 있는 길이다.

마라의 쓴물(15,22 - 27):
모세가 이스라엘을 갈대바다에서 떠나게 하니, 그들이 수르 광야로 나갔다. 광야에서 사흘 동안을 걸었는데 그들은 물을 찾지 못하였다. 마침내 마라에 다다랐지만 그곳 마라의 물이 써서 마실 수가 없었다. 백성들은 다시 모세에게 불평한다. 모세가 주님께 부르짖으니 나무 하나를 주님께서 보내주셨다. 모세가 그것을 물에 던지자 그 물이 단물이 되었다. 주님께서는 백성들에게 "너희가 주 하느님의 말씀을 잘 듣고, 주님의 눈에 드는 옳은 일을 하며, 그 계명에 귀를 기울이고 그 모든 규정을 지키면, 나는 너희를 낫게 하는 주님이다.[28]

28 광야는 신의 부재를 느끼게 하는 곳이며 동시에 하느님을 만날 수 있는 밀회의 장소이다. 이스라엘 백성의 목마름에 대한 탄원은 인간의 기본적 조건의 결핍을 상징하며, 우리의 삶의 현장에서 제기되는 각종 목마름에 대한 상징이다. 초점은 이 목마름을 통한 하느님의 사랑을 전하는 데 있다.

만나와 메추라기(16,1 - 36):
신 광야에서 이스라엘 백성들은 모세와 아론에게 다시 불평하였다. "이집트 땅에서 주님의 손에 죽었더라면! 그런데 당신들은 이 무리를 모조리 굶겨 죽이려고 우리를 광야로 끌고왔소?" 그날 저녁에 메추라기 떼가 날아와 진영을 덮었다. 그리고 아침에는 진영둘레에 이슬이 내렸다. 이슬이 걷힌 뒤에 보니 잘기가 땅에 내린 서리처럼 잔 알갱이들이 광야 위에 깔려 있는 것이었다. 이스라엘 집안은 그것의 이름을 '만나'라고 하였다. 그들은 사십년 동안 메추라기와 만나를 먹었다.[29]

29) 성경에 등장하는 기적 이야기는 단순히 초자연적인 하느님의 개입을 제시하는 것이 아니라 이를 통해 하느님을 향해 마음을 열게 하고 하느님의 보호와 인도를 깨닫게 하려는 데 있다. 제관계 저자들은 만나와 메추라기 이야기를 하느님의 영광에 대한 세 가지 사건 중 하나로 제시한다. 이들은 백성의 고통에 귀 기울이시는 하느님께서 어둠의 시간을 지나 구원의 시간이 도래했음을 알리라는 구원의 말씀을 통해, 그리고 이것이 실현되는 과정을 통해 하느님의 영광이 드러남을 신학적으로 표현하였다.

마싸와 므리바의 물(17,1 - 7):
르피딤에 진을 친 이스라엘 백성들은 "우리가 마실 물을 내놓으시오!"라고 불평하며 모세와 시비하였다. 이스라엘 백성들은 모세에게 "어쩌자고 우리를 이집트에서 데리고 올라왔소? 우리와 우리 자식들과 가축들을 목말라 죽게 하려고 그랬소?" 모세가 주님께 부르짖었다. "이 백성에게 제가 무엇을 해야 합니까? 이제 조금만 있으면 저에게 돌을 던질 것 같습니다." 그러자 주님께서 모세에게 "나일강을 친 너의 지팡이를 손에 잡고 가거라! 이제 내가 저기 호렙의 바위 위에서 네 앞에 서겠다. 네가 그 바위를 치면 그곳에서 물이 터져나와 백성이 그것을 마시게 될 것이다." 말씀하셨다. 그리하여 이스라엘 자손들이 주님을 시험하였다하여 그곳의 이름을 '마싸'(시험), '므리바'(다툼) 라고 하였다.[30]

30 목마름 – 백성의 불평 – 모세의 하소연 – 하느님의 개입 – 모세의 수행으로 구성되어 백성의 불신앙과 이에 대한 모세와 하느님의 태도를 보여준다. 인간적인 어려움에 처한 인간이 고통을 받아들이는 양상에 따라 하느님과의 관계가 어떻게 달라지는가를 묵상하게 하는 대목이다.

아말렉과의 전투(17,8 – 16): 아말렉은 에사우의 자손들이다. 르피딤에 아말렉이 몰려오자 모세는 여호수아를 통해 아말렉을 물리치고 그곳에 제단을 쌓아 그 이름을 "하느님 니싸"(주님은 나의 깃발)라 하고 "손 하나가 주님의 어좌(깃발)를 거슬러 들리리니, 주님과 아말렉 사이에 대대로 전쟁이 일어날 것이다." 말한다.[31]

31 하느님께서는 어떤 유형으로든지 자기가 지닌 힘을 이용하여 자기보다 약한 이들을 직접 또는 간접으로 괴롭혀 그들의 자유를 무시하는 자들과 대항하여 싸우신다. 오늘날의 사회에서도 여전히 힘이 숭배되고 힘없는 이들이 짓밟힌다. '하느님께서 대대로 아말렉과 싸우신다'는 외침은 힘의 우상숭배자에게는 경고이고, 자유와 생명을 침해받고 있는 약자들에게는 희망의 선언이라고 하겠다.

장인 이트로와의 만남(18,1 – 12): 모세의 장인 이트로는 모세에게 이렇게 충고한다. "자네는 일하는 방식이 좋지 않네. 자네뿐만 아니라 자네가 거느린 백성도 아주 지쳐 버리고 말 걸세. 이 일은 자네에게 너무나 힘겨워 자네 혼자서는 할 수가 없네. 하느님을 경외하고 진실하며 부정한 소득을 싫어하는 유능한 사람들을 가려내어, 그들을 천인대장, 백인대장, 오십인 대장, 십인대장으로 백성에게 세우게. 이들이 늘 백성을 재판하고, 큰 일만 자네에게 가져오도록 하게. 작은 일들은 모두 그들이 재판하도록 하게. 이렇게 그들과 짐을 나누어져서, 자네 짐을 덜게나. 자네가 이렇게 일을 하고 하느님께서도 그렇게 명령하시면, 자네도 버티어 나갈 수 있고, 이 백성도 평화롭게 제자리로 돌아갈 것이네" [32]

32 이트로를 통한 하느님께 대한 찬양은 이스라엘 밖에 있는 사람들까지 하느님을 섬기는 것으로 제시한다. 장인 이트로의 충고를 수용하는 모세의 모습, 몫의 분담이 지니는 의미를 통해 공동체 운동의 단면을 보여준다. 모든 것은 나뉘어져야 한다. 재능이 출중해도 그 몫을 나누어 함께하려는 자세가 아니라 자신이 모든 것을 이루려 할 때 독재가 된다. 이 대목에서 평신도 사도직의 참된 의미와 참여의 필요성, 교회의 자생력을 점검하고 묵상할 필요가 있다.

8. 계약전승

출애굽의 마지막 부분인 시나이 계약전승은 탈출기의 절정이다. 이제 이스라엘 백성은 시나이에 이르러 하느님을 예배하는 공동체로 거듭나기 위해 계약을 맺는다. 이 계약사건은 출애굽 사건을 신학화하여 개인적인 구원이 아닌 공동체적인 체험으로 승화시킴은 물론 이제 하느님의 공동체로 특별한 관계를 맺는 계기가 된다. 이스라엘의 선민사상은 이 계약을 중심으로 정점에 이른다.

계약(19,1 – 8): 주님께서 산에서 모세에게 말씀하신다. "너희는 내가 이집트인들에게 무엇을 하고 어떻게 너희를 독수리 날개에 태워 나에게 데려왔는지 보았다. 이제 너희가 내 말을 듣고 내 계약을 지킨다면 너희는 모든 민족들 가운데에서 나의 소유가 될 것이다. 온 세상이 나의 것이다. 그리고 너희는 나에게 사제들의 나라가 되고, 거룩한 민족이 될 것이다."[33]

> [33] 이 대목은 뒤에 전개될 계약의 핵심적인 요소를 소개하고 있으며 24장까지의 서문의 역할을 수행한다. 특히 이 부분은 엄격하고 강력한 하느님의 모습을 부각시키기보다는 자기 자녀를 보호하는 온화한 하느님의 모습을 보여준다. 독수리 날개의 비유는 출애굽의 하느님의 특성을 나타내는 아름다운 모습이다. 동시에 하느님의 당신 백성에 대한 부드러운 보살핌의 손길을 강조하는 것이기도 하다. 아울러 하느님은 이 백성이 당신의 제안을 수락하거나 거부하는 것을 전적으로 자유의사에 맡기며, 응답이 두려움 속에서 이루어지는 것이 아니라 자유롭게 이루어지길 원하신다는 것이다.

하느님의 발현(19,9 – 25): 시나이 산에는 온통 연기가 자욱하고 주님께서 불 속에서 그 위로 내려오셨다.[34]

> [34] 하느님의 발현에 대한 기사는 여러 모습으로 나타나지만 이를 통해 하느님은 당신 백성과 함께 하시길 원하시며, 인간의 자유와 생명을 위해 신적인 생명의 세계를 계시하신다는 것이다. 하느님의 발현은 당신의 현존에 대한 장엄함과 신빙성을 증거하는 행위이다.

십계명(20장): 하느님께서 모든 말씀을 하셨다. "주 너의 하느님의 이름을 부당하게 불러서는 안된다. 안식일을 기억하여 거룩하게 지켜라. 아버지와 어머니를 공경하여라. 살인해서는 안된다. 간음해서는 안된다. 도둑질해서는 안된다. 이웃에게 불리한 거짓 증언을 해서는 안된다. 이웃의 집을 탐내서는 안된다. 이웃

| 탈출기 4 |

의 아내나 남종이나 여종, 소나 나귀 할 것 없이 이웃의 소유는 무엇이든 탐내서는 안된다."[35]

> [35] 십계명은 해방공동체로 초대하는 길잡이라 할 수 있다. 이스라엘 백성들은 출애굽의 전과정에서 비롯된 하느님과의 만남을 계약의 형식으로 승화시켰다. 그 계약 중 가장 높은 곳에 위치한 것이 시나이 계약이요, 핵심이 십계명이다. 십계명은 이스라엘 역사 속에서 체험된 신앙을 바탕으로 형성되었다. 십계명은 제의적 내용(1 – 3계명; 하느님 사랑에 대한 계명)과 윤리적 내용(4 – 10계명; 인간과 소유물에 대한 관계를 설명)으로 요약되며, 신약에서는 예수 그리스도를 통해 사랑의 이중계명으로 완성되는 것이다. 십계명은 율법의 요약이라기보다는 이스라엘의 첫 제정헌법이요, 모든 법들의 모델이라 할 수 있다.

계약법전(21 – 22장): 종에 관한 법, 폭력에 관한 법, 상해에 관한 법, 절도에 관한 법, 손해배상법, 처녀를 범한 자에 관한 법, 사형에 처할 죄인, 약자보호법, 하느님을 섬기는 법에 관한 계약의 책의 내용을 담고 있다.[36]

> [36] 광야생활에서 정착생활로 넘어가는 단계에서 삶의 양식과 구조가 달라지게 되었다. 그러므로 이에 따른 세부적인 법령이 요청되었기에 이 계약법전이 생겨난 것이다. 이 법전의 특징은 모든 법령은 하느님께로부터 왔다는 것, 법으로 옭아매기보다는 인간의 양심과 자유의지를 바탕으로 한 법사상을 반영한다. 이 법규정 안에는 다양한 내용을 담고 있지만 가장 아름다운 법은 약자보호법이라 할 수 있다. 외국인, 고아와 과부의 인권을 보호하는 대목은 이집트 에서의 뼈저린 체험을 바탕으로 수록된 것이다. 이것은 근동 지방의 왕정을 위협하는 수단이 되기도 하였다. 후일 왕정으로 변화되는 결정적인 계기를 마련하는 것도 이 대목의 영향이 크다.

정의 실현에 관한 법(23장): '너희는 헛소문을 퍼뜨려서는 안된다. 악인과 손잡고 거짓 증인이 되어서는 안 된다. 너희는 다수를 따라 악을 저질러서는 안 되며, 재판할 때 다수를 따라 정의를 왜곡하는 증언을 해서는 안 된다.' 이리하여 안식년과 안식일에 관한 법, 연중 삼 대 축제에 관한 법, 가나안 땅 입주에 관한 약속과 경고의 이야기가 진행된다.[37]

> [37] 가장 중요한 안식년법에 대한 이야기가 나온다. 이것은 신약의 은총의 해를 선포한 예수님의 소명을 압축시켜주는 아름다운 규정이다. 대물림되는 가난을 방지하고 평등한 사회를 구현하기 위한 노력이 빛을 발하는 대목이다. 안식년, 안식일 규정이 발전되면서 희년으로 연결된다. 이 모든 법과 규정은 약속의 땅에서 지켜야할 약속과 경고를 담고 있으며, 모든 법들이 하느님께로부터 왔다고 함으로써 이스라엘이 지니고 있던 법 정신을 유지하고 평등하게 적용될 수 있도록 얼마나 노력하였는지를 가늠하게 한다.

시나이 산 계약체결(24,1 – 18): 모세는 이스라엘의 열두 지파에 따라 기념 기둥 열둘을 세우고 번제물

을 올리어 소를 잡아 주님께 친교제물을 바치게 하였다. 주님께서는 이스라엘 자손들의 수령들에게 손을 대지 않으셨으므로, 그들은 하느님을 뵙고서 먹고 마셨다. 모세는 밤낮으로 사십 일을 그 산에서 지냈다.[38]

38 계약법전과 성막에 관한 기사를 연결시키는 교량이다. 이 대목은 하느님과 이스라엘 백성 사이의 계약을 체결시키고 다시 산에 올라가 성막에 관한 지시를 받는 것으로 나타난다. 모든 법은 하느님께서 창조하신 질서를 유지하는 기능을 수행하는 것이다. 공동체를 유지하고 하느님 백성으로서 자유를 살게 하기 위함이 모든 법과 규정이 지니는 참된 의미라는 것을 새겨야 할 것이다. 친교제는 제사에 참여한 이들과 하느님 사이의 일치를 이루는 즐거운 식사로 끝맺는다. 이사악과 아비멜렉, 야곱과 라반 사이의 계약도 똑같이 공동식사로써 이루어 진다. 최후의 만찬 역시 계약의 식사로 제시된다 (마태26, 28; 1코린 11,25). 이스라엘이 지녔던 공동체의 아름다움은 선택사상에 국한되지 않는다. 그들 나름대로 하느님 보시기에 좋은 공동체를 엮어가고 그 질서를 유지하려 노력한 흔적들을 찾아 오늘 우리 주변을 이루고 있는 현실을 되짚어보고 예언자적인 소명을 수행할 수 있도록 우리를 재촉하는 것이다.

법규정(25 – 31장): 25 – 31장에 걸쳐 소개되는 이 규정들은 대부분 제구에 대한 규정이다. 이스라엘 백성들이 가나안에 정착한 후에 하느님과의 올바른 관계를 누리며 자유인으로 살기 위해 가장 중요하다고 생각한 것이 경신례이다. 이것은 하느님의 축복을 받는 시간이며 동시에 그분의 백성으로서 신원의식을 다지게 하는 결정적인 것이었다. 자칫 지루하게 보이는 이러한 각

| 탈출기 5 |

종 규정들을 만들어 가는 과정이나 그 안에 숨겨진 것은 이집트 종살이에서의 설움과 희망의 땅을 찾아가기 위해 벌였던 투쟁의 전과정이 붉게 물들어 있음을 알 수 있다.

계약파기 및 회복(32 – 34장): 백성들은 모세가 오랫동안 산에서 내려오지 않는 것을 보고, 아론에게 와서 "일어나 앞장서 우리를 이끄실 신을 만들어 주십시오"라고 말한다. 아론은 그들에게 금을 가져오게 하여 거푸집에 부어 수송아지 상을 만들자 사람들은 여기서 주님을 위한 축제라하며 번제물을 올리고 친교제물을 바쳤다. 그러고 나서 백성들은 앉아서 먹고 마시다가 일어나 흥청거리며 놀았다.[39]

39 '죄와 용서'라는 틀 속에서 금송아지 사건을 진행시킨다. 이 이야기의 배경에는 솔로몬 사후 남북이 분열되고 갈라져 나간 뒤 북이스라엘의 왕 여로보암이 백성들의 예루살렘 순례를 막기 위해 단과 베델에 세웠던 금송아지상을 반영한다(1열왕 12,25 – 33).

산에서 내려온 모세의 분노와 중재 (32,7 – 14)가 이어지고, 마침내 하느님께 받은 증거판을 깨트려(32,19) 백성들의 무지를 꾸짖는다. 금송아지를 불에 태우고 빻아 가루를 만들어 물에 타서 마시게 한 것은 우상숭배를 뿌리채 뽑는 의미가 있고, 죄지은 백성들의 처벌을 하느님께 맡겨드린다는 의미로 저주를 내리는 물을 마시게 한다.

| 탈출기 6 |

새로운 계약(34장): 금송아지 사건으로 깨졌던 하느님과의 관계는 모세의 중재로 회복되었음을 알린다. 눈에 보이지 않는 금송아지를 추구하는 우리들의 회개와 참된 보속이 있어야 할 것이다.

성막을 세우다(35,1 – 40,38): 하느님께서 가나안 땅에 진입하는 여정에 함께 하시고, 백성들 가운데에 현존하도록 성막 공사를 시작하여 봉헌하는 여정을 세밀하게 소개한다. 마침내 저자는 성막 안에 하느님의 영광이 가득찼다고 보도한다(40,34 – 35). 그리고 하느님이 성막 안에 머물러 계심으로써 미래의 광야 여행길을 인도하시게 되었다는 메시지(40,36 – 38)로 마무리한다 ▨

바이블테라피 03   기도는 사랑의 체험

어떤 사람에 대한 사랑은 말이나 편지나 그 사람을 생각하는데 있는 것이 아니라, 무엇보다 그 사람을 위해
힘든 어떤 것이나, 그 사람이 받을 만한 권리가 있는 것이나, 또는 기다리고 있는 것이나, 적어도 그가 좋아하는
그 어떤 것을 기꺼이 해주는 데에 있다. 주님을 사랑함에 있어 "주여! 주여!" 라는 말을 되풀이 하는 것 보다는
"아버지의 뜻"을 실천하는 사람이 참된 기도를 하는 사람임을 기억해야 할 것이다.

"주여! 저에게서 무엇을 원하십니까? 주여, 저에게 만족하십니까? 주여 이 문제에 있어 당신의 뜻은 무엇입니까?"
이렇게 물어나간다. 참된 기도는 기도 후 반드시 어떠한 실천을 만들어 낸다. 곧 생활에의 변화로 돌아온다.

레위기는 이스라엘의 경신례를 위한 책이기에 모세오경 중에서 이스라엘 백성들에게 제일 많이 읽혀졌던 책이라 할 수 있다. 레위기는 범죄한 인간이 하느님과의 친교관계를 회복할 수 있는 방법과 길을 제시해 주고 있다. 아울러 율법에서 추론된 우주적이고 초시간적인 원칙들과 더불어 제규정안에 '율법의 정신'이 있음을 강조한다.

레위기는 '하느님이 기뻐하시는' 생활로 나아가게 하는 책이라 하겠다. 레위기는 이스라엘로 하여금 바빌론의 예배에 끌리지 말고, 사제단에 위임된 이스라엘 고유의 예배에 충실할 것, 계약에 의해 하느님의 백성이 된 이스라엘이 성소와 그 안에서 거행되는 예배를 통하여 거룩한 백성이 되어야 함, 하느님과의 만남을 방해하는 모든 것들로부터 떠나야 함을 가르치고 있다. 그러므로 레위기는 사제들을 위한 지침서인 동시에 예루살렘 성전예배에 참여하는 이스라엘 백성들의 전례서라 할 수 있다.

레위기 SCHEMA

날짜	성경 구절	주요 내용	
첫 째 날	레위 1 – 3	• 번제물에 관한 규정(1) • 곡식 제물에 관한 규정(2) • 친교 제물에 관한 규정(3)	레위기 1
둘 째 날	4 – 7	• 대사제 /회중 /수장 /일반인의 속죄 제물(4) • 속죄제물을 바치는 경우(5) • 제물을 바칠 때 사제가 지켜야 할 규정(6 – 7) • 사제의 몫과 일반 규정(7)	레위기 2
셋 째 날	8 – 10	• 첫 사제들의 임직식(8) • 첫 제물을 바친 아론(9) • 사제들의 상례(10)	레위기 3
넷 째 날	11 – 16	• 정결한 짐승과 부정한 짐승(11) • 산모의 정결례(12) • 악성 피부병 환자와 집에 생기는 곰팡이에 관한 정결례(13 – 14) • 남자, 여자가 부정하게 되는 경우(15) • 속죄일에 거행해야 하는 속죄 예식(16)	레위기 4

날짜		성경 구절	주요 내용
다 째	섯 날	17 – 20	• 피를 먹어서는 안된다(17) • 가족의 성스러움을 지켜라(18) • 거룩한 백성이 되는 방법(19) • 거스르는 죄에 대한 형벌(20) 레위기 5
여 째	섯 날	21 – 24	• 사제직의 성스러움(21) • 제물의 성스러움(22) • 이스라엘의 축일들(23) • 제사상에 관한 규정과 하느님 이름을 모독한 자에 관한 처벌(24) 레위기 6
일 째	곱 날	25 – 27	• 안식년과 종에 관한 규정(25) • 순종에 따르는 상과 거역에 관한 벌(26) • 서원 예물의 값(27) 레위기 7

9. 레위기의 구성과 주제 그리고 메시지

레위기는 크게 1 – 16장, 17 – 27장의 두 부분으로 나뉘며 전체적인 주제는 '거룩함'이다.[40]

💙 40 레위기의 전체구성은 다음과 같다. 제 1부 1 – 7장: 여러종류의 제사들 / 8 – 10장: 사제축성 예식 /11 – 15장: 정 한것과 부정한 것에 관한 규정 /16장: 대 속죄일 (전 백성이 죄를 벗는날) 제 2부 17 – 25장: 성결법 /26장: 계명들의 요약 / 27장: 서원예물의 값

하느님 백성으로 선택된 이스라엘이(출애굽사건) 하느님께로부터 구원을 받아 하느님의 백성이 되었다. 그러므로 이스라엘은 "하느님께서 거룩한 것처럼 거룩한 자 되라"는 소명을 받았다. 레위기에서 강조하는 4가지 '거룩함'의 내용은 다음과 같다.

첫째: 모든 때는 거룩해야 한다(모든 시기, 모든 절기, 모든 시간).
둘째: 모든 장소는 거룩해야 한다.
셋째: 모든 소유(이스라엘 백성이 가지고 있는 모든 소유)는 거룩해야 된다.
넷째: 모든 사람(이스라엘의 모든 백성)이 거룩해야 한다.

아울러 레위기는 율법의 규정이 갖고 있는 외적인 의미 그 이상을 말하고 있으며, 이웃 사랑의 정신을 강조한다. "네 이웃을 네 몸과 같이 사랑하라(레위19,18)"는 말씀은 레위기 전체율법의 특징이면서 레위기의 정신이기도 하다.[41]

💙 41 레위기 법전의 특성은 규제의 기능을 갖고 있다기보다는 구원에 기여를 한다는 사실을 드러내는데 있다. 곧 법이 지니는 의미는 하느님의 구원을 힘입는 도구라는 측면에 강하게 드러나고 있다. 제사 및 경신례는 구원을 주시는 하느님께 가까이 가는 길이고 이스라엘이 하느님과 갖고 있는 긴밀한 관계를 드러내는 것으로 설명한다. 이 길은 인간이 만든 것이 아니고 하느님의 계시로 인간에게 요구한 내용이기에 인간은 겸손과 순명으로 준수해야 한다는 것을 간접적으로 표현한다. 제사에서 언급하는 피는 그 자체로 생명을 상징하고 있기 때문에 피의 주인은 하느님이고, 그러므로 피를 봉헌한다는 것은 모든 것을 하느님께 바친다는 것을 상징한다. 하느님이 죄의 보속을 위하여 이 흘린 피를 받아 주신다는 것은 제사와 경신례가 인간과 하느님간의 결속력을 다지는 표지라는 것이다. 그러므로 레위기의 특징은 하느님의 직접적인 메시지 형식의 표현이 많다는 점이다.

이스라엘 백성에게 순명을 요구하신 하느님께서는 거룩하신 하느님으로 인정되기를 희망하신다. 다시 말해서 하나의 배경으로 설명된 인류의 기원과 이스라엘의 기원에 이어지는 내용인 레위기의 법과 이와 연관된 경신례는 하느님의 존재와 그에 대한 합당한 존경으로 이어지고, 인간의 삶을 주관하시는 주 하느님의 구원을 받을 수 있는 합당한 자세가 어떠해야 하는지를 설명하는 것이다. 하느님은 제사의 세목과(1 – 7장) 정결함을 자세히 규정하고(12 – 15장) 하느님의 이름이 더럽혀지지 않도록 요구하신다(22장). 경건하게 바쳐지는 제사와 전례는 하느님의 영광을 드러내고 하느님의 존엄성을 드러내는 기회인 것이다(9 – 10장). 그러나 이러한 경신례는 율법에 대한 순종과 깊은 신심이 함께 할 때 비로소 의미가 있으며, 행위나 형식이 중요한 것이 아니라 내적인 자세가 더욱 중요하다는 것이다. 선택된 이스라엘은 하느님의 특별한 소유이자 사제인 백성이다. 하느님은 그의 백성 가운데 현존하시며 역사하신다.[42]

💙 42 결국 법은 백성의 성화를 위한 것이며, 부정한 모든 것을 피하여 정결한 백성으로 생활하라는 것이다. 레위기를 통해 우리가 지녀야할 자세는 습관적으로 행하고 있는 전례의 중요성과 풍요로움을 새롭게 인식하는 일이다. 하느님께 대한 존경심과 경외심은 전례를 통하여 언제나 드러나고 있지만 인식주체인 우리의 내적인 자세를 확립하고 모든 전례가 하느님의 구원의 역사가 계승되는 시간으로 승화되도록 마음을 새롭게 하는 일이라 하겠다.

10. 이스라엘의 5가지 주요 희생제사

1) 번제(燔祭,1장): 번제는 불에 타면서 향기를 풍겨 주님을 기쁘시게 해드리는 제사(레위 1,9,13,17)이다. 번제는 가장 오래된 제사의 형태로 불을 붙여서 하느님께 뿜어 올린다는 뜻을 지닌 '올라가다', '오르다', '타오르다', '일어서다'라는 뜻이다. 번제는 생명 자체를 드리는 제사의 의미를 지니고 제물 전부를 살라 바치는 행위를 통해 인간과 자연의 주인이 창조주 하느님이심을 믿는 신앙이 전제되어 있다. 번제는 속죄와 보속의 기능을 가지고 있다.

2) 곡식제(2,1 – 16): 곡식제는 노동의 결과인 열매를 드림으로써 행위의 성별(聖別)을 상징하였다. 곡식제의 특성은 여기서만 볼 수 있는 '기억하다'라는 동사에서 나온 '기념제물'이라는 용어에서 찾을 수 있다. 곡식제에는 고운 곡식가루, 기름, 유향, 소금이 사용되었고 소금은 이스라엘 백성이 하느님과

맺은 계약의 지속성을 상징하며 계약의 보존과 정화라는 특성을 지닌다(2열왕 2,19 – 22 참조). 곡식제에는 반드시 소금을 치게 되어 있다. 왜냐하면 소금은 하느님과 예배자의 변치 않는 계약관계를 의미하며, 희생과 봉사는 소금과 같이 하느님의 백성의 삶을 맛갈지게 해준다는 의미이다.

3) 친교제(평화제, 3,1 – 17): 친교제는 생명에 대한 경외심과 그로 인한 두려움을 나타낸다. 하느님과의 공동체성이 손상된 것은 곧 생명이 손상된 것이며 친교제를 드림으로써 이스라엘 백성들의 생명과 공동체성을 회복하려는 의미를 지닌다. 친교제는 '하느님과 음식을 나누어 먹는다'는 점에서 공동체를 새롭게 형성한다는 완결의 의미가 있다. 친교제는 성체성사와 같이 제물의 일부를 자신의 몫으로 되돌려 받고 그의 가족 및 이웃과 함께 잔치를 베풀고 기쁨으로 제물을 나누어 먹는 것이 특징이다.

4) 속죄제(4,1 – 5,13): 이스라엘 제사 중 가장 중요한 제사인 속죄제는 명칭 그대로 죄를 속죄하는 제사이다. 속죄제는 하느님과 단절된 관계를 회복시켜주며 하느님과 자비와 용서가 베풀어지는 통로역할을 한다. 봉헌자의 신분에 따라 제물이 다르다. 죄를 속죄할 때 봉헌자의 신분에 따라 차등을 두어 죄에 대한 책임에 있어서도 차등이 있다는 것을 표현하며, 개인의 죄뿐만 아니라 백성에게 미치는 영향을 고려하였다.

5) 보상제(면죄제, 5,14 – 26): 보상제는 하느님 앞에서의 불성실로 죄를 지었거나, 이웃과의 관계에서 의무를 불성실하게 수행하였을 때 드렸다. 보상제를 드릴 때는 잘못에 대한 보상으로 본디 값어치의 오분의 일을 더한 값이 바쳐졌으며, 제물은 흠 없는 숫양을 바쳤다.

11. 사제에 관한 규정과 이스라엘 전례의 시작(8 – 10장)

제사의 규정(5장 – 7장): 번제물, 곡식제물, 속죄제물, 보상제물을 바칠 때 사제가 지킬규정을 정리한 다음에 사제 축성 예식(8장)이 나오는 것은 먼저 장막을 짓고, 그 다음에 장막 안에서 거행되는 제사규정을 정한 다음, 제사를 지낼 사제를 축성함으로서 전례상에 필요한 요소를 연결시키고 있음을 볼 수 있다. 레위기가 사제직을 강조하는 이유는 하느님과 백성의 중개자로서의 역할과 그들이 지녀야 할 성덕 때문이다. 아론을 중심으로 이스라엘의 제사장으로 임명되고 아론의 주례로 성막 안에서 첫제사가 올려지며, 제사장의 직분에 관한 것이 8 – 10장의 중심이기도 하다.

첫 사제들의 임직식(8장): 탈출기 29장에서 모세는 아론과 그의 아들들이 성막의 제사장, 곧 하느님의 성소에서 하느님을 섬기는 자들이 된다는 제사장 임직에 관한 지시를 하느님께로부터 받게 되는데 레위기 8장1 – 4절에서 이에 대한 말씀이 다시 등장한다. 이 임직식에서 모세는 이스라엘 백성을 위하여 하느님과의 계약의 중재자라는 권위를 갖고, 제사 예식의 임무를 주관한다. 이로 인하여 아론과 그의 아들들은 사제직 직분을 맡아 봉사할 자격을 갖게 된다.[43]

💬 **43** 제사장(사제)직의 주요 임무
① 제사 : 주님과 백성의 중재자로서 자신의 성화에 힘쓰며, 하느님께 전 백성을 대신해서 용서와 화해와 감사를 드리는 제사를 주관하여 희생 제물을 드림으로써 백성들을 하느님께로 인도하는 제사의 직분
② 가르침: 신앙을 자손들에게 전수시켜주고, 신앙을 이어가게 하는 직분
③ 희생제사를 통하여 백성의 죄 고백을 받아들이고 하느님의 용서를 선포하는 역할
④ 율법상의 문제에 관한 하느님의 말씀을 선포하는 것

아론이 첫 제물을 바침(9장): 모세는 하느님이 정해준 규정에 따라 성대한 예식으로 아론과 그의 아들들을 사제로 축성하고, 옷을 입히며 축성을 기념하는 속죄제, 번제, 친교제를 드린다. 사제로 서품된지 제8일째 되는 날 속죄제, 번제, 친교제를 각각 모세의 지시대로 비로소 첫 제사를 지낸다. 사제는 자기가 받은 사제직의 숭고함, 중요한 책임문제, 사제직의 감사로 7일을 꼬박 보내고 8일째 되는 날 비로소 첫 제사를 거행하였다. 아론은 제사를 다 드리고 나서 백성을 향하여 그의 손을 들어 축복한다. 대사제 아론은 하느님께로부터 받은 권한에 의해 하느님의 이름으로 백성들에게 하느님의 선하심과 도우심을 선포함으로써 아브라함에게 주어진 '축복'을 백성들에게 계승하였다.

12. 정한 것과 부정한 것에 관한 규정(11 - 15장)

정결과 부정에 관한 가르침(11장): 가장 거룩해야 할 이스라엘이 더러워졌을 때 어떻게 회복하는 가? 이 회복에 관한 법에 초점을 맞추어 정결과 부정에 관한 문제가 광범위하게 다루어진다. 이 스라엘 백성이 엄격히 지킨 정결예식의 의미는 "내가 거룩하니 너희도 거룩한 사람이 되어야 한 다"(레위 11,45)는 말씀에 기초한다. 다시 말해서 이스라엘과 계약을 맺은 하느님께서 거룩하시 기 때문에 그 백성인 이스라엘도 거룩해야 된다는 것이 바로 정결 예식의 의미라 하겠다.[44]

> 🫀 44 부정함은 '거룩하신 하느님과의 단절'을 의미했기 때문에 사제들은 정결과 부정을 판결하여 격리시켰다. 정한 것과 부정한 것에 대한 구분을 짐승들에게까지 적용하였다. 정한 것과 부정한 것의 기준에 대해서 학자들은 경신례적, 위생학적, 체험적 기준에 의해 정해졌다고 가설을 내 어놓았으나 정확한 것은 알 수 없다. 11장을 크게 두 부분으로 나누어 볼 수 있다. 전반부(1 - 23절)은 정결하고 불결한 동물을 구별하여 먹어 야 하는지 말아야 하는지에 대해 이야기하고 있고, 후반부(24 - 27절)는 동물의 주검 등을 만지거나 하는데서 생긴 부정을 이야기하고 있다. 이스라엘은 그들보다 문명이 뛰어난 주변국가들의 매력적인 우상숭배와 다신교에로의 유혹과 끊임없이 싸워야 했다. 특히 이교예식에 있어서 중요시되는, 이교사람들이 숭배하던 동물, 또 이교제사에 자주 쓰이는 음식 등, 이런 것들을 배제하기 위해서 부정식품과 부정한 동물에 대한 규정이 구체적으로 제시되었던 것이다.

산모의 정결례와 피부병(12장 - 13장): 구약성경에서는 출산, 다 산을 하느님의 축복으로 보고(창세 1,28 : 15,4 - 5) 있음에도 불구하고 여기서는 출산을 부정한 것으로 보고 있다. 따라서 여 기서는 왜 부정한 것인가에 초점을 맞추기보다는 어떻게 온전하 게 될 수 있는가에 주안점을 두어야 한다. 부정의 원인이 되는 여 러 가지 조건 중에서도 나병이 가장 두렵고 치명적인 것이었는 데, 그 이유는 나병은 살아계신 하느님과의 관계를 유지할 수 없는, 생명력의 소멸과 죽음의 구 렁텅이를 의미했기 때문이다. 피부병으로 인한 부정도 포함되었다.

11 - 15장은 죄짓는 것, 먹는 것, 입는 것, 사는 것에 대한 총체적인 내용을 기록하고 있다.

13. 대속죄일(전 백성이 죄를 벗는 날: 16장)

대속죄일(16장): '이것은 너희에게 영원한 규칙이 되어야 한다. 일곱째 달 초열흘 날에 너희는 고행을 하고, 일은 아무 것도 해서는 안 된다. 본토인이든 너희 가운데에 머무르는 이방인이든 마찬가지다. 바로 이 날이 너희를 위한 속죄예식을 거행하여 너희를 정결케 하는 날이기 때문 이다. 이로써 너희는 주님 앞에서 너희의 모든 잘못을 벗고 정결하게 된다. 이날은 너희에게 안 식일, 곧 안식의 날이다. 너희는 고행을 해야 한다. 이는 영원한 규칙이다.[45]

> 🫀 46 16장에서는 속죄일에 대해 나오는데 이 모든 규정들은 이스라엘의 가장 큰 축제인 대속죄일의 장엄예식을 설명(준비)하기 위한 이야기이다. 이렇게 제사규정(1 - 7장)과 사제서품(8 - 10장), 정결법(11 - 15장)에 이어 대속죄일 규정을 이야기한다. 앞의 모든 이야기들이 대속죄일을 위 한 준비지침임을 암시한다. 이 속죄예식을 행함으로서 부정했던 모든 죄가 하느님 앞에서 정결케 된다는 것(16,3)이기에 죄를 용서하는 하느님 의 은총을 가장 깊이 느끼는 날로 1년중 가장 큰 축일로 이해했다. 레위기 16장은 전반부 제사신학의 신앙원리를 총괄하는 의미에서 속죄일을 지키는 것을 '영원한 규칙(레위 16, 31, 34)'으로 삼을 것을 명령하고 있다. 내용적으로 죄의 문제를 해결하지 못하고는 결코 하느님을 올바로 섬길 수 없다는 것, 즉 하느님께 나아가는 사람은 무엇보다 죄의 문제를 해결해야 한다는 것이다.

14. 성결법(거룩함에 관한 규정): 17장 – 26장

레위기에서 가장 중요하다고 강조하는 내용이 성결법이다. "너희는 나의 규칙들을 지키고 그 것들을 실천해야 한다. 나는 너희를 거룩하게 하는 주님이다(레위 20,8)."라는 말씀과 "나, 주 너희 하느님이 거룩하니 너희도 거룩한 사람이 되어야 한다(레위19,2)."하신 말씀이 중심에 위 치한다. 레위기 17 – 26장 사이에는 '주님의 거룩하심'에 대한 말씀이 끊임없이 나오는데, 거 룩하려면 신체적이든 윤리적이든 그분과의 일치를 허물어뜨리는 모든 장애를 피하여야 한다 는 것이다. 한분이신 하느님과 그분의 피조물인 인간을 사랑하고 존중하여야 하며, 축일과 성 년을 지켜야 한다는 것이 성결법에 수록된 내용이다. 성결법은 하느님의 거룩하심과 인간이 거 룩해져야 함을 계속 강조하고 있다.

짐승을 잡는 장소와 방식 (17장): 거룩해지기 위해서는 하느님과의 일치를 방해하는 내외적인 모 든 장애요소를 피해야 하는데 여기서 그 길을 제시하고 있다. 동물을 잡는 것도 그것이 정한 것 이어서 먹기 위한 것이면 경신례적 행동으로 보는 것이다. '하느님이 주신 생명'을 뜻하는 피를 먹지 못한다. 피가 지닌 의미가 강조되고 있다(17장). 구약의 제사는 피의 제사라 할 수 있고, 피 는 생명을 쏟아 대속해줌을 의미한다. 구약에서는 피를 복수하는 힘인 동시에 보호하는 힘의 의 미로 사용되었다. 피를 흘렸다는 것은 내가 죄로써 얼룩진 나를 정화시켜 준다는 뜻이다.

거룩한 백성의 일상생활의 윤리지침 (18 – 20장): 18장에서 는 이집트로부터 이스라엘인을 해방시킨 하느님의 권위를 강조하면서, 그들이 탈출한 이집트와 그들이 살고 있는 가 나안의 잘못된 풍습을 따르지 말라는 절대적 명령을 내리 면서 그 이유를 제시하고 있다. 이집트에서는 근친들 사이

에서도 혼인을 하였고, 가나안은 동성애 및 바알신 숭배에 의한 성도덕의 타락에 빠져 있었다. 이에 근친 결혼을 금지하는데, 그 이유는 신앙의 차원에서 타민족과 구별되기 위함이고, 외적 인 팽창보다는 하느님 백성의 순수성을 지키는 것을 우선으로 생각하기 때문이다. 근본적으로 미래를 보장받으려는 욕구에서 종족을 보존하기 위하여 추악한 성생활을 하지 말아야 한다는 것이다. 레위기의 윤리법이 인간관계의 가장 기본단위인 부부관계와 가족관계에서의 성도덕 을 우선적으로 취급하는 있는 점은 매우 의미심장하다[46]

🔖 46 19장의 특징은 하느님의 거룩함이 이스라엘 백성의 삶 전체에 드러나야 한다는 것이다. 19장은 탈출기 20장에 나오는 고전적 십계명을 그 시 대에 맞추어 재해석한 것이다. 그러나 문체를 교리교육용으로 바꾸었고, 내용적으로 하느님 가 이스라엘의 하느님임이 인간사회의 모든 일상 에 있어서 근간임을 밝혀 모든 사람이 한 형제라는 신명기적 전통을 공동체에 적용될 수 있도록 하였다. 그러므로 레위기가 강조하는 신앙의 원리는 하느님을 경외하며 사랑하는 것이 그 핵심이며, 생활의 원리는 이웃을 섬기며 사랑하라는 것이다

15. 이스라엘의 축일들: 23장 – 25장

레위기 23장에서는 주간 축제인 안식일에 대해 말하고 있다. 그 후 삼대축일, 즉 '파스카 축제(과월절)', '햇곡식을 바치는 축일(오순절)', '초막절'에 관한 기사가 나오는데 파스카 축제와 오순절은 봄철에 지내는 축제이고, 초막절은 유다력으로 새해(가을철) 축제이다. 그외에도 절기에 따라서, 구원 역사의 사건에 따라서 지내는 여러 축제들이 있다. 이스라엘 백성은 이러한 축제를 통하여 하느님과의 관계를 새롭게 하고, 공동체의 결속을 다졌다.

안식일 안식일에 대해서는 두 가지 전승이 있는데, 첫째는 하느님께서 6일 동안 창조사업을 마치고 제7일에 쉬셨다는 것을 기념하기 위해서이며 둘째는 이집트로부터의 해방을 기념하기 위해서이다. 구체적으로 안식일에 대해서는 탈출 23,12과 34,21에서 잘 설명하고 있으며, 십계명을 언급할 때 출애 20,8 – 11, 신명 5,12 – 15에서 다시 언급하고 있다. 히브리어 사밧(Sabbat)은 본래 일주일의 마지막 날인 제7일(토요일)을 가르키는 말로써 '멈춤', '중지'의 의미를 가지고 있다.

새해 축제와 욤키푸 – 르(yom kippur, 속죄의 날) 7월 10일 속죄의 날은 하루이지만 새해 첫날부터 10일간의 참회기간을 욤키푸 – 르(속죄의 날)를 준비하는 기간으로 보냈다. 욤키푸 – 르의 참된 희생제사는 하늘에 닿을 만큼 최선의 노력을 기울이는 마음의 낮춤, 겸손함이다. 욤키푸 – 르는 '무엇을 하는 날' 이 아니라 오직 '단식'만이 있었다. 그러나 이  날은 슬픈 날이 아니다. 욤키푸 – 르 날은 속량을 위한 각종 기회가 허락된 날이다. 이날에 비록 온 세상이 심판을 받는다 할지라도 유대인은 공동체로서 속량을 약속받는다고 생각하였다. 그러므로 이날은 유대인이면 누구나 개인으로나 공동체로나 모든 유대인은 전능하신 하느님께 대한 영적인 예배 외에는 어떤 생각도 물리치는 날인 것이었다.

초막절 초막절 축제는 욤키푸 – 르를 지낸지 5일후에 7일간 계속된다(레위23,34 – 36). 뿔나팔 소리의 일깨움으로 이 장엄한 축제가 시작되는데, 파스카 축제와 마찬가지로 초막절도 추수를 감사하는 농경축제(과일열매)였던 것이 후에 광야 생활을 기억하는 날이 되었다. 가장 큰 특징은 이 기간동안 유대인들이 집을 떠나 수콧(Sukkot, 초막: 임시 오두막)에서 생활한다.

파스카 축제(과월절)와 무교절 이 두 명절은 출애굽사건과 연결되면서 하나로 묶어지는 동시에 새로운 의미가 부여된다. 액땜을 하기 위해 살해되던 어린 양은 이스라엘 백성들이 이집트에서 빠져 나오던 날 그들의 맏자식들을 그 피로 구했던 새끼양의 희생적 죽음에 연결되고, 누룩 없는 빵은 누룩을 넣어 빵을 부풀릴 시간이 없었던 촉박한 상황과 연결된다.

과월절, 무교절의 중요성은 이 축제들이 기념하는 '출애굽의 구원사건' 이 이스라엘의 신앙체험에서 차지하는 중요성에 기인한다. 이집트 종살이에서 해방된 사건은 이스라엘 백성이 '하느님의 백성'으로 태어나게 한 사건이라고 하여도 과언이 아닐만큼 이스라엘의 하느님 체험의 기초를 이루는 사건이었다.

햇곡식을 바치는 축일(오순절) 과월절로부터 '50일째 되는 날'인 오순절은 추수 감사절이다. 오순절은 추수에 대한 감사를 드리는 것이므로 누룩없는 빵을 바치는 과월절과는 달리 누룩을 넣어서 빵을 굽는다. 오순절 예식의 중심은 회당에 모여 토라를 읽는 것인데, 특히 십계명을 봉독하고, 그 외에 룻기를 읽었다. 사도행전 2장에 오순절이 되어 신도들이 모두 한곳에 모여 기도하고 있을 때 성령이 임하셨다고 기록되어 있음은 성령강림이 이스라엘의 전통축제인 오순절에 일어났음을 알려준다.

희년(주님의 은총의 해, 25장): "너희는 여섯 해 동안 밭에 씨를 뿌리고 일곱째 해는 안식년으로, 땅을 위한 안식의 해, 곧 주님의 안식년이다. 너희는 밭에 씨를 뿌려서도 안 되고, 포도원을 가꾸어서도 안된다. 너희는 안식년을 일곱 번, 일곱 해를 일곱 번 헤아려라. 그러면 안식년이 일곱 번 지나 마흔 아홉 해가 된다. 너희는 이 오십년째 해를 거룩한 해로 선언하고, 너희 땅에 사는 모든 주민에게 해방을 선포하여라. 이 해는 너희의 희년이다. 너희는 저마다 제 소유지를 되찾고, 저마다 자기 씨족에게 돌아가야 한다."[47]

---

[47] 희년은 히브리말로 '요벨'이라고 하는데, 희년의 기능에 따라서 해방의 해(이사 61,1 참조), 대사면의 해, 기쁨의 해 등으로 불렸다. 안식년은 빚을 탕감해 주고, 종을 자유롭게 하며, 무엇보다 땅을 쉬게 하는 것이다. 희년의 가장 큰 특성은 바로 아버지의 집으로 돌아가는 땅의 회복이요, 가족의 재회이다. 희년은 탕감과 원상회복이라는 두 측면을 통해 대물림되는 가난을 벗어나게 하려는 아름다운 제도라 할 수 있다. 안식년과 희년은 창조주 하느님이 땅의 주인이라는 종교적 믿음에 바탕을 둔 땅과 사람의 해방이라는 사회경제적 제도라 할 수 있다. 희년은 한 세기에 단 두 번 지내는 민족의 종교 축제였지만, 희년의 참뜻과 모든 윤리적 요구는 누구나, 언제나, 어디서나 실천해야 할 도리였다. 레위기 25장에 나타난 희년의 개념과 메시지(탈출 23,10 이하 ; 신명 15,1 이하 참조)는 예언자들(예레 34장, 이사 58장 61장)을 거쳐 예수께서 선포하신 하느님 나라의 핵심 내용으로 이어지면서 진정한 '기쁨의 해'가 된 것이다. 그리고 위에서 언급된 모든 것은 백성들의 자유로운 선택에 달려 있고, 어느 길을 선택하느냐에 따라 강복과 저주가 있으리라는 내용으로 레위기를 마감한다(26장). 우상을 따르지 않고 계명을 성실히 준수하는 것이 백성들 가운데 하느님을 현존하게 하는 유일한 길이며, 그렇지 않을 때에는 원수들의 손에 이스라엘을 넘기리라는 엄중한 경고와 '남은 자'에 대한 언급이 나온다.

바이블테라피 **04** 기도와 권능의 힘

01 기도란 하느님의 권능을 우리의 미약함과 비겁함 안에 스며들게 하는 것이다.

"그 분에게서 강한 힘을 받아 굳세게 되십시오!" (에페소 6,10)
"나에게 힘을 주시는 분 안에서 나는 모든 것을 할 수 있습니다!" (필리피 4,13)

우리의 매일의 현실(의무, 어려움, 부족)을 살펴보고 하느님의 뜻에 진실되이 비교해 보는 것이 중요하다.
흔히 우리가 하느님께 청하는 그것을 진정으로 원하지 않기에 기도가 우리에게 힘을 주지 못한다.
기도할 때 우리는 우리를 초조하게 하는 구체적인 문제에서부터 즉, 가장 시급한 일이나 문제부터 출발하는 것이
좋다. 하느님께서는 당신의 뜻에 맞추기를 원하신다. 사랑한다는 것은 말이나 한숨을 쉬는 것이 아니라 그분의 뜻을
찾고, 헌신적으로 실천하는데에 있다. 기도는 행위를 위한 준비이고, 출발이며, 행위를 위한 빛과 힘이다.
우리 행위를 하느님의 뜻을 진실되이 찾는 데에서 부터 출발하게 하는 것이 시급한 일이다.

02 순박한 현존의 기도 혹은 침묵기도를 위해서는 높은 집중력이 필요하다!

현존의 기도, 침묵의 기도는 하느님 대전에 있으면서 말과 생각과 상상을 제거하고 그분의 현존 안에만 머물도록
평온하게 노력하는 것이다. 기도의 가장 중요한 문제는 정신집중이다. 이것은 의지적이며 지적이다.
단 한 가지 생각, 주님의 현존 안에 있다는 생각에 집중하면서 상상을 끊어야 한다.

샤를 드 후고 신부는 "사랑하면서 하느님을 바라보고, 하느님께서 사랑으로 나를 바라보신다!",
"우리는 그분 안에서 살고 움직이며 존재합니다!" (사도 17,28) 라는 말씀을 되새기며 성체 앞에서나 조용한 곳에서
눈을 감고 우리를 감싸고 있는 그분의 현존에 잠기도록 노력한다.

민수기 | NUMBERS

민수기는 탈출기의 연장으로서, 광야를 거쳐(요르단 동편인 모압 평원에 이르기까지) 가나안에 들어가기 직전까지의 내용이다(15 – 18장, 광야 여행). 이스라엘은 광야 40년을 거치면서 점점 크게 되어서 엄청난 숫자로 후손이 불어났다. 이는 하느님과 아브라함과의 약속인 강복의 내용이 이스라엘 후손들에게 어떻게 이루어 졌는가를 증언하기 위함이다. 그래서 책의 이름도 '백성의 숫자(백성 民)(숫자 數)'로 부른다.

민수기는 하느님의 은총, 힘, 거룩함, 인내, 공의 등을 많이 언급한다. 역사 안에서 자신을 나타내시는 하느님께서는 당신의 의로운 뜻에 백성들이 순종하기를 원하신다. 고질적인 반역에도 불구하고 하느님은 당신의 선한 목적을 완성시키시며, 악이나 인간의 죄까지도 그 목적수행에 방해를 받지 않으시는 자유로운 분이시다. 민수기에는 하느님 백성의 나약함에 대해 많이 기술되어 있다. 이스라엘이 시나이를 출발할 때 '선한 결심'으로 가득 차서 출발했다 할 수 있겠는데, 그들은 순례 도중에 이 선한 결심을 망각한다. 그 결과 그 세대는 약속된 땅의 선물을 상실하고 광야에서 방황해야 하는 벌을 받았다. 그러나 올바로 믿었던 두 사람, 여호수아와 칼렙은 새 세대와 함께 약속의 땅을 유산으로 받는다.

04 민수기 SCHEMA

날짜	성경 구절	주요 내용	
첫 째 날	민수 1 - 6	• 이스라엘 자손들의 첫 번째 인구 조사(1) • 지파들의 야영 위치와 행진 순서(2) • 레위인들의 인구 조사와 직무(3 - 4) • 잘못한 사람에 대한 처리(5) • 서원을 한 나지르인에 관한 법(6)	 민수기 1 - 이스라엘 자손들의 첫번째 인구조사
둘 째 날	7 - 9	• 각 지파 수장들의 예물(7) • 레위인들의 봉헌식(8) • 두 번째 파스카 축제(9)	 민수기 2 - 두번째 파스카 축제
셋 째 날	10 - 14	• 시나이 광야를 떠나다(10 - 11) • 모세를 시기한 미르얌이 벌을 받음(12) • 가나안으로 정찰대를 보내다(13) • 반란을 일으킨 백성에 대한 주님의 용서와 벌(14)	 민수기 3 - 시나이 광야를 떠나다
넷 째 날	15 - 19	• 주님에게 올리는 제물(15) • 코라와 다탄과 아비람의 반역과 아론의 속죄 예식(16 - 17) • 사제와 레위인의 직무(18) • 정화의 물(19)	

날짜		성경 구절	주요 내용
다 째	섯 날	20 – 24	• 아론의 죽음(20) • 호르마, 요르단 동쪽 점령(21) • 발라암의 신탁(22 – 24) 민수기4 – 아론의 죽음 민수기 5 – 발라암 이야기
여 째	섯 날	25 – 30	• 이스라엘이 프오르에서 우상을 섬김(25) • 두 번째 인구 조사(26) • 모세의 후계자로 임명된 여호수아(27) • 주님께 바치는 제물(28 – 29) • 여자의 맹세(30) 민수기 6 – 모세의 후계자 여호수아
일 째	곱 날	31 – 36	• 미디안과의 전쟁(31) • 요르단 강 동쪽 지역과 가나안 땅의 경계를 나눔 (32 – 35) • 여자 상속인의 혼인(36) 민수기 7 – 미디안과의 전쟁

16. 민수기의 메시지 안에서

이집트를 떠나온 이스라엘 앞에 펼쳐진 길은 먹고, 마시는 기본 조건도 결핍된 광야였다. 인간적인 위로가 없는 광야의 여정은 선민 이스라엘이 약속의 땅이라는 특혜를 받기위한 준비, 교육의 기간, 정화와 시련의 시기, 하느님과 하나로 결속되기 위한 과정으로 간주된다.

모세는 하느님께 부르심을 받고 백성의 인도자로서 하느님의 말씀을 백성에게 전했던 진정한 예언자이다. 그는 단순히 이스라엘을 노역중에서 해방시킨 강한 의지의 영웅이 아니라 백성이 범죄할 때도 그들과 함께 하며, 끊임없이 그들을 위해서 중재하는 깊은 동정심의 소유자로 나타난다. 하느님도 모세를 아주 겸손한 사람으로 인정하신다(12,3). 모세는 마음이 양선하고 겸손하신 착한 목자, 그리스도의 전표이다. 자신의 목숨을 바쳐서까지 백성을 죽음에서 구하려는 그의 기도는 하느님께 향기로운 제물이 되었다. 마침내는 약속의 땅을 바로 앞에 두고 그 숱한 광야의 고생 끝에 생을 마친다. 때로는 분노, 자신의 나약함과 무력함 앞에서 하느님께 하소연하면서 백성을 이끌었던 인간 지도자 모세의 배후에 하느님의 지도력이 있었기에 그의 목덜미 뻣뻣한 백성을 끝까지 인도할 수 있었다. 그의 선의와 백성에 대한 사랑, 하느님 말씀에 대한 절대적인 순종이 그를 지도자로, 예언자로 지탱시켜 준 것이다.

17. 시나이 산에서 – 여행을 위한 준비(1,1 – 10,10)

첫 부분은 시나이 산에 머물러 있던 19일간의 여정 안에서 일어난 일을 다룬다.

이야기 부분(1,1 – 4,49): 이스라엘 백성이 시나이 산에 집결해 하느님께로부터 명령을 받는다. 떠나기 전에 각 지파의 대표자들을 뽑아 부대를 편성하고 출발 순서를 조직화하기 위한 인구조사를 실시하는데, 특히 무기를 잡을 수 있는 20세 이상의 장정들만 대상으로 하고 있다. 1,47절의 인구조사는 유사시에 동원할 병역이 얼마나 되는지 알아내기 위함이다. 이 인구조사에서 장막에 종사하는 레위지파는 제외된다.

| 민수기 1 – 이스라엘 자손들의 첫번째 인구조사 |

레위지파(3,1 – 4): 레위지파는 사제직을 맡은 아론의 후손 밑에서 그들의 시중을 드는 직무를 맡는다. 사제직의 근본의무는 하느님 뜻을 물어 보러온 사람에게 성전에 들어가 그 뜻을 물어보고, 가르쳐주고, 이해시켜 주는 것임이 드러난다. 그들은 하느님과 인간사이에서 백성이 범한 죄의 용서를 청하여 축복을 전구하는 중재자인 것이다.

레위인의 기원(3,40 - 4,49): 레위인을 하느님 몫으로 특별히 성별하는 이유는 이스라엘 백성이 출애굽 당시에 이집트의 맏아들, 맏배를 치신 재앙에서 이스라엘이 구원받은 것처럼 이스라엘 백성 전체의 장자가 레위인으로 선택된 것이다.

법률부분(5,1 - 6,27): 여러 가지 경우에 지켜야 할 예식규정이 문맥과 별 상관없이 나열되어 나오는데 5장은 전체로 보았을 때 첫째, 공동체 전체에 대한 이야기, 둘째, 인간관계에 관한 이야기, 셋째, 가정 관계에 관한 이야기이다. 5장은 레위기에 나오는 공동체 보존의 일정한 틀, 즉 제도화의 과정인데 반하여, 6장은 카리스마적 요소를 가지고 있다. 이처럼 민수기에는 제도적 요소와 카리스마적 요소가 함께 다루어져 있다. 6장은 ① 몸바친 나지르인(6,1 - 21)과48) ② 사제의 축복(6,22 - 27)이라는 두 부분으로 나뉜다. [48]

💙 48 이스라엘 백성 중에서 자신을 하느님의 몫으로 구별지어 놓기로 서약한 사람을 나지르인이라 한다. 이들은 평신도로서 하느님께 온전히 바쳐진(봉헌된) 사람이라고 할 수 있다. 나지르인은 제도적으로 백성의 지도자가 아니었으나, 하느님께 온전히 바쳐진 생활을 함으로써 그들은 하느님 백성의 생활에 영향을 준 정신적인 지도자들이라고 할 수 있다. 레위나 아론이 제도적인 의미에서 하느님이 활동하는 장이라면, 나지르인은 하느님의 제도에 얽매임이 없이 활동하는 공동체 안에서의 장이다. 공동체 안에는 제도적인 것도 있어야 하지만, 카리스마적으로 하느님이 활동할 수 있는 요소가 있음을 알려준다. 나지르인은 3가지 서원을 발한다. 첫째, 머리카락을 자르지 않는다. 이것은 가나안 문명에 휩쓸리지 않고, 광야생활의 민수기의 생활을 동경하면서 순수한 하느님께 대한 신앙을 보존하면서 산다는 상징이다. 둘째, 포도로 만든 술이나 음료수, 식품을 먹지 않는다. 이것은 이교 문화에 동화되지 않고, 하느님 신앙의 순수성을 보존하려는 노력이다(가나안 문명을 배격하는데 그들의 임무가 있다). 셋째, 시체에 접근하지 않는다. 이것은 부정한 곳에 가까이 가지 않음을 의미했다.

| 민수기 2 - 두번째 파스카 축제 |

이스라엘을 지휘하시는 하느님(7,1 - 10,10): 7장은 장막 안에서 행하는 제사의식과 이동에 필요한 예물을 봉헌하는 내용을 다루고 있다. 외적인 준비를 마치고 이제는 실제로 전례에 사용될 각종 기구나 부속물을 준비하는 것이다. 성막을 세운 이유는 하느님의 말씀을 듣고 또 하느님께 말씀을 드리기 위함이다.

출애굽 전날 밤의 첫 번째 과월절(탈출 12장)을 지낸 1년 후에 시나이 산에서 이스라엘 백성은 두 번째 과월절을 지냈다. 그리고 본격적인 광야 횡단을 위한 준비로써 장막과 진지의 구축과 철수에 필요한 두 가지 신호에 대해 설명하고 있다. 구름이 성막에서 걷혀 올라가면 백성들은 밤낮 가리지 않고 길을 떠났고 구름이 머무는 곳에 진을 쳤다. 그리고 구름이 장막에 머물러 있으면 자리를 뜨지 않고 계속해서 주님께 예배를 드렸다.

18. 시나이 산에서 모압 평원까지의 여행(10,11 - 22,1)

이 대목은 비록 시나이에서 40여년의 광야여행을 거쳐 모압평원에 이르기까지의 역사를 수록하였지만, 그 내용상 단편적인 설화와 법률이 뚜렷한 연관 없이 나열되어 있다.

시나이 산 출발(10,11 – 36절): 시나이산을 떠나서 광야로 행군하는 것이 나오는데 이스라엘 백성들은 지파별로 부대를 편성하여 순서대로 광야여행을 시작하는데 행렬선두에는 계약의 궤가 앞선다. 시나이산은 하느님과의 신비적인 통교를 위해 세상과 격리되고 폐쇄된 곳이 아니다. 교회공동체를 상징하는 시나이산은 세상으로 흘러

| 민수기 3 – 시나이 광야를 떠나다 |

들어오는 물줄기의 근원이다. 시나이산은 어떤 장소일 뿐 아니라 역사 안에 들어온 하느님의 뜻, 역사 안에 들어온 하느님의 시간이기도 하다. 아울러 시나이 사건은 "너로 인해 세상 사람들이 복을 받으리라"(창세 12,3)한 '축복의 근원'이 되는 역사가 된다. 그러므로 시나이 산은 하느님의 약속이 성취된 곳이다.

여행의 첫 단계, 첫 번째 위기(11 – 12장): 시나이를 떠난 이스라엘의 첫진영(1진)이 광야에 첫발을 디디자 터져나온 것은 불평이었다. 출애굽사건을 체험하고, 여러가지 지시를 하느님께로부터 직접 받고 떠난 백성이었으나 그들은 광야의 거친 생활에 대해 불평하고, 하느님을 원망하며, 모세를 원망한다. 이러한 불평불만은 이스라엘 백성의 40년 광야생활의 특징이다. 하느님은 모세의 두 가지 하소연에 모두 응답하여 70인의 장로를 선발케 하여 하느님의 영을 내려주시고, 메추라기를 내리신다.

미르얌과 아론이 모세를 시기하다(12장): 모세에 대한 그 불평은 모세의 집안사람인 미르얌과 아론에게서 터져 나왔다. "하느님이 모세에게만 말씀하시는 줄 아느냐?"하고 반발한다. 이 일로 미르얌은 벌을 받아 문둥병자가 되었고 겁에 질린 아론이 모세에게 와서 도움을 청한다. 그리고 모세는 미르얌과 아론을 위해서 간청의 기도를 올려 회복시켜 준다. 모세오경의 저자는 "모세는 실상 매우 겸손한 사람이었다. 땅위에 사는 사람 가운데 그만큼 겸손한 사람은 없었다"는 말로 그들의 불평을 일축시킨다. 하느님은 아론과 미르얌을 불러, 모세의 신분을 정확하게 규명해 주신다.

가나안 침투를 위한 첫 번째 시도(13장) : 이스라엘 백성들이 파란광야에 이르렀을 때 하느님께서 이스라엘 백성에게 약속의 땅을 주시려고 하셨다. 그런데 이때 이스라엘 백성들은 즉시 올라가지 못하고 모세를 설득시켜 정탐대를 파견하자고 제안한다. 그 후 정탐대가 귀환하여 보고를 하는데 그 진술이 엇갈린다. 불행히도 백성들은 불신자들의 말을 따르고 이 사건으로 말미암아 이스라엘 백성들은 40년간 광야를 떠돌게 되는 시련을 겪게 된다. 그리고 출애굽 1세대는 가나안에 들어가지 못하게 된다. 모세는 하느님의 노여움을 풀어 드리고 한결같이 돌보아

주실 것을 간절히 청원한다. 모세의 역할은 백성을 단순이 이끄는 것만 아니라 그들의 불평과 호소, 반역에 대한 하느님의 진노를 거두게 하는 중재 역할을 해야 하는 고단한 지도자였음을 알 수 있다.

백성들이 모세와 아론의 권위에 반항함(16 - 17장): 16장은 레위의 아들에 관한 이야기로 두 가지 반역(16,1 - 50) 사건에 대한 기사가 나온다. 코라의 사건과 아비람과 다탄의 사건은 하느님께로부터 받은 교회의 직책을 거부하는 것이다. 다탄과 아비람에 의한 모세에 대한 저항은 현실에 대한 불만에서 출발하여 모세의 자격에 이르기까지 확대된 제도권의 도전이다. 이 문제 해결은 미르얌과 아론 때처럼 하느님의 손에 최종적인 해결을 맡긴다. 코라는 제도상 부여되지 않은 특권을 탐낸 대표적인 인물이라 할 수 있겠다. 17장은 전체적으로 아론의 사제직이 정당함을 일러주고 18장은 사제의 책임에 대해 말한다.

약속의 땅을 향한 여행의 계속(20,2 - 22,1): 14장 끝에서 중단된 여행기사가 계속된다. 그칠 줄 모르는 반란이 연속되고 있다. 코라나 아비람의 죽음을 보고서도 백성들은 또 하느님을 잊어버리고 불신한다. 이스라엘 회중이 씬광야에 이르러 카데스에 자리를 잡았고, 카데스에 있는 동안 미르얌은 죽어 땅에 묻혔고, 거기에는 먹을 물이 없었

| 민수기 5 - 아론의 죽음 |

다. 백성들은 마실 물조차 없다고 또다시 모세와 아론에게 불평한다. 모세와 아론이 회중을 떠나 만남의 장막에 얼굴을 땅에 대고 엎드리자 하느님의 영광이 나타나 말씀하신다(20,8). "너는 지팡이를 집어들고 너의 형 아론과 함께 공동체를 불러 모아라. 그런 다음에 그들이 보는 앞에서 저 바위더러 물을 내라고 명령하여라. 이렇게 너는 바위에서 물이 나오게 하여, 공동체와 그들 가축이 마시게 하여라." 모세는 하느님의 분부대로 지팡이를 집고 "이 반항자들아, 들어라. 우리가 이 바위에서 너희가 마실 물이 나오게 해 주랴?" 그리고나서 모세는 지팡이로 바위를 두 번 친다. 이 일이 있은 후 하느님은 백성은 물론 모세와 아론의 불신을 꾸중하시며 약속에 땅에 들어가지 못함을 예고하신다. 모세가 약속의 땅에 들어가지 못한 이유를 신명기 1,37과 3,26에는 백성들의 잘못 때문이라고 해설하는 반면 여기서는 모세 개인의 탓으로 보고 있다. 어찌되었던 모세의 불신이 동기가 되었음은 틀림없다. 카데스를 떠나 에돔지역을 통과하려고 하자 에돔인들이 이를 거절한다. 그리하여 다른 여러 지방을 통과하면서 예리고 맞은편에 도착한다.(20,14 -) 그동안 아론이 죽고 백성들은 거듭 불평하자 하느님은 구리뱀의 벌을 내리신다. 모세가 기도를 통해 하느님의 용서를 청하자 하느님께서는 구리뱀을 만들어 매달게 하시고 그것을 보는 사람마다 구원을 받아 살게 된다. 이것은 곧 후에 그리스도께서 십자가에 달리심으로써 그 십자가를 바라봄으로써 구원된다는 것과 연결된다(20,22 - 21장)

19. 약속의 땅 입구인 모압 평원에서(22,2 – 36,13)

발라암 이야기(22,2 – 24,25): 발라암에 대한 이야기는 민수기에서 가장 길고 극적인 이야기다. 모압왕 발락이 이스라엘의 침공을 두려워한 나머지 그들의 점장이 발라암에게 이스라엘을 저주해 달라고 청한다. 그러나 이방인 점장이인 발라암은 4가지 중요한 신탁을 받고서 이스라엘을 저주하는 대신 축복할 뿐 아니라 '장차 한 별이 야곱에게서 나오리라'하는 이스라엘의 빛나는 별인 왕을 예언한다.

| 민수기 5 – 발라암 이야기 |

프오르에서 생긴 일(25장): 이스라엘이 모압평야에 이르렀을 때 이방인의 제사에 참여하여 하느님을 배신하는 행동을 하였다. 이때 사제 '피느하스'에 의해 숙청작업이 벌어진다. 피느하스는 이스라엘 신앙의 순수성을 보존하기 위해 이교인과의 통혼을 엄금한다. 이스라엘의 존재와 선민으로서의 임무의 완성은 참 하느님께만 전념하려는 이스라엘의 의지에 좌우된다.

영토분배를 위한 지침(26 – 36장): 여기에는 실제로 가나안 땅을 부분적으로 점령하여 정착하는 과정에서 생긴 일, 특히 정착지 분배와 그에 따르는 규정이 들어 있다. 즉 땅의 정복과 정착기사, 점령지의 분배에 대한 10지침, 점령지에서 지켜야 할 법규인 상속법과 제사법 등을 소개한다.

| 민수기 6 – 모세의 후계자 |

| 민수기 7 – 미디안과의 전쟁 |

두 번째 인구조사(26,1 – 65): 시나이 산에서 약속의 땅으로 출발하기 전 준비의 첫단계가 인구조사였음 같이 광야의 방랑을 결말짓고, 가나안 정복의 준비단계에서도 인구 조사를 한다. 이두 번째 인구조사는 첫 번과 대동소이하다. 병력을 위한 인구조사라 할 수 있다.

모세의 후계자 여호수아(27,12 – 23): 죽음의 통보를 받은 모세는 여호수아에게 지도권을 양도할 모든 채비를 한다. 임박한 죽음을 앞두고 심각하게 대두된 후계자 문제가 이로써 해결된다.

모세의 후계자로 선택된 여호수아는 정직한 정탐꾼 중 한사람이었다. 그는 '하느님 의 영으로 충만한 자'라 하였다. 그가 직책 수행에 있어 하느님 의 능력을 받았으나 모세와 아직 동등하지는 못하였고 여호수아는 제사장들의 제비(우림)를 통해서 간접적으로 지시를 받았다.

거룩한 땅에서 지켜야 할 규범(32,1 – 36,13):

① 땅의 분배(32,1 – 42)
　광야의 방랑이 끝날 무렵까지도 민수기 초기의 사건들이 반복된다. 약속의 땅을 눈앞에 두고서 루우벤과 가드지파는 강을 건너지 않고, 요르단 강 그 건너편에 그냥 머물겠다는 사건이 터진다. 모세는 민수기 13 – 14장의 정탐꾼 사건 때와 같이 전 이스라엘에 재앙이 내릴 것을 두려워한다.

② 유산으로 받는 땅(33,50 – 34,29)
　가나안 정복에 앞서 이스라엘 백성은 원주민(이교도)들의 우상숭배로 더럽혀진 땅이기에 정화에 대한 문제와 영토분할에 대한 지침을 마련해야 했다. 거짓 신을 섬기는 가나안 의식을 축출한 것은 그 이교 신앙이 하느님 신앙을 위협할 소지가 있으며, 그렇게 될 때 이스라엘은 가나안인들이 받을 벌을 면치 못할 것이기 때문이다. 약속의 땅은 하느님의 지시대로 제비 뽑아 분할되어야 한다. 유산의 땅은 하느님께 선물로 받은 것이므로 어떤 개인이나 지파도 자기 나름대로의 땅을 요구할 수가 없다.

③ 거룩한 땅(35,1 – 34)에서 어떻게 살아야 되겠는가? 이 땅은 거룩한 땅이기에 무죄한 피를 흘려 그 땅을 속되게 해서는 안된다하여 부당한 복수살인을 억제키 위해 '도피성'이 생긴다 🔳

바이블테라피 05   기도의 핵심은 듣는 것

01 기도의 핵심은 듣는 것이다.

"마리아는 주님의 발치에 앉아서 말씀을 듣고 있었다. 시중드는 일에 경황이 없던 마르타에게 예수께서 '마리아는 참 좋은 몫을 택했다!'라고 말씀 하신다. 듣는 다는 것은 사랑의 행위이다. 우리 안에 죄와 나태와 거짓이 차 있을 때 하느님의 말씀을 듣기가 어려울 뿐 아니라 우리 역시 하느님의 말씀을 듣고자 하는 원의를 가지기 어렵다. 그 분은 우리가 원할 때 말씀하시는 것이 아니라 그분이 원하실 때 우리에게 말씀하신다는 점을 기억하라!

02 육신도 기도하는 법을 배워야 한다.

엎드려 하는 기도, 장궤, 몸이나 손 짓, 몸을 움직이는 기도의 개발도 상당히 중요하다. 기도는 음성(말)으로만 이루어지는 것이 아니다. 등을 곧게 펴서 장궤하여 어깨를 펴고, 팔에 힘을 빼어 아래로 늘어뜨리고, 눈을 감거나 성체를 똑바로 바라보는 것 등 육체의 다양한 변화를 줄 수도 있다. 팔을 들어 올리는 기도, 큰 소리로 하는 기도(홀로 있을 때)도 다양하게 활용해 보아야 한다.

03 기도에 있어 장소, 시간, 육신은 내면세계에 가장 큰 영향을 주는 외적 3요소이다.

"예수께서는 기도하시려고 산으로 나가시어, 밤을 새우며 하느님께 기도하셨다" (루카 6,12)
"먼동이 트기 전에 일어나 외딴 곳에 가시어 기도를 하고 계셨다" (마르코 1,35)
기도를 하기 위한 시간과 장소는 상당히 중요하다. 어떤 성당은 다른 성당보다 기도하는데 도움이 된다. 또한 자기 집에서도 기도할 수 있는 공간을 잘 만들고 확보해야 한다. 이것은 집중의 문제를 만들 수 있다. 시간도 문제가 될 수 있다. 일과 중 어떤 시간에 깊이 집중할 수 있는 지 일정한 시간에 기도를 습관 들이는 것이 중요하다. 습관은 필요성을 느끼게 하고 기도할 마음을 가지게 한다.

신명기 | DEUTERONOMY

신명기의 히브리 이름은 "이것이 말이다(엘레 하 드바림 : ellh ha ddebarim)", "말씀들은 다음과 같다"는 의미로 '드바림(말씀의 뜻)'이라 한다. 희랍어로는 '데우떼로 노미온(deutero nomion : 두 번째 율법 = 둘째법 내지 법의 반복)'이라 하며, 이것은 '제2법전'(deuteronomium : 반복되는 법전)이라는 의미를 지닌다. 한자어는 '펼 신(申)', '명령할 명(命)'을 사용하여 하느님의 명령을 펴나간 책이라는 의미로 하느님의 계명을 자세히 설명해 주는 책임을 알려준다. 즉 율법의 적용, 해설 또는 이스라엘의 '역사와 법'을 실생활에 적용시킨 모세의 설교집이다.

이스라엘 백성의 하느님께 대한 신앙의 핵심은 6,4절의 "이스라엘아, 들어라. 주 우리 하느님은 한 분이신 주님이시다"라는 말씀이다. 신명기 안에서 하느님은 무엇보다도 '이스라엘 백성의 역사 안에서 당신 자신을 드러내시는 분'으로 인식된다. 성조들에게 내린 약속(4,31), 이집트 탈출(7,19), 호렙 산에서의 율법 부여(5,5), 광야의 횡단(8,2), 그리고 행복한 삶이 이루어지는 약속의 땅에 들어가는 것(4,40; 1,25). 특히 출애굽사건 전부는 이스라엘이 하느님의 권능을 똑똑히 보고 느낀 사건이며, 하느님 백성으로써의 이스라엘의 출발점이며, 하느님이 어떤 분이신지를 분명히 알게 한 사건으로 이들이 끊임없이 기억해야할 하느님의 위대한 업적이다. 이런 역사의 사건들은 이스라엘 백성에게 하느님의 충실하심을 드러내주는 표지이다. 이러한 표지들을 통해 이스라엘은 자신들의 하느님이 유일하신 하느님이시며, 이스라엘을 사랑하시어(6,5) 계약을 맺으신(26,17) 분이심을 깨닫게 된다.

05

신명기 SCHEMA

날짜	성경 구절	주요 내용
첫 째 날	신명 1 – 4	• 가나안 정찰과 백성들의 불평에 주님께서 이스라엘을 벌하심(1) • 요르단 건너편 땅을 정복하여 분배함(2 – 3) • 주님께서 호렙 산에서 내린 계시(4) 신명기 1 – 모세의 첫번째 설교 (과거의 회상)
둘 째 날	5 – 9	• 십계명(5) • 주 너희 하느님을 사랑하여라(6) • 이스라엘과 이민족의 관계(7) • 광야에서 이스라엘에게 베푸신 주님의 은혜(8 – 9) 신명기 2 – 모세의 두번째 설교, 십계명
셋 째 날	10 – 15	• 새 십계판과 계약 궤(10) • 주님께서 좋은 땅을 약속하심(11) • 우상숭배를 경고함(12 – 13) • 하느님의 율법(14 – 15) 신명기 3 – 새 십계판과 계약궤
넷 째 날	16 – 21	• 하느님의 율법(16 – 21) 신명기 4 –하느님의 율법 1 (신명기 법전)

날짜		성경 구절	주요 내용
다 째	섯 날	22 – 25	• 하느님의 율법(22 – 25)
여 째	섯 날	26 – 29	• 봉헌물에 관한 규정(26) • 열두 가지 저주(27) • 순종에 따르는 복과 저주의 경고(28) • 모압 땅에서 맺은 계약에 따르는 의무(29)
일 째	곱 날	30 – 34	• 모세의 연설(30) • 여호수아가 후계자가 됨 / 주님께서 모세에게 하신 마지막 말씀(31) • 모세의 노래와 축복(32 – 33) • 모세의 죽음(34)

신명기 5 – 하느님의 율법 2 (전례단편들)

신명기 6 –모세의 세번째 설교
미래의 구원과 역사 전망

신명기 7 – 주님께서 모세에게 하신
마지막 말씀

20. 신명기의 시대적 배경과 주제

신명기의 배경은 기원전 8 – 7세기 중엽으로 추정된다. B.C. 922년 남북으로 분열된 이후, 남부 유다의 수도는 예루살렘이고 북부 이스라엘의 수도는 사마리아였다. 이때 강대국은 시리아였는데, 그 시리아 뒤에 더 큰 세력인 아시리아가 일어나고 있었다. 그래서 시리아 왕은 아시리아의 세력을 견제하기 위해 북부 이스라엘 임금과 연합하여 아시리아를 치기 위해 연합전선을 펴고자 남부 아하즈 왕에게도 이 연합전쟁에 동맹을 맺자고 청했다. 그러나 아하즈왕은 아시리아를 무서워한 나머지 시리아와 북부 이스라엘과 동맹을 맺지 않았다. 그래서 시리아와 북 이스라엘의 연합군대가 압력을 가하게 되자 아하즈 왕이 아시리아에 원군을 청하게 된다. 아하즈 왕은 아시리아를 원병으로 불러들였고, 결국 아시리아는 시리아를 점령하고 북부 이스라엘을 완전히 멸망시켰다. 그 후 아하즈의 아들 므나쎄가 50년간 장기 집권을 했는데, 그는 아시리아에 충성된 신하로 처신하면서 각종 이방 종교와 문화를 퍼트리면서 하느님 신앙과 조상들의 전통을 완전히 파괴하는 정책을 편다. 그 때 유다로 피신해온 북 이스라엘의 레위지파 제사장 집단들, 예언자들이 시나이산의 모세계약으로 되돌아 가야할 것을 왕과 이스라엘 백성을 향해 소리쳐 외치며 원(原)신명기를 쓴다. 므나쎄는 하느님 신앙을 박해할 뿐 아니라 가장 악랄한 정책으로 성경마저 불태웠다. 므나세 통치동안 이스라엘에는 예언자의 목소리가 끊어져 '하느님의 목소리가 끊긴 시대'라고까지 부른다. 므나쎄가 죽은 후 왕들이 계속 바뀌고, 혼란한 정세가 계속되다가, 요시아가 왕위에 오르게 된다. 그는 622년 종교 개혁을 일으켰다. 그가 제일 먼저 실시한 것이 성전정화였다. 그 과정에 성전 창고에서 역사서 두루마리가 나왔으니 그것이 '원(原)신명기'(12 – 26장)두루마리였다. 요시아왕은 이 책을 토대로 전 백성을 모아 성대하게 계약을 갱신하고 모든 지방성소를 폐쇄시키고 예루살렘 중심의 전례개혁을 단행하는 등 하느님 신앙으로 돌아가도록 애썼다.[49]

💙 49) 하느님은 이스라엘에게나 세상에게나 유일하신 하느님(神)이기에, 다른 민족이 섬기는 신들은 나무나 돌에 불과한 우상들이다(4,28). 따라서 이스라엘은 한분이신 하느님만을 섬겨야하고, 그분이 주신 율법과 계명들을 온 정성을 다해 지켜야 한다. 이 길만이 그들에게 영원한 축복이 깃들여있는 길이다. 이러한 일신론(一神論)은 이스라엘 백성이 영위하는 전체 삶의 유일 개념으로 귀착된다. 하느님의 백성인 이스라엘은 하느님께서 당신 '개인소유'로 삼으신(7,6; 28,10), 하느님의 '거룩한 백성'이며(7,6), 이 선택은 이스라엘의 우월성에 근거한 것이 아니라, 오로지 하느님의 은총임을(9,5) 늘 기억해야한다. '하느님의 은총으로 선택된 하느님의 거룩한 백성', 이것이 이스라엘 백성이다. 이는 곧 이스라엘에게 그 부르심에 합당한 능동적인 응답을 요구한다. 이스라엘은 마음의 할례를 받고(10,16), 다른 우상들과 일체의 관계를 금해야 하고(4,19; 17,3), 하느님의 말씀으로 살아야하며(6,8), 말씀을 듣고 지키며, 세세한 조항에 이르기까지 율법에 충실해야만 한다. 그래야 그들이 언제까지나 거룩한 하느님의 백성으로 남아있을 수 있다.

21. 모세의 설교와 메시지의 핵심

신명기는 이집트를 탈출한 이스라엘이 광야의 오랜 여정 끝에 모압평야에 이르러서 약속의 땅을 향하여 요르단강을 건너기 직전, 세 번에 걸친 모세의 설교를 중심으로 구성되어 있다. 신명기는 넓게 보면 1 – 30장까지 모세의 고별 설교와 31 – 34장까지의 모세의 죽음을 보도하는 부분으로 나뉜다. 그러나 모세의 고별 설교는 독립된 세 편의 설교로 구성되었기에 모두 4부분으로 나눌 수 있다.

■모세의 첫 번째 설교(과거의 회상): 호렙에서 요르단까지 여정의 회고와 율법해설 (1 – 4장)

출애굽 이후 40년간 일어났었던 과거 사건을 회상하면서 하느님의 구원은 이론이나 관념이 아닌 실제의 역사적 사건임을 알린다. 그분이 이스라엘을 선택하시고 사랑해 주시며 모든 필요한 것을 제공하시는 분이기에 그분을 공경하는 것은 당연한 것임을 말한다. 더불어 그분께 순종하는 것은 축복을 가져오고, 불순종하면 심판을 받았음을 상기시켜 준다. 그러므로 약속의 땅에 들어가기에 앞서 새로운 세대를 향한 신앙의 결단을 촉구하는 내용이라 할 수 있다.

| 신명기 1 – 모세의 첫번째 설교 |
(과거의 회상)

이스라엘아 들어라.(1,1 – 3,29): 모세가 요르단 건너편 아라바에 있는 광야에서 온 이스라엘 백성들에게 한 말은 이러하다. "주, 우리 하느님께서 호렙에서 우리에게 이르셨다. '너희는 이 산에서 오랫동안 머물렀다. 이제 발길을 돌려 떠나라. 가서 주님이 너희 조상 아브라함과 이사악과 야곱과 그의 후손들에게 주겠다고 약속한 땅을 차지하여라' '두려워하지도 말고 겁내지도 말아라' 그러나 여호수아와 칼렙을 제외한 이스라엘 백성은 가나안을 정찰한 다음 불평하며 말하였다. '주님께서 우리를 미워하셔서 아모리 족의 손에 멸망시키려고 우리를 이집트 땅에서 이끌어 내셨구나. 우리가 어디로 올라가야 한단 말인가?[50]

> **50** 반복되는 말은 "기억하라"하는 것이다. 이 부분을 가지고 '회상의 책'이라 말한다. 이스라엘 백성들이 자신들의 과거 역사를 통해 이룩해 놓으신 하느님의 업적을 기억하라는 것이다. 이 회상을 통해 오늘을 어떻게 살아야 될 것이냐? 하느님 법을 어떻게 지켜가야 하는지를 선포하는 책이 신명기다.

이스라엘은 에돔과 모압과 암몬은 그냥 지나가고 헤스본 임금 시혼과 바산 임금을 쳐부순다. 요르단 강 건너편 땅의 분배가 이루어지고 모세는 요르단을 건너지 못하게 된다.

(민수 27,12 – 23)

모세의 훈계(4,1 – 43): 모세는 우상숭배를 경고하며 "주님께서 호렙 산 불속에서 너희에게 말씀하시던 날, 너희는 어떤 형상도 보지 못하였으니 매우 조심하여, 남자의 모습이든 여자의 모습이든, 어떤 형상으로도 우상을 만들어 타락하지 않도록 하여라. 주 너희 하느님께서 너희에게 금하신 그 어떤 형상으로도 우상을 만들지 않도록 조심하여라. 거기에서 너희는 주 너희 하느님을 찾게 될 것이다. 너희가 마음을 다하고 목숨을 다하여 그분을 찾으면 만나 뵐 것이다. 너희가 곤경에 빠지고 이 모든 일이 너희에게 닥치면, 마침내 너희는 주 너희 하느님께 돌아가 그분의 말씀을 잘 듣게 될 것이다" 말한다.[51]

> **51** 모세는 백성들을 향해 법규를 지켜야 하는 이유를 '하느님께서 우리 조상들에게 약속해주신 약속의 땅에서 살기 위한 조건'이기 때문이라 말한다. 이 부분은 모세가 하느님께서 약속해주신 가나안을 바라보며 행한 설교다. 모세는 이스라엘이 하느님의 법을 길이길이 기억하면서 '하느님의 율법을 지키는 백성', 곧 왕다운 백성, 사제적인 백성, 예언적인 백성으로 살아가기를 희망하며 선포한다. 신명기 저자는 우상 숭배를 버리고 하느님을 찾을 때 어디서든지 하느님의 능력을 만날 수 있다고 역설한다. 그는 모세의 입을 빌어 독자로 하여금 "하늘이나 땅에 있는 어떤 신이 주님과 같은 위력을 나타낼 수 있겠는가"라고 외치게 한다. 그러므로 모세의 첫 번째 설교는 (1)계약을 잊지말고 기억하라! (2)법규를 지켜라! (3)성심껏 지키고 (4)우상을 섬기지 말고 (5)하느님을 섬기라(찾으라)는 말로 요약된다.

■모세의 두 번째 설교(5장 − 28장: 현재)

두 번째 부분은 구체적으로 '하느님이 원하시는 삶은 무엇인가? 어떻게 하느님을 섬기는 것이 올바른 것인가?'라는 문제를 다루고 있다. 하느님이 이스라엘에 주신 율법의 의미를 재해석하며 설교하는 내용이다.

| 신명기 2 − 모세의 두 번째 설교 (현재) |

1. 사랑의 유대를 강조하는 계약(4,44 − 11,32)

하느님께서는 시나이 산에서 모세를 통하여 이스라엘과 계약을 맺으셨다. 이 계약은 "이스라엘을 거룩한 하느님의 백성이 되게 하고, 하느님은 그들의 하느님이 되시어 항상 같이 있겠노라"하신 약속의 실행인 것이다. 그리고 이스라엘이 하느님의 백성이 된다는 것은 구체적으로 이스라엘이 공동체로나 개인적으로나 일상생활 중에서 하느님께 받은 법을 충실히 지키는 것으로서 나타나는 것이다.

십계명 (5장): 신명기는 계약의 공동체가 지녀야 할 계명에로 관심을 돌리며 5장에서 탈출기 20장에서 언급된 '십계명'을 다루고 있다. 그러나 핵심교훈은 6,4 − 7이다. 계약의 원천인 하느님을 사랑하는 것이 신명기의 핵심을 이루며 특징적인 주제다. 이 하느님께 대한 사랑이 우선될 때 당연한 결과로 이웃사랑이 이루어지고 이것이 계약 공동체의 기초가 된다는 것이다. 그리고 이스라엘이 하느님을 사랑하는 원초적인 동기는 오로지 하느님께서 먼저 그 백성을 사랑 하셨다는 자체에 있는 것이다.

주 너희 하느님을 사랑하여라!(6,1 − 19): "이스라엘아 들어라! 주 우리 하느님은 한 분이신 주님이시다. 너희는 마음을 다하고, 목숨을 다하고 힘을 다하여 주 너희 하느님을 사랑하여야 한다.

팔레스티나 정복 강령(7,1 − 26): "주 너희 하느님께서 그들을 너희에게 넘겨주셔서 너희가 그들을 쳐부수게 될 때, 너희는 그들을 반드시 전멸시켜야 한다. 너희는 그들과 계약을 맺어서도, 그들을 불쌍히 여겨서도 안 된다. 너희는 또한 그들과 혼인을 해서도 안 된다. 위대하고 두려운 하느님이신 주 너희 하느님께서 너희 가운데에 계시니, 너희는 그들을 겁내지 마라. 너희는 그들을 단번에 제거하지는 못할 것이다.[52]

> **💙 52** 앞날을 내다보며 후손 교육을 강조하던 신명기 저자는 다시 현실적인 문제로 돌아와 팔레스티나를 정복함에 있어서 이스라엘이 취해야할 태도를 두 가지로 밝힌다. 하나는 가나안 땅의 원주민을 전멸시키라는 것이며, 또 하나는 그들이 섬기던 신을 섬기지 말라는 것이었다. 이스라엘은 선택받았다고 해서 오만해질 이유가 전혀 없다는 것이다. 이스라엘에 있어서 창조사건보다 더 중요한 것은 선택사건인데 하느님이 이스라엘을 선택한 것은 자기들이 잘나서가 아니라, 오직 하느님의 자유로운 뜻에 의한 것일 뿐이다. 그러므로 선민으로써 온 백성이 하느님을 증거해야 할 사명 이외에는 다른 이유가 없다는 것을 여기서 말한다.

광야에서 이스라엘에게 베푸신 주님의 은혜(8,1 − 20): "그분께서는 너희를 낮추시고 굶주리게 하신 다음, 너희도 모르고 너희 조상들도 몰랐던 만나를 먹게 해 주셨다. 그것은 사람이 빵만으로 살지 않고, 주님의 입에서 나오는 모든 말씀으로 산다는 것을 너희가 알게 하시려는 것이었다. 이 사십 년 동안 너희 몸에 걸친 옷이 해진 적이 없고, 너희 발이 부르튼 적이 없다. 너희는 마치 사람이 자기 아들을 단련시키듯, 주 너희 하느님께서 너희를 단련시키신다는 것을 마음 깊이 알아두어야 한다. 너희를 낮추고 시험하셔서 뒷날에 너희가 잘되게 하시려는 것이었다. 너희는 마음 속으로 '내 능력과 내 손의 힘으로 이 재산을 마련하였다'하고 생각할 수도 있다. 그러나 너희는 주 너희 하느님을 기억해야 한다. 바로 그분은 오늘 이처럼, 너희 조상들에게 맹세하신 계약을 이루시려고, 너희가 재산을 모으도록 너희에게 힘을 주시는 분이시다."[53]

💙 53 지금의 사람들에게 훈계를 하고 있는 것이다. 즉 요시아 시대의 백성들에게 하는 훈계인 것이다. 가나안에 들어온 뒤 농사를 짓고 또 풍요다산의 신인 바알의 유혹이 끊임없이 있었던 시절을 회상하며 들려주는 이야기라 할 수 있다.

너희는 고집이 센 백성 (9,1 – 11,32): 주님께서 말씀하셨다. '내가 이 백성을 보니, 정말로 목이 뻣뻣한 백성이로다. 내가 보니 너희는 송아지 우상을 만들어 주 너희 하느님께 죄를 짓고 있었다. 너희는 이렇게 주님께서 너희에게 명령하신 길에서 빨리도 벗어났다. 그러자 모세가 백성을 위하여 주님께 간청하였다. 그러자 주님께서 다시 모세에게 '너는 먼젓번과 같은 돌 판 두 개를 깎아서, 산으로 나에게 올라오너라. 또 나무 궤를 하나 만들어라. 그러면 네가 부수어 버린 먼젓번 판위에 쓰여 있던 말을 내가 그 판위에 써 줄것이니, 너는 그것을 궤 안에 넣어라.' 주님께서 이스라엘에게 좋은 땅을 약속하시고, 그의 계명에 충실한 이들에게는 축복을, 계명을 듣지 않고 명령하는 길에서 벗어나는 이들에게는 저주가 내릴 것이라 말씀하신다.[54]

| 신명기 3 – 새 십계판과 계약궤 |

💙 54 하느님이 주신 땅 (9,1 – 10,11): 8장에서 모세는 하느님의 업적과 사랑을 잊지 말고, 기억할 것을 강조한데 이어 9장에서는 이스라엘의 완고함을 경고한다. 완고함을 뜻하는 모세의 설교 내용은 다음과 같다. ① 약속의 땅을 차지하게 되리라고 예고(9,1 – 3) ② 그 땅을 차지하게 된 까닭은 이스라엘이 착해서도 아니요 하느님의 은혜라는 사실(9,4 – 6) ③ 이스라엘이 저지른 죄의 역사로서 호렙 사건이 거론됨(9,7 – 24) ④ 이스라엘의 죄에 대한 모세의 중재 기도와 하느님께서 그 기도를 들어주심(9,25 – 10,11)

마음의 할례(10,12 – 22): 공동체로서나 개인으로서나 만사에 앞서 행해야 할 것은 오로지 '마음을 다하고 목숨을 다하여 주 너희 하느님을 섬기는 것'과 '유랑민, 외국인, 가난한 이, 고아, 과부, 레위인들에게 온정을 베푸는 것'이다. '법적으로 약하고 보호받지 못하는 사람들을 돌보아야 할 사회적인 책임'이 있다는 것이다. 이것이 이스라엘을 선택한 이유요, 사회적인 책임의식이다. 이는 이스라엘이 하느님 백성이며, 옛날 노예상태에서 구출된 백성, 불행한 자의 형제이기 때문이다. 신명기 저자는 '마음의 껍질을 벗기는 일'로 강조하는데, 이 신명기의 사상은 마태오 25,31 – 46의 최후 심판의 기준을 통해서 다시 상기시켜 준다.

선택의 길, 축복과 저주(11,18 – 32): 신명기의 특징은 확고한 선택을 촉구한다는 점이다. 하느님 백성들의 자유로운 선택을 통해 생명과 죽음, 축복과 저주의 길을 갈 수 있음을 강조하며 하느님께 충실할 것을 선포한다.

2. 신명기 법전(율법과 그 정신, 12장 – 26장)

12장부터 방대한 율법이 시작된다. 신명기 법전은 신명기의 중심부라 할 수 있다. 여기 나오는 율법은 고대 이스라엘의 농경사회를 배경으로 하고 있으며, 학자들은 이 신명기가 요시아 왕의 종교개혁 (B.C. 600)의 기초가 되었다고 보고 있다. 신명기는 이스라엘이 일상을 통해 어떻게 하느님과 이웃을 사랑하며 살 수 있는지에 대한 구체적 삶을 말하고 있다.

| 신명기 4 – 하느님의 율법(신명기 법전) |

원신명기는 다음의 7부분으로 나눌 수 있다.
- ① 이스라엘 예배는 한군데 모여 순수하게 드려져야 한다(12,1 – 14,21).
- ② 매해마다 절기에 따른 종교의식을 지켜야 한다(14,22 – 16,17).
- ③ 공직자는 제대로 처신해야 하며, 백성들은 이에 따라야 한다(16,18 – 18,22).
- ④ 전쟁 및 살인 사건은 이런 방식으로 다루어야 한다(19,1 – 21,9).
- ⑤ 가족간에 생긴 문제는 엄히 처리 되어야 한다(21,10 – 23,1).
- ⑥ 정결하게 처신하고 인간답게 행동해야 한다(23,2 – 25,19).
- ⑦ 햇곡식과 십일조를 바쳐라(26,1 – 15).

3. 전례단편들 : 계약거행과 체결 (27 – 28장)

신명기 법전에서 계약의 법규들을 가르친 다음, 이제 앞으로 있을 계약체결 예식을 가르친다. 즉 요르단강을 건너 에발산에 도착하면 제단과 율법 기념비를 세울 것이다. 그런 다음에 계약법에 어긋나는 열두 가지 저주사항을 선포할 것인데, 매번 백성들은 "아멘"하고 대답해야 한다. 이어서 구약성경에서 가장 아름다운 부분 중의 하나인 법준수자들에 대한 축복과 범법자들에 대한 저주를 선포한다. (28장)

| 신명기 5 – 하느님의 율법 (전례단편들) |

율법의 돌(27장): '너희가 요르단을 건너 주 너희 하느님께서 너희에게 주시는 땅에 들어가는 날, 너희는 큰 돌들을 세우고 거기에 석회를 발라야 한다.' 우상을 섬기는 자, 자기 아버지와 어머니를 업신여기는 자, 이웃의 경계를 밀어내는 자, 눈 먼이를 길에서 잘못 인도하는 자, 이방인과 고아와 과부의 권리를 왜곡하는 자, 아버지의 아내와 동침하는 자, 짐승과 관계하는 자, 아버지의 딸이든 어머니의 딸이든 제 누이와 동침하는 자, 장모와 동침하는 자, 이웃을 은밀한 곳에서 쳐 죽이는 자, 무죄한

사람을 살해하는 자는 저주를 받게되리라 선포한다.

순종에 따르는 축복 (28장) 각 사람은 매 순간 생명의 길과 멸망의 길 중 어느 하나를 택하도록 끊임없이 선택의 결단을 요구받고 있다. 모세는 이 하느님의 법, 계약을 지키는 자는 삶과 축복을 받을 것이나 지키지 않는 자는 저주를 받고 죽으리라는 것을 백성에게 상기시키고 있다. 이상과 같은 신명기는 과거, 현재, 미래를 일관하여 하느님의 계획을 이해하고 선포하는 성경 읽기 법을 가르쳐준다.

■ 모세의 세번째 설교(미래의 구원과 역사 전망: 29 - 30장)
축복 또는 저주의 길에서 미래를 좌우할 선택에 관한 교훈을 담고 있으며, 역사의 전환기에 처한 신세대들의 마음 자세를 새롭게 하고 각성시키기 위한 것, 다가올 모든 세대에게도 동일하게 적용될 것임을 암시한다. 흩어짐과 회복에 대한 예고가 담겨있다.

| 신명기 6 - 모세의 세번째 설교 |
(미래의 구원과 역사 전망)

모세는 다시 한 번 하느님께서 이스라엘에게 베푸신 업적을 상기시키면서 철저한 책임감을 가지고 계약을 충실히 지키라고 명한다(29장). 그리고 비록 나약한 존재이기 때문에 계약을 저버릴 경우에라도 마음으로 뉘우치고 회개하면 하느님의 용서와 자비를 받는다고 한다(30, 1 - 10). 마지막으로 누구든지 바른 지향만 가지고 있으면 계약의 의무를 쉽게 실천할 수 있다고 격려하면서, 계약의무를 지키면 행복과 생명이 따르고 안지키면 불행과 죽음이 따를 것이니 반드시 순종하라고 부탁한다(30, 11 - 20).

■ 모세의 죽음과 후계자의 선택, 여호수아에 관한 전승(31 - 34장)
이 부분의 결론은 모세오경 전체의 결론이기도 하다(모세의 마지막 노래와 축복). 모세의 죽음으로 구원사의 새 시대가 열리는 부분이다. 율법 준수를 권면하고 여호수아에 대한 충고(31장), 모세의 고별 노래(32,1 - 47), 모세의 죽음과 장례, 여호수아의 취임식이 이어진다. 여기에는 이스라엘 백성에 대한 모세의 마지막 훈계와 후계자 여호수아에 대한 격려, 7년마다 레위인들이 백성들에게 율법을 낭독하도록 명령함과 백성들의 불신을 예고하고, 하느님의 자비를 찬양하고, 백성들의 배반을 경고하는 모세의 노래, 모세의 죽음이 예고되고 모세의 축복 및 모세의 죽음이 나오는 대목이다.

모세의 노래(32장 - 33장): "나의 가르침은 비처럼 내리고 나의 말은 이슬처럼 맺히리라! 푸른 들에 내리는 가랑비같고 풀밭에 내리는 소나기 같아라. 옛날을 기억하고 대대로 지나온 세월을 생각해 보아라. 아버지에게 물어보아라, 노인들에게 물어보아라! 주님께서는 광야의 땅에서 울부짖는 소리만 들리는 황무지에서 그를 감싸주시고 돌보아 주셨으며 당신 눈동자처럼 지켜 주셨다. 나 말고는 하느님이 없다. 나는 죽이기도 하고 살리기도 한다. 나는 치기도 하고 고쳐 주기도 한다. 내 손에서 빠져나갈 자 하나도 없다. 나는 하늘로 손을 들어 나의 영원한 삶을 두고 맹세한다. 내가 번뜩이는 칼을 갈아 내 손으로 재판을 주관할 때 나의 적대자들에게 복수하고 나를 미워하는 자들에게 되갚으리라!"[55]

> **55** 모세의 노래는 이스라엘 백성이 대대로 그 후손들에게 가르쳐야할 사항과 하느님의 자비를 얻는 길을 제시하여 준다. 이스라엘을 당신의 백성으로 선택하신 하느님과 계약에 불충실함으로써 그 선택을 배척한 이스라엘이 주제로 되어 있는 이 시의 저작시기와 신명기에 삽입된 시기에 관하여는 논란이 분분하다. 학자들은 이 노래(특히 32장)가 기원전 11세기경부터 이스라엘 백성들 간에 불려지다가 후에 신명기에 삽입되었다고 본다. 그러나 이 시의 완숙한 신학적인 제시와 예언문학과의 상관관계를 미루어 볼 때 훨씬 후대의 것으로 추정하기도 한다. 과거를 기억하라는 언급은 회중을 향한 것이다. 예루살렘 중앙 성전에서 7년마다 초막절에 율법서를 낭독함으로써, 성전에 순례 온 백성들이 그 말씀을 듣고, 배우고, 실천하며 후손들에게 그대로 전해주게 하려는 데 그 목적이 있다. 특히 하느님의 의로우심과 보살피심에 관한 아름답고 신학적인 의미 깊은 32장의 노래는 계약에 관한 요소가 다분하다.

모세의 죽음(34,1 – 12): 주님께서 모세에게 말씀하셨다. "저것이 내가 아브라함과 이사악과 야곱에게, '너의 후손에게 저 땅을 주겠다' 하고 맹세한 땅이다. 이렇게 네 눈으로 저 땅을 바라보게는 해주지만, 네가 그곳으로 건너가지는 못한다" 주님의 종 모세는 주님의 말씀대로 그곳 모압 땅에서 죽었다. 모세가 눈의 아들 여호수아에게 안수하였으므로, 여호수아는 지혜의 영으로 가득찼다.[56]

| 신명기 7 – 주님께서 모세에게 하신 마지막 말씀 |

> **56** 이 부분은 여러 편집자의 손을 거쳐서 형성된 것으로 본다. 이 기록은 이스라엘이 가장 위대한 예언자이며 지도자였던 모세가 하느님의 도구로써 이스라엘 백성에게 얼마나 중요한 존재였던가를 평가하고 있다. 모세의 마지막 권유와 축복으로 이루어진 이 부분은 신명기뿐 아니라 모세오경 전체의 결론이라고 할 수 있다. 모세의 죽음에 관한 기사는 여호수아의 카리스마적인 계승과 밀접하게 연결되어 있다. 이는 엘리사의 계승이 그의 스승 엘리야의 죽음에 직결됨과 비교할 수가 있다. 이 두 경우는 다 예언적 신학의 '영'에 의한 결실'이라고 할 수 있다. 인수는 이 영의 전달을 의미한다. 이제 모세의 지도권인 "지혜의 영, 하느님 의 영"이 여호수아에게로 계승된다. 이로써 여호수아는 총명과 행정력을 겸비한 지도자로서 이스라엘 백성의 앞에 서게 되었다. 그러나 그들의 참 지도자는 변함없이 하느님이시다. 모세는 죽을 때 120세의 고령이었으나 눈이 어두워지지 않았다고 했다. 한 세대를 40년으로 칠 때 모세가 3세대를 살았음을 나타낸다. 또한 눈이 어둡지 않았다는 말은 모세가 연로해서 병 때문에 죽은 것이 아니라, 하느님의 뜻에 따라 부르심을 받았다는 것을 뜻한다. 시력은 생명력을 상징한다. 하느님 말씀을 받아 전하는 사람은 언제나 젊다. 하느님의 말씀은 그것을 전하는 사람에게 젊음을 준다. 영원한 생명의 말씀으로 사는 자는 늙음, 병고, 죽음을 초월하는 삶을 살기 때문이다. 모세는 참으로 하느님의 위대한 종, 구원사건의 큰 도구였다. 그러나 그는 할 일을 다 마치지 못하고 세상을 떠났다. 그가 천신만고 끝에 다다른 입구, 40년 광야의 그 숱한 고난과 역경 중에서 목표로 삼아왔던 그 약속의 땅을 한 발자국도 밟아보지 못하고, 그의 사명을 후계자에게 남겨둔 채 떠났다. 이는 예언자의 길, 하느님 사람이 걸어야 하는 길을 예시해 준다고 생각한다.

"그 후로 이스라엘에는 두 번 다시 모세와 같은 예언자, 하느님과 얼굴을 마주보면서 사귀는 사람은 태어나지 않았다. 모세처럼 강한 손으로 그토록 크고 두려운 일을 온 이스라엘 백성의 눈앞에서 이루어 보인 사람은 다시없었다."

신명기의 메시지의 핵심

"이스라엘아, 들어라. 주 우리 하느님께서는 한분이신 주님이시다."(6,4) 이는 이스라엘의 전통적인 신앙고백문이다. 하느님은 한분이라는 이 믿음은 이스라엘의 모든 사상과 행동의 근원이며 출발점이 된다. 하느님 이외의 다른 신은 나무나 돌 조각에 지나지 않는다. 그분을 섬기는 장소도 오직 한곳, 즉 예루살렘이 되어야 한다. 이렇게 성소가 한곳이듯 그 예식도 통일되어야한다. 따라서 모든 예식에서 분열적인 요소를 제거시키고 예식 자체를 정화시켜야 한다. 한분이신 하느님께 대한 또 다른 표지는 율법이다.

법은 절대적이어서 여기에 아무것도 덧붙이거나 줄이지를 못한다. 신명기는 이러한 사상 때문에 그 많은 법규정을 다시금 제시한다. 이렇게 신명기는 유일신관(唯一神觀)에서 출발하여 위대한 업적을 이루신 하느님의 전능과 충실을 묘사하고 그분께 예배드리는 장소의 유일성, 법의 절대성 및 백성의 일치를 타당한 결과로 내세운다. 즉 하느님이 한분이듯, 성소도 하나요, 법도 하나며, 백성도 하나여야 한다는 것이다. 또한 이스라엘 백성들은 하느님께서 종살이하던 그들을, 또 특별히 착하지도 않았던 그들을 당신의 자비로 선택하시어 당신 소유로 삼으시고 거룩하게 하시고, 당신의 아들처럼 대해 주심을 잘 알고 있다. 그러나 하느님께서는 과거 역사 안에서 그들을 뽑으셨지만 이 선택은 항상 새롭게 갱신되어 하느님께서는 과거와 같이 오늘도 그들을 대신하여 주신다는 것도 알아야 한다. 따라서 그분께서는 항상 오늘 이 자리에서 이스라엘의 응답을 기다리신다. 그렇기 때문에 그들은 마음의 할례를 받아 겉으로만이 아니라 몸과 마음으로 계약의 백성답게 살아야 한다. 즉 모든 이방민족과 그들의 잡신을 멀리하고 계약의 말씀을 듣고 지키고 실천하며 어떠한 환경에 처하든 율법을 성실히 지켜야 한다.

"너희는 마음을 다하고 힘을 다하여 주 너희 하느님을 사랑해야 한다"(6,5). 이렇게 함으로써 그들은 의로와지고, 동시에 하느님의 증거자가 될 수 있는 것이다. 그리고 이스라엘은 약속의 땅을 차지하게 되며, 그 보답으로 맏물을 바치고 이집트 탈출 기념일과 안식일을 지켜야 한다. 또한 그들은 이집트 에서 억압받던 일을 생각해서라도 가난한 자들을 아끼며 결코 억압하지 말아야 한다. 과거의 처지를 항상 기억하여 현재의 생활에 교훈으로 삼아야 한다는 것이다. 그들은 가난한 자들에 대한 율법규정인 7년마다 빚을 탕감해 줄 것이며, 빚 때문에 종이 된 자들을 자유롭게 풀어주어야 한다. 이렇게 이스라엘은 충성과 행복 또는 반역과 불행 이 두 가지 길 중 하나를 선택해야 한다 🔲

바이블테라피
Bible Therapy

성경	영적주제	영적 위기	기도의 주제와 바이블테라피
여호수아	예리코성의 정탐꾼: 긍정과 부정 – 예리코성 점령과 아이성의 패배 – 아칸의 죄에 대한 성찰	전쟁의 패배 원인 아칸의 부정, 욕심	1. 전쟁의 승리와 패배의 갈림길 2. 하느님의 일과 사람의 일 바이블테라피 06
판관기	왕정시대 이전의 혼란 질서와 무질서	약속의 땅에 남은 자 삼손의 강점과 약점	1. 판관들의 중재역할 2. 인간의 양면성/강–약점의 조화 바이블테라피 07
사무엘 상	엘리와 사무엘의 관계 사무엘의 사울선택의 과정 사울과 다윗의 관계	엘리가문의 죄악 사무엘의 잘못된 식별 사울의 비교, 열등감 다윗의 욕정	1. 식별의 객관성(혈연과 외모) 2. 비교의 함정(사울의 몰락) 3. 욕정의 반란(다윗의 위기) 바이블테라피 08
사무엘 하	평화 가운데 오는 유혹들 권력의 속성 가족관계의 갈등구조	정욕의 함정(다윗) 자녀에 대한 집착	1. 사람을 지배, 조종하려는 마음 2. 자녀에 대한 무분별한 집착 바이블테라피 09
열왕기 상– 하	지성과 영성의 관계 부와 명예 권력 그리고 영성 영적 고독(엘리야의 피신) 솔로몬의 지혜와 명성	지성에 가린 신앙 부와 명예에 가린 하느님 영적 고독(엘리야) 성전건축과 봉헌 왕국의 분열과 북의 멸망	1. 누구도 두 주인을 섬길 순 없다. 2. 영적 무기력, 의미와 가치상실 바이블테라피 10, 11
역대기 상	사울과 다윗의 경쟁	비교의 함정(우월과 열등)	바이블테라피 12
역대기 하	다윗과 솔로몬의 왕위 계승	성공의 그늘	바이블테라피 13

역사서

여호수아 · 판관기 · 사무엘 상/하 · 열왕기 상/하 · 역대기 상/하

구약성경의 역사서는 크게 신명기계 역사서, 역대기계 역사서, 후기 역사서로 분류한다.

1. 신명기계 역사서는 전통적으로 여호수아기, 판관기, 사무엘기 상 – 하권, 열왕기 상 – 하권을 전기예언서라 부른다. 역사서의 대부분은 예언자들이 쓴 것으로 여겨진다. 판관기와 사무엘기 일부는 사무엘이 집필한 것으로, 사무엘기의 완성은 가드 예언자가, 예레미야 예언자는 열왕기의 저자라고 알려져있다. 여호수아기는 여호수아가 직접 기록한 것으로 사료된다. 이스라엘의 중요한 역사적 시점에 늘 예언자들이 등장한다.

그러나 이 책들은 여호수아 시대부터 바빌론 유배까지의 역사를 연속적으로 기록하고 있기에 역사서로 구분하는 것이다. 바빌론 유배가 끝나갈 무렵(– 6세기) 신명기와 예레미야 예언자의 활동을 이어받은 이른 바 신명기계 학파가 모세부터 자신들이 살던 시대, 곧 기원전 550년 경까지의 이스라엘 백성의 역사를 한데 묶어 정리한 것이다. 신명기계는 이스라엘이 멸망하고 유배를 당하게 된 이유와 의미를 설명하고자 한다. 이들에 따르면 유배의 의미는 당신의 뜻을 존중하지 않은 백성과 임금들에게 주님께서 내리신 벌로 이해해야 한다는 것이다. 곧 이스라엘에게 닥친 모든 재앙은 백성과 임금들의 죄와 어리석음에서 비롯되었다는 것이다. 신명기계 역사는 예루살렘으로의 예배의 집중(신명 12)과 주님만을 섬기는 것을 중요한 강조점으로 제시한다.

2. 역대기계 역사서는 바빌론 유배 이후에 형성된 역대기 상, 하권과 에즈라기 그리고 느헤미야기이다. 이는 이스라엘이 독립된 왕국의 정체성을 상실한 채 성전과 율법을 중심으로 살아가는 상황에서 이스라엘 백성에게 무엇이 중심이 되어야 하는지를 역사서술의 형식을 빌려 강조한다. 역대기계 역사서가 집필 또는 편집되던 시기는 유다인들이 바빌론 유배에서 돌아와 예루살렘에 정착하고 있었고 성전이 재건되었을 때였다.

3. 후기 역사서로 분류할 수 있는 작품들은 토빗기, 유딧기, 에스테르기, 마카베오기 상 – 하권, 룻기 까지를 포함한다. 이 작품들의 공통적인 특징은 역사적 사실에 대한 정보를 제공하는 것이 아니라 '신앙의 진리'에 대한 교훈을 주고자 한다는 점이다. 마카베오기는 유다인들이 시리아의 셀레우코스 왕조의 통치와 헬레니즘의 영향아래에서 나라의 독립을 쟁취하고 자신들의 신앙을 보존하고자 마케베오 가문을 중심으로 벌였던 투쟁을 그리고 있다. 이에 비해 룻기, 토빗기, 유딧기, 에스테르기는 각각 판관시대, 아시리아 시대, 신바빌론 시대, 페르시아 시대를 배경으로 하느님의 백성이 어떻게 살아가야 하는지를 특정한 인물의 이야기로 가르쳐 주고 있다. 가령 룻기는 하느님 앞에서 중요한 것은 이스라엘 백성인가 아닌가가 아니라 하느님에 대한 참된 믿음과 고백이라는 사실을 룻을 통해 말하며 이민족도 회개하여 주 하느님을 믿으면 하느님 백성의 일원이 될 수 있다는 것을 말해준다 █

· 한국천주교중앙협의회, 『주석성경』 역사서 입문 참조

바이블테라피 06 주님의 현존 앞에 머무는 하루

주님의 현존 앞에 정말 머물고 싶은 마음이 있다면 하루에 두 번(한낮 점심 먹기 전과 한 밤 잠자기 전) 최소한 15분 이상은 주님 앞에 무릎을 꿇고 머물러 있어야 합니다. 10분 정도의 기도로는 주님의 현존을 느끼기 어렵습니다. 그것은 천국의 초인종을 눌러놓고 달아나 버리는 사람과 비슷합니다. 주님께서 문을 열고 만나 주시려 나와보니, 그 사람은 이미 대문을 떠나 어딘가로 가버린 꼴입니다.

아래에 수록되어 있는 일곱 가지 단계는 당신으로 하여금 문제의 핵심에 이르게 하여 현재의 당신과 당신이 앞으로 어떻게 변화되어야 하는지에 관하여 알려주고 있습니다. 이 수행은 보다 심오한 것으로 〈당신이 얼마나 많은 죄를 지었는가에 관한 것이 아니고〉, 하느님이 어떻게 당신의 깊은 마음 안에서 당신을 움직이고 끌어당기고 있는가 하는 것과 죄 많은 당신의 심성이 어떻게 하느님 아버지를 떠나려 하는가에 관한 것입니다.

당신이 당신 안에 계시는 하느님의 활동을 잘 이해하게 됨에 따라, 당신은 반드시 변화하게 됩니다. 만일 당신이 이 수행을 계속 할 수 있다면, 당신은 방향을 잃고 이리저리 방황하거나, 영적으로 타락하거나, 날로 늘어가는 죄악의 구렁텅이에 빠지지 않게 될 것입니다. 그 대신에 당신은 당신을 그분께로 더욱 가깝게 인도하시고 당신 자신의 진실된 모습을 찾도록 인도해 주시는 하느님 아버지의 목소리를 듣게 될 것입니다.

● 하느님은 오늘도 당신을 당신과 함께 창조하고 계십니다.
● 당신은 이것을 믿습니까?
● 당신을 이것을 경험할 수 있습니까?

1단계 : 조명을 구하는 기도

주님께 도움을 청하는 기도로 시작하십시오!. 오늘 반나절이 어떠했는가를 회상하기 위해 당신의 기억에 의존하고만 있어서는 안됩니다. 당신의 삶을 깊이 볼 수 있도록 성령의 안내와 통찰력을 구하십시오.

다음 시편 저자의 기도를 대신해도 좋을 것입니다. "하느님 나를 살펴보시고 내 마음 알아주소서. 나를 파헤쳐 보시고 내 근심 알아주소서. 죽음의 길 걷는지 살피시고 영원한 길로 인도하소서" (시편 139, 23-24)

2단계 : 감사 기도

당신은 성찰에 들어가기 전에 당신이 하느님 품 안에서 안전하다는 확신을 가져야 합니다. 설혹 아무도 당신을 사랑하지 않는다 하더라도 하느님 아버지만은 변함없이 당신을 사랑해주고 있다는 사실을 확신한다면, 당신이 심리적으로 안고 있는 어두운 모습들 중 많은 것들은 저절로 사라져 버릴 것입니다

먼저 아빠 하느님께서 오늘 하루 당신에게 생명을 주시고, 일용할 양식을 허락하시어 하루를 살 수 있도록 해주었음에 감사 드립니다. 이어 특별히 아버지께 감사 드리고 싶은 사건이나 체험들이 있으면 그것을 기억하면서 감사 드립니다. 크고 중요한 선물이든, 또는 작고 아주 보잘 것 없는 선물이든 당신이 그분에게서 받은 모든 개인적인 선물에 대해서 깊이 감사 드립니다.

이어 당신이 평소 전혀 모르는 사이에 받은 선물들에 대해서도 감사 드리십시오. 하루를 살면서 당연하게 생각할 수 있는 것들, 하지만 하느님이 당신에게 허락해

주신 소박한 선물들에 대해서 감사 드리십시오. 태양의 햇살과 찬바람에 대해서 감사 드리고, 하느님 뜻에 일치해서 살려했던 당신의 노력에 감사 드리고, 찬공기 푸른 하늘에 감사 드리고, 다른 사람들이 내게 준 인사와 미소, 격려와 칭찬에 대해서 감사 드리십시오. 이 모든 감사는 하느님의 사랑을 막연하게 생각하자는 것이 아니라 좀 더 구체적으로 느껴보자는 것입니다.

당신 자신의 부족함을 생각하면 감사할 마음이 쉽게 일어날 것입니다. 당신 자신은 나약하고 가엾은 존재입니다. 당신은 당신이 원하는 데로 선한 일을 하거나 남을 사랑할 수 없는 경우가 많습니다.

3단계 : 삶에 대한 실재적 성찰

당신이 보낸 반나절을 다음같이 반성해 보십시오. 당신 혼자 경험한 것과 당신과 예수님이 함께 경험한 것을 대조하면서 반나절을 정리해 보십시오. 다음과 같은 식으로 하면 됩니다.

"우리는 아침에 일어나서 기도를 했습니다(그 당시에는 설령 주님의 존재를 의식하지 못했다 하더라도). 그런 다음 우리는 식사했습니다. 식사 도중 내가 크게 화를 냈었습니다. 그 후 우리는 집안청소를 했습니다. 우리는 일터에 나갔습니다. 나는 차가 늦게 간다고 화를 냈습니다. 일터에서 나는 경솔하게 사람을 판단했습니다. 일이 끝나고 나서 우리는 성당에서 조배했습니다."

이렇게 성찰하는 것은 성서적 근거가 있습니다. 예수님은 당신 안에 살아 계십니다. 따라서 당신은(성 바오로 사도께서 말씀하신 것처럼) "내가 사는 것이 아니라 그리스도가 내 안에서 사시는 것입니다"(갈라 2,19)라고 말할 수 있어야 합니다.

위의 방식으로 반나절을 대략 (비교적 빠른 시간에) 반성한 다음 당신이 '우리'라고 말할 수 없고 '나'라고 말해야만 했던 경우들에 시간을 들여 특별 성찰하십시오. 예를 들어 "나는 경솔하게 사람을 판단했습니다. 나는 이기적으로 행동했습니다" 등에서 반성, 개심하는 시간을 충분히 가지십시오.

당신이 당신의 날들을 이와 같은 방법으로 경건하게 반성할 때 하느님께서는 당신으로 하여금 그분이 항상 당신을 어루만지시고 당신 곁에 계신다는 사실을 민감하게 느끼도록 해주십니다. 다시 말해서 그분은 당신이 당신의 삶에 있어서 다른 모든 활동과 충동으로부터 그분의 손길을 깨닫고 진단할 수 있도록 해주십니다.

4단계 : 느낌에 대한 고찰

이렇게 성찰한 뒤에는, 반나절 동안 당신 안에서 일어났던 지배적인 느낌의 세계가 어떤 것이었는지 점검하십시오. 이 점검은 일기예보 보도와 비슷합니다. 일기예보 보도는 객관적이고 전체적입니다. "오늘의 날씨는 전반적으로 흐리고..." 마찬가지로 반나절 중 지배적이었던 내면 세계를 점검해 볼 필요가 있습니다. 반나절 내내 못마땅한 마음이었는지, 의기소침해 있었는지, 초조해 했었는지, 혼란감 속에 있었는지, 방황하고 있었는지 등 등. 반대로 적극적인 느낌의 세계를 내면 안에서 체험할 수 있었는지? 예로서 하느님 현존을 느끼면서 지냈거나, 자신감을 갖고 살았거나, 감사했다거나, 사람들이 사랑스럽게 다가왔다거나, 살아 있다는 사실이 고마움으로 다가왔거나 등 등.

이렇게 반나절 지배적이었던 느낌 세계를 파악한 뒤, 그 느낌이 하느님을 공경하고 인간을 사랑하는 삶과 관계해서 어떤 자리 매김을 하고 있는지를 보십시오.

5단계 : 삶에 대한 의식 성찰

이제는 다음 질문에 따라서 당신 삶(외부 세계 +내면 세계)을 반성하십시오.

– 하느님은 내 안에서 어떻게 일하고 계셨는가?
– 하느님은 나에게 무엇을 말씀하고 계셨는가?
– 하느님은 나를 어디로 인도하시는 것 같았는가?
– 하느님은 나에게 어떠한 영적 선물을 주려고 하셨는가?
– 하느님께서 내가 깨닫도록 해주신 어떤 죄가 있는가?
　또는 내가 떨쳐버리도록 바라시는 죄는?

6단계 : 청원기도

하느님 아버지 앞에서 자비와 용서 그리고 계속 앞으로 나아갈 수 있는 용기를 청하십시오. 아버지의 사람으로 양

성되어 가면서, 당신에게 절실히 필요한 은총들을 어린 아이가 선생님에게 도움을 청하듯, 어린 자녀가 아빠에게 청하듯 하느님 아버지에게 아뢰십시오. 치유가 필요하면 치유를, 위로가 필요하면 위로를, 용기가 필요하면 용기를.

7단계 : 내일을 향한 희망에 찬 결의

하느님 도움과 당신의 결심으로 내일은 좀 더 만족스럽게 살아갈 것이란 희망찬 마음을 갖으면서 주의기도로 끝내십시오.
하느님은 당신이 그분을 잘 따를 수 있도록 은총을 내려주시고, 그분의 권능으로 당신의 나약함을 강인함으로 바꾸어 주실 것임을 확신하기에, 희망을 가져야 합니다.

여호수아서 JOSHUA

6

모세 오경에 이어지는 여호수아서는 우리 앞에 이스라엘 역사의 한 시대를 펼쳐 보인다. 이 시대는 이집트를 탈출한 이스라엘인들이 약속의 땅에 첫발을 디디고, 그 땅을 자기 것으로 만들어 가는 중요한 시기이다.

유다교에서는 구약성경를 '율법서(토라)', '예언서', '성문서'로 나눈다. 예언서는 다시 '전기 예언서'와 '후기 예언서'로 갈라지는데, 여호수아서는 이 '전기 예언서'라는 큰 단락의 첫머리를 장식한다. 여호수아서는 두 부분으로 나뉘어 있음을 쉽게 알아볼 수 있다(1 – 12장과 13 – 21장). 여기에 특이하게도 각각 맺음말이라고 부를 수 있는 세 개의 장(22장, 23장, 24장)이 이어진다.

06 여호수아서 SCHEMA

날짜	성경 구절	주요 내용	
첫 째 날	여호수아 1 - 2	• 주님께서 여호수아에게 통수권을 맡기심(1) • 예리코에 정탐꾼들을 보냄(2)	 여호수아서 1 - 예리코에 정탐꾼들을 보냄
둘 째 날	3 - 6	• 이스라엘 백성이 요르단 강을 건넘(3) • 온 이스라엘이 여호수아를 경외함(4 - 5) • 예리코를 점령함(6)	 여호수아서 2 - 예리코를 점령함
셋 째 날	7 - 8	• 아칸의 죄와 그 결과(7) • 아이를 점령함(8)	 여호수아서 3 - 아칸의 죄와 그 결과
넷 째 날	9 - 13	• 기브온 사람들과 계약을 맺음(9) • 이스라엘이 가나안을 점령함(10 - 12) • 이스라엘이 점령하지 못한 지역(13)	 여호수아서 4 - 이스라엘이 가나안을 점령함

날짜		성경 구절	주요 내용
다 째	섯 날	14 – 19	• 요르단 서쪽 지역을 지파들에게 나누어줌(14) • 각 지파들의 영토(15 – 19) 여호수아서 5 – 각 지파들의 영토
여 째	섯 날	20 – 22	• 실수로 살인한 자들을 위한 도피 성읍(20) • 레위인들의 성읍(21) • 요르단 강 가에 제단을 쌓음(22) 여호수아서 6 – 요르단 강가에 제단을 쌓음
일 째	곱 날	23 – 24	• 여호수아의 유언(23) • 여호수아의 죽음(24) 여호수아서 7 – 여호수아의 유언

여호 수아서를 단순히 이스라엘이 가나안 땅을 정복하고 그 곳에 정착하게 되는 과정을 한 단계 한 단계 순서대로 기술하는 보고서로 이해할 수는 없다. 물론 현대의 성경학은 이 책이 근거로 한 전승들, 곧 그러한 과정을 담고 있는 전승들의 중요성을 점점 더 크게 인식한다. 그렇지만 여호수아서가 이야기하는 사건들이 일어난 때(기원전 13세기 말경)와 이 책이 최종적으로 편집된 시기 사이에는 여러 세기의 간격이 있다. 다른 한편으로, 이 책은 이스라엘의 열두 지파로 이루어진 연맹 전체가 가나안 땅 전부를 정복하였다는 인상을 주는데, 이는 역사적 사실과 일치하지 않는다. 이스라엘인들의 땅 가나안은 다윗 시대(기원전 10세기)에 와서야 완전히 정복된다. 그 이전에는, 여호수아서 자체도 자주 시사하듯이, 가나안인들이 전멸되지 않았다. 그들은 이스라엘인들에게 주로 산악 지방만 내주었을 뿐, 계속 평야 지대에 살면서 이스라엘인들과 공존하였다(5,63; 16,10; 17, 12.18 참조). 여호수아가 죽을 때, 가나안 땅 전체가 이미 열두 지파에게 분배되었으면서도, 여전히 많은 부분이 정복되지 않은 채 남아 있었음을 알 수 있다(13 – 23장. 특히 13,1 – 7 참조).

22. 가나안 땅의 정복과 분배

가나안 땅의 정복(1 – 12장): 먼저 1장은 책 전체의 서론 구실을 한다.[57)]

| 여호수아서 1 – 예리코에 정탐꾼들을 보냄 |

> **💙 57** 주님의 종 모세가 죽은 뒤, 주님께서 모세의 시종인 눈의 아들 여호수아에게 말씀하셨다. "나의 종 모세가 죽었다. 그러니 이제 너와 이 모든 백성은 일어나 저 요르단을 건너서 내가 이스라엘 자손들에게 주는 땅으로 가거라. 힘과 용기를 내어라"(여호 1,1 – 2, 6)

2장에는, 이제 본격적으로 가나안 땅 정복을 시작하기 위해서, 여호수아가 예리고에 정탐대를 보내는 장면이 나온다.[58)] 정탐대는 라합의 환대를 받는다. 이스라엘 백성은 예리고 쪽으로 요르단 강을 건너 길갈에 진을 친다(3 – 4장).[59)]

> **💙 58** 눈의 아들 여호수아가 시팀('아카시아 나무들'이라는 뜻으로 이스라엘 지파들이 요르단강을 건너기전 마지막으로 머무른 곳)에 정탐꾼 두 사람을 보내어 예리코를 정탐하게 한다. 그들은 라합이라고 하는 창녀의 집에 머물러 라합의 도움을 받는다.

> **💙 59** 이스라엘이 요르단강을 건너게 되는 사건에 대해 기록하고 있는데, 백성이 요르단에 다다르자, 수확기 내내 강 언덕까지 물이 차 있었는데, 궤를 멘 사제들이 요르단 강 물가에 발을 담그자, 위에서 내려오던 물이 멈추어 섰다. 궤를 맨 사제들은 요르단 강 한 복판에 서 있고, 온 백성은 서둘러 강을 건너 주님의 궤와 사제들이 백성이 보는 앞에서 건넜다. 여호수아는 요르단 강 한 복판 계약 궤를 맨 사제들의 발이 서 있던 곳에 돌 열 두 개를 세워 놓았다(5, 9). 백성은 요르단에서 올라와 예리코 동쪽 변두리에 있는 길갈에 진을 쳤다. 여호수아는 사람들이 요르단에서 가져온 돌 열 두개를 길갈에 세웠다(5, 20: 또 다른 전승)

광야를 건너오면서 할례를 받지 못한 이스라엘인들이 이 길갈에서 할례를 받고, 이어 약속의 땅에서 처음으로 과월절을 지낸다(5장).[60)]

> **💙 60** 이스라엘 백성들은 길갈에서 할례를 받고 아물 때까지, 온 겨레가 진영 안 자리에 머물렀다. 주님께서 여호수아에게 "내가 오늘 너희에게서 이집트의 수치를 치워버렸다.. 그래서 그곳의 이름을 길갈(히브리말의 '굴리다'란 말의 발음과 같다)이라 하였다. 가나안에서 처음으로 파스카 축제를 지내며 그들이 그 땅의 소출을 먹은 다음 날 만나가 멎었다. 그리고 더 이상은 이스라엘 자손들에게 만나가 내리지 않았다. 그들은 그해에 가나안 땅에서 난 것을 먹었다(5, 12). 여호수아가 예리코 가까이 있을 때 주님 군대의 장수가 여호수아에게 "내가 서 있는 자리는 거룩한 곳이니 네 발에서 신을 벗어라(탈출 3,5 참조)" 여호수아는 그대로 하였다.

예리고의 함락과(6장)[61)] 아이의 점령으로(8장) 이제 중부 팔레스티나에서부터 정복 사업이 개

| 여호수아서 2 – 예리코를 점령함 |

| 여호수아서 3 – 아칸의 죄와 그 결과 |

시된다. 그 와중에 하느님의 명령을 거스른 아칸의 죄악이 드러나기도 한다(7장).[62]

💬 61 예리코는 굳게 잠긴 채, 나오는 자도 없고 들어가는 자도 없었다. 주님께서 여호수아에게 "너희 군사들은 모두 저 성읍둘레를 하루에 한 번 돌아라. 그렇게 엿새 동안 하는데 이렛날에는 사제들이 뿔 나팔을 부는 가운데 저 성읍을 일곱 번 돌아라! 숫양 뿔 소리가 길게 울려 그 나팔 소리를 듣게 되거든 온 백성은 큰 함성을 질러라! 그러면 성벽이 무너져 내릴 것이다."(6, 3 – 5) 여호수아는 백성에게 "함성을 지르지 마라! 너희 소리가 들리지 않게 하여라. 한마디도 입 밖에 내지 마라. 내가 함성을 지르라고 하거든 그때에 함성을 질러라."(6, 10). 일곱 번째가 되어 사제들이 뿔나팔을 불자 여호수아가 백성에게 말하였다. "함성을 질러라! 주님께서 저 성읍을 너희에게 넘겨주셨다. 저것은 주님을 위한 '완전 봉헌물(인간은 아무것도 차지할 수 없고, 사람이든 물건이든 모두 철저히 파괴함으로써 진정한 정복자인 하느님께 봉헌되는 것)이다. 너희는 완전봉헌물에 손을 대지 않도록 단단히 조심하여라. 탐을 내어 완전봉헌물을 차지해서 이스라엘 진영까지 완전봉헌물로 만들어 불행에 빠뜨리는 일이 없게 하여라!" 사제들이 뿔 나팔을 부니 백성이 함성을 지르고 성벽은 무너져 내렸다.

💬 62 베텔 동쪽 벳아웬 부근의 아이성을 치러 올라간 이스라엘은 대패한다. 그런데 주님께서 "이스라엘이 죄를 지었다. 내가 그들에게 명령한 계약을 어기고 완전 봉헌물을 차지하였으며, 도둑질과 거짓말을 하면서까지 그 물건을 자기 기물 가운데에 두었다. 그래서 이스라엘 자손들 자신이 완전봉헌물이 되어 버려 원수들에게 맞설 수 없게 되고 그 앞에서 등을 돌려 달아났던 것이다. 제비뽑기를 통해 아칸의 범죄사실을 알게된 여호수아는 아코르 골짜기에서 아칸을 돌에 맞아 죽게한다. 아칸은 신아르에서 만든 좋은 겉옷 한 벌과 은 이백 세켈, 그리고 무게가 쉰 세켈 나가는 금덩어리 하나를 보고 그만 탐을 내어 그것들을 차지하였던 것이다.

| 여호수아서 4 – 이스라엘이 가나안을 점령함 |

그 뒤에 여호수아가 기브온인들과 평화 조약을 맺게 되는데(9장), 이로 인해 예루살렘 임금을 주축으로 한 반이스라엘 연합 세력이 형성되고, 이어 기브온에서 전투가 벌어진다(10장). 북부 팔레스티나에서도 하초르 임금이 이끄는 새로운 연합군과 마주치게 되는데, 이스라엘군은 이 군대도 물리치고 하초르 성읍을 불살라 버린다(11장).[63] 12장은 이스라엘이 정복한 지방들을 종합적으로 소개한다.

💬 63 하느님과 맺은 계약은 이스라엘에게 나뉘지 않은 온전한 마음으로 그분을 위하여 투신할 것을 요구한다. 그런데 다른 신들을 섬기는 민족들과 공존함으로써, 하느님에 대한 충성이 언제든지 훼손될 수 있다. 그래서 여호수아서에 이 충성에 관한 생생한 관심이 배어 있음을 볼 수 있다. 가나안 땅에 사는 민족들을 전멸시켜야 한다고, 곧 그들을 모두 '완전 봉헌물'로 바쳐야 한다고 강조하는 것은 바로 이러한 전망에서만 이해할 수 있다(6,17,21; 11,12,14). 이 책을 읽는 이에게 충격을 줄 수 있는 이러한 조처는 실제로 일어난 일이라기보다는, 이 책이 쓰일 당시의 사람들에게 경고하기 위한 하나의 이론적인 설명이다. 이는 이스라엘인들이 피할 수 없었던 우상 숭배의 위험을 뼈저리게 경험하고 난 뒤의 생각을 과거의 역사적 사건들에 투영시킨 것이다. 그러나 성경의 저자들은 이러한 부정적인 면보다는, 하느님께서 이스라엘 백성의 선조들에게 약속하신 땅에 더 큰 관심을 기울인다. 이러한 이유로, 신명기계 편집 작업의 손질을 훨씬 덜 받은 13 – 19장에 이스라엘 열두 지파 개개의 경계선과 각 지파에 속한 성읍 명단이 나열된다. 우리에게는 지루하게 여겨지는 것이 사실이지만, 이 부분은 이스라엘 지파 연맹의 구성원들이 가나안 땅을 나누어 받은 전통적 배분에 관한 아주 값진 문헌이다. 이들 가운데 어떤 것은 다윗 왕조 이전 시대까지 거슬러 올라갈 수 있다. 그러나 왕조 시대 동안 유다와 이스라엘에서 이루어진 상황의 변화를 반영하는 후대의 첨가문들도 있다.

가나안 땅의 분배(13 – 21장): 이 부분은 먼저 열두 지파에게 영토를 나누어 준 일을 자세히 전해 준다(13 – 19장). 곧 점령하지 못한지역(13, 1 – 7)과 요르단 동쪽의 이스라엘 영토, 르우벤 지파의 영토, 가드지파의 영토, 요르단 동쪽 므나쎄 지파의 영토, 요르단 서쪽 지역에서는 칼렙의 몫, 유다지파의 영토, 요셉의 두 아들의 영토, 에프라임 지파의 영토, 므나쎄 지파의 영토, 나머지 일곱지파들의 영토에 대해 기록한다. 그 다음, 실수로 살인을 저지른 이가 피신할 수 있는 도피 성읍들과(20장) 레위인들이 살 성읍들이 열거된다(21장).

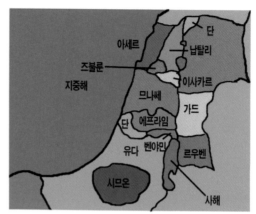

| 여호수아서 5 – 각 지파들의 영토 |

맺음말(22장, 23장, 24장): 여호수아는 가나안 땅 정복에 참여하였던 요르단 동쪽 지파들을(1,12 – 16) 그들의 상속 재산이 있는 요르단 건너편으로 돌려 보낸다(22,1 – 6). 이 첫 번째 맺음말에 일화 하나가 덧붙여진다(22,7 – 34). 곧 이 요르단 동쪽 지파들이 제단을 세우는데, 그것이 열두 지파 사이의 일치를 엄숙하게 재확인하는 계기가 된다는 이야기이다.

| 여호수아서 6 – 요르단 강가에 제단을 쌓음 |

| 여호수아서 7 – 여호수아의 유언 |

여호수아의 유언(23장): 모세의 후계자인 여호수아가 백성에게 남긴 마지막 유언을 담고 있다. 23장의 내용을 완전히 다른 방식으로 되풀이하는 듯한 24장은, 여호수아가 '스켐 집회'를 소집하고, 주 이스라엘의 하느님만 섬긴다는 내용의 계약을 백성과 함께 맺었다고 전한다.[64]

64 신명기를 저술한 '학파'에 속하면서 이스라엘의 과거 역사를 최근(기원전 7 – 6세기)의 체험에 비추어 묵상하려는 편집자가 이러한 사실을 기초로 해서, 그 때까지 형성된 여호수아서의 자료들을 재해석하게 된다. 이러한 묵상은, 이전 작품에 가한 수많은 손질 외에, 특히 1장과 23장에 나오는 긴 연설에서 잘 드러난다. 이로써 가나안 땅의 정복은 이제 일부 이스라엘인들이 아니라, '온 이스라엘'의 일로 제시된다(10,28 – 39 참조). 그리고 이 책에서는 요르단 동쪽 지파들이 계속 언급되는데, 이는 이스라엘 백성의 일치가 위협받는 시대에 그것을 유지하려는 의지를 강조하는 것이다(1,12 – 16; 12,1 – 6; 13,8 – 32; 22,1 – 6 참조).

너희 가운데 두 사람이 이 땅에서 마음을 모아 무엇이든 청하면, 하늘에 계신 아버지께서 이루어 주실 것이다. 두 사람이나 세 사람이라도 내 이름으로 모인 곳에 나도 함께 있기 때문이다. (마태 18, 19-20)

너희가 기도하며 청하는 것이 무엇이든 그것을 이미 받은 줄로 믿어라. 그러면 너희에게 그대로 이루어질 것이다. (마르 11, 24)

청하여라. 너희에게 주실 것이다. 찾아라. 너희가 얻을 것이다. 문을 두드려라. 너희에게 열릴 것이다. 누구든지 청하는 이는 받고, 찾는 이는 얻고, 문을 두드리는 이에게는 열릴 것이다. (루카 11, 9-10)

형제 여러분, 저마다 부르심을 받았을 때의 상태대로 하느님과 함께 지내십시오. (1코린 7, 24)

여러분은 그리스도와 함께 다시 살아났으니 저 위에 있는 것을 추구하십시오. (콜로 3, 1)

믿음과 사랑은 여러분을 위하여 하늘에 마련되어 있는 것에 대한 희망에 근거합니다. (콜로 1, 5)

바이블테라피 07 수련1 침묵의 소중함/고요함의 풍요로움

침묵은 위대한 계시이다. 침묵은 몸과 마음이 고요해 지는 것이다. 우리가 다른 이들을 판단할 때 그 모든 것들이 우리 안에 있음을 알아야 한다. 그래서 다른 이가 죄를 지을 때 격분하지 않고 오히려 자기 죄를 기억해야 한다.

심리학자들은 다른 이에 대해 불평하는 것은 곧 우리 자신 안에 그와 같은 것이 있다는 것을 드러내는 것이라고 말한다. 자신의 진리를 바라보는 대신 자신의 어두운 면과 억압된 원의를 다른 이에게 투사(Project)하고 그들에 대해 끊임없이 불평하는 것이다. 다른 이를 바라보면서 침묵하는 것은 명백한 자아인식을 가능케 함으로써 자신의 잘못을 다른 이에게 더 이상 투사하지 않는 것이다. 침묵은 자기 만남의 길, 자기 마음속의 진실을 발견하는 길이다.

침묵은 또한 끊임없이 타인을 심판하고 판단하는 길에서 자유로워지는 것이다. 우리는 언제나 모든 사람들을 평가하고 비판하고 판정한다. 그러나 침묵은 우리를 자신과 대결하게 함으로써 남을 판단하지 못하게 한다.

침묵은 우리의 어두운 면들을 다른 이에게 투사하는 것을 막아준다.

01 편안한 자세를 취하고 나서 눈을 감으십시오.
- 10분 동안 고요하게 계십시오.
- 먼저 전적인 고요함을 가능한 한 마음과 정신의 고요함을 지니도록 하십시오.
- 그런 후에 고요함이 갖다 주는 계시가 어떤 것이든 그 계시에 자신을 드러내 보이십시오.
- 10분 후에 눈을 뜨고 어떤 계시가 있었는지 생각해 보십시오.

10분이 지나면 눈을 뜨겠습니다. 그리고 원하시는 분은 10분 동안 자기가 무엇을 했고 무엇을 체험했는지를 모두에게 이야기 하십시오.

02 다시 눈을 감고 마음이 방황하는 것을 의식하십시오.
단 2분 동안 만. 이제 당신으로 하여금 당신의 마음이 방황하는 것을 알 수 있게 해주는 그 고요함을 감지하십시오.

03 눈을 감으십시오. 다시 5분 동안, 고요를 지니도록 노력하십시오.
- 그리고 나서 이번에는 더욱 성공적이었는지 아닌지를 보십시오.
- 침묵이 무엇을 계시해 줍니까?
- 먼젓번에는 알아채지 못한 것을 이번에는 알게 되었는지 보십시오.

깨우침

'우리들이 침묵에 전혀 익숙하지 않다!' 라는 사실을 깨달아야 합니다. 아무리 애를 써도 끝없는 방황을 멈출 수 없고, 마음속의 혼란한 감정을 잠재울 수도 없습니다. 하지만 여기에서의 중요한 깨우침은 내가 방황하고 있다는 사실을 깨닫고 체험해야 합니다. 의식 속에 떠오르는 모든 것을 바라보십시오! 그 일들이 아무리 케케묵고 평범한 것들이라 하더라도...

이제 여러분은 여러분의 움직임을 의식하기 시작했다는 것입니다.

A. 드 멜로, 『하느님께 나아가는 길』 11~14참조

110

유다인들은 전통적으로 구약성경를 모세 오경과 예언서와 성문서로 나눈다. 예언서는 다시 전기 예언서와 후기 예언서로 갈라진다. 전기 예언서에서 여호수아서에 이어 두 번째 자리를 차지하는 판관기는, 이스라엘 백성의 역사 가운데에서 가장 덜 알려진 시대에 지파들이 펼쳤던 생활의 일부를 엿보게 해 준다. 그 시대는 이집트를 탈출한 이스라엘이 가나안 땅에 정착한 때부터 왕정이 출현할 때까지의 역사이다.

룻기라는 이야기는 기근 때문에 유다 땅에서 모압 지방으로 이주해 간 베들레헴의 한 가정의 역사를 말하고 있다. 룻기는 하느님 앞에서 중요한 것은 이스라엘 백성인가 아닌가가 아니라 하느님에 대한 참된 믿음과 고백이라는 사실을 룻을 통해 말하며 이민족도 회개하여 주 하느님을 믿으면 하느님 백성의 일원이 될 수 있다는 것을 말해준다.

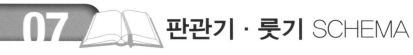

07 판관기 · 룻기 SCHEMA

날짜	성경 구절	주요 내용	
첫 째 날	판관 1 – 2	• 가나안 땅을 정복해 나아가다(1) • 주님의 천사가 이스라엘에게 재앙을 선포하다 • 여호수아가 죽다 • 이스라엘의 불충과 징벌 • 이민족들이 약속의 땅에 남은 이유(2)	판관기 1 – 이스라엘의 불충
둘 째 날	3 – 5	• 약속의 땅에 남은 이민족들 – 판관 오토니엘. 판관 에훗, 판관 삼가르 • 이스라엘 백성이 요르단강을 건넘(3) • 판관 드보라와 그의 장수 바락(4 – 5)	판관기 2 – 판관을 세우심
셋 째 날	6 – 12	• 기드온이 판관으로 부르심을 받음(6) • 기드온이 미디안족을 쳐부숨(7 – 8) • 아비멜렉이 임금이 되어 스켐인들의 반란을 제압(9) • 이후의 판관들(10 – 12)	판관기 3 – 기드온이 미디안족을 쳐부숨
넷 째 날	13 – 16	• 삼손의 탄생과 혼인(13 – 14) • 삼손이 필리스티아인들을 쳐부숨(15) • 삼손과 들릴라(16)	판관기 4 – 삼손이 필리스티아인들을 쳐부숨

날짜		성경 구절	주요 내용
다 째	섯 날	17 – 18	• 미카의 신당(17) • 단 지파의 이주(18) 판관기 5 – 미카의 신당
여 째	섯 날	19 – 21	• 기브아인들의 만행에 따른 벤야민 지파와 다른 지파들의 전쟁(19 – 20) • 벤야민 지파의 복권과 회복(21) 판관기 6 – 벤야민지파와 다른 지파들의 전쟁
일 째	곱 날	룻기(1 – 4)	• 나오미카 룻과 함께 고향 베들레헴에 돌아옴(1) • 룻과 보아즈와의 만남과 혼인(2 – 4) 룻기 1 – 룻과 보아즈와의 만남과 혼인

판관기의 구조는 아주 쉽게 알아볼 수 있다. 첫째 서문(1장)은 이스라엘의 지파들이 성공도 하고 실패도 하면서 가나안 땅에 정착하는 모습을 보여 준다. 이러한 과정에서 지파들은 공동으로 보조를 맞추어 서로 협조하면서 자리를 잡아가기보다는, 저마다 따로 행동하는 것으로 나타난다. 지파마다 영토를 나누어 받았지만, 그 안에는 계속 가나안인들이 성읍을 중심으로 살고 있다. 그래서 지파들의 상황은 이러한 가나안인 성읍들의 위협을 받으며 살아가는 것이다. 2,1 – 5에서는, 가나안 땅을 쉽고 빠르게 차지하게 해 주신다는 하느님의 약속에 반대되는 이러한 상황에 대한 일차 설명이 주어진다.

가나안 정복 시대를 설명하는 이러한 예비 서술에 이어서, 판관 시대가 본격적으로 시작된다(2,6 – 16,31). 이 판관 시대는 이스라엘 지파들의 역사 가운데에서 특별히 이 시기가 지니는 종교적 뜻을 밝히는 둘째 서문으로 도입된다(2,6 – 3,6). 모세에 이어서 이스라엘 민족을 이끈 여호수아의 시대는 하느님의 백성이 주님께 충성을 다한 시대였다. 그러나 판관 시대는 한 마디로 불충의 시대로 묘사된다. 이러한 내용의 서문에 이어, 판관들의 행적을 전하는 단편적인 이야기들이 펼쳐진다. 판관들은 모두 열둘인데(아래에 소개되는 인물 가운데 바락과 아비멜렉은 판관이 아님), 그들에 관한 서술의 길이는 제각각이다. 그들의 이름과 그들에 대해서 이야기하는 구절은 다음과 같다. 곧 오드니엘(3,7 – 11), 에훗(3,12 – 30), 삼갈(3,31), 드보라와 바락(4 – 5장), 기드온과 아비멜렉(6,1 – 9,57), 돌라(10,1 – 2), 야이르(10,3 – 5), 입다(10,6 – 12,7), 입산(12,8 – 10), 엘론(12,11 – 12), 압돈(12,13 – 15), 삼손(13,1 – 16,31)이다.

판관기는 왕정이 수립되기 전에 이스라엘에 팽배해 있던 무질서와 혼란을 보여 주는 두 개의 부록과 함께 끝을 맺는다. 첫째 부록은 단 지파의 이주와 단 성소의 기원을 이야기한다(17 – 18장). 그리고 둘째 부록은 기브아 주민이 저지른 악행을 서술하고, 이어서 범죄자들의 처벌을 거부하는 베냐민 지파와 그러한 베냐민인들을 징벌하려는 다른 지파들 사이의 전쟁을 이야기한다(19 – 21장).

23. 판관의 시대 – 구원의 역사

	판관	성서	통치기간	출신	주요 내용
1	오트니엘	3,7 – 11	40년	유다	이스라엘 자손들은 주 저희 하느님을 잊어 버리고 주님의 눈에 거슬리는 악한 짓을 저질렀다. 이스라엘 자손들이 부르짖자 주님의 영이 오트니엘에게 내려 그가 이스라엘의 판관이 되어 싸우러 나갔다(3,7 – 11).
2	애훗	3,12 – 30	80년	벤야민	벤야민 지파 게라의 아들 에훗이 모압의 왕 에글론을 죽이고 모압을 제압한다(3,12 – 30).
3	삼가르	3,31			소몰이 막대로 필리스티아인 육백명을 쳐 죽였다.
4	드보라	4,1 – 5,31	20년	납탈리 – 즈불룬과 연관	판관 드보라와 그의 장수 바락은 가나안 야빈의 장수 시스라를 타볼산에서 혼란에 빠지게 하여 시스라는 카인족 헤베르의 아내 야엘의 천막으로 도망친다. 야엘은 천막 말뚝을 가져와서 그의 관자놀이에 들이박았다.(4,1 – 21)
5	기드온	6,1 – 8,35	40년	므나쎄 서부	주님께서 요아스의 아들 기드온에게 나타나서 "힘센용사야, 주님께서 너와 함께 계시다. 너의 그 힘을 지니고 가서 이스라엘을 미디안족의 손아귀에서 구원하여라. 바로 내가 너를 보낸다." 주님께서는 개가 핥듯이 물을 핥는 자 삼백을 따로 세워 기드온과 함께 하게하고 요르단 동쪽의 미디안족을 처부수고 제바와 찰문나를 사로잡는다.
6	툴라	10,1 – 2	23년	이사카르	에프라임의 산악지방에 있는 사미르에 살았다.
7	야이르	10,3 – 5	22년	길앗	아들이 서른명, 성읍을 서른 개 자리잡고 야이르의 부락을 형성하여 22년을 통치하고 죽어서 카몬에 묻힌다.
8	입타	10,6 – 12,7	6년	길앗	입타는 창녀의 아들이었지만 힘센 용사였다. 암몬 자손들이 이스라엘을 공격하자 길앗의 원로들이 입타에게 부탁한다. 입타는 그들의 미움으로 아버지의 집에서 쫓겨났지만 암몬 자손들과 싸움을 한다. 그러나 무모하고 성급한 서원으로 자신의 딸을 번제로 희생시킨다.
9	입찬	12,8 – 10	7년	베들레헴	아들 서른과 딸 서른이 있었다.
10	엘론	12,11 – 12	10년	즈불룬	그는 죽어 즈불른 땅 아얄론에 묻혔다.
11	압돈	12,13 – 15	8년	피르아톤	아들 마흔 명과 손자 서른이 있었다.
12	삼손	13,1 – 17,31	20년	단	초르아 출신 단 씨족에 속한 마노아의 아내가 천사의 알림을 통하여 임신하게 되고 아기를 낳는데 그가 삼손이다. 삼손은 팀나의 필리스티아 여자를 사랑하게 되는데 장인에게 갔으나 아내를 동료들에게 주었다는 말에 분개하여 필리스티아인들을 죽이기 시작한다. 당나귀 턱뼈로 천 명을 쳐 죽이고 승승장구하지만 들릴라의 함정에 자신의 약점인 머리칼을 노출시켜 눈이 후벼지고 청동사슬로 묶여 감옥에 갇힌다. 필리스티아 제후들이 모여 있는 집의 기둥을 뽑아 그들과 함께 죽는다.

24. 룻기[65]

💕 65 이 책의 저작 시기에 대하여는 아직도 많은 논란이 일고 있다. 우선 기원전 587년에 일어난 유다 왕국의 멸망과 예루살렘 및 성전의 파괴에 이은 바빌론 유배 이전에 저작되었다는 주장이 있는데, 이를 뒷받침하는 근거는 다음과 같다. 먼저 이 책에서 서술되는 법적 관습들('구원자'의 권리와 의무, '레비르 결혼': 4,5의 각주 참조)은 신명기 법전 이전의 입법을 반영하고(신명 25,5 – 10 참조), 이 이야기의 문체는 구약성경의 고전적 산문에 가까우며, 아울러서 사람 이름들에 대한 연구는 이 작품이 오래 된 것임을 시사한다는 것이다. 그럼에도 불구하고 유배 이후가 저작 시기로서 더 타당하다고 여겨지는데, 우선 저자는 사울 – 다윗과 함께 시작한 왕정 이전의 판관 시대를 먼 옛날로 이야기한다("판관들이 다스리던 시대에, 나라에 기근이 든 일이 있었다": 1,1). 그리고 그때의 관습이 저자의 시대에는 이미 폐기된 오래 된 것이기 때문에 저자는 이에 대하여 청중들에게 설명을 하고 있다("옛날 이스라엘에는 …": 4,7). 또한 언어상 특징적인 사항들이 늦은 시대를 시사한다. 더 나아가서 이 책의 신학(보편주의, 보상에 관한 개념과 고통의 의미)은 유배 이후 시대의 환경에서 더 잘 이해된다. (반대되거나 다른 의견들이 있기도 하지만) 에즈 9와 느헤 13에서 볼 수 있는 철저한 개혁에 반대하여, 외국인들과의 결혼에 호의적인 이 룻의 이야기에는 에즈라와 느헤미야 시대가 적합하다고 추측하기도 한다. 그러나 룻기가 논쟁적인 책은 아니다. 저자는 신앙심과 효심의 전형이라 할 수 있는 외국 여자인 다윗의 증조모를 본보기로 상기시킨다. '레비르 결혼'으로써 주님에 의하여 섭리적으로 인도된 이 부인은 완전히 합법적으로 이스라엘의 한 가문, 더군다나 다윗의 가문으로 맞아들여진다. 그리고 1사무 22,3 – 4는 다윗과, 룻의 고향인 모압 사이의 호의적인 관계를 지적한다.

이 가정의 가장으로서 나오미의 남편인 엘리멜렉은 그 곳에서 오래 살지 못하고 세상을 뜬다. 그의 두 아들 마흘론과 길룐은 모압 출신인 룻과 오르바를 아내로 맞이하지만, 역시 일찍 이국 땅에서 죽게 된다. 이주한 후 십 년만에 나오미는 귀향하게 되는데, 오르바는 친정으로 돌아가고 룻은 시어머니와 함께 베들레헴으로 온다. 여기서 룻은 이삭을 줍다가 보아즈를 만나게 되고, 그는 룻을 친절하게 대해준다. 그런데 보아즈는, 나오미카 시집의 땅을 가정 형편상 팔아야 할 경우에 그 토지가 다른 가문에 넘어가지 않도록 자기가 사들이고, 또 동시에 자식 없이 죽은 마흘론의 아내인 룻과 결혼하여 고인에게 후손을 마련해 주어야 하는 권리와 의무를 지닌 '구원자'(2,20의 각주 참조)가 될 수 있는 친족이다. 이를 알고 있는 나오미는 며느리에게, 보아즈와 결혼하도록 권고하며 부추기고, 룻은 시어머니의 뜻을 받들어 보아즈에게 접근한다.

💕 66 룻기에서는 사람 이름들에 담긴 의미에서 보여지는 언어 유희에 주의를 기울일 필요가 있다. '엘리멜렉(나의 하느님께서는 임금님)', '나오미((〈나의〉 사랑스러움, 또는, 〈나의〉 사랑스런 여자)'는, 때이른 죽음을 암시하는 두 아들들의 이름인 '마흘론(질병)' 및 '길룐(허약)'과 기이하게 대립된다. 사정이 어찌되었든 결국에 가서는 시어머니인 나오미를 버리고 친정으로 돌아간 둘째 며느리 '오르바'는 그 이름의 어원이 분명하지는 않으나, 상대방을 두고 떠나면서 얼굴을 돌릴 때의 '목덜미'를 연상하게 함으로써 '변절'을 상징한다고 할 수 있다. 반면에 강요하다시피 나오미와 함께 시집의 고향인 베들레헴으로 온 첫째 며느리의 이름인 '룻' 역시 그 어원이 확실하지는 않지만, 전통적으로 '여자 친구'로 이해되어 왔고 요즈음에는 (수동형 분사로서) '원기가 회복된 여자'로 알아듣기도 한다. 그래서 이 이름은 '애정' 또는 '원기 회복'을 시사한다고 할 수 있다. 룻을 아내로 맞이하게 되는 베들레헴의 유력가 보아즈('그에게 힘이')의 이름은 희망을 가지게 하고, 마라('쓰라린 여자': 1,20과 각주 참조)는 '비탄'을 나타낸다. 그리고 룻의 아들 오벳(또는: 오베드)은 '시중드는 사람, 하인, 종'을 뜻하는데, 어떤 특정한 신, 여기서는 이스라엘의 하느님이신 주님의 하인 또는 종을 암시한다. 1,20에서 나오미카 자신의 이름을 더 이상 나오미라 하지 말고 마라라 부르라고 하는 것은, 저자가 사람 이름들에 상징적 가치를 명백하게 부여하고 있음을 드러낸다.

이렇게 하여 보아즈는 나오미와 룻이 바라는 대로, 마흘론 집안에 자기보다 더 가까운 친족이 '구원자'의 권리와 의무를 포기하자, 룻을 아내로 맞아들인다. 그리하여 룻은 아들 오벳을 낳게 되는데, 그가 바로 이사이의 아버지이고 이사이는 다윗의 아버지가 된다.

💕 67 룻기는 기원후 시대에 유다인들의 주요 축제 때 봉독되었던 다섯 개의 '축제 두루마리' 곧 축제 오경(룻기 / 아가 / 코헬렛〈전도서〉 / 애가 / 에스델) 가운데 하나로서 오순절(또는, 수확절. 레위 23,15 – 21; 신명 16,9 – 11; 사도 2,1 참조)에 사용되었다. 랍비들의 전통은 룻을 개종자의 전형으로 간주하고, '주님의 날개 아래로 오다'(2,12 참조)라는 표현이 유다교로 개종함을 가리키는 것으로 본다. 룻기에 확연하게 드러나는 바는 주님의 인도하심이다. 어떤 의미에서는 룻기를 주님의 '섭리 이야기'라 할 수 있으며, 이 이야기의 원 주인공은 주님이라 부를 수 있다(1,8 – 9.13.21; 2,12.20; 3,10; 4,11.13 – 14 참조). 이스라엘의 하느님께서는, 의지할 데 없는 한 늙은 여인, 특히 외국인 과부와 당신 사이의 개별적 역사를, 다윗의 탄생을 통하여 당신 백성과의 역사로 수렴하신다. 그리고 신약에 와서 예수 그리스도의 탄생을 통하여 룻과의 역사를 당신과 인류 사이의 구원 역사로 끌어올리신다(마태 1,1 – 17).

너희는 무엇을 먹을까, 무엇을 마실까 하고 찾지 마라. 염려하지 마라. 이런 것들은 모두 이 세상 다른 민족들이 애써 찾는 것이다. 너희의 아버지께서는 이것들이 너희에게 필요함을 아신다. 오히려 너희는 그 분의 나라를 찾아라. 그러면 이것들도 곁들여 받게 될 것이다. (루카 12, 29-31 ; 마태 6, 31-33)

나는 빛으로서 이 세상에 왔다. 나를 믿는 사람은 누구나 어둠 속에서 머무르지 않게 하려는 것이다. 누가 내 말을 듣고 그 것을 지키지 않는다 하여도, 나는 그를 심판하지 않는다. 나는 세상을 심판하러 온 것이 아니라 세상을 구원하러 왔기 때문이다. (요한 12, 46-47)

기뻐하십시오. 자신을 바로 잡으십시오. 서로 격려하십시오. 서로 뜻을 같이하고 평화롭게 사십시오. 그러면 사랑과 평화의 하느님께서 여러분과 함께 계실 것입니다. (2코린 13, 11)

우리는 하느님의 작품입니다. 우리는 선행을 하도록 그리스도 예수님 안에서 창조되었습니다. (에페 2, 10)

바이블테라피 08 자신과의 화해
Bible Therapy

1. 성서에는 쓰러진 사람들의 이야기가 가득하다. 아브라함은 이집트로 내려갔을 때 자신의 목숨을 구하기 위해 자신의 아내를 여동생이라 속여 파라오의 후실로 들인다. 모세는 홧김에 이집트인을 때려죽였다. 다윗도 아름다운 여인 바쎄바와 정을 통하고 자신의 잘못을 숨기기 위해 우리야를 최전방에 내보내 적의 공격을 받아 죽게 만든다. 베드로는 예수님을 세 번이나 모른다고 부인한 배신행위를, 사도 바오로는 그리스도인들을 박해하는 선봉에 서 있던 사람이었다. 마리아 막달레나는 몸을 팔아 생계를 유지하는 창녀였다. 이렇게 죄 많고 잘못이 많은 사람들을 구세사의 사도로 불러 선택한 사실을 성서는 하나도 숨김없이 솔직히 이야기한다.

2. (기존의) 영성생활을 하면서 우리는 항상 더욱 나아지기를 원하고, 언제나 더 높이 상승하며, 더욱 더 윤리적이고, 도덕적이며, 완벽해지려 하는 노력을 한다. 이것은 그 동안의 윤리신학의 가르침이고, 그 동안의 수덕신비신학의 길이었고 방향이었다. 하지만 사실 우리는 잘못된 길, 돌아서 가는 우회로, 실패, 그리고 자기 자신에 대한 깊은 실망 들을 통해서 하느님께 더욱 가까이 나아가는 사람들을 발견한다. 성서 안에 등장하는 아브라함, 모세, 다윗, 사도 베드로, 바오로, 마리라 막달레나는 구세사의 중요한 인물들이지만 모두 우리와 같은 나약함과 죄(의식)에 머물러 있었던 사람들이었다.

3. 이상적인 요소들은 인간에게 매우 긍정적인 역할을 한다. 내가 앞으로 나아가기 위해서는 또 성장하기 위해서는 모범이 되는 존재들이 필요하다. 특별히 젊은 사람들은 그들이 따르고자 하는 이상적인 인물이 설정되면 내면의 무수한 무질서들이 정돈되고 이상적인 인물을 기준으로 삶에 대한 방향과 희망을 찾아나간다. 그러나, 이러한 노력도 잠시, 자신이 설정한 이상적인 인물과 실재의 자신의 모습을 동일시하려는 노력이 수포로 돌아간 것을 깨닫는 순간, 내면의 커다란 분열이 생겨난다. 그리고, 자신이 설정한 이상을 유지하기 위해 자신의 어두운 부분(Shadow)을 억압하고, 투영하고(Project), 비난하고 격분하게 된다. 이는 쉽게 타인을 죄인으로 단죄하고, 타인을 참아내지 못하는 병을 만들어낸다. 이러한 완전한 이상을 향하는 영성의 방향은 인간을 내적으로 분열시킬 위험을 가지고 있다. **자신이 설정한 이상에 일치하지 못하는 자신의 실제의 모습을 발견한 사람들은 자신의 상황에 대해서 자주 불만을 가지게 된다. 여기에서 우리가 참된 겸손의 길을 발견하지 못한다면 우리의 영성생활은 껍데기에 머무를 위험을 가진다.**

4. 어떤 잘못도 범하지 않고 완벽하게 살아가고자 하는 사람은 그렇게 살아가도록 노력하는 동안 상당한 고통을 겪게 된다. 그러한 고통 때문에 자신의 생명력도 파괴된다. 그는 자신의 약점 뿐만 아니라 강점까지도 파괴하게 된다. 완벽하게 살아가고자 하는 사람의 밭에서는 오직 걱정 가득한 밀들이 자랄 뿐이다. 완벽함을 추구하는 나머지 다른 일을 위한 마음이나 힘 또는 고생을 짊어질 여유가 없다는 것이다. 자신이 원하는 모든 것을 스스로 채워나갈 수 있고, 자신의 삶을 스스로 이끌어 갈 수 있는 부자들은 하느님의 은총을 깨닫지 못한다. 아무것도 소유하지 않은 사람은 하느님의 은총에 마음이 열려있다. 예수는 가난한 자, 배고픈 자와 정의를 갈망하는 자, 슬퍼하는 자, 자신의 힘으로는 아무것도 할 수 없어 오직 하느님의 은총에만 손을 벌리고 있는 자들을 복된 사람이라 부르신다. 모든 친교가 단절된 곳, 아무것도 더 이상 할 수 없는 곳, 철저히 고립되어 극심하게 외로운 곳, 바로 그것에서 회개가 시작되고, 그곳에서 예수가 사람들의 손을 잡아 삶의 영역으로 끌어 올린다.

안셀름 그륀, 『아래로부터의 영성』 中

사무엘서를 둘로 나눈 것은 요즈음의 일이다. 히브리말 본문은 1사무 28,24에 '책의 절반'이라고 표기하여, 이 구절이 사무엘서 전체의 중간임을 가리켜주었다. 그리스말 번역자들은 이 책을 두 개의 두루마리에 옮기면서 '제1 왕국기'와 '제2 왕국기'라는 이름을 붙였다(오늘날 우리가 열왕기 상권과 하권으로 부르는 책들은 칠십인역에서 각각 '제3 왕국기'와 '제4 왕국기'로 불린다). 불가타도 이 구분을 받아들이면서 이 책을 '제1 열왕기'와 '제2 열왕기'로 불렀다. 이 구분은 1517년 첫 번째 랍비 성경이 출간될 때, 처음으로 히브리말 성경에도 적용되었고 1524 /1525년에 두 번째 랍비 성경에도 적용된 이래, 오늘까지 이어져 오고 있다.

바이블테라피 09 수련2
Bible Therapy

소음을 감지, 인식하기(하느님의 움직임 포착)

눈을 감으십시오.
엄지손가락으로 귀를 막고 나머지 손가락으로 눈을 덮으십시오.
이제는 주위의 소음이 하나도 들리지 않을 것입니다.
당신의 숨소리를 들으십시오.
열 번 힘껏 숨을 쉰 후에 조용히 두 손을 무릎 위에 놓으십시오.
눈을 그대로 감고 있으십시오.
이번에는 주위의 모든 소음을 귀여겨들으십시오.
가능한 많은 소리들을
큰 소음, 작은 소음,
가까운데서 나는 소리,
먼데서 나는 소리를...
이제 잠시 동안 이 소리를 (발자국소리, 시계소리, 자동차 소리) 하나 하나
분간하지 말고 들어 보십시오.
이 모든 소리들이
하나의 세계를 이루고 있는 듯이,
전체적으로 들어보십시오.

A. 드 맬로, 『하느님께 나아가는 길』, 54 참조

08

사무엘 상 SCHEMA

날짜	성경 구절	주요 내용	
첫 째 날	사무엘 상 1 – 3	• 사무엘의 탄생과 성장(1 – 2) • 주님께서 사무엘을 부르심(3)	 사무엘 상 1 – 주님께서 사무엘을 부르심
둘 째 날	4 – 8	• 필리스티아인들에게 계약궤를 뺏겼다가 다시 돌아오는 과정(4 – 6) • 사무엘이 판관으로서 이스라엘을 다스림(7) • 백성들이 사무엘에게 임금을 요구함(8)	 사무엘 상 2 – 백성들이 사무엘에게 임금을 요구함
셋 째 날	9 – 15	• 사무엘이 사울을 임금으로 세움(9 – 10) • 사울이 암몬족을 물리치고 왕위에 오름(11) • 사무엘의 고별사(12) • 사울이 이끈 전투(13 – 14) • 주님께서 사울을 버리심(15)	 사무엘 상 3 – 사무엘이 사울을 임금으로 세움
넷 째 날	16 – 20	• 다윗이 사울을 섬김(16) • 다윗이 골리앗을 쳐 이기고 사울의 사위가 됨(17 – 18) • 다윗과 요나탄의 우정(19 – 20)	 사무엘 상 4 – 다윗이 골리앗을 이기고 사울의 사위가 됨

날짜		성경 구절	주요 내용
다 째	섯 날	21 – 24	• 사울이 다윗을 추격함(21 – 23) • 다윗이 사울을 살려줌(24) 사무엘 상 5 – 다윗이 사울을 살려 줌
여 째	섯 날	25 – 27	• 사무엘의 죽음(25) • 다윗이 사울을 다시 살려줌(26) • 다윗이 다시 필리스티아로 망명함(27) 사무엘 상 6 – 사무엘의 죽음
일 째	곱 날	28 – 31	• 사울이 점쟁이를 통해 사무엘을 불러 사무엘이 사울을 꾸짖음(28) • 다윗이 필리스티아인들에게 배척당함(29) • 다윗이 아말렉을 치다(30) • 사울의 죽음(31) 사무엘 상 7 – 사울이 점쟁이를 통해 사무엘을 불러 사울을 꾸짖음

09

사무엘 하 SCHEMA

날짜	성경 구절	주요 내용	
첫 째 날	사무엘 하 1 – 4	• 다윗이 사울과 요나탄의 죽음을 애도함(1) • 다윗이 유다의 임금이 됨(2) • 사울 집안과 다윗 집안 사이의 싸움(3 – 4)	 사무엘 하 1 – 다윗이 유다의 임금이 됨
둘 째 날	5 – 8	• 다윗이 온 이스라엘의 임금이 됨(5 – 6) • 다윗이 주님께 감사기도를 올림(7) • 다윗이 여러 전쟁에서 승리함(8)	 사무엘 하 2 – 다윗이 주님께 감사기도를 올림
셋 째 날	9 – 12	• 다윗이 요나탄의 아들 므피보셋에게 호의를 베품(9) • 다윗이 여러 전쟁에서 승리함(10 – 11) • 나탄이 다윗을 꾸짖음 /솔로몬의 탄생(12)	 사무엘 하3 – 다윗이 우리야를 죽이고 밧세바를 차지함.
넷 째 날	13 – 15	• 압살롬과 암논과 타마르(13 – 14) • 압살롬이 반란을 일으켜 다윗이 요르단으로 달아남(15)	 사무엘 하 4 – 압살롬이 반란을 일으켜 다윗이 요르단으로 달아남.

날짜		성경 구절	주요 내용
다째	섯날	16 – 20	• 압살롬이 다윗을 뒤쫓음(16 – 17) • 압살롬이 패배하고 죽음(18 – 19) • 무뢰한 세바가 반란을 일으킴(20) 사무엘 하 5 – 압살롬이 패배하고 죽음
여째	섯날	21 – 22	• 기근과 사울 후손들의 처형(21) • 다윗의 승전가(22) 사무엘 하 6– 다윗의 승전가
일째	곱날	23 – 24	• 다윗의 마지막 말(23) • 인구조사와 흑사병(24) 사무엘 하 7– 다윗의 마지막 말

25. 사울과 다윗

제1부(1사무 1 – 7): 엘카나의 두 아내는 한나와 프닌나였다. 엘카나는 한나를 사랑했지만 그의 태는 닫혀있었고, 그의 적수 프닌나는 아들 딸을 두고 있었다. 사제 엘리의 두 아들 호프니와 피느하스는 주님의 사제로 일하고 있었다. 한나는 성전 문설주에서 마음이 쓰라려 흐느껴 울면서 주님께 기도하였다. 그러나 사제 엘리는 그가 술에 취한 줄 알고 "언제까지 술에 취해 있을 참이오! 술 좀 깨시오!"라고 말하지만 한나는 "마음이 무거워 주님 앞에서 제 마음을 털어 놓고 있었을 따름"이라고 대답하며 엘리에게 기도를 청한다. 엘카나가 아내 한나와 잠자리를 같이하자 아들을 낳았는데 그가 바로 사무엘이다. 사무엘은 사제 엘리 앞에서 주님을 섬겼다. 주님께서는 계속 한나를 돌보시어 다시 한나는 아들 셋과 딸 둘을 더 낳았다. 엘리는 늙었지만 두 아들 호프니와 피느하스는 주님 백성 사이에서 고약한 소문이 퍼져 있었다. 주님께서는 어린 사무엘을 부르신다. 그리고 "엘리에게, 그의 죄악 때문에 그 집안을 영원히 심판하겠다고 일러주어라! 그 죄악이란 엘리가 자기 아들들이 하느님을 모독하는 것을 알고 있으면서도 그들을 책망하지 않은 것이다."라고 말씀하신다(3,13). 이스라엘은 '에벤 에제르(도움의 바위)'에 진을 치고 필리스티아와 싸우지만 대패한다. 그들은 계약의 궤도 빼앗긴다. 전쟁에서 달려온 전령은 "사제님의 두 아들 호프니와 피느하스도 죽고, 하느님의 궤도 빼앗겼습니다." 전령이 하느님의 궤를 언급하자, 엘리가 대문 옆 의자에서 뒤로 넘어지더니 목이 부러져 죽었다(4,18). 하느님의 궤를 빼앗아간 필리스티아인들은 벌을 받게된다. 그리하여 하느님의 궤는 다시 이스라엘 진영으로 돌아오고 아비나답의 집에 옮겨 그의 아들 엘아자르를 성별하여 그 궤를 돌보게 하였다. 사무엘은 판관으로서 이스라엘을 다스렸다(7장).[68]

---

[68] 사무엘이 태어날 때부터 예언자로 부르심을 받고 이스라엘의 구원자요 위대한 판관이 되기까지 그의 생애를 다룬다. 이야기의 배경은 실로에 있는 계약궤의 운명과 직결되는 필리스티아인들과의 전투 상황이다.

제2부(1사무 8 – 12): 사무엘은 나이가 많아지자 자기 아들들을 이스라엘의 판관으로 세웠다. 맏아들은 요엘이고 둘째는 아비야였다. 그러나 사무엘의 아들들은 그의 길을 따라 걷지 않고, 잇속에만 치우쳐 뇌물을 받고 판결을 그르치게 하였다. 그러자 이스라엘의 원로들이 몰려가 임금을 세워달라 청한다. 주님께서는 사무엘에게 "그들은 사실 너를 배척하는 것이 아니라 나를 배척하여, 더 이상 나를 자기네 임금으로 삼지 않으려는 것이다"(8,7) 말씀하신다. 사무엘은 왕정제도의 폐단에 대해 "여러분은 스스로 뽑은 임금 때문에 울부짖겠지만, 그때에 주님께서는 응답하지 않으실것"이라고 말한다. 그러나 백성들은 "우리에게는 임금이 꼭 있어야 하겠습니다." 말

한다. 벤야민 지파의 키스는 힘센용사였는데 그에게 잘 생긴 아들 사울이 있었다. 없어진 암나귀를 찾으러 나간 사울은 사무엘과 만나고(9장) 사무엘은 사울의 머리에 기름을 붓고 입을 맞춘다(10장). 암몬족 나하스가 야베스 길앗을 포위하고 위협한다는 소식에 하느님의 영이 사울에게 들이닥쳐 그의 분노가 무섭게 타올랐다. 그리고 삼십삼만의 군사로 암몬을 쳐 부순다(11장). 사무엘은 사울의 왕위등극을 끝으로 그의 백성들에게 마지막으로 당부한다. "여러분은 오로지 주님만을 경외하고 마음을 다하여 그분만을 충실하게 섬기시오. 그리고 주님께서 여러분에게 해주신 위대한 일을 똑똑히 보시오."(12,24)[69]

❤ 69 사무엘이 늙어가자 외부의 위협으로 불안해진 백성은 그에게 임금을 요구한다. 백성의 왕정 도입 운동은 신정제도를 옹호하는 이 예언자의 반대에 부딪친다. 그런데도 사무엘은 이스라엘 원로들의 요구에 양보하여 사울을 임금으로 내세운다. 일단 임금을 내세운 다음, 사무엘은 뒤로 물러난다. 왕정에 대한 논란과 사울과 얽힌 이야기들이 제 2부를 형성한다.

제3부(1사무 13 – 15): 사울이 임금이 된 것은 서른이고 평생 필리스티아인들과 격전을 벌였다. 그는 용감하고 힘센 사람을 보면 누구든지 자기에게 불러모았다. 그러나 그의 군사들은 위기를 감지하고 저마다 굴이나 덤불이나 바위틈 또는 구덩이나 웅덩이를 찾아 몸을 숨겼다. 군사들은 사울 곁을 떠나 흩어지기 시작하였다. 이때 그의 아들 요나탄이 단독으로 공격을 시작하고 적들을 공포에 밀어넣는다(14,1 – 15). 사울은 군사문제에서 별다른 역할을 하지 못하고 오히려 종교문제에 더 개입하는데, 그나마도 늘 적절하지 못한 조치를 내릴 뿐이었다. 전사들이 거의 죽어가는데도 음식을 먹지 못하게 명령하였지만 요나탄을 비롯하여 군인들은 그 규율을 지키지 않았다. 주님께서 사울을 버리신 이유는 위기에 빠진 이스라엘 진영에서 사울이 번제를 바침으로써 신성한 영역을 침범한 것에 대한 문제를 제기한 것으로 보고된다(13,10 – 13). 요나탄은 말한다. "아버지가 이 나라를 불행에 빠뜨리셨구나. 이 꿀을 이렇게 조금만 맛보고도 내 눈이 번쩍 뜨였는데…" 라고 말하며 적군들을 미크마스 아얄론까지 쫓아가며 쳐 죽이고 지친 나머지 양과 소와 송아지들을 끌어다가 맨땅에서 잡고 고기를 피째 먹었다. 피를 먹지 못하는 규정은 긍정적인 이유와 부정적인 이유가 있었다. 첫째, 몸의 생명은 피 안에 있고(창세 9,4) 모든 피조물의 생명은 그 창시자인 하느님의 소유이기 때문에 인간은 피를 두고 아무런 권리를 할 수 없다는 것과 이스라엘 사람들이 피와 관련된 갖가지 우상숭배의 관습에 물들지 않게 하려는 것이다. 고대 근동인들은 짐승들의 피를 먹음으로써, 신들과 영들이 보이지 않는 세계와 접촉하여 그들의 활기찬 기운을 자기 생명에 보태고자 하였다(14장). 사울은 아말렉과 싸워 승리하지만 아말렉 임금 아각뿐만 아니라, 양과 소와 기름진 짐승들 가운데에서 가장 좋은 것들과 새끼 양들, 그 밖에 좋은 것들은 모두 아깝게 여겨 완전히 없애버리지 않고, 쓸모없고 값없는 것들만 없애버렸다. 주님께서는 "나는 사울을 임금으로 삼은 것을 후회한다. 그는 나를 따르지 않고 돌아섰으며 내 말을 이행하지도 않았다. 이 신탁을 사무엘이 사울에게 내리자 사울은 그것을 주님께 바치려고 했다고 변명한다. 이에 사무엘은 "주님의

말씀을 듣는 것 보다 번제물이나 희생 제물을 바치는 것을 주님께서 더 좋아할 것 같은가? 진정 말씀을 듣는 것이 제사드리는 것보다 낫고 말씀을 명심하는 것이 숫양과 굳기름 보다 낫습니다. 고집을 부리는 것은 우상을 섬기는 것과 같습니다" 라고 말한다. 사무엘은 죽는 날까지 사울을 다시 보지 않았다.[70]

💬 70 사울이 불레셋인들과 아말렉족과 벌인 여러 싸움을 다룬다. 사울은 싸움에서는 이기지만 어두운 그림자가 이미 그의 생애에 드리워지기 시작한다. 사울은 하느님께 두 가지 불순종을 저지르는데, 이 때문에 그가 왕위에서 쫓겨나고 대신 다윗이 왕위를 차지할 것이라는 사실을 사무엘이 암시적인 말로 그에게 알린다.

제4부(1사무 16 – 2사무 4): 주님께서는 실의에 빠져 있던 사무엘에게, 기름을 뿔에 채우게하여, 베들레헴 사람 이사이에게 보냈다. 주님께서는 사무엘에게 말씀하시기를 "겉모습이나 키 큰 것만 보아서는 안 된다. 나는 이미 그를 배척하였다. 나는 사람들처럼 보지 않는다 (칠십인역: 하느님은 사람이 보는 것과는 달리 본다 /라틴성경: 나는 사람이 보는 것에 따라 판단하지 않는다)" 라고 말씀하시며 이사이의 아들 가운데 양을 치는 막내 다윗, 볼이 불그레하고 눈매가 아름다운 잘생긴 아이에게 기름을 붓게하신다. 주님의 영이 사울을 떠나고 악령들이 그를 괴롭힌다. 다윗은 우울증에 빠져 있는 사울에게 비파를 타며 그를 위로하였고, 사울은 다윗을 사랑하였고, 악령이 물러나고 사울은 회복되어 편안해졌다 (16장). 이스라엘은 필리스티아인들과 전쟁을 하게 되는데 필리스티아 진영에서 골리앗이라는 갓 출신 투사가 나섰다. 다윗은 전장으로 나갔고 골리앗과의 싸움을 자청하였다. "주님께서는 칼이나 창 따위로 구원하시지 않는다는 사실도, 여기 모인 온 무리가 이제 알게 하겠다. 전쟁은 주님께 달린 것이다." 다윗은 주머니에 손을 넣어 돌 하나를 꺼낸 다음 무릿매질을 하여 골리앗의 이마에 명중시켰다. 그는 땅바닥에 얼굴을 박고 쓰러졌다. 다윗은 골리앗의 칼집에서 칼을 뽑아 그를 죽이고 목을 베었다(17장). 사울의 아들 요나탄은 다윗에게 마음이 끌려 그를 자기 목숨처럼 사랑하게 되었다. 다윗이 필리스티아 사람을 쳐 죽이고 돌아오자 여인들은 흥겹게 노래를 주고 받았다. "사울은 수천을 치시고 다윗은 수만을 치셨다네!" 사울은 이 말에 몹시 화가 나고 속이 상하여 다윗을 시기하기 시작하였다. 사울은 다윗이 크게 승리하는 것을 이제 두려워하게 되지만 온 이스라엘 사람들은 다윗을 좋아하게 되었다. 다윗은 사울의 딸 미칼을 아내로 맞아들여 사울의 사위가 되고 사울이 다윗을 죽이려하자 요나탄이 다윗을 위기에서 구해주고 아버지 사울과 대립한다(18 – 20장). 다윗은 필리스티아로 망명하고 갓 임금 아키스에게 갔다. 그는 아키스 임금이 두려워 사람들 앞에서 태도를 바꾸어 그들에게 둘려싸여 있는 동안 미친 척하였다. 그는 성문짝에 무엇인가를 긁적거리기도 하고, 수염에 침을 흘리기도 하였다(21장) 다윗은 그곳을 떠나 아둘람의 굴 속으로 몸을 피하였다. 곤경에 빠진이들, 빚진이들, 그 밖에 불만에 찬 사람들이 모두 다윗에게 모여들었다(22장). 사울이 사제들을 학살하고(22,18), 다윗은 위험에 처한다(23장). 그

러나 사울의 아들 요나탄이 다윗을 찾아와 하느님의 이름으로 그를 격려해 주었다. 사울이 다윗을 추격하는 도중, 필리스티아인들이 나라에 쳐 들어왔다. 사울은 다윗을 뒤좇다가 필리스티아인들을 치러 올라갔다(23장). 다윗은 동굴 속에서 사울을 죽일 수 있는 기회를 가졌으나 주님의 기름부음을 받은이라 존중하여 그를 죽이지 않고 살려준다(24). 사무엘이 죽고(25장) 다윗은 나발의 아내 아비가일을 아내로 맞아들인다. 다윗이 사울을 다시 살려주고, 다윗은 사울을 피해 필리스티아로 다시 망명한다(27장). 사울은 점쟁이 영매를 찾아가 사무엘의 혼백을 불러내어 자신의 운명을 알게되고(28장), 다윗은 망명지에서 배척당한다(29). 다윗이 아말렉을 쳐서 잃어버린 가족을 되 찾고 큰 곤경에서 빠져나온다(30장). 길보아산에서 사울은 필리스티아인들에게 패배하고 자기 칼을 세우고 그 위에 엎어졌다. 사울이 죽는 것을 보고, 무기병도 칼 위에 엎어져 그와 함께 죽었다. 그리하여 사울과 그의 세 아들과 무기병을 비롯하여 사울의 모든 부하가 그 날 다 함께 죽고 말았다(31장).[71]

💙 71 사울 앞에 모습을 드러낸 때부터 이스라엘의 임금으로 성별될 때까지의 다윗의 생애는 '다윗의 왕위 등극 설화'라 불리는 이야기에 나온다. 이 대목이 제4부의 내용이다. 사무엘서 저자는 다윗의 이야기를 다윗이 왕위에 등극하기까지와 등극한 이후로 나누어 2부작처럼 소개하는데, 이 "다윗의 왕위 등극 설화"는 이 2부작의 전반부에 해당한다. 다윗은 소년 시절에 사무엘에게서 성별을 받고 사울을 섬기게 되는데, 필리스티아의 거인 장수 골리앗을 쓰러뜨리면서 주목을 받는다. 그는 곧 위대한 장군이 되고 사울의 아들 요나탄을 비롯하여 모든 이의 호감과 애정을 얻는다. 그러나 그의 성공은 사울에게 병적인 시기심을 불러일으킨다. 사울은 여러 차례 경쟁자 다윗을 없애려고 하지만 그때마다 실패로 끝난다. 다윗은 자신을 해치려는 사울을 피하여 방랑생활을 시작한다. 사울에게 쫓기는 동안 다윗은 필리스티아인들을 섬기게 되지만 군대를 이끌고 자기 동족을 치는 일은 하지 않는다. 사울과 요나탄이 길보아 전투에서 필리스티아인들에게 패하여 죽은 다음, 다윗은 사울의 추종자들과 계속해서 싸움을 벌이고 승리에 승리를 거듭한다. 반면에 사울의 집안은 점점 약해진다.

제5부(2사무 5 – 8): 다윗은 온 이스라엘의 임금이 된다(5

장). 다윗은 예루살렘으로 가서 여부스족을 치고 시온산성을 점령한다. 이 산성은 시온 산 위, 키드론 골짜기와 티로페온 골짜기 사이에 자리잡았다. 나중에 다윗은 그 곳의 정상 남쪽에 제단을 쌓고 '다윗성'이라 명한다. 솔로몬은 그곳

에 성전을 짓는다(1열왕 6). 다윗은 다시 필리스티아인들과 싸우고, 계약의 궤를 예루살렘으로 옮기기 위하여 아비나답의 아들 우짜와 아흐요가 그 새 수레를 몰았다. 나콘의 타작마당에 이르렀을 때 소들이 비틀거리는 바람에 우짜가 손을 뻗어 하느님의 궤를 붙들었다. 그러자 우짜를 향하여 주님의 분노가 타 올랐다. 하느님께서 그를 치시니 그는 거기 하느님의 궤 곁에서 죽었다. 다윗은 두려워하며 "이래서야 어떻게 주님의 궤를 내가 있는 곳으로 옮길 수 있겠는가?" 하여 갓 사람 오벳 에돔의 집에 석 달을 머무르게 하였다. 다윗은 아마포 에폿을 입고, 온 힘을 다하여 주님 앞에서 춤을 추었다. 이스라엘 백성들은 함성을 울리며 주님의 궤를 모시고 다윗성으로 올라갔다. 다윗 임금이 주님 앞에서 뛰며 춤추는 것을 사울의 딸 미칼이 창문으로 내

려다 보고 그를 비웃었다. 미칼은 다윗에게 "자기 신하들의 여종들이 보는 앞에서벗고 나서니 그 모습이 참 볼만하더군요!"라며 비아냥거리자 다윗은 "나는 이보다 더 자신을 낮추고, 내가 보기에도 천하게 될 것이오. 그러나 당신이 말하는 저 여종들에게는 존경을 받게 될 것이오"라고 대답한다(6장). 나탄은 다윗에게 하느님의 말씀을 전한다. "너의 날 수가 다차서 조상들과 잠들게 될 때, 네 몸에서 나와 네 뒤를 이을 후손을 내가 일으켜 세우고, 그의 나라를 튼튼하게 하겠다. 그는 나의 이름을 위하여 집을 짓고, 나는 그 나라의 왕좌를 영원히 튼튼하게 할 것이다(7장). 그리고 다윗은 여러 전쟁에 나가 끊임없이 승리하였다(8장).[72]

💙 72 사무엘서에서 다윗의 이야기를 다루는 2부작의 연결 부분이다. 다윗은 예루살렘에 실로의 계약궤를 안치시킴으로써 자신이 정복한 이 성읍을 왕국의 수도로 성별한다. 나단의 예언은 다윗 왕조에게 호의를 보이며 이 왕조를 왕정 계승의 핵으로 확고히 다진다. 8장의 전쟁 기록은 예루살렘의 왕정 창시자가 실제 왕국의 정복자였음을 증언한다.

2부작의 후반부(9 – 24장): 다윗은 요나탄의 아들 므피보셋에게 호의를 베푼다(9장). 암몬과 아람과의 끊임없는 전쟁 가운데 저녁 때 다윗은 왕궁의 옥상을 거닐다가 한 여인이 목욕하는 것을 보게 되었다. 그녀는 히타이트 사람 우리야의 아내 밧 세바였다.

다윗은 사람을 불러 여인과 잠을 자고 여인은 임신하게 된다(11장). 다윗은 우리야를 밧 세바의 침실로 들게 하려하지만 우리야는 그렇게 하지 않았다. 다윗은 마침내 "우리야를 전투가 가장 극심한 지역에 배치했다가, 그만 남겨두고 후퇴하여 그가 칼에 맞아 죽게 하여라". 결국 우리야는 전장에서 죽음을 맞이하고 애도 기간이 끝난 후에 밧 세바는 다윗의 궁으로 들어오게된다. 주님께서는 나탄을 보내시어 "너는 어찌하여 주님의 말씀을 무시하고, 주님이 보시기에 악한 짓을 저질렀느냐? 너는 히타이트 사람 우리야를 칼로 쳐 죽이고 그의 아내를 네 아내로 삼았다. 이제 내가 너를 거슬러 너의 집안에서 재앙이 일어나게 하겠다. 네가 지켜보는 가운데 내가 너의 아내들을 데려다 이웃에게 넘겨주리니, 저 태양이 지켜보는 가운데 그가 너의 아내들과 잠자리를 같이할 것이다." 하고 말하게 하였다(12장). 불륜의 첫 아들은 주님께서 치시어 큰 병이 들어 죽었다. 다윗은 밧 세바를 위로하며 잠자리에 들어 다시 아들을 낳자 그 이름을 솔로몬(여디드야: 주님의 사랑 받는 이)이라 하였다. 다윗의 아들 압살롬에게는 아름다운 누이 동생 타마르가 있었다. 그러나 다윗

의 아들 암논이 타마르를 사랑한다. 암논은 타마르를 자기 침실로 불러들여 강제로 타마르와 함께 잤다. 그런 다음 암논은 타마르가 지독히 미워져 그녀를 쫓아낸다. 결국 압살롬은 암논을 죽여버리고 달아나 그수르 임금 암미홋의 아들 탈마이에게 간다(13장). 요압의 지략에 의해 압살롬은 예루살렘으로 되돌아왔으나 다윗은 그

의 얼굴을 보지 않았다. 그러나 압살롬은 요압의 보리밭에 불을 놓아 요압을 집으로 불러들여 다윗임금에게 나아갈 길을 마련하고 얼굴을 땅에 대고 엎드려 절하였다. 그러자 다윗은 압살롬에게 입을 맞추었다(14장). 압살롬은 결국 반란을 꾸미고 다윗은 요르단으로 피신한다(15장). 다윗이 산꼭대기에서 조금 더 갔을 때 므피보셋의 종 치바가 안장 얹은 나귀 한 쌍에 빵 이백덩이와 건포도 백 뭉치 등을 싣고 광야에서 지친 다윗의 부하들에게 주었다. 반면에 바후림에서는 게라의아들 시므이가 다윗을 따라 산비탈을 걸으며 저주를 퍼붓고, 그에게 돌을 던지며 흙먼지를 뿌려 대었다. 아히토펠의 생각에 따라 그들은 압살롬을 위하여 옥상에 천막을 치고 온 이스라엘이 보는 앞에서 자기 아버지의 후궁들에게 들었다. 주님께서는 압살롬에게 재앙을 끌어들이시려 아히토펠의 의견을 좌절시키고 후사이의 의견에 따르게 하였다. 다윗은 자기를 따르는 온 백성과 요르단을 건너고 다윗을 쫓던 이스라엘 군사들은 다윗의 부하들에게 패하여 이

만 명이 죽는 큰 살육이 벌어졌다. 압살롬이 타는 요새가 큰 향엽나무의 얽힌 가지들 밑으로 들어가는 바람에 그의 머리카락이 향엽나무에 휘감기면서 그는 하늘과 땅 사이에 매달리게 되고 요압은 표창 셋을 손에 집어들고, 향엽나무에 매달린 채 아직 살아 있는 압살롬의 심장에 꽂았다. 그러자 요압의 무기병인 젊은 이 열 명이 둘러싸서 압살롬을 내리쳐 죽였다. 다윗은 압살롬의 죽음을 알고 슬퍼하였다(19장). 벤야민 사람 비크리의 아들 세바가 다시 반란을 일으켰다. 그러나 이 반란도 진압된다(20장).[73]

───
💙 73 2사무 9 – 20장의 내용인데 1열왕 1 – 2장에 이어진다. 여기에는 여러 사건들이 나오는데 끝에 가서는 모두 솔로몬의 등극에 귀결된다. 솔로몬의 탄생에 얽힌 이야기와, 솔로몬의 왕위 계승에 장애가 되는 다윗의 두 아들, 암논과 압살롬(그리고 아도니야)이 제거되는 이야기가 이 후반부에 속한다.

다윗의 계승 설화 중간에서 잠깐 한숨 돌리는 사이를 이용하여 2사무 21 – 24장이 소개된다. 이 대목의 내용은 두 개의 서사시와 여러 인물들에 관한 기록, 그리고 두 가지 자연 재해와 그 액땜 사이의 관계를 중심으로 엮어진다. 마지막 내용인 자연 재해와 액땜 사이의 관계는 역사적 · 종교적으로 중요한데도 앞 장들에서 찾아볼 수 없다.

26. 다윗과 솔로몬

가장 주목할 주제는 왕정에 관한 내용이다. 이스라엘은 주님을 임금으로 모신다. 그러니 인간적 통치자가 무슨 의미가 있을까? 그런데 이 왕정 문제는 주님과 그분의 중재자인 사무엘이 사울의 선택을 주도하였기 때문에 왕정제도에 호의적인 방향으로 풀려 나갔다. 그러나 이 제도를 요구하는 백성의 주장은 단

호하게 단죄를 받았다. 이는 무엇을 뜻하는가? 아마도 인간의 왕정 자체가 인간의 뜻에서가 아니라 하느님의 권위에서 나온다는 사실과, 이스라엘의 군주제도는 민주적이거나 전제적인 것이 아니라 신정(神政)에 예속된 채 남아있어야 한다는 사실을 강조하기 위함일 것이다. 사무엘서에는 사울의 몰락을 가져오게 했던 잘못들의 종교적 성격이 강조되고 있는데, 이는 임금이라고 해서 자기에게 속하지 않은 영역을 침범해서는 안된다는 사실을 알려주기 위해서이다. 나아가 사무엘서의 관심사는 예배의 대상과 관습과 인물에 연관된다. 만져서는 안될 계약궤(2사무 6,7)와 예루살렘의 제단(2사무 24)에 관한 언급은 그 좋은 예들이다.

사무엘서는 다윗을 가장 훌륭한 임금으로 내세운다. 특히 그는 이스라엘 역사의 무대에 등장하는 시기에 이상적 영웅으로 묘사된다. 그는 여러 차례 뛰어난 전공을 세우고 사람들의 호감과 사랑을 한 몸에 받으며 관대함과 겸손을 잃지 않는다. 저자는 다윗이 군인으로서 성공한 생애를 보냈음을 감추려 하지 않는다. 사무엘서에서 우리는 이 이상적 임금이 주님께 보인 순종의 태도, 그의 탄원, 그리고 역경 가운데 하느님의 뜻을 물어보려 한 사실 등을 놓쳐서는 안된다. 다윗은 간음과 살인을 저지르고 나서 나탄 예언자의 충고와 질책을 받아들였다. 나탄은 이스라엘에서 임금이라 할지라도 율법의 테두리를 벗어나지 못한다는 사실을 다윗에게 일깨워 주었다. 한편 사울과는 달리 다윗의 후손은, 죄악의 씨앗(바쎄바에게서 난 첫아들)만 죽을 뿐, 벌을 받지 않는다. 다윗은 자신의 아들 가운데 하나가 자기 자리를 물려받아 이스라엘을 통치하리라는 보장을 받는다. 이 아들은 솔로몬이다. 솔로몬은 태어나면서부터 하느님의 사랑을 받으며 서서히 부상한다. 사무엘서는 결국 이스라엘 왕국을 정당화하고 옹호하는 기록이다. 나탄의 예언에 따라(2사무 7), 다윗 집안은 몇몇 임금들이 잘못을 저질렀으나 예루살렘의 왕좌를 영원히 차지해야 한다. 이 예언의 골자는 신명기계 역사가의 편집에서도 그대로 유지되었다 🔲

· 한국천주교중앙협의회 『주석성경』 사무엘 상 참조

1. 사울의 추락, 다윗의 추락은 그들이 처음 하느님께로부터 받은 원대한 소명에 비해 너무나 큰 몰락이다. 그러나 가자의 도로테오 아바스는 "너의 추락이 너를 교육하는 선생이 될 것이다." 라고 말한다. 그렇다 때로는 우리들의 추락, 죄, 좌절 등이 우리를 하느님께 인도하는 선생이 되는 경우들이 있다. 이것은 어떤 목적이 있기에 우리에게 다가오는 것이다. 일어나는 모든 일에는 의미가 있고 가치가 있다. 그러므로 어떠한 불편이 있다 하여도 용기를 잃어서는 안 된다. 현실을 피하지 않고 직면함으로써 그리고 더 나아가 좌절과 실패의 쓰라림을 통해서 오히려 더욱더 하느님께 나아갈 수 있는 것이 밑바닥 영성의 커다란 가르침이다.

2. 우리들 모두는 상처를 가지고 있다. 자기를 방어 할 수 있는 능력이 없는 상황에서 당한 상처는 커다란 아픔으로 우리 안에 자리 잡고 있다. 우리가 미성숙한 사람으로 취급당할 때 자신의 정체성을 인정받지 못할 때 아래로 추락한다. 하지만, 우리가 상처받고 부서진 바로 그 자리, 그 순간이 우리가 우리 자신을 깨트리고 하느님을 향해 나아갈 수 있는 기회임을 바라보아야 한다. 상처들은 사실 내가 쓴 가면을 부수는 역할을 수행한다. 만약 우리가 그 상처들을 영성의 원천으로 인식하면서 사랑해 나갈 수 있다면 우리는 폐쇄적으로 갇히지 않고 하느님을 향해 우리 자신을 열어 나갈 수 있을 것이다. 삶은 우리를 언제나 실망시킨다. 우리는 우리 자신에 대하여 우리들의 결점과 실패에 대하여 실망한다. 우리의 직업, 아내와 남편, 가족, 수도원, 본당에 대하여 실망하고 있다. 하지만 이 실망은 내가 나에 대하여 그리고 미래에 대하여 설정한 환상으로부터 깨어나게 하려고 의도되고 있는지도 모를 일이다. 실망은 내가 나 자신에 대하여 과장되게 생각하고 있었다는 것을 보여준다. 그러므로 실망은 하느님께서 본래 나에게 만들어주신 나의 참된 모습을 알아내는 좋은 기회이다. 그 아픔을 겪어 나가면서 나는 현실을 있는 그대로 받아들이며 그 현실에 맞추어 살아가는 것을 배우게 된다. 내가 강하게 서 있을 때는 다른 사람이 내 안으로 들어올 수 없게 된다. 내가 상처입고 약해져 있을 때에 하느님이 내 안에 들어오실 수 있고, 다른 사람들도 들어올 수 있다.

3. 자신의 무능을 체험하는 것을 통해 하느님께 나아가는 길을 발견할 수 있다. 이제 내가 더 이상 아무것도 할 수 없는 처지가 되었을 때, 모든 것이 나의 작용 범위를 벗어나 버렸을 때, 이제 내가 나의 실패를 인정할 수밖에 없는 처지에 직면하게 되었을 때 나의 빈손을 하느님께 들어 올릴

수 있을 것이다. 영성 수련의 목적은 우리를 강한 존재로 만드는 것이 아니라 우리가 약한 존재임을 알게 하고, 스스로의 힘으로는 자신을 더 나은 존재로 만들 수 없음을 체험하게 하며, 완전히 하느님의 은총에 내맡겨진 존재라는 것을 알게 한다.

4. 나의 죄 안에서 내가 그 동안 나 자신과 나의 영적 길에 대하여 만들어 놓은 모든 환상들이 먼지처럼 날아가 버린다. 나는 나 자신을 확실히 보장할 수 없다. 나는 나의 죄를 실패로 바라보고 자신에게 실망하여 스스로에게 많은 비난을 던질 수 있다. 이는 나를 내적으로 아래로 끌어내려 자포자기 상태로 몰고 간다. 우리는 언제나 다시 죄를 짓게 된다. 자신의 노력으로는 완전해 질 수 없다는 사실을 인정한다면 이는 하느님께 나아가는 기회가 된다. 하느님은 모든 가면들을 부수시고, 내가 완전한 사람으로 존재하기 위해 쌓아 올린 담들을 부수어 버리신다. 성령은 우리가 얻어맞아 완전히 부수어 질 때 우리 스스로 쌓아 올린 담들이, 성채들이, 업적들이 부서져 무너질 때 우리를 변화시킬 수 있다. 은총은 우리의 영혼을 파헤치고, 부수어 버리며, 다시 한 곳으로 모아 건설하고, 치유하고 바로 잡는다. 이제껏 겉으로 꾸며 거짓으로 취해온 겸손의 자세와 잘못 설정한 완전에 대한 추구가 완전히 무너진 다음에야 비로소 그에게 모든 영역에서 새로운 가능성이 열리게 된다.

5. 우리는 자주 우리의 성공을 통해서보다 실패를 통해서 더 많이 배운다. 융은 성공이 많은 삶은 변화를 가지기 매우 어렵다고 말한다. 즉, 큰 성공은 변화의 가장 큰 적인 것이다. 하느님께 받아들여지기 위해서 선행이라든가 훌륭한 덕행 또는 그 밖의 어떤 예물을 반드시 가져와서 그것을 통해 그분의 마음을 사로잡으려 할 필요가 없음을 깨달아야 한다. 그 동안 우리는 교만하게도 우리들의 몇 가지 수련을 통해서 우리가 하느님 앞에 떳떳한 존재로, 의로운 존재로서 있음을 증명해 보이려 하는 어리석음을 범하게 된다. 어떤 좋은 일을 많이 해야 한다는 압박에서 강박에서 벗어나야 한다. 오히려 나의 빈손을 들고 하느님께 나아갈 때 그리고 자신을 온전히 드릴 때 평화와 자유를 체험할 수 있을 것이다. 하느님은 나를 변화시키시는 분이시고, 나의 실패와 죄, 나의 무능과 실망을 통해(관통하여) 나에게 다가오시는 분이시다.

안셀름 그륀, 「아래로부터의 영성」 中

열왕기는 이스라엘 역사의 긴 기간을 다룬다. 열왕기가 다루는 역사에서 가장 오래된 사건은 다윗의 말년에 일어난 일로서(1열왕 1 - 2,10), 그 연대는 기원전 972년경이다. 반면에 열왕기의 역사에서 가장 나중에 일어난 사건은 기원전 561년 여호야킨 임금이 바빌론 임금의 특전을 받은 일이다(2열왕 25,27 - 30). 그러나 열왕기를 전기 예언서로 분류한 히브리말 성경의 목록이 시사하듯, 이 책에 수많은 역사적 자료가 나온다 해서 독자들은 이 책을 단순한 역사기록으로 여겨서는 안된다. 이 책의 내용은 이스라엘 임금들이 통치하던 이스라엘 역사의 일정 기간에 관한 신학적 반성이라 할 수 있다.

바이블테라피 11 수련3 호흡하기와 호칭을 외우는 묵상
Bible Therapy

너의 호흡은 너의 가장 훌륭한 친구이다. 어떤 곤경에 처하든지 다시 호흡에다 마음을 모아라. 그러면 네 마음을 달래주고 너를 인도해 줄 것이다.

주 예수 그리스도님
- 저의 사랑 -저의 평화 -저의 구원 -저의 희망 -저의 생명 -저의 피난처 -저의 위로!

같은 호칭을 호흡에 맞추어 반복해서 외운다. 혹은 한 번 외우고 잠시 침묵 속에 그 호칭 안에 사랑스럽게 머물고, 얼마 후 다시 외우고, 침묵 속에 머물며, 그것을 반복한다.

얼마 후 방법을 바꾸어 예수님이 나를 부른다고 상상하고,

가브리엘 (마리아!. 데레사!, 로사리아!, 세실리아!)
-나의 기쁨 -나의 평화 -나의 희망 -나의 생명 -나의 전부

계속해서 예수님이 나를 부른다고 상상하며 호흡을 맞추어 같은 호칭을 반복해서 부른다.

내 안에 어떤 감정과 반응, 느낌이 다가오는지 서로 이야기를 나누어 본다.
이 방법은 생활 속에서, 계속적으로 기도로 실천 할 수 있다.
걸으면서, 어떤 작업을 하면서 수련할 수 있다.

2000년 , 예수회 김영택신부 8박 9일 피정 中

열왕기 상 SCHEMA

날짜	성경 구절	주요 내용	
첫 째 날	1 열왕 1 – 3	• 솔로몬이 다윗의 명령으로 임금이 됨(1) • 다윗이 죽음(2) • 솔로몬의 판결(3)	 열왕기 상 1 – 솔로몬이 다윗의 명령으로 임금이 됨
둘 째 날	4 – 5	• 솔로몬의 통치(4 – 5)	 열왕기 상 2 – 솔로몬의 통치
셋 째 날	6 – 10	• 솔로몬이 성전과 궁전을 지음(6 – 7) • 솔로몬의 기도(8) • 솔로몬의 영화(9 – 10)	 열왕기 상3 – 솔로몬이 성전과 궁전을 지음
넷 째 날	11 – 14	• 솔로몬이 하느님에게서 돌아섬(11) • 남과 북이 갈라짐(12) • 베텔의 제단이 무너짐(13) • 예로보암이 죽음(14)	 열왕기 상 4 – 솔로몬이 하느님에게서 돌아섬

날짜		성경 구절	주요 내용
다 째	셋 날	15 - 16	• 유다와 이스라엘의 통치(15 - 16) 열왕기 상 5 - 남과 북이 갈라짐
여 째	셋 날	17 - 19	• 엘리야의 예언과 기적(17) • 엘리야와 바알 예언자들의 대결(18) • 엘리야가 하느님을 만나다(19) 열왕기 상 6 - 엘리야의 예언과 기적
일 째	곱 날	20 - 22	• 이스라엘 임금 아합의 죄와 뉘우침(20 - 21) • 아합의 패전과 전사 /예후의 이스라엘 통치(22) 열왕기 상 7 - 아합의 패전과 전사

11 📖 열왕기 하 SCHEMA

날짜	성경 구절	주요 내용	
첫 째 날	2 열왕 1 – 3	• 엘리야와 아하즈야 임금(1) • 엘리야의 승천과 엘리사의 계승(2) • 이스라엘과 유다 동맹군이 모압과 싸움(3)	열왕기 하 – 엘리야의 승천과 엘리사의 계승
둘 째 날	4 – 8	• 엘리사가 일으킨 기적들(4 – 8)	열왕기 하 – 엘리사가 일으킨 기적들 (엘리사가 나아만을 고쳐주다)
셋 째 날	9 – 10	• 엘리사의 제자가 예후를 임금으로 세워 예후가 이스라엘의 임금들과 이제벨을 죽임(9 – 10)	열왕기 하 – 예후가 이스라엘의 임금들과 이제벨을 죽임
넷 째 날	11 – 16	• 유다와 이스라엘의 통치(11 – 16)	열왕기 하 – 유다와 이스라엘의 통치

날짜		성경 구절	주요 내용
다째	섯날	17 – 20	• 북왕국 이스라엘의 몰락(17) • 히즈키야의 유다통치(18) • 주님께서 아시리아에게서 히즈키야를 지켜주심(19) • 히즈키야의 죽음(20) 열왕기 하 – 북왕국 이스라엘의 몰락
여째	섯날	21 – 23	• 히즈키야 자손들의 유다통치(21) • 요시야의 등극과 종교개혁(22 – 23) 열왕기 하 – 요시야의 등극와 종교개혁
일째	곱날	24 – 25	• 주님의 분노와 예루살렘 함락(24 – 25) 열왕기 하 – 주님의 분노와 예루살렘 함락

27. 왕국의 분열과 멸망

가. 다윗의 통치 말년과 솔로몬의 통치(1열왕 1 - 11)

늙은 다윗에게 수넴 처녀 아비삭이 시중들고[75]아도니야가 임금
행세를 한다.[76] 나탄과 밧 세바의 계책으로 솔로몬은 다윗의 명
을 받아 임금이 된다.(1열왕 1,1 - 53)[77]

> **75** 다윗임금이 나이가 들어 늙고 몸이 따뜻하지 않자 신하들은 수넴여자 아비삭을 임금에게 데
> 려왔다. 그 젊은 여자는 매우 아름다워 임금을 모시기는 했지만 임금은 그와 관계하지 않았
> 다. 성경저자는 여기에서 다윗의 성적 불능에 대해 이야기 한다. 옛날 사람들에게 성적 불능
> 은 나라를 통치할 힘이 없다는 것을 의미했다.

> **76** 하낏의 아들 아도니야는 "내가 임금이 될 것이다" 거만을 부렸다. 아도니야는 왕자들과 임금의 신하들을 엔 로겔 근처 조할렛 바위에 불러 놓
> 고 양과 소와 살진 송아지를 잡아 제사를 드렸다.

> **77** 그러나 나탄과 밧 세바는 이러한 아도니야의 소식을 듣고 다윗에게 나가 이전의 맹세 곧 '너의 아들 솔로몬이 내 뒤를 이어 임금이 되고, 내 왕
> 좌에 앉을 것이다'라고 한 기억을 회상하게 하고 그렇지 못하면 "저의 주군이신 임금님께서 조상들과 함께 잠드시는 날, 저와 제 아들 솔로몬
> 은 죄인이 될 것입니다"라고 말한다. 이리하여 솔로몬은 다윗의 명령으로 차독사제와 나탄 예언자에게 기름을 붓게하여 그를 이스라엘의 임
> 금으로 세웠다.

• 다윗이 죽다(1열왕 2,1 - 12)[78]

> **78** 다윗은 죽는 날이 가까워지자 솔로몬에게 "나는 이제 세상 모든 사람이 가는 길을 간다. 너는 사나이답게 힘을 내어라. 주 네 하느님의 명령을
> 지켜 그분의 길을 걸으며, 또 모세 법에 기록된 대로 하느님의 규정과 계명, 법규와 증언을 지켜라. 그러면 네가 무엇을 하든지 어디로 가든지
> 성공할 것이다." 다윗은 츠루야의 아들 요압이 아브네르와 아마사에게 한 짓을 기억했고, 길앗 사람 바르질라이에게 호의를 베풀 것을, 마하나
> 임에서 어려운 처지에 있던 자신을 저주하며 욕했던 벤야민 사람 게라의 아들 시무이를 기억했다. 그는 조상들과 함께 잠들었고, 그가 이스라
> 엘을 다스린 시기는 40년 이었다.

• 다윗(1열왕 2,13 - 46)에 의중에 따라 솔로몬은 아도니야, 에브야타르와 요압 그리고 시므이를 죽인다.[79]

> **79** 아도니야는 밧 세바에게 다윗의 마지막 여자였던 수넴여자 아비삭을 달라 청하여 죽음을 맞게된다. 그리고 에브야타르 사제에게 "아나톳에 있
> 는 그대의 땅으로 가시오! 그대는 죽어 마땅하나 다윗 앞에서 하느님의 궤를 날랐고, 또 아버지와 온갖 고난을 함께 나누었으므로 오늘 그대
> 를 죽이지 않겠소" 라고 말하여 그를 주님의 사제직에서 쫓아냈다. 아도니야를 지지했던 요압은 주님의 천막으로 도망가지만 여호야다의 아
> 들 브나야가 올라가 그를 내리쳐 죽였다. 요압의 자리에는 브나야가 에브야타르의 자리에는 차독사제가 임명되었다. 시므이는 예루살렘 안에
> 서 살라는 명을 어기고 갓에 다녀오는 일이 보고되자 "네가 내 아버지 다윗에게 한 온갖 못된 짓을 너 자신이 마음 속으로 잘 알고 있을 것이
> 다. 주님께서 네가 저지른 악을 네 머리 위로 돌아가게 하실 것이다." 하여 브나야가 시므이를 내리치자 그가 죽었다.

• 솔로몬이 파라오의 딸과 혼인하고 기브온에서 꿈을 꾼다. 솔로몬은 지혜로운 명판결로 이름을 떨친다.(1열왕 3)[80]

> **80** 솔로몬은 이집트 파라오의 딸을 맞아들여 혼인하고 자기 집과 주님의 집과 예루살렘을 에워
> 싸는 성벽을 다 짓기까지 그 아내를 다윗 성에 머무르게 하였다. 기브온에서 주님께서는 솔로
> 몬에 나타나시어 "내가 너에게 무엇을 해 주기를 바라느냐?" 하고 물으셨다. 그러자 솔로몬은
> "저는 어린 아이에 지나지 않아 백성을 이끄는 법을 알지 못합니다. 그러니 당신 종에게 듣는
> 마음을 주시어 당신 백성을 통치하고 선과 악을 분별할 수 있게 해 주십시오" 그러자 주님께
> 서는 "자신을 위해 장수를 청하지도 않고, 자신을 위해 부도 청하지 않고, 네 원수들의 목숨을
> 청하지도 않고, 그 대신 이처럼 옳은 것을 가려내는 분별력을 청하였으니, 자, 내가 네 말대로
> 해주겠다. 이제 너에게 지혜롭고 분별하는 마음을 준다. 너 같은 사람은 네 앞에도 없었고, 너
> 같은 사람은 네 뒤에도 다시 나오지 않을 것이다. 또한 나는 네가 청하지 않은 것, 곧 부와 명
> 예도 너에게 준다." 솔로몬은 서로 자기 아이라고 주장하는 두 창녀의 송사를 공정하게 판결
> 함으로써 이스라엘 백성들은 임금을 두려워하였다.

• 솔로몬의 대신들이 꾸려지고 솔로몬의 통치 아래 왕국은 굳건해진다. 그리하여 솔로몬이 이름이 만방에 떨쳐졌다.(1열왕 4,1 - 5,14)

• 솔로몬이 성전 건축을 준비하다.(1열왕 5,15 - 32)[81]

> **81** 하느님께서는 솔로몬에게 지혜와 매우 뛰어난 분별력과 넓은 마음을 바닷가의 모래처럼 주시니 모든 민족들에게서 사람들이 솔로몬의 지혜를
> 들으러 왔다. 솔로몬은 이제 성전 건축을 준비한다. 솔로몬의 통치로 이스라엘은 평화의 시기를 맞이하였다. 평화(살롬)는 단순히 전쟁이 없는

상태만을 일컫는 것이 아니라 여러가지 좋은 가치를 지닌 선물, 안녕, 행복, 건강, 번영, 안전, 구원, 사회의 균형과 질서, 하느님과 사람 사이의 일치, 충만한 삶 등의 가치를 지닌 선물이다.

• **솔로몬이 성전을 짓다**; 솔로몬이 자기 궁전을 짓다; 청동 기술공 히람을 데려오다; 청동 기둥; 청동 바다 모형; 물수레; 그 밖의 청동 기물; 성전 기물(1열왕 6 - 7)[82]

💧 82 이스라엘 자손들이 이집트 땅에서 나온지 사백팔십년, 솔로몬이 이스라엘을 다스린지 4년, 솔로몬은 성전을 짓기 시작한다. 다시 솔로몬은 열세해에 걸쳐 자기 궁전을 짓고, 궁전 전체를 마무리 하였다.

• **계약궤를 성전에 모시다**; 솔로몬의 기도; 솔로몬이 백성에게 축복하고 권고하다; 성전을 봉헌하다; 하느님께서 솔로몬에게 다시 나타나시다(1열왕 8 - 9,9)[83]

💧 83 솔로몬은 주님의 계약의 궤를 시온, 다윗 성에서 모시고 올라오려고, 이스라엘의 원로들과 이스라엘 자손들의 각 가문 대표인 지파의 우두머리들을 모두 예루살렘으로 자기 앞에 소집하였다. 에타님달(구시월, 늘 물이 흐르는 개울) 사제들과 레위인들은 그것들을 가지고 올라갔다. 사제들이 성소에서 나올 때에는 구름이 주님의 집에 가득 찼다. 그러고 나서 솔로몬은 이스라엘 온 백성이 지켜보는 가운데 주님의 제단 앞에 서서 하늘을 향하여 두 손을 펼치고 이렇게 기도하였다. "죄짓지 않는 자가 어디 있겠습니까? 이 백성도 당신께 죄를 지어, 당신께서 그들에게 화를 내시고 그들을 적에게 넘겨주시어, 이 백성은 멀거나 가까운 적국의 땅에 사로잡혀 가는 신세가 될 것입니다. 그러나 사로잡혀 간 땅에서 마음을 돌이켜 회개하고, '저희가 죄를 지었습니다. 몹쓸 짓을 하고 악을 저질렀습니다.'하며 사로잡아 간 자들의 땅에서 당신께 간청하면, 그들이 자기들을 사로잡아 간 원수들의 땅에서 마음을 다하고 목숨을 다하여 회개하고, 당신께서 그들의 조상들에게 주신 땅과 당신께서 선택하신 이 도성과 제가 당신의 이름을 위하여 지은 이 집을 향하여 기도하면, 당신께서는 계시는 곳 하늘에서 그들의 기도와 간청을 들으시고 그들의 사정을 돌보아 주십시오." 솔로몬은 백성들을 축복하고 권고한 후 성전을 봉헌하였다. 그러자 주님께서는 다시 솔로몬에게 나타나시어 "네가 세운 이 집을 성별하여 이것에 내 이름을 영원히 두리니, 내 눈과 내 마음이 언제나 이곳에 있을 것이다. 네가 네 아버지 다윗이 걸은 것처럼, 내 앞에서 온전한 마음으로 바르게 걸으며, 내가 명령한 모든 것을 실천하고 내 규정과 법규를 따르면, 나는 너의 왕좌를 이스라엘 위에 영원히 세워주겠다. 솔로몬이 두 건물, 곧 주님의 집과 왕궁을 짓기까지는 스무 해가 걸렸다. 솔로몬은 자기가 주님을 위하여 세운 제단 위에서 한 해에 세 번씩 번제물과 친교 제물을 바쳤고, 주님 앞에서 향도 피워 올렸다. 이리하여 솔로몬은 집 짓는 일을 마쳤다.

• **스바 여왕이 솔로몬을 찾아오다**; 솔로몬의 영화; 솔로몬의 병거대(1열왕 10)[84]

💧 84 스바 여왕은 솔로몬의 모든 지혜를 지켜보고 그가 지은 집을 보았다. 또 식탁에 오르는 음식과 신하들이 앉은 모습, 시종들이 시중드는 모습과 그들의 복장, 헌작 시종들, 그리고 주님의 집에서 드리는 번제물을 보고 넋을 잃었다. 솔로몬 임금은 영화를 누리고 그의 부와 지혜는 세상의 어떤 임금보다 뛰어났다. 그리하여 세상 사람들이 모두 하느님께서 솔로몬의 마음에 넣어주신 지혜를 들으려고 그를 찾아왔다.

• **솔로몬이 하느님에게서 돌아서다**; 솔로몬의 적들; 에로보암의 반란을 예고하다; 솔로몬이 죽다(1열왕 11)[85]

💧 85 솔로몬 임금은 파라오의 딸 뿐 아니라 모압여자와 암몬여자, 에돔여자와 시돈여자, 그리고 히타이트 여자 등 많은 외국 여자를 사랑하였다. 주님께서는 일찍이 "그들이 반드시 너희 마음을 그들의 신들에게 돌려놓을 것이기 때문이다"라고 말씀하셨다. 솔로몬에게는 왕족 출신 아내가 칠백명, 후궁이 삼백명이나 있었다. 그 아내들은 그의 마음을 돌려 놓았다. 그때 솔로몬은 예루살렘 동쪽 산(올리브산)위에 모압의 혐오스런 우상인 크모스를 위하여 신당을 짓고, 주님께서는 에돔 사람 하닷을 솔로몬의 적대자로 일으키셨다. 다시 엘야다의 아들 르존이 솔로몬에게 반기를 든다. 예로보암은 솔로몬의 신하였는데 임금에게 반기를 들었다. 예로보암은 힘센 용사였는데 예언자 아히야가 자기가 입고 있던 새 옷을 열 두조각으로 찢으며 예로보암에게 "이 열조각을 당신이 가지시오 주 하느님께서는 '이제 내가 솔로몬의 손에서 이 나라를 찢어내어 너에게 열 지파를 주겠다.' 이렇게 나는 다윗의 자손들을 벌하겠다" 그러자 솔로몬은 예로보암을 죽이려 하였지만 예로보암은 이집트로 달아나서 이집트 임금 시삭에게 갔다. 솔로몬은 이스라엘을 40년 다스렸고 조상들과 함께 잠들어 자기 아버지 다우시의 성에 묻히고, 그의 아들 르하브암이 그 뒤를 이어 임금이 되었다.

나. 왕국의 분열에서 북왕국 이스라엘의 마지막까지 (1열왕 12 - 2열왕 17)

• **북쪽 지파들이 반기를 들고 남북이 정치, 종교적으로 갈라진다(1열왕 12).**[86]

💧 86 다윗의 아들 르하브암은 스켐(종교의 중심지)으로 갔다. 예로보암은 온 이스라엘 회중과 함께 르하브암을 찾아와 "임금님의 아버지께서 지우신 힘겨운 일과 무거운 멍에를 가볍게 해 주십시오. 그러면 우리가 임금님을 섬기겠습니다." 그러자 르하브암은 사흘 후에 다시 올 것을 말하고 원로들에게 의견을 묻는다. 그러나 임금은 원로들의 의견보다는 자기와 함께 자란 젊은이들로서 자기를 받드는 자들과 의논하면서 "내 새끼 손가락이 내

아버지의 허리보다 굵소. 내 아버지께서는 그대들을 가죽 채찍으로 징벌하셨지만, 나는 갈고리 채찍으로 할 것이오"라고 말한다. 르하브암이 부역감독 아도람을 보내자 온 이스라엘 백성들은 돌을 던져 그를 죽여버렸다. 르하브암을 예루살렘으로 도주하고 예로보암을 임금으로 세운다. 유다지파 말고는 아무도 다윗 집안을 따르지 않았다. 이리하여 남쪽에서는 예루살렘을 중심으로 유다집안과 벤야민 지파가 모여 남유다를 형성하고, 북쪽에서는 예로보암을 중심으로 열 지파가 모여 북 이스라엘을 형성한다. 북의 예로보암은 마음 속으로 이 백성이 예루살렘에 있는 주님의 집에 희생제물을 바치러 올라갔다가, 자기들의 주군 유다 임금 르하브암에게 마음이 돌아가면 나를 죽이고 유다 임금 르하브암에게 돌아 갈 것이라 생각하여 궁리 끝에 금 송아지 둘을 만들어 베텔과 단에 두고 레위의 자손들이 아닌 일반 백성 가운데에서 사제들을 임명하였다.

• 베텔 제단이 무너지는 예언을 한 하느님의 예언자를 베텔의 늙은 예언자가 속여 죽게된다 (1열왕 13).[87]

❤ 87 주님의 예언자가 예로보암에게 이르러 "다윗의 집안에 한 아들이 태어나리니 그 이름은 요시아이다. 그가 네 위에서 분향하는 산당의 사제들을 네 위에서 제물로 바치고, 사람의 뼈를 네 위에서 태울 것이다." 예언한다. 예로보암은 손을 뻗어 "그를 붙잡아라" 하지만 뻗었던 손이 오므릴 수 없게 되었다. 그는 주님께 간청하고 그에게 '피로를 풀고 선물을 받으라' 하지만 예언자는 '이곳에서 빵도 물도 마시지 않겠다' 거절한다. 그 무렵 베텔의 늙은 예언자가 거짓으로 그에게 '집에 데려다 빵과 물을 먹고 마시게 하라' 거짓말을 하자 그 하느님의 사람은 분별력을 잃고 그 늙은 예언자의 집에 들어가 먹고 마신다. 그 하느님의 사람은 그곳을 떠나가다가 사자를 만나 물려죽었다. 늙은 예언자는 이 하느님의 사람을 장례치루고 자기가 죽거든 그 옆에 묻어달라 유언한다. 이런 일이 있는 후에도 예로보암은 그의 악한 길에서 돌아서지 않고, 또 다시 일반 백성 가운데에서 산당의 사제들을 임명하였다. 그는 원하는 사람은 누구에게나 직무를 맡겨 산당의 사제가 될 수 있도록 하였다. 예로보암 집안은 이런 일로 죄를 지어 마침내 멸망하게 되어 땅에서 사라지게 되었다.

• 예로보암의 아들이 죽다; 예로보암이 죽다(1열왕 14,1 – 20)[88]

❤ 88 예로보암의 아들 아비야가 병들자 그 아내가 실로의 아히야 예언자를 찾아가게 된다. 주님께서 "예로보암에게 속한 사내는 종이든 자유인이든 이스라엘에서 잘라버리겠다. 예로보암 집안을 치워버리겠다. 예로보암에게 딸린 사람으로서 성안에서 죽은 자는 개들이 먹어 치우고, 들에서 죽은 자는 하늘의 새가 쪼아 먹을 것"이라 말씀하신다. 아이는 죽고, 예로보암도 22년을 다스리고 조상들과 함께 잠들었다. 나답이 그를 이어 임금이 되었다.

• 르하브암의 유다 통치; 아비얌의 유다 통치; 아사의 유다 통치(1열왕 14,21 – 15,24)

• 나답의 이스라엘 통치; 바아사의 이스라엘 통치; 엘라의 이스라엘 통치; 지므리의 이스라엘 통치; 오므리의 이스라엘 통치; 아합의 통치가 시작되다(1열왕 15,25 – 16,34)

• 엘리야가 가뭄을 예언하다; 엘리야와 까마귀; 엘리야가 사렙타 과부에게 기적을 베풀다; 엘리야와 오바드야; 엘리야가 아합을 만나다; 엘리야가 가르멜산에서 바알 예언자들과 대결하다; 가뭄이 끝나다; 엘리야가 호렙산으로 가다; 엘리야가 하느님을 만나다; 엘리야가 엘리사를 부르다(1열왕 17 – 19)[89]

❤ 89 엘리야가 아합에게 말하였다. "내가 섬기는 살아계신 주 이스라엘의 하느님을 두고 맹세합니다. 내 말이 있기 전에는 앞으로 몇 해 동안 이슬도 비도 내리지 않을 것입니다." 엘리야는 요르단 강 동쪽에 있는 크릿 시내에 숨어 까마귀(아랍인)들이 아침과 저녁에 빵과 고기를 날라다 주고 시내의 물을 마시며 살았다. 주님의 말씀에 따라 시돈에 있는 사렙타의 과부를 찾아가 "두려워 말고 가서 당신 말대로 음식을 만들라"하여 밀가루 한 줌과 기름 조금으로 엘리야에게 음식을 대접한다. 그녀의 단지와 기름병에는 밀가루가 떨어지지 않고, 기름이 마르지 않았다. 이 일이 있은 이후 집주인 여자의 아들이 병들어 숨졌다. 여자는 엘리야에게 "하느님의 사람이시여! 어르신께서 저와 무슨 상관이 있어 저한테 오셔서 제 죄를 기억하게 하시고 제 아들을 죽게 합니까?" 하자 엘리야는 자기가 머무르는 옥상 방으로 올라가 아이를 눕히고 주님께 기도하여 아이를 살려낸다.

엘리야가 아합과 만나 가르멜 산에서 예언자들과 대결하기를 말한다. 엘리야가 온 백성 앞에서 나서며 "여러분은 언제까지 양다리를 걸치고 절뚝거릴 작정입니까?" 말하며 주님께로 마음을 돌리기를 호소한다. 바알을 숭배하는 자들이 자기들의 관습에 따라 피가 흐를 때까지 칼과 창으로 자기들의 몸을 찌르며 예언 황홀경에 빠졌으나 아무 소리나 대답도 응답도 없었다. 엘리야는 무너진 주님의 제단을 고쳐 야곱의 아들 지파의 수대로 열 두개의 돌을 가져와 쌓았다. 엘리야가 "저에게 대답해 주십시오, 주님 저에게 대답해 주십시오!" 기도하자 주님의 불길이 내려와, 번제물과 장작과 먼지를 삼켜 버리고 도랑에 있던 물도 핥아버렸다. 잠깐 사이에 하늘이 구름과 바람으로 캄캄해지더니 큰 비가 내리기 시작하였다. 엘리야는 이제벨을 피해 광야로 나갔다. 싸리나무 아래에 들어가 죽기를 간청하며 "주님 이것으로 충분하니 저의 목숨을 거두어 주십시오!"하며 잠이 들었다. 그러자 주님의 천사가 나타나 "일어나 먹어라" 말하며 깨어보니 뜨겁게 달군 돌에다 구운 빵과 물 한 병이 머리 맡에 놓여 있었다. 다시 천사는 "일어나 먹어라! 갈 길이 멀다" 라고 말한다. 그 음식으로 힘을 얻은 그는 밤낮으로 사십 일을 걸어, 하느님의 산 호렙에 이르렀다. 주님께서는 엘리야에게 "엘리야야! 여기에서 무엇을 하고 있느냐?" 물으신다. 엘리야는 "저는 주 만군의 하느님을 위하여 열정을 다해 일해 왔습니다. 이제 저 혼자 남았는데, 저들은 제 목숨마저 없애려고 저를 찾고 있습니다." 주님은 바람 가운데도, 지진 가운데도, 불 속에서 계시지 않았다. 불이 지나가고 조용하고 부드러운 소리(작은 침묵의 소리)가 들려왔다. "길을 돌려 다마스쿠스 광야로 가거라. 거기에 들어가거든 하자엘에게 기름을 부어 아람의 임금으로 세우고, 님시의 손자 예후에게 기름을 부어 이스라엘의 임금으로 세워라! 그리고 엘리사에게 기름을 부어 네 뒤를 이을 예언자로 세워라." 엘리야가 엘리사 곁을 지나가면서 자기 겉옷을 그에게 걸쳐 주었다. 엘리사는 부모에게 작별인사를 하고 겨릿소를 잡아 제물로 바치고 쟁기를 부수어 그것으로 고기를 구운 다음 사람들에게 주어서 먹게하고 엘리야를 따라나서서 그의 시중을 들었다.

- **벤 – 하닷이 사마리아를 공격하다; 이스라엘이 승리하다; 아람군이 다시 쳐들어오다; 한 예언자가 아합을 저주하다(1열왕 20)**[90]

90 아람임금 벤 하닷이 전군을 소집하여 사마리아로 올라가 그곳을 포위하고 공격하였다. 벤 하닷은 이스라엘 임금에게 은과 금, 아내와 아들을 요구하고 이스라엘이 이것을 거부하자 전쟁을 시작한다. 이스라엘 임금은 "갑옷을 입을 때 자랑하는 것이 아니라 갑옷을 벗을 때 자랑하는 것이다."라고 말하며 전의를 불태운다. 그러나 벤 하닷은 자만하여 임금들과 초막에서 술을 취하도록 마시고 있었다. 그러나 이스라엘은 이미 성읍에서 나와 닥치는데로 적들을 쳐 죽였다. 이스라엘 임금도 나가서 말과 병거를 쳐부수고 아람군을 크게 무찔렀다. 해가 바뀌어 다시 전쟁이 시작되었다. 이스라엘 자손들은 들판을 가득 메운 아람군에 비하면 마치 작은 두 염소 떼 같았다. 양쪽 군대는 서로 마주 보고 이레 동안 진을 치고 있다가, 이레째 되는 날에 드디어 싸움에 들어갔다. 이스라엘은 하루만에 아람군 보병 십만을 쳐 죽였다. 벤 하닷은 아펙 성의 골방에 들어가 숨어 있다가 허리에 자루옷을 두르고 머리에 줄을 감고 이스라엘 임금에게 나가 목숨을 살려달라고 애원하자 아합은 "그는 나의 형제이다"라고 빼앗긴 성읍을 돌려받고 그와 계약을 맺고 그를 놓아주었다. 한 예언자가 아합에게 전하기를 주님께서 "너는 나에게 온전히 바쳐야 할 자를 손에서 풀어주었다. 그러니 그를 대신하여 네가 죽고, 그의 백성을 대신하여 너의 백성이 죽을 것이다." 는 말씀을 전하였다.

- **아합이 나봇의 포도밭을 빼앗다; 아합이 뉘우치다(1열왕 21)**[91]

91 아합의 궁 곁에는 이즈르엘 사람 나봇의 포도밭이 있었다. 아합이 나봇에게 "그대의 포도밭을 나에게 넘겨주게. 그 포도밭이 나의 궁전 곁에 있으니 그것을 내 정원으로 삼았으면 하네" 말하자 나봇은 "제 조상님들의 상속재산을 넘겨 드릴 수 없습니다." 라고 말하였다. 아내 이제벨은 이 말을 듣고 음모를 꾸며 나봇을 살해하고 포도밭을 빼앗는다. 주님은 엘리야에게 내려 아합에게 '주님이 말한다. 살인을 하고 땅마저 차지하려느냐? '개들이 나봇의 피를 핥던 그 자리에서 개들이 네 피도 핥을 것이다.' 또 이제벨을 두고서는 '개들이 이즈르엘 들판에서 이제벨을 뜯어 먹을 것이다'라고 예언한다. 아합이 이 말을 듣고 뉘우쳐 제 옷을 찢고 단식에 들어갔다. 주님께서는 "아합이 내 앞에서 자신을 낮춘 것을 보았느냐? 그가 내 앞에서 자신을 낮추었으니, 그가 살아있는 동안에는 내가 재앙을 내리지 않겠다." 말씀하신다.

- **아합이 라못 – 길르앗을 되찾으려 하다; 미카야가 아합의 패전을 예언하다; 아합이 라못 – 길르앗에서 전사하다(1열왕 22,1 – 40)**[92]

92 미카야가 말하였다. "그러므로 '누가 아합을 꾀어내어, 그를 라못 길앗으로 올라가 쓰러지게 하겠느냐?' 하고 물으셨다. 어떤 영이 주님 앞에서 나서서 '제가 아합을 꾀어 내겠습니다' 말한다. 그는 '제가 나가 아합의 모든 예언자의 입에서 거짓말을 하는 영이 되겠습니다.' 말하자 '네가 그를 꾀어 내어라, 성공할 것이다. 가서 그렇게 하여라!' 응답된다. 치드키야가 미카야에게 가서 뺨을 치면서 말하였다. "주님의 영이 어떻게 나를 떠나가 너에게 말씀하셨단 말이냐?" 미카야가 대답하였다. "네가 골방으로 들어가 숨는 날에 스스로 알게 될 것이다." 그런데 어떤 병사가 쏜 화살이 이스라엘 임금 아합을 맞추었다. 화살이 갑옷 가슴막이의 이음매에 꽂히자 아합은 아람군을 마주보고 서 있다가 저녁 때에 죽었다. 임금의 병거를 사마리아의 연못가에서 씻었는데, 개들이 그 피를 핥았고 창녀들이 그곳에서 목욕하였다.

- **여호사팟의 유다 통치(1열왕 22,41 – 51)**
- **아하즈야의 이스라엘 통치(1열왕 22,52 – 54)**
- **엘리야와 아하즈야 임금(2열왕 1)**[93]

93 아합이 죽은 뒤에 모압이 이스라엘을 거슬러 반란을 일으켰다. 아하즈야는 사마리아에 있는 자기 옥상에서 떨어져 다쳤다. 그는 사자들을 보내어 에크론의 신 바알즈붑에게 가서 문의한다. 그때 주님의 천사 엘리야가 나타나 주님의 말씀을 전한다. "너는 네가 올라가 누운 침상에서 내려오지 못하고 죽을 것이다." 엘리야의 말대로 임금이 죽었다.

- **엘리야의 승천과 그의 뒤를 잇는 엘리사(2열왕 2)**[94]

94 주님께서 엘리야를 회오리 바람에 실어 하늘로 들어 올리실 때였다. 엘리야는 길갈에서 베텔 그리고 예리코 요르단강에 이르기까지 엘리사가 남아있기를 원하였지만 엘리사는 끝까지 엘리야를 따라갔다. 예언자들의 무리 가운데 쉰 명이 그들을 따라 갔는데 요르단 강에서 엘리야가 겉옷을 들어 말아가지고 물을 치니, 물이 이쪽저쪽으로 갈라졌다. 그리하여 그 두 사람은 마른 땅을 밟고 강을 건넜다. 엘리사는 엘리야에게 "스승님 영의 두 몫을 받게 해 주십시오" 청한다. 그러는 사이 불 병거와 불 말이 나타나서 그 두 사람을 갈라놓고 엘리야가 회오리 바람에 실려 하늘로 올라갔다.

- **엘리사가 두 가지 기적을 일으키다(2열왕 1 – 2)**[95]

95 성읍사람들이 물이 나빠 생산력이 떨어진다고 말하자 엘리사는 "새 그릇에 소금을 담아 가져오시오!" 하고 일렀다. 엘리사는 물이 나오는 곳에 가서 거기에 소금을 뿌려 물을 되 살렸다. 베텔로 올라가는 도중 어린아이들이 성읍에서 나와 "대머리야, 올라가라! 대머리야, 올라가라!" 하며 그를 놀려댔다. 엘리사가 그들을 저주하자 암곰 두 마리가 숲에서 나와, 그 아이들 가운데 마흔 두명을 찢어 죽였다. 엘리사는 그 후 가르멜산에 갔다가 사마리아로 돌아왔다.

- **요람의 이스라엘 통치(2열왕 3,1 – 3)**

• 이스라엘과 유다 동맹군이 모압과 싸우다(2열왕 3)[96]

96 아합의 아들 요람이 사마리아에서 이스라엘의 임금이 되어 통치하자 모압임금은 이스라엘 임금에게 반란을 일으켰다. 요람 임금은 사마리아에서 출정하여 유다임금 여호사팟과 에돔임금과 함께 행군하였다. 그들은 엘리사를 만나게 되는데 엘리사는 말라버린 시내에 웅덩이를 많이 파고 물이 솟는 샘을 모조리 틀어막아 아침에 제물을 드리는 때에 에돔 쪽에서 물이 솟아 올라 땅이 물로 가득찼다. 모압인들은 이튿날 아침 해가 물위에 떠올라서 그들 맞은 쪽의 물이 피처럼 붉게 보여 임금들 사이의 내분으로 오해하고 공격을 개시한다. 이스라엘과 유다, 에돔의 연합군은 모압을 제압하여 궁지에 몰아넣지만 모압임금은 자기 뒤를 이을 맏아들을 성벽위에서 제물로 바쳤다. 그러자 무서운 분노가 이스라엘 군에 내렸다. 이스라엘 군은 그것에서 철수하여 본국으로 돌아갔다.

• 과부의 기름병(2열왕 4, 1 – 7)[97]

97 엘리사의 종이 죽자 그의 아내가 엘리사에게 하소연한다. 그러자 엘리사가 "밖으로 나가 모든 이웃 사람에게서 그릇을 빌려오시오. 빈 그릇을 되도록 많이 빌려다가, 두 아들을 데리고 안으로 들어가 문을 잠그고서, 그릇마다 기름을 붓고 그릇이 가득차면 옆에 옮겨놓게 하였다. 기름은 그릇마다 가득차게 되었고 엘리사는 "가서 기름을 팔아 빚을 갚고, 남은 것으로는 당신과 당신 아들들이 살아가시오." 라고 말하였다..

• 수넴 여자와 그의 아들(2열왕 4, 8 – 37)[98]

98 엘리사가 수넴의 여인에게 대접을 잘 받고 그 부인의 어려움을 들어 그 부인은 아들을 가지게 되었다. 아이는 잘 자라나고 있었는데 하루는 곡식 거두는 사람들과 함께 있는 자기 아버지에게 나갔다가는 머리가 아프다고 소리쳐 제 어머니에게 데려다주자 어머니 무릎에 누워 있다가 죽고 말았다. 여인은 아들의 죽음을 엘리사에게 알리며 엘리사를 원망하자 게하지를 보내 지팡이로 아이의 얼굴에 올려놓게 했지만 아무런 일이 일어나지 않자 엘리사는 직접 아이에게 가서 자기 입과 눈과 손을 아이의 입, 눈, 손에 맞추고 그위에 엎드렸다. 그러자 아이가 살아났다.

• 독이 든 국(2열왕 4, 38 – 41)[99]

99 예언자들의 무리가 먹을 국을 끓이는데 어떤 사람이 들포도나무를 발견하여 옷자락에 가득담아 무엇인지도 모르고 국솥에 잘라 넣었다. 사람들은 국 속에 죽음이 들어있다 말하자 엘리사는 밀가루를 솥에 넣어 해독하여 사람들에게 나누어 주었다

• 백 명을 먹인 기적(2열왕 4, 42 – 44)[100]

100 어떤 사람이 맏물로 만든 보리 빵 스무 개와 햇곡식 이삭을 자루에 담아 가져오자 엘리사는 군중에게 먹도록 나누어 주라 하자 백명이나 되는 사람들이 넉넉하게 먹고도 남았다.

• 엘리사가 나아만을 고쳐주다(2열왕 5)[101]

101 아람의 장수 나아만은 힘센 용사였으나 나병환자였다. 그는 엘리사를 찾아갔다. 엘리사는 그의 심부름꾼에게 "요르단강에 가서 일곱 번 몸을 씻으십시오. 그러면 새살이 돋아 깨끗해질 것입니다." 라고 말하자 나아만은 하느님의 예언자가 이름을 부르며 병든 곳 위에 손을 흔들어 이 나병을 고쳐주려니 생각하였는데 그저 씻으라 하자 성을 내며 발길을 돌렸다. 그의 부하의 말에 나아만은 요르단강에 들어가 일곱 번 몸을 담그자 어린 아이 처럼 새살이 돋아 깨끗해졌다. 나아만은 예물을 준비하여 바치려 하였으나 엘리사는 극구 사양하고 돌아가게 한다. 그러나 그의 종 게하지가 은 두달란트와 예복 두 벌을 받게 되었다. 그러자 나아만의 나병이 게하지에게 내려 나병으로 눈처럼 하얘졌다

• 엘리사가 잃어버린 도끼를 찾아주다(2열왕 6, 1 – 7)

• 엘리사가 아람 군대를 사로잡다(2열왕 6, 8 – 23)[102]

102 아람 군대가 엘리사에게 내려올 때 엘리사는 주님께 "저 민족을 치시어 눈이 멀게 해주십시오"기도한다. 그 말대로 되자 엘리사는 그들을 사마리아로 데려갔다. 그들이 다시 성안에서 눈을 보게 되자 엘리사는 그들을 죽이지 않고 오히려 그들에게 빵과 물을 주어 먹고 마시게 한 다음 자기 주군에게 돌아가게 한다. 그리하여 임금은 큰 잔치를 베풀고 먹고 마시게 한 다음 그들의 주군에게 돌려보냈다. 아람의 약탈자들은 다시는 이스라엘 땅에 쳐들어오지 않았다.

• 포위된 사마리아가 기아에 빠지다(2열왕 6, 24 – 31)[103]

103 그러나 다시 아람 임금 벤 하닷이 전군을 소집하고 올라와서 사마리아를 포위하였다. 사마리아는 큰 굶주림에 빠져 성 안에 아이들을 잡아먹는 지경에 이르게 되었다.

• 엘리사가 자객들이 오는 것을 미리 말하다; 아람군이 진지를 두고 달아나다(2열왕 4, 32 – 33)[104]

104 주님께서 아람군 진영에 병거소리와 군마소리와 대군이 쳐들어오는 소리가 들리게 하시어 아람군은 서로 이스라엘 임금이 히타이트임금과 이집트임금을 고용하여 쳐들어온 것으로 오인하여 해 질녘 일어나 천막과 군마와 나귀들을 버리고 진영을 그대로 둔 채 목숨을 구하려고 도망쳤다.

• 수넴 여자 이야기의 마무리; 엘리사와 아람 임금[105] (2열왕 3,4 – 8,15)

105 아람임금 벤 하닷이 병들어 자기 병세를 묻기 위해 하자엘을 엘리사에게 보낸다. 그러자 엘리사는 그가 아람의 임금이 될 것이라 예언하자 돌아온 하자엘은 담요을 가져다가 물에 적셔 임금의 얼굴에 덮어 죽게한다.

- **여호람의 유다 통치**; 아하즈야의 유다 통치(2열왕 8,16 - 29)
- **엘리사의 제자가 예후에게 기름부어 임금으로 세우다(2열왕 9,1 - 13)** 예후가 이스라엘 임금 요람을 죽이다; 예후가 유다 임금 아하즈야를 죽이다; 예후가 이제벨 을 죽이다; 예후가 아합의 아들들을 죽이다; 예후가 유다 임금 아하즈야의 형제들을 죽이다; 예후와 여호나답; 예후가 바알 숭배를 없애다; 예후의 죄; 예후의 마지막(2열왕 9,14 - 10,36) [106]

💙 106 엘리사 예언자가 예언자 무리에서 한 사람을 불러 이렇게 일렀다. "허리에 띠를 매고서 이 기름병을 손에 들고 라못 길앗으로 가거라. 거기에 이르거든 님시의 손자이며 여호사팟의 아들인 예후를 찾아라. 그리고 안에 들어가 동료들 가운데에서 그를 불러내어 골방으로 데리고 가거라! 그런 다음 그에게 기름을 부으며 말하여라 '내가 너에게 기름을 부어 이스라엘을 다스릴 임금으로 세운다.'그러고는 머뭇거리지 말고 문을 열고 도망쳐라' " 예후는 이스라엘 임금 요람을 나봇의 포도밭에서 만나 죽인다. 그리고 그를 나봇의 포도밭에 던져버린다. 유다 임금 아하즈야는 그것을 보고 도망친다. 그러나 므기또에서 죽었다. 이어 예후는 이제벨을 죽여 주님의 예언 '이즈르엘 들판에서 개들이 이제벨의 살을 뜯어먹고, 이제벨의 주검이 이즈르엘 들판의 거름이 되어 아무도 그것을 이제벨이라고 하지 않을 것이다'라 한 말씀을 이루었다. 예후는 아합의 아들들을 모두 죽이고 유다 임금 아하즈야의 형제들도 죽인다. 예후는 여호나답을 병거에 태워 사마리아에 들어갔다. 주님께서 엘리야에게 하신 말씀대로 아합에게 딸린 자로서 남은 자들을 모두 쳐서 없애 버렸다. 이렇게하여 예후는 이스라엘에서 바알숭배를 없애지만 느밧의 아들 예로보암의 죄 곧 베텔과 단에 있는 금송아지 숭배에서는 돌아서지 않았다. 이리하여 예후는 아합의 집안을 모두 정리하고 그의 일을 마무리하였다.

- **아탈랴의 유다 통치**; 여호야다 사제의 개혁(2열왕 11) [107]

💙 107 아하즈야의 어머니 아탈랴(아합의 딸이자 유다 임금 여호람의 아내)는 자기 아들이 죽은 것을 보고서는 왕족을 다 죽이기 시작하였다. 그러자 요람임금의 딸이며 아하즈야의 누이인 여호세바가 살해될 왕자 가운데 아하즈야의 아들 요아스를 몰래 빼내어 유모와 함께 침실에 숨겨 죽음을 면하게 되었다. 여호야다 사제는 왕자 요아스에게 왕관을 씌우고 증언서를 주어 그를 임금으로 세우고 아탈랴를 체포하여 성문 밖 왕궁의 '말 문'으로 난 길에 들어서자 거기에서 그 여자를 죽였다. 아탈랴가 왕궁에서 칼을 맞아 죽은 이후 도성은 평온해졌다.

- **요아스의 유다 통치**; 아람의 침입과 유다 임금 요아스의 시해(2열왕 12) [108]

💙 108 요아스는 여호야다 사제가 가르쳐 준 대로 살아있는 동안 내내 주님의 눈에 드는 옳은 일을 하였다. 요아스는 주님의 집에 들어오는 헌금으로 주님의 집에 부서진 부분을 수리하고자 하였으나 제대로 이루어 지지 않자 사제들을 나무라고 여호야다 사제는 궤를 하나 가져다가 뚜껑에 구멍을 내어 주님의 집에 들어가면서 오른쪽에 있는 제단 옆에 놓아두었다. 그 궤에 돈이 많이 모이면 셈이 끝난 돈은 공사책임자들에게 전해졌다. 그 돈은 주님의 집 부서진 곳을 고치는데 드는 나무와 깎은 돌을 사고, 그 밖에도 집을 수리하는데 드는 모든 경비로 사용하였다. 그 무렵 아람 임금 하자엘이 올라와 갓을 공격하여 점령하였다. 요아스는 하자엘에게 집창고와 왕궁창고에 있는 모든 금을 꺼내어 보냄으로서 예루살렘을 지켰지만 그의 신하들이 일어나 음모를 꾸미고, 실라로 내려가는 그를 밀로 궁에서 죽였다. 그의 아들 아마츠야가 그를 이어 임금이 되었다.

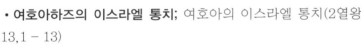

- **여호아하즈의 이스라엘 통치**; 여호아의 이스라엘 통치(2열왕 13,1 - 13)
- **엘리사가 죽다**; 이스라엘과 아람의 전쟁(2열왕 13,14 - 25) [109]

💙 109 엘리사가 병이들어 죽어가며 이스라엘 임금 여호아스가 울며 그에게 예언을 듣는다. 활과 화살을 가져오게 한 엘리사는 동쪽 창문을 열고 활을 쏘개해 승리를 예언하고 땅을 치게하자 임금은 세 번 땅을 친다. 그리하여 아람을 세 번 치게 될 것이라 예언하고 죽음을 맞이한다. 아람 임금 하자엘은 여호아하즈를 살아있는 동안 괴롭혔고 그의 아들 벤 하닷의 손에서 여호아스는 성읍들을 되찾았다.

- **아마츠야의 유다 통치**; 유다 임금 아마츠야가 죽다(2열왕 14,1 - 22) [110]

💙 110 아마츠야는 소금골짜기에서 에돔군 일만을 쳐 죽이고 전투끝에 셀라를 점령하여 그 이름을 욕트엘이라 하였는데, 오늘 날까지 그렇게 불린다. 그는 승승장구하며 이스라엘에 한 번 겨루어 보자고 싸움을 건다. 이에 이스라엘이 쳐 들어와 여호아스는 아하즈야의 손자이며 요아스의 아들인 유다 임금 아마츠야를 벳 세메스에서 사로잡았다. 이스라엘 임금 여호아스가 죽은 뒤에도 그는 15년을 더 살았다. 그러나 예루살렘에서 그를 거슬러 모반이 일어나 아마츠야는 라키스로 도망쳤지만 모반자들은 그의 뒤를 쫓아 라키스까지 사람들을 보내어 거기에서 그를 죽였다.

- **예로보암 2세의 이스라엘 통치**(2열왕 14,23 - 29)
- **아자르야의 유다 통치**(2열왕 15,1 - 7)
- **즈카르야, 샬룸, 므나헴, 프카흐야, 페카의 이스라엘 통치**(2열왕 15,8 - 31)
- **요탐의 유다 통치**; 아하즈의 유다 통치(2열왕 15,32 - 16)

• 이스라엘의 마지막 임금 호세아; 북왕국 이스라엘의 몰락에 대한 반성;
사마리아인의 기원(2열왕 17)

다. 이스라엘 왕국의 마지막에서 유다 왕국의 마지막까지
(2열왕 18 - 25)

• **히즈키야의 유다 통치**; 사마리아가 함락되다; 아시리아 임금 산헤립이 유다를 치다; 히즈키야
가 이사야에게 문의하다; 아시리아가 다시 위협하다; 히즈키야의 기도; 산헤립을 두고 하신 주
님의 말씀; 히즈키야에게 내린 주님의 징표; 산헤립의 말로(2열왕 18 - 19)[111]

> 111 히즈키야는 주님의 눈에 드는 옳은 일을 하였다. 산당들을 없애고 기념 기둥들을 부수었으며, 아세라 목상들을 잘라 버렸다. 주님께서는 그와
> 함께 계시며, 그가 무슨 일을 하든지 성공하게 해 주셨다. 그는 아시리아 임금에게 대항하고 그를 섬기지 않았다. 히즈키야 제 4년 아시리아의
> 임금 살만 에세르가 사마리아를 함락시킨다. 아시리아 임금은 할라와 고잔 강가 하보르와 메디아에 이스라엘 사람들을 유배시키고 정착시켰
> 다. 히즈키야 임금 제 14년에 아시리아 임금 산헤립이 유다의 모든 요새 성읍들로 올라와 그곳들을 점령하였다. 유다임금 히즈키야는 주님의
> 집에 있는 창고의 모든 은을 내주었다. 랍 사케가 온갖 감언이설로 주님을 모욕하고 이스라엘을 현혹시키자 히즈키야는 옷을 찢고 자루 옷을
> 두르고서는 주님의 집으로 올라갔다. 그리고 엘야킴 궁내대신과 세브나 서기관은 아모츠의 아들 이사야를 찾아갔다. 이사야는 '너는 아시리아
> 의 임금의 종들이 나를 모욕한 그 말을 듣고 두려워하지 말라. 보라 내가 그에게 영을 보내면, 그는 뜬 소문을 듣고 자기 나라로 돌아갈 것이
> 다. 그리고 나는 그가 자기 나라에서 칼에 맞아 쓰러지게 하겠다.' 히즈키야는 '주님 귀를 기울여 주십시오. 주님 눈을 뜨고 보아 주십시오.'기
> 도한다. 주님은 아시리아의 임금을 두고 '그는 이 도성에 들어오지 못하고 이곳으로 활을 쏘지도 못하리라. 방패를 앞세워 접근하지도 못하고
> 공격축대를 쌓지도 못하리라. 나는 이 도성을 보호하여 구원하리니 이는 나 자신 때문이며 나의 종 다윗 때문이다. 그날 밤 주님의 천사가 나
> 아가 아시리아 진영에서 십팔만 오천 명을 쳤다. 아시리아 임금 산헤립은 니네베로 돌아와서 그의 신전에서 예배를 드리고 있는데 그의 아들
> 아드람멜렉과 사르에체르가 그를 칼로 쳐 죽이고는 아라랏땅으로 도망쳤다.

• **히즈키야의 발병과 치유**; 바빌론 사절단; 히즈키야가 죽다 (2열왕 20)[112]

> 112 이사야 예언자는 히즈키야에게 '너의 집안 일을 정리하여라! 너는 회복하지 못하고 죽을 것이다!' 라고 예언하자 '애 주님 제가 당신 앞에서
> 성실하고 온전한 마음으로 걸어왔고, 당신 보시기에 좋은 일을 해 온 것을 기억해 주십시오!' 하며 슬피 통곡하였다. 주님께서는 '나는 네 기도
> 를 들었고 네 눈물을 보았다. 내가 너의 수명에다 열 다섯해를 더해 주겠다'말씀하신다. 히즈키야는 죽고 그의 아들 므나쎄가 임금이 되었다.

• **므나쎄의 유다 통치**; 아몬의 유다 통치(2열왕 21)[113]

> 113 므나쎄는 히즈키야가 헐어버린 산당들을 다시 짓고, 바알 제단들을 세웠다. 므나쎄는 이스라엘을 잘못 이끌어 주님께서 이스라엘 자손들 앞
> 에서 멸망시키신 민족들보다 더 악한 짓을 저지르게 하였다.

• **요시야의 등극과 종교 개혁**; 주님의 율법책을 발견하다; 요시야가
계약책을 봉독하고 계약을 맺다; 요시야의 종교 개혁; 요시야가 과
월절을 지키다; 요시야의 나머지 개혁; 요시야가 죽다(2열왕 22,1 -
23,30)

• **여호아하즈의 유다 통치**; 여호야킴의 유다 통치; 여호야킨의 유다
통치; 유다인들의 첫 번째 바빌론 유배(2열왕 23,31 - 24,17)

• **치드키야의 유다 통치**; 예루살렘이 함락되다; 성전이 파괴되다(2열왕 24,18 - 25,21)

• **네부카드네자르가 그달야를 유다 총독으로 임명하다**(2열왕 25,22 - 26)

• **여호야킨이 바빌론 임금에게 은전을 입다** (2열왕 25,27 - 30)

► 남북 왕국 임금들의 통치 연대

사울 B.C. 1030 – 1010년경
다윗 B.C. 1010 – 970년경
솔로몬 B.C. 972년경 – 933년

► 솔로몬의 죽음이후 분열된 북이스라엘과 남유다 왕들의 변천사

남왕국 유다		북왕국 이스라엘	
르하브암	B.C. 933 – 916년	예로보암 1세	B.C. 933 – 911년
아비얌	B.C. 915 – 913년	나답	B.C. 911 – 910년
아사	B.C. 912 – 871년	바아사	B.C. 910 – 887년
여호사팟	B.C. 870 – 846년	엘라	B.C. 887 – 886년
여호람	B.C. 848 – 841년	지므리	B.C. 7일간
아하즈야	B.C. 841년	오므리	B.C. 886 – 875년
아탈랴	B.C. 841 – 835년	아합	B.C. 875 – 853년
요아스	B.C. 835 – 796년	아하지야	B.C. 853 – 852년
아마츠야	B.C. 811 – 782년	요람	B.C. 852 – 841년
아자리야(우찌야)	B.C. 781 – 740년	예후	B.C. 841 – 814년
요탐	B.C. 740 – 735년	여호아하즈	B.C. 841 – 814년
아하즈	B.C. 735 – 716?년	여호아스	B.C. 803 – 787년
히즈키야	B.C. 716 – 687년	예로보암 2세	B.C.787 – 747년
므나쎄	B.C. 687 – 642년	즈카르야	B.C. 747년
아몬	B.C. 642 – 640년	샬룸	B.C. 747 – 746년
요시야	B.C. 640 – 609년	므나헴	B.C. 746 – 737년
여호아하즈	B.C. 609년	프가흐야	B.C. 736 – 735년
여호야킴	B.C. 609 – 598년	페가	B.C. 735 – 732년
여호야킨	B.C. 598 – 597년	호세아	B.C.732 – 724년
치드키야	B.C.597 – 587년		

주요사건	남유다	연대	북이스라엘	주요사건
북쪽 지파들이 반기를 들고 남북이 정치, 종교적으로 갈라진다.(1열왕 12) 르하브암 – 924 예로보암 베텔 제단이 무너지는 예언을 한 하느님의 예언자를 베텔의 늙은 예언자에게 속아 죽게 된다. (1열왕 13)	르하브암	– 924	예로보암	베텔 제단이 무너지는 예언을 한 하느님의 예언자를 베텔의 늙은 예언자에게 속아 죽게된다. (1열왕 13)
	아비얌	– 913		
	아사	– 910	나답	(1열왕 15,25 – 16,34)
		– 909	바아사	
		– 886	엘라	
		– 886	지므리	
		– 885	티브니	
		– 880	오므리	
여호사팟의 유다 통치 (1열왕 22,41 – 51)	여호사팟	– 874	아합	아합이 나봇의 포도밭을 빼앗다; 아합이 뉘우치다(1열왕 21)
		– 853	아하즈야	아하즈야의 이스라엘 통치 (1열왕 22,52 – 54) 엘리야와 아하즈야 임금; 엘리야의 승천과 엘리사; 엘리사가 두 가지 기적을 일으키다. (2열왕 1 – 2)
	여호람	– 853 – 841	요람	요람의 이스라엘 통치(2열왕 3) 이스라엘 유다 동맹군이 모압과 싸움 과부의 기름병, 수넴 여자와 그의 아들; 독이 든 국; 백 명을 먹인 기적; 엘리사와 나아만의 치유 잃어버린 도끼; 엘리사와 아람 군대: 포위된 사마리아가 기아에 빠지다; 엘리사와 자객; 아람군이 진지를 두고 달아나다; 수넴 여자 이야기의 마무리; 엘리사와 아람 임금(2열왕 3,4 – 8,15)
	아하즈야	– 841 – 835	예후	엘리사의 제자 예후에게 기름부어 임금으로 세우다 (2열왕 9,1 – 13) 예후가 임금 요람을 죽이다; 예후가 유다 임금 아하즈야를 죽임 예후가 이제벨 을 죽이다. 예후가 아합의 아들들을 죽이다. 예후가 아하즈야의 형제들 죽이다. 예후와 여호나답 예후가 바알 숭배를 없애다; 예후의 죄; 예후의 마지막 (2열왕 9,14 – 10,36)

아탈랴의 유다 통치; 여호야다 사제의 개혁(2열왕 11)	아탈랴	– 841 – 835		
요아스의 유다 통치; 아람의 침입, 유다 임금 요아스의 시해 (2열왕 12)	요아스	– 835 – 796	여호아하즈	여호아하즈의 이스라엘 통치; 여호야스의 이스라엘 통치 (2열왕 13,1 – 13)
아마츠야의 유다통치 유다 임금 아마츠야가 죽다 (2열왕 14,1 – 22)	아마츠야	– 796 – 767	여호야스	
아자르야의 통치(2열왕 15)	아자르야	– 753	예로보암2세	예로보암 2세의 이스라엘 통치 (2열왕 14,23 – 29)
	우찌야	– 753	즈카르야	즈카르야, 샬룸, 므나헴, 프카흐 야의 이스라엘 통치(2열왕 15)
		– 753 – 752	샬룸	
요탐의 유다통치(2 열왕 15)	요탐	– 752 – 742	므나헴	
		– 742	프카흐야	
아하즈의 유다통치(2열왕 16)	아하즈	– 752 – 732	페카	
		– 732 – 722	호세아	이스라엘의 마지막 임금 호세아; 북이스라엘의 몰락에 대한 반성; 사마리아인의 기원(2열왕 17)
히즈키야의 유다 통치; 사마리아 가 함락되다; 산헤립이 유다를 치다; 히즈키야가 이사야에게 문 의; 아시리아가 다시 위협하다; 히즈키야의 기도; 산헤립게 하신 주님의 말씀; 히즈키야에게 내린 주님징표; 산헤립의 말로 (2열왕 18 – 19) 히즈키야의 발병과 치유; 바빌론 사절단; 히즈키야가 죽다. (2열왕 20)	히즈키야	– 716 – 687		
므나쎄의 유다 통치; 아몬의 유다 통치(2열왕 21)	므나쎄	– 697 – 643		
	아몬	– 643 – 640		
요시야의 등극과 종교 개혁; 주님의 율법책을 발견하다; 요시야가 계약책을 봉독계약; 요시야의 종교 개혁; 요시야가 과월절을 지키다; 요시야의 나머지 개혁; 요시야가 죽다 (2열왕 22,1 – 23,30)	요시야	– 640 – 609		
여호아하즈의 유다 통치;	여호아하즈	– 609		

여호야킴의 유다 통치;	여호야킴	– 609 – 598		
여호야킨이 바빌론 임금에게 은전을 입다 (2열왕 25,27) 유다인들 첫번째 바빌론 유배 (2열왕 23,31 – 24,17)	여호야킨	– 598		
치드키야의 유다 통치; 예루살렘이 함락되다; 성전이 파괴되다 (2열왕 24,18 – 25,21)	치드키야			

열 왕기에 나오는 연대는 어려운 문제를 안고 있다. 열왕기 연대는 이스라엘 역사와 고대 근동의 역사가 분명히 연결되는 몇몇 경우말고는 정확하게 정립할 수 없다. 그러나 어떤 이집트 문헌들, 아시리아 – 바빌론 임금들의 실록과 그 관련 문헌들은 열왕기의 몇몇 사건들에 관하여 매우 정확한 정보를 제공한다. 이런 점들말고도 열왕기의 자료들은 흔히 이해하기가 까다롭다.

우선 유다 임금들의 통치 연대를 보면 언제나 이스라엘 임금들의 통치 연대와 함께 언급되고, 이스라엘 임금들의 경우도 마찬가지인데, 이는 서로 모순되는 연대 체계를 끌어들이는 원인이 된다. 그 다음 필경사들의 오류를 들 수 있는데, 그들은 원래의 문헌에 나오는 숫자를 뒤바꾸어 놓거나 다른 숫자와 혼동하기도 하였다. 더구나 솔로몬과(1열왕 1) 요담의(2열왕 15,5) 통치에서 분명히 볼 수 있듯이, 세자들이 선왕과 함께 나라를 통치하게 되는 경우, 임금들의 통치 연대를 정확하게 나누어 배치하기가 매우 어렵게 된다. 이런 예는 솔로몬과 요담의 통치에만 국한되지 않는다.

마지막으로 연대 측정이 어려운 원인은 열왕기 안에 서로 겹치는 여러 연대 체계 때문이다. 이 다양한 연대 체계는 저마다 다른 사료들에서 나왔다. 따라서 이 책을 대하는 사람들은 연대를 측정하는 데에 세 가지 서로 다른 결과를 얻을 수 있다. 첫째는 유다의 통치에 근거한 연대, 둘째는 이스라엘의 통치에 근거한 연대, 셋째는 둘을 조화시켜 얻은 연대이다. 예를 들어 왕국 분열에서 아합 통치의 끝에 이르는(기원전 933 – 853년) 기간을 우리는 80년으로 보는데, 유다의 연대로는 84년, 북왕국 연대로는 78년, 그리고 둘을 조화시켜 얻은 연대는 75년이다 ▨

주님을 신뢰하는 이들은 진리를 깨닫고 그분을 믿는 이들은 그분과 함께 사랑 속에 살 것이다. 은총과 자비가 주님의 거룩한 이들에게 주어지고 그분께서는 선택하신 이들을 돌보시기 때문이다. (지혜 3, 9)

생명을 사랑하시는 주님 모든 것이 당신의 것이기에 당신께서는 모두 소중히 여기십니다. (지혜 11, 26)

찾고 구하여라. 그러면 지혜가 너에게 알려지리라. (집회 6, 27)

마음으로 자신을 단죄하지 않고 희망을 포기하지 않는 이는 행복하다. (집회 14, 2)

그 분께서는 너를 이끄시어 어둠에서 구원의 빛으로 인도하실 것이다. (집회 17, 26b)

슬픔에 너 자신을 넘겨주지 말고 일부러 너 자신을 괴롭히지 마라. (집회 30, 21)

주님을 경외하는 이들의 영은 살아 있으리라. 그들의 희망이 자신들을 구원하시는 분께 있기 때문이다. (집회 34, 14-15)

바이블테라피 **12** 기도의 단계
Bible Therapy

엘리야는 이제벨이 자신을 죽이러 온다는 소식을 전해 듣고 두려운 나머지 목숨을 구하려고 유다의 브엘 세바에 이르러 그곳에 시종을 남겨두고 하룻 길을 더 걸어 광야로 나갔다. 그는 싸리 나무 아래 누워 죽기를 간청하며 기도했다. 주님의 천사가 그에게 "일어나 먹어라! 갈 길이 멀다" 하고 말하였다. 엘리야는 일어나 먹고 마셨다. 그 음식으로 힘을 얻은 엘리야는 밤낮으로 사십 일을 걸어 하느님의 산 호렙에 이르렀다. (1열왕 19, 1-8)

기도의 단계

기도에는 성장과정이 있다. 방법과 적용이 있고, 성장과 발전이 있다. 마치 엘리야가 하느님의 산 호렙에 오르듯이 기도에는 구별되는 단계들, 과정들이 있다.

01 '빈 말'의 단계 "너희는 기도할 때 이방인들처럼 빈 말을 되풀이 하지 말라!" (마태오 6,7)

아무렇게나 드리는 묵주기도, 급하게 드리는 미사. 아무렇게나 행하는 성사, 습관화된 영성체와 고해성사, 이러한 기도 안에서는 성장과 변화는 없다. 이것은 슬픈 일이고, 모욕이고, 이단이라 할 수 있다. 많은 사람들이 이러한 단계의 기도에 묶여 있는 것이 사실이다. 우리는 이러한 단계에서 헤어날 수 있을까?

02 '독백'의 단계 독백은 자기 자신에게 말하고 자신의 말에 맞장구를 치는 것이다. 누구와 통하는 것이 아니다. 독백은 하느님의 현존을 체험하지 못한다. 하느님은 너무나 멀리 계시는 분이기에 살아있게 체험되지 않는다. 너무나 멀리 떨어져 있어 존재하지 않는 것처럼 느끼게 된다.

03 '대화'의 단계 하느님과 함께 비로소 대화를 시작할 때 비로소 기도한다고 말할 수 있는데, 이것은 또 독백과 어떻게 구별할 수 있을까? 하느님이 우리를 들으시고, 보시고, 사랑하시며, 답하시는 살아있는 한 인격체로 받아들여질 때 참된 기도의 길에 들어서기 시작한다. 이때에 비로소 우리는 그분과 참으로 통교하고 그분께서도 우리와 참으로 통교하실 수 있다. 이제 이 단계에 이르러 커다란 변화가 생겨나는데 앞의 단계에서는 기도의 핵심이 우리 자신이었으나 이제는 그분께서 기도의 핵심에 자리잡기 시작하셨다. 우정이 싹트기 시작하고, 양심을 성찰하게 되며, 그분과의 연결 다리가 생겨난다. 그분은 이제 우리 삶에 개입하기 시작하시고, 우리는 어루만지기 시작하시며, 회복시켜 주시고, 변화시켜 주신다.

이리하며 참된 진보의 길에 들어서며, 이 길을 성실하게 걸어간다면 악을 끊고 덕으로 나아가게 될 것이다. 그것은 위선이나 가식이 아니다! 진실한 삶으로 보여지며, 성령의 열매로 맺혀진다. 우리는 집중하는 법을 배우게 되고 놀라운 결실을 얻게 될 것이다.

04 '들음'의 단계 어떻게 들을 수 있을까? 먼저 자신을 정화해야 하고, 교만을 꺾어 버릴 수 있어야 한다. 우리가 가지고 있는 가면(Persona)을 벗어야 한다. 자신의 미약함을 용감하게

있는 그대로 바라보고, '검은 것은 검다!', '흰 것은 희다!'라고 말 할 수 있어야 한다. 하느님께서는 이제 말씀하신다! 하느님께서는 몇 가지 길을 통해서 우리에게 다가오신다!

1) 정신 '깨달음'이다. 아주 분명한 방법으로, 새로운 빛 안에서 문제가 무엇인지 깨닫게 되고, 내가 가지고 있는 정신의 착각들이 무너지면서 평화가 깨어진다. '불안'은 하느님의 것이 아니다.

예) 우리들의 소유욕과 집착에 대한 예화(원숭이, 심장)를 듣고—깨달음을 얻었다면—나의 소유와 집착에 대해 바라보게 되고, 내 안에 평화롭다고 생각된 부분이 무너져 내린다. —나의 마음의 방황과 불안, 두려움(재물에 대한 집착에 따른)을 바라볼 수 있다면, 나는 변화 할 수 있다. 이러한 깨달음은 하느님께서 '정신'을 통해서 오시는 것이다.

2) 의지 하느님께서는 원의를 주신다. 인간에게는 욕구(갈망)가 있다. '그 사람이 무엇을 갈망하는가' 는 그 사람이 '누구'인지를 말해준다. 그 욕구는 의지로 이행하고, 행동으로 표현된다. 무엇을 해야 하는지 깨닫고, 그것을 할 수 있는 힘을 가지게 된다. 의지를 가능하게 하는 것은(선한 행동에 대한) 성령의 역할이다. 의지를 가지기 위해서는 생각과 말과 행동의 의미와 가치를 발견할 수 있어야 한다.

3) 감동 오랜 시간 동안 기도한 후 강한 기쁨의 순간을 체험하게 된다. 기쁨, 평화가 밀려올 때가 있다. 구체적이고 좋은 열매가 뒤 따른다면 이 감동은 하느님과의 참 친교에서 오는 것이 확실하다. "열매를 보고 나무를 알 수 있다!" 라는 말에서처럼, 하느님과의 친교의 이 순간들이 우리를 열심히 지게하며, 애덕에 있어 성장하게 하며, 이기주의를 끊어버리게 하고, 우리를 겸손해 지도록 한다면 바로 이 열매가 있는 것이다.

4) 감정 하느님께서는 항상 우리의 감정이 좋아하는 식으로만 말씀하시지 않으시고, 때로 후회와 불쾌감과 허무감을 통해서도 말씀하시는데 우리는 이를 좋아하지 않는다. 우리 자신의 부족함을 느끼는 그 자체가 이미 하느님의 활동이고, 은총의 선물인 것이다. 하느님께서는 응답을 기다리신다.

5) 상상 우리들의 생활에 있어 하느님께서 아주 명백한 방법으로 말씀하셨다고 확신할 수 있는 밝은 빛을 가졌던 순간이 있다. 이 자리에 와 있는 우리들은 이러한 체험들을 한 두 번은 가지고 있을 것이다. 아니 바로 이 자리에서 상상해 볼 수도 있을 것이다.

6) 기억 하느님께서는 어떤 때 과거에 있었던 일을 회상하게 함으로써 우리에게 그 영향을 미치게 해 주신다. 슬픔과 기쁨, 실패와 성공, 받았던 충고, 들었던 말, 조언, 보거나 받았던 표양들, 본 것들, 배운 것들… 잊어버렸던 이러한 것들을 통하여 말씀하신다. 때로는 우리가 많이 사랑하였던 과거에 대한 향수를 느끼게 하거나 혹은 잘못과 죄에 대한 쓴 맛을 다시 느끼게 함으로써 우리에게 말씀하신다.

역대기 상/하 두 책에는 히브리 말 성경에서 '나날의 말씀(행적)들', 곧 '나날의 행적을 기록한 역사책'이라는 제목이 붙여져 있다. 예로니모 성인은 이 책을 '하느님의 역사 전체의 연대기'로 부르기를 제안하였다. 이렇게 볼 때, 우리말 이름 "역대기"는 예로니모 성인이 제안한 제목을 간단하게 줄인 것이라 하겠다. 칠십인역에 따라 교회의 전통 안에 오랫동안 자리잡아 온 이름은 "파랄리포메논 (paraleipomevnwn)"인데, '옆에 놓아 둔 것, 곁들여 전해진 것'이라는 뜻이다. 이는 이 책의 내용이 사무엘서와 열왕기의 보충으로 여겨진 데에서 비롯되었다. 실제로 역대기에 나오는 이야기들은, 여러 가지 보충 자료와 더불어 신명기계 문헌의 기록과는 다른 역사 신학적 전망 안에서, 많은 부분 사무엘서와 열왕기의 내용을 옮겨 놓은 것임을 누구나 확인할 수 있다.

역대기는 인간의 창조에서 시작하여, 바빌론 유배 이후 기원전 5세기까지 이어지는 대(大)역사를 다룬다. 성경의 역사 문헌 가운데에서 역대기만큼 오랜 기간의 역사를 다룬 책은 없다. 신명기에서 열왕기에 이르는, 이른바 신명기계 역사 문헌도 가나안 정복부터 바빌론 유배까지만을 다룰 뿐이어서, 아담부터 고레스의 해방령까지 이어지는 역대기의 역사 범위에는 훨씬 못 미친다.

바이블테라피 Bible Therapy 13 수련 4 몸의 감각

편안한 자세로...

눈을 감으십시오!

자기 어깨에 닿는 옷의 감촉을 의식하십시오!

의자 등받이에 닿아 있는 자신의 등을 의식하십시오!

자기 손이 무릎 위에 닿는 느낌이나 놓여져 있는 느낌을 의식하십시오!

자신의 엉덩이가 의자에 닿아 눌려 있는 것을 의식하십시오!

자신의 발이 구두에 닿아 있는 것을 의식하십시오!

자신의 몸을 의식하십시오!

어깨, 등, 오른 손, 왼손, 엉덩이 발......

(각 부분에 2-3 초 가량 머무는 것입니다. 그 이상은 의미 없음입니다.)

기도에 있어 가장 큰 적의 하나는 신경이 긴장하는 것입니다.

이 훈련의 목적은 긴장을 이완시키기 위한 것입니다.

12

역대기 상 SCHEMA

날짜	성경 구절	주요 내용
첫 째 날	역대기 상 1 – 9	• 온 이스라엘의 계보(1 – 9) 역대기 상 1 – 온 이스라엘의 계보
둘 째 날	10 – 12	• 사울의 죽음(10) • 다윗이 온 이스라엘의 임금이 됨(11) • 각 지파에서 다윗을 따른 사람들(12) 역대기 상 2 – 사울의 죽음
셋 째 날	13 – 16	• 계약궤를 옮김(13) • 다윗이 예루살렘에 자리를 잡음(14) • 계약궤를 예루살렘으로 옮김(15 – 16) 역대기 상 3 – 계약궤를 예루살렘으로 옮김
넷 째 날	17 – 20	• 나탄이 하느님의 약속을 다윗에게 알림(17) • 다윗의 승리(18 – 20) 역대기 상 4 – 다윗의 승리

날짜		성경 구절	주요 내용
다째	섯날	21 – 22	• 다윗이 인구조사를 함으로서 주님께서 흑사병의 재앙을 내리심(21) • 다윗이 성전건축을 준비함(22) 역대기 상 5 – 다윗이 성전건축을 준비함
여째	섯날	23 – 27	• 성전건축을 위한 조직(23 – 27) 역대기 상 6 – 성전건축을 위한 조직
일째	곱날	28 – 29	• 다윗이 성전건축을 당부함(28) • 다윗이 주님을 찬미하고 솔로몬을 임금으로 세움(29) 역대기 상 7 – 다윗이 솔로몬을 임금으로 세움

28. 역대기 상권의 구조와 흐름

		내 용
제1부 아담에서 사울까지 (1 – 10장)	1 – 9장 	**아담에서 다윗까지의 족보** – 역대기 사가의 중요한 관심사는 다윗 왕조와 예루살렘 성전(레위 지파)을 중심으로 한 이스라엘의 역사에 있다. – 하느님과 인간이 맺어온 계약을 상기시킨다. – 유다와 다윗의 족보 – 인간의 삶이 중심을 이루나 궁극적으로 일어난 모든 일들은 하느님의 섭리 안에서 이루어졌던 것임을 깨닫게 된다.
	10장 	**사울의 몰락** 하느님 백성의 역사에서 사울은 주목받지 못하는 역사로 표현된다. 사무엘기 상권에서는 아말렉인들이 사울을 죽였다고 하는데, 역대기에서는 제의적 측면이 고려되어 자결했다고 기록한다. 곧 사울의 이야기는 다윗의 즉위를 중심으로 사울 생애의 마지막을 기록함으로써 주님을 배신한 사울 집안은 더 이상 존재하지 않음을 강조한다.
제2부 다윗의 통치 (11장 – 21장)	11 – 17장 	**다윗의 업적** 다윗이 통일왕국의 임금이 되어 다스리는 시기, 곧 예루살렘에 계약 궤를 모시는 것에서 이야기가 시작된다. 다윗은 신앙의 경건성을 회복하였고, 예루살렘을 건설하고, 성가대를 구성하였다. 이는 다윗이 무엇보다도 이스라엘을 기도하는 공동체, 예배 공동체로 조직한 인물이었음을 강조하는 것이다. 하느님께서는 다윗을 마음에 두시고 끊임없이 그를 축복한다.
	18 – 21 	**다윗의 전쟁기록과 인구조사** 다윗의 남쪽에서는 아말렉과 에돔이, 북에서는 아람, 소바, 하맛이, 동쪽에서는 모압과 암몬이, 서쪽에서는 필리스티아가 사방에서 위협하고 공격했지만 주님께서는 다윗이 어디를 가든지 도와주셨다(18,6).

	22장	**성전건축 준비**
제3부 **성전건축의 준비** **(22장 – 29장)**		나탄의 예언(2 사무 7)을 통해 다윗이 성전을 바로 짓지 않고 솔로몬에게 넘겨준 이유를 설명하면서 다윗의 성전건축 열망은 강렬했지만 적들과의 전쟁으로 피를 너무 많이 흘려 성전을 짓기가 어려웠음을 말함으로서 예배적인 측면을 고려하고 있다. 그리하여 내용 전체는 다윗이 오로지 성전을 지으려는 생각을 하고 일생을 보낸 것 처럼 역대기는 묘사한다.
	23 – 28장  	다윗은 솔로몬에게 왕위를 계승하고 성전봉사의 거룩함을 지키기 위해 질서를 잡고 왕국의 모든 조직을 구성한다. 23장 – 성전일을 하는 레위인 구성 24장 – 사제단 구성 25장 – 레위인들로 찬양대 구성 26장 – 레위인들로 수위대 구성 28장 – 행정, 군 구성

역대기 하 SCHEMA

날짜	성경 구절	주요 내용	
첫 째 날	역대기 하 1 – 9	• 솔로몬이 하느님께 지혜를 구함(1) • 솔로몬이 성전을 지어 봉헌함(2 – 7) • 솔로몬의 업적과 영화(8 – 9)	역대기 하 – 솔로몬이 성전을 지어 봉헌함
둘 째 날	10 – 13	• 이스라엘의 남과 북이 갈라짐(10 – 11) • 유다의 통치자들(르하브암, 아비야)(12 – 13)	역대기 하 – 이스라엘이 남과 북으로 갈라짐
셋 째 날	14 – 16	• 유다의 통치자들(아사)(14 – 16)	재위 40년 역대기 하 – 유다의 통치자들
넷 째 날	17 – 20	• 유다의 통치자들(여호사팟)(17) • 이스라엘 임금 아합이 라못 길앗의 탈환을 꾀함(18) • 여호사팟의 개혁과 통치(19 – 20)	역대기 하 – 이스라엘 임금 아합이 라못 길앗의 탈환을 꾀함

날짜		성경 구절	주요 내용
다 째	섯 날	21 – 28	• 유다의 통치자들 (여호람, 아하즈야, 아탈야, 요아스, 아마츠야, 우찌야, 요탐, 아하즈) (21 – 28) 역대기 하 – 유다의 통치자들
여 째	섯 날	29 – 33	• 히즈키야가 성전을 정화함(29) • 파스카 축제를 성대히 지냄(30) • 히즈키야의 통치(31 – 32) • 유다의 통치자들(므나쎄, 아몬)(33) 역대기 하 – 파스카 축제를 성대히 지냄
일 째	곱 날	34 – 36	• 요시야의 등극과 종교개혁(34) • 요시야가 파스카 축제를 지냄(35) • 유다의 통치자들(여호아하즈, 여호야킴, 여호야킨, 치드키야)과 유다의 멸망(36) 역대기 하 – 바빌론 유배

29. 역대기 하권의 구조와 흐름

		내 용
솔로몬의 성전건축 (1 - 9장)	다윗의 계승자 (1장)	솔로몬의 통치를 요약하며 아버지 다윗의 과업을 이어 성전건축에 집중하고 있는 솔로몬의 모습과 누구와도 비교할 수 없는 큰 축복을 받은 솔로몬에 대한 이야기.
	성전건축 (2 - 7장)	솔로몬은 주님께서 다윗에게 나타나셨던 모리야산, 다윗이 잡아 놓았던 집터에 다윗이 길러준 기술자들과 함께 성전과 제단을 지었고, 그 성전을 봉헌했다. 그리고 성전 자체보다는 그 안에서 이루어 지는 예배의 중요함을 기술한다.
	솔로몬의 다른업적 (8 - 9장)	지혜와 부라는 측면에서 그의 명성과 호화로움에 대한 설명이 주를 이룬다. 솔로몬 시대에는 시리아에서 아라비아에 이르는 해외교역 활동을 통해 경제적으로 부유한 시기였다.
분열왕국의 유다임금들		북 이스라엘 왕국에 관하여 기술하지 않는데 역대기 사가의 판단에 의하면, 북 왕국이 다윗 집안과 예루살렘 성전예배를 반대하여 베텔과 단에 황금송아지상을 세우는 등의 우상숭배를 하였기 때문에 참된 하느님의 통치가 사라져 버렸다고 판단하여 북이스라엘 왕국에 관한 내용들은 배제된 것으로 사료된다.
	왕국분열(10 - 11장)	백성들의 요구를 거절하고 아버지 솔로몬보다 더 가혹한 정책으로 나라를 분열에 빠뜨린다.
	르하브암(12장)	이스라엘과 싸워 이긴 승리를 하느님의 사랑을 받은 결과로 묘사하며 예로보암의 금송아지 숭배를 비판한다.
	아비야(13장)	어머니가 가나안의 풍요를 가져다 준다는 신 아세라를 경배한 이유로 폐위시켜 주님에 대한 신앙을 회복하려고 노력함
	아사(15장)	유다와 이스라엘 간에 동맹을 체결하고, 에돔을 수중에 넣어 무역로를 관장한다. 그리고 사람들에게 율법을 체계적으로 교육시키는 역할을 수행한다.
	여호사팟(20장)	임금이 되어 여섯 형제를 모두 죽이고 아합왕의 사위가 되어 우상을 숭배하며 변절하여 하느님 신앙을 저버린다.
	여호람(21장)	이스라엘 임금 요람을 문안하러 갔다가 반란을 일으킨 예후에게 죽임을 당한다.

	아하즈야(22장)	아합 임금의 딸로서 왕족들을 제거한 뒤 6년 간 유다를 다스리다가 살해됨
	아탈랴(23장)	여호야다 사제의 도움으로 왕위에 올라 바른 정치를 펴다가 그의 사후 그의 아들 즈카르야를 죽인다.
분열왕국의 유다임금들	요아스(24장)	에돔의 승리를 거두고 기고만장해 하다가 이스라엘 임금 여호아스에게 패배하여 세이르 신상을 섬기게 된다.
	아마츠야(25장)	성전에서 직접 분향을 드리려다 나병에 걸린다.
	우찌야(26장)	성전 윗 대문과 오펠 성벽 위에 많은 것을 세우고 암몬과 싸워 이겨 3년 간 조공을 받는다.
	요탐(27장)	아람과 이스라엘의 연합공격에 대응해 아시리아에 도움을 청하고 아시리아의 이교를 받아들인다.
	아하즈(28장)	신당 및 우상을 제거하고 주님의 집을 복원한다. 파스카 축제를 성대하게 지내고 종교개혁과 수로공사를 통해 외적의 침입에 대비한다.
	히즈키야(29장)	산당을 복구해 바알 및 별 숭배가 성행하고 바빌론에 끌려간 뒤 회개하여 유다로 귀환한다.
	므나쎄(33장)	회개하지 못한 아몬은 결국 반란으로 죽임을 당한다.
	아몬(33,22)	주님의 집에서 발견된 율법서에 의거해 종교개혁을 추진하여 하느님의 집을 정화하고 파스카 축제를 지낸다. 아시리아와 바빌론의 다툼을 활용해 자주적인 통치기반을 마련하려고 애쓰지만 결국 므기또 골짜기에서 파라오 느코와 싸우다 전사한다.
	요시아(34장)	요시아 서거 후 3개월 간 통치한다.
	여호아하즈(36장)	네부카드네자르에 의해 바빌론으로 유배된다.

바이블테라피 Bible Therapy 14 수련5 소음에 귀 기울이기

주위의 모든 소음에 귀를 기울이십시오.

가장 작은 소리까지도 주의해서 듣도록 하십시오.

한 소리는 종종 서로 다른

많은 소리들로 이루어져 있습니다....

각각 고저와 강도에 변화가 있습니다....

이러한 미묘한 차이를

얼마나 느낄 수 있는지 보십시오....

이제 주위 소음을 듣는 일보다는

당신이 듣고 있다는 사실을 인식하십시오.

당신이 들을 수 있는 능력이 있다는 것을

깨달았을 때 어떻게 느껴집니까?

고마움.... 찬미.... 기쁨.... 사랑.... ?

이제 소리의 세계로 돌아오십시오...

그리고 계속해서

한번은 소음을 의식하고,

한번은 당신이 듣고 있다는 사실을

의식하십시오...

이제 각 소리가

하느님의 전능하신 힘에 의해서 생기고 지속된다는 것을

생각해 보십시오...

하느님께서

당신 주위에서 "소리를 내고" 계십니다.

이 소음의 세계에서 쉬십시오...

하느님 안에서 쉬십시오.

A. 드 맬로, 『하느님께 나아가는 길』 56-57 참조

에즈라서와 느헤미야서는 본디 한 권의 책으로 만들어졌다. 그래서 기원후 15세기까지 이 둘은 히브리 말 성경에서 한 작품으로 나타나다가, 라틴 말 번역본인 대중라틴말성경의 영향으로 에즈라서와 느헤미야서로 나뉜다. 유다인들은 기원전 587년 국가의 멸망과 예루살렘 성전의 파괴에 이어진 유배라는 시련과 고난을 겪게 된다. 에즈라서와 느헤미야서는 유다인들이 기원전 538년에 바빌론 포로살이를 마치고 고향에 돌아온 뒤, 한 세기가 넘는 동안에 일어난 일들을 서술한다. 그런데 여기에 나오는 두 주인공 에즈라와 느헤미야의 활동이 구약성경 다른 곳에서는 한 번도 언급되지 않는다. 그래서 만일 이 두 책이 없었다면, 유배 이후 유다 종교와 사회의 복구를 알려 주는 사건들을 알기가 매우 어려웠을 것임에 틀림없다.

에즈라서와 느헤미야서는 서로 매우 다르면서도, 무엇보다도 민족과 종교 생활의 복구를 위해 일하고자 하는 같은 원의에 가득 찬 두 인물을 드러내 보여 준다. 사제이며 율법 학자인 에즈라는 경신례의 부흥에 영감과 힘을 불어넣어 준 사람이고, 이방 민족들과 타협하는 것을 반대하면서 이스라엘의 종교와 혈통의 순수성을 고수하는 엄격주의자이다.
그리고 평신도 느헤미야는 정열적이며 꺾이지 않는 용기의 소유자로서, 사심 없는 인간의 본보기이며 기도와 믿음의 사람이다. 그러나 에즈라와 느헤미야가 어떠한 가치와 중요성을 지니든 간에, 인물이 업적에 앞서지는 않는다.

그들은 하느님께서 맡기신 사명을 완수한 사람들일 따름이다. 그래서 그들이 수행한 다른 일들은 어떠하였고, 예루살렘에서 활동한 뒤에는 어떻게 되었으며, 또 언제 어디에서 어떻게 죽었는지 우리는 알지 못한다. 인물이 아니라 활동이 전면에 부각되는 것이다. 그들의 임무 수행 이전과 이후는 그냥 어둠 속에 묻혀 있다. 이 또한 당시 유다교 종교 생활의 한 특색이기도 하다.

날짜	성경 구절	주요 내용
첫 째 날	에즈라 1 – 3	• 바빌론 유배가 끝나 백성들이 예루살렘으로 돌아옴(1 – 2) • 다시 제사를 드리고 성전을 짓기 시작함(3) 에즈라 – 바빌론 유배가 끝나고 백성들이 예루살렘으로 돌아옴
둘 째 날	4 – 6	• 성전건축이 방해를 받음 /다리우스 임금의 명령으로 성전이 준공되고 봉헌되어 파스카 축제를 지냄(4 – 6) 에즈라 – 다리우스 임금의 명령으로 성전이 준공됨
셋 째 날	7 – 10	• 유다인과 이민족 사이의 혼인으로 에즈라가 용서의 기도를 드림(9) • 백성들이 회개하고 하느님께 순종을 약속함(10) 에즈라 – 에즈라가 예루살렘에 다다름
넷 째 날	느헤미야 1 – 4	• 느헤미야가 예루살렘의 성벽이 무너졌다는 소식을 듣고 기도함(1) • 느헤미야가 예루살렘으로 와 성벽복구를 시작함(2 – 4) 느헤미야 – 느헤미야가 예루살렘에 와 성벽복구를 함

날짜		성경 구절	주요 내용
다 째	섯 날	5 – 7	• 느헤미야가 사회의 불의에 개입함(5) • 성벽 공사가 끝나고 예루살렘에 경비를 세움(6 – 7) 느헤미야 – 성벽공사가 끝남
여 째	섯 날	8 – 13	• 율법을 봉독하고 초막절을 지냄(8) • 이스라엘 자손들이 참회기도를 드림(9) • 맹약을 맺고 서명함(10) • 예루살렘에 자리를 잡은 이들(11 – 12) • 느헤미야의 개혁(13) 느헤미야 – 율법을 봉독하고 초막절을 지냄
일 째	곱 날	에스테르 1 – 10	• 와스티 왕비가 폐위되고 에스테르가 왕비가 됨(1 – 2) • 새 재상 하만과 모르도카이가 갈등을 빚음(3 – 6) • 하만이 몰락하고 유다인들을 위한 칙령이 내림(7 – 8) • 모르도카이가 위대한 인물이 됨(9 – 10) 에스테르 – 와스티 왕비가 폐위되고 에스테르가 왕비가 됨.

30. 유배의 끝 그리고 성전건축

에즈라서		느헤미야서	
육적인 일(1 – 6장)	영적인 일(7 – 10장)	육의 일(1 – 7장)	영적인 일(8 – 13장)
즈루빠벨	에즈라	느헤미야	에즈라
– 536 – 516	– 516	– 444	– 444 – 430
성전의 건축	영적 부흥(건축)	(예루살렘) 성벽의 재건	영의 재건
– 유배라는 뼈저린 체험 – 죄스런 과거를 청산 – 하느님의 구원 기대! – 예레미야, 제2이사야 에제키엘의 예언(해방) – 성전재건 의미: 하느님 에 대한 굳은 신앙과 충 실성을 드러내는 표지, 흩어진 이스라엘을 재 결집한다는 의미	– 에즈라는 율법에 정통 한 사람 – 오천명의 동포들을 이 끌고 예루살렘으로 돌아 옴! 예루살렘과 유다의 종교를 개혁! – 이스라엘 열 두 지파 의 재건에 온 힘을 쏟음! 이스라엘의 순수 혈통을 지키려고 하는 작업을 먼저 시작한다.	– 느헤미야는 페르시아 에서 하나니로부터 예루 살렘이 버려진채 있다 는 소식을 듣고 슬퍼함! 예루살렘을 가게 해 달 라고 기도함! 4개월 만 에 황제의 허락으로 성 벽 재건에 필요한 목재 를 가지고 예루살렘으로 가는데, 이웃 주민들(호 론사람 산발랏, 아스돗 인, 암몬의 토비아, 아라 비아 사람 게셈) 이 집요 하게 공사를 방해한다. – 외부의 모순이 해결되 자 내부의 모순의 시작!	– 성벽을 완공하여 안정 된 생활기반이 조성되자, 느헤미야는 이스라엘 백 성들의 종교생활을 크게 혁신 – 나무로 만든 연단에 올 라 아침부터 한 낮까지 법전을 읽어주고, 레위 인들은 법전을 해설! – 공동체의 위기를 단호 한 조치를 통해 넘어감!

31. 에즈라와 느헤미야 서의 전개

나눔	성경	성경의 중요내용
제 1부	**에즈라 1 – 6** [114] 114) 성전의 재건축은 유배에서 돌아온 백성의 첫 과제이다. 그뿐만 아니라 에즈 1장과 2장에 따르면, 고레스 임금이 칙령에서 명령한 이 성소의 재건축이 바로 귀향의 목적이기도 하다. 하느님의 집은 당신 백성 한가운데에 계시는 하느님 현존의 실제적이고 가시적인 징표이다. 그것은 또한 하느님과 당신 백성을 이어 주는 경신례가 거행될 수 있는 곳이다. 그리고 더 나아가서 사제직(에즈 2,26 – 39), 레위인과 그 밖에 성소에 소속된 사람과 관련된 모든 것(에즈 2,40 – 63), 경신례 기구들과 제물들(에즈 1,9 – 11; 2,68 – 69), 특히 새 성전이 건축되기 이전에 우선 제사를 드리기 위해서 가장 먼저 복원된 제단과(에즈 3,1 – 7) 접촉하는 모든 것, 한마디로 선택된 백성의 근본인 종교의 중심을 이루는 모든 요소가, 하느님의 집이라는 공간 안에서 저마다 중요성을 부여받는다. 이러한 성전의 재건축이 늦어진 것은 무엇보다도 유다인들이 영향력을 회복하지 못하게 막으려는 적들의 적대감 때문이다(에즈 4). 하카이 예언서가 증언하는 바와 같이(1,2 – 5), 그 어느 곳에서도 이 과업에 대해서 유다인들이 태만하거나 무관심하였다거나, 또는 의기소침하였다는 말을 찾아볼 수 없다. 그들은 성전 재건에 하느님의 도움을 청하면서 자기들의 노력도 아끼지 않는다. 그래서 에즈 6장이 말하듯, 성전이 완공되어 봉헌식을 거행할 때, 그들은 그것이 인간의 작품이라기보다는 하느님의 작품이라고 하면서(22절) 더할 나위 없는 기쁨에 젖는다. 	**유배에서의 귀환과 성전의 재건** 에즈라서는 먼저(1 – 6장) 바빌론을 점령한 페르샤 임금 고레스의 칙령으로(기원전 538년) 예루살렘에 돌아가도 좋다는 허락을 받은 유배자들의 첫 귀환이 어떻게 이루어졌는지 이야기한다. 고향으로 돌아온 이들은 점령지 관리들과 유다교를 반대하는 자들이 만들어 내는 갖가지 큰 난관을 이겨 내고, 예루살렘 성전을 재건하기 전에, 먼저 폐허가 된 옛 자리에 제단을 다시 쌓는다. 우선 그 동안 중단되었던 경신례만이라도 거행하기 위해서이다. 성전 자체는 20여 년이 지난 뒤 다리우스 임금 치세, 하카이 와 즈카르야 시대에 와서야 완전히 재건된다(5,1 – 2).
		1 장 **바빌론 유배의 끝** : 기원전 538년. 키루스 왕은 유다인들의 귀환과 성전 재건을 허락하였다. 이 칙령을 유다인들은 자신들을 구원하시는 하느님의 섭리로 받아들였다.
		2 장 **돌아온 유배자들의 명단** : 즈르빠벨의 인도하에 신자와 성직자들이 돌아왔다. 레위인은 74명 사제들은 4,000명 가량이 돌아온다.
		3 장 **경신례의 복구와 성전 건립의 시작** : 모든 일은 속죄하는 일이 우선임을 강조하며 예루살렘에 제단을 쌓고 번제를 드린다.
		4 장 **유다의 적들에 의한 성전 건축의 방해:** 성전공사를 사마리아인들이 방해한다. 이 원수들은 페르시아 왕들에게 고발하는 글 들을 올려 공사를 중단시킨다.
		5 장 **성전 건축 방해자들과 두 임금 사이의 서신 교환** 그러나 유다 공동체는 예언자 하카이와 즈카르야의 격려를 받으며, 건립을 다시 허락해 줄 것을 요청하여 다리우스 왕의 허락으로 성전을 다시 재건한다.
		6 장 성전 건축의 재개 / 성전 준공과 봉헌 및 과월절의 거행 기원 전 515년 성전을 완공하고 빠스카 축제를 지낸다(23년).

나눔	성경	성경의 중요내용
제 2부	에즈라 7 – 10	**에즈라의 활동** 7 – 10장에 따르면, 첫 귀향이 있고 나서 수십년이 지난 뒤, 아르닥사싸 임금에게서 공적 임무를 부여받은 사제이며 율법 학자인 에즈라가 예루살렘에 도착한다. 이 곳에서 그는 특히 유다인과 이방인 사이의 혼인으로 유다교 전통에 어긋나는 여러 상황이 벌어졌음을 보고 몹시 슬퍼한다. 그래서 그는 백성의 지지를 받으며, 이 문제와 관련하여 철저한 개혁을 단행하고, 이방인들을 유다 지방 경계 밖으로 내보낸다. 물론 당시 유다는 조그마한 지방으로 전락해 있었기 때문에, 추방된 이들은 멀리 갈 필요도 없었을 것이다.
	7 장	**율법 학자 에즈라(7,1 – 10)** 아르닥사싸 임금의 칙령과 에즈라의 찬양(7,11 – 28) 에즈라 일행이 돌아온다. 왕이 에즈라의 말씀, 사랑에 얼마나 감동을 받았는지를 나타내주고 있다(7,13)
	8 장	**에즈라와 함께 돌아온 이들의 명단 (8,1 – 14)** 성전 일꾼들의 모집과 에즈라의 청원 기도 (8,15 – 23) 성전을 위한 예물(8,24 – 30) 에즈라의 예루살렘 도착(8,31 – 36) 하느님에 대한 충성과 하느님 영광에 대한 에즈라의 마음이 표현된다(8,21 – 22).
	9 장	유다인과 이민족 사이의 혼인과 에즈라의 참회 기도(9,1 – 15) [115)] 115) 이렇게 율법이 중시되는 시대 상황에서도, 에즈라와 느헤미야가 추구하는 종교에서 우리는 흔히 종교의 전망을 축소시키고 그 본질을 왜곡시키는 옹색한 율법주의는 찾아볼 수가 없다. 이들에게 율법은 항상, 말씀하시고 행동하시는 하느님, 진실된 경신례와 자발적 기도로써 찾을 수 있는, 살아 계신 하느님의 율법인 것이다. 그렇기 때문에 이들은 글로 고정된 율법에만 매달리지 않고, 조언과 도움과 보호를 청하기 위하여, 또는 기쁜 감사의 정을 드러내기 위하여 끊임없이 하느님께로 향하는 것이다(에즈 3,11; 6,21 – 22; 7,27 – 28; 느헤 1,4 – 11; 4,4 – 5; 5,19 등). 특히 이들이 '기도의 사람들'이었음은 그들이 직접 하거나 주관한 긴 기도에서도 확인할 수 있다(에즈 9; 느헤 9). 이 두 기도 안에는 이후 유다교의 경신례를 이루는 주요 전례 요소들이 내포되어 있다(참회, 죄의 고백, 하느님께 드리는 용서의 간청, 백성의 지난 역사와 그 속에서 드러난 불충의 회상, 하느님에 대한 이스라엘의 신뢰 등). 이 기도문들은 어떻게 유배 이전 예언자들의 설교가 결국 열매를 맺게 되었으며, 백성을 겸손된 참회와 용서하시는 하느님에 대한 믿음으로 이끌었는지 잘 보여 준다.

나눔	성경	성경의 중요내용	
제 2부	에즈라 7 – 10	9 장	이방 민족들과의 통혼을 끊고, 하느님 계명을 범한 것에 분개하여 넋을 잃는다.
			죄의 고백(9,6 – 15)
		10 장	백성의 맹세와 이방 아내들의 축출 (10,1 – 17) 이방 여자와 혼인한 자들의 명단과 청산(10,18 – 44)
제 3부	느헤미야 1 – 7	**느헤미야 성벽재건** 느헤미야서의 전반부(1 – 7장)는, 아르닥사싸 임금의 고위 관리인 느헤미야가 고국에서 온 동포들에게서 고향 소식을 듣고 슬픔에 빠진다는 이야기로 시작한다. 애향심에 불타는 느헤미야는 유다 지방의 수도 예루살렘을 시찰하고, 그 도시를 성벽부터 재건하는 허락과 권한을 임금에게서 부여받는다. 그래서 예루살렘 성벽은 느헤미야의 지휘 아래 오십이일 만에 복구된다. 이렇게 빠른 시일 안에 끝낼 수 있었던 것은, 성벽 복구를 반대하고 나서는 유다의 적들과 싸우면서, 동시에 온 주민의 용기를 북돋우고 규율 준수를 촉구한 느헤미야의 열성 덕분이었다.	
		1장	고향의 슬픈 소식을 들은 느헤미야의 기도
		2장	느헤미야의 예루살렘 도착과 성벽 시찰 및 성벽 복구 결정[116] 116) 성전의 현존은 예루살렘 성읍 자체와 뗄 수 없는 관계에 있다. 현재와 미래의 거룩한 성읍 예루살렘을 염려하는 마음에서, 바빌론 궁궐의 고위 관리로 편안한 삶을 누리던 느헤미야는 폐허가 된 이 유다인의 도성으로 가서 그것을 복구하고 그 중요성을 회복시킬 수 있는 윤허를 아르닥사싸 임금에게서 받아 낸다(느헤 1 – 2).
		3장	3,1 – 32 : 작업 책임자들의 명단
		4장	3,33 – 4,17 : 방해를 무릅쓴 작업의 계속
		5장	5장 : 사회 불의에 대한 느헤미야의 개입과 사욕 없는 느헤미야
		6장	6장 : 느헤미야에 대한 음모와 성벽 공사의 완료
		7장	7,1 – 72ㄱ : 예루살렘의 경비 조직과 귀환자들의 명단 및 수

나눔	성경	성경의 중요내용
제 4부	느헤미야 8 – 10	**종교생활개혁**[117] 8 – 9장에서는 에즈라가 다시 전면에 나서서, 바빌론에서 가지고 온 모세의 율법에 상응하는 경신례와 축일 거행을 복원시킨다.

117) 그러나 성전과 예루살렘 성읍은 그 안에 사는 이들과 하느님 백성의 공동체를 이루는 이들에게만 실제적으로 중요성을 지닌다. 유배로 말미암아 그 뿌리부터 뒤흔들린 이 공동체가 복구되어야 하는데, 그것은 이 공동체의 참 바탕, 곧 하느님의 율법에 대한 순종 위에서 이루어져야 한다. 바로 이 점에서 에즈라와 느헤미야가 이룬 업적의 중요성이 가장 명백하게 드러난다. 정치적 독립을 상실한 유다 백성은 현실적으로 더 이상 자주 국가를 복원할 가능성도 희망도 없다. 이 백성은 이제 종교 공동체로서밖에 존재할 수 없다. 그래서 이 집단이 일어나기 위해서는, 과거의 종교 전통을 현 상황의 요구에 결부시키는 복구가 필수적이다. 그리고 이러한 복구 작업은 여러 영역에서 드러나야 하는데, 그 첫째가 하느님과 당신 백성 사이의 관계를 가시화하고 촉진시키는 경신례이다. 에즈라는 초막절을 지내기 전에, 모세의 율법을 엄숙하게 봉독하고 그 내용을 백성에게 설명해 준다(느헤 8). 지금까지 경신례는 주로 축일과 제사의 거행이라는 의미로 이해되었다. 그러나 이제 유배 이후라는 변화된 여건에 따라 율법이 경신례 안으로 들어와서 그 의미를 확대할 뿐만 아니라, 중심으로 자리를 잡아가는 움직임이 시작되는 것이다. 사실 에즈라가 시작한 율법 봉독과 해설은 후대에 가서, 복음서에서 볼 수 있듯이(예컨대 루카 4,16 – 22) 유다교 회당에서 거행되는 전례의 주요 요소들이 된다. 율법은 이렇게 유다교 생활의 근본 바탕이 되는 것이다.

	8 장	7,72ㄴ – 8,18 : 율법의 봉독과 초막절의 거행
	9 장	참회 예절
	10 장	맹약 체결 및 그 규정

나눔	성경	성경의 중요내용
제 5부	느헤미야 11 – 13 [118]	**귀향민의 정착과 개혁** 그리하여 느헤미야서는 백성의 서약과 여러 가지 명단, 그리고 성벽 봉헌과 관련된 몇 개의 단락에 이어, 십여 년 뒤에 예루살렘에 두 번째로 머무르게 된 느헤미야가 수행한 일련의 개혁에 대한 이야기로 끝을 맺는다(10 – 13장).

118) 많은 이가 버리고 떠나 버린 이 성읍의 인구를 다시 늘리려고(느헤 11), 또는 안식일을 존중하도록 하려고 그가 취한 조치들은(느헤 13,15 – 22), 예루살렘이 거룩한 성읍의 위치를 되찾아야 한다는 그의 생각을 여실히 보여 준다. 이는 새로운 역사를 만들어 내는 것이 아니라, 예루살렘의 파괴와 백성의 유배로 거의 중단되다시피 한 하느님 백성의 유구한 역사를 속개하는 것, 곧 인간의 잘못으로 훼손된 하느님과 당신 백성 사이의 역사를 회복해서 다시 예전처럼 속개시키는 것이다

11장 : 예루살렘과 지방 주민의 분할 12,1 – 26 : 사제들과 레위인들의 여러 가지 명단 12,27 – 43 : 예루살렘 성벽의 봉헌 12,44 – 47 : 성직자들에 대한 백성의 후원 13장 : 이방인들의 분리와 느헤미야의 여러 개혁1[119]

119) 에즈라와 느헤미야는 백성이 다시 축일과 안식일을 준수하고, 예물 및 경신례와 사제직을 위한 십일조와 관련된 의무를 수행하도록 하려고(느헤 10; 12; 13,1 – 22), 그리고 이방 여자들과의 혼인으로 일어난 문제를 해결하려고(에즈 10; 느헤 13,23 – 29) 때로는 가혹한 조치들을 취한다. 이 역시 하느님의 율법에 순종하려는 열성에서 나온 것이다. 유배 이후 전반적으로 어려운 상황에서도 유다에서는 경제력의 차이와 불평등 관계 때문에, 가진 자들과 못 가진 자들 사이에 구분이 생긴다. 여기에서부터 생겨난 백성의 분열과 불화를 느헤미야는 자기의 언행과 표양으로 해결하는데, 이 역시 율법에 대한 그의 충실성 덕분이었다(느헤 5).

32. 에스테르기

이 책은 페르샤 왕국에 포로로 잡혀온 유다인들 중의 한 처녀인 에스델이 어떻게 왕비가 되었고, 그의 사촌 오빠이며 양부인 모르도카이가 어떻게 임금의 목숨을 노리는 역적 모의를 알아내었는지를, 그리고 총리 대신 하만이 어떻게 유다인들을 절멸시키려 하였고, 모르도카이의 권유를 받은 에스델이 이에 맞서 자기 생명의 위험을 무릅쓰면서 개입한 끝에 하만이 어떻게 처형되었으며 유다인들은 어떻게 임금으로부터 자신들을 방어할 수 있는 권한을 받아 실행에 옮길 수 있었는지를 이야기한다. 또한 하만이 유다인들을 절멸시킬 날을 결정하기 위하여 주사위를 던진 것을 기념하는 '주사위 축제' 곧 '푸림절'의 기원을 이야기한다. 이 이야기는 모르도카이에 대한 찬사와 함께 끝을 맺는다.

1 – 2장	크세르크세스왕의 잔치	여섯달간의 잔치와 7일 잔치
		와스디 왕후의 폐위
		에스델이 왕후가 되다.
		모르도카이가 왕의 생명을 구하다.
		'에스테르'라는 이름은 '동방의 별'이라는 의미
3 – 7장	하만의 모략	하만에게 절하기를 거부하는 모르도카이
		유다인을 몰살하려는 하만의 모략
		모르도카이가 에스테르에게 도움을 청함
		에스테르가 왕을 접견함
		모략한 하만의 죽음
8 – 10장	푸림절	유다인들을 살리려는 에스테르의 중재와 책략
		초상날이 축제일로 바뀐 푸림절
		모르도카이가 칭송을 받음

욥기

기원전 587년, 예루살렘이 적군에게 함락되고 성전이 파괴되는 대환난 이후 바빌론으로 끌려간 유다인들은 모든 것을 상실하였다. 그들이 겪어야 했던 혼란 때문에, 그들 가운데 일부는 기존의 모든 가치를 파기하고 하느님의 정의에 대한 믿음을 문제삼게 되었다. 이러한 때에 유배(기원전 575년경) 제2세대의 어떤 시인이 그의 선임자 에제키엘과(기원전 592-580년경) 비슷하게 사목적, 그리고 예언적 목적 아래, 당시 잘 알려져 있던 수난하는 욥 이야기를(에제 14,14. 20) 바탕으로 하여, 욥기 대화 부분의 시(3,1-31,40; 38,1-42,6)를 지었다. 현재, 욥기의 저작 연대는 대체적으로 기원전 6-4세기로 잡는다. 그러나 욥기에는 이스라엘의 역사나 유배, 또는 유배 상황에 대한 직접적 언급이 전혀 없다.

시편

기원전 2세기 중반에 외국에 흩어져있는 유다인들을 위하여 히브리어 성경이 그리스어로 번역된다. 칠십인역이라 불리는 이 번역본에서 시편집은 욥기와 잠언 사이에 위치하며 추가분의 시편 하나가 더 붙는다(151). 칠십인역 시편의 번호 매김은 히브리어 시편과 완전히 일치하지는 않는다. 두 번에 걸쳐 히브리어 시편 하나가(116과 147) 둘로 나누어진다. 거꾸로, 역시 두 번에 걸쳐, 히브리어 시편 둘(9와 10, 그리고 113과 114)이 칠십인역에서 하나의 시편으로 모아진다.

잠언

우리말에서 '사람이 살아가는 데 교훈이 되고 경계가 되는 짧은 말'로 사전적 정의를 내리는 '잠언'은 히브리말로 '마샬'이라고 한다. 이 명사는 '비슷하다' 또는 '지배하다'라는 동사에서 파생된 것으로 여겨지지만, 그 어원과 뜻은 확실하지 않다. 잠언집에서 주제가 되는 지혜는 사람이 지니는 자질로서 하느님께서 주시는 것이다. 그러면서 지혜는 사람보다는 하느님께 더욱 직접적인 연관을 가지고 있음이 드러난다. 곧, 지혜는 하느님의 창조 사업에도 동참한다(3,19-20; 8,22-31). 여기에 지혜가 생명의 탁월한 근원으로 제시되는 근거가 있다. 이로써 지혜는 인간을 악과 죽음에서 보호하고, 하느님을 경외함과 거기에서 나오는 모든 좋은 것으로 인도할 수 있는 것이다.

시서 · 지혜서

욥기 · 시편 · 잠언 · 전도서 · 아가

전도서(코헬렛)

코헬렛은 정통 신앙 및 전통적 지혜와 거리를 두고 이것들에 따른 선입견 없이 자기만의 냉철한 눈과 냉엄한 판단력으로 인생과 세상사를 관찰한다. 그 결과로 전통적 지혜가 가르치는 윤리적 세계 질서가 그에게는 더 이상 효력을 발휘하지 않는다. 세상의 윤리적 바탕이 상실된 것이다. 윤리 도덕적 행동에 상응하는 응보없이, 악인들의 행위에 따라야 할 바를 겪는 의인들이 있고 의인들의 행위에 따라야 할 바를 누리는 악인들이 있다(8,14). 인간이라면 모두에게 어떠한 구분이나 차이도 없는 동일한 운명이 기다리고 있다(9,2). 지혜를 추구하는 이나 어리석음으로 일관하는 자나 모두 같은 종말을 겪게 되고(2,15), 인간이나 짐승도 같은 운명이기 때문에 결국 인간이 짐승보다 나을 것도 없다(3,19). 인간들은 이를 알기 때문에 그들의 마음에는 악과 어리석음만이 자리한다(9,3). 인생에 대한 이러한 입장은 세상사의 불가해성으로 이어진다. 코헬렛의 근본적인 딜레마는 하느님께 대한 문제를 신앙의 입장이나, 신학적 견지에서가 아니라, 이러한 것들을 배제한 채 오직 인간적 지혜와 이성으로만 해결하려고 한 데에 있다.

아가

아가의 사랑은 인간적인 것으로서 성적이며 동시에 거룩한 것일 수 있다. 이 두 가지 면 중에서 하나를 인식하지 못할 때, 한편으로는 세속적 의미에만, 다른편으로는 우유적 의미에만 이르게 된다. 이러한 사실을 우리가 받아들인다면 아가는 - 창세 2,23-24에 대한 일종의 주석으로서 - 인간적인 사랑을 하느님의 선한 창조 사업 안에서 그 자체로서 목적을 지닌 것으로 서술한다고 이해할 수 있다. 사랑을 묘사하기 위하여 이 책은 다소간 의식적으로 에집트의 연가라든가 당시 중동 지방에 두루 퍼져 있었던 이교적 '성혼' 의식의 요소들을 채택한다. 그러나 아가는, 사랑의 진실한 기능은 하늘과 땅이 또는 두 신이 종교적으로 결합하는 것이 아니라 하느님께서 상호보완적으로 창조하신 두 창조물이 결합하는 것임을 보여주기 위하여 자연의 풍요 다산을 비는 제의(祭儀)를 철저하게 탈신화화한다.

· 한국천주교중앙협의회, 『주석성경』 시서, 지혜서 입문 참조

바이블테라피 Bible Therapy **15** 삶의 가치

지금. 당신은 며칠 전의 검사결과를 보러 병원으로 가고 있다고 상상하십시오.
담당의사가 오늘 그 결과를 알려 줄 것입니다.
검사 결과를 통해 당신의 병이 중병인지 아닌지를 알게 될 것입니다.
병원을 향해 가고 있는 당신 심정이 어떤지 느껴보십시오.
이제 당신은 대기실에 앉아, 간호원이 당신 이름을 부르기를 기다리고 있습니다.
대기실에 있는 다른 사람들의 모습을 보십시오.
호명되기를 기다리는 심정이 어떻습니까?
당신 이름을 부릅니다.... 의사 사무실을 둘러보십시오....

그는 말하기 시작했고 당신은 그가 뭔가 감추는 듯한 기미를 느낍니다....
그래서 당신은 다 털어놓고 솔직히 이야기해 달라고 합니다....
그러자 그는 동정어린 눈으로 당신이 불치의 병에 걸려있다고 합니다....

당신은 앞으로 얼마나 더 살 수 있는지를 묻습니다.
의사는 말합니다.
「한 달 정도 아직 활동을 할 수 있겠고, 두 달 가량은 병상에서 지내게 될 겁니다.」

이제 밤입니다.... 모두들 잠자리에 들었습니다....
당신은 방에 혼자 있습니다.

예수님이 방안에 계신다고 상상하고 잠시 그분을 바라보십시오...
뭐라고 말씀 드리겠습니까? 그분께서 뭐라고 말씀하십니까?....
당신의 심정이 어떻습니까?....

심종혁. 『언제나 어디서나』. 초록리플렛. 2000

172

욥기 JOB

구약성경의 '욥기'하면 가장 먼저 연상되는 주제가 '고통'이다. 실상 욥기에는 주인공인 욥이 아무런 까닭 없이 겪게 되는 극심한 고통이 이야기 전반에 걸쳐 배경을 이루고 있다. 평소 의롭게 살아오던 욥, 그는 어느 날 불시에 찾아온 불행의 깊은 수렁에 빠지게 된다. 넉넉하던 재산과 많은 자식들을 모두 잃어버리고, 그 자신도 육체의 병마에 시달리게 되어 결국 마지막까지 믿고 매달렸던 하느님마저도 그에게 갈등과 불평의 대상이 되고 말았던 것이다. 이러한 욥의 모습은 오늘날에도 인간적인 생각으로는 이해할 수 없는 고통과 시련을 겪고 있는 많은 이들에게 공감을 불러일으키고 있다. 욥기가 제시하고자 하는 가르침은 인간이 겪는 고통의 문제나 공정하지 못한 것으로 보여지는 사회현상에 대한 답이 아니라, '인간이 하느님과의 관계 안에서 근본적으로 가져야 할 신앙의 자세', 바로 그것이다. 특히 육체적, 내면적 고통 가운데 하느님의 부재(不在)를 느끼며 신앙의 위기에 빠져들기도 하는 우리 모두에게 신앙의 참된 본질을 밝혀주는 가르침이 담겨 있다.

욥기 SCHEMA

날짜	성경 구절	주요 내용
첫 째 날	욥기 1 – 2	• 욥의 시련(1 – 2) 욥기 1 – 욥의 시련
둘 째 날	3 – 10	• 자신을 저주하는 욥(3) • 인과응보라고 말하는 엘리파즈와 반론하는 욥(4 – 7) • 전능하신 분께 자비를 구하라는 빌닷과 반론하는 욥(8 – 10) 욥기 2 – 욥과 세친구 (엘리파즈,빌다스,츠바르)
셋 째 날	11 – 19	• 욥이 죄를 지었다고 말하는 초바르와 반론하는 욥(11 – 14) • 불의를 저질렀다고 말하는 엘리파즈와 반론하는 욥(15 – 17) • 욥을 비난하는 빌닷과 반론하는 욥(18 – 19) 욥기 3 – 욥을 질책하는 세 친구
넷 째 날	20 – 24	• 욥을 악인이라고 말하는 초바르와 반론하는 욥(20 – 21) • 욥의 회의적 태도를 비난하는 엘리파즈와 반론하는 욥(22 – 24) 욥기 4 – 욥을 비난하는 친구들

날짜	성경 구절	주요 내용
다섯째 날	25 – 31	• 하느님의 통치권에 대해 충고하는 빌닷과 무고하다고 말하는 욥(25 – 27) • 지혜 찬가(28) • 욥의 독백(29 – 31)
여섯째 날	32 – 37	• 하느님보다 의롭다고 주장하는 욥에게 맞서는 엘리후(32 – 34) • 하느님의 초연성과 정의, 주님에 대해 연설하는 엘리후(35 – 37)
일곱째 날	38 – 42	• 폭풍 속에서 말씀하시는 주님(38 – 39) • 주님의 말씀과 욥의 답변(40 – 41) • 욥의 고백 /주님께서 욥의 친구들을 심판하심 • 욥의 회복(42) 욥기 5 – 폭풍속에서 나타나신 주님 욥기 6 – 주님과 욥의 대화 욥기 7 – 욥의 회복

33. 욥기의 구성과 내용의 전개

구 성	전 개	내 용
산문식 서문	욥의 어둔 밤(1 – 2)	
	126) '우스'라는 땅에 살고 있던 욥은 "흠없고 올바르며 하느님을 경외하고 악을 멀리하는"(1,1) 경건한 이로서 많은 자녀와 큰 재산을 가진 부자였다. 그러나 어느날 천상 어전에서 벌어진 하느님과 사탄의 내기(1,6 – 12; 2,1 – 6)는 그에게 엄청난 불행을 초래하게 된다. 욥의 경건한 생활에 사탄이 하느님께 "욥이 까닭 없이 하느님을 경외하겠습니까?"(1,9) 반론을 제기함으로써 내기가 시작되었던 것이다. 하느님께서 복을 많이 내려주셨기 때문에 욥이 하느님을 경외할 뿐이지, 만약 그의 소유를 빼앗아 버린다면 틀림없이 하느님에게 등을 돌리고 말 것이라는 것이 사탄의 주장이다. 결국 욥에 대한 신뢰를 가지셨던 하느님은 시련을 통해 욥의 진심을 알아보자는 사탄의 내기를 받아들인다. 그 결과 욥은 많은 재산과 자식들을 잃는 혹독한 시련을 겪게 된다. 그러나 갑자기 닥친 불행을 당하면서도 욥은 흔들림 없이 하느님께 대한 굳건한 믿음을 고백한다. : "알몸으로 어머니 배에서 나온 이 몸, 알몸으로 그리 돌아가리라. 주님께서 주셨다가 주님께서 가져가시니 주님의 이름은 찬미 받으실지어다."(1, 21) 이러한 욥의 인내와 신앙에도 불구하고 사탄은 하느님께 이제 욥 자신을 직접 병마로 친다면 틀림없이 하느님을 저주하게 될 것이라고 재차 내기를 제안한다. 그리하여 욥은 온 몸에 고약한 부스럼이 나는 극심한 고통을 당하게 된다. 그러나 그는 그 일을 당하면서도 "우리가 하느님에게서 좋은 것을 받는다면, 나쁜 것도 받아들여야 하지 않겠소?"(2,10)라는 말로 하느님께 대한 그의 '흠 없는 마음'을 고백하고 있다. 머리말은 욥을 위로하러 찾아온 세 친구, 엘리바즈와 빌닷 그리고 소바르를 소개하면서 끝을 맺는다. 한편 욥기의 마지막 부분에 위치한 산문 형식의 맺음말에는 고통 가운데서도 굳건한 믿음을 견지한 욥이 다시 행복한 삶을 회복하게 된다는 전통적인 인과응보 사상이 제시되고 있다.	우스(에돔)지방에서는 한 완전하고 진실한 의인 욥이 살고 있었다.[126] 사탄의 시험으로 재산, 가정, 건강을 잃어버린다. 욥기에 등장하는 사탄은 신약의 사탄과는 다르다. 신약의 사탄은 악마, 하느님의 원수로 등장하나, 오히려 여기서는 천상회의에 참석하여 지상의 일을 조사하는 임무를 부여 받은 천사처럼 묘사된다.
운문대화[127] 127) 대화 형식으로 구성된 운문 부분에서는 산문 부분과는 달리 먼저 고통 가운데에서 자신의 처지를 한탄하는 욥의 처절한 독백으로부터 시작된다. 이어 전통적인 인과응보 사상에 입각해 욥의 잘못을 추궁하는 세 친구들과 자신의 무죄함을 강변하는 욥 사이의 대화가 제시되며, 마침내 욥은 하느님의 현존을 체험함으로써 신앙의 참된 자세를 발견하게 된다.	첫째 대화(3 – 11)[128] – 저주(3) 128) 욥은 자신이 겪고 있는 혹독한 고통으로 인해 삶 자체에 대한 근원적인 회의를 토로한다.(3,1 – 19) 자신이 태어난 날을 저주하는 그는 "어찌하여 내가 태중에서 죽지 않았던가? 내가 모태에서 나올 때 숨지지 않았던가?"(3,11) 라며 고통스러운 삶보다는 차라리 죽음을 바란다. 이러한 실존에 대한 의문 제기는 결국 생명을 주신 창조주 하느님께 대한 질문으로 귀착된다. : "어찌하여 그분께서는 고생하는 이에게 빛을 주시고, 영혼이 쓰라린 이에게 생명을 주시는가?"(3,20)	욥은 자기 생일을 저주하는 것으로부터 시작하여 폭풍 같은 분노를 몰아 하느님께 울부짖는다. 친구의 충고는 위로가 되지 못하고 또 다른 재난처럼 밀려온다.
	– 엘리파즈(4 – 5)[129] 129) 욥을 찾아온 세 친구의 이야기는 전통적 교의인 '하느님의 정의'에 의한 인과응보 사상을 토대로 전개된다. 즉 하느님께서는 인간의 선과 악에 상응하는 복과 벌을 내리신다는 것이다. 그리고 이러한 하느님의 응보는 모두 현세에서 이루어지는 것으로 믿고 있다. (내세에서의 응보, 예를 들어 '의인의 불사불멸 사상'은 기원전 50 – 30년경 저술된 지혜서에서 비로소 나타난다.) 이러한 원칙은 다음과 같은 엘리바즈의 말을 통해 명확히 드러난다. : "생각해 보게나. 죄 없는 이 누가 멸망하였는지? 올바른 이들이 근절된 적이 어디 있는지? 내가 본 바로는 밭을 갈아 불의를 심은 자와 재앙을 뿌린 자는 그것을 거두기 마련이라네."(4,7 – 8)	세 친구들은 고대의 지혜문학에 널리퍼져있던 상벌에 대한 교리로 삶의 의미를 이해했다. 즉 덕행은 재산, 건강, 장수로 보상받고, 죄는 가난, 질병, 죽음으로 벌을 받는다는 것이다. 따라서 현재의 욥의 고통은 죄의 결과라고 설득하며 회개하라고 충고한다.

구 성	전 개	내 용
	– 욥의 변호(6 – 7)[130] 130) 그러나 욥은 이론과 신학에 입각하여 구체적인 삶의 진실을 외면하는 친구들을 공박하면서(16,2 – 3) 자신은 결코 죄를 짓지 않았음을, 자신의 무고함을 완강히 주장한다.(6,28 – 30; 9,21; 10,7; 12,4; 13,18,23; 16,17; 23,10,12) 그리고 자신의 결백함을 밝혀주시고 명예를 회복시켜 주실 하느님과의 만남을 간절히 원한다.(7,7 – 21; 9,25 – 31; 10,2 – 22; 13,20 – 22) 결국 욥이 원하는 바는 친구들의 위로도, 논쟁에서의 승리도 아닌 오직 하나 하느님 자신이었던 것이다. 하지만 욥은 하느님이 당신의 모습을 드러내지 않으시어 찾을 수 없다고 토로한다. : "아, 그분을 어디에서 찾을 수 있는지 알기만 하면 그분의 거처까지 찾아가련마는! 그분 앞에 소송물을 펼쳐 놓고 내 입을 변론으로 가득 채우련마는."(23,3 – 4)	욥은 자기는 의로운 사람이었으며 어쨌든 자기가 받은 벌이 자기 죄에 합당하지 않다고 주장한다. 욥은 자신의 어려운 처지를 호소하고 하느님을 중재자로 또 구원자로 부르며 고통의 해결을 요청한다.
	– 빌닷(8)	친구 빌닷은 욥을 질책하고 냉소적으로 대한다. 전통에 따르면 '뿌린대로 거둔다'라는 경험에 근거하여 욥의 불행의 원인은 욥 자신에게 있고, 자녀들에게 죄가 있음을 역설한다.
	– 욥의 변호(9 – 10)	인과응보사상과 전통을 거부하고 하느님과 직접 대면하기를 요청하며 탄식한다.
	– 초바르(11)	욥의 인과응보에 대한 거부를 불쾌하게 여기고 전통은 교리에 근거하고 있으며 하느님은 죄 있는 자만을 단죄하신다라고 역설하며 욥의 유죄를 선언한다. 친구들은 욥을 협박하여 의로움에 대한 그의 오만한 자기 방어를 굴복시키고, 전능하신 분에게 탄원하게 만들려고 애를쓴다.
	두 번째 대화(12 – 20) **– 변호**	욥과 엘리파즈 – 빌닷 – 초바르는 악인의 전형적인 운명에 대하여 이야기 한다. 친구들의 논점은 욥이 무슨 잘못, 죄악을 저질렀기 때문에 현재와 같은 벌을 받는 다는 것이라고 계속 몰아세운다. 그러나 욥은 자신의 죄로 말미암아 고통받는다는 친구들의 생각을 받아들일 수 없다고 강하게 맞선다. 그것은 '인과응보', '전통'사상에 대한 도전이다.
	세 번째 대화(21 – 27) **– 도전** 	욥은 두 친구와 마지막 대화를 나눈 후 자신의 무고를 선언한다. 욥은 자신의 과거가 흠 없다는 확신을 갖고 자기 생활을 돌아본다. 세 친구는 자기들의 정통주의에 지나치게 독선적이었고, 인생의 의미, 고통의 의미에 대한 답변에 자신만했고, 하느님을 자신들의 논리 안에 가두어두었다. 그래서 욥의 반대에 부딪혔을 때 상투적이고 원론적인 말의 반복으로 욥에게 진정성 있는 위로를 하지 못한다.[131]

구 성	전 개	내 용
	세 번째 대화(21 – 27) – 도전	31) 하느님의 정의를 강조하는 친구들은 악인의 운명을 제시하면서(5,3 – 5; 8,11 – 19; 11,20; 15,20 – 35; 18,5 – 21; 20,4 – 29) 욥이 지금 겪고 있는 고통은 분명 그의 죄로 인한 것이 분명하다고 몰아세운다. : "자네 악이 크지 않은가? 자네의 죄악에 끝이 없지 않은가? … 그래서 그물이 자네 주위를 둘러치고 공포가 갑자기 자네를 소스라치게 한다네. 자네는 어둠을 보지 못하는가?"(22,5 – 11) 그리고는 욥으로 하여금 자신의 잘못을 뉘우치고 하느님과 화해할 것을 종용한다. : "자, 이제 그분과 화해하여 평화를 되찾게. 그러면 자네에게 행복이 찾아올 것일세."(22,21)
	– 욥의 답변	욥의 답변은 지혜에 관한 내용(시)으로 대치되었다. 이 부분은 이야기의 흐름과는 무관하게 외부에서 삽입되었다고 보고있다. 지혜는 세상의 어느 귀금속 보다도 소중하며 아무리 찾으려 노력해도 발견할 수 없다.
	– 욥의 독백(28 – 31)	주를 두려워하는 것이 곧 지혜의 시작이며 악을 싫어하는 것이 슬기라는 가르침을 전해준다. 욥은 예전에 누리던 행복과 현재 겪는 불행을 토로하며, 다시금 하느님께 눈을 돌려 진실을 밝혀줄 것을 강하게 호소한다.
	– 엘리후의 충고 (32 – 37) 	바라크라의 아들 엘리후는 고통이 때로는 인간을 돌이키게 하는 좋은 기회가 된다고 설명한다. 욥은 '하느님께서 부당한 고통을 내리시고는 침묵만한다'라 주장하지만 엘리후는 하느님께서는 꿈과 계시, 여러가지 인간이 알아듣기 어려운 방법들로 답변하고 계시고, 고통을 통해 인간을 교육시키시는 분임을, 그러기에 그 고통을 달게 받으라 권유한다. 또한 욥의 질문에 대해 하느님께 답변을 강요할 수도 없는 것이라 지적한다.
	주님과 욥의 대화[132] (38,1 – 42,6) 132) 여기서 말하는 하느님의 부재(不在)는 존재론적인 부재가 아니라 욥이 느꼈던 실천적인 부재이다. 욥은 자신이 원하는 바대로 하느님이 나타나주시지 않자 실망하여 하느님을 원수지간으로 몰아간다. : "어찌하여 당신의 얼굴을 감추십니까? 저를 당신의 원수로 여기십니까?" (13,24) 하지만 그는 언젠가 자신의 무고함이 드러나게 되리라는 희망을 버리지 않는다. 그리고 하느님께서 '구원자'로서 곁에 현존하고 계심을 깨닫게 된다. : "그러나 나는 알고 있다네. 나의 구원자께서 살아 계심을." (19,25) 	폭풍 속에서 주님이 나타나시어 창조하신 세상의 주인으로 권능을 드러내시며 욥에게 말씀하신다. 하느님께서는 피조물인 욥이 자기의 유한한 기준으로 창조주를 판단하는 것은 쓸모 없다는 것을 일깨워준다. 즉, 피조물의 첫째가는 종교적인 의무는 창조주를 알고 공경하는 것(덧붙여 자신의 영혼을 구원하는 것)임을 상기시켜준다. 이리하여 욥은 하느님께서는 당신의 뜻을 자유롭게 이루시며, 이전에 몰랐던 '하느님이 신비'와 '사람의 한계'를 깨달으며 주님을 새롭게 만나게 된다. "저는 알았습니다. 당신께서는 모든 것을 하실 수 있음을, 당신께는 어떠한 계획도 불가능하지 않음! 저에게는 너무나 신비로워 알지 못하는 일들을 저는 이해하지도 못한 채 지껄였습니다. 이제는 제 눈이 당신을 뵈었습니다(42,1 – 5).[133] 133) 마침내 운문 부분의 마지막에 이르러 하느님의 말씀이 욥에게 내려진다. 그러나 욥이 기대했던 그러한 말씀이 아니었다. 하느님은 인간의 원의에 따라 조종되는, 인간 사고의 틀 안으로 끌어들여지는 분이 아니라 절대적으로 자유로우신 분임을 드러내 보이신다.

구 성	전 개	내 용
		하느님의 현존을 체험한 욥은 비로소 창조주 하느님은 피조물인 인간과 존재론적으로 다르신 분일 뿐 아니라, 인간 사이의 주고받는 교환의 법칙에 따라 기계적으로 행동하시지 않고 당신의 절대적인 자유 속에서 행동하심을 깨닫게 된 것이다. : "저는 알았습니다. 당신께서는 모든 것을 하실 수 있음을. 당신께는 어떠한 계획도 불가능하지 않음을! … 그렇습니다. 저에게는 너무나 신비로워 알지 못하는 일들을 저는 이해하지도 못한 채 지껄였습니다. … 당신께 대하여 귀로만 들어왔던 이 몸. 이제는 제 눈이 당신을 뵈었습니다. 그래서 제 자신을 부끄럽게 여기며 먼지와 잿더미에 앉아 참회합니다."(42,1 – 6) 결국 욥은 하느님의 현존을 체험함으로써, 하느님을 믿고 경외하는 것은 현세적인 그 무엇을 얻기 위함이 아니라, 그분이 우리에게 생명을 주신 분이시기 때문임을 깨닫게 된다. 아무런 까닭 없는 믿음, 이것이 바로 우리 모든 신앙인들이 지녀야 할 참된 믿음의 자세임을 욥기는 가르치고 있는 것이다"
산문식 결론	신앙으로 성숙해지는 욥	욥은 새롭게 뉘우치며 깨달아 그 동안 전통에 갇혀 있던 '하느님'과의 관계에서, "살아있는 하느님"과의 생생한 관계로 변화 성숙되어진다. 욥은 가난하고 외롭고 고통받는 가운데서도 하느님을 나쁘게 말하지 않았을 뿐 아니라, 하느님을 굳게 믿으며 끝까지 의지하였다. 그는 초반에 사탄의 말과는 다르게 사심없는 인간임이 드러났다.
	새롭게 거듭나는 삶 (42,7 – 17) 	욥은 하느님의 은총을 통하여 새롭고 의미있는 삶을 누리게 되었다. 오히려 욥의 세 친구의 이야기가 솔직하지 않다는 것을 지적하시고 욥을 긍정하신다. 그리하여 욥을 통해 번제를 드리고 욥에게 중재기도를 청하라고 지시하신다. 욥이 친구들을 위해 기도하자, 주님께서는 욥의 소유를 전보다 배로 불려서 돌려주신다. 또한 욥의 형제들과 친지들도 찾아와 욥을 진심으로 이해하고 위로한다. 욥은 다시 세 딸을 얻고 4대 손을 보면서 수명을 온전하게 누린다.

바이블테라피 16 주님의 말씀을 외우는 묵상
Bible Therapy

01 시편에 나오는 말씀 중에 하나를 잡고 반복하여 계속 뼈에 사무치도록 읊조린다.

- 복되어라 악을 꾸미는 자리에 가지 아니하고 죄인들의 길을 걷지 아니하는 자
- 조소하는 이들과 어울리지 아니하고 주님께서 주신 법을 낙으로 삼는 자
- 밤낮으로 주님의 법을 되새기는 사람 그에게 안 될 일이 무엇이랴! (1,1–2)
- 자리에 누워 반성하여라, 고요를 깨지 말아라! (4,4)
- 남들이야 무얼 하든 이 몸 당신 말씀따라 험한 길 꾸준히 걸었습니다(17,4)
- 주님은 나의 반석, 나의 요새, 나를 구원하시는 이
- 나의 방패, 승리의 뿔, 나의 산채, 나의 피난처
- 주님은 나의 목자 아쉬울 것 없노라!
- 죽음의 골짜기를 지난다 하여도 주님 함께 계시니 두렵지 않네

02 예수님이, 복음서에 나오는 다음 말씀 중에 하나를 되풀이해서 반복하고 계신다고 상상–

- 나를 사랑하느냐?
- 나를 믿느냐?
- 무엇을 원하느냐?
- 나를 따르라!
- 십자가를 져라!
- 모든 것을 바쳐라!
- 두려워하지 말아라!
- 나다, 안심하여라!

호흡을 맞추어 계속해서 반복한다. 그 말씀이 더욱 커지고, 내 온 몸 구석구석에 이르고 있음을 상상한다.
내 마음과 몸을 이 말씀이 가득 채운다고 상상하고, 나를 일깨우고 흔들고 감동시키고 있음을 상상한다.

시편 PSALMS

우리가 시편집이라고 부르는 구약성경의 책은 히브리말로 '찬양가들' 또는 '찬양가들의 책'이라 불린다. 여기에서 '찬양'은 할렐루야[='야(훼)를 찬양하여라']의 '찬양하다'라는 동사에서 나온 명사이다. 시편집은, 히브리어 성경의 세 번째 부분으로 율법서와 예언서 다음에 오는 성문서의 첫머리, 곧 욥기와 잠언 앞에 자리잡고 있으며, 이 두 책과 함께 다른 책들과는 다른 악센트 체계를 지닌다. 시편집에는 150개의 종교적인 시가들이 실려있다.

자세히 보면 시편집이 다섯 권으로 되어있음을 알 수 있다. 곧 1 – 41, 42 – 72, 73 – 89, 90 – 106, 그리고 107 – 150이다. 각권은 이른바 '종결찬양'으로 끝을 맺는다. 다섯 권으로 나뉜 확실한 이유는 알 수 없지만, 모세의 다섯 책, 곧 모세오경에 상응한 조처라는 추측이 일찍부터 제기되었다.

16 시편 SCHEMA

날짜	성경 구절	주요 내용
첫 째 날	시편 1 – 22	• 하느님께 대한 다윗의 찬양(1 – 22) 시편 1 – 하느님께 대한 다윗의 찬양
둘 째 날	23 – 41	• 하느님께 대한 다윗의 찬양(23 – 41) 시편 2 – 하느님께 대한 다윗의 찬양
셋 째 날	42 – 72	• 하느님께 대한 다윗과 코라의 자손들의 찬양 (42 – 72) 3 – 다윗과 코라의 자손들의 찬양
넷 째 날	73 – 89	• 하느님께 대한 아삽의 찬양(73 – 89) 시편 4 – 하느님께 대한 아삽의 찬양

날짜		성경 구절	주요 내용
다 째	섯 날	90 – 107	• 하느님께 대한 찬양의 노래(90 – 107) 시편 5 – 하느님께 대한 찬양의 노래
여 째	섯 날	108 – 134	• 다윗의 찬양과 순례의 노래(108 – 134) 시편 6 – 다윗의 찬양과 순례의 노래
일 째	곱 날	135 – 150	• 하느님께 대한 다윗의 찬양의 노래(135 – 150) 시편 7 – 하느님께 대한 다윗의 찬양과 노래

34. 시편집의 체계

권수	제1권	제2권	제3권	제4권	제5권
모세오경	창세기	출애굽기	레위기	민수기	신명기
시편	1 – 41	42 – 72	73 – 89	90 – 106	107 – 150
강조점	인간	이스라엘	성소	모세와 광야	율법과 땅
주제	인간의 축복	이스라엘의 황폐	성소	땅	하느님의 말씀
속칭저자	다윗	다윗, 코라후손	아삽	저자불명	다윗

35. 시편집의 구성과 전개

많은 시편들이 서로 그 구조, 어법, 어조 등의 유사점들을 드러내고 있다. 이러한 현상은 같은 주제를 다루는 공통되고 유사한 상황을 전제한다. '삶의 자리'라는 전문용어로 불리는 이러한 상황에서 서로 친척이라 할 수 있는 일련의 시편들이 탄생한다. 시편들의 이러한 '혈족' 또는 '일가'를 '(문학) 유형'이라고 부른다. 그러나 모든 시편들을 각각의 유형에 따라 분류한다는 것은 쉬운 작업이 아니다. 많은 경우에는 개연성에 의해서 짐작할 수 있을 뿐이고, 때로는 한 시편 안에 여러 유형들이 혼합되어있어서 그 시편을 어느 한 유형에 한정시킬 수 없는 경우도 있으며, 어떠한 유형에도 속하지 않는 것들도 있다.

	탄 원[134]	감 사[135]	찬 양[136]	신 뢰[137]
도 입	• 하느님을 부름 • 도움을 간청 • 기도자의 참상	• 하느님께 말을 건넴	• 주님찬양을 권유 • 복수명령형	• 간청부터 신뢰
전 개	• 과거,현재의 고통 • 왜? 언제까지? • 도움간청,원수저주 • 죄의 고백 • 용서와 간구	• 설화양식 • 위기에 대한 상기 (원수들의 공격과 박해에 대하여 회상) • 하느님의 구원진술 • 권능을 선포	• 찬양의 이유 • 찬미의 동기 • 하느님의 속성선포 • 하느님의 업적 • 이스라엘의 출애급	• 하느님을 찬양 • 신뢰와 동기설명 • 신뢰, 기쁨, 평화
종 결	• 감사,예배	• 미래에 대한 희망 • 지속적 신뢰 • 주님께 영광서약 • 공동체의 항상기도	• 찬미하라! • 너희는 주님을 • 영원토록	• 신뢰를 반복
시편(개인)	13; 51; 63; 86; 109[138]	18; 30; 32; 34; 41	창조에 관련한 시편 8;19; 29[139]; 103; 104 하느님의 통치 47; 93; 96 [140]	신뢰(23; 131) 임금(45; 72) 지혜, 교훈(1; 19) [141] 율법(37; 49; 73)
공동체	12; 44; 58; 79; 90 [142]	67; 124; 125; 136	시온 15; 24, 46; 48[143]	전례(20;24;66;134) [144] 순례(84; 118 – 132) [146]

134 '개인 탄원시편' 또는 '공동 탄원시편'은 일반적으로 네 단계로 전개된다. 하느님의 이름을 부르며 도움을 청하고, 이어서 자기가 처한 상황을 설명드린 다음, 본격적으로 간청을 드리고, 하느님께서 자기의 기도를 들어주시리라는 확신을 고백한다. 그러나 이것은 어디까지나 기본 골격일 뿐 그에 따른 변형들이 많다. 시편 작가는 다른 것을 더 보태기도 하고 빼기도 하며, 뒤섞기도 하고 순서를 뒤집기도 하며, 또한 되풀이하기도 한다. 서정적이고 격정적인 토로는 엄격한 순서나 논리를 따르지 않는다. 또한 탄원 기도가 드려지는 가운데에 가끔 (사제 또는 전례 예언자를 통해서) 신탁이 주어짐을 볼 수 있다.

135 '개인 감사시편'은 그 숫자가 상대적으로 많지 않다(30; 32; 34; 40,2 - 12; 92; 116; 118; 138). 탄원시편에서 이미 감사가 예고되고 그 윤곽까지 잡혀있다(22,23 - 32; 56,13 - 14). 애원이 받아들여진 후에 기도자는 친척과 친구들을 동반하고, 서원을 채우기 위하여 성전으로 올라간다. 개인적이든 공동적이든 감사시편들은 바로 이러한 전례 의식에서 유래한다고 하겠다. 이 시편들의 구조는 일반적으로 다음과 같은 요소들을 지니고 있다. 도입 부분 또는 때로 찬양의 주제를 발전시키는 선포 뒤에(92,2 - 7; 118,5 - 18) 시편 작가는 그가 처했던 위험, 고통 중에 바쳤던 기도, 그리고 하느님의 도움 덕분에 상황이 반전된 것을 상기한다. 그리고서 회중을 공동의 감사로 초대함으로써 끝을 맺는다. 특히 시편 107에 관심을 쏟을 필요가 있다. 연출자의 지도 아래 특전을 받은 이들의 네 무리가 줄을 지어 행진한다: 사막에서 되돌아온 대상, 석방된 포로들, 치유받은 병자들, 바다에서 구조된 사람들. 동일한 구성을 지닌 이 시편의 각 연은 하나의 축소된 감사시편으로서 서술, 감사로의 초대, 그리고 후렴으로 되어있다. 개인 감사시편의 형태 아래 이스라엘이 자기들의 '해방자'를 향한 사은의 정을 노래했던 시편 118에서 우리는 아직도 그 감사 전례의 박동을 강하게 느낄 수 있다.

136 이 유형은 시편집에서 여러 전형들을 보이고 있으며, 시편집 전체에 골고루 퍼져있다. 널리 알려진 한 의견에 따르면, 대부분의 찬양시편들은 이스라엘의 축일을 기해서 전례 때 사용하기 위해 창작되었다고 한다. 찬양시편들 가운데에서 한두 시편은 어떤 특정한 장엄 축제에 속하리라는 추측을 수긍하게 하는 근거를 지닌다. 그러나 시편에 있는 찬양 노래들에서 출발하여 여러 전례들에 대한 예식서를 다시 꾸밀 수 있다고 생각한다면, 그것은 가설이 될 수밖에 없다. 어쨌든 이 유형에서는 공동체성이 강하게 강조되고 있는데, 이는 대화 형식을 취하는 부분, 합창단, 후렴, 환호나 환성, 아멘이나 할렐루야 같은 응답에서도 알 수 있다. 공동체의 참여는 행진, 행렬, 그리고 극적인 행동들(춤, 손뼉을 침, 무릎을 꿇음, 땅에 부복함)을 통해서도 드러난다. 시편 작가는 자기 자신을 부르기도 하고(103; 104; 106), 더욱 빈번하게는 공동체, 여러 부류의 사람들, 자연의 피조물들(148), 또는 천상 존재들까지(29; 148) 자기의 찬양에 동참하도록 부른다. 계약의 하느님을 향한 찬양시편들은 나름대로 잘 짜인 무리를 형성하고 있다(8; 19; 33; 100; 103; 104; 111; 113; 114; 117; 135; 136; 145 - 150, 그리고 78과 105도 참조). 이스라엘은, 유일하고 영원하며 전지 전능하신 하느님, 창조주, 역사의 주인, 당신께서 뽑으신 백성을 향상 성실하신 하느님을 노래한다. 이러한 찬미는 주님의 말씀에 대한 이스라엘 공동체의 대답이며, 그들의 역사 안에서 계속 만나는 살아계신 하느님, 그들의 인도자, 재판관, 옹호자, 그리고 해방자이신 분께 대한 응답이다.

137 때로는 탄원의 원동력인 신뢰가 전면으로 부각되어 해당 시편의 주제가 된다(11; 16; 23; 62; 121; 131, 그리고 91도 참조). 영성적으로 큰 영향력을 가진 이 노래들은 아마도 레위인들의 환경에서 유래했다고 말할 수 있다. 이들 시편 작가들은 평화와 기쁨 속에서 그들의 안녕(23,4 - 5, 또한 27,1.3; 3,7; 4,9; 131,2 - 3도 참조), 그리고 하느님과의 지속적이고 긴밀한 관계를 노래한다(16,5 - 11). 그들은 자기들의 신앙을 고백하며(16,2.4 - 5; 62) 동포들에게 자기들의 경험을 따를 것을 촉구한다. 하느님과의 친교가 가져다 주는 기쁨과 안녕은 하느님께서 당신을 드러내시고(11,7; 16,11), 당신께 피신하는 이들의 청을 들어주시는 성전과 연결되어 있다(11,4; 23,6). 이 밖에 시편 115, 125와 129에서는 공동체의 신뢰도 고백된다.

138 '개인 탄원시편'은 시편집의 거의 4분의 1을 차지한다(5; 6; 7; 13; 17; 22; 25; 26; 28; 31; 35; 36; 38; 39; 42; 43; 51; 54 - 57; 59; 61; 63; 64; 69; 70[=40,14 - 18]; 71; 86; 88; 102; 109; 120; 130; 140 - 143). 인간은 자기 운명에 대해 기뻐하기보다는 훨씬 더 자주 한탄한다. 고통에 처한 기도자들이 묘사하는 상황과 토로하는 하소연을 통하여 그들의 구체적인 상태, 그들의 개인적인 또는 그가 속한 공동체의 어려움을 볼 수 있다. 곧 참회, 병고, 탄압, 고소, 강제 이주, 유배생활 등이다. 많은 탄원시편에는 원수들의 무리가 횡행하는 것으로 나타난다. 이 적들은 그들의 제물이 된 사람들을 병자라 할지라도 사정없이 괴롭힌다. 자기들의 억압자를 묘사하기 위하여 시편 작가들은 다채로운 어휘들을 사용한다. 그래서 시편 번역가들과 주석가들은 이 적대적인 사람들이 누구인가라는 문제를 해결하는 데에 당황할 정도로 적지 않은 어려움에 직면하게 된다. 시편의 기도자들은 원수들의 활동을 서술하기 위해서 지혜 문학에서 유래하여 어느 정도 관습으로 굳어진 표현양식과 다양한 은유들을 이용한다: 전사, 그물과 올가미로 무장한 사냥꾼, 피에 주린 맹수, 사자, 황소, 들소, 개, 독사 등등. 원수들은 그들의 목적을 달성하기 위하여 모든 수단을 동원한다. 특히 악의에 찬 독을 품은 언사(거짓 증언, 험담, 중상, 요술사들의 주술을 연상케 하는 저주 등)가 그들의 주무기이다. 곤경 속에서 시편 작가들은 하느님의 정의에 하소연한다. 그러나 때로는 수세에만 몰리지 않고, 그들 역시 적극적으로 저주의 말로써 적들에게 대항한다. 그들의 공포에 찬 부르짖음은 예레미야나 욥의 외침을 연상케 한다. 이러한 기도들, 특히 병자들과 죽음의 위험에 처한 이들의 시편을 이해하기 위해서는 이 불행한 이들의 상황 속에, 그리고 당시의 종교, 사회적 맥락 속에서 보는 것이 중요하다. 시편의 기도자들은 "산 이들의 땅"(27,13) 곧 이승 밖에서는 행복을 누릴 수 없다고 여긴다. 이러한 세계관은 인간의 육체적인 조건에 대한 생각 (건강, 장수 등)을 내포하고 있다. 인생, 이승에서의 생활, 아직 불완전하게 알려진 하느님의 정의 등에 대한 개념들을 내포하고 있다. 성경의 인간학은 현대 인간학과 일치하지 않는다. 그들은 특히 우리가 일반적으로 하듯 육체와 정신을 구분하지 않는다. 흔히 "영혼"으로 옮겨지는 히브리어 낱말은 시편의 번역에서도 가끔 볼 수 있듯이 실제로는 목구멍, 목, 열망, 욕구, 숨결, 생명 등 여러 가지 의미를 지니고 있다. 때로는 단순히 인칭 대명사로 쓰이기도 한다. 구약성경의 사람들은 생명 또는 생명력을 다양한 강도를 지닌 하나의 힘으로 생각한다. 질병이나 고통스러운 상태, 역경이나 원수의 공격 같은 것들이 생명력을 감소시키고, 원수 그 자체인 죽음의 세력과 그 영역 속으로 사람을 끌어들인다는 것이다. 병자들과 박해받는 이들이 암흑과 침묵, 그리고 망각만이 다스리는 죽은 이들의 땅으로 내려간다고 탄식하는 이유가 바로 여기에 있다. 그들은 '땅 속 깊은 곳'에 자리잡은 이곳을 "저승(히브리말로는, 셔올)"이라 부른다(만일 우리말의 다른 번역에 '지옥'으로 되어있다면, 이는 천당/연옥/지옥의 세 차원에서 말하는 지옥이 아니다). 그래서 하느님께서 개입하여 해방시키신다는 것은 고통받는 이들의 원기를 회복시켜주고 소생시켜주심을 뜻한다. 곤궁에 빠진 이들은, 고통을 그들이 알게 모르게 지은 죄에 대한 벌로 여긴다. 그래서 이들은 자연히 이러한 결과를 인정하면서, 아울러 하느님의 진노를 누그러뜨릴 방도를 찾는다. 죄의 고백은 용서를 부르고, 하느님의 은혜는 구원을 가져다 준다. 탄원시편 가운데 일곱 개의 기도가(6; 32; 38; 51; 102; 130; 143) 그리스도교 전례에서 전통적으로 '참회시편'으로 애송되어왔다. 그 가운데 라틴어 번역의 첫마디를 따라 Miserere와 De profundis로 불리는 시편 51과 130은 커다란 영성의 성숙을 보여주고 있다.

139 주석가들은 창조주에 대한 찬양가들을 당시 고대 근동의 찬미가들과 비교 연구하기도 한다. '천둥비의 노래'라 할 수 있는 시편 29는 가나안의 신 바알에 대한 찬미가를 연상케 하고, 시편 19의 앞부분은 (이집트의) 태양신에 대한 기도의 흔적을 담고 있으며, '창조시편'이라 할 수 있는 시편 104는 이집트의 신 아톤에 대한 찬미가의 영향을 받았으리라는 것이다. 그러나 시편 작가들은 가나안, 바빌론, 이집트 등에서 유래했을 수 있는 모형들을 단순히 모방하지 않고 이들을 넘어선다. 구약성경의 시인들은 유일하신 하느님을 노래한다. 만일 그들이 주변 문학권에서 무엇인가를 빌려왔다면, 이는 자기들의 신앙에 따라 모든 것을 흡수, 정화, 동화시켰음을 뜻한다. 주님께서는 그들에게 어떠한 우주적인 힘과 결코 혼동될 수 없는 분이시며, 무엇보다도 먼저 역사의 하느님이시고 이스라엘의 하느님이신 것이다.

140 하느님의 통치에 대한 노래들은(93; 96 – 99, 그리고 47도 참조) 찬미시편과 밀접한 관계에 있다. 이 작은 유형의 시편들은 그들 사이의 독특한 유사점들, 보편주의적 어조, 이들 가운데 여러 노래에서 울려퍼지는 "주님께서는 임금이시로다!"(93,1; 96,10; 97,1; 99,1, 그리고 98,6도 참조)라는 환성 때문에 시편집 안에서 한데 모아진다. 이 시편들은 당신 어좌에 좌정하신 하느님, 임금이시며 판관이신 분, 민족들의 주님을 열광적으로 노래하고 있다. 이 노래들의 뿌리는 전례에서 찾아볼 수 있다(96,8 – 9; 99,5). 임금의 대관식이 거행되는 날과 같이 즐거움이 넘친다. 이스라엘, 뭇민족들, 멀리 있는 섬들, 그리고 우주의 모든 피조물들이 환희의 소리를 지른다. 일부 학자들에 의해서 '즉위식 노래'로 불리는 이 시편들은 성전에서 거행되던 어떤 특정 전례 때(예컨대, 초막절, 예루살렘 축제, 새해 축일 등) 불렸으리라고 추측되기도 한다. 그러나 확실한 결론을 내리기란 거의 불가능하다. 어떤 주석가들은 이 시편들과 이사야서의 마지막 부분(이사 52,7 참조) 사이의 관계에 주목하여 이 '새로운 노래'들에 종말론적 전망이 담겨있음을 발견한다. 그러나 이스라엘의 전례에서, 현재는 과거를 재현하며 동시에 미래를 앞당긴다(선취; 영어로는 anticipation). 전례는 과거를 재생시키고 희망을 소생시키는 것이다. (이 시편들은 다양한 학설에 따라 여러 가지 명칭으로 불린다: '하느님 군왕시편', '하느님 왕권에 대한 찬양시', '등극시편' 등. 우리는 '하느님의 통치시편'으로 부르기로 한다.)

141 몇몇 시편은 전적으로 '교훈시편'이라는 이름으로 불릴 만하다(1; 37; 49; 112; 119; 127; 133, 그리고 73; 128; 139도 참조). 이 지혜시에서 다루어지는 주제들 가운데에서 율법은 특별한 자리를 차지한다(1; 119, 그리고 19,8 – 14도 참조). 애정과 함께 묵상되는 율법은 은혜의 무한한 근원이다. 시편 작가들은 의인의 행복과 악인의 멸망을 선포하며 응보의 문제를 다룬다. 그러나 현실은 전통적인 가르침과 항상 들어맞지는 않는다. 악인들이 성공하고 의인들이 실패한다. 이것이 신앙인들의 마음을 괴롭힌다. 몇몇 시편 작가들은 이 위기를 거의 절망으로까지 몰고 가면서, 진정한 신앙의 위기를 거치기도 하지만(73), 고통을 통해서 자극을 받아 그들의 생각과 감성을 순화시키게 된다. 그들은 이승에서 이루어지지 않는 균형이 저승에서 회복된다고 예측한 것인가? 아직은 분명치 않은 언명 속에 이러한 의미의 희망이 내비쳐보인다(49,16; 73,24, 그리고 창세 5,24와 2열왕 2,1 – 11도 참조)..

142 '개인 탄원시편'과 같은 구조를 지닌 '공동 탄원시편'은(12; 44; 58; 60; 74; 79; 80; 83; 85; 90; 123, 그리고 126도 참조) 공동의 재앙을 전제한다: 전쟁에서의 패배, 외군의 침입, 학살과 파괴, 성전의 모독, 약자들에 대한 강자들의 박해, 의인들에 대한 악인들의 억압, 권세가들에 의한 폭정 등. 이스라엘은 그들의 불안과 공포를 하느님께 소리지르며 토로한다. 그리고 구원을 앞당기기 위해 주님께서 개입하셔야 하는 여러 이유들을 들면서 간청한다. 이스라엘은 자기들의 무죄를 내세우거나(44,18), 자기들의 죄를 인정하기도 하면서(79,8 – 9), 하느님께서 과거에 베푸신 구원(44,2 – 9; 74,2,12 – 17), 특히 계약(74,20)을 상기한다. 종국에는 하느님 자신의 명예(74,18; 79,10,12), 그리고 이스라엘에 대한 당신의 진실성과 성실성이 문제가 된다(44,27). 선택된 백성의 일이 주님의 일과 동일시되는 것이다.

143 '시온의 노래'들은 예루살렘과 거기에 있는 성전을 기린다(46; 48; 76; 84; 87, 그리고 24; 68; 132도 참조). 시온은 여러 화려한 명칭들을 지니고 있다: 다윗 왕조의 도읍, 종교 중심지, 지존의 거처들 가운데 가장 거룩한 거소, 하느님의 도성, 대왕의 도읍 등. 시온에 대한 이러한 찬양은 결국 시온산을 당신의 거처와 당신의 안식처로 선택하신 주님께로 향하는 것이다. 시편 132는 하느님에 의한 예루살렘과 임금의 이중 선택을 기념하기 위하여 불려졌으리라 추측되는데, 사무엘 하권 7장의 이야기를 바탕으로 창작된 것 같다. 시편 68의 작가는, 고대 시들의 잔재를 잔뜩 지닌 채 서사시의 양식으로, 승승장구하는 기마병들의 행진, 더 정확하게 말해서, 최종적 장소로 향하는 계약의 궤의 장엄한 행렬을 노래하고 있다. 거룩한 산 위에 자리잡은 새로운 도읍 예루살렘은, 가나안 신화에 따르면 바알의 처소에 부여되었던 명칭인 "북녘의 맨 끝"(48,3)이라는 칭호로 불리게 된다(68,18도 참조). 전능하신 분께서 항상 현존하심으로써 이 도성은 안정과 안녕이 보장되고 함락될 수 없는 피신처가 된다. 바로 여기에서부터 어떠한 극한적인 상황 속에서도 선택된 백성이 드러내 보이는 자신감이 나온다. 시온의 노래들은 장차 민족들의 도읍이 될(87) 이 도성을 이상화하는 하나의 신비를 구상하고 있다고 하겠다. 어떤 주석가들은 여기에서 종말론을 이야기한다. 그러나 한번 더 말해서, 전례는 선취한다. 의식은 전례적 오늘 속에서 이미 내일의 개화(開花)를 경축한다. 예루살렘의 미래는 이미 결정되어있는 것이다(이사 2,2 – 4; 60; 미카 4,1 – 3; 즈가 8 참조).

144 교훈적인 관심은 이른바 '전례시편'에서도(15; 24; 134, 그리고 91과 95도 참조) 나타난다. 어떤 의식, 예컨대, 성전문에 도착하여 거행하는 예식은(24,7; 118,20 참조), 성전으로 들어가는 데에, 하느님의 현존 앞에 나타나는 데에, 그리고 하느님 앞에 머무르는데에 요구되는 조건들을 상기시키는 기회가 된다.

145 동일한 영감 속에 이른바 '순례시편'들도 등장한다(120 – 134). 일반적으로 이 시편들은 순례자들이 예루살렘으로 오르면서(이사 2,3; 예레 31,6; 시편 84 참조), 특히 이스라엘의 삼대 축일(출애 23,14 – 17) 때 성전에 순례하면서 불렀으리라고 생각된다. 상당히 후대에 생성되었다고 여겨지고 때로는 매우 짧은 이 시편들은 상호 유사점에도 불구하고 문학적으로 다양한 형식을 취하고 있으며, 내용면에서도 여러 주제들을 다루고 있다.

주님 안에서 늘 기뻐하십시오. 거듭 말합니다. 기뻐하십시오. (필리 4, 4)

나에게서 배우고 받고 듣고 본 것을 그대로 실천하십시오. 그러면 평화의 하느님께서 여러분과 함께 계실 것 입니다. (필리 4, 9)

세상이 너희를 미워하거든 너희보다 먼저 나를 미워하였다는 것을 알아라. 너희가 세상에 속한다면 세상은 너희를 자기 사람으로 사랑할 것이다. 그러나 너희가 세상에 속하지 않을 뿐만 아니라 내가 너희를 뽑아 세웠기 때문에 세상이 너희를 미워하는 것이다. (요한 15, 18-19)

바이블테라피 Bible Therapy **17** Script Questionnaire

잠언은 인생을 살아가는데 교훈이 되고 경계가 되는 말들의 모음입니다.
아래의 질문들은 당신이 죽음을 앞두고 던져지는 질문입니다. 당신의 인생의 마지막 시간이라고 생각하면서
진지하게 성찰하고 적어보십시오! 틀림없이 소중한 깨달음을 얻게 될것입니다.

1. 당신은 90살입니다. 그리고 살 수 있는 마지막 한 시간이 남았습니다.

　　이러한 상황에서 당신은 당신의 인생에 대해 무엇을 말하겠습니까?

2 . 당신의 무덤 비석에는 무엇이라 쓰여져 있을까요?

3. 당신은 비석에 무엇을 쓸 것입니까?

4. 당신에 관해 주변 사람들이 당신에게 한 말 중 가장 듣기 좋았던 말은 무엇이었습니까?

5. 당신이 가장 좋아했던 동화, 전설, 이야기는 무엇이었습니까?

6. 힘들고 어려웠을 때, 당신의 가족은 당신에게 어떠했습니까?

7. 자신에 관해 바꾸고 싶었던 것 한 가지는 무엇이었습니까?

　　7-1. 이것을 하게 될 때, 당신의 인생은 어떻게 달라지게 될 것 같습니까?

　　7-2. 그것을 바꾸기 위하여 당신은 먼저 무엇을 해야 합니까?

　　7-3. 당신은 언제 그것을 바꾸기 시작할 것입니까?

우리말에서 '사람이 살아가는 데 교훈이 되고 경계가 되는 짧은 말'로 사전적 정의를 내리는 '잠언'은 히브리말로 '마샬'이라고 한다. 이 명사는 '비슷하다' 또는 '지배하다'라는 동사에서 파생된 것으로 여겨지지만, 그 어원과 뜻은 확실하지 않다.

구약성경의 잠언집은 여러 시대와 여러 장소에서 유래하는 잠언들을 모은 것이다. 더 정확하게 말하면, 이러한 작은 묶음들을 한데 모은 책이다. 잠언은 세계 4대 문명의 발상지 가운데 두 곳인 메소포타미아와 이집트, 그리고 이 둘을 잇는 이른바 '비옥한 반달 지대'에서 오래 전부터 발달해 온 문학 유형인 '지혜문학' 또는 '격언문학'에 속한다. 이스라엘에도 이 "동방의 아들들"(1열왕 5,10)의 지혜가 잘 알려져 있었다(특히 에돔의 지혜에 대해서는 예레 49,7; 오바 8; 바룩 3,22 - 23 참조). 그래서 성경의 잠언과, 그 밖의 메소포타미아의 수메르 잠언과 아시리아 - 바빌로니아 잠언(이사 47,10; 예레 50,35; 51,57; 다니 1,20; 2,24), 이집트 잠언(창세 41,8; 1열왕 5,10; 이사 19,11.12; 지혜 17,7; 사도 7,22), 가나안 원주민들의 잠언, 그리고 시리아 - 팔레스티나 북부의 히타이트 잠언 사이에는 단순한 유사점 이상의 것들이 존재한다. 예컨대, 같은 주제를 동일한 표현 양식으로 나타내는가 하면, 때로는 다른 나라의 잠언을 직접 빌려온 것으로 여겨지는 경우들도 있다. 잠언집 안에 있는 두 개의 작은 모음(30,1 - 14와 31,1 - 9)이 외국 현인들의 작품으로 여겨진다는 사실에서도 지적되고 있는 바와 같이, 이 모든 것은 당시에 국제적인 문학 교류가 활발하였고, 이스라엘 역시 이에 적극적으로 참여하였음을 시사하고 있다.

17 📖 잠언 SCHEMA

날짜	성경 구절	주요 내용	
첫 째 날	잠언 1 – 4	• 잠언의 목적(1) • 지혜의 정의(2 – 4)	 잠언 1 – 지식의 근본
둘 째 날	5 – 9	• 경고의 말(5 – 7) • 지혜에 대하여(8 – 9)	 잠언 2 – 지혜의 자기소개
셋 째 날	10 – 16	• 솔로몬의 첫째 잠언집(10 – 16)	 잠언 3 – 우둔한 자의 말
넷 째 날	17 – 21	• 솔로몬의 첫째 잠언집(17 – 21)	 잠언 4 – 게으른자에 대한 잠언

날짜		성경 구절	주요 내용
다 째	섯 날	22 – 24	• 현인들의 잠언집(22 – 24) 잠언 5 – 절제
여 째	섯 날	25 – 29	• 솔로몬의 둘째 잠언집(25 – 29) 잠언 6 – 솔로몬의 둘째 잠언집
일 째	곱 날	30 – 31	• 아구르와 수의 잠언(30) • 르무엘의 잠언(31) 잠언 7 – '여인'으로 의인화 된 '지혜'

36. 잠언집의 구성과 전개

1. 저술연대	기원전 7세기	바빌론 유배 이후	기원전 5 – 4세기
	유다임금 히즈키야 시대에 전통적인 속담이 우선 모아지고 새로운 격언들이 첨가 되었다.	현자들이 솔로몬으로부터 유래하였다고 본 잠언들을 체계적으로 구성했을 것으로 사료된다.[146]	최종 편집자가 모음집에 대한 머리말로 1 – 9장을 앞에 놓고 30 – 31장을 추가하여 잠언을 완성했다고 본다.

148) 잠언집은 "이스라엘 임금. / 다윗의 아들 솔로몬의 잠언."(1,1)이라는 표제로 시작한다. 솔로몬은 여기에 두 가지 칭호로 불리는데, "이스라엘의 임금"과 "다윗의 아들"이 그것이다. 솔로몬은 잠언집을 이해하는데 중요한 이름으로, 잠언집 전체가 그의 영향 아래 있다고 할 수 있다. 그렇다면 왜 솔로몬을 꼽는가? 그가 통치자로서의 자질과 문학적 재질을 지녔을 뿐만 아니라, 수많은 금언이 그에 의해 지어졌다고 생각하였기 때문이다(1열왕 3,3 – 14,16 – 28; 5,9 – 14; 10,1 – 9,23; 집회 47,14 – 17 참조). 또한 잠언에 들어있는 세 개의 작은 묶음에는 "솔로몬의 잠언"이라는 표제가 붙어있다(1,1; 10,1; 25,1). 그렇다고 해서 솔로몬을 잠언집 전체는 물론이고 이 모음들의 실질적인 저자 또는 편집자라고 말할 수는 없다. 하지만 솔로몬 자신이 잠언집의 핵심 부분을 직접 지었거나 일부를 수집하였을 개연성을 부인할 수도 없다. 이스라엘의 지혜문학이 솔로몬과 그의 궁전을 중심으로 해서 본격적으로 시작하였다고 여겨진다. 여기에서는 솔로몬의 국제 정치와 국제 무역 활동도 함께 고려해야 한다. 특히 그는 당시에 지혜문학을 이미 활발히 전개하고 있었던 이집트와 정식 외교 관계를 맺고, 파라오의 딸과 결혼을 하기도 하였다(1열왕 3,1 – 2). 그래서 모세가 율법 전체를 제정하지는 않았지만, 모든 율법을 그의 권위와 전통 밑으로 결집시키듯, 그리고 시편들을 다윗에게 귀속시키듯 솔로몬 역시 지혜문학의 대부로서 잠언집의 일부 또는 전체의 저자로 불릴 수 있는 정당성을 지니는 것이다.

2. 문학유형[147]	동의적 대구법	반의적 대구법	점진적 대구법
	같은 사람, 동일한 사물이나 과정을 동의어로 두 번 반복해서 묘사한다. 예) 빈정꾼들에게는 형벌이, 우둔한 자들의 등에는 매가 마련되어 있다(19, 29)	같은 주제를 다루되 서로 반대되는 어구를 나란히 놓음으로 반복하여 강조한다. 예) 게으른 손바닥은 가난을 지어내고, 부지런한 이의 손은 부를 가져온다(10, 4)	어느 한 쪽을 예리하게 강조하거나 종합하여 전체적인 뜻을 완성한다. 예) 정의로 가진 적은 것이 불의로 얻은 많은 소득보다 낫다!(16, 8)

147) 히브리말에서 운문으로 된 잠언은 근본적으로 두 가지 문학적 방법으로 표현된다. 첫째는, 어떤 생각이나 표상을 다른 생각이나 표상에 대비시킴으로써 뚜렷하게 드러내는 '비교'이다: "악한 마음에 매끄러운 입술은 / 겉만 매끈하게 칠한 질그릇과 같다"(26,23). 그래서 칠십인역은 히브리말의 '잠언'을 그리스말의 '비교'라는 낱말로 옮긴다. 둘째는, 두 개의 생각이나 표상을 두 줄로 병행시켜 표현하는 것이다(물론 한 생각이 셋 이상의 줄로 전개되는 수도 종종 있다). 여기에는 서로 반대되는 경우와("주님께서는 의인의 갈망은 채워주시고 / 악인의 욕망은 물리치신다": 10,3), 서로 보완하는 경우가 있는데("내 아들아, 아버지의 교훈을 들어라. / 어머니의 가르침을 저버리지 말아라": 1,8), 앞의 것을 동의적 병행법, 뒤의 것을 반의적 병행법이라 부른다. 이 밖에도 한 생각이 점진적으로 전개되거나, 둘째 줄이 첫째 줄의 생각을 설명하는 점층적 또는 종합적 병행법이 있다. "현인의 가르침은 생명의 샘이라 / 죽음의 올가미에서 벗어나게 한다."는 13,14의 말씀을 그 한 예로 들 수 있다(시편 「입문」 참조). 잠언집의 모든 말씀을 이 세 가지 형식 안에 넣어 묶을 수는 없지만, 대부분의 잠언은 이렇게 두 줄로 현인들의 생각을 나타낸다.

3. 구성	제 목	내 용	중심 장 – 절
1 – 9장 [148]	서언과 지혜시 	– 아버지가 아들에게 일러주는 바람직한 생활에 대한 가르침 – 잠언 전체의 서문 성격을 갖는데 참 지혜를 간직하라는 훈계가 거듭된다. – 주님을 두려워하며 섬기는 것이 지식의 근본이라고 규정(1,7) – 지혜의 중요성을 강조하기 위해 지혜와 어리석음, 의인들이 누릴 행복과 악인들이 받을 벌을 비교 제시한다.	1,19 부정한 이득을 뒤쫓는 자의 길은 다 이러하니 그 이득이 그들의 목숨을 앗아가버린다. 2,7 – 8 떳떳이 살면 도움이 되어주시고 올곧게 살면 방패가 되어주신다. 바른길 걷는 사람을 감싸주시고 당신께 마음을 쏟는 사람을 지켜주신다. 4,11 – 12 내가 너에게 지혜의 길을 가르치고 너를 바른 길로 이끌어 주었으니 네가 걸을 때 앞 길이 막히지 않고 네가 뛰더라도 비틀거리지 않으리라.

16,2 – 3 사람의 길이 제 눈에는 모두 결백해 보여 도 영을 살피시는 분은 주 님이시다. 네가 하는 일을 주님께 맡겨라 계획하는 일이 이루어질 것이다.

17,22. 28. 즐거운 마음은 건강을 좋게 하고 기가 꺾 인 정신은 뼈를 말린다. 미 련한 자도 잠잠하면 지혜 로와 보이고 입술을 닫으 면 슬기로워 보인다.

148) 1,8 – 9,18 : 나쁜 친구들과 "낯선 여인"을 삼가라는 아버지 또는 스승의 훈계가 나오고, 여기에 지혜에 대한 찬양과 지혜 자신의 말씀이 첨가된다 (1,20 – 33; 8,22 – 35). 의인화된 '지혜'와 이에 맞서는 '우둔함'이 9,7 – 12를 가운데 두고 마치 균형을 이룬 두 개의 저울판같이 나란히 제시된다(9,1 – 6과 9,13 – 18).

| 22,17 – 24,22 [150] | **현인들의 첫째 잠언** | 사회생활과 이웃관계에서 실천해야 할 정의, 예의, 절제 등 | 22,26 너는 담보 서는 이들 가운데에, 빚 보증 서는 이들 가운데에 끼지 마라. |

23,13 아이를 훈육하는 데 에 주저하지 마라. 매로 때 려도 죽지는 않는다. 아이 를 매로 때리는 것은 그의 목숨을 저승에서 구해 내 는 일이다.

23,29 – 35 누가 비탄에 젖어 있느냐? 누가 애통해 하느냐? 누가 싸움질하였 느냐? 누가 원망하느냐? 누가 까닭없이 상처를 입 었느냐? 누가 슬픔에 잠긴 눈을 하고 있느냐? 늦도록 술자리를 뜰 줄 모르는 자 들 혼합주를 맛보러 온 자 들이다. 빛깔이 좋다고 술 을 들여다 보지 마라. 목구 멍에 매끄럽게 넘어간다해 도 그러지 마라. 결국 뱀처 럼 물고 살무사처럼 독을 쏜다. 네 눈은 이상한 것을 보게되고 네 마음은 괴상 한 소리를 지껄이게 된다.

150) 22,17 – 24,22 : 현인들의 잠언들을 묶어놓은 첫 번째 모음이다. 이 모음에는 다른 요소들과 함께 이집트 의 「아멘엠오페의 지혜」와 매우 흡사한 단 락(22,17 – 23,14)과 술버릇에 대한 괄목할 만한 풍자가 들어 있다(23,29 – 35).

| 24,23 – 34 [151] | **현인들의 둘째 잠언** | 재판할 때 공정하게 할 것과 부지런히 살아갈 것을 가르침 | 24,28 까닭 없이 이웃을 해치는 증인이 되지 마라. 네 입술로 남을 속이지 마라.

24,33 "조금만 더 자자. 조금만 더 눈을 붙이자. 손을 놓고 조금만 더 누워 있자!' 하면 가난이 부랑자처럼, 빈곤이 무장한 군사처럼 너에게 들이닥친다." |

151) 24,23 – 34 : 24,23이 말하는 바와 같이 현인들의 잠언들을 묶어놓은 두 번째 모음이다. 여기에서는 특히 '게으름뱅이의 초상화'라 할 수 있는 게으른 자에 대한 묘사가 주목된다(24,30 – 34).

| 25 – 29장 [152] | **솔로몬의 둘째 잠언**

 | – 창조물과 동물의 세계, 가난한 자들과 임금의 행위에 대한 가르침
– 자연, 농사, 궁중생활, 상업 등에 관한 실 생활적인 요소들이 많다.
– 사람을 교훈함에 있어 자연을 이용하여 눈과 바람과 비를 직접적으로 사용하고 있다. | 25,27 꿀을 너무 많이 먹는 것이 좋지 않듯 명예를 추구하는 것도 좋지 않다.
26,20 장작이 다하면 불이 꺼지듯 중상꾼이 없으면 다툼도 그친다.
27,12 영리한 이는 재앙을 보면 몸을 숨기지만 어리석은 자는 그대로 가다가 화를 입는다.
28,1 악인은 쫓는 자가 없어도 달아나지만 의인은 사자처럼 당당하다. |

152) 25 – 29장 : 127개의 잠언들을 묶은 것으로서, 10,1 – 22,16에 이어 솔로몬의 두 번째 잠언 모음으로 불린다(25,1). 솔로몬의 첫 번째 잠언 모음에서와 같이, 여기에서도 대부분의 잠언이 한 쌍을 이루는 두 줄로 되어있다. 첫째 모음과 같지는 않지만, 이 25 – 29장의 잠언들도 오래된 것으로 여겨진다

| 30,1 – 14 [153] | **아굴의 잠언** | 정직성과 꼭 필요한 것으로 만족할 줄 아는 슬기를 청할 것을 가르침 | 30,8 – 9 허위와 거짓말을 제게서 멀리하여 주십시오. 저를 가난하게도 부유하게도 하지 마시고 저에게 정해진 양식만 허락해 주십시오. 그러지 않으시면 제가 배부른 뒤에 불신자가 되어 "주님이 누구냐?" 하고 말하게 될 것입니다. 아니면 가난하게 되어 도둑질하고 저의 하느님 이름을 더럽히게 될 것입니다. |

153) 30,1 – 14 : 마싸 사람 아굴의 잠언들인데, 아굴은 이스라엘 사람이 아닌 외국의 현인이다.

30,15 – 33 [154]	수 잠언	숫자를 이용해서 지혜와 어리석음을 풍자적으로 비유	30,17 제 아비를 비웃고 어미를 깔보는 눈은 골짜기의 까마귀에게 쪼이고 독수리 밥이 되리라. 30,33 양의 젖통을 누르면 젖이 나오고 코를 치면 피가 나오듯 화를 돋우면 싸움이 터진다.

154) 30,15 – 33 : '수(數) 잠언'이라 불리는 부분이다. '수 잠언'은 수의 점진적 나열, 곧 X + 1 (예컨대, '이 셋은 … , 이 넷은 …')의 방법으로 구성되어 있다. 이러한 수사학적 방식은 아모스 예언서 첫째 장에서도 볼 수 있다.

31,1 – 9 [155]	르무엘의 잠언	임금의 어머니가 그의 아들에게 준 교훈	31,4 르무엘아! 임금에게 어울리지 않는다. 술을 마시는 것은 임금에게 어울리지 않고 독주를 탐하는 것은 군주에게 어울리지 않는다. 31,8 – 9 너는 벙어리들을 위하여, 버림받은 모든 이들의 권리를 위하여 입을 열어라! 입을 열어 의로운 재판을 하고 가난한 이와 불쌍한 이의 권리를 지켜 주어라

155) 31,1 – 9 : 마싸의 임금 르무엘의 말로서, 외국 현인의 금언을 모은 묶음으로는 30,1 – 14에 이어 두 번째 것이다.

31,10 – 31 [156]	훌륭한 아내에 대한 찬양시 	아내와 가정주부, 어머니라는 세 가지 관점에서 여인을 바라봄	31,30 우아함은 거짓이고 아름다움은 헛것이지만 주님을 경외하는 여인은 칭송을 받는다.

156) 31,10 – 31 : 훌륭한 여인을 노래하는 유명한 알파벳 시이다(시편 「입문」 참조). 이는 9장에 일종의 여인으로 의인화되어 나오는 '지혜'에 대한 묘사와 한 쌍을 이룰 수 있는 단락이다.

바이블테라피 **18** 볼 수 있다는 은혜

Bible Therapy

의사가 당신의 눈을 검사하고 그 결과를
알려주게 되었다고 상상하십시오.....

의사말이 당신의 시력은 점점 약해져 가고 있고,
어떤 약으로도 구제할 길이 없으며
더더구나 서너달 안에 당신은 장님이 될 것이라고 합니다.....
어떤 느낌입니까?

이제 당신은, 보고 기억해둘 기간이 두세 달 밖에 안 남았다
는 것을,
그리고 다시는 보지 못하리라는 것을 알고 있습니다.
눈이 멀기 전에 무엇을 특별히 보고 싶습니까?
곧 영원히 눈이 멀게 되리라는 것을 알고 있는 지금,
당신은 어떻게 사물을 보고 있습니까?

이제 당신은 참으로
장님이 되었다고 상상 하십시오.....

당신은 장님으로서 어떤 삶을 살고 있습니까?.....
충분히 시간을 갖고 당신의 상태와 느낌을 느껴보십시오.....
상상 속에서. 장님으로서 하루를 지내십시오.
아침에 눈을 뜨고 일어나 세수를 하는 순간부터
밤에 자러 갈 때 까지.....
식사를 하고,
책을 '읽고',
사람들과 이야기를 하고,
산책을 가고.....
장님으로서 말입니다.....

이제 눈을 뜨고서
당신이 볼 수 있다는 사실을 깨달으십시오.....
기분이 어떻습니까?.....
하느님께 뭐라고 말씀 드리겠습니까?

196

'전도서(傳道書)'라는 한자로 된 책 이름은 1,1의 코헬렛이라는 히브리말에 기인한다. 유다교에서 시작하여 예로니모를 거쳐 루터에 이르는 전통 중의 하나는 이낱말을 '전도자', '전도사'로 이해하였다. 이러한 전통을 동양권에서도 받아들여이 책을 전도서라 부르게 된 것이다. 그러나 이렇게 붙여진 책 이름은 논리적이라 할 수 없다. 본디 '전도자 /전도사'에 '서'를 붙여 '전도자서' 또는 '전도사서'라해야 했다. 그러나 그냥 전도서라 이름지음으로써, 이 책이 이를테면 종교의 도리를 전파하기 위하여 집필된 책으로 오해될 여지가 발생하였다. 그리고 현재 우리가 쓰고 있는 '공동번역 성경'는 코헬렛을 "전도자"라 하지 않고 "설교자"로 번역하였다. 이에 따라 이 책의 이름은 "설교서", 또는 더 정확하게는 "설교자서"가됐어야 했다.

그러나 코헬렛의 뜻이 명확한 것은 아니다. 이 낱말은 '집회', '회중', '국민 공동체' 등을 뜻하는 '카할'의 동사형 '모이다'의 단순형 여성 단수 분사이다. 그래서이 낱말은 집회를 이룬 공동체 안의 어떤 직책이나 직능, 더 나아가서 이 직책/직능을 맡은 사람을 지칭하는 것으로 여겨진다. 칠십인역은 (우리말로 음역하여) 에클레시아스테스(이대로 책 이름을 부르기도 한다) '회중', '교회의 구성원'으로, 히브리 성경를 라틴말로 번역한 예로니모는 concionator '연사(演士)'로 옮긴다. 이러한 사실들을 종합해 볼 때 코헬렛은 '집회의 의장' 또는 '집회의 연사'라는 뜻을지녔던 것으로 추측된다. 그러나 이 밖에도 '수집가', '수집 책임자', 또는 '대변인'으로 옮기는 학자들도 있다. 원뜻이 어떠하였든간에 코헬렛은 일반명사에서 출발하여, 이 명칭을 지닌 이의 가명 또는 제자들이 부르던 호칭이 되고, 그럼으로써이 현인의 이름처럼 되었을 가능성이 있다.

날짜	성경 구절	주요 내용	
첫 째 날	코헬렛 1 - 2	• 다윗의 아들로서 예루살렘의 임금인 코헬렛의 고백(1) • 많은 지혜와 재물도 아무것도 아니라는 허무함(2)	코헬렛 1 - 예루살렘의 임금인 코헬렛의 고백
둘 째 날	3 - 6	• 모든 것에는 때가 있음(3) • 허무함과 무상함에 대한 말(4) • 재물과 그 위험에 대한 말(5) • 만족할 수 없는 인생(6)	코헬렛 2 - 종교적 권고
셋 째 날	7 - 10	• 행복의 상대성에 대한 말(7) • 모든 것은 하느님 손 안에 있다(8 - 9) • 어리석음에 대한 경계(10)	코헬렛 3 - 어리석은 자의 수다
넷 째 날	11 - 12	• 젊음을 즐겨라(11) • 목숨은 그것을 주신 하느님께로 돌아감(12)	코헬렛 4 - 하느님을 경외함

날짜		성경 구절	주요 내용
다 째	섯 날	아가 1 – 2	• 솔로몬의 가장 아름다운 노래 • 사랑의 기쁨(1) • 만남과 포옹(2) 아가서 1 – 사랑의 기쁨
여 째	섯 날	3 – 6	• 혼례 행렬(3) • 신부에 대한 찬가(4) • 연인에 대한 칭송(5 – 6) 아가서 2 – 신부에 대한 찬가
일 째	곱 날	7 – 8	• 사랑의 속삭임(7) • 죽음처럼 강한 사랑(8) 아가서 3 – 사랑의 속삭임

37. 전도서(코헬렛)¹⁵⁷⁾

 전도서는 "다윗의 아들로서 예루살렘의 임금인 코헬렛의 말"로 전해진다(1,1). 그런데 코헬렛은, 앞으로 자세히 말하게 되겠지만, 인명이 아니라 직책 또는 직능의 명칭이다. 이 1,1의 말은 의도적으로 임금의 이름을 직접 대지 않고 간접적으로 암시하고 있다. 그러나 당시의 청중이나 독자는 그가 누구인지 곧바로 알아들었을 것이다. 곧 솔로몬 임금을 지칭하는 것이다(전도 1 – 2와 1열왕 3 이하 비교). 그래서 전통적으로 전도서의 저자는 솔로몬으로 받아들여져 왔다.

1,1 – 11 머리말	끝없이 순환하는 세상에서 모든 것이 허무!	
1,12 – 12,8 본문	1,12 – 2,26 ¹⁵⁸⁾	인간의 자기반성을 통해 인간의 노력이 얼마나 헛된 것인지를 말하며 인간의 한계를 지적한다. 1,8 – 9 온갖 말로 애써 말하지만 아무도 다 말하지 못한다. 눈은 보아도 만족하지 못하고 귀는 들어도 가득차지 못한다. 있던 것은 다시 있을 것이고 이루어진 것은 다시 이루어질 것이니 태양 아래 새로운 것은 없다.
	3,1 – 6,12 ¹⁵⁹⁾	영원과 순간을 비교하면서 인간은 부정적인 면과 한계를 가짐 실재임을 말해주고 그 모든 것을 하느님의 선물로 받아들임 3,1 – 7 하늘 아래 모든 것에는 시기가 있고 모든 일에는 때가 있다. 태어날 때가 있고 죽을 때가 있으며 심을 때가 있고 심긴 것을 뽑을 때가 있다. 죽일 때가 있고 고칠 때가 있으며 부술 때가 있고 지을 때가 있다. 울 때가 있고 웃을 때가 있으며 슬퍼할 때가 있고 기뻐 뛸 때가 있다. 찢을 때가 있고 꿰맬 때가 있으며 침묵할 때가 있고 말할 때가 있다.
	7,1 – 12,8 ¹⁶⁰⁾	지혜에 대한 논리를 전개하면서 정의, 여인, 권력, 운명의 비밀, 부패하고 비참한 세계라는 사회현실과 자신과의 관계 등을 다루고 있다. 저자는 지상행복이 인생의 궁극적인 목적이 아님을 말하면서 인간은 하느님께서 섭리하시는 모든 것을 온전히 받아들여야 한다고 주장한다. **일곱 가지 생각들** – 지혜로운 이들의 마음은 초상집에 있고 어리석은 자들의 마음은 잔칫집에 있다(7,4). – 삶과 죽음의 중용: 의롭지만 죽어가는 의인이 있고 사악하지만 오래 사는 악인이 있다(7,15) – 너는 너무 의롭게 되지 말고 지나치게 지혜로이 행동하지 마라. 어찌하여 너는 너 자신을 파멸시키려 하느냐? 너는 너무 악하게 되지 말고 바보가 되지 마라. 어찌하여 네 시간이 되기 전에 죽으려 하느냐? (7,16 – 17) – 중용에 관한 지혜: 죄를 짓지 않고 선만을 행하는 의로운 인간이란 이 세상에 없다. 사람들이 말하는 온갖 이야기에 네 마음을 두지 마라(7,20 – 21). – 채워지지 않는 정의: 악인들의 행동에 마땅한 바를 겪는 의인들이 있고 의인들의 행동에 마땅한 바를 누리는 악인들이 있다는 것 그래서 태양 아래에서 먹고 마시고 즐기는 것보다 인간에게 더 좋은 것은 없다(8,14 – 15).
12,9 – 14 맺음말	하느님을 경외함이 인간의 본분임을 강조한다. 하느님께서는 좋든 나쁘든 감추어진 온갖 것에 대하여 모든 행동을 심판하신다.	

우선 사물의 순환(循環) 운동에 관한 '머리말'(1,3 – 11)이 나오고 이어서 세 부분이 뒤따른다. 첫째 부분에서 코헬렛은 일종의 자기 반성을 하는데(1,12'—'2,26), 인간이 설사 그 누구보다도 많은 소원을 채웠다 하더라도 인간의 조건을 탈피하기 위한 그의 노력은 소용이 없다는 확인으로 끝을 맺는다. 즐기는 것밖에 무엇이 남아 있겠는가? 쓰디쓴 맛만이 입에 남아 있을 뿐이다. 그래서 모든 것이 허무라고 코헬렛은 말한다.

둘째 부분에서(3,1 – 6,12) 코헬렛은, 시간의 영속성과 일시적 순간 사이의 대립에서부터 시작하여, 인간의 모든 현실이 부정적인 면과 한계를 지니고 있음을 보여준다. 그는 이것들의 상대성을 인식하면서 이 또한 하느님의 선물이라는 사실을 받아들인다. 그래서 그는 운명의 신비 앞에서 철학적 번민을 토로하게 된다(3,22; 6,12; 7,14; 8,7; 9,12; 10,14). 인생은 무슨 소용이 있는가(1,3; 2,22; 3,9; 5,15)? 누가 인생과 세상사를 알 수 있는가? 인간은 자기 실존의 부조리를 탈피할 수 있는가? 완전한 진퇴양난 속에 자포자기만이, 또는 (현대의 어떤 실존철학자와 관련지어) 구토증만이 남는 게 아닌가? 자살과 향락에로의 욕구 사이에서 코헬렛은 진정으로 인간적인 자세를 발견하고자 시도한다.

셋째 부분(7,1 – 12,7)은, 두번째 부분이 열네 번에 걸쳐 '…? 때(또는, …하기 위한 때)'라는 말로 시작했듯이(히브리말에서는 이 글귀가 문장 앞에 온다), 비교의 형태를 취하는 일련의 일곱 가지 생각들과 함께 출발한다. 이어서 저자는 지혜, 이것과 정의의 관계, 여자 문제, 권력의 행사, 운명의 비밀, 현세적 정의에 대한 전통적 주제, 사회적 관계 및 전도되고 폭력적인 사회에서 이들이 취하는 명백히 비정상적인 형태 등을 다룬다. 이전의 욥처럼(9,22; 21,7 등 비교; 또한 시편 37; 49; 73; 예레 12,1; 말라 3,14 – 15도 참조) 코헬렛은, 사람들을 실존에 투신하도록 격려하는 현인들의 언행을 타협주의이며 공허한 수사학(修辭學)에 불과하다고 반발한다. 말을 많이 하는 자들은 어리석은 자들이며, 이들은 가장 기본적인 것조차 알지 못한다는 것이다(10,14). 역설적으로 코헬렛은 비효율성으로 귀결되는 극단적인 입장들을 고발한다(일례로 7,16 – 17 참조: "너는 너무 의롭게 되지 말고 / 지나치게 지혜로이 행동하지 마라.'… 너는 너무 악하게 되지 말고 / 바보가 되지 마라"). 그러나 그는 기회주의자가 아니다. 동시에 그를 단순한 양분법에 따라 비관론자 또는 낙관론자라 부르는 것도 타당하지 않다. 그는 현실적이고 냉철한 정신과 이성의 소유자이다. 그는 진실과 사실에 대한 정열을 지녔다. 결국 삶은 그에게 좋은 것이다. 그것은, 천사나 금수처럼 굴려는 시도없이, 기쁨과 함께 받아들여야 하는 하느님의 선물이다(3,13; 5,17; 8,15; 9,9 참조). 코헬렛은 정통 신앙 및 전통적 지혜와 거리를 두고 이것들에 따른 선입견 없이 자기만의 냉철한 눈과 냉엄한 판단력으로 인생과 세상사를 관찰한다. 그 결과로 전통적 지혜가 가르치는 윤리적 세계 질서가 그에게는 더 이상 효력을 발휘하지 않는다. 세상의 윤리적 바탕이 상실된 것이다. 윤리 도덕적 행동에 상응하는 응보없이, 악인들의 행위에 따라야 할 바를 겪는 의인들이 있고 의인들의 행위에 따라야 할 바를 누리는 악인들이 있다(8,14). 인간이라면 모두에게 어떠한 구분이나 차이도 없는 동일한 운명이 기다리고 있다(9,2). 지혜를 추구하는 이나 어리석음으로 일관하는 자나 모두 같은 종말을 겪게 되고(2,15), 인간이나 짐승도 같은 운명이기 때문에 결국 인간이 짐승보다 나을 것이 없다(3,19). 인간들은 이를 알기 때문에 그들의 마음에는 악과 어리석음만이 자리한다(9,3). 인생에 대한 이러한 입장은 세상사의 불가해성으로 이어진다. 이 세상의 모든 일들이 일정한 질서나 법칙에 따라 이루어지지 않기 때문에 인간으로서는 알 수도 이해할 수도 없다. 불가해한 세상에 사는 인생의 모든 것이 결국 허무일 수밖에 없다. 이러한 상황에서는 선인들이 그렇게 열심히 추구해 왔던 지혜 역시 소용이 없다. 물론 빛이 어둠보다 낫듯이, 지혜가 우매함보다는 낫지만, 지혜를 찾음은 근본적으로 헛수고이다(2,15). 전통적 지혜가 그 윤리적 세계관적 바탕으로부터 효력을 상실한 것이다. 이러한 인생의 허무성과 사물의 불가해성은 결국 코헬렛의 신관(神觀)과 하느님께 대한 생각에 기인한다. 그는 하느님이라는 이스라엘의 하느님, 당신께서 선택하신 백성과 계약을 맺으신 하느님의 이름을 채택하지 않는다. 오직 "하느님" 또는 더 정확히 말해서 "신"(정관사가 붙은 엘로힘)만을 사용한다. 그렇게 있어서도 하느님께서는 하늘 위에 계시는 존재이다(5,1). 땅 위에 살고 있는 인간에게 내려오셔서 인간과 대화를 나누시고 구원을 베푸시는 분이 아니다. 모든 것을 주재하시면서도 인간이 이해할 수 있는 여지를 남겨놓지 않으신다(8,16 – 17). 코헬렛에게 있어 하느님께서는 인격적 신이 아니시다. 코헬렛의 근본적인 딜레마는 하느님께 대한 문제를 신앙의 입장이나, 신학적 견지에서가 아니라, 이러한 것들을 배제한 채 오직 인간적 지혜와 이성의 차원에 두는 데에 있다. 그럼으로써 그는 이스라엘의 인격적 – 실존적 신앙에서 벗어나게 된다. 그는 하느님께 대한 신뢰를 알지 못한다. 하느님께 대한 신뢰의 상실은 인간 자신을 포함한 모든 것에 대한 신뢰의 상실을 의미한다. 결국, 결론은 "허무로다. 허무! 모든 것이 허무로다!"일 수밖에 없다. 그래서 코헬렛은 삶 자체를 싫어하게 된다(2,17). 살아 있는 사람보다는 이미 오래 전에 죽은 고인들이 더 행복하고, 더더욱 낫기로는 아예 태어나지 않아 이 세상에서 자행되는 불의와 허무한 일들을 보지 않는 인간이라고 말한다(4,2 – 3). 그렇다고 코헬렛이 하느님께 대한 믿음 자체를 상실한 것은 아니다. 그 역시 자기 민족의 믿음을 공유하고 있다. 이스라엘의 하느님께서는 그에게 있어서도 모든 것을 만드신 분이시다(11,5; 또한 8,17도 참조). 그분께서는 창조주로서(12,1) 세상을 아름답게(3,11), 그리고 사람을 올바로 만드셨다(7,29). 사람들은 그분을 경외해야 하고(3,14; 5,6; 7,18; 또한 8,12도 참조) 그분께 영성적 경신례를 드려야 한다(4,17). 그분께서는 각자를 그 행실에 따라 심판하실 것이다(3,17; 11,9; 또한 9,7; 12,14도 참조). 이러한 최종적 심판이 내려질 때까지, 인간에게는 제한적이기는 하나 실제적인 행복이 하느님께로부터 부여된다(8,15; 9,7; 11,9). 그리고 인간은 너무 집착함 없이 이러한 행복을 누리도록 해야 한다. 코헬렛은 또한 선인들처럼 현인으로서 이러한 사항들을 지혜문학적 언어로 백성들에게 가르친다. 전통적 지혜의 파산, 존재의 환멸, 모든 선의 무상함 앞에서 인간은 만족스럽게 될 수 없다. 코헬렛은 절대적인 것에 대한 향수를 품는다. 그는 우주 안에서의 자기 존재에 대한 계시와 자기 운명의 의미에 대한 계시를 갈망한다. 코헬렛은 자신의 전존재를 투신하면서, 그리고 거의 '학문적으로' 전통적 신앙이 열어둔 채 방치해 놓은 심연을 드러낸다. 오직 그리스도의 오심만이 그것을 메울 수 있을 것이다.

38. 아가서

아가는 직역하면 "노래의 노래(Song of song)"라고 번역된다. 곧 가장 아름다운 노래라는 의미로 읽혀진다. 아가풍의 사랑은 인간적인 것으로서 성적이며 동시에 거룩한 것일 수 있다. 이 두 가지 면 중에서 하나를 인식하지 못할 때, 한편으로는 세속적 의미에만, 다른편으로는 우유적 의미에만 이르게 된다. 이러한 사실을 우리가 받아들인다면 아가는 - 창세 2,23 - 24에 대한 일종의 주석으로서 - 인간적인 사랑을 하느님의 선한 창조 사업 안에서 그 자체로서 목적을 지닌 것으로 서술한다고 이해할 수 있다.

사랑을 묘사하기 위하여 이 책은 다소간 의식적으로 이집트의 연가라든가 당시 중동 지방에 두루 퍼져 있었던 이교적 '성혼' 의식의 요소들을 채택한다. 그러나 아가는, 사랑의 진실한 기능은 하늘과 땅이 또는 두 신이 종교적으로 결합하는 것이 아니라 하느님께서 상호보완적으로 창조하신 두 창조물이 결합하는 것임을 보여주기 위하여 자연의 풍요다산을 비는 제의(祭儀)를 철저하게 탈신화화한다.

당시 이스라엘을 둘러싼 민족들과 문화들은 대부분 성(性)을 신성시하였다. 이들은 성을 신성한 신비와 신적인 현상으로 여겨 성전을 중심으로 해서 이를 재현하였다. 이에 반하여 아가는 완전히 탈신성화한 사랑 곧 극히 인간적인 현상으로서의 성과 사랑을 노래한다. 이는 성의 신성화, 또는 신을 성적인 존재로 만드는 것을 받아들일 수 없었던 구약성경적 종교의 입장에서 볼 때 신학적으로 큰 중요성을 갖는 공적이라 아니할 수 없다. 당시 사람들이 갈구하던 자연의 풍요 역시 인간들에 의하여 대행된 신적인 성의 재현으로 이루어지는 것이 아니라, 당신의 백성과 사랑의 계약을 맺으신 하느님, 오직 그분에 의해서 성취된다는 것이다. 그리고 아가는 진정한 육적 사랑(잠언 2,16 - 17; 말라 2,14)을 계약의 언어와 함께 서술하는데, 이는 당신 백성을 위한 하느님의 사랑 안에서 - 마치 에페 5,25에서 바울로가 말하는 바와 같이 - 모든 사랑의 전형을 보여주기 위함이다. 이렇게 아가의 영성적 의미는 이 책의 자의적 의미 안에 내포되어 있는 것이다.

구 분	주 제	내 용
1,1 – 4	서곡: 제목과 주제	열렬한 사랑(1, 2 – 4) (여자) 아, 제발 그이가 내게 입 맞춰 주었으면! 당신의 사랑은 포도주보다 달콤하답니다. (남자) 정녕 그대는 아름답구려, 나의 애인이여. 정녕 그대는 아름답구려, 당신의 두 눈은 비둘기라오.
1,5 – 2,7	첫째 시: 연인간의 대화	신부의 소원(1,5 – 8) 신랑과 신부의 생각(1,9 – 2,2) 서로의 만남(2, 3 – 7) 젊은이들 사이에 있는 나의 연인은 숲 속 나무들 사이의 사과나무 같답니다. 그이의 그늘에 앉는 것이 나의 간절한 소망 그이의 열매는 내 입에 달콤하답니다.
2,8 – 17	둘째 시: 여인의 회상	신랑 신부의 헤어짐(2,8 – 9) 신부를 부르는 신랑의 소리(2,10 – 13) 바위틈에 있는 나의 비둘기, 벼랑 속에 있는 나의 비둘기여! 그대의 모습을 보게 해주오. 그대의 목소리를 듣게 해 주오. 그대의 목소리는 달콤하고 그대의 모습은 어여쁘다오.
3,1 – 5,1	셋째 시: 혼례행렬, 연인찬가	신랑이 찾아 나선다(3,1 – 4) 신랑이 신부의 아름다움을 그리는 사랑의 노래(4장) – 신부의 사랑스러운 몸(4,1 – 5) – 신부의 사랑스러움(4,7 – 11) – 신부의 생활과 깨끗한 습관(4,12 – 14) 그들을 지나치자마자 나는 내가 사랑하는 이를 찾았네. 나 그이를 붙잡고 놓지 않았네, 내 어머니의 집으로, 나를 잉태하신 분의 방으로 인도할 때까지. 그대는 정원의 샘 생수가 솟는 우물 레바논에서 흘러내리는 시내라오.
5,2 – 6,3	넷째 시: 가버린 연인	신부가 잠을 자고 있다가 신랑이 오는 소리에 잠을 깬다. 일어나는 것이 게을러 그가 벌써 가버린 것을 알고(5,6) 예루살렘 여자들에게 그의 슬픔을 말한다.(5,8) 나의 연인에게 문을 열어 주었네. 그러나 나의 연인은 몸을 돌려 가 버렸다네. 그이가 떠나 버려 나는 넋이 나갔네. 그이를 찾으려 하였건만 찾아내지 못하고...
6,4 – 8,4	다섯째 시: 연인간의 대화	새벽 빛처럼 솟아오르고 달처럼 아름다우며 해처럼 빛나고 기를 든 군대처럼 두려움을 자아내는 저 여인은 누구인가?
8,5 – 14	마지막 시: 사랑의 인장	– 신부는 사랑의 자리인 "가슴(심장)" 혹은 힘이 센 "팔"에 인을 침으로써 신랑에게 모든 생각을 다 바쳐 항상 그와 함께 살게 되기를 원한다(8,7). – 사랑과 죽음, 질투와 무덤의 대비는 사랑이 어떤 것이라도 마셔 버리는 죽음과 같은 탐욕이며, 질투는 죽음(지옥)과 같이 무정하기 때문이다. 곧 "사랑은 죽음처럼 힘이 억센 것"이라고 표현된다. – 사랑은 항상 둘이 함께 있기를 바란다(8,15). 인장처럼 나를 당신의 가슴에, 인장처럼 나를 당신의 팔에 지니셔요. 사랑은 죽음처럼 강하고 정열은 저승처럼 억센 것. 그 열기는 불의 열기 더할 나위 없이 격렬한 불길이랍니다(8,6). 큰 물도 사랑을 끌 수 없고 강물도 휩쓸어 가지 못합니다. 누가 사랑을 사려고 제집의 온 재산을 내놓는다 해도 사람들이 그를 경멸할 뿐이랍니다(8,7).

바이블테라피 Bible Therapy 39. 예언서의 구분: 유배 이전과 이후

유배 이전		바빌론 유배		유배 후	
− 750년경	− 722년	− 587년	− 538(귀환)	− 400년	− 332 − 167년
	북 이스라엘 멸망	남유다 멸망	귀환시작	알렉산드로	마카베오시대
아모스서 죄 때문에 주님께서 이스라엘을 멸하시리라고 북이스라엘 왕국에 경고	**스바니야서** 요시아 임금이 다스릴 때 우상숭배와 이방인의 풍습을 따라 사는 데에 대한 훈계	**에제키엘서** 이스라엘의 잘못에 대한 꾸짖음. 새로운 계약을 통한 구원의 약속과 그 조건		**하카이서** 유배 후 예루살렘으로 돌아온 유다인들을 가르침. 예루살렘 하느님의 성전을 재건하라!	**요엘서** 단식과 기도로 참회하라고 설교. 영을 내려주실 것을 약속
호세아서 하느님은 사랑의 하느님이며 회개하는 자를 용서하시는 분이라고 가르침	**예레미야서** 난세의 위기에 처할 국가의 운명에 대한 예언과 새계약에 관한 40년간의 예언	**애 가** 예루살렘과 성전의 파괴를 슬퍼하며, 자신들의 잘못을 뉘우치고, 하느님의 자비를 청하는 노래		**말라키서** 악습과 무관심에 대한 설교. 종말에 대한 예언	**요나서** 하느님의 자비에 관한 비유. 하느님은 유다인 뿐만 아니라 모든 이를 사랑하신다는 것을 보여줌
미카서 유다의 불의에 대한 심판, 베들레헴에서 구세주가 탄생할 것을 예고	**나훔서** 기원전 7세기 말 유다를 위협하는 아시리아를 훈계			**즈카르야서** 성전을 재건하도록 격려한 하카이의 동반자. 평화의 임금으로 오시는 메시아에 대한 환시	**다니엘서** 이방국가에게 박해 받는 어려운 처지에서도 하느님을 신뢰하고, 그분이 구원해주실 때까지 충실히 기다려 줄 것을 알려줌!
	하바쿡서 나훔에 뒤 이은 유다에서의 예언. 억압과 폭력을 쓰는 강대국과 불안한 자들을 징벌하시는 하느님			**오바드야서** 유다의 적과 결탁한 에돔을 비난하는 설교	
제1이사야 (1 − 39장) 이스라엘의 여러 상황 설교		제2이사야 (40 − 55장) 구원과 해방		제3이사야 (56 − 66장) 메시아 도래 갈구	

예언서

일반적으로 구약의 예언자는 히브리어(나비)로 표현되며, Prophetes로 번역된다. 이때 접두어인 "Pro-"가 내포하고 있는 의미는 예언자의 성격을 잘 드러내고 있는데, 1) -을 대신하여, 2) - 앞에서, 3) 미래에 대해 등이 바로 그것이다. 다시 말해서 예언자란 무엇보다 하느님을 대신하여 그분의 말씀을 전하는 자이다. 그리고 동시대의 사람들에게 파견되어 청중들 앞에서 선포하였던 하느님의 사자(使者)인 것이다. 또한 예언자들이 선포한 내용은 본질적으로 당시 그 자리에 있던 청중들의 현재 삶에 대한 하느님의 말씀이다. 그러나 그릇된 삶의 결과로 인해 닥치게 될 하느님의 심판이나 새로운 출발을 위한 하느님 구원의 약속은 내용상 미래적 차원을 아울러 함축하고 있다. 그 외에도 성경에서는 "선견자"(1사무 9,9; 아모 7,12) 또는 "하느님의 사람"(1열왕 13,22; 20,28) 등의 전통적인 표현들이 발견되기도 한다.

"하느님의 말씀을 사람들 앞에서 전하는 자"란 의미로서의 예언자 칭호는 성경의 여러 인물들에게 적용되어졌다. 먼저 그랄에서 나그네 생활을 하던 아브라함이 예언자로 불리어졌으며(창세 20,7), 출애굽과 광야의 여정 가운데 모세는 하느님의 계시 말씀을 백성들에게 전달함으로써 전형적인 예언자로서의 역할을 수행한다. 또한 이스라엘의 마지막 판관으로서 왕조시대 태동에 중요한 역할을 하였던 사무엘도 주님의 예언자로 불리어진다.(1사무 3,20). 한편 나단 예언자는 왕조의 정통성과 영속성을 약속하시는 하느님의 신탁을 다윗 임금에게 전하기도 한다.(2사무 7,1-17).

그러나 본격적인 의미에서 이스라엘 예언운동의 초석을 놓았던 인물은 바로 기원전 9세기 북왕국 이스라엘에서 활동했던 엘리야와 엘리사이며, 그들의 전통은 소위 말하는 문서 예언자들에 의해 계승되어진다. 문서 예언자들이란 구약성경이 전하는 예언서의 주인공들로서, 기원전 8세기 중엽부터 수세기 동안 활동했던 그들의 선포 내용이 글로 기록되어 독자적인 책으로 전해오고 있다. 그러나 예언자 역할의 결정적 완성은 "말씀"이 사람이 되어 우리에게 오신 예수 그리스도 안에서 이루어지게 된다. 마태오 복음사가는 예수님이야말로 참된 예언자이심을 군중들의 입을 빌어 증언하고 있다: "이 분은 갈릴래아에서 오신 예언자 예수요"(마태 21,11) 🔳

바이블테라피 19 광야의 시간, 고독의 시간, 성장의 시간
Bible Therapy

우리는 일상을 살아가면서 때론 광야의 고독과 시련으로 초대되어 지곤 한다. 그곳은 우리가 아무리 울부짖어도 하느님께서 침묵하시는 순간이다. 그 침묵은 예수께서도 세례를 받으신 후 성령에 의해 인도되신 광야에서, 그리고 겟세마니 동산과 십자가 위에서 경험하신 침묵이다. 마리아 역시 가브리엘 천사가 떠난 후에, 혼자 남아 자신의 다가올 현실을 깨닫고는 마치 광야에 홀로 있는 듯 한 두려움을 느꼈을 것이다. 여기에 중요한 포인트가 있다. 마리아가 가브리엘 천사를 만나 "예"라고 대답한 순간은 바로 영적 위로의 시간이었다. 그후 가브리엘 천사는 마리아 곁을 "떠나갔다."(루카 1, 38) 마리아는 아기를 가진 후에 계속해서 아버지의 원망과 주변 사람들의 따가운 시선으로 마음이 편하지 않았을 것이다. 요셉도 파혼하려 하고, "과연 이 아이를 어떻게 혼자 키워야 하는가!" 고민했을 것이다. 막상 "예"라고 답은 했지만 현실은 쉽지가 않았다. 마리아는 위로가 필요했고, 그나마 비슷한 처지에 있는 엘리사벳을 방문했다. 그리고 엘리사벳을 만나는 순간, 마리아는 비로소 자신의 소명을 마음으로 받아들이게 된다. 바로 영적 실망(고독, 메마름, desolation) 중에 자신의 소명을 "예"라고 확인한 것이다.

예수께서도 세례를 받으실 때 하늘이 열리며, "이는 내가 사랑하는 아들, 내 마음에 드는 아들이다."(마태오 3, 17)라는 말씀을 들으시며, 큰 영적 위로를 받으신다. 그리고는 바로 광야에 인도되어 영적 실망(고독, 메마름, desolation)의 시간을 보내시면서, 세상에서의 자신의 소명을 참으로 받아들이시게 된다. 그리고 결정적으로 겟세마니 언덕에서, 십자가 위에서, 이처럼 예수께서 자신의 소명을 받아들이시고 이루신 때는 영적 실망(고독, 메마름, desolation) 중이었다.

따라서 우리 역시 우리의 소명을 참으로 받아들이는 때는 영적 위안 중이 아니라 영적 실망(고독, 메마름, desolation) 중이다. 그러기에 영적 실망(고독, 메마름, desolation)이 우리 일상에서 소중한 것이다. 영적 위안 중에 하느님께서 우리에게 사랑을 주시고, 우리는 영적 실망(고독, 메마름, desolation) 중에 하느님께 응답 드리며 우리의 소명(그분의 사랑)을 완수하는 것이다. 영적 실망(고독, 메마름, desolation)은 성모님과 예수님께서도 경험하셨던 우리 인생의 일상적인 것이다.

이냐시오 성인도 주님의 환시를 본 후에도 종교재판, 병고, 투옥 등 고난과 시련의 시간을 보내야만 했었다. 하지만 그분들은 그 어떤 상황에서도 하느님께 대한 신뢰와 사랑을 잃지 않으셨다. 따라서 일상 중에 경험하게 되는 영적 실망과 고독 그리고 메마름 중에 참으로 우리에게 필요한 것은 바로 "아브라함과 같은 굳센 믿음"이다. 우리가 그러한 믿음을 지속적으로 간직할 때, 실망은 머지않아 위로와 기쁨으로 바뀜을 체험할 수 있을 것이다.

이사야서의 주님의 종의 네번째 노래(52,13 – 53,12)
"그렇지만 그는 우리의 병고를 메고 갔으며 우리의 고통을 짊어졌다. 그가 찔린 것은 우리의 악행 때문이고, 그가 으스러진 것은 우리의 죄악 때문이다. 우리의 평화를 위하여 그가 징벌을 받았고, 그의 상처로 우리는 나았다."

이사야가 정치 활동의 전면에 나타난 것은 아하즈 임금의 치세 초기의 일이다(2
열왕 16,1 – 20). 당시, 다마스커스를 수도로 하는 아람 왕국과 사마리아를 수도
로 한 이스라엘 왕국은 점점 위협적으로 되어가는 아시리아의 세력에 대항하려
고 시도하는 반면, 유다 왕국의 아하즈는 자진해서 아시리아 임금의 보호 아래
들어가는 것이 최선의 해결 방안이라고 믿는다. 그래서 아하즈는 연합 전선 안으
로 자신을 강제로 끌어들이려는 이 두 이웃 나라에 대항하여 징벌군을 보내줄 것
을 아시리아 임금에게 요청한다. 이 원정은 실패로 끝나지만 아하즈는 자신의 친
아시리아 정책을 계속한다.

19 이사야서 SCHEMA

날짜	성경 구절	주요 내용	
첫 째 날	1 – 12	• 이사야가 유다 임금 시대에 유다와 예루살렘에 관하여 본 환시(1) • 이사야가 유다와 예루살렘에 관하여 환시로 받은 말씀(2 – 5) • 이사야의 소명과 아하즈에게 내린 경고(6 – 12)	 이사야서 1 – 이사야의 예루살렘에 관한 환시
둘 째 날	13 – 25	• 이사야가 본 바빌론에 관한 신탁(13 – 14) • 모압과 다마스쿠스, 에티오피아, 이집트에 대한 신탁(15 – 21) • 예루살렘에 대한 책망(22) • 티로와 시돈에 내릴 심판(23) • 세상에 내릴 하느님의 심판과 하느님께서 내리실 잔치(24 – 25)	 이사야서 2 – 이사야가 본 바빌론에 관한 신탁
셋 째 날	26 – 33	• 유다의 승리(26 – 27) • 사마리아에 대한 경고(28) • 예루살렘의 곤경과 구원(29 – 33)	 이사야서 3 – 유다의 승리
넷 째 날	34 – 39	• 민족들에 대한 심판(34) • 이스라엘의 귀향과 행복(35) • 예루살렘에 대한 산헤립의 위협 /히즈키야의 기도(36 – 37) • 히즈키야의 발병과 치유(38) • 바빌론의 사절단(39)	 이사야서 4 – 바빌론의 사절단

날짜		성경 구절	주요 내용
다째	섯날	40 – 47	• 이스라엘에 대한 위로와 구원의 선포(40 – 44) • 주님께서 키루스를 세우시다(45) • 바빌론의 몰락(46 – 47) 이사야서 5 – 바빌론의 몰락
여째	섯날	48 – 55	• 바빌론 탈출과 귀향길/주님의 종의 노래(48 – 49) • 예루살렘의 해방과 번창/주님의 종의 노래(50 – 55) 이사야서 6 – 바빌론 탈출과 귀향길
일째	곱날	56 – 66	• 이스라엘의 죄악(56 – 59) • 예루살렘의 영광(60 – 62) • 이스라엘에게 베푸신 주님의 은혜(63 – 64) • 주님의 종들과 죄인들의 운명(65) • 예루살렘의 구원(66) 이사야서 7 – 자비를 구하는 기도

40. 이사야서의 구분(유배, 전 · 중 · 후)

유배 전 (이사야 자신의 예언) 유다에 대한 환시와 소명(1 – 6장)	– 아하즈왕 초기의 유다 왕국의 번영이 초래한 윤리적 타락에 대해 걱정한다. – 타락한 생활, 거짓 예배를 뉘우치고 주님께 돌아오지 않으면 비참한 운명에 처할 것이라는 예언이 따른다. – 주님께서 당신 백성을 심판하러 오신다는 포도밭의 노래(5,1 – 7) – 심판의 불이 온 땅을 휩쓸어도 '그루터기'를 남기시어, 남은 자들 가운데에서 새로운 생명이 일어나리라고 말씀하신다. – 이사야의 예언자로서의 소명이야기를 통해 예언자는 하느님의 사자로서 나서기 전에 먼저 정화되어야 한다는 것을 보여준다.	내가 누구를 보낼까? – 저를 보내십시오! (6,8) 이스라엘의 희망 (7 – 12장)	– 시리아와 북부 이스라엘 동맹군이 남부 유다 왕국을 침공하자 아하즈 왕은 공포에 떤다(2열왕 16,5). – 이러한 상황에서 이사야 예언자는 왕에게 주님을 믿고 진정하라고 말하며 외세의 도움(아시리아)을 청하는 계획을 포기하라고 예언한다. – 그러나 아하즈 왕은 자신의 계획대로 진행한다. 이때 이사야가 다시 나타나 예언한다. 그러나 아하즈는 외세 아시리아에게 유다 왕국을 맡김으로써 예언자의 말은 받아들여지지 않는다.[165] 보십시오! 젊은 여인이 아기를 낳아 잉태할 터인데 그 이름을 임마누엘이라 할 것입니다(7,14)
유배 중 (제자들에 의해) 이스라엘의 하느님 (40 – 44장)	– 해방과 구원의 기쁜 소식으로 유배중인 이스라엘을 위로하면서 하느님 만이 이스라엘의 유일하신 하느님이심을 강조한다. 이집트에서와 같이 바빌론 유배에서도 구원해 주시리라 희망하는 노래!	창조주이시며 구원자 (44 – 48)[166]	역사의 주재자 하느님은 이방인 임금 키루스(고레스)를 도구로 삼아 예루살렘을 재건하고 이스라엘을 구원한다. 예언자는 미래의 주인이신 주님을 기억하고 주님께 의탁하도록 백성을 위로하고 확신을 심어준다.[167]
유배 후 (예루살렘 귀환 후)[164] 56 – 58장 새로운 공동체	– 새로운 공동체에서 수용하는 사람들의 조건에 대하여 "너희는 공정을 지키고 정의를 실천하여라!" (56,1)	59,1 – 15 비탄의 기도	

– 하느님께서 우리와 함께 계시다! 이웃 민족들의 멸망(13. 14. 18장)을 예고하다!	인간이 제 아무리 뛰어난 능력으로 계획하고 실현하려 하여도 하느님의 뜻에 합당하지 않는다면 어느 것 하나도 이루어질 수 없음을 깨우쳐 준다. 이사야의 묵시록이라 할 수 있는 이 부분은 주님께서 먼 훗날 세상을 심판하실 것을 예언한다. – 24장은 특정한 민족에 대한 신탁을 넘어서 전 세계에 대한 예언으로 변한다. 그래서 지상의 온갖 만물에 내려지는 하느님의 징벌이 묘사된다. – 그렇지만 주님께 끝까지 충실한 자들에게는 번영과 평화! 영원한 생명을 주시고 흩어진 민족들을 다시 모아들일 것을 약속한다. 곧 하느님을 믿고 의지한 사람은 보사의 때를 만날 것이고, 그 날이 오면 그분 백성은 하느님과 함께 잔칫상에 앉을 것이다. 그리고 모든 이들의 눈에서 눈물을 닦아 주실 것이다.	하느님께 대한 신뢰(28 – 33장)	– 예언활동시기의 후기, 즉 유다의 히즈키야의 등극에서부터 산헤립의 유다 침공까지의 약 14년 동안의 사건을 반영하고 있다. – 유다 왕국이 안정을 누리려면 정치적 노력에 의존할 것이 아니라, 하느님께 돌아가(회개)주님의 주권을 믿고 때가 되면 구원해 주리라 신뢰해야 한다. 그러나 백성들은 예언자의 말을 거절하였다(30,16). – 임금은 앗시리아와 대적하기 위해 이집트와 동맹을 맺으려 하지만 이사야는 외국 군대의 힘을 의지하지 말고 만군의 주님께 의탁할 것을 촉구한다(28,16). **공의로우신 하느님(34 – 39장)** – 34장은 에돔에 대한 하느님의 심판을 묘사한다. – 35장은 유배지에서 돌아오는 이스라엘인들의 귀향을 묘사한다. 즉 사막에 샘이 터지고 괴로워하는 자들이 치유되는 주님의 날을 묘사하고 있다(마태 11,4 – 5) – 히즈키야의 감사찬양(38장)을 통해 개인은 물론 한 민족에 있어서도 범죄는 하느님의 징벌을 초래하고 또 회개는 구원의 조건이 된다. 하느님께 대한 완전한 신뢰감. 이사야가 끊임없이 촉구했던 그런 신뢰감이 잘 나타나있다. – 이스라엘에 대항했던 이웃 나라들이 당할 치명적인 운명을 예고하며, 하느님의 도성 시온은 구원되리라는 약속을 전하고 있다.
주님의 종[168]의 노래	'주님의 종'의 노래는 주님의 구원을 수행하는 종의 모습을 밝혀준다. 주님의 종의 노래를 통해 이스라엘을 구원하시는 주님 사랑의 깊이를 느끼게 된다.		1) 첫째 노래(42,1 – 9) 내가 선택한 이 내가 마음에 드는 이다. 그는 외치지도 않고 목소리를 높이지도 않는다. 그는 부러진 갈대를 꺾지 않고 꺼져 가는 심지를 끄지않으리라! 2) 둘째 노래(49,1 – 7) 주님께서 나를 모태에서부터 부르시고 어머니 배속에서부터 내 이름을 지어 주셨다. "너는 나의 종이다. 이스라엘아! 너에게서 나의 영광이 드러나리라! 3) 셋째 노래(50,4 – 9) 주 하느님께서 나의 귀를 열어 나는 거역도 하지 않고 뒤로 물러서지도 않았다. 나는 매질하는 자들에게 내 등을 수염을 잡아 뜯는 자들에게 내 뺨을 내맡겼고 모욕과 수모를 받지 않으려고 내 얼굴을 가리지도 않았다. 4) 넷째 노래(52,13 – 53,12)[169] 그렇지만 그는 우리의 병고를 메고 갔으며 우리의 고통을 짊어졌다. 그가 찔린 것은 우리의 악행 때문이고, 그가 으스러진 것은 우리의 죄악 때문이다. 우리의 평화를 위하여 그가 징벌을 받았고, 그의 상처로 우리는 나았다.
59,16 – 21 구원이 예루살렘 위에 펼쳐지고 정의를 위해 주님이 오심!	60 – 62장 예언자가 전하는 기쁜 소식의 수신인 – 가난한 이들의 공동체		제 3 이사야는 실의에 빠져 있는 백성을 위로하며 새 희망을 안겨준다. 새로운 공동체를 이루기 위해 사회정의를 이루도록 촉구한다. 그리고 진정한 단식과 안식에 대하여 일러주며, 죄를 고백하고 주님의 오심을 준비하도록 촉구한다. 63,1 – 6 복수의 날에 개입하시는 하느님! 63,7 – 64,11 구원받는 공동체 – 역사를 초월한 그곳에 구원이 온다. 구원의 기쁜 소식을 이야기한다. 주 하느님의 영광이 예루살렘에 찬란하게 빛나고 뭇나라도 그 영광을 찬미하며 새 세계는 기쁨이 충만하고, 모든 적개심과 악의가 사라져 첫 창조 때의 낙원이 이룩되리라는 예언을 한다. 새 창조에 대한 예언자의 희망은 하느님께만 의존하고 살아야 한다는 신앙의 표현이다. 63,1 – 66,24 새 하늘과 새 땅 – 새로운 공동체가 공정을 지키고 정의를 실천하는 것으로 그 존재가 선포된다고 이야기한다. 거기에는 축복이 가득하다. "보라! 나 이제 새 하늘과 새 땅을 창조하리라!...너희는 내가 창조하는 것을 대대로 기뻐하고 즐거워 하여라! 보라! 내가 예루살렘을 즐거움으로, 그 백성을 기쁨으로 창조하리라!" (65,17 – 18)

161 이사야서의 저자가 여럿이라는 점에 대한 가장 명백한 증거는 이른바 제2이사야의 작품이 시작되는 40장의 첫머리에 나타난다. 어떤 분명한 중간 과정도 없이 그 배경이 기원전 8세기에서 갑자기 기원전 6세기의 유배 시대 한가운데로 옮겨가는 것이다. 이사야는 홀연히 사라지고, 아시리아는 바빌론으로 대체되어 이후 이 바빌론만이 자주 언급된다. 그리고 바빌론을 정복하고 유다인들이 귀향할 수 있도록 조치를 취한 장본인인 메대와 페르샤의 임금 고레스가 여러 번 직간접적으로 언급된다(41,2; 44,28; 45,1). 이러한 사실들을 종합할 때, 40장과 함께 새로운 책이 시작된다는 결론을 내리게 된다. 이 제2이사야에 대해서는 아래에서 따로 이야기될 것이다.

162 이사야서 40 – 55장에 들어있는 메시지의 연대는, 이 이사야서 제2부가 페르샤의 승리, 바빌론인들의 쇠퇴, 메소포타미아에 유배 중인 이스라엘인들의 임박한 해방을 선포하는 사실에 의해서 결정된다. 그러므로 제2이사야는 기원전 550년과 539년 사이, 페르샤의 키루스 2세 대왕이 메대 왕국의 아스티아즈와(550년) 리디아 왕국의 크레수스를(546년) 제압한 다음(이사 41,2 – 3 참조), 그리고 바빌론을 침공하기 전에(이사 45 – 48) 선포되었다. 이 키루스 2세는 결국 기원전 539년에, 바빌론의 마지막 임금인 나보니드가 통치를 잘못함으로써 백성 대부분이 반대하고 일어선 것에 힘입어, 전투를 할 필요도 없이 해방자로 환영을 받으면서 바빌론으로 입성한다. 무명의 예언자인 제2이사야는 유배 온 자기의 동포 가운데에서 깨어있는 사람이었다. 그는 동포들에게 세상의 유일한 주인은 주님뿐이심을 주지시킨다. 주님의 이름으로 말한다는 확신 속에서(이사 48,16), 그는 구원 곧 바빌론의 억압에서의 해방, 자기들의 거룩한 땅으로의 귀환 그리고 예루살렘의 복구를 선포하는 것이다.

163 이사야서의 마지막 11개 장이 전부는 아니더라도 대부분이 제2이사야에게서 영감을 받아 유배가 끝난 뒤 20여 년 동안 예루살렘에서 자기의 사명을 수행한 동일한 한 예언자의 작품이라고 생각한다. 매우 일관성이 있는 60 – 62장을 이 제3이사야의 작품으로 볼 수 있다. 그리고 56,9 – 57,21과 58장과 59장, 그리고 65장과 66장의 대부분을(비록 서로 밀접하게 관련이 있는 이 마지막 두 장을 별개의 것으로 여기기도 하지만) 이 예언자의 것이 아니라고 부정할 수 있는 결정적인 이유는 없다. 이 밖에 뚜렷이 눈에 띄는 시 두 개가 있는데, 63,1 – 6과 63,7 – 64,11이다. 이것들이 제3이사야에게서 유래하지 않는다면, 적어도 조심스럽게 그의 작품 속에 삽입되었을 것이다. 그리고 두 번째 시는 그의 관심사에 부응함을 보여주는데. 끝으로 66,18 – 24는 편집자들의 손에 의한 부록이고, 성전 재건 후에 발설되었을 56,1 – 8은 가장 후대의 본문이면서도 제2이사야서와의 문학적인 접촉 때문에 서두에 위치하게 되었을 것이다(56,5는 55,13을 상기시키고, 56,1은 46,13과 51,5.6.8을 되풀이한다).

164 이 무명의 예언자는 기원전 537년과 520년 사이에 등장한 것으로 여겨진다. 유배자들의 첫 무리가, 본디 유다의 제후였다가 나중에 총독으로 임명된 세스바살의 지휘 아래 귀환하였다(에즈 1,8 – 11; 5,14; 1열대 3,18의 칠십인역 본문). 성전을 재건하기 위한 기초를 놓기는 하였지만(에즈 5,16), 곧바로 대내외적인 여러 어려움으로 해서 작업이 중단되었다. 그래서 약식의 제의나마 속개하기 위해서 제단만이라도 세우는 것으로 만족해야만 하였는데(에즈 3), 조금씩 조금씩 다른 유배자들의 집단이 되돌아오는데, 그 가운데에는 대사제 요수아와 유다 왕국이 망하기 전 마지막 임금 여호야킨의 손자로서, 페르샤 정부로부터 권리를 위임받은 고등 판무관인 세스바살을 계승한 즈루빠벨도 들어있다. 이 사람들의 권위 아래 예루살렘과 이 거룩한 성읍 주변을 재건하려고 노력한 공동체는 다음과 같은 네 가지 부류로 혼합된 집단이었다.

가. 유배에서 돌아온 유다인들(에즈 2; 느헤 7). 이들은 주로 유다와 시므온과 베냐민 지파 사람들로서 이들 가운데에는 사제들도 많았다. 이들은 황폐하고 노략질당한 지역에 재입주하는 데에 곤란을 겪게 된다.

나. 본국에 남아있던 유다인들. 이들 가운데에는 이스라엘의 신앙에 충실한 사람들도 틀림없이 있었지만, 귀향자들의 종교적인 열성을 이해하지 못했던 우상숭배자도 있었다. 많은 이들이 유배자들의 땅에 자리를 잡고 살아야 했었는데, 귀향한 그들에게 재산권을 양도할 용의는 가지고 있지 않았다. 이러한 종교적이고 사회적인 분열을 제3이사야서의 많은 구절들에서 볼 수 있다.

다. 이방인들. 유배 기간 동안에 많은 이방인들이 유다 땅에 정주할 수 있었다. 어떤 이들은 일자리를 찾아 오기도 하고(60,10; 61,5 참조), 어떤 이들은 이스라엘 사람들이 시온으로 귀향할 때 따라오기도 하였다(60,9; 66,20 참조). 점점 수가 많아진 이 이방인들이 하느님의 백성과 얼마나 동화될 수 있었는가가 문제이다.

라. 디아스포라에 남아있는 유다인들. 이들이 멀리 떨어져있기는 하지만(57,19 참조) 이들을 위해서도 귀향길이 준비되어야 했다(57,14; 62,1). 그리고 이들은, 주님께서 이미 모아들이심으로써 특권을 받은 이들 외에, 그분께서 다시 모아들이고자 원하시는 이들이다(56,8).

예언자는 이렇게 상이한 구성 요소들로부터 일치되고 거룩한 백성을 다시 만들고자 한다. 그러나 그는 네 가지 큰 난관에 부딪친다.

— 늦어지는 구원에 의해서 야기되는 희망의 위기. – 끈질기게 계속되는 타락, 곧 우상숭배. – 여러 정황들에 의해서 발생한 분열 곧 동포들 사이의 미움. – 상이한 부류들의 결합에 의해서 증가된 위험, 곧 이방인들에 대한 멸시.

희망의 위기는 귀국자들이 절감했던 실망감에서 온다. 예루살렘의 성벽은 파괴되어있는 채로 남아있어야만 했다. 그것은 느헤미야 시대에 가서야 재건된다(기원전 445 – 433). 성전은 공사 초안만 잡혀있을 뿐이고, 예전의 성전보다 그나마 덜 아름답게라도 지어진 것은 시간이 더 흐른 뒤인 기원전 520년에서 515년 사이였다. 생활 여건을 보더라도 외적으로는 일종의 경쟁 관계에 있던 사마리아인들, 내적으로는 고국에 남아있던 사람들의 방해 때문에 좋지 않았다. 이러한 괴로움 속에서 거의 절망 상태에 빠진 열성 신도들은 늦어지는 구원과 전혀 움직이지 않으시는 그 같은 신과 관련해서 그분을 끊임없이 비난하기에 이른다. 이러한 불평을 잠재우기 위해 제3이사야는 일면 구원이 도래하는 데에 방해가 되는 죄악을 드러내보이고, 다른 한편으로는 이 구원의 틀림없는 원천인 하느님의 성실성을 재확인한다.

예언자는 이 밖에도 거짓 신들에게서 도움을 찾는 우상숭배자들을 회개시키려고 한다. 이들은 사람을 제물로 바치는 것, 성전 매춘, 부정한 동물들을 제의에 사용하는 것(65,4; 66,3.17 참조), 강신술(65,4), 이른바 멜렉 – 몰록 신(57,9) 또는 갓과 므니와 같은 신들을 경배하는 것과(65,11) 같은 타락한 종교 의식에 빠져있었다. 이러한 탈선을 교정하기 위하여 예언자는 두 가지 증거를 들어 위협한다. 곧 구원을 베풀 수 없는 거짓 신들의 무능과, 그 심판을 피할 수 없는 참되신 하느님의 권능이다.

하느님과의 계약을 파기하는 자는 동시에 자기 동포들과의 계약도 깨는 자다. 그래서 이 유다인들 사이에 실제로 분열이 일어난 것이다. 주민들을 수탈하는 지배자들이 있고(56,8 – 57,1) 이웃들을 약탈하는 자들이 있다. 또한 상호 부조의 거절과 폭력, 정의의 거부와 임의로 동포를 제명하는 행위 등도 보게 된다. 예언자는 이러한 중죄들을 엄하게 고발하고, 이것들이 참다운 경신례와 부합하지 않음을 드러낸다(58장 등).

이스라엘 동포에게조차 흔히 이런 식으로 대한다면, 대관절 이방 손님들에게는 어떻게 처신할 것인가? 외국인들과 관련해서 이사야서 56 – 66장은 여러 가지 자세를 드러낸다.

— 어떤 구절들은 악을 고집하는 나라들은 파멸하리라고 말한다(63,3 – 6; 64,1과 66,15 – 16,24 참조; 여기에다 59,18의 후반부와 첨가문으로 여겨지는 60,12를 보탤 수 있다).

— 다른 구절들은 이방 민족들이 예루살렘을 섬기리라고 말한다(60,3 – 11.13 – 17; 61,5 – 9; 62,2 – 8; 66,12).

— 그러나 가장 흥미를 끄는 문제들은 이방인들을 하느님 백성의 품안으로 받아들이는 것과 관련해서 제기된다. 이 비유다인들은 자기들이 격리될 것을 두려워하지만(56,3), 이사 56 – 66장의 신탁은 이들에게 매우 밝은 전망을 펼쳐보인다. 이스라엘의 자손들은 곤경에 빠진 어떠한 유랑민이라도 도와주어야 할 뿐 아니라(58,7), 이 밖에도 회개한 이방인들을 자기네 성전으로 맞아들여야 하고(56,3 – 7), 그들에게 사제직을 양도할 것까지도 생각해야 하는 것이다(66,21).

165 기원전 734년을 전후하여 이 일이 일어난 뒤, 이사야는 자의로든 타의로든 십여 년간 공적인 생활에서 물러나았던 것으로 보인다. 그는 이스라엘의 여러 지방에서도 직접적으로 느끼게 되는 아시리아 세력의 점진적인 상승을 무력하게 바라볼 수밖에 없었다. 결국 아시리아는 기원전 722년 이스라엘을 침공하게 된다. 기원전 716년 히즈키야 임금이 아하즈를 계승할 때(2열왕 18 – 20), 이사야는 다시 정치 무대의 전면

212

에 나타난다. 그렇지만 새 임금은 주님께 성실하면서도, 국정 수행에 있어서는 예언자의 조언을 조금도 받아들이려 하지 않는다. 이사야는 종교적인 이유로 해서, 유다가 비록 아시리아에 대항하기 위한 방편이라 할지라도, 이집트 및 그 밖의 인근 민족들과 동맹을 맺는 것을 계속 반대한다. 어떠한 당위성이 있다 하더라도 이러한 연합 전선의 구축은 허용될 수 없다는 것이다. 정치적 기회주의에 대항하여 이사야는 주님에 대한 충실성을 요구한다. 그는 바로 이 하느님에 대한 충실성이라는 시각을 통해서, 아시리아가, 주님에게 반항하고 그럼으로써 그분에게 일종의 적이 되어 그 교만에 대한 벌을 받지 않을 수 없게 된 백성을 책벌하기 위한 하느님의 막대임을 점점 선명하게 보게 된다.

💙 166 　(1) 첫째 단계(40 – 48장)전체적으로 구원을 선포하면서 예언자는 네 가지 오류를 교정시킨다. 가. 자기들을 버리셨다고 주님을 탓하면서 용기를 잃은 자들에게(40,27) 예언자는 희망을 가질 수 있는 두 가지 이유를 상기시킨다. 첫째는 주님께서 세상을 창조하셨으며 그분의 권능은 온 세상에 빛난다는 것이고, 둘째는 주님께서 이스라엘을 선택하셨고 그분의 성실성은 역사에 빛난다는 것이다. 나. 자기들의 정성에도 불구하고 고마워할 줄 모른다고 주님을 탓하는 몰염치한 자들에게(43,22 – 24) 예언자는, 고마워할 줄 모르는 자들은 자기네 불행의 원인인 죄악을 쌓아온 그들 자신이라고 반박한다(43,24 – 28). 다. 이방인 출신 해방자를 선택하셨다고 주님을 탓하면서 화를 내는 자들에게(45,8 – 10) 제2이사야는 창조주에 대한 피조물로서 그들이 품고 있는 교만을 지적한다(45,11 – 13). 라. 바빌론의 번영을 가져왔다는 그곳의 신들에 이끌린 자들에게 예언자는, 참되신 하느님만이 유일하게 미래를 예고하고 만들어가실 수 있음을 그들에게 보여주는 과정에서, 또는 흔들거리는 신상들처럼 효력이 없는 이 자칭 신들이라는 존재들에 대한 풍자에서, 이 물신(物神)들에게 신빙성이 없음을 보여준다(41,24; 42,17; 44,21; 46,8; 48,5).

💙 167 　해방은 '칠 년에 일곱을 곱한 햇수' 동안의 유배 기간에 종말을 고하는 것이다(기원전 587 – 538). 이방 출신이면서도 이스라엘의 하느님의 "기름부음받은이", 곧 메시아라 불리는 키루스를 통해서 당혹스럽기까지 한 방식으로 이루어지는 이 해방은 이스라엘 사람들을 굴욕에서 영광으로 건너가게 만든다. 그들이 거룩한 땅으로 돌아가는 것은 드물게 그리고 후대의 본문들에서만 대응하는 명칭인 이스라엘에게 적용됨을 볼 수 있기 때문이다(예레 30,10; 시편 136,22). 예언자는 이집트 에서의 탈출을 상기시키면서, 당신의 계획에 대한 하느님의 성실성을 강조한다. 이집트 탈출을 능가하는 것으로, 그는 하느님의 일관된 계획, 곧 온 세상을 포괄하는 그분의 보편적인 왕국의 결정적인 실현을 엿보게 한다(52,7 – 10). 이 왕국이 예루살렘에서부터 창건되기 때문에, 이 거룩한 성읍은 화려한 복구를 체험하게 된다. 바로 이러한 예루살렘으로 해서 하느님에 의해서 이룩된 구원이 모든 인간들에게 예외없이 드러나게 되는 것이다.

💙 168 　"종"이라는 낱말은 차례로 다음의 인물들을 가리킬 수 있다. 곧 이스라엘 전체, 정예의 이스라엘인들, 제2이사야 자신, 그리고 페르샤의 임금 키루스이다. 가. 민족 전체로서 주님의 종인 이스라엘 / 41장에서 48장까지 이스라엘 민족은 실제로 주님의 종이라 불린다. 나머지 구약성경과의 관계에서 볼 때 이는 새로운 사실이다. 이사야서의 이 구절들 외에는 드물게 그리고 후대의 본문들에서만 대응하는 명칭이 이스라엘에게 적용됨을 볼 수 있기 때문이다(예레 30,10; 시편 136,22). 예언자는 이스라엘에게 이 칭호를 부여함으로써, 선택된 민족이 이집트에서의 종살이에서 해방된 후 하느님을 섬기기 시작했음을 강조한다. 이 섬김은 비단 하느님에게 종속되는 것만이 아니라, 그분에게서 당신의 계획에 대한 계시를 받고 이를 실현하는 데에 협조할 수 있는 능력을 부여받을 정도의 밀접한 관계 속에서 이루어진다. 41,8 – 16과 44,1 – 5에서는 하느님께서 어떠한 애정으로 당신의 종 이스라엘을 정성을 기울이시는지를 볼 수 있다. 나. 소수의 뽑힌 무리로서 주님의 종인 이스라엘/하느님의 백성 가운데에는 선별된 사람들이 활약한다. 자기의 청중들 가운데 일부에게서 배척을 받은 예언자는(50,6 – 9.11) 이제 49장에서부터는 하느님의 말씀에 순종하는 집단에게로 향한다(50,10). 이 집단은 병행 명칭인 이스라엘 – 야곱으로는 한 번도 불리지 않지만, 계속 이스라엘 사람들을 가리킨다(49,3). 그러나 전체가 아니라 축소된 이스라엘, 정선된 사람들, 남은 자들이다(46,3). 49,5 – 6을 이들에게 적용한다면, 이들의 첫 번째 임무는 전체 이스라엘인들 가운데에서 살아남은 자들을 다시 일으켜세우는 것이고, 그들의 주 임무는 민족들에게 빛을 가져다주는 것이 될 것이다. 어떤 주석가들은 52,13 – 53,12의 시 역시 이렇게 정선된 이스라엘인들에게 적용되는 것이라고 여긴다. 다. 제2이사야 자신이 주님의 종/예언자 자신이 정선된 이스라엘인들 가운데 하나이다. 유배로 끌려와서 억압받는 그가 동포들을 위로하기 위해서는 먼저 자신이 하느님에게서 위로를 얻어야만 했다. 사려깊은 제자처럼 그는 자기 주님의 말씀을 받아들이고 이를 전달하였다. 이 일을 하면서 그는 사람들의 회의와 적대감에 부딪치게 된다. 그러나 모욕을 받으면서도 그는 하느님에게 계속 충실함으로써 자기를 박해하는 자들을 무력하게 만들고, 자기에게 동의하는 이들을 강화하면서, 꿋꿋하게 활동을 계속한다(50,4 – 11). 라. 주님의 종인 키루스/ 제2이사야의 메시지를 인정하는 사람들은 그 자체로서, 많은 이들에게 거슬리는 것이 되기도 하지만, 고레스의 사명에 대한 예언자의 선포 내용을 받아들이게 된다. 이 페르샤 임금도 참으로 하느님의 종인 것이다. 주님께서는 '예루살렘에 사람들이 다시 살지어다.'라고 말씀하시면서 고레스의 계획이 성공하도록 만드시는 만물의 주인이시고, 고레스는 '예루살렘은 재건될지어다.'라고 말하면서 주님의 계획을 성공으로 이끄는 자라는 것이다(44,26 – 28). 헛된 신들에게 바쳐진 쓸모없는 신상들과는 대조적으로(41,24,29), 고레스는 하느님의 입김으로부터 영을 받은 그분의 선택된 자가 아니겠는가?(42,1) 고레스는, 역사가 인정하듯 온화한 통치 방법으로, 모든 민족들이 주님에 의해서 내려진 판결을 받아들이도록 만드는 장본인이 되는 것이다. 그는 이 판결을 수행하면서도 바빌론에 의해서 희생된 자들, 곧 억압적인 통치의 멍에 아래에서 "부러진 갈대를 꺾지 않고", 이국땅에 억류됨으로써 '꺼져가는 심지를 끄지 않는다'(42,3). 그는 나약해짐이 없이 자기의 사명을 끝까지 완수할 것이다. 고레스는 주님의 종인 이스라엘의 종으로서 이스라엘을 복구시킴으로써, 사람들을 당신의 빛으로 비추시고 그들을 당신의 계약으로 결집시키려는 하느님 계획의 전개를 촉진시킨다(42,1 – 7).

💙 169 　(2) 둘째 단계(49 – 55장) 이스라엘인들 가운데서 가장 성실한 사람들을 대상으로 한 예언자의 메시지는 세 가지 면에서 주목된다. 가. 그들의 상황은 극적으로 반전될 것이다. 곧 예언자처럼(50,4 – 11) 박해받는 이들은(51,7 – 8) 위로를 받고(51,1 – 8), 억압받는 이들은 구원을 받을 것이다. 나. 시온의 복구가, 예언자 호세아와 그 후계자들이 그렸던 것처럼, 남편인 하느님과 그의 아내인 이스라엘 공동체 사이에 이루어지는 부부간의 재회로서 서술되고 경축된다. 곧 과부가 되었던 예루살렘은 다시 남편을 찾게 되고, 아이를 갖지 못했는데 이제 다시 아이를 낳게 되며, 그리고 불충했던 예루살렘은 변함없이 계약을 지키시는 주님에 의해서 다시 정숙한 아내가 된다(49,14 – 26; 51,9 – 52,12; 54). 다. 진정한 하느님, 만물의 하느님에 대한 민족들의 회개가 점점 더 강조된다. 이 민족들은 점차 하느님에 의해서 이루어진 구원에 경탄하고(49,7; 52,10; 이는 이미 40,5에서도 언급됨), 하느님 앞에 무릎을 꿇고 그분을 알기를 갈망하며(49,23; 55,5; 이는 이미 45,14 – 15,23 – 25에서도 언급됨). 온 세상에 대한 진실한 신앙의 증인인 주님의 참다운 종에 의해서 계몽되고 변화되는 것으로 나타난다(49,2.6; 53,11).

바이블테라피 **20** 영적위로와 영적고독
Bible Therapy

일상에서의 "영적 위로(기쁨, 충만, consolation)"와
영적 실망(고독, 메마름, desolation)

우리는 일상을 살아가면서 때로는 하느님의 사랑으로 충만하여 기쁨 속에 지내다가도 어떤 때는 하느님이 너무나도 멀게 느껴져 실망과 좌절 속에 그분의 현존을 느끼지 못하고 영적인 메마름 속에서 지낸다. 우리는 전자를 영적 위로(기쁨, 충만, consolation)라하고, 후자를 영적 실망(고독, 메마름, desolation)이라고 말한다. 이냐시오 성인은 그의 "영신수련"에서 이에 대해 자세히 언급을 하고 있다. 그는 이러한 영적 위로와 실망이 성령의 말씀에 귀를 기울이고 있는 피정 중에 우리가 흔히 경험하는 것이라고 하였다. 그런데 우리는 끊임없이 일상 중에서도 이처럼 영적위로와 실망을 경험하게 된다. 그렇다면, 이러한 영적 위로(충만)와 실망(메마름)은 무엇이며, 또 우리는 이것을 어떻게 다스릴수 있을까?

영적 위로(기쁨, 충만, consolation)란 우리에게 "믿음, 희망, 사랑을 키우는 모든 것과 주님 안에서 우리의 영혼을 평온하게 하면서, 우리를 세상의 가치가 아닌 하늘나라의 가치로 부르고 우리를 구원으로 이끄는 모든 내적 기쁨"을 말한다. 즉, 하느님의 현존을 느끼면서 그분 사랑으로 가득하고, 자신이 하느님께 사랑 받고 있음을 느끼면서, 그분의 사랑과 기쁨으로 가득한 시기를 말한다. 이는 "하느님과 그분의 천사들이 우리 영혼에 감동을 일으켜서 진정한 즐거움과 영적 기쁨을 주는 것이다."

영적 실망(고독, 메마름, desolation)이란, "영혼이 어둡고 혼란스럽고, 현세적이고 세속적인 것으로 기울며, 여러 가지 심적인 동요와 유혹에서 오는 불안감 등으로 믿음을 잃고 희망도 사랑도 없어지며, 게으르고 냉담하고 슬픔에 빠져 마치 자기 창조주 주님으로부터 떨어져있는 것처럼 생각되는 상태이다." 즉, 일상생활에서 우리는 시련과 고통 중에 있을 때, 실패와 좌절 중에 있을 때, 그리고 죄 중에 있을 때 이러한 영적 실망을 느끼곤 한다. 이는 홀로 광야에 있는 듯한 외롭고도 고독한 체험이며, 하느님의 사랑으로부터 멀리 떨어져 있는 듯 한 느낌으로, 메마른 샘과 같은 영적 건조함을 의미한다. 따라서 영적 위로가 하느님의 사랑으로 가득한 시기라면, 영적 실망은 그러한 열망은 온데간데없고 인생이 무의미하고, 무료하기까지 하며, 굳은 믿음을 잃어버린 냉담한 시기를 말한다.

예레미야는 바로 이러한 영적 실망 가운데 놓여있었다. 그러나 그는 하느님 말씀에 희망을 두었다.

"그를 두려워하지 마라. 내가 너희와 함께 있어 너희를 구원하고 너희를 그의 손에서 건져 낼 터이니, 그를 두려워하지 마라. 주님의 말씀이다. 내가 너희를 가엾이 여겨, 그를 시켜 너희에게 자비를 내려서 너희를 고향 땅으로 돌려보내게 하겠다(42,11 – 12)."

예레미야서의 저자로 알려진 예레미야 예언자는 스스로를 외톨이로 소개한다. "저는 홀로 앉아있나이다"(15,17). 이 말은 예언자가 자신과 외부 사회의 관계를 묘사하는 전형적 표현이다. 예레미야는 사람들에게 이해를 받지 못하고 박해를 받았으며, 심지어 그를 두둔하고 격려해 주어야 할 친지들, 특히 가족들에게서조차도 사랑을 받지 못했다(12,6; 20,10). 그는 그들과 함께 혼인잔치에도, 장례식에도 참석하지 못한다(16,5 – 9). 그는 혼인도 하지 못하고 아버지가 될 수도 없다(16,1 – 4). 옥에 갇히고 고문을 당하며, 자기 뜻과는 상관없이 이집트로 끌려가다가 타향에서 생애를 마치게 된 그의 무덤을 아무도 찾아내지 못한다. 그런데도 우리는 예레미야서에서 예언자의 내적 삶에 관한 매우 풍부한 정보를 얻을 수 있다. 예레미야의 고독은 그의 본성과 전혀 관계가 없다. 그의 고독은, 그를 압도하고 갑자기 그에게 몰려와 그의 존재 전체를 채우며 그를 괴롭히고 그의 의지를 온전히 사로잡은 외적 힘 때문에 생겨난 것이다. 이 외적 힘은 예언자에게 유다 백성 한복판에서 고독을 행동 양식으로 삼도록 요구한다.

히브리 성경에서는 책의 첫 낱말에 따라 그 책의 이름을 지었다. 이와 관련하여 한자권에서 [애가(哀歌)라 부르는 책의 히브리 이름은 "에카(=아!; 또는, 어찌하여!)"가 된다. 이 책은 다섯 개의 노래로 이루어졌는데(이에 따라 역시 다섯 개의 장으로 나뉜다), 둘째와 넷째 노래도 이 "에카!"라는 말로 시작한다(이사 1,21와 예레 48,17 참조). 반면에 그리스말 번역에서는 책의 내용에 따라 "트레노이(=애가)"로 불리는데, 탈무드에 따르면 히브리말에서도 본디 '만가'의 뜻을 지닌 "키노트"라는 명칭을 사용하였다. 라틴말 번역에서도 같은 뜻을 지닌 Lamentationes가 채택되었다. 이후 이 라틴 명칭 또는 그리스 명칭이 라틴말로 음역된 Threni가 서양에서는 전통적인 이름이 되는데, 이것이 히브리 문학 유형이 의도하는 바에 더 상응한다고 하겠다. 이 애가 또는 만가 유형은, 장례식 때 불린 조가(2사무 1,17 – 27 참조)와 더불어, 국가적 환난에도 적용될 수 있었다.

바룩서는 예레이야의 서기였던 네리야의 아들 바룩(복받은 이)이 바빌론에서 유배 중에 예루살렘에 남은 공동체를 염두에 두고 집필한 것(1,1)으로 기술되었으나 바빌론 유배 당시의 문헌기록과 상당한 차이가 있고, 또 바룩은 바빌론이 아니라 이집트로 끌려간 것으로 알려져 있다. 따라서 바룩서는 기원전 3세기 바룩의 이름을 빌어 그리스말로 쓴 가명작품으로 사료된다.

20  예레미야 · 애가 · 바룩 SCHEMA

날짜	성경 구절	주요 내용	
첫 째 날	예레미야 1 – 6	• 예레미야에게 내린 유다에 대한 주님의 신탁(1) • 주님께서 내린 심판의 말씀(2 – 6)	예레미야 1 – 주님께서 내린 심판의 말씀
둘 째 날	7 – 20	• 예레미야의 성전 설교(7 – 10) • 예레미야의 첫 번째 고백(11 – 12) • 주님께서 내린 심판의 말씀(13 – 15) • 예레미야의 고백(16 – 20)	예레미야 2 – 예레미야의 성전 설교
셋 째 날	21 – 25	• 유다 임금들에게 내린 신탁(21 – 22) • 주님께서 내린 심판의 말씀(23) • 예레미야에게 보여주신 무화과 두 광주리의 환시(24) • 유배 이전에 한 예레미야의 예언 요약 /이민족들에 관한 신탁(25)	예레미야 3 – 무화과 두 광주리의 환시
넷 째 날	26 – 35	• 이스라엘을 위한 구원의 신탁/예레미야의 성전 설교(26 – 27) • 예레미야와 거짓 예언자 하난야의 대립(28) • 예레미야가 유배자들에게 보낸 편지(29) 이스라엘의 회복(30 – 33) • 치드키야의 운명(34) 레캅인들의 순종(35)	예레미야 4 – 예레미야와 거짓 예언자 하난야의 대립

날짜		성경 구절	주요 내용
다 째	섯 날	36 – 45	• 바룩에게 받아쓰게 한 예레미야의 첫 신탁들(36) 예레미야가 갇히다(37 – 38) • 바빌론에 의해 예루살렘이 점령당하고 예레미야가 풀려남(39 – 41) • 유다의 백성들이 주님의 말씀을 듣지 않고 이집트로 도망가 주님의 분노를 삼(42 – 44) • 바룩의 구원(45) 예레미야 5 – 감옥에 갇힌 예레미야
여 째	섯 날	46 – 52	• 예레미야를 통해 이민족들(이집트, 필리스티아, 모압, 암몬, 에돔, 다마스쿠스, 케다르와 하초르)에게 내린 주님의 말씀(46 – 50) • 예레미야를 통해 바빌론의 패망과 이스라엘의 해방을 두고 하신 말씀(51) • 예루살렘과 유다에 대한 예레미야의 예언이 이루어짐(52) 예레미야 6 – 예레미야를 통해 이민족에게 내린 주님의 말씀
일 째	곱 날	애가 1 – 5 바룩 1 – 6	• 예루살렘의 참상(1 – 2) • 고통과 희망에 대한 노래(3 – 4) • 주님께 드리는 애원의 기도(5) • 서문, 참회의 기도(1 – 3) • 지혜에 관한 명상(3,9 – 4,4) • 예루살렘을 위한 권고와 위로(4,5 – 5,9) • 예레미야의 편지(6장) 애가 – 예루살렘의 참상

41. 예레미야서의 구조와 전개

제1부	1 – 6장	**예레미야의 소명과 초기 선포** "모태에서 너를 빚기 전에 나는 너를 알았다. 태중에서 나오기 전에 내가 너를 성별하였다. 민족들의 예언자로 내가 너를 세웠다.""아! 주 하느님 저는 아이라서 말할 줄 모릅니다.""너는 내가 보내면 누구에게나 가야하고 내가 명령하는 것이면 무엇이나 말해야 한다. 그들 앞에서 두려워하지 마라 내가 너와 함께 있어 너를 구해주리라"(1,5 – 8) – 이미 주님께서는 예레미야가 태에 있을 때 성별하여 민족들의 예언자로 세우셨다. 그리고 예언자 예레미야의 입에 말씀을 담아주신다. 그는 비록 유약하고 말주변도 없지만 주님께서는 그와 함께 하시고, 두려워하지 말라고(1,8) 이르시며 그에게 힘을 주신다. 보아라! 나는 오늘 세계 만방을 너의 손에 맡긴다. 뽑기도 하고 무너뜨리기도 하고 멸하기도 하고 헐어버리기도 하고, 세우기도 하고 심기도 하여라"(1, 10) 나의 백성은 두 가지 잘못을 저질렀다. 생수가 솟는 샘인 나를 버리고 갈라져 새기만 하여 물이 괴지 않는 웅덩이를 팠다. (2,13) '나에게 무슨 죄가 있는가. 내가 무슨 천벌 받을 일을 했단 말인가.' 하고 말한다마는, 죄 없다고 한 바로 그 때문에 이제 나는 너희를 벌하리라. (2,35) 주님께서 눈 여겨 찾으시는 것은 신용을 지키는 사람인데, 이 백성은 얻어 맞으면서도 아픈 줄을 모릅니다. 죽도록 맞고서도 타이르시는 말씀을 귓전으로 흘려버립니다. 얼굴에 쇠가죽을 쓴 것들, 도무지 하느님께 돌아올 생각을 하지 않습니다. (5,3)
제2부	7 – 10장	**성전설교와 예레미야의 심경** 너희는 훔치고 죽이고 간음하고 위증하고 바알에게 분향하고 있다. 알지도 못하는 다른 신들을 따라가고 있다. 그리고 나의 이름으로 불리는 이 성전으로 찾아와 나의 앞에 나서서 살려주셔서 고맙다고 하고는 또 갖가지 역겨운 짓을 그대로 하고 있으니, 나의 이름으로 불리는 이 집이 너희 눈에는 도둑의 소굴로 보이느냐? 너희가 하는 짓을 나는 이 눈으로 똑똑히 보았다. 내 말이니 잘 들어라 (7,9 – 11) – 여호야킴은 아버지 요시아 임금이 몰아내려고 했던 이방인의 문물까지도 무차별하게 도입하며 폭정을 행하였다. 유다 백성들은 하늘의 여왕 이쉬타르에게 과자를 구워바치고, 골짜기에서 어린 아이를 희생시키는 야만적인 행위를 거행하였다. – 예레미야는 약속된 땅에서 살아가는 조건으로 회개와 정의의 실천을 제시한다. – 그는 계속하여 유다 백성의 죄악을 고발하며 하느님의 심판을 선포한다. 한번 혀를 놀렸다 하면 남의 가슴에 칼을 꽂는구나. 신실은 쓰러지고 거짓만이 판치는 세상이 되었다. 내 속생각을 모르고 못된 일만 골라서 하는 세상이 되었다. 주님의 말이다! 친구도 조심하여야 할 세상, 동기마저 믿지 못할 세상이 되었다. 동기들끼리 서로 걸어 넘어뜨리고 친구들끼리 서로 모함하며 돌아 치는 세상이 되었다. 참말이라고는 할 줄 모르는 세상, 서로 속고 서로 속이니, 거짓말만이 입에 익어 돌이킬 길 없이 입이 비뚤어진 세상이 되었다.(9,2 – 4)
제3부	11 – 20장	**여호야킴 치세 때의 예언 – 예레미야의 고백록(5개의 고백)** – 예레미야는 남 유다가 강대국 사이에서 우왕좌왕 하다가 무너지는 현장을 지켜보아야 했다. 나라의 패망을 선고하는 예레미야의 심판 예언은 곧 유다 조정과 백성의 반대에 부딪친다. 이때 그는 외로움과 절망감 속에서 하느님께 부르짖는다. "주님, 제가 아무리 시비를 걸어도 그 때마다 옳은 것은 하느님이셨기에 법 문제를 하나 여쭙겠습니다. 어찌하여 나쁜 자들이 만사에 성공합니까? 사기밖에 칠 줄 모르는 자들이 잘 되기만 합니까?" (12,1) 날이 저물어 어두워져 가는 언덕 위에서 서로 걸려 넘어지기 전에 너희 하느님 주님께 영광을 돌려라. 너희가 바라는 것은 빛이지만, 주님께서는 너희 세상을 어둡고 캄캄하게 만드시리라(13,16).

제3부	11 – 20장	주님께서 나에게 말씀하셨다. "그 예언자들은 내 이름을 팔아서 거짓말을 하였다. 나는 그런 말을 한 적이 없다. 그런 말을 하라고 예언자들을 보낸 적도 없다. 그것들은 엉뚱한 것을 보고, 허황한 점이나 치고, 제 욕망에서 솟는 생각을 가지고 내 말이라고 전하는 것들이다(14,14). 나 주님이 말한다. 내가 보내지도 않았는데 내 이름을 팔아서 예언하는 자들을 어떻게 할지 말하여 주겠다. '이 땅에는 적군이 쳐들어오지도 않고 기근도 들지 않는다.'고 하는 그 예언자들은 칼에 맞아 죽고 굶어 죽으리라. (14,15) '어디로 가야 하느냐?'고 묻거든 '하느님의 말씀이다.'하고 이렇게 일러주어라. '어디로 가든지 염병으로 죽을 자는 염병에 걸리고 칼에 맞아 죽을 자는 칼에 맞고 굶어 죽을 자는 굶고 사로잡혀 갈 자는 사로잡히리라(15,2). 아아, 어머니! 왜 나를 낳으셨습니까? 온 나라 사람이 다 나에게 시비를 걸고 싸움을 걸어옵니다. 나는 아무에게도 빚진 일이 없고 빚을 준 일도 없는데, 사람마다 이 몸을 저주합니다(15,10) 당신 말씀을 발견하고 그것을 받아 먹었더니 그 말씀이 제게 기쁨이 되고 제 마음에 즐거움이 되었습니다. 주 만군의 하느님! 이 몸을 주님의 것이라 불러주셨기에 주님의 말씀이 그렇게도 기쁘고 마음에 흐뭇하기만 하였습니다. 어찌하여 제 고통은 끝이 없고 제 상처는 치유를 마다하고 깊어만 갑니까?" (15,16 – 17) 그렇다면 이 주님의 말을 들어보아라. 너의 마음을 돌려 잡아라. 나는 다시 너를 내 앞에 서게 하여주겠다. 그런 시시한 말은 그만두고 말 같은 말을 하여라. 나는 너를 나의 대변자로 세운다. 백성이 너에게로 돌아와야 네가 백성에게로 돌아가서는 안 된다. 그러므로 이 백성에게 맞서 내가 너를 요새의 청동 벽으로 만들어 주리라. 그들이 너를 대적하여 싸움을 걸겠지만 너를 이겨내지 못하리라. 내가 너와 함께 있어 너를 구원하고 건져 낼 것이기 때문이다(15,19 – 20). 공동번역: 내가 너를 그런 놋쇠로 든든하게 만든 성벽처럼 세우리니, 이 백성이 아무리 달려들어도 너를 꺾지 못하리라. 나는 너를 떠나지 않을 것이며 너를 도와 구하여 주리라. 이는 내 말이라. 어김이 없다(15,20). 나에게서 마음이 멀어져 사람을 믿는 자들, 사람이 힘이 되어주려니 하고 믿는 자들은 천벌을 받으리라. (17,5) 벌판에 자라난 덤불과 같아, 좋은 일 하나 볼 수 없으리라. 소금쩍이 일어나서 아무것도 자라지 않고 뙤약볕만이 내려 쬐는 사막에서 살리라. 그러나 나를 믿고 의지하는 사람은 복을 받으리라. 물가에 심은 나무처럼, 개울가로 뿌리를 뻗어 아무리 볕이 따가워도 두려워하지 않고 잎사귀는 무성하며 아무리 가물어도 걱정 없이 줄곧 열매를 맺으리라(17,9). 그 말을 듣고 이 백성은 수군거립니다. '예레미야를 없애야겠는데 무슨 좋은 계책이 없을까? 이 사람이 없어도 법을 가르쳐줄 사제가 있고 정책을 세울 현자가 있고 하느님의 말씀을 들려줄 예언자가 있다. 그러니 이자를 그가 한 말로 때려잡자. 이자의 말마디마다 조심하여 듣자.'고 합니다(18,18). 주님, 저는 어수룩하게도 주님의 꾐에 넘어갔습니다. 주님의 억지에 말려들고 말았습니다. 그래서 날마다 웃음거리가 되고 모든 사람에게 놀림감이 되었습니다. 저는 입을 열어 고함을 쳤습니다. 서로 때려잡는 세상이 되었다고 외치며 주의 말씀을 전하였습니다. 그 덕에 날마다 욕을 먹고 조롱 받는 몸이 되었습니다. '다시는 주의 이름을 입밖에 내지 말자. 주의 이름으로 하던 말을 이제는 그만두자.' 하여도, 뼛속에 갇혀 있는 주의 말씀이 심장 속에서 불처럼 타올라 견디다 못해 저는 손을 들고 맙니다 (20,7 – 9).
제4부	21 – 25장	**치드키야 때의 예언** 유다의 마지막 왕의 계보: 요시야 (16대) – 여호아하즈 (17대, 3개월, 이집트 유배 중) – 여호야킴(18대) – 여호야킨 (3개월, 바빌론 유배 중) – 치드키야 (20대) 유다 왕실에서 정의를 실천하라고 호소하고, 정의를 실천하지 않을 때는 주님의 분노가 타 오를 것임을 경고한다. 결국 유다 왕실은 수난을 당하고 예루살렘이 망하는 데, 그 이유는 유다 임금이 정의를 실천하지 않아서 백성이 하느님과의 계약을 저버리고 우상을 숭배했기 때문이다. 비천하고 가난한 백성들을 돌보는 대신 힘없는 백성들을 억압하고 착취하며 사치와 향락에 빠져버렸다. 그 결과 이민족에게 나라를 넘겨주고 자신들도 파멸의 구렁텅이에 빠져버린다.

제4부	21 - 25장	이 백성에게 말하여라. ─ 주님께서 이렇게 말씀하신다. ─ 이제 내가 너희 앞에 생명의 길과 죽음의 길을 놓아둔다. 이 도성에 머무는 자는 칼과 굶주림과 흑사병으로 죽겠지만, 여기서 나가 너희를 포위하고 있는 칼데아인들에게 항복하는 자는 죽지 않고 제 목숨을 전리품으로 얻을 것이다(21,8 - 9).

이 백성에게 말하여라. ─ 주님께서 이렇게 말씀하신다. ─ 이제 내가 너희 앞에 생명의 길과 죽음의 길을 놓아둔다. 이 도성에 머무는 자는 칼과 굶주림과 흑사병으로 죽겠지만, 여기서 나가 너희를 포위하고 있는 칼데아인들에게 항복하는 자는 죽지 않고 제 목숨을 전리품으로 얻을 것이다(21,8 - 9).

불행하여라, 불의로 제 집을 짓고 부정으로 누각을 쌓는 자! 그는 제 이웃에게 거저 일을 시키고 아무런 품삯도 주지 않는다. "나 자신을 위해 넓은 집을 짓고 널찍한 방들이 딸린 누각도 쌓아야지." 하면서 그는 제집에 창문을 만들어 달고 향백나무 판자를 붙인 다음 붉은색을 칠한다(22,14 - 15).

─ 만군의 주님께서 이렇게 말씀하신다. ─ 너희에게 예언하는 저 예언자들의 말을 듣지 마라. 그들은 너희에게 헛된 희망을 불어넣고 있다. 그들은 제 마음에서 나온 환시를 말하고 있을 뿐 주님의 입에서 나온 것을 말하고 있지 않다(23,16).

예레미야의 신탁은 정치지도자에 이어 종교지도자들에게도 관심을 돌린다. 북왕국의 바알예언자들도 문제였지만, 남유다의 예루살렘 예언자들은 종교적 탈선뿐만 아니라 윤리적 탈선까지도 저지른다.

1) 주님의 어전회의에 참석하지 않기에 그분의 말씀을 전해 듣지 못함(23장).

2) 설교할 때 주님의 말씀보다는 자신들의 망상이나 허망한 꿈이야기를 함(23장).

3) 주님의 말씀이 짐이 된다고 말하는데 그들은 주님의 짐이 되었다(23장).

24장의 무화과 두 바구니의 이야기는 ─ 597년 첫 번째 바빌론 유배 때 예루살렘에 남아있던 사람들은 포로로 끌려간 사람들만 죄인이고 자신들은 죄가 없다고 생각하였다. 이에 환시를 통해 어려운 처지에 빠진 바빌론 유배자들을 좋은 무화과처럼 잘 되게 해주시고 예루살렘에 남은 자들과 이집트 땅에서 피난 간 자들은 나쁜 무화과처럼 다루겠다고 하신다.

─ 예언자의 말을 듣지 않은 이스라엘은 칠십 년을 종살이하게 된다.

제5부	26 - 35장	

심판과 희망의 예언

예레미야는 백성들이 절망의 늪에 빠져 있을 때에, 거기에서부터 구원 될 것이라고 말하였다(30,7). 이러한 최후의 복구는 새로운 계약을 예언한데서 잘 표현되어 있다(31,31 - 34). 새로운 계약을 맺을 때 법은 인간 존재의 내적인 중심인 마음에 기록된다는 말씀이다.

예레미야는 바빌론 제국에 굴복하고 하느님께서 하시는 일에 복종하는 것이 살 길이라고 예언하지만 백성은 그를 매국노로 몰아 예언자의 충고를 외면한다.

─ 거짓 예언자 하나니야가 거짓예언을 한다(28장).

─ 예레미야는 소명을 받을 때부터 하느님의 말씀에는 심판과 회복, 멸망과 약속이라는 양면이 있음을 깨닫는다. 예레미야는 멸망 저편에 있는 새로운 백성, 새로운 시대로 끊임없이 눈을 돌렸으며, 이러한 희망의 주제가 현저하게 나타난 부분이 바로 '위로의 소책자' 30 - 31장, 32 - 33장이다.

─ 새로운 계약(31, 31 - 34)

보라, 그날이 온다. 주님의 말씀이다. 그때에 나는 이스라엘 집안과 유다 집안과 새 계약을 맺겠다(31,31). ─ 새 계약은 주님의 권위와 주도에 따라 맺게 될 것이다.(31절)

그것은 내가 그 조상들의 손을 잡고 이집트 땅에서 이끌고 나올 때에 그들과 맺었던 계약과는 다르다. 그들은 내가 저희 남편인데도 내 계약을 깨뜨렸다. 주님의 말씀이다.(31,32) ─ 새 계약은 조상들과 맺은 계약과 다르다(32절)

그 시대가 지난 뒤에 내가 이스라엘 집안과 맺어 줄 계약은 이러하다. 주님의 말씀이다. 나는 그들의 가슴에 내 법을 넣어 주고, 그들의 마음에 그 법을 새겨 주겠다. 그리하여 나는 그들의 하느님이 되고 그들은 나의 백성이 될 것이다.(31,33)

─ 새 계약은 주님께서 직접 백성의 마음에 새겨준다(33절)

─ 새 계약은 새 공동체를 낳을 것이다(33절).

그때에는 더 이상 아무도 자기 이웃에게, 아무도 자기 형제에게 "주님을 알아라." 하고 가르치지 않을 것이다.

제5부	26 – 35장	그들이 낮은 사람부터 높은 사람까지 모두 나를 알게 될 것이기 때문이다. 주님의 말씀이다. 나는 그들의 허물을 용서하고, 그들의 죄를 더 이상 기억하지 않겠다(31,34). – 새 계약은 하느님의 용서를 표현한다.(34절) – 새 계약은 마지막 때의 구원이다.(34절)
제6부	36 – 45장	**예레미야의 수난기** 대신들은 예레미야에게 화를 내며 그를 때리고, 요나탄 서기관 집에 있는 구덩이에 가두었다. 사람들이 그곳을 감옥으로 만들었던 것이다. 예레미야는 천장이 둥근 저수 동굴에 들어가, 오랫동안 그곳에 갇혀 있게 되었다(37,15 – 16). – 바룩은 예레미야가 투옥될 때부터 사건을 추적하여 장소와 대화를 하나도 놓치지 않고 찾아서 기록하였다. 그러자 대신들이 임금에게 말하였다. "이런 자는 마땅히 사형을 받아야 합니다. 그가 이따위 말을 하여, 도성에 남은 군인들과 온 백성의 사기를 떨어뜨리고 있습니다. 사실 이자는 이 백성의 안녕이 아니라 오히려 재앙을 구하고 있습니다"(38,4). – 예레미야가 치드키야왕의 도움으로 겨우 생명을 유지한다. 대신들이 예레미야를 군인과 백성들이 사기가 떨어졌다는 이유로 고발한다. 주 당신의 하느님께서 우리가 나아갈 길과 해야 할 일을 알려 주시도록 해 주십시오."(42,3) 바빌론 임금을 너희가 두려워하는데 그를 두려워하지 마라. 내가 너희와 함께 있어 너희를 구원하고 너희를 그의 손에서 건져 낼 터이니, 그를 두려워하지 마라. 주님의 말씀이다. 내가 너희를 가엾이 여겨, 그를 시켜 너희에게 자비를 내려서 너희를 고향 땅으로 돌려보내게 하겠다(42,11 – 12). 그러나 너희가 주 너희 하느님의 말씀을 듣지 않고, '저희는 이 땅에 살지 않겠습니다.' 하고 말한다면 (42,13). 이집트 땅으로 얼굴을 돌려 그곳에 들어가 사는 자들은 모두 칼과 굶주림과 흑사병으로 죽게 되어, 그들 가운데에는 내가 그들에게 내릴 재앙에서 벗어나거나 빠져나갈 자가 하나도 없을 것이다. — 만군의 주 이스라엘의 하느님께서 이렇게 말씀하신다. — 너희가 이집트로 들어가면, 예루살렘의 주민들에게 나의 분노와 진노가 쏟아졌던 것처럼, 너희에게도 나의 진노가 쏟아 부어질 것이다. 그리하여 너희는 악담과 공포와 저주와 수치의 대상이 되고, 다시는 이곳을 볼 수 없게 될 것이다'(42,18)
제7부	46 – 51장	**이방 민족을 향한 예언** – 예레미야가 남은 자들에게 이집트에 가지 말라고 한다. 이집트에 사는 유다인들에게 재앙을 예고한다. 또한 이집트의 운명에 대해서도 예언한다. 만군의 주 이스라엘의 하느님께서 말씀하신다. "내가 테베의 신 아몬과, 파라오와 이집트와 그 신들과 임금들과, 파라오와 그를 의지하는 자들을 벌하겠다"(46,25). – 블레셋, 모압, 압논, 에돔, 시리아 등이 멸망할 것임을 예고! 주님께서 그 칼에게 명령하셨는데 그것이 어찌 잠잠해지겠느냐? 그 칼은 아스클론과 바닷가를 치려고 그분께서 고르신 것이다(47,7). 이스라엘 백성이 베텔을 의지하다가 수치를 당하였듯이, 모압은 크모스 신 때문에 수치를 당할 것이다(48,13). 헤스본아, 통곡하여라. 라빠의 마을들아, 울부짖어라. 자루 옷을 두르고 애곡하며 몸에 상처를 내고 돌아다녀라. 밀콤 신이 그의 사제들과 대신들과 더불어 포로로 끌려갈 것이다(49,3). 바위틈에 살고 언덕에 자리 잡은 자야 네가 일으킨 두려움과 네 마음의 교만이 너 자신을 속였다. 네가 독수리처럼 높은 곳에 보금자리를 차려도 내가 너를 거기에서 끌어 내리리라. 주님의 말씀이다(49,16).

제7부	46 – 51장	다마스쿠스에 대하여. 하맛과 아르팟이 나쁜 소식을 들은 까닭에 당황한다. 그들은 낙담하여 바다처럼 동요하니 잠잠히 있을 수 없다 (49,23).
		– 아람, 엘람, 바빌론이 멸망할 것임을 예언
		– 바빌론왕에 반기를 들었던 유다와 치드키야가 예루살렘에서 항전하였으나 결국 함락되어 바빌론으로 잡혀가다!
부록	52장	**예루살렘의 함락에 대한 역사적 문헌** – 예레미야가 예루살렘과 유다에 대하여 선포한 모든 예언이 이루어 졌음을 말해준다. 성전에서 예배만 드린다고 구원받을 수 있다는 그릇된 신앙을 질타하면서 빨리 생활을 개선하여 마음의 예배를 드릴 수 있도록 가르친다.

42. 애가와 바룩의 구성

이 책은 기원전 587년에 바빌론의 임금 네브카드네자르가 예루살렘을 함락하고 성전을 파괴한 사건을 역사적 배경으로 한다. 네브카드네자르는 이어서 유다 왕국 국민의 일부를 바빌론에 강제로 이주시킨다(2열왕 25,1 – 21 참조). 유다인들은(확실하게는 기원후 6세기부터) '아브'라 불리는 다섯번째 달(한 해는 과월절로부터 시작한다)의 9일에 거행되는 기념일에 이 책을 봉독한다(그래서 히브리 성경에서 애가는 유다인들의 다른 주요 축제 때 봉독되었던 룻기/아가/코헬렛서〈전도서〉/에스델서와 함께 머길로트〈'축제 두루마리' 곧 축제 오경〉의 일부를 이룬다). 그런데 이날은, 기이하게도 위의 사건만이 아니라 기원후 70년 제2 성전이 로마인들에 의하여 파괴된 것까지도 기념한다.

애 가

첫째 애가 1,1 – 22	폐허가 된 시온	원수들의 손에 모든 것을 빼앗기고 참혹하게 무너진 예루살렘을, 위로하는 이 하나 없이 오히려 원수들의 조롱감이 된 예루살렘을 두고 애곡한다.
둘째 애가 2,1 – 22	주님의 진노의 날	밤이면 울고 또 울어 뺨 위에 눈물이 그치지 않는구나. 그 모든 여인들 가운데 위로해 줄 자 하나 없고 벗들은 모두 그를 배반하여 원수가 되었다(1,2). 예루살렘이 비천한 신세가 된 것은 주님께서 벼르시던 징벌이었음을 애절하게 노래한다. 임금, 신하, 사제, 처녀, 젖먹이까지 버려진 처지에서 눈물을 흘리며 잘못을 뉘우친다. 왜 하느님께서는 시온을 그렇게 대접했는가를 상기시키고 있다. 처녀 시온은 하느님만을 섬기고 그 분께 의탁해야 했었건만, 우상들의 거짓을 쫓아 주님께 죄를 지은 탓에 있다.
셋째 애가 3,1 – 66	애절한 고통의 탄식과 희망	딸 예루살렘아 나 네게 무엇을 말하며 너를 무엇에 비기리오? 처녀 딸 시온아 너를 무엇에다 견주며 위로하리오? 네 파멸이 바다처럼 큰데 누가 너를 낫게 하리오? 길 가는 자들은 모두 너를 보고 손뼉을 쳐 댄다. 딸 예루살렘을 보고 휘파람 소리 내며 머리를 흔들어 댄다.(2,13 – 15) 참변과 죽음의 다양한 얼굴들을 묘사하고 있다. 하느님께서 날카로운 칼로 이스라엘을 심히 내리쳤지만, 하느님께 대한 신뢰를 결코 포기하지 않는다. 이스라엘을 깡그리 몰살시키지는 않았기 때문이다. 지은 죄가 하늘의 별들과 바닷가의 모래알처럼 많더라도 사랑과 자비의 주님께 애원하고 있다. 자신들이 주님의 뜻을 저버려 하느님의 징벌을 받은 아픔과 슬픔을 토로한다. 동시에 주님의 자애와 신의를 회고하면서 그분께서 이스라엘의 부르짖는 소리를 들으시고 구원해 주시리라는 희망과 믿음을 노래한다. 나는 그분 격노의 막대로 고통을 겪은 사나이, 그분께서는 빛 없는 어둠 속으로 나를 몰아쳐 걷게하시고 당신 손을 날마다 나에게 돌려 내리치시네. 내 살과 내 살갗을 닳아 없어지게 하시고 내 뼈를 부수시며 쓰라림과 괴로움으로 성을 쌓아 나를 에우시고 오래전에 죽은 자들처럼 나를 암흑 속에 살게 하셨네(3,1 – 6).

넷째 애가 4,1 – 22	파괴된 도성	그 깊은 구렁 속에서 주님 저는 당신의 이름을 불렀습니다. 제가 당신을 부르던 날 당신께서는 가까이 오시어 말씀하셨습니다. "두려워 하지 마라"(3,55 – 57) 비단옷이 아니면 몸에 걸치지도 않던 자들이 쓰레기더미 같은 신세가 된 것을 묘사한다. 나라가 이렇게 된 것은 거짓 예언자들과 사제들에게 있다고 말한다. 곧 예루살렘의 함락과 비참함은 거짓 예언자와 사제를 비롯한 이스라엘의 죄와 외세에 의존해서 그 고통을 벗어나려 했던 어리석음 때문임을 깨닫고 고백한다.
다섯째 애가 5,1 – 22	백성의 기도	주님께서 친히 그들을 흩어 버리고 그들을 다시는 살펴보지 않으셨다네. 사람들은 사제들을 우러르지 않고 원로들을 동정하지도 않는다네(4,16). 자신들이 지은 죄로 인해 예루살렘이 이방인의 손에 넘어가게 된 처참한 상황을 노래하며 자신들을 기억하게 해 달라고 주님께 탄원한다. 주님께서 기억해 주시는 것이 삶이며 구원임을 고백한다. 어찌하여 저희를 끝내 잊으려 하십니까? 어찌하여 저희를 영영 버리려 하십니까? 주님, 저희를 당신께 되돌리소서, 저희가 돌아가오리다, 저희의 날들을 예전처럼 새롭게 하여 주소서(5,20 – 21).

바 룩

1,1 – 3,8	서문과 참회 기도	서문 저자의 이름과 추정된 연대, 참회기도를 바치는 이유와 시기, 구조에 대한 기술(1,1 – 14)과 포로로 잡혀간 자들의 참회의 기도(1,15 – 3,8)는 하느님의 자비를 간구한다. 이 기도는 집단적 참회시편의 문학형태를 지닌다 (2열왕 8,46 – 53; 시편 80; 집회서 36,1 – 7; 다니엘 3,26 – 45).
3,9 – 4,4	율법과 같은 지혜	지혜에 관계되는 이 부분은 격려의 어조를 띠고 있다. 곧 이스라엘이 남의 나라에서 늙어가는 것은 지혜의 샘을 외면했기 때문임을 일깨우면서(3,10 – 12) 지혜의 빛을 향하여 밝은 길을 가라(4,2)고 격려한다. 하느님의 계명과 율법을 실천함으로써 지혜를 따르는 사람은 살 것이고 지혜를 버리는 자는 죽을 것이라 한다.
4,5 – 5,9	격려와 위로의 담화	유배의 비탄이 이스라엘 자손들의 잘못에 대한 처벌이라는 점을 상기시킨다(4,5 – 9). 하느님께 울부짖는 그들의 기도를 상기시킨다. 하느님께서 그들의 기도를 들어주시어 유배로부터 조속한 귀환을 예고하신다(4,10 – 29). 하느님의 위로와 격려를 받으며 이스라엘 자손들은 그분 앞에 돌아오게 된다(4,30 – 5,9)
6, 1 – 72	예레미야의 편지	우상에 반대하는 풍자(이사야 44,9 – 20; 예레미야 10,1 – 16)로 우상 숭배를 경계하라는 메시지를 담고 있다. 우상은 눈 먼 사람을 눈 뜨지 못하게 하고, 억울한 일을 당한 자에게 아무런 도움도 되지 못한다고 풍자하며 우상의 무능과 무력을 지적한다.

바이블테라피 21 의식과 무의식, 의식화 과정: 避世靜觀(피세정관)

1. 내가 아는 모든 것, 내가 기억하고 있는 모든 것, 나의 생각, 나의 지각, 나의 느낌으로 알고 있는 모든 것을 우리는 의식, 자아의식이라 한다. 의식의 내용은 모두 나와 연관되어 있고 나는 나의 의식의 영역을 넓히기도 하고 좁히기도 하며 무의식의 작용을 받아들이거나 거부하기도 한다.

2. 출생 이후 우리는 무의식상태에 놓여진다. 무의식 속에 나의 싹이 있고 그것은 아이가 자라면서 싹트고 성장한다. 성장하면서 '나'는 사회생활 속에서 취해야 할 일반적인 행동규범을 배운다. 나는 사회의 일원으로 일정한 역할을 한다. 그러면서 자아의식을 강화하고 그 영역을 넓힘으로써 의식과 무의식계의 대립과 긴장이 일어나게 된다.

3. 집단사회의 행동규범 또는 역할을 분석심리학에서 '페르소나(Persona, 가면)'라고 한다. 이것은 집단정신에서 빌려온 판단과 행동의 틀이다. 집단이 개체에 요구하는 도리, 본분, 역할, 사회적 의무에 해당하는 것, 그 집단에서는 누구나 그렇게 생각하고 느끼고 행동해야 할 여러 유형이다. '나'는 페르소나를 배우고 여러 종류의 페르소나를 번갈아 쓰면서 사회 속을 살아간다. 이러한 페르소나는 그 집단 밖에서는 인정될 수 없는 경우가 많다는 점에서 인간의 보편적 원초적 행동유형과 반드시 일치하는 것은 아니다. 자아의식은 바다 속의 섬과 같다. 바다 같은 무의식은 자아의식이 그 속에 있는 보배들을 발견하고 이용하기를 기다리고 있는 처녀지와 같다.

4. 무의식의 내용과 의식화 과정: 무의식은 글자 그대로 '의식되지 않은 것'이다. 우리의 의식생활에 영향을 주고 있으면서도 모르고 있는 마음의 세계이다. 무의식의 상당

부분은 우리가 적극적으로 인식함으로써 의식의 내용에 동화시킬 수 있다(의식화 과정, 깨달음, individualization). 무의식의 적극적 성찰의 한 방법은 분석가에게 자기의 무의식을 살펴볼 수 있도록 상담을 진행하며 분석 작업을 하는 경우이다. 또 한 가지 방법은 종교적 수행의 방법이다. 이는 무의식의 의식화를 통한 인격의 창조적 변형에 기여한다. 종교는 일상적인 자아의식을 초월하는 '신성한 영역'에 존재한다. 영적인 세계와의 접촉을 통하여 마음의 변화를 시도하는 종교적인 명상이나 수련은 경험세계에서 내면의 치유에 관련하여 매우 긍정적인 역할을 수행하고 있다. 무의식 자체가 그 사람의 의식을 변화시키고자 하는 의도를 가지고 끊임없이 작동하고 있다는 사실 역시 중요한 무의식의 한 측면이다.

조용히 명상 가운데 있다는 것, 성체 앞에 앉아 있는 것, 피정 가운데 있는 것은 의식화 과정의 한 가지이다. '피정'이라 함은 한자 避世靜觀(피세정관)의 준말로 "세상을 피해 고요히 자신의 삶을 바라보는 것"을 의미한다. 일반적으로 우리는 세상 일로 마음이 복잡하고 때론 마음이 세상 욕망으로 가득하여 하느님의 음성을 듣는다거나 우리의 삶과 우리 자신을 바라보는 것이 어렵다. 그러기에 우리는 잠시 세상일과 주변 환경에서 벗어나 조용한 시간을 가지며 마음을 고요 속에 머물게 하여, 우리 자신의 삶을 돌아보는 시간을 가지며 특히 하느님께서 어떻게 나의 삶과 함께 하시고 지금 내게 무슨 말씀을 하고 계시는지 기도하는 시간이 필요하다. 그래서 조용한 피정센터나 영성센터를 찾아 피정프로그램에 참여하여 자신의 몸과 마음을 멈추게 하고 기도할 시간을 가져야 할 것이다.

에제키엘은 조국과 동족에게 거침없이 다가오는 이 큰 불행을 유배지에서 바라보며, 그리고 운명적인 587년 이후에는, 폐허가 된 조국과 뿔뿔이 흩어진 동족을 생각하며 하느님의 말씀을 선포하게 된다. 그런데 이 예언자의 이름으로 모아진 에제키엘서는 상대적으로 긴 책이면서도, 그 안에 이 예언자 개인에 대한 사항은 별로 적혀 있지 않다. 그는 부지라는 사제의 아들이다(1,3). 그래서 예루살렘과 성전이 그가 선포하는 메시지의 핵심을 이룬다. 사실 에제키엘서를 이해하기 위해서는 그가 사제라는 사실을 항상 명심해야 한다. 그는 또 혼인까지 했는데, 587년 예루살렘이 함락될 즈음에 부인이 갑자기 죽는다(24,18). 유배를 당해 끌려간 그는 또 자기 집에서 원로들을 모아놓고 그들에게 말을 할 정도로 중요한 위치를 차지하기도 한다(8,1; 20,1). 그런데 에제키엘서 전체를 살펴보면, 그가 예언자들 가운데에서 매우 독특한 존재임을 알 수 있다. 그는 여러 가지 환시를 보고 때로는 며칠씩 황홀경에 빠지기도 한다(1,1.4 이하; 3,10 – 15; 3,22 이하; 37,1 이하 등). 그는 많은 상징 행동을 하고, 이따금 농아 증세와 마비 증세를 보이기도 한다. 또 자기 집에 앉아 있으면서도 예루살렘을 돌아다니는 환시를 보기도 한다. 이런 특이한 현상을 심리학이나 정신분석학적으로 설명하려는 시도들이 있어 왔다. 그러나 그러한 해석으로는 에제키엘이라는 인물을 설명할 수가 없다.

그는 내적 긴장 상태의 사람이다. 그는 바오로처럼 하느님의 세계와 그분의 계획에 깊이 관여된 인간이다. 여기에서부터 내적인 긴장 상태가 조성되고, 심리적 대립과 갈등이 일어나는 것이다. 사실 에제키엘은, 어떤 학자가 지적하였듯이, 가슴속에 두 가지 영혼을 담고 있는 사람이다. 그는 엄격한 규범과 규정 속에 사는 사제이면서, 동시에 그러한 것을 초월하는 예언자이다. 또한 정열적인 설교가이면서, 모든 것을 아주 정확하게 기술하는 저술가이기도 하다. 그리고 가차없이 멸망을 선포하는 사자이면서, 구원을 예고하는 예언자이다. 그는 탈혼 상태에 쉽게 빠지는 사람이면서, 냉철하게 논리를 전개하는 학자이기도 하다. 또 열정적이면서 동시에 심사숙고하고, 꿈꾸는 듯한 이상주의자면서 현실적이며, 냉정하면서도 동정심 많은 인간이다. 이러한 극단들을 하나로 일치시키는 것이 바로 그의 소명이다. 그리고 이 소명은 대전환기의 소명이다. 그는 멸망해 가는 세계와 새롭게 일어나는 세계의 중간에 선 예언자인 것이다.

에제키엘 SCHEMA

날짜	성경 구절	주요 내용	
첫 째 날	에제키엘 1 – 3	• 에제키엘에게 주님이 발현하심(1) • 에제키엘이 소명을 받다(2 – 3)	 에제키엘 1 – 소명을 받은 에제키엘
둘 째 날	4 – 9	• 예루살렘이 적들에게 포위된다고 예언함(4) • 머리카락과 수염을 깎는 상징행동과 그 풀이(5) • 이스라엘의 종말이 다가옴을 알림(6 – 7) • 예루살렘의 우상숭배와 받을 벌(8 – 9)	 에제키엘 2 – 예루살렘의 우상숭배와 받을 벌
셋 째 날	10 – 13	• 주님의 영광이 성전과 예루살렘을 떠나다(10 – 11) • 이스라엘의 멸망을 상징으로 보여주다(12) • 거짓 예언자들(13)	 에제키엘 3 – 상징으로 보여준 이스라엘 멸망
넷 째 날	14 – 24	• 하느님의 심판(14 – 15) • 예루살렘의 역사 : 부정한 아내의 역사(16) • 불충한 임금을 비유한 노래(17) • 하느님의 정의와 개인의 책임(18) • 유다 임금들의 죽음을 애도하다(19) • 이스라엘 반역의 역사(20) • 주님의 칼/예루살렘의 죄와 심판(22 – 23) • 예루살렘의 포위(24)	 에제키엘 4 – 예루살렘의 포위

날짜		성경 구절	주요 내용
다째	섯날	25 – 32	• 주님께서 내리는 심판 (암몬인, 모압, 에돔, 필리스티아, 티로, 시돈) • 파라오와 이집트(25 – 32) 에제키엘 5 – 주님께서 내리시는 심판
여째	섯날	33 – 39	• 예언자 : 파수꾼(33) 이스라엘의 목자들(34) • 세이르 산에 내리는 심판(35) • 새로워지는 이스라엘(36 – 37) • 마곡의 임금 곡에게 내리는 심판(38 – 39) 에제키엘 6 – 이스라엘의 목자이민족에게 내린 주님의 말씀
일째	곱날	40 – 48	• 새 성전/성소의 구조와 규칙(40 – 47) • 각 지파와 주님의 몫(48) 에제키엘 7 – 새 성전

43. 에제키엘서의 구조

예루살렘 멸망 전	**소명받음 (1 - 3장)**	에제키엘의 부르심은 영광에 싸인 하느님께서 어좌에 앉아계신 환시와 관련되어 이루어진다.[170] 170) 에제키엘은 어느 날 갑자기 하느님의 영광에 사로잡힌다. 이 영광은 여러 차례에 걸쳐 나타나는데(1,28; 3,23; 8,4; 10,1; 43,2), 그때마다 에제키엘은 그 모습을 보고서는 대경 실색하며 실신 상태에 빠진다(3,15). 그렇다면 그는 과연 무엇을 본 것인가? 먼저 폭풍이 휘몰아치며 거대한 구름 한가운데에서 번쩍거리는 불이 보이고, 딱히 무엇이라고 말할 수 없는 생물들이 나타난다. 이 날아다니는 네 생물은 궁창 같은 것을 받치고 있는데, 그 위에는 어좌 하나가 드러난다. 그리고 그 어좌에는 사방이 광채로 둘러싸인 채 사람처럼 보이는 형상이 앉아 있다. …… 이것이 주님 영광의 모습이다(1,4 - 28). 사방으로 뻗은 광채의 모습은 비오는 날 구름에 나타나는 무지개처럼 보였다. 그것은 주님의 형상처럼 보였다. 그것을 보고 나는 얼굴을 땅에 대고 엎드렸다. 그때 나는 말씀하시는 분의 소리를 들었다 (1,28). 주님께서는 두루마리를 받아 먹으라고 준다. 그 두루마리가 "마치 꿀처럼 달았다"고 한다. " 그들이 듣든, 또는 그들이 반항의 집안이어서 듣지 않든, 자기들 가운데에 예언자가 있다는 사실만은 알게 될 것이다. 그러니 너 사람의 아들아, 그들을 두려워 하지 말고, 그들이 하는 말도 두려워하지 마라. 비록 가시가 너를 둘러싸고, 네가 전갈 떼 가운데에서 산다 하더라도, 그들이 하는 말을 두려워하지 말고, 그들의 얼굴을 보고 떨지도 마라"[171] 171) 에제키엘은 하느님의 말씀을 외치라는 사명과 함께, 바로 이러한 이스라엘 백성 한가운데에 예언자로 내세워진다. 하느님의 말씀은 음식처럼 예언자 안으로 스며들기도 하고 단맛으로 그를 가득 채우기도 한다(3,2.3). 그러나 그는 "주 하느님이 이렇게 말한다."라고 외칠 때마다(3,11), '가시로 둘러싸이고 전갈 떼 가운데로 빠져들 수 있음'을 각오해야 한다(2,6 참조). 그렇지만 그는 어떤 경우에도 포기해서는 안된다. 중요한 사실은 유배자들이 하느님의 말씀에 아무리 반항한다 하더라도, "자기들 가운데에 예언자가 있다는 사실"을 알게 되는 것이다(2,5). "너 사람의 아들아, 내가 너에게 하는 말을 들어라. 저 반항의 집안처럼 반항하는 자가 되지 마라. 그리고 입을 벌려 내가 너에게 주는 것을 받아먹어라." 그래서 내가 바라보니, 손 하나가 나에게 뻗쳐 있는데, 거기에는 두루마리 하나가 놓여있었다. 그분께서는 내 앞에 펴 보이시는데, 앞뒤로 글이 적혀 있었다. 거기에는 비탄과 탄식과 한숨이 적혀 있었다. (2,8 - 10) 두루마리에 기록되어있던 '재앙과 슬픔과 통곡의 말'을 예언하는 것이다. 사람의 아들아! 내가 너를 이스라엘 집안의 파수꾼[172]으로 세웠다. 그러므로 너는 내 입에서 나가는 말을 들을 때마다, 나를 대신하여 그들에게 경고해야 한다.(3,17) 172) 이런 에제키엘은 단순한 예언자가 아니다. 그는 '이스라엘을 위한 파수꾼'이다. 에제키엘은 악인에게 "너는 반드시 죽어야 한다."고 말해야 한다. 악인이 자기의 악한 길을 버리고 살게 하려는 것이다. 그리고 그는 의인에게 생명을 지키려면 죄를 짓지 말아야 한다고 경고해야 한다(3,16 - 21). 이는, 이스라엘에서 사람들이 흔히 말하는 것과는 달리(18,1), 죄를 지은 자만 죽고, 아들은 아버지의 죗값을 짊어지지 않으며, 아버지는 아들의 죗값을 짊어지지 않기 때문이다(18,4 - 20). 의인이든 악인이든 저마다 자기의 삶과 행동에 대해서 혼자 책임을 진다. "네 집으로 들어가 문을 잠가라. 너 사람의 아들아, 너는 이제 밧줄로 묶여서 사람들에게 나가지 못할 것이다. 더욱이 내가 네 혀를 입천장에 붙여 너를 벙어리로 만들어서, 그들을 꾸짖지 못하게 하겠다. 그들은 반항의 집안이기 때문이다. 그러나 내가 너와 이야기 할 그때에 너의 입을 열어 줄 터이니, 들을 사람은 듣고 말 사람은 말게하여라. 그들은 반항의 집안이기 때문이다(3,25 - 27).
	예루살렘 파괴예언 (4 - 24장)	이스라엘 반역의 역사가 심판을 받는다.[173] 173) 하느님과 그분의 백성 사이에 일어난 극적인 결별의 동기를, 에제키엘은 이스라엘 백성이 저지른 죄에 있다고 본다. 그래서 그는 이스라엘 땅의 풍토병과 같은 이 악의 중대함과 만연함과 깊이를 밝혀내는 데에 노력을 기울인다. 이 죄는 폭행이며 사람들의 피를 쏟는 범죄 행위이다(7,23; 9,9; 16,36; 18,10 등). 이러한 죄를 예언자는 적어도 한 번, 하느님에 대한 불경과 동등한 것으로 간주한다(36,18). 에제키엘이 가장 큰 죄로 여기는 것은 우상숭배이다(14,1 - 8). 그는 이 불경이 이스라엘 땅의 모든 언덕 위에서, 모든 큰 나무 밑에서(6,3.6.13; 16,16; 20,28.29) 자행되는 모습을 본다. 예루살렘 성전도 예외가 되지 못한다(8장). 그는 성전의 안뜰 대문 어귀(3 - 6절), 뜰(7 - 13절), 북쪽 대문 어귀(14,15절), 안뜰 성소와 제단 사이(16절) 등 곳곳에서 우상숭배가 벌어지는 표시들을 확인하게 된다. 이스라엘의 죄악은 또한 백성이 일상 생활에서 저지르는 부패와 부정과 부도덕이기도 하다. 이것을 예언자는 성소에서 사용되던 죄의 고백 형식을 빌려 서술한다(18,5 - 9; 22,3 - 12,23 - 30).

	소명받음 (1 – 3장)	여러 예언적 표징이 따랐지만 그의 징표는 볼 수 있는 눈이 있어도 보지 못하고 들을 귀가 있어도 듣지 못하는 사람들 앞에서 행한 것이다(12,2). 사람의 아들아, 예언한다고 하는 이스라엘의 예언자들을 거슬러 예언하여라. 제 마음대로 예언하는 자들에게 말하여라. '너희는 주님의 말을 들어라. 주 하느님이 이렇게 말한다. 불행하여라. 본 것 하나 없이 제 영을 따르는 어리석은 예언자들!(13,2 – 3).[174] 174) 예언자가 만일 악인에게 경고하기를 게을리하면, 적절한 질책이 없이 죽어가는 이 악인의 죽음에 대해서 책임을 져야 한다(3,18). 예언자는 이제 더 이상 하느님 백성이라는 집단만 상대하는 것이 아니다. 이 공동체의 구성원 각자에게 관심을 기울이고, 그들의 구원을 책임져야 한다. 이렇게 예언자의 책임 소재를 밝히는 데에는 까닭이 있다. 당시에는 예언자로 자처하는 자들이 많았다. 그들은 하느님께서 보여주시는 환시를 본 일이 없으면서도, 자신의 영감만을 따라, 하느님의 말씀이 아니라 자기들의 말을 예언이라고 선포했다. 그래서 이들은 벽에 균열이 생겨 전체가 무너질 위험이 있는데도, 거기에다 회칠만 하는 미장이와 비슷하다. 백성의 죄악을 치유하는 데에는 마음을 쓰지 않고, 평화의 메시지만 공포하는 예언자들이 바로 그와 같은 것이다(13장).
		깨어진 계약의 역사는 종말을 고하고 '영원히 계속되는 계약'을 맺으실 것을 말씀하신다(16,59 – 63). 여기서 조건부 계약인 모세의 계약을 넘어서 영원히 지속되는 다윗의 계약과 같은 은총의 계약으로 나아감을 본다.
이웃나라들에 대한 예언	**(25 – 32장)**	이방 민족들에 대한 신탁
		이방 민족들과 공모하던 불충한 이스라엘에게도 하느님의 저주를 선언하고 있다.
예루살렘 멸망 후	**백성을 위로 (33 – 39)**	새로운 시작의 약속: 이스라엘의 절망이 하느님께는 가장 좋은 기회가 된다. 하느님은 이스라엘을 무덤에서(귀양살이) 부활시키시고 당신의 영을 불어 넣으심으로써 새로운 생명을 주려하신다(36 – 37)[175] 175) 유배에서 살아남은 이스라엘은 생명을 다시 얻은 백성. 그러나 이전의 것과는 전혀 다른 새 생명을 받은 백성으로 태어난다. 그것은 말씀하신 그대로 실천하시는 주님께서(12,25.28; 17,24; 22,14; 36,36; 37,14) 이렇게 말씀하시기 때문이다. "나는 너희를 민족들에게서 데려오고 모든 나라에서 모아다가, 너희 땅으로 데리고 들어가리라. 그리고 너희에게 정결한 물을 뿌려, 너희를 정결하게 하리라. 너희의 모든 부정과 우상들에게서 너희를 정결하게 하리라. 너희에게 새 마음을 주고 너희 안에 새 영을 넣어주리라. 너희 몸에서 돌로 된 마음을 치우고, 살로 된 마음을 넣어주리라. 나는 또 너희 안에 내 영을 넣어주어, 너희가 나의 규정들을 따르고 나의 법규들을 준수하여 지키도록 하겠다. 그리하여 너희는 내가 너희 조상들에게 준 땅에서 살게 될 것이다. 너희는 나의 백성이 되고 나는 너희 하느님이 될 것이다"(36,24 – 28).
		이스라엘의 복구는 양의 표상으로 그려진다(34장; 루카 15,3 – 7; 요한 10,1 – 18)
		새로운 계약의 백성이 되려면 우선 '마음'이 변화되어야 한다고 말한다(36,26 – 28; 11,19 – 20)
		새로운 예루살렘의 새로운 성전을 자세히 그린다.
	이스라엘 장래예언 (40 – 48)	예루살렘에 대한 에제키엘의 환시는 종말의 묘사에 대단히 큰 영향을 주어서 신약성경의 마지막 책의 "하느님의 예시는 하늘로부터 내려오는 거룩한 도성 예루살렘"(묵시록 21장)이라는 표현으로 수렴된다.

바이블테라피 **22** 하느님과의 사랑과 영성생활과의 관계

호세아 예언서의 표상 가운데에서 가장 큰 비중을 차지하는 것은 주님과 그분의 백성 사이를 혼인 관계로 표현한 것이다. 여기에는 또 부정, 간음, 미움 등과 같은 명제가 뒤따른다. 이 표상은 예레미야서(2,23 - 24; 3,1; 30,14; 31,22), 에제키엘서(16장과 23장), 이사야서의 후반부(50,1; 54,4 - 7; 62,4 - 5)에서 다시 볼 수 있고, 아가서에서는 해석의 열쇠가 되기도 한다. 이렇게 구약성경에서 혼인의 표상이 주님과 그분 백성의 일치를 상징하듯, 신약성경에서도 이 표상이 그리스도와 교회의 일치를 상징하게 된다.

인간관계 안에서 형성되는 사랑의 관계가 3가지 단계로 나누어지는 것처럼 기도 안에서 이루어지는 하느님과의 관계에서도 3가지로 나누어진다.

1단계 – 서로를 알게 되는 단계(머리로 알게 되는 단계. 무엇을 진정으로 알 때 사랑할 수 있다) 하느님이 어떤 분인지 알아야 한다. 기도 초기에 중요한 단계이다. 이 단계에 계속 머물러 있는 것은 아니다.

2단계 – 사랑에 빠지게 되는 단계(알기에서 사랑하기의 단계. 낭만적인 단계)이제는 서로 아는 것에 대해 관심이 집중되는 것이 아니라 함께 시간을 가지는 것에 집중한다. 기도를 통해서 형성되는 하느님과의 관계도 이와 마찬가지이다. 나를 알고 하느님을 아는 모습의 기도 형태에서 하느님과 함께하는 기도의 모습으로 바뀌어간다. 혼인초기의 시기는 아름답고 좋은 시기로서 영적 지도자에게도 편안한 시기이다. 모든 것들이 잘 진행되고 어려움이 잘 보이지 않기 때문이다. 이런 단계에서 영적 지도자는 피지도자에게 2가지를 언급해줘야 한다. 첫째, 명상의 습관을 멈춰도 좋다. 왜냐하면 사랑하는 이와 함께 머물러 있는 것이 더 중요하기 때문이다. 그래서 기도는 단순해지고 사변적인 형태가 줄어들고 마음 안에서의 정감적인 모습이 기도 안에서 자리 잡게 된다. 둘째, 낭만적인 시기는 오랫동안 지속되지 않는다. 낭만적인 시기는 오랫동안 지속되지 말아야 한다는 것을 언급해야 한다.

3단계 – 중년기(사랑에서 참된 사랑으로. 생물학적 의미가 아니라 낭만적인 시기가 끝난 그 다음의 시기) 낭만적인 시기가 끝날 때 함께 사는 것이 싫어지고 좋은 것이나 나쁜 것을 인내하는 것을 배워야 하고, 결혼 생활에서 변화를 가져오는 시기이다. 사랑하는 것에서 더 깊이 사랑하는 시기. 낭만적 시기에서 사랑하는 것은 상대방이 나를 만족시켜 주기에 내가 상대방을 사랑하는 것이다. 그러나 이 시기의 사랑

은 상대방이 나를 만족시켜주지 못하더라도 상대방이 상대방이기 때문에 사랑하는 것이다. 이런 것이 기도 안에서도 똑같이 적용된다.

십자가 성 요한이 말하는 어둔 밤의 영역이다. 주님께서 나를 기쁘게 해주시기 때문이 아니라 내가 주님을 사랑하게 될 때, 주님이 주님이시기에 내가 사랑하게 될 때, 그 사랑이 이기적인 사랑에서 벗어난 상태이며, 이 시기가 중년기의 시기이다. 결혼 관계에서도 이 세 번째 단계가 오랫동안(살아있는 동안) 지속되는 단계이다. 이 단계는 이기적인 사랑에서 진정한 사랑으로 향하게 하는 단계이다. 십자가의 성 요한이 말하는 것처럼 기도 생활 안에 투신하는 모든 선량한 영혼들은 반드시 영혼의 어두움, 메마른 샘의 단계에 반드시 접어든다. 그래서 이런 것들이 당연한 현상이다. 그런데 십자가 성 요한은 좀 엄격히 언급하는데, 왜냐하면 사람들은 정화되기 위해 치루어야 하는 힘겨운 희생(대가)에 대해 관대하지 못하기 때문이다. 각자 성격에 따라 다르겠지만 중년기의 시기에 우리는 바쁜 삶, 일속으로 도망가 버리기도 하고, 좀 더 경건해 보이는 기도 형태로 도망가기도 한다. 이러한 모습의 기도는 하느님의 말씀을 들으려 하지 않고 계속 자신의 말만 해버리고 만다. 십자가의 성 요한이 말하는 영혼의 어둔 밤은 우리의 정화와 연관된 단어이다. 지금 우리의 삶이, 기도의 여정이 메말라진다는 것은 중요한 의미다. 왜냐하면, 우리들 자신이 어둔 밤이나 메마른 샘의 여정을 통해 정화되고 단련된다면 하느님께서 이렇게 정화된 우리를 통해서 일을 하실 수 있기 때문이다. 이런 정화, 단련이 죽은 다음에 일어난다면 그것은 분명히 우리 자신만을 위한 것이고, 우리가 남을 위해 사용되지 못한다. 주님께서 우리를 지금, 이 자리에서 정화시켜주시고 단련시키도록 허락하는 것은 엄청난 사도적 가치가 있는 것이다.

〈내 자신을 성찰할 수 있는 질문〉

- 지금 언급한 세 가지 기도 단계에서 볼 때, 지금의 나는 어떤 단계에 와 있나?

- 그 단계에서 내가 얼마만큼 하느님께 협력하고 있나?

- 하느님이 나를 통해 하시고자 하는 의도에 얼마나 나를 내어 드렸나?

다니엘의 뜻은 히브리 말로 "하느님은 나의 심판자" 또는 "하느님은 심판하신다" 라는 의미이다. 세 청년 하나니야(주님께서 은총을 드러내신다), 미사엘(누가 하느님께 속해있는가?), 아자르야(주님께서 도우신다)도 각각 성경의 내용을 상징적으로 내포하고 있다.

호세아서는 예언자 호세아가 북왕국 이스라엘에서 선포한 예언을 모아 놓은 책이다. 호세아는 말 뜻 그대로 '구원하다'는 의미를 가진다. 예레이먀가 남유다의 멸망과 함께 한 예언자하면 호세아는 북이스라엘의 쇠퇴와 멸망을 함께 겪은 예언자이다.

요엘이라는 말은 "하느님은 나의 하느님이시다"라는 의미이다. 요엘서 본문을 통해 저자는 성전이 있는 예루살렘에서 활동하였고 성전 예배에 대한 식견을 지닌 사람임을 추측할 수 있다.

22  다니엘 · 호세아 · 요엘 SCHEMA

날짜	성경 구절	주요 내용
첫 째 날	다니엘 1 – 4	• 다니엘과 그의 동료들이 왕궁에 들어가다(1) • 네부카드네자르의 꿈을 다니엘이 뜻을 밝혀 중용되다(2) • 다니엘의 세 동료가 불가마에 던져졌으나 천사가 보호함(3) • 네부카드네자르의 꿈을 다니엘이 밝히고 그대로 이루어짐(4) 다니엘 1 – 궁에 들어가는 다니엘과 동료들
둘 째 날	5 – 10	• 벨사차르에게 나타난 기이한 글자를 다니엘이 해석함(5) • 다니엘이 모함을 받아 사자굴로 던져졌으나 살아남(6) • 다니엘이 본 환시와 천사의 풀이(7 – 10) 다니엘 2 – 사자굴로 던져졌으나 살아난 다니엘
셋 째 날	11 – 14	• 이집트와 시리아에 관한 천사의 설명(11) • 마지막 때에 관한 천사의 설명(12) • 다니엘이 수산나를 구함(13) • 다니엘이 벨 신상을 부숨(14) 다니엘 3 – 벨 신상을 부순 다니엘
넷 째 날	호세아 1 – 3	• 호세아가 하느님의 명령으로 혼인하고, 집나간 아내를 찾아오다(1 – 3) 호세아 1 – 집나간 아내를 찾아온 호세아

날짜		성경 구절	주요 내용
다째	섯날	4 – 10	• 주님께서 이스라엘을 단죄하심(4 – 5) • 이스라엘의 불성실한 회개(6 – 8) • 이스라엘이 우상숭배로 벌을 받음(9 – 10) 호세아 2 – 우상숭배로 벌을 받는 이스라엘
여째	섯날	11 – 14	• 하느님의 사랑(11) • 이스라엘의 배신과 하느님의 벌(12 – 14) 주님의 길은 올곧아서 의인들은 그 길을 따라 걷고 죄인들은 그 길에서 비틀거리리라. (호세14,10) 호세아 3 – 이스라엘의 회개와 새로운 삶
일째	곱날	요엘 1 – 4	• 메뚜기 재앙와 가뭄(1) • 백성들의 회개와 주님의 구원(2 – 3) • 여호사팟 골짜기에서의 심판과 이스라엘의 회복(4) 요엘 1 – 메뚜기 재앙과 가뭄

44. 다니엘[176]

제 1 부	제 2 부	제 3 부
다니엘과 세친구 1,1 – 6,29	다니엘이 본 묵시적 단서 7,1 – 12, 13	다니엘의 다른 공적들 13,1 – 14,42
바빌론에 등용된 유다 젊은이(1장) 다니엘과 그의 세 친구들은 포로로 바빌론으로 끌려가 궁전의 시종으로 교육을 받는다. 그들은 바빌론 궁전에서 온갖 박해를 받으면서도 하느님에 대한 신앙을 지켜나간다. 하느님의 보호로 박해를 이기고 승리를 얻는 다니엘과 그의 세 친구는 하느님께서 당신의 백성을 박해자의 손아귀에서 살려 내시리라는 본보기이다.	네 짐승의 환시(7장) 사자(바빌론), 곰(메디야, 페르시야), 표범(그리스), 괴물(로마)	모함에 빠진 수산나를 구함(13장) – 불의하게 사는 두 늙은이 – 몸을 더럽히는 것보다는 죽음을 각오한 수산나 이야기
네부카드네자르의 꿈의 해몽(2장)	숫양(페르시야)과 숫염소(그리스)의 환시 (8장)	벨의 사제들의 음모를 밝힌 다니엘(14,1 – 22)
불가마 속에서 신앙을 지킨이들(3장)	70주간의 해석(9장)	뱀을 죽인 다니엘(14,23 – 42)
두 번째 꿈의 해몽과 실현(3 – 4장)	네 왕국의 환시(10 – 12장)	
벨사차르의 잔치 때 나타난 하느님의 뜻(5장) 사자 우리 속의 다니엘(6장)		
불 가마와 사자 굴에 들어가지만 목숨을 잃지 않는 다니엘과 친구들! 유다 백성이 헬레니즘에 노출되지만 율법에 근거를 둔 지혜가 이방인 특히 그리스인의 지혜보다 뛰어나다는 것을 입증한다.	주님의 날은 꼭 올 것이며 그날이 언제인지 알 순 없지만 그때까지 많은 이들이 단련 받아 깨끗하여 질 것이므로 끝까지 참으며 하느님께 충실하라고 일깨운다.	모세의 율법은 유배지에서도 유효하다는 것을 가르침, 이방신들은 한낱 우상 숭배에 지나지 않음을 역설 폭로한다.

💛 176 현재의 다니엘서는 바빌론 유배 시대(기원전 587 – 538년)에 활동하던 어떤 예언자의 작품으로 제시된다. 유다교 학자들과 초대 그리스도교 전통에서도, 바로 이러한 전망에서 이 책을 이해하였다. 그러다가 기원후 3세기부터는(신플라톤주의 철학자 포르피리를 필두로 한) 이교도 비평가들이 이 책을 시리아의 셀류코스 왕조의 안티오쿠스 에피파네스 시대(기원전 175 – 164년)에 쓰인 작품으로 간주한다. 사실 10 – 11장에 나오는 대환시들은 기원전 162년까지 이어지는 근동과 유다교 역사의 표지들을 하나 하나 벗겨 나간다는 점을 인정해야 한다. 그리고 다음 구절(11,40 이하)에서는, 마지막 심판과 죽은 이들의 부활로(12,1 – 4) 이어지는, 관용적 문체로 쓰인 희망의 메시지를 보게 된다. 이 메시지가 바로 당시의 유다교가 직면한 영성적 문제들에 잘 들어맞는다. 이로써 기원전 190 – 180년에 쓰인 집회서의 이스라엘 예언자 명단(집회 48,22; 49,7 – 8,10)에 다니엘이 언급되지 않은 이유가 설명된다. 반면에, 기원전 134년과 기원전 104년 사이에 저술된 마카베오 상권의 저자는 이미 다니엘서를 알고 있었다(1마카 1,54 = 다니 9,27과 11,37). 그리고 칠십인역의 다니엘서는 기원전 145 – 140년경의 로마 신탁집에서도 이용된다. 더 나아가서 다니엘서의 저자는 기원전 167년 12월 7일에 벌어진 성전의 유린(11,31 참조), 경건한 유다인들의 학살(11,33), 그리고 (11,34가 시사하는 바와 같이) 마카베오 형제들의 궐기와 유다 마카베오의 첫 승리를 본 사람이다. 그러나 그는 기원전 164년 가을에 박해자 – 임금이 죽은 것은 자세히 언급하지 않고, 같은 해 12월 14일에 성전을 정화한 일만 암시할 뿐이다. 이로써 이 책 전체가 저술된 해를 기원전 164년으로 잡을 수 있게 된다. 그런데 마지막 부분의 수수께끼 같은 절 하나가(12,12, 그리고 12,9 참조), 정화된 성전의 전례가 복구된 직후에 다니엘서가 출간된 것이 아닌가 하는 생각을 품게 한다. 이 때는 기원전 163년 초가 된다.

· 한국천주교중앙협의회 『주석성경』 다니엘서 참조

45. 호세아

호세아 예언서의 표상 가운데에서 가장 큰 비중을 차지하는 것은 주님과 그분의 백성 사이를 혼인 관계로 표현한 것이다. 여기에는 또 부정, 간음, 매음 등과 같은 명제가 뒤따른다. 이 표상은 예레미야서(2,23 - 24; 3,1; 30,14; 31,22), 에제키엘서(16장과 23장), 이사야서의 후반부(50,1; 54,4 - 7; 62,4 - 5)에서 다시 볼 수 있고, 아가서에서는 해석의 열쇠가 되기도 한다. 이렇게 구약성경에서 혼인의 표상이 주님과 그분 백성의 일치를 상징하듯, 신약성경에서도 이 표상이 그리스도와 교회의 일치를 상징하게 된다(마르 2,19 - 20; 에페 5,25 등).

주님의 길은
올곧아서
의인들은
그 길을 따라 걷고
죄인들은 그 길에서
비틀거리리라.
(호세14,10)

1. 불충실한 아내와 충실한 남편(1.1 - 3.5)

호세아가 "창녀"와 혼인 생활을 한다는 1-3장의 이야기는, 성경 해석에서 지속적으로 가장 많은 논란을 일으켜 온 문제 가운데 하나이다. 호세아 혼인 이야기의 일화적인 측면이 이 예언자가 전하는 메시지와 비교할 때에 그렇게 중요하지 않다는 것은 사실이다. 그러나 호세아가 실제로 자기의 혼인 생활에서 극적인 체험을 하였고, 그러면서도 그 자신은 다른 이들에게 어떠한 의미를 전달하는 표상으로서만 행동하였을 가능성이 전혀 없지 않다는 점은, 간과할 수 없는 사실이다. 간단히 말해서, 호세아의 혼인 생활은 꾸며 낸 이야기가 아니라 실제 사실이다. 해당 부분의 각주에서도 보게 되겠지만, 호세아의 아이들은 상징적인 이름을 가지는 데 반해서, 아이들의 어머니 고멜은 그렇지 않다. 만일 혼인 이야기가 단순한 허구에 불과하다면, 이 은유의 중심 무게가 바로 호세아의 아내 고멜에게 있어야 할 것이다. 그리고 그 여자의 이름 역시 평범한 "고멜"이 아니라 상징적 의미를 지녀야 할 것이다.

2. 호세아의 결혼생활을 통해 이스라엘이 하느님과 맺은 계약을 드러낸다.

호세아서 1,1에는 이스라엘 왕국의 임금이 한 사람만 소개된다. 바로 여로보암이다. 예후 왕조에 속하는 이 여로보암 2세 치하에서 이스라엘은 상당 기간 번영을 누린다(기원전 787-747년). 그러나 이 예후 왕조는 여로보암 다음 임금이 등극한 뒤에 얼마 지탱하지 못하고 끝을 고한다. 호세아는 이미 1,4에서 바로 이 왕조의 멸망을 예고한다(호세아 예언자가 활동하던 시대에 이스라엘과 유다 왕국을 다스린 임금들과 그들의 통치에 관한 이야기는 2열왕 14,23—17,23에 전해진다). 여로보암 2세의 아들 즈가르야는 임금이 된 지 여섯 달 만에 시해되고 만다. 왕위를 찬탈한 살룸도 사마리아에서 한 달밖에 버티지 못하고 므나헴에게 살해된다. 므나헴이 아홉 해 가량 통치한 뒤에, 그의 아들 브가히야가 왕위를 계승하지만 등극한 지 두 해 만에 살해된다. 새 왕위 찬탈자 베가 역시 몇 년 뒤에 호세아라는 자에게 시살된다. 호세아 예언자와 이름이 같은 이 사람이 북부 이스라엘 왕국 최후의 임금이 된다. 세 해 동안 지속된 아시리아군의 포위 공격 끝에 수도 사마리아가 함락됨으로써, 북부 이스라엘 왕국은 완전히 망하게 된다(기원전 721년 또는 기원전 722년).

3. 고멜: 하느님에 대한 잇라엘의 불충실과 부정한 부인과의 혼인에서 태어난 자녀

고멜에 대한 호세아의 사랑은, 곧 당신 백성에 대한 주님 사랑의 심화를 볼 수 있다. 호세아의 메시지를 해석할 수 있는 가장 중요한 열쇠는 고멜과의 결혼에 대한 이야기다. 호세아는 자기 아내가 그냥 부정(不貞)하다는 사실만이 아니라, 절망적일 정도로 부정하다는 사실까지 알고 있다. 1,2에서 "창녀"를 가리키는 일반 명칭이 아니라 흔하지 않은 표현을 사용한다는 것이 상징적이다. 그러나 고멜은 일반 창녀가 아니라, 가나안인들에게서 유래하는 '풍요다산의 제의(祭儀)'와 깊은 관련이 있는 여자로서, 그것의 감각적이고 성적인 의식에 참여한 것이 거의 틀림없다고 말할 수 있다. 호세아는 결혼하여 자녀 셋을 낳았다. 호세아는 이스라엘에게 전한 주님의 말씀의 표시로 삼기 위하여 자녀에게 의미심장한 이름을 지어주었다. 첫아들은 이즈르엘, 예후가 무자비한 숙청을 벌인 장소이다. 이는 얼마 후에 예후 집안을 처벌하겠다는 상징이 담겨져 있다. 둘째는 로루하마(천더기)라는 딸이다. 이 말은 이스라엘에 대한 주님의 인내가 한계에 다다랐음을 말해준다. 셋째 아들은 로암미(바린 자식, 내 백성이 아닌 자)라 지었는데 이는 주님께서 계약관계를 끊고 당신 백성을 버렸다는 표시이다.

4. 간음한 여인을 고독하게 두라는 명령 : 이스라 백성들은 유배를 통해 정화하라는 명령

이러한 부류의 여자를 아내로 맞아들이는 것은 어리석은 행동이다. 당신 백성에 대한 주님의 사랑 역시 그렇게 어리석은 사랑인 것이다. 그런데도 호세아가 고멜에게 애착을 가지고 그를 다시 아내로 받아들인다는 것은, 응답이 없는 일방적인 사랑이라 하더라도, 그 사랑의 놀라운 심화를 뜻하지 않을 수 없다. 이제 오로지 남편과만 지내는 완전한 고립이라는 시련만이 고멜을 반성과 회개로 이끌 수 있다. 이와 마찬가지로 이스라엘 역시 자기의 모든 복, 곧 종교적 복, 그리고 하느님과의 특수 관계로 이해되는 모든 복을 완전히 박탈당함으로써만 자신을 돌아보고 하느님께 돌아갈 수 있을 것이다. 그러나 호세아 3장은 동시에, 고멜이 부정을 저지르는 그 시간에도 호세아가 그 여자에게 품고 있는 애정을 드러내 보인다. 고멜이 바로 그렇게 부정한 여자이기 때문이다. 이스라엘이 자기의 죄악에서 헤어 나오지 못하고 있음에도, 바로 그러한 죄악에도 하느님께서 당신의 이 백성에게 품으시는 애정 역시 마찬가지이다. 당신 백성에게 갖는 주님의 이 사랑만이 그들을 구원할 수 있다.

5. 이스라엘이 회개하여 돌아오기를 간절히 바라시는 하느님의 간절한 사랑

일대 모험과 같은 부부 생활을 하는 호세아에게서, 하느님의 '마음'이라 할 수 있는 것을 인간이 이해하게 해 주는 체험을 보게 된다. '시간이 찼을 때에' 바오로 사도는 그리스도인들에게 이 사실을 이렇게 표현한다: "우리 죄 많은 사람들이 절망에 빠져 있을 때에 그리스도께서는 당신의 때가 이르러 우리를 구원하시려고 죽으셨습니다. 옳은 사람을 위해서 죽는 사람은 별로 없습니다. 혹 착한 사람을 위해서는 죽겠다고 나설 사람이 더러 있을지 모릅니다. 그런데 그리스도께서는 우리 죄 많은 인간을 위해서 죽으셨습니다. 이리하여 하느님께서는 우리들에게 당신의 사랑을 확실히 보여 주셨습니다"(로마 5,6-8). 호세아는 고멜을 있는 그대로 사랑함으로써, 당신 백성을 있는 그대로 사랑하시는 주님의 사랑을 이해하고 그것을 표현할 수 있었다. 그렇기 때문에 호세아 예언서에서 사랑이 분개와 분노를 극복하는 것이다. 그렇다고 이 사랑이 그저 순진하거나 무지하다는 말은 아니다. 그것은 고통으로 다듬어진 사려 깊은 사랑이며, 어떠한 시련에도 주저앉지 않는 사랑이다. 호세아서가 그 메시지의 깊이와 열정을 통하여 신앙의 본질적인 것에까지 다다르기 때문에, 이 예언서는 과거처럼 오늘도 하느님께서 당신 백성, 당신 교회에 하시는 말씀이 된다. 호세아서의 마지막 절은 읽는 이에게 하느님 말씀의 현실성에 주의를 기울이도록 촉구한다: "지혜로운 사람은 이를 깨닫고/분별 있는 사람은 이를 알아라"(14,10). 예수님께서도 같은 내용의 말씀을 하신다: "들을 귀가 있는 사람은 알아들어라"(마르 4,9). 이렇게 성경의 계시는, 역사의 특정 상황에 깊숙이 끼워져 있으면서도, 그것을 듣는 모든 이에게, 그리고 성경을 펴는 모든 이에게 바로 하느님의 말씀이 되는 것이다. 주님께서는 오늘도 호세아를 통하여 당신의 백성에게, 당신의 교회에 말씀하신다. 그것은 질책의 말씀이면서 동시에 자비의 말씀이고, 준엄한 말씀이면서 동시에 사랑의 말씀이다. 하느님의 사랑은 무엇을 요구하는 사랑이다. 그것은 '너희에게서 모든 불의를 내쫓고, 우상의 속임수를 경계하라.'는 것이다. 이 요구는 피할 수 없는 절대적인 요구이다. 그러나 이 요구는 또한 진리 안에서 이루어지는 사랑의 요구이다. 하느님께서 인간의 마음에 유일하신 분이 되려고 하시는 것은, 그분께서 진실로 유일하신 분이시기 때문이다. 우상은 무(無)일 뿐이다. 그리고 하느님께서 당신 백성으로 선택하신 사람들에게는, 인간에게서 구원을 바라는 것이 헛일일 따름이다. 오로지 주님에게서만 행복과 생명이 나온다. 이것이 호세아서를 마무리짓는 말씀이다. 그것은 신앙과 희망의 기초가 되는 말씀이다. 물론 호세아 예언서가 성경의 모든 계시를 담고 있지는 않다. 그러나 이 예언서가 그토록 멀리 또 깊이 나아가기 때문에, 오늘날에도 하느님의 백성은 이 예언서를 읽으면서 희망의 전율을 느끼지 않을 수 없고, 또 자기 신앙의 순수성에 대해서 묻지 않을 수 없게 된다.

1–3장	불 충실한 아내와 충실한 남편	1,1–3,5	호세아의 체험이 담긴 부분으로 결혼생활을 통해 이스라엘이 하느님과 맺은 계약관계를 드러낸다. 하느님에 대한 이스라엘의 불충실과 부정한 부인과의 결혼과 거기에서 태어나는 자녀의 이름을 통해 이스라엘은 하느님에게서 버림을 받고 그 백성으로서의 자격이 없음을 알림과 동시에 그들이 언젠가는 하느님께 돌아와 위대한 백성이 된다는 것을 예언한다. 간음한 부인을 가두어 고독하게 하라는 명령을 받는다. 이것이야말로 이스라엘의 자녀들이 유배를 통한 정화를 의미한다.
4 – 14장	불 충실한 국가와 충실하신 하느님	4,1 – 9,9	여로보암 2세의 재위 말기에 쇠퇴기로 접어든 정치상황
		9,10 – 14,9	호세아는 온갖 죄악, 특히 우상숭배에 빠진 백성들을 타일렀으며, 지배계급들인 왕이나 사제들의 악한 행실을 꾸짖었고, 아시리아나 이집트 등과 동맹을 맺는 것은 율법의 정신을 배반하는 행위라고 비판한다. 주님을 버린 벌로 아시리아로 옮겨져 유배를 하게 된 것을 분명히 알려준다. 이스라엘이 회개하여 돌아오기를 간절히 바라시는 하느님의 애절한 사랑. 하느님은 이스라엘을 사랑하기 때문에 불쌍히 여기는 정을 버리지 못한다. "나는 마음을 고쳐먹었다. 네가 너무 불쌍해서 간장이 녹는구나"(11,8) 라고 말하며 백성들에게 깊이 뉘우칠 것을 권하며 메시아 시대가 되면 완전히 국가가 부흥할 것을 볼 수 있을 것이라고 예언한다.

46. 요엘서

1 – 2장	메뚜기떼의 침입	온 나라가 메뚜기재앙의 피해를 받는다. 이에 예언자는 백성들에게 단식과 기도로 참회의 예절을 올리도록 호소한다. 　－ 단식하고 기도하여라! 사제들이 참회의 전례소집(1,13 – 14) "너희는 단식을 선포하고 거룩한 집회를 소집하여라" 　－ 탄식의 기도를 바침(1,15) "아, 그날! 정녕 주님의 날이 가까웠다. 전능하신 분께서 보내신 파멸이 들이닥치듯 다가온다"
		주님의 날이 다가온다. 메뚜기 떼는 종말에 있을 전쟁의 군대와도 같이 무섭게 쳐들어온다. 　－ 백성들의 회개를 촉구한다(2,12 – 13) "옷이 아니라 너희의 마음을 찢어라! 그는 너그럽고 자비로운 이, 분노에 더디고 자애가 큰 이, 재앙을 내리다가도 후회하는 이다" 　－ 백성들의 회개(2,14) 　－ 단식을 선포하고 거룩한 집회를 소집하여라(2,15) 　－ 주님의 응답과 강복(2,18 – 20) 　－ 백성들의 감사기도(2,21)
3 – 4장	주님의 날에 대한 묘사	만민에게 영을 내리시고 구원을 약속하신다. 　－ 모든 사람에게 구원을 고루 베푸신다.(3,1 – 2) "나는 모든 사람에게 내 영을 부어 주리라. 그리하여 너희 아들 딸들은 예언을 하고 노인들은 꿈을 꾸며 젊은이들은 환시를 보리라."(3,1) 　－ 영이 내릴 때 우주의 징표(3,3 – 4) 　－ 영은 의인을 구원한다(3,5)
		만방에 심판이 내린다. 　－ 심판과 대전쟁(4,9 – 14) 　－ 전쟁이 끝나면 선택된 이들에게 구원과 새로운 낙원이 보장된다(4,17 – 21).

바이블테라피 **23** 집착에서 벗어나기: 사물과 사람에 대한 감정의 의존상태에서
Bible Therapy

우리 사회와 문화는 어떠 어떠한 사람이나 물건이 없이는 불행하다고 믿도록 가르친다. 돈, 권력, 성공, 인정, 명성, 사랑, 우정, 영성, 신(神) 등이 없이는 행복할 수 없다고 하는 검증되지 않은 믿음 위에 삶을 건설해 왔지만 그들은 결코 행복할 수 없었다. 일단 이러한 믿음은 그 사람이나 물건 없이는 행복할 수 없다고 확신하는 그 대상에 대한 집착이 절로 자라나게 된다. 그 소중한 것(사람, 혹은 물건)을 얻기 위해 애쓰게 되고 그것을 잃게 될 모든 가능성과 맞서 싸우게 된다. 결국 감정적 의존상태(비참한)에 이르고, 그것을 얻은 순간부터 두려움, 근심을 가지게 된다. 참으로 행복해지기 위해서 해야 할 꼭 한 가지 일이 있다. 당신의 틀을 벗어 던지고, 집착을 버려야 한다. 집착은 어떤 사물이나 사람이 없이는 행복할 수 없다고 하는 믿음에서 생겨난 감정의 의존상태이다. 이 집착에는 늘 두려움과 긴장이 따른다. 사랑을 받고 싶은 어떤 사람을 생각해보자! 그 사람의 삶에 있어 특별하고 남다른 사람이 되기를 바라는가? 그 사람이 당신을 좋아하고, 특별한 관심을 가져주기를 바라는가? 그 순간 그는 우리에게 말한다. "당신이 나에게 특별한 사람이기를 바란다면 내가 주는 조건에 따라야 합니다. 나의 기대에 어긋난 순간 당신은 더 이상 내게 특별한 사람이 아닙니다." 이렇게 하여 당신은 당신의 자유를 포기하는 상황에 이르게 된다. 그의 사랑을 얻기 위해 당신은 그의 식민지가 되어야 한다는 것이다. ─ A 드 맬로, 『행복한 삶으로의 초대』, 성 바오로, 1986.

고독이 없으면 실제적인 사람들도 있을 수 없다.
사람이 무엇인가를 알면 알수록 그리고 지속적으로 결실 맺고 깊이가 있으며 성장과 발전의 근원이 되기 위한 인간관계가 무엇을 요구하는가를 체험하면 할수록 그대는 그대가 외토리라는 것 ─그리고 그대의 고독 수준이 곧 그대의 친교능력의 수준이 된다는 것─ 을 더욱 실감하게 될 것이다. ─ 헨리 뉴엔,『제네시의 일기』中

아모스는 '들어올리다, 나르다' 라는 히브리 동사에서 유래한 이름이다. 곧 '주님께서 날라주셨다'는 뜻으로 풀이할 수 있다. 아모스는 트고야 출신의 목축업자로 저술 예언자이다. 그는 북왕국 예로보암 2세의 전성기 760년경에 예언자로 소명을 받았다.

오바드야는 '하느님의 종'이라는 의미로 다른 정보는 없다. 기원전 587년 예루살렘 함락으로 팔레스티나에 남은 유다인들이 절망과 비탄에 잠겨있을 때, 팔레스티나 남단에 사는 에돔민족이 약탈을 일삼으며 유다인들을 괴롭혔다. 이 짧은 메시지 안에는 하느님의 정의, 교만한 자의 굴욕, 시온에 대한 정열적인 사랑, 주님의 날에 펼쳐질 절대적인 왕권 등이 표현되고 있다.

요나는 '비둘기'라는 의미이다. 이는 이스라엘 백성을 상징한다고 볼 수 있다. 사랑의 하느님은 불순종한 요나를 물고기 뱃속에서 구하셨고 회개하는 니네베 사람들에게 자비를 베푸셨으며, 자기연민에 빠져있는 예언자에게 자비를 베푸신다.

미카는 '누가 주님과 같으랴!' 라는 반문이나 탄식을 나타낸다. 아시리아 침략시기 734 - 700년경 쓰여졌으며 하느님의 자비하심과 성실하심, 하느님과 인간 사이의 사랑의 관계에 대한 묘사, 즉 미카가 선포한 하느님은 죄를 용서하시고 약속에 충실하신, 이스라엘과 계약을 맺으신 분이시다.

나훔은 '위로받은 이'라는 의미이며 아시리아의 포악하고 잔인했던 통치는 끝나고 이스라엘 민족이 회복될 것임을 예언한다.

하바쿡은 '껴안다'는 뜻의 동사 '하박'에서 나왔다고 추정되며 온갖 폭정에 시달리는 백성을 껴안고 하느님께서 반드시 나아지게 하시리라는 확신을 밝히는 예언서이다.

날짜	성경 구절	주요 내용	
첫 째 날	아모스 1 – 5	• 아모스의 예언 – 다마스쿠스, 가자, 티로, 에돔, 암몬, 모압, 유다, 이스라엘을 거슬러(1 – 2) • 이스라엘에게 말함(3 – 5)	아모스 1 – 아모스의 예언
둘 째 날	6 – 9	• 주님의 무서운 징벌(6) • 주님께서 아모스에게 보여주신 이스라엘에 대한 환시 – 메뚜기 떼, 불, 다림줄, 여름 과일 한 바구니, 성전의 진동(7 – 9) • 이스라엘의 운명을 되돌리리라 하신 주님의 말씀(9)	아모스 2 – 아모스에게 보여주신 이스라엘에 대한 환시
셋 째 날	오바드야 1	• 주님께서 오바드야에게 보여주신 에돔의 심판에 대한 환시(1)	오바드야 1 – 에돔의 심판에 대한 환시
넷 째 날	요나 1 – 4	• 요나가 니네베로 가는 주님의 말씀을 피하여 달아남(1) • 큰 물고기 배 속에서 회개하고 살아남(2) • 요나가 니네베로 가서 주님의 말씀을 전하자, 백성들이 회개함(3) • 하느님께서 언짢아하는 요나에게 자애를 깨우쳐 주심(4)	요나 1 – 큰 물고기 배 속에서 회개하고 살아난 요나

날짜		성경 구절	주요 내용

다
째
	섯
	날
		미카
		1 – 7
			• 주님께서 미카에게 내리신 말씀과 환시(이스라엘
			  의 단죄와 멸망)(1 – 3)
			• 흩어진 이스라엘인들이 다시 모이리라고 하신
			  주님의 말씀(4 – 5)
			• 예루살렘의 불의와 징벌(6)
			• 예루살렘의 시련과 복구(7)
			
			미카 1

여 째	섯 날	나훔 1 – 3	• 주님께서 나훔을 통해 유다와 니네베에 내리는 신탁(1 – 3) • 니네베의 패망(2 – 3) 나훔 1 – 니네베의 패망

일
째
	곱
	날
		하바쿡
		1 – 3
			• 죄를 저지른 유다 백성에 대한 하바쿡의 탄원과
			  그들이 바빌론인들에 의해 벌할 것이라는 하느님
			  의 응답(1 – 2)
			• 주님을 찬양하는 하바쿡의 노래(3)
			
			하바쿡 1 – 주님을 찬양하는 하바쿡의 노래

47. 아모스서

아모스는 기원전 8세기의 2 /4 분기에 활동한다. 이 시기는 1,1의 머리글이 말하는 것처럼, 이스라엘 왕국의 여로보암 2세와(기원전 787 – 747년) 유다 왕국의 우찌야의(기원전 781 – 740년) 유명한 치세가 돋보이는 때이다. 그리고 그는 호세아 예언자보다 약 10년 정도 앞서 활동한다.

1 – 2장	만방에 내린 주님의 심판 – 이웃민족들에 대한 신탁	예언자의 자기 소개(1,1 – 2) 폭력을 쓰는 나라에 대한 경고(1,3 – 2,5)
		이스라엘의 죄, 하느님께 대한 불충실을 경고(2,6 – 2,16)
3 – 6장	이스라엘에 대한 신탁 계약상의 약속과 멸망의 위협	이스라엘의 죄악에 대한 규탄(3,1 – 5,17) (심판의 날, 이스라엘의 남은 자) 사마리아에 만연한 혼란과 폭력을 고발한다. 사회정의가 땅에 떨어져 억울한 자들이 더욱 고통을 당하는 악순환을 지적하며, 겉치레뿐인 예배와 이스라엘의 완고함을 드러낸다.
		유배경고(5,18 – 6,14) 이스라엘의 왜곡된 종교에 대한 비판과 교만으로 비뚤어진 이스라엘에 대한 경고의 메시지를 전하며 불의에 대한 심판을 맹세하시는 신탁을 한다.
7 – 9장	심판의 비전과 회생 – 하느님 응보의 환시	하느님께서 보여 주신 다섯 가지 환시 – 메뚜기 떼 (7,1 – 3: 흉작의 상징) 주님께서 마음을 돌이키심 – 타오르는 불길 (7,4 – 6: 가뭄) 주님께서 마음을 돌이키심 – 다림줄 (7,7 – 9: 심판의 임박 – 폐허가 되리라) – 익은 과일(8,1 – 3: 축제용 봉헌물, 잘 익었다는 것은 당장에는 좋아 보이나 곧 썩어 없어질 것, 곧 이스라엘의 심판이 멀지 않았음을 의미한다. 익은(여름)과일은 이스라엘의 종말을 상징한다.) – 성전의 붕괴(9,1 – 4: 철저한 파괴 – 이스라엘에게 특전은 없다: 하느님 정의의 심판날!)
	이스라엘의 미래 (9,11 – 15)	이스라엘의 번영에 대한 약속(다윗 가문의 회복) 심판이 결코 주님의 마지막 말씀이 아니다(9,8) – 회복과 새 삶의 희망!

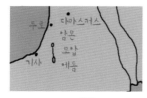

아모스의 메시지는 하느님의 위대성, 모든 민족에게 퍼져 나가는 그분의 권능과 정의, 그러면서도 또한 이스라엘 백성에 대한 그분의 영원한 우선적 사랑을 그 주제로 한다. 그는 율법이 요구하는 것들, 특별히 경신례를 규정짓는 율법의 조항들, 가난한 이들과 힘없는 이들의 권리를 밝히는 율법의 조항들을 상기시킨다. 아모스는 장엄하고 강렬한 어조로 부자들과 권력자들, 판관들과 사제들에게, 장차 복음서가 아래와 같이 표현하게 될 내용을 선포한다: "너희가 여기 있는 형제 중에 가장 보잘것없는 사람 하나에게 해 준 것이 바로 나에게 해 준 것이다"(마태 25,40). 아모스는 또 하느님께서 좋아하시는 경신례가 어떠한 것인지도 상기시킨다. 이스라엘인들의 경신례는 저희 하느님의 사랑에 대한 응답이다. 이러한 경신례가 겸손과 정의로써 표현되기를 하느님께서는 바라시는 것이다. 이 점에서도 아모스는 다시 신약성경와 이어진다: "여러분이 가지고 있는 것은 모두 하느님께로부터 받은 것이 아닙니까? 이렇게 다 받은 것인데 왜 받은 것이 아니고 자기의 것인 양 자랑합니까?"(1코린 4,7)

48. 오바드야

예언서의 집필 시기와 관련해서는, 하나의 표지가 그 시기를 알 수 있게 해 준다. 예언자는 환시에서, 예루살렘이 함락당할 때에, 에사오의 후손들인 에돔인들이 야곱의 후손들인 이스라엘인들에게 한 행실을 고발한다(10절). 그래서 이 예언서는 예루살렘이 함락된 해인 기원전 587년 조금 이후에 쓰여졌을 것이다.

1 – 14	배신한 에돔에 대한 증오	기원전 586년 예루살렘 함락의 비극을 기회로 유다를 약탈한 에돔을 신랄하게 공격하고 있다. 이 부분에서 에돔의 반역행위가 상세하게 드러난다 (에제 25,13 – 15)
15 – 21	모든이에게 다가올 주님의 날	만방이 벌을 받으리라고 언급되면서 그 민족 중에는 '에사오 가문' 에돔도 있다. 에돔은 선택된 민족을 핍박하는 이교나라의 상징으로 묘사된다. 유배자들이 고국으로 돌아오고 승리의 장소 시온과 에돔의 산악지배가 대비를 이룬다. 오바드야의 예언은 이스라엘이 마지막에는 에돔을 다스리는 주님의 나라가 될 것이라는 희망찬 예언으로 마무리 된다.

하나밖에 없는 예루살렘 성전은 파괴되고 백성은 유배를 가서, 이제 모든 것이 끝난 것처럼 보일 때, 오바드야는 환시를 본다. 거기에서 하느님께서는 당신의 '날'의 도래를 선포하시고, 당신께서 민족들의 주님으로서 역사 속에 개입하시어 통치하신다는 사실을 드러내신다. 이러한 메시지를 듣는 동안에 예언자는 에돔의 죄악을 설명하기 위하여 스스로 입을 연다(10 – 15절). 그 죄악은 한 마디로 이스라엘에 대한 배신과 탐욕이며 현자들의 오만한 주장이다(10 – 15절). 이 모든 것은 낙담한 생존자들의 공동체에 위안을 주는 하나의 신탁을 이룬다.

49. 요나서

모든 요소는 요나서를 유배 이후의 작품으로 생각하게 한다. 여기에서 언어와 문체는 명백히 고전 히브리 말 시대 이후의 것이다. 그리고 이 책의 메시지는 예컨대 유배에서 돌아올 당시의 제2이사야서(이사 40 – 55)보다 더 폭넓은 보편주의를 반영한다. 이 이야기에서 약간 귀에 거슬리는 해학은 요나서를, 에즈라 시대에 너무나 자신들에게만 갇혀 있던 유다교의 경향을 비판하는 일종의 팸플릿으로 생각하게 한다. 끝으로 이 소책자에서 표상이 풍부한 문학 유형은 유배 이전 역사가들의 문체보다는, 얼마 뒤에 토빗, 에스테르, 다니엘서를 저술하게 되는 현인들의 문체를 상기시킨다.

1장	요나의 소명과 불순명	어떻게 요나가 아시리아의 수도인 니네베로 가서 그들이 회개하지 않으면 그 도시가 멸망하리라고 설교하는 사명을 받게 되었는지 이야기한다. 이스라엘을 잔인하게 억압하고 있던 아시리아인들은 이스라엘을 향해 커다란 미움을 가지고 있었기 때문에 요나는 두려움을 가지고 반대방향으로 도망치려한다.
2장	요나의 회개와 기도	이러한 요나에게 주님은 커다란 물고기를 보내어 요나를 삼키게 하고 물고기 뱃속에서 3일 밤낮으로 지내게 하고 그를 다시 육지로 내 뱉게 한다. 요나는 회개하여 주님께 기도를 올린다.
3장	요나의 순종과 니네베의 회개	다시 요나에게 니네베에 가서 설교할 사명을 주신다. 요나가 설교하자 온 도시가 회개하고 주님은 계획했던 재앙을 거두신다.
4장	요나의 불평과 하느님의 자비	요나는 사십일이 지나면 니네베가 멸망한다고 선포했는데 하느님께서 그 성읍을 멸망하시지 않자 이러한 사건의 변화 가운데서 화를 내고 많이 의기소침하여 죽기를 바란다. 요나는 '그 성읍이 무너지리라'고 외쳤던 자기 말이 성취되지 않아서 자기자신이 웃음거리가 되고 체면을 손상하게 되자 불편한 마음을 털어놓는 것이다. 주님은 당신의 자유 안에서 당신이 원하는 사람에게 자비를 보이시고 전혀 기대하지 않았던 장소에서도 당신의 구원을 보이신다. 이스라엘의 소명은 특권과 명예가 아니라 하느님의 구원이 이 세상 끝날까지 이르게 하는 그 '하느님'을 증거하는 책임이라는 사실을 깨닫도록 촉구한다.

예수님께서는 요나에 대하여 말씀하시고 그의 이야기를 해석하신다. 그분께서는 당신께 기적을 요구하는 불신자들의 청을 거절하시면서, '요나의 징표'를 지적하신다(마태 16,4; 루카 11,29 – 30). 이는 그분 기적의 의미가 무엇보다도 회개를 촉구하는 말씀을 실현하는 것임을 뜻한다. 예수님의 부활 이후에, '요나의 징표'의 의미는 바로 마태오 복음서 안에서 발전한 내용이 증언하는 것처럼 더욱 잘 이해된다(마태 12,40). "(그리스도께서) 성경에 기록된 대로 사흘 만에 다시 살아나셨다."(1고린 15,4)는 가장 오래 된 신경의 표현도, 이 '요나의 징표'와 관련지을 수 있을 것이다. 끝으로 예수님께서는 요나가 당신 복음이 지닌 보편적 효력의 표징이라고 말씀하신다(마태 12,41 – 42).

52. 미카서

미카는 유다 임금 요담과 아하즈와 히즈키야 시대, 곧 기원전 750년에서 대략 기원전 697년 사이에 임무를 수행한다. 미카는 이사야와 동시대 인물이다. 그러나 어떠한 본문도 그가 실제로 요담의 치세 때에 등장하였다는 사실을 분명히 확인해 주지는 않는다. 그보다는 그 다음의 임금 아하즈 통치 말기를 생각해야 할 것으로 보인다. 그리고 머리글이 이 예언자의 전체 활동 시기를 제시하는 것이 아닐 수도 있다. 특별히 신랄한 내용을 담은 몇몇 구절은, 하느님께 불충한 므나쎄 임금과 그의 시대를 대상으로 하는 것일 수도 있다. 이 가설을 따를 경우, 미카의 활동 시기는 기원전 725년에서 기원전 680년까지 이어진다. 이 시기는 중요한 두 가지 사건으로 눈에 띈다. 우선 왕조의 위기가 줄곧 이어지다가 결국 기원전 722년에 발생한 사마리아의 멸망이다. 미카는 이 재난을 체험하였다. 그리고 1,6 – 7에서 이 사실을 선포한다. 또 다른 커다란 역사적 사건은 기원전 701년에 일어난 아시리아 임금 산헤립의 평원 지대 침공이다. 이 침략으로 미카 예언자의 고향은 아시리아 군대의 행동 반경 안으로 들어가게 된다. 미카는 불행이 예루살렘으로도 다가오는 것을 본다. 그리고 멸망은 피할 수 없다고 여긴다(1,8 – 16과 3,12).

1,1	머리글	유다 임금 요탐, 아하즈, 히즈키야 시대에 모래셋 사람 미카에게 내린 주님의 말씀. 그가 사마리아와 예루살렘에 관하여 본 환시
1,2 – 2,11	유다와 이스라엘의 단죄	사마리아(북)와 예루살렘(남)의 심판을 예고한다. 이는 우상숭배와 사회의 불의 때문이다. "너희는 내 백성에게 원수가 되어 일어났다. 싸울 뜻 없이 안심하고 지나가는 이들에게서 너희는 겉옷을 벗겨냈다. 너희는 내 백성의 아내들을 정든 집에서 쫓아내고 그 아이들에게서는 내가 준 영예를 영원히 빼앗아버렸다."(2,8 – 9)
2,12 – 13	구원을 약속하시다	"야곱아 나는 기어이 너희를 모두 모으리라"(2,12)
3,1 – 12	유다와 이스라엘의 지도자 고발	미카는 이러한 사태의 책임이 정치와 종교의 지도자들에게 있다고 고발한다. 곧 백성을 억압하는 지도자들과 거짓예언자들을 거슬러 예언한다. "너희는(백성을 억압하는 지도자들) 선을 미워하고 악을 사랑하며 사람들의 살갗을 벗겨내고 뼈에서 살을 발라낸다" (3,2) "그들(거짓예언자들)은 먹을 것이 있으면 평화를 외치지만 저희 입에 아무것도 넣어주지 않는 이들에게는 전쟁을 선포한다"(3,5)
4,1 – 5,14	약속의 말씀과 예루살렘의 희망찬 미래	이스라엘이 유배에서 풀려나고 메시아가 베틀레헴에서 탄생하리라는 예고가 뒤따른다."너는 바빌론까지 가야하리라. 거기에서 너는 구출되고 거기에서 주님이 너를 네 원수들의 손에서 구원하리라"(4,10) "그러나 너 에프라타의 베들레헴아, 너는 유다 부족들 가운데 보잘 것 없지만 나를 위하여 이스라엘을 다스릴 이가 너에게서 나오리라. 그는 주님의 능력에 힘입어 목자로 나서리라. 그러면 그들은 안전하게 살리니 이제 그가 땅끝까지 위대해질 것이기 때문이다. 그리고 그 자신이 평화가 되리라. 그때에 야곱의 남은 자들은 수많은 민족 가운데에서 주님께서 내려주시는 이슬처럼 풀위에 내리는 비처럼 되리라. 사람에게 바라지도 않고 인간에게 희망을 두지도 않는 비처럼 되리라"(5,3 – 6)
6,1 – 7,7	주님께서 이스라엘을 고발하시다	출애굽에서 가나안 정착까지의 이야기들을 자세히 열거하면서 주님께서 더 이상 할 수 있는 것이 무엇인가 묻는다. 주님께서는 이스라엘의 죄를 밝히시며 진정으로 주님께서 원하시는 것은 정의를 실천하는 일, 은덕에 보답하는 일, 조심스레 하느님과 살아가는 일, 즉 형식적인 제사와 예배가 아니라 진실된 예배를 원하신다.
7,8 – 20	약속의 말씀	위로의 메시지로(이사 33. 40 – 50장) 그 동안의 죄를 고백하는 가운데 아브라함과 야곱의 후손에게 베푸시는 하느님의 한결 같은 사랑에 의지한다.

미카는 조국에 닥친 격랑 속으로 끌려 들어간다. 그러나 이사야와 달리 미카는 사실상 정치에 관여하지 않는다. 그는 예컨대 책임자들이 전개시킨 외교적 행동에 어떠한 심판의 말도 가하지 않는다. 반면, 다가오는 사건은 이스라엘이 저지른 죄악의 불가피한 결과로 본다. 그 죄악은 특별히 사회적 불의, 그리고 이방 종교 의식과 타협하는 것이다. 이러한 죄악들과 싸워 나가는 미카는 외톨이처럼 보인다. 그는 백성의 고통을 함께 나누면서도 그들 앞에서 혼자이다. 사제들, 판관들, 제후들과 같은 권력자들 앞에서도 혼자이며(3장 참조), 행복하고 편안한 미래를 예고하는 분별 없는 예언자들 앞에서도 혼자이다(2,6 – 11). 그러나 미카는 자기에게 임무를 완수할 힘을 주시는 주님의 영이 인도해 주신다는 의식 아래, 그들과 용감히 맞선다(미카 3,8).

53. 나훔서

나훔서를 기원전 612년 가을, 주님께서 당신의 적들에게서 거두시는 승리를 특별히 돋보이게 하는 니느웨 멸망이라는 대사건이 일어난 직후의 신년 축제 때에 거행된 전례의 소책자로 제시하려고 애쓰는 가설이 있다. 물론 특히 나훔의 예언이 성취된 다음, 감사 전례 중에 이루어지는 재해독을 용이하게 하는 서두의 시편 덕분에 이 예언서가 지니는 어떤 경신례적 경향을 인정해야 한다. 그러면서도 예언자가 직접하였을 신탁들의 선포시기, 또 이 소책자의 저술 시기까지도, 기원전 612년의 니느웨 멸망 이전, 더 나아가서 3장에서 시사되는 기원전 663년의 이집트 테에베의 약탈 이전으로 잡는 데에 일반적으로 동의한다. 더 상세한 시점을 찾아 나아가는 과정에서, 1,13에 따르면 유다가 아직도 아시리아 제국의 폭정 아래에 있다는 사실을 지적한다. 이것은 또 나름대로 일리가 있는 지적이다. 이 때는 곧 아시리아 임금 아수르바니팔이 죽기 전이다(1,13 각주 참조). 그러나 다른 한편, 2장과 3장에 나오는 인상적인 장면들의 생생함과 그 현실감 때문에, 그것들이 바빌론인들과 메대인들의(2,4) 아시리아 침공(3,12 – 13), 곧 니느웨 포위를(2,2.4 – 5; 3,2 – 3.14) 최근의 사건으로 상기하는 것이 아닌가 하고 묻게 된다. 그러나 이러한 유추는, 환상적 서술에서 그것이 의도하는 바와는 달리 정확한 연대를 이끌어 내리는 것으로, 오히려 이 예언서 제2부가 더욱 확실하게 시사하는 바와는 반대되는 것으로 여겨진다.

1,1 – 8	열정을 지니신 하느님	나훔은 기원전 620년 활동한 예언자로 721년 수도 사마리아를 함락시키고 수많은 이스라엘 백성을 포로로 잡아갔던 아시리아의 멸망을 예고한 것으로 유명하다. 아시리아는 황폐한 사마리아에 이방인민족들을 이주시켰는데 이 때의 주민들이 성경의 사마리아인들의 효시가 된다. 고대 근동세계를 지배했던 아시리아의 수도 니네베의 멸망을 예견하면서 고통받는 당신 백성을 구원하러 오시는 주님의 능력을 대자연의 현상으로 표현한다. 나훔은 하느님이 불의와 부도덕을 책벌하는 정의의 신이라고 주장하며 자비와 자애가 충만하고 분노에 더디시고 선하고 의로우신 분으로 묘사한다.
1,9 – 2,3	니네베의 멸망예고와 유다의 구원선포	아시리아의 패망을 예고하며 구원의 기쁜 소식에 대한 확고한 신앙을 바탕으로 축제의 찬미가 가 울려퍼진다. 나훔은 유다가 적들로부터 구출되기 위해서는 하느님께 드린 서원을 지켜야 한다면서 시련을 거친 후 다시 돌보아 주시니 용기를 내라고 격려한다.
2,4 – 3,19	아시리아(니네베)의 멸망을 경축함	니네베가 멸망하고 고통받게 된 원인은 하느님이 아니라 그들 스스로에게 있다고 진술하며 그들의 악행에 상응하는 벌로 다스릴 것을 선포한다.

나훔서는 세 장, 마흔일곱 절로 이루어져 있다. 이러한 소책자에서 예레미야서와 같은 대작에서 볼 수 있는, 예언자들의 설교의 거의 모든 특징을 발견할 수 있다는 것은 경탄할 일이다. 우리는 주님께서 당신의 그 열정 때문에 여러 가지 모습을 취하신다는 사실을 알고 있다(1,2 각주 참조). 그렇기 때문에 그분께서 보내시는 사자(使者)들의 목소리도 그 어조가 매우 다양하다는 점은 전혀 놀랄 일이 아니다. 동일한 전통의 원천에 속한다는 연대 의식 속에, 예언자들은 조심스럽게 서로 영감을 주고받으며, 서로 확장시키고 보완할 줄 안다. 그래서 예컨대 요나서는 나훔의 지평을 이어받아 그것을 더 넓혀 간다. 그리고 간혹 나훔의 니느웨 멸망의 서술에 들어 있는 어떤 요소들을 이용하는 것으로 보이는 요엘은(요엘 2,4 – 9. 그리고 나훔 2,4 – 5.11; 3,2 – 3 참조), 나훔서의 내용을 확장시키는 가운데 더욱 보편적 효력을 지닌 사건을 선포하기 위하여 "주님의 날"이라는 표현을 사용한다.

54. 하바쿡

갈대아인들에 대한 언급은(1,6) 하바쿡의 예언을, 이 신 바빌론인들이 아시리아 제국을 와해시키고 근동 지배에 성공하는 기원전 7세기 말로 자리잡게 한다. 하바쿡 예언자는 기원전 660년에서 기원전 610년까지 이어진 갈대아 군대의 원정, 유다의 점령, 그리고 예루살렘의 포위와 유배 등(2열왕 23—25), 유다 왕국에 중대한 결과를 초래한 이 역사적 사건들을 서술하고 해설한다.

1장	주님과 예언자의 대화	예언자는 악이 계속됨에도 침묵하시는 하느님께 괴로워하며 항의한다. 주님은 당신의 침묵이 무지나 무관심 때문이 아니라 이방민족을 통하여 이스라엘을 벌하시려고 하는 계획을 말씀해주신다. 예언자는 어떻게 정의로우신 하느님께서 더 악한 민족을 통하여 이스라엘을 벌할 수 있는가? 의문을 던진다.
2장	저주와 신뢰	예언자는 불의한 자, 곧 고리대금업자, 부당한 이득을 취하는 자, 피로 성읍을 세우고 불의로 성을 쌓는자, 이웃들에게 술을 먹이고 취할 때까지 화를 퍼붓고는 그들의 알몸을 바라보는 자, 우상숭배에 빠져있는자에 대한 저주를 통해 악인이 아무리 막강해 보이고 잘 되어가는 것 같아도 그 최후는 멸망뿐이고, 모든 물질은 한 순간에 사라질 수 있으니 어떤 난관 가운데서도 성실히 살 것을 요구한다. 예언자는 '의인은 성실함으로 산다'(2,4)는 하느님의 대답을 듣는다.
3장	주님의 승리와 하바쿡 의 기도	과거 하느님이 행한 역사적인 위업을 상기시키면서 당시의 원수들도 하느님의 처벌을 받게 되리라 소망하며, 멀지 않은 장래에 하느님이 극적으로 개입하리라 확신한다.

하바쿡의 노래

국내적, 국제적 상황으로 하느님과 그분의 백성 사이에 맺어진 관계의 바탕까지 문제시되자, 신앙 공동체 안에서는 극적인 사건들이 전개된다. 하바쿡의 예언은, 그러한 가운데에서 당혹감에 빠졌으면서도, 이제 역사 안에서 이해할 수 없는 행동을 하시는 것으로 보이시는 하느님을 거슬러 바로 그 하느님께 탄원하는 충실한 이들의 증언이 된다. 이 탄원에 응답이 주어지는데, 거기에 핵심 낱말로서 "성실함"이 나온다(2,4). 신앙인의 삶에 근거가 되고 정당성을 부여하는 이 "성실함"에, 비록 겉모습은 그렇지 않게 보여도 분명히 실재하는 하느님의 성실함에 관한 환시가 주어진다. 본문의 각주들에서 강조되는 것처럼, 3장의 시편은 이스라엘의 하느님께서 이를테면 당신께서 그러하시다는 것을 이미 과거에 입증하셨음을 상기시키는 표현들로 짜여져 있다. 이제 바로 그 하느님께서 오신다(3,3). 여기에서부터 확고한 결론이 나온다. 곧 '주님께서는 나의 주님, 바로 그분께서 나의 힘이시다.' 라는 것이다.

바이블테라피 **24** 화의 영성적 문제

어떤 사람은 화를 통제하지 못해서 어려움을 겪기도 하지만 어떤 이는 화를 묻어버리기 때문에 문제가 된다. 어떤 사람은 특정상대가 아닌 무고한 사람에게 화를 내기도 하고, 어떤 사람은 상대와 대면하지 않고 폭식, 흡연, 음주, 약물남용, 혹은 무자비한 자책으로 스스로를 파괴한다. 화를 인정하고 건강하게 표출하는 법을 찾지 못하면 화는 비정상적으로 병들거나 비생산적인 출구를 찾는다. 화를 지배하지 못하면 화는 우리 자신과 주위 사람들의 삶을 엉망으로 만들 수 있다. 화를 낸다고 반드시 갈등이 빚어지는 것은 아닌데 화를 키워 곪게 만들어 우리가 잘 인식하지 못하는 왜곡된 감정으로 변이를 일으키게 한다면 이는 더욱 상황을 어렵게 만드는 것이다. 화는 상당히 중요한 심리적 영적 지점이다. 이것은 인간관계나 환경 또는 자기 자신에게 무엇인가 잘못된 일이 일어났다는 신호다. 이 신호를 무시하면 화는 다른 감정들과 차단된다.

화는 세상을 바꿀 수 있는 강력한 힘이기도 하다. 화를 통하여 잔악한 행위를 폭로하고, 불법을 근절하며, 부패한 구조와 부정한 시스템을 새롭게 탈바꿈하고, 또 압제와 희생을 강요당하는 사람들은 화에서 용기를 얻어 억압자들에게 저항하고, 학대와 압제의 상황에서 벗어나며, 스스로의 힘으로 일어설 수 있다.

화의 영향으로 자신에게 돌려진 화살은 수치심의 형태로 돌아와 자존감과 의욕 그리고 자신에 대한 믿음이 무너진다. 오랫동안 참고 부인하면 화는 점점 곪아가다가 예상치 못한 때에 폭발함으로써 사람들에게 큰 상처를 입히거나 목숨을 빼앗기도 한다. 또한 화를 내는 대신 술과 음식, 그리고 컴퓨터 게임, 약물 등에 의존하게 된다. 화를 통해 얻을 수 있는 유익이라 함은 파괴적인 인간관계를 끊게 되고, 동기를 부여해 주며, 성공을 향해 나아가도록 끌어주는 힘이 될 수도 있다는 점을 간과해서는 안 된다. 남을 비판하고 심판하는 사람 안에는 비판 받거나 심판 받기를 고통스러워 하는 사람이 존재하며 수동적이고 두려움이 많은 사람 안에는 깜짝 놀랄 만큼 화가 나 있는 사람이 존재한다. 그리고 화를 피해 다니는 사람 안에는 펄펄 끓는 화가 존재한다.

분노성향 곧 화를 다루고 표현하는 방식은 우리를 가장 잘 드러내는 방식이다. 인간관계의 특징을 보여주며, 건강과 가치체계에 까지 영향을 미친다. 화는 자신의 삶에 커다란 영향을 미치며 강력한 힘을 가지게 된다. 화는 우리에게 힘을 줄 수 있으며, 우리의 에너지를 뽑아가기도 하고, 인간관계의 독이 될 수도 있다.

+ 개인의 "화"에 대한 성찰을 위한 질문

1. 얼마나 자주 화를 내십니까? 최근에 일어났던 화를 떠올리면서…
2. 무엇 때문에 화가 났습니까?
3. 자제력을 잃은 경험이 있습니까? 얼마나 자주? 그 이유는 무엇입니까?
4. 당신은 화를 부정적인 감정으로 생각합니까? 그러하다면 그 이유는 무엇입니까?
5. 당신은 화를 어떻게 표현합니까?
6. 당신을 화를 밖으로 표출했습니까? 아니면 안으로 억눌렀습니까?
7. 만일 화를 억눌렀다면 그 이유는 무엇입니까?

스바니아는 '하느님 께서 숨겨두시다', '하느님 께서 소중히 간직하시다'라는 이름의 뜻으로 이스라엘 역사에서 가장 혹독한 박해의 시기에 활약했던 예언자이다.

하카이는 '나의 축제일'이라는 의미이다. 저자가 예배와 성전에 큰 관심을 쏟고 성전 주변에서 생활한 것으로 보아, 예루살렘 성전 예언자의 후손으로 추측된다.

즈카르야는 '주님께서(당신 약속을) 기억하신다'라는 의미이다. 즈카르야는 하카이와 동시대의 예언자로 성전재건과 함께 하느님이 억압받는 백성들에게 돌아오신다는 희망의 메시지를 전한다.

말라키는 '나의 사자(특사)'라는 뜻을 가진다. 하카이와 즈카르야는 가까운 미래에 구원의 때가 올 것이라 약속하며 성전 재건의 중요성을 강조하고 성전을 완성하였지만 이스라엘은 두 방향으로 갈라진다. 곧 희망을 버리지 않고 율법을 지키며 철저한 율법주의를 고수하는 쪽과 실망과 회의에 빠져 타락한 예배를 드리거나 '하느님을 섬기는 것은 헛된 일이다'(3,14)하는 불신의 삶 쪽이다. 이러한 낙담의 시대에 예언자는 기원전 460년경 활동한 것으로 추정된다.

날짜	성경 구절	주요 내용	
첫 째 날	스바니야 1 – 3	• 스바니야에게 내린 주님의 말씀(땅 위 모든 것에 내리는 심판)(1) • 주님께서 내릴 벌에 대해 회개하라고 외침(2 – 3)	스바니야 1 – 회개하라고 외침
둘 째 날	하카이 1 – 2	• 하느님의 독촉으로 성전 재건을 시작함(1) • 주님께서 유다 총독 즈루빠벨을 선택하심(2)	하카이 1 – 성전 재건 시작
셋 째 날	즈카르야 1 – 6	• 즈카르야에게 내린 첫 번째 환시: 말 탄 기사(1) • 두 번째 환시: 뿔과 대장장이/세 번째 환시 : 측량줄(2) • 네 번째 환시: 예수아 대사제(3) • 다섯 번째 환시: 등잔대와 두 올리브 나무(4) • 여섯 번째 환시: 두루마리/일곱 번째 환시 : 뒤주(5) • 여덟 번째 환시: 병거(6)	즈카르야 1 – 즈카르야에게 내리는 환시
넷 째 날	7 – 8	• 즈카르야를 통해 말씀하신 참된 단식(7) • 메시아 시대의 행복(8)	즈카르야 2 – 즈카르야를 통해 말씀하신 참된 단식

날짜		성경 구절	주요 내용
다 째	섯 날	9 – 11	• 이웃 민족들에 대한 심판과 정화 　/이스라엘의 회복(9) • 구원을 약속하심(10) • 사악한 통치자들에게 내리는 위협(11) 즈카르야 3 – 사악한 통치자들에게 내리는 위협
여 째	섯 날	12 – 14	• 예루살렘과 유다의 구원과 영화(12 – 13) • 주님의 날의 모습(14) 즈카르야 4 – 주님의 날의 모습
일 째	곱 날	말라키 1 – 3	• 그릇된 경신례에 대한 주님의 꾸짖으심(1) • 사제들에게 내리는 계명/주님의 심판과 정화(2) • 올바른 십일조와 예물 봉헌 　/주님의 날에 드러나는 정의(3) 말라키 1 – 주님의 날에 드러나는 정의

53. 스바니야

이 시대는 무엇보다도 아시리아 제국이 다른 나라들을 파멸시키고 잔학 행위를 저지르면서 팽창해 나아가던 때이다. 유프라테스 강과 지중해 사이에 위치한 아람족 국가들의 붕괴에 이은 기원전 732년의 다마스쿠스 함락, 기원전 722년의 사마리아 함락과 백성의 유배, 기원전 701년의 띠로 함락, 띠로와 함께 함락된 시돈의 완전한 파괴(기원전 671년), 기원전 663년의 이집트 테베의 약탈, 그리고 다시 조금 더 거슬러 올라가서, 아시리아의 산헤립이 홍수가 닥친 것보다도 더 험하게 만들어 버렸다고 호언하던 기원전 689년의 바빌론 약탈 등이 일어난 시기이다. 그런데 몇십년이 지난 뒤에는 상황이 뒤바뀐다. 기원전 612년에 메대인들이 아시리아의 수도 니느웨를 멸망시킨다. 이어서 바빌론의 신갈대아인들이 서쪽으로 밀려든다. 그리하여 세 차례나 포위 공격을 당한 예루살렘은 결국 기원전 587년에 멸망하게 된다. 이 기간 내내, 특히 므나쎄의 오랜 통치를 특징짓는 아시리아 시대에, 예루살렘이라고 예외일 수는 없었다. 근동의 북서와 남서를 잇는 이른바 팔레스티나 '회랑' 옆에 붙어 있는 예루살렘도, 국제 정치의 음모, 그리고 메소포타미아와 이집트 사이에 자리잡은 군소 국가들의 동맹 놀이에 가담하게 된다. 그러다가 유다 임금 아몬이, 아시리아의 멍에를 벗어 던지려고 결심한 것으로 보이는 일단의 관리들 손에 살해되기도 한다. 이러한 친이집트 동향에 곧바로 "나라 백성"이 반혁명을 일으킨다. 그 덕분에 여덟 살 밖에 안 된 요시야가 왕좌에 오르게 된다(2열왕 21,24;22,1). 이렇게 요시야 임금이 아직 어릴 때에 이루어진 아시리아 지배에 대한 저항의 선상에서, 스바니야의 활동, 그리고 임금의 측근 고관들과 제후들, 또 외국 복장이나 종교 의식을 따르면서 외국을 신봉하는 자들에게 가하는 그의 정치적, 종교적 비판을 더 잘 이해할 수 있을 것이다.

1,1 – 2,3	유다에 대한 위협 신탁	우상숭배, 사회불의 등의 죄악 때문에 가까운 장래에 재앙이 닥칠 것을 예고한다. 원수의 침공은 물론이고, 더 무서운 '주님의 날'[182] 을 예고하고 있다. "그날은 분노의 날, 환난과 고난의 날, 파멸과 파괴의 날, 어둠과 암흑의 날, 구름과 먹구름의 날이다. 주님의 분노의 날에 은도 금도 그들을 구하지 못하리라."(1,15.18.) 그는 백성들에게 아직 기회가 있을 때 결단을 내리라고 참회를 촉구한다. 남은 자들에게 회개하여 주님 안에 은신처를 찾으라고 호소한다(2,1 – 3). "그분의 법규를 실천하는 이 땅의 모든 겸손한 이들아! 의로움을 찾아라. 겸손함을 찾아라. 그러면 주님의 분노의 날에 너희가 화를 피할 수 있으리라"(2,3)
♥ 182		이것이 스바니야의 예언을 유명하게 만든 주제이다. 이 예언자의 사고에는 두 극을 지닌 중력의 축이 있다. 한 쪽의 극은 이스라엘이고 다른 쪽의 극은 민족들이다. 이 두 적대적 힘이 충돌할 때에 "남은 자들"이 나오는 것이다. 이 "주님의 날"의 주제는 당시의 거대한 정치적 혼란이라는 역사적 상황에서 결정된다. 이 "날"은 주님께서 당신 백성을 위하여 보복하시는 날, 그들의 운명을 결정하시는 날, 이집트 탈출 때처럼 그들을 구원하시는 날, 그들을 구원하시기 위하여 민족들에게 당신의 무서운 이적들을 다시 행하시는 날이다. 그러나 이에 대한 스바니야의 지평은 역사의 좁은 틀을 넘어선다. 그가 예언하는 것은 우주적 대이변이다. 그 어떠한 주저도, 어떠한 감정의 여운도 드러내는 일 없이, 예언자는 이 진노의 날(라틴 말로, dies irae)과 파멸의 날을 선포한다. 겸손한 이들은 계속하여 희망을 가질 수 있지만, 역사는 하느님께서 친히 주재하시는 피의 축제로 끝난다는 것이다. 이미 아모스, 나훔, 요엘도 이야기한 "주님의 날"은 총체적 전복(顚覆)의 날이 될 것이다. 스바니야는 공포와 파멸 속에 인간과 인간이 만들어 낸 문명뿐만 아니라 땅 위의 모든 생명체까지 휩쓸려 가는 일종의 창조의 붕괴가 될 심판을, 그 누구보다도 폭넓게 서술한다(1,2 – 3.15). 그러면서도 스바니야 예언서에서는 "주님의 날"이 근본적으로 세상과 역사의 종말이 아니라, 하느님 백성의 변형과 개조, 죄악의 시대의 종말로 나타난다. 그리고 모든 것은 "남은 자들"이 부르는 기쁨의 노래로 흘러들어간다(3장).
2,4 – 2,15	이방민족들에 대한 벌	필리스티아, 모압, 에티오피아, 아시리아 등의 이방국가들이 벌을 받게 될 것이라고 신탁한다. "이것은 그들 교만의 대가이니, 그들이 만군의 주님의 백성을 모욕하며 으스댄 탓이다. 주님께서는 그들에게 두려운 분으로 드러나실 것이다."(2,10)
3,1 – 3,8	예루살렘 지도자들에게 내릴 심판의 벌	스바니야는 국가의 지도자들을 비난하면서 정치가, 판관, 사제, 예언자들을 비유하기를 약탈하려고 으르렁거리는 '사자'와 '저녁 이리 떼'라고 말한다. 또 예루살렘은 '반항하는 도성'이요 주님의 말씀에 둔감하고 불충실한 도시라고 비난한다.
3,9 – 3,20	남은 자들의 구원	주님의 의도는 모든 것을 파괴시키려고 하는 것이 아니라, 백성을 정화시키고 갱신시키려는 것이었다. 따라서 스바니야는 남은 자들, 즉 주님을 찾고, 주님의 계명을 지키고 정의를 실현함으로써 성실하게 살아갈 겸손한 백성들이 대파괴에서 구원되리라고 선언한다. "나는 너에게서 불행을 치워버려 네가 모욕을 짊어지지 않게 하리라. 그때에 너를 억누르는 자들을 내가 모두 처치하리라. 나는 절뚝거리는 이들을 구하고 흩어진 이들을 모으리라. 그때에 내가 너희를 데려오리라. 그때에 내가 너희를 모으리라. 너희가 보는 앞에서 너희의 운명을 되돌릴 때 세상 모든 민족들 가운데에서 너희가 칭송과 명성을 얻게 해 주리라."(3,19 – 20).

묵시 문학적인 '하늘'과 주님의 겸손한 이들의 '땅', 이것이 스바니야의 두 지평이다. 그리고 거기에는 또한 핵심적 실재가 있다. 곧 당신 백성 "한 가운데에" 계시는 하느님이시다(3,5.12.15). 그분 홀로 역사를 이끌어 가시며 억눌린 이들을 구원하신다.

54. 하카이서

기원전 537년에 유배에서 돌아온 유다인 공동체가 성전 재건축을 시도하지만(에즈 3,7 - 12), 경제적 어려움, 그리고 사마리아 주민의 적대 행위로 작업을 멈출 수 밖에 없게 된다. 그런데 기원전 522년 캄비세스 황제가 죽은 뒤, 격렬한 내부 혼란이 페르시아 제국을 뒤흔든다. 캄비세스에 이어 왕좌에 오른 다리우스의 집권 초기에 일어난 이러한 정치적 불안정은 예루살렘에도 긴장을 불러일으킨다. 하카이, 그리고 곧바로 이어서 즈카르야 예언자는 그것을 공동체를 일깨우는 기회로 삼는다.

1,1 – 1,15	지도자들에 대한 질책과 성전 재건의 메시지	유배에서 돌아온 이스라엘 백성들은 공동체의 지도자들의 특권과 위선을 질책하고 성전을 재건하는 것이 공동체 생활을 회복하는 것이라 생각한다. 주님께서 살아 남은 자들의 마음을 움직여서 그들이 이러한 일들을 시작한다. "주님의 집이 무너져 있는데 너희가 지금 판벽으로 된 집에서 살 때냐? 너희가 살아온 길을 돌이켜 보아라. 씨앗을 많이 뿌려도 얼마 거두지 못하고 먹어도 배부르지 않으며 마셔도 만족하지 못하고 입어도 따뜻하지 않으며 품팔이꾼이 품삯을 받아도 구멍 난 주머니에 넣는 꼴이다. 내 집이 무너져 있는데도 너희가 저마다 제집 돌보는 데에만 바빴기 때문이다"(1,4 – 9).
2,1 – 2,9	영화로운 성전의 영광	과거의 성전보다 영화로운 성전이 되리라는 내용으로 그는 하느님이 하늘과 땅을 진동시키고 모든 민족을 전율케하여 온 나라의 보물들을 새 성전으로 가져오게 할 것이라 예언한다. "이 땅이 모든 백성아 용기를 내어라! ⋯ 이 집의 영광이 이전의 영광보다 더 크리라"(2,4. 9).
2,10 – 2,14	부정한 백성	하카이가 사제들에게 정한 것과 부정한 것에 대해 묻고 백성들이 거기에서 바치는 모든 것들이 부정하다고 예언한다. "내 앞에서 이 백성도 그러하고 이 민족도 그러하다. 주님의 말씀이다. 그들의 손이 하는 일도 모두 그러하다. 그들이 거기서 바치는 것들도 다 부정하다." (2,14).
2,15 – 2,19	성전재건이 번영의 길	하카이 예언자는 성전을 다시 짓기 시작하면 번영과 행복이 올 것이라고 약속한다.
2,20 – 2,23	메시아의 약속	즈루빠벨을 주님께서 선택하신다. "내가 너를 받아들여 너를 인장 반지처럼 만들리니 내가 너를 선택하였기 때문이다. 만군의 주님의 말씀이다" (2,23)

정확히 기원전 520년 8월에서 12월 사이에 선포된 하카이의 메시지는, 동시대인들에게 시대의 징표를 해석해 주려고 한다. 빈곤과 흉작은 그들의 영성적 혼수 상태에 대한 벌로서, 이제 신앙의 열성을 되찾고 주님께 합당한 집을 지어 드리는 작업을 재개하면, 많은 복을 받고 구원의 시기가 결정적으로 시작되리라는 것이다. 민족들의 동요는 이미 '주님의 날'을 가리키는 전조이다(2,21 – 22). 구원은 아주 가까이 다가왔다. 다윗의 혈통을 이어 받은 즈루빠벨이 잠깐이나마 이 메시아적 희망을 구현할 이로 여겨진다. 예루살렘이 파괴되기 이전의 것보다 더 영화로운 성전, 그리고 임금으로 오시는 메시아에 대한 기다림이, 이후 새 시대를 향해 나아가는 하느님의 백성을 힘차게 지탱해 준다. 그리고 이 이중의 희망은 예수 그리스도 안에서 성취된다.

55. 즈카르야

이 책의 1 – 8장에 담겨서 우리에게까지 그 메시지가 전해진 즈카르야 예언자의 활동은, 하까이 예언자의 활동에 거의 곧바로 이어진다. 이 즈카르야의 첫 번째 등장은 기원전 520년 10 – 11월에(1,1), 곧 하까이가 마지막 신탁을 선포하기 한 달 전에 이루어진다(하까이 2,10.20). 그리고 즈카르야 예언자의 활동은 적어도 기원전 518년 11월까지(7,1), 곧 새 성전이 기원전 515년에 봉헌되기 삼년 전까지 이어진다. 하까이는 종교적 각성을 불러일으키는 데에 성공한다(하까이 1,14). 즈카르야는 동포들의 성실함에 호소함으로써, 그리고 미래에 대한 약속을 선포함으로써 하까이가 시작한 운동을 강화한다. 다리우스 황제의 제국을 뒤흔든 정치적 소요가 가져온 상황을 기회로, 유배자들의 여러 집단이 희망을 가득히 품고 바빌론에서 예루살렘으로 돌아온다(2,10 – 13; 6,10). 그러나 공동체 안에서 일어나는 통합상의 어려움으로, 그들은 곧바로 용기를 잃게 된다(5,3 – 4; 8,16 – 17). 또 근동 전역이 점점 평온해지면서(1,11) 신속한 변화를 바라던 그들의 희망도 무너지고 만다. 그리하여 실망만이 사람들의 마음에 자리잡는다.

제1부 1 – 8장	돌아오라! 유다가 회복된다. 	메시아적 성전 재건을 위한 준비단계를 제시한다. – 첫째 (1,8 – 17): 말탄 기사와 도금양 나무(화석류 나무) – 둘째 (2,1 – 4): 네 뿔과 네 대장장이 – 셋째 (2,5 – 9): 측량줄 새로운 공동체의 통치체제와 관련됨 – 넷째 (3장): 대사제 예수아 – 다섯째 (4장): 금등잔대와 두 올리브 나무 "권력으로도 힘으로도 되지않고 나의 영으로만 될 수 있다"(4,6) "온 세상의 주님 곁에 서 있는 성별된 두 사람을 뜻한다(4,14)" 궁극적인 재건을 위한 조건들을 상기시킴 – 여섯째 (5,1 – 4): 날고 있는 두루마리 "도둑질하는 자는 이 두루마리의 한쪽 내용에 따라 모두 제거되고, 거짓으로 맹세하는 자는 이 두루마리의 다른 쪽 내용에 따라 모두 제거될 것이다."(5,3) – 일곱째 (5,5 – 11): 뒤주(곡물을 재는 도구) – 여덟째 (6,1 – 8): 네 병거 "이 사람을 보아라! 그의 이름은 '새싹'이니 그가 제 자리에서 돋아나와 주님의 성전을 지으리라. 그가 주님의 성전을 지을 것이며 바로 그가 엄위를 갖추고 자기 왕좌에 앉아 다스릴 것이다. 그의 왕좌곁에는 한 사제가 있을 터인데 그 두 사람은 평화롭게 조화를 이루리라"(6,12 – 13).
	참된 단식문제(7장)	70년 동안 사람들은 5월, 7월에 성전의 파괴를 탄식하며 단식했다. 성전이 다시 건축되자 이 단식을 계속해야 하는지 문제가 생겼다. "너희가 지난 일흔 해 동안 다섯째 달과 일곱째 달에 단식하며 슬퍼할때 참으로 나를 위하여 단식하였단 말이냐? 너희가 먹고 마실 때에도 자신을 위하여 먹고 마신 것이 아니냐?"(7,5 – 6).
	회복의 약속(8장)	"주님이 이렇게 말한다. 내가 시온으로 돌아가 예루살렘 한가운데서 살리라. 예루살렘은 '진실한 도성'이라고 만군의 주님의 산은 '거룩한 산'이라고 불리리라. 너희는 힘을 내어라 만군의 주님의 집, 성전을 지으려고 기초를 놓던 날에 예언자들이 전한 그 말들을 너희가 오늘 듣고 있다."
제2부 9 – 14장	메시아 시대 – 겸손한 메시아에 대한 희망과 거짓목자에 대한 환멸(9 – 11장)[183]	원수의 멸망과 유다의 부흥(9 – 11장) – 정복된 이웃백성들은 정화된 신자 공동체에 통합될 것이며, 이어서 이상적인 나라를 건설할 임금 – 메시아[184]가 나타날 것이다(9,1 – 10). – 전쟁을 통하여 흩어져 있던 모든 백성들이 다시금 모일 것이다(9,11 – 17; 10,3 – 11,3). 좋은(선한) 목자[185]가 등장하여 양떼들과 우두머리들의 종교적 타락을 올바로 잡고 거짓목자들에게 파렴치한 양떼들을 넘겨준다. 그러나 거짓 목자들은 자기의 행위에 대한 책임을 져야 하며 거기에 해당하는 벌을 받아야 한다(11,4 – 17).

💙 183	공동체와 예루살렘과 성전의 복구는 더 이상 문제로 제기되지 않는다. 성전의 재건축과 즈루빠벨이라는 인물과 결부된 메시아 희망은, 가난한 임금 – 메시아(9,9 – 10), 배척당하는 선한 목자(11,4 – 14), '찔려 죽은 신비로운 존재'(12,1 – 13,1) 등, 신원이 밝혀지지 않은 인물들의 등장으로 사라진다. 첫째 부분에서는 분명하게 거명된 사람들이 둘째 부분에서는 아무도 등장하지 않는다. 여러 차례에 걸쳐 언급되는 포로들은(9,11 – 12; 10,8 – 11), 이제 기원전 587년에 끌려간 사람들이 아니라, 넓은 의미에서 디아스포라에 흩어져 사는 이들을 일컫는다.
💙 184	임금 – 메시아: 9,9 – 10. 이와 관련된 용어들의 일부가 이 '임금 – 메시아'를 그 원형인 다윗이나 솔로몬과 연관짓지만, 다른 것들은 '가난한 이와 의인'이라는 예언자적 이상과 연결된다. 이는 바로 '주님의 가난한 이들'의 종교적 이상으로 표현되는 메시아이다(시편 22,27; 69,33 – 34; 이사 49,13; 57,15; 61,1 – 2; 66,2; 스바 2,3; 3,11 – 13).
💙 185	선한 목자: 11,4 – 17과 13,7 – 9. 임금 – 메시아보다는 분명하지 않은 모습으로 나타나는 이 메시아는, 왕정 사상과 덜 밀접하게 관련되는 대신에, 에제 34,11 – 22,31이 제시하는 것과 같은, 주님 자신이신 목자의 표상에는 더욱 확실하게 연관된다. 사실 제2즈카르야 서에 나오는 은유에서는, 예언자가 표현해 내는 목자가 여러 번에 걸쳐 어떠한 중간 과정도 없이 곧바로 주님 자신을 가리키기도 한다. 이 밖에도 이 '선한 목자'는, 배척을 당하고 팔려 넘겨져 제거되며 또 그의 희생이(13,7) 계약의 복구에 이바지함으로써(13,9), 이미 '찔려 죽은 이'의 모습을 향하기도 한다.
재건(12 – 14장)	새 날을 맞는 예루살렘 – 회복의 가능성이 전혀 보이지 않는 그 때에 '가슴이 찔린 자'186)의 희생제물은 새로운 정신을 불러 일으킨다. 외적들에게 넘겨진 이스라엘 백성은 새로운 정신으로 무장되며(12,1 – 13,1) 한편 정화사업은 계속되고, 계약 갱신으로 그 끝을 보게된다(13,2 – 9) 주님의 궁극적 승리(14장): 이제 구원은 온 세상에 두루 퍼져 모든 백성은 주님의 나라를 고백하기 위하여 이스라엘과 합치해야 한다.
💙 186	'가슴이 찔린 자(찔려 죽은 이)': 12,9 – 14. 메시아의 이 모습은, 전혀 다른 용어들을 사용하기는 하지만, 이사 53장에 나오는 고난받는 주님의 종의 모습을 이어받는다. 이 주님의 종처럼, 이 메시아의 희생 역시 마음의 변화와(12,10) 정화의(13,1) 근원이 된다. 옛 임금과의 연결은 은근하게만 이루어진다. 이 연결선은 다윗과 그 혈통을 되풀이하여 상기시키는 사실로써만 나타난다(12,7 – 8.10.12; 13,1). 메시아의 영광은 약탈당함과 패배로 대체된다. 그러나 이것들이 바로 구원의 원천이 된다. 제2즈카르야의 이렇게 심도 있는 메시아 사상은 후대의 사고에 풍성한 양분을 제공한다. 이러한 연유로 복음서 저자들 역시 특별히 수난하시는 예수님과 그분의 역할을 제시하는 데에, 그토록 폭넓게 이 예언자의 도움을 받게 되는 것이다(마태 21,4 – 5와 요한 12,15; 마태 26,31과 마르 14,27; 마태 27,9 – 10; 요한 19,37).

하느님의 계획은 천사나 기사(騎士) 같은 중개자들을 통하여 실현된다. 하느님께서 이렇게 세상과 멀리 떨어져 계시다는 것은 분명히 영성화의 노력을 의미한다. 그러나 이러한 관점은 또한 더욱 실존적 체험, 곧 하느님의 어떤 부재(不在)의 체험에 상응하는 것이기도 하다. 유배의 시련과 귀향 후에도 부딪히는 가난의 어려움으로 "하느님께서는 정말 우리의 운명에 관여하시는가?"라는 질문이 제기된다. 이제 신앙은 이러한 표면상의 공허를 메워 주고, 천상 세계와 시련 중에 있는 사람들을 가깝게 이어 주는 중개자들을 많이 소개함으로써 그러한 질문에 대답한다. 이 중개자들이, 후대의 묵시문학에서는 신비로 가득한 상징으로써 하느님을 기리게 되겠지만, 즈카르야 서에서는 하느님과 인간을 일치시키는 끈이 된다. 다른 한편, 즈카르야 서 역시 전체적으로 희망을 증진시킨다. 물질적 어려움과 실망으로 회의나 수동적 체념에 빠지는 공동체에, 예언자는 행동을 이끌어 내는 희망을 불어넣는다. 성전의 재건축과 적법한 경신례의 복구가 바로 구원을 바라는 구체적 방식이라는 것이다. 메시아 시대가 시작되기 위해서는 그러한 대가를 치루어야 한다. 다른 민족들도 이러한 새 시대에 동참할 것이다(2,15; 8,20 – 22.23). 즈카르야는 이 구원이 벌써 문 밖까지 와 있다고 말한다. 즈루빠벨이 이 구원의 시대를 열어갈 인물로 여겨졌던 것이다. 그의 상징적 대관식이(6,9 – 1) 그러한 사실을 가리키는 표지이다. 9,1 – 8; 9,11 – 17; 10,3 – 11,3; 14,1 – 21에서 소개되는 메시아적 이상은, 이사야의 묵시록과 가깝다(이사 24 – 27장). 구원의 모든 업적은 주님께서 손수 이루신다. 그분께서는 적들을 진압하시고 당신의 온 백성을 다시 모아들이신다. 이러한 조건이 채워져 나아갈 때, 이민족들도 이 공동체에 온전히 통합되기를 희망할 수 있게 된다. 그리하여 이 이방인들은 유다의 씨족들 사이에 자리잡게 된다. 그러나 그렇게 되기 위해서는 이들도 율법의 모든 요구 사항에 복종해야 한다. 이 요구 사항은 구체적으로 제의적 규정과(9,7) 예배 실천 규정으로(14,16 – 19) 표현된다. 이는 한편으로 관대한 조치이면서도, 다른 한편으로는 약간의 제한을 담고 있다. 곧 이방 민족들의 합류는 유다 공동체에 흡수되고 편입되는 형식으로 이루어져야 한다는 것이다

56. 말라키

말라키 서는 대예언서에서 소예언서에 이르는 예언서집 전체를 마감한다. 예언서 가운데 마지막이라고 하여 이 예언서의 중요성이 부차적인 것으로 여겨지지는 않는다. 이 예언서의 저자는 "말라키"라고 불린다. 예언서에서 발견되는 여러 표지를 종합할 때, 말라키 예언자의 활동 시기를 기원전 480/460년경으로 추정할 수  있다. 사실 이 예언서에 따르면, 백성은 이미 유배에서 돌아왔고 예루살렘 성전은 다시 지어졌으며, 경신례를 다시 거행하기 시작한 지 이미 오래되었다. 기원전 515년에 성전 재건축이 완료되고서 상당한 시간이 흐른 것이다. 다른 한편으로, (특히 이방인과의 혼종혼 문제에 관한) 에즈라의 대개혁은 아직 이루어지지 않았다. 이 개혁은 기원전 440년경에 가서야 실행된다. 말라키 예언자가 활동하던 시기는 회의론이 팽배하던 때이다. 하카이와 즈카르야 예언자가 성전 재건과 결부시켰던 희망은 기대하던 대로 성취되지 않는다. 그리하여 실망으로 신앙이 식어간다. 그리고 전례를 등한시하고 사람을 매수(買收)하며 여러 가지 불충 또는 부정을 저지름으로써, 다시 과거의 잘못으로 빠져든다. 이러한 현실에 말라키 예언자는 강력하게 대응한다. 그는 사제와 일반인을 막론하고 저마다 하느님과 이웃에 대해 지니는 책임을 상기시킨다. 이러한 방식으로 이 예언자는 이중의 역할을 수행하게 된다. 유배 이후 유다교가 결정적인 모습으로 꼴을 갖추던 중요한 시기에, 그는 개인의 종교적, 도덕적 생활의 개혁자가 된다. 그리고 동시에 온 유다 공동체의 안내자가 된다.

1,1 – 1,5	도입부	야곱과 에사우의 이야기를 통해 이스라엘에 대한 주님의 호의와 사랑을 말해준다 (1,2 – 5) 당시 에돔(에사우의 후손)은 유배 후부터 차지하고 있던 유다의 영토에서 쫓겨나게 되었다(예레 49,17 – 19; 오바 1,15; 요엘 4,19)
1,6 – 3,21	예배에 무관심해진 백성들의 마음	사제들에 대한 경고(1,6 – 2,9) 　– 하느님께 합당하게 제사드리고 백성들을 가르쳐야 할 사제들이 예배를 더럽히고 백성을 타락시키고 있으므로 하느님의 엄한 벌을 받게 될 것이다. 잡혼과 이혼(2,10 – 16) 　– 이스라엘 인들이 외국 여자들과 결혼하기 위하여 유다인 아내와 이혼하고 있어 신성한 결혼을 욕되게 하고 있다. 주님의 날에 대한 예고(2,17 – 3,5) 　– 정의가 짓밟히는 세상에 대한 실망을 하는 '주님의 가난한 자들'에게 하느님은 당신의 날과 당신 사자의 도래를 예고함으로써 응답한다. 온전한 십일조 봉헌(3,6 – 12) 　– 백성들의 수입의 십분의 일을 온전히 바치기만 한다면, 주님께서 그들에게 크나큰 축복을 베풀것이며 이스라엘은 뭇민족 가운데 큰 나라가 되리라고 예언한다. 의인과 악인의 심판(3,13 – 21) 　– 의인과 악인을 가려내는 일은 이미 시작했으니 주님을 두려워하는 사람들의 이름은 '책'에 기록되어 그들은 심판 날에 보호되리라.
3,22 – 3,24	발문	주님께서 뛰어난 예언자 엘리야를 보내어, 이스라엘을 불러 모아 회개하게 하고 '주님의 크고 무서운 날'을 백성들에게 준비시키라는 예언을 한다.

여러분의 시련을 훈육으로 여겨 견디어 내십시오. 하느님께서는 여러분을 자녀로 대하십니다. (히브 12, 7)

시련을 견디어 내는 사람은 행복합니다. 그렇게 시험에 통과하면, 그는 하느님께서 당신을 사랑하시는 이들에게 약속하신 생명의 화관을 받을 것입니다. (야고 1, 12)

여러분이 지금 얼마 동안은 갖가지 시련을 겪으며 슬퍼하지 않을 수 없습니다. 그러나 불로 단련을 받고도 결국 없어지고 마는 금보다 훨씬 값진 여러분의 믿음의 순수성이 예수 그리스도께서 나타나실 때에 밝혀져, 여러분이 찬양과 영광과 영예를 얻게 하려는 것입니다. (1베드 1, 6-7)

바이블테라피 Bible Therapy 25 수련6

하느님께 나아가는 길의 단계에 대한 간단한 설명

기도 속에서 하느님을 좋아하고 하느님 현존을 음미하는 것은 '명상(meditation)'이라 부르는 측면에서 얘기하는 정화의 과정이다. 이런 것이 그리스도교 안에서는 다른 언어로 표현되어 있는데, 이냐시오적 전통에서는 관상, 명상의 명칭이 다른 수도회와 좀 다르겠지만 근본적으로 깔려있는 가르침은 같다. 우리가 근본적으로 하느님을 깊은 사고, 생각의 과정, 합리적 사고를 통해 알 수 있는데 우리는 이런 것을 '명상'이라 부른다. 우리의 상상력을 통해 하느님을 알 수도 있다. 이냐시오 전통에서는 이것을 '관상(contemplation)'이라 부른다. 중요한 것은 이것들은 사랑하기 위한 도구라는 것이다. 이러한 명상은 우리 삶의 전 생애를 걸쳐 계속되는 것이 아니다. 사랑하는 연인들이 서로가 서로를 깊이 알게 되는 여정이 일생 동안 계속되는 것이 아닌 것처럼 말이다. 기도는 내가 조작, 조종하는 것이 아니라 하느님께서 이루시는 일임을 기억해야 한다.

렉시오 디비나(성서의 명상적 독서 방법)는 네 개의 단계로 되어 있다.

1단계 – 성서 읽기.
2단계 – 성서구절을 깊이 생각하면서 명상하기.
3단계 – 명상에서 발견되는 것을 주님께 말씀 드리기.
4단계 – 하느님과 깊은 일치 이루기.

가르멜 전통에서도 명상하는 방법과 상상력을 이용하는 방법에 대해 얘기한다. 이냐시오 전통에서 관상은 상상력을 이용하는 기도 방법을 얘기하고, 베네딕도회 전통에서는 관상을 기도의 높은 수준의 상태로 정의하고 있다. 각 전통에서 명상에 대해 사용하는 단어는 조금씩 다르지만, 기본적으로 깔려있는 의미는 같은 것이다. 기본적인 것은 하느님과 기도하는 사람과의 관계는 사랑하는 사람과의 관계와 비슷하다는 것이다.

토빗/유딧/지혜서
TOBIT / JUDITH / WISDOM

토빗서는 유다 문학의 보물과 같은 책이다. 이 책은 주변 이교도 세계의 지혜 문학 전통을 본받은 대중적 설화이자, 당시에 이미 꼴을 갖춘 기존 성경의 내용을 풍부히 담은 교훈적 작품이라고 할 수 있다. 이러한 토빗서는 기원전 587년에 일어난 예루살렘의 함락, 성전의 파괴, 유다 왕국의 멸망으로 시작하여 50년 동안 지속된 유배 시대에 펼쳐진 유다교의 인간적, 종교적 생명력을 잘 보여 준다.

유딧서는 토빗서나 에스델서처럼 주요 인물을 중심으로, 어려운 상황이 지속되던 끝에 하느님께서 베푸시는 구원을 자세히 서술하는 이야기이다. 이 유딧서의 소재는 팔레스티나 땅의 조그마한 성읍이면서도, 예루살렘을 비롯하여 다른 지방으로 가는 길목들을 내려다보는 전략적 요충지인 베툴리야가 포위되는 사건이다. 그 때에 신심 깊은 한 과부가 이 성읍에서 나가 적군의 진지로 간다. 유딧이라는 이 여인의 아름다움에 매혹된 적장 홀로페르네스는 그를 꾀려고 연회를 여는데, 자기가 술에 잔뜩 취하고 만다. 그 기회를 이용하여 유딧은 적장의 목을 베어 버린다. 이로써 침략군이 패주하게 된다.

지혜서에는 '솔로몬'이라는 이름이 직접 나오지는 않지만, 내용상으로는 유다교에서 '현인' 그 자체로 여겨졌던 이 임금이 많은 부분을 말하는 것으로 되어 있다. 그래서 전에는 이 책을 '솔로몬의 지혜'라고 불렀다.

25 토빗 · 유딧 · 지혜서 SCHEMA

날짜	성경 구절	주요 내용	
첫 째 날	토빗 1 - 8	• 눈이 멀게 된 토빗과 불운한 사라의 이야기(1 - 3) • 토비아의 길잡이로 라파엘 천사가 나타남(4 - 5) • 토비아와 사라의 혼인/사라가 마귀를 물리침(6 - 8)	토빗서 1 - 눈이 멀게 된 토빗
둘 째 날	9 - 14	• 라파엘이 가바엘에게 가서 돈을 찾아옴(9) • 토빗과 안나가 토비아를 그리며 근심함(10) • 토빗이 시력을 되찾음(11) • 라파엘이 정체를 밝힘 /토빗이 하느님을 찬미함(12 - 13) • 토빗의 유언과 죽음(14)	토빗서 2 - 시력을 되찾은 토빗

셋 째 날	유딧 1 - 7	• 네부카드네자르의 승리(메디아, 서쪽지방, 해안
		  지방을 토벌함)(1 - 3)
		• 유다인들이 항전을 준비함(4)
		• 아키오르가 홀로페르네스에게 이스라엘인들에
		  관하여 말하고 유다 진영으로 넘겨짐(5 - 6)
		• 홀로페르네스가 이스라엘 자손들과 싸움(7)
			유딧서 1 - 항전을 준비하는 유다

넷 째 날	8 - 16	• 유딧이 나섬(8)
		• 유딧의 기도(9)
		• 유딧이 적진으로 가 홀로페르네스와 만남(10 - 12)
		• 유딧이 홀로페르네스의 목을 베고 배툴리아로
		  돌아감(13)
		• 홀로페르네스의 죽음으로 아시리아 군대가 달아
		  나고 유딧이 칭송받음(14 - 15)
		• 유딧이 하느님을 찬양함(16)
			유딧서 2 - 홀로페르네스의 목을 벤 유딧

날짜		성경 구절	주요 내용
다 째	섯 날	지혜서 1 – 5	• 하느님을 찾고 악을 피하여라(1) • 악인들의 삶과 생각(2) • 의인과 악인들의 운명(3 – 5) 지혜서 1 – 의인과 악인들의 운명
여 째	섯 날	6 – 10	• 솔로몬과 지혜(6 – 7) • 지혜에 대하여(8 – 10) 지혜서 2 – 솔로몬의 지혜
일 째	곱 날	11 – 19	• 하느님의 신중한 징벌과 관대함(11 – 12) • 하느님이 아닌 것에 대한 숭배의 어리석음과 그 결과(13 – 15) • 응분의 징벌들(16 – 18) • 두 민족이 바다에서 겪은 파멸과 구원(19) 지혜서 3 – 응분의 징벌들

57. 토빗

친족 관계에 있는 두 유다인 집안이 유배를 가서, 한 집안은 현재의 이라크에 있는 니느웨에서 살고, 다른 집안은 현재의 이란에 있는 엑바타나에서 산다. 이 두 집안은 유배의 땅에서도 율법을 충실히 지키는 모범적인 가정이었다. 그런데 둘 다 아무런 잘못을 저지르지 않았는데도 그만 불행에 빠지고 만다. 첫째 집안의 가장인 토빗은 임금의 "호의와 귀염"을(1,13) 받으며 높은 벼슬살이를 하면서도 동포들에게 자선과 선행을 베풀다가, 마침내는 사형감으로 수배를 받아 벼슬은 물론이고 재산도 모조리 압수당한 채 도망치는 신세가 된다. 게다가 얼굴도 모르는 동포를 장사지내 주고 난 직후에는 눈까지 멀게 된다.

다른 집안의 외동딸 사라는 악령에게 붙들려, 혼인만 했다 하면 첫날밤을 치르기도 전에 악령이 신랑을 죽여 버린다. 그러한 일이 벌써 일곱 번이나 일어났다. 하느님께서는 이 두 사람의 기도를 들으시고, 바로 '하느님께서 고쳐 주셨다'를 뜻하는 '라파엘' 천사를 통하여 토빗과 사라를 고쳐 주기로 결정하신다. 토빗은 아직 하느님의 결정을 모른 채 아들 토비아의 장래를 안전하게 하기 위하여, 그를 메대 땅으로 보내어 자기가 전에 맡겨 놓은 돈을 찾아오게 하리라고 결심한다. 그리하여 먼길을 떠나는 아들에게 일종의 노자로서, 조상들에게서 내려오는 지혜의 가르침들을 일러 준다. 그리고 사람 모습을 한 라파엘 천사가 여행 안내자로 나선다. 라파엘은 모험 가득한 이 여행길에 토비아를 동반하면서, 마침내는 이 총각이 자기의 친족 사라와 혼인하여 사라를 구하도록 이끈다. 아내와 함께 집으로 돌아온 토비아는 다시 라파엘의 인도에 따라 늙은 아버지의 병도 고치게 된다. 그리하여 두 집안은 행복을 되찾는다. 라파엘은 자기의 정체를 밝히고 나서 사라진다. 그리고 이야기는 하느님에 대한 감사와 미래의 구원에 관한 전망 속에서 끝을 맺는다.

1 – 3장	토빗의 덕행과 고난	이스라엘인 두 가족(토빗과 라구엘 가족)이 유배지 바빌론에서 서로 멀리 떨어져 살지만 율법을 충실히 지키며 살아간다. 특히 토빗은 동족에 대한 선행과 자선을 많이 베풀었다. 그러나 두 가족은 각각 자기들이 이해할 수 없는 곤궁에 빠진다. 토빗은 오해로 실직하고 소경이 되며(1,20 – 2,10), 라구엘의 딸 사라는 악마의 훼방으로 일곱 번이나 결혼을 한 첫날 밤에 신랑을 잃는다(3,7 – 9). 이로써 의인도 고통을 당한다는 것을 시사해 준다. 두 가족은 청원기도를 드린다 (3,3 – 6; 12 – 15).
4 – 12장	라파엘 천사를 보내시어 토빗의 기도에 응답	하느님께서는 천사 라파엘('하느님께서 치유하신다'라는 의미)을 보내시어 두 가족의 청원에 응답하여 주신다. 저자는 하느님께 대한 충실과 그분의 섭리는 일상 생활 안에 나타난다는 것을 가르친다. 즉 일상 생활 가운데서 서로 돕고 희사하며, 돌볼 사람 없는 시체를 정성껏 매장하고, 언제 어디서나 끊임없이 기도하는 일이다.
		천사는 인간을 보호하고 인도하는 자로, 악마는 인간의 원수로 묘사된다. 천사 라파엘을 통하여 만사를 잘 해결해 주시는 하느님의 손길을 보게 된다. – 토비아의 길잡이 라파엘(5장): 토빗의 아들 토비아가 메디아의 가바엘에게 맡겨둔 열달란트를 받기 위해 라파엘은 토비아의 길잡이가 되어 나타난다. – 이상한 물고기를 잡다(6장): 라파엘은 물고기의 배를 갈라 쓸개와 간과 염통을 따로 두는데 염통과 간은 마귀나 악령에 시달리는 남녀에게 연기를 피우면 사라지는 구마의 효과가 있고, 쓸개는 하얀 막이 생긴 사람 눈에 바르고, 막위로 입김을 불면 눈이 좋아진다고 알려준다. – 사라의 혼인과 치유(7,1 – 8,21): 토비아와 사라가 결혼하고 마귀를 물리치고 혼인잔치를 벌인다. – 돈을 되찾게 된다(9,1 – 6) – 토빗의 시력회복(10,1 – 11,18)
		이 이야기는 모세 율법의 탁월함, 가정생활, 효도, 일부일처제, 결혼 생활의 중요성과 배우자 선정의 중요성, 이어받은 신앙을 가정 안에서 전승시켜야 할 책임의 중대성을 강조한다. – 고통은 하느님의 징벌이 아닌 시험 – 일상에서 하느님을 신뢰하고 가르침대로 살 것 – 하느님께서는 의인에게 상을 주심
13 – 14장	토빗의 찬미와 유언	감사의 기도와 다가올 구원에 대한 기다림 속에 끝맺는다. 토빗은 토비아에게 유언한다. "얘야. 네 자식들을 데리고 서둘러 메디아로 피신하여라. 나훔이 니네베를 두고 선포한 하느님의 말씀을 나는 믿는다"(14,3).

58. 유딧서

셈족 말로 쓰인 원작은 그리스계 셀류코스 왕국의 박해에 항거하여 마카베오 형제들이 봉기하던 시대에 최종적인 꼴을 갖추었을 것이다. 자기가 온 세상의 유일한 신이라는 네부카드네자르의 주장은(3,8; 6,2) 다니엘서에 나오는 사악한 임금, 셀류코스 왕국의 안티오쿠스 4세가 떠벌이는 호언에 비길 수 있다(다니 11,36 – 37). 이 유딧서 원작의 저자는 틀림없이 자기보다 훨씬 이전의 이야기를 이용하면서 종교와 율법과 성전과 관련하여 위협을 받는 동포들에게 용기를 북돋아 주기를 바랐을 것이다. 그는 과거의 예들을 들면서, 이스라엘의 하느님께서는 당신의 백성이 아무리 큰 위험에 빠져도 그들을 결코 버리지 않으시고, 또 당신을 믿는 이들이 우상숭배에 빠져 당신께 등을 돌리지 않는 한 그들의 적들이 어떠한 일을 꾸미든지 그것을 좌절시키실 수 있는 분이라는 것을 강조한다. 이 책의 여주인공 '유딧'은 '유다인 여자'를 뜻한다. 그리고 '유다'는 히브리 말과 아람 말, 또 그리스 말에서도 여성이다. 그래서 '유딧'은 이교도 박해자들에게 항거하라고 촉구되는 '유다' 민족이나 나라의 상징이 될 수도 있다.

1 – 7장	적에게 공격을 받은 유다	유딧은 이방인 강대국의 침범을 앞두고 풍전등화와 같은 이스라엘을 구하기 위해서 대담한 책략을 세운다. 동족을 위해 생명까지 불사하는 유딧의 행적은 히브리인들에게 신앙을 고수하고 동포애를 발휘하게 하는 자극이 된다. 행동에 앞서 기도하고 단식하는 유딧의 태도에는 이스라엘의 심혼이 담겨져 있다. 특히 5,5 – 21은 유딧서의 핵심부분으로써 이스라엘이 존립하는 신념과 사랑을 요약하고 있다.
8 – 16장	아시리아의 패배와 이스라엘의 승리	사마리아의 한 과부 유딧은 하느님을 공경하는 아름답고 부유한 여인이었다. 주님을 온전히 신뢰한 이 여인은 마침내 적을 쓰러뜨릴 계획에 성공하여 이스라엘에 승리의 기쁨을 가져다 준다. 이로써 저자는 곤란을 당할 때 하느님께 더욱 신뢰하고 율법을 충실히 지킬 것을 호소한다. 자기 겨레의 구원을 가져다 준 유딧은 구세주의 어머니 마리아를 예표한다. 교회가 성모의 축일에 이스라엘 지도자들이 유딧에게 바치는 찬사(15,9 – 10)를 자주 인용하는 이유도 그 때문이다.
	유딧의 남은생애	그녀는 이후에도 정절을 지키며 종들에게 자유를 주고 자신의 재산을 친척들에게 나누어 주고 그녀의 올바른 삶에 주님께서 축복을 내리셨다.

이 이야기의 중심 인물로서 온 백성의 구원을 이룬 사람은 한 여인이다. 모두 어찌할 바를 모를 때에 이 여인만은 당황하지 않는다. 그는 자기의 지혜로 베툴리아의 지도자들인 남자들의 용기를 북돋운다. 그리고 그들의 어떠한 도움도 없이 혼자서 대담한 일을 꾸며 실행에 옮긴다. 그렇게 무공을 이룬 다음, 이 여인은 아내와 어머니로서가 아니라 다른 일에서 진가를 발휘하는 생활을 한다. 이는 구약성경의 다른 곳에서 볼 수 있는 정도를 훨씬 뛰어넘는 일종의 여성주의이다.

유딧이 꾸민 계략은 그 자체로서 어떠한 덕의 표지가 아니다. 그렇다고 그리스도께서 오시기 전의 옛 계약의 불완전성 때문이라고 이해해 주어야 하는 저급 도덕에 따른 행동도 아니다. 유딧 이야기의 많은 세부 사항이 시사하는 대로, 성경의 다른 부분에 나오는 사람들의 꾀나 계략의 여러 본보기와 비교해 보면, 유딧에게 전적으로 유리한 평가가 나온다. 아시리아 군대의 장수 홀로페르네스는 이스라엘이 순순히 굴복하지 않는다고 그 땅으로 들어가, 민족의 생존과 종교의 존립을 위협한다. 이러한 위기 상황에서 유딧은 정당 방위로 적군의 장수를 죽이는 것이다.

59. 지혜서

1 – 5장[187]	하느님에 의한 인간의 운명	의인을 박해하는 악인들과 의인과의 대조: 유다인들의 참아내는 시련들은 신앙을 견고케 하기 위한 것으로 천상에서의 영광을 준비하는 것으로 바라본다. – "세상의 통치자들아, 정의를 사랑하여라"(1,1) – "지혜는 간악한 영혼 안으로 들지 않고 죄에 얽매인 육신 안에 머무르지 않는다. 가르침을 주는 거룩한 영은 거짓을 피해가고 미련한 생각을 꺼려 떠나가 버리며…"(1,4 – 5)

– "우리의 이름은 시간이 지나가면 잊히고 우리가 한 일을 기억해 줄 자 하나도 없으리니 우리의 삶은 구름의 흔적처럼 사라져 버린다. 우리의 한 평생은 지나가는 그림자이고 우리의 죽음에는 돌아올 길이 없다"(2,4 – 5)…. "그러니, 앞에 있는 좋은 것들을 즐기고 젊을 때처럼 이 세상 것들을 실컷 쓰자…"(2,6)… "그들이 틀렸다. 그들의 악이 그들의 눈을 멀게 한 것이다. 그들은 하느님의 신비로운 뜻을 알지 못하며 거룩한 삶에 대한 보상을 바라지도 않고, 흠없는 영혼들이 받을 상급을 인정하지도 않는다. 정녕 하느님께서는 인간을 불멸의 존재로 만드시고, 당신 본성의 모습에 따라 인간을 만드셨다. 그러나 악마의 시기로 세상에 죽음이 들어와 죽음에 속한 자들은 그것을 맛보게 된다."(2,22 – 24)
– "어리석은 자들의 눈에는 의인들이 죽은 것처럼 보이고, 그들의 말로가 고난으로 생각되며 우리에게서 떠나가는 것이 파멸로 여겨지지만 그들은 평화를 누리고 있다. 사람들이 보기에 의인들이 벌을 받는 것 같지만 그들은 불사의 희망으로 가득 차 있다. 그들은 단련을 조금 받은 뒤 은혜를 크게 얻을 것이다. 하느님께서 그들을 시험하시고 그들이 그들이 당신께 맞갖은 이들임을 아셨기 때문이다. 그분께서는 용광로의 금처럼 그들을 시험하시고 번제물처럼 그들을 받아들이셨다" (3,2 – 6)[188]
저자는 영원히 죽지 않을 정의를 실천하도록 그들을 격려한다.

💬 **187** 이 단락에서는 의인들의 운명과 그들을 박해하는 악인들의 운명이 대조된다. 이러한 첫 단락의 목적은 유다인들의 신앙을 견고하게 하는 것이다. 곧 그들이 겪는 여러 가지 시련은 장차 내세에서 받을 영광을 준비한다는 것이다. 저자는 유다인들에게 죽어 없어지지 않는 정의를 실천하라고 권면한다(1,1 – 15). 물론 물질주의에 빠져 탈선한 악인들은 의인을 더 이상 두고 볼 수 없다면서 박해한다(1,16 – 2,20). 그러나 그들은 그렇게 행동하면서, 하느님께서 순수한 영혼들을 위하여 불사불멸을 준비해 놓으셨고 지혜의 적들은 합당한 벌을 받는다는 사실을 알지 못한다(2,21 – 3,12). 자식을 많이 낳으면서도 행실이 무도한 여자는 징벌만 받는다. 반대로, 아이를 낳지 못하면서도 덕성스러운 여자는 찬미를 받아 마땅하다(3,13 – 4,6). 의인들은 더러 때이른 죽음을 맞는 반면에 악인들은 오래 살 수도 있는데, 악인들이 오래 산다는 사실 그 자체로서는 아무런 긍정적 의미도 갖지 않는다. 악인들의 장수와 의인들의 단명으로 이 두 부류의 인생이 뒤바뀔 위험은 없다. 악인들은 심판을 받고, 의인들은 하느님에게 영광을 받는 것을 보게 될 것이기 때문이다. 그 때에 가서 후회해 본들 소용이 없다(4,7 – 5,14). 의인들은 영원히 살면서, 심판 뒤에는 하느님의 보호를 받는다(5,15 – 23).

💬 **188** 저자는 보상을 받지도 못한 채 죽어 가는 의인들의 문제를 정면으로 다룬다. 그리하여 그는 욥기에서 제기된 괴로운 질문에 답한다. 지상에서 박해를 받은 덕성스러운 사람들의 영혼은 하느님 곁에서 완전한 평화를 누리고 심판날에 보상을 받는다는 것이다(2,22; 3,1 – 9; 4,7 – 14; 5,15 – 23). 저자가 영혼의 우위성과 불사불멸성을 강조하는 방식에서 그리스의 영향을 받았음을 부정할 수 없다. 그러면서도 그는 플라톤의 이원론에는 동조하지 않는다. 그에게 인간은 영혼과 육신으로 이루어진 단일한 존재이다. 그리고 다니 12,2 – 3과 2마카 7,9에서 확인되는 육신의 부활에 관한 가르침이 지혜서의 몇몇 구절에 전제되는 것으로 여겨진다(특히 3,7과 5,15 – 16 참조). 전형적인 두 그리스어 낱말이 지혜서에서 의인들이 장차 받을 보상에 관한 생각을 요약한다. 곧 '불사'와(1,15; 3,4; 4,1; 8,17; 15,3) '불멸'이다(2,23; 6,18 – 19). 저자는 의인들의 생명이 육체의 죽음과 함께 끝나는 것이 아니라, 하느님 곁에서 영원히, 그리고 영광스럽게 지속된다는 사실을 독자들에게 이해시키려고 한다. 반대로 악인들은 자기들의 못된 행실로써 지금부터 벌써 '불사'를 포기한다. 그러므로 그들은 어떤 의미에 이미 죽은 자들이다. 지혜서의 저자에게 불사불멸이란 누구에게나 구분 없이 적용되는 추상적인 개념이 아니다. 그것은 의인들의 영혼과만 결부된다.

6,1 – 11,3	지혜에 대한 칭송[189]	지혜의 본성과 기원을 예고한다(6,22 – 25)
		"이제 나는 지혜가 무엇이며 어떻게 생겨났는지 알려주겠다"(6,22).
		솔로몬은 지혜를 얻기 위해 기도했고, 그의 기도가 들어져 지혜는 그에게 모든 영화를 가져다 준다(7,1 – 14)
		"지혜와 함께 좋은 것이 다 나에게 왔다. 나는 욕심 없이 배웠으니 아낌없이 나누어 주고 지혜가 지닌 많은 재산을 감추지 않는다"(7,13)[190]
		지혜와의 내적 친교는 하느님의 선물로서만 주어진다(8,17 – 21)
		"그러나 지혜는 하느님께서 주시지 않으면 달리 얻을 수 없음을 깨달았다"((8,21)
		지혜만이 신의 뜻을 알기에 인간을 구원할 수 있다(9,13 – 18)
		"죽어야 할 인간의 생각은 보잘 것 없고 저희의 속마음은 변덕스럽습니다. 썩어 없어질 육신이 영혼을 무겁게 하고 흙으로 된 이 천막이 시름겨운 정신을 짓누릅니다… 당신께서 지혜를 주지 않으시고 그 높은 곳에서 당신의 거룩한 영을 보내지 않으시면 누가 당신의 뜻을 깨달을 수 있겠습니까?"(9,14 – 17)
		지혜는 역사의 지배자처럼 자신을 계시한다(10,1 – 11,3)
		"의인이 팔려 갈 때에 지혜는 그를 버리지 않고 죄악에서 구해 내었으며 또 그와 함께 구덩이로 내려가고 사슬에 묶였을 때에 그를 저버리지 않았다. 마침내는 그에게 나라의 왕홀과 그를 지배하던 자들을 다스리는 권위를 주었다. 그리고 그를 고발한 자들의 거짓을 밝히고 그에게 영원한 영광을 주었다."(10,13 – 14)

💚 189 이 찬가는 솔로몬이 부르는 것으로 되어 있다. 그러면서도 이 임금은 직접 거명되지 않는다. 사실 지혜서의 저자는 고유 명사의 사용을 피한다(10,6의 '펜타폴리스〈다섯 성읍〉', 10,18과 19,7의 '홍해'만이 예외이다). 솔로몬은 이스라엘의 '지혜'가 베푸는 가르침에 마음을 열라고 다른 임금들에게 권고한다. 저자는 여기에서 유다인이 아닌 군주들, 또 그들을 통하여 이교도들의 지식인 계층을 대상으로 하는 듯하다. 이렇게 임금들에게 권유한 다음(6,1 – 11), 솔로몬은 사람들이 알고 실천해야 하는 신비스러운 실체인 '지혜'를 소개한다(6,12 – 21). 이어서 그는 '지혜'의 본성과 기원을 밝힌다(6,22 – 25). 솔로몬이 인간적 조건에 얽매여 있기는 하지만, 하느님께서 그의 기도를 들어 주셨고 또 '지혜'가 그에게 모든 좋은 것을 가져다 주었으므로(7,1 – 14), 그가 그러한 일을 할 자격을 갖추게 된 것이다. 그는 또 모든 지식의 원천이신 하느님께 간청하고 나서(7,15 – 22?), '지혜'의 본성을 점진적으로 서술한다(7,22ㄴ – 8,1). '지혜'는 솔로몬에게 나중에 함께 살게 될 이상적인 배우자이기도 하다(8,2 – 16). 그러나 이러한 친밀성은 하느님의 은혜로만 얻을 수 있다(8,17 – 21). 그래서 솔로몬은 임금의 직무를 수행하는 데에 '지혜'가 도움을 베풀고 또 하느님의 뜻을 알게 해 달라는 기도를 다시 올린다(9,1 – 12). 지혜만이 하느님의 뜻을 알고, 또 그럼으로써 사람들을 구원할 능력을 갖추고 있기 때문이다(9,13 – 18). 창조 때부터 이집트 탈출에 이르기까지, 지혜는 창세기가 전하는 모든 일화를 통하여 자기가 역사의 주인임을 드러낸다(10,1 – 11,4).

💚 190 '지혜'를 의인화함으로써 지혜서의 저자는 잠언 1 – 9장의 본문을 이어받아 나름대로 발전시킨다. 그는 지혜의 창조적 활동과(7,12,22; 8,5 – 6) 우주적 기능을 강조한다(7,24; 8,1). 그리스인들에게는 지혜가 무엇보다도 신적인 것들의 인식과 관조에 이르기 위한 도구이다. 그러나 저자에게는 하느님의 '계시'이다. 그래서 지혜는 하느님의 뜻과 의향을 드러낸다(9,13.17). 또 지혜는 하느님의 생명에 동참하면서 그분께서 하시는 모든 일과 관련된다(8,3 – 4). 지혜는 세상을 자비롭게 다스리며(8,1), 특별히 의인들에게 애정을 가지고 그들의 영혼 안에 머무르면서 그들을 하느님의 벗이 되게 해 준다(1,4; 7,27). 끝으로 지혜는 모든 지식과 인식의 원천이다(7,16 – 21). 이러한 '지혜'의 의인화로 미묘한 질문이 제기된다. 이 의인화가 단순히 문학적, 더 정확히 말해서 시적 작업의 방식인가, 아니면 저자가 지혜를 하느님과 세상 사이에서 중개자 구실을 하는 어떤 실체 곧 신적 인격체로 생각하는 것인가? 지혜서 본문에서는 명백한 답을 얻지 못한다. '지혜'는 하느님의 활동의 기본적인 면들을 드러내는 존재로, 그리고 동시에 그 활동을 담당한 존재로 나타난다. 하느님의 '영'과 이루는 밀접한 관계를 바탕으로(1,6; 7,22 – 23; 9,17), 어떤 학자들은 지혜를 성령의 예형으로 인식하기도 하였다. 그러나 이 해석은 근거를 대기가 어렵다. '지혜'는 이스라엘의 역사와 하느님께서 창조하신 세상에서 이루어지는 그분의 모든 '계시'와 동일시되는 경향을 지닌다. 더 나은 표현을 쓰자면, 지혜는 "만물을 훌륭히 통솔함으로써" 하느님의 사랑을 실현시킨다고 할 수 있다(8,1). 이러한 의미에서 지혜는 예수 그리스도에게서 정점에 다다르는 하느님 은혜의 활동을 예시한다고 말할 수 있다.

11,4 – 19,22	**출애굽에 대한 묵상[191] – 하느님에게서 오는 지혜**	출애굽의 재난 이야기로부터 이스라엘 사람들의 운명을 비교하는 것으로 되어 있다. 원수들을 처벌하기 위해서 하느님께서 사용하시는 도구가 이스라엘에게는 선으로 작용한다는 것이다. 곧 이집트의 병거와 기마를 바다에 쳐 집어 넣을 때 물은 그들에게 두려움이 되었지만, 이스라엘에게는 사막에서 그들의 갈증을 풀어주는 은혜로운 것이 되었다(11,4 – 14). "이렇게 그들의 원수들에게는 징벌의 도구가 되었던 바로 그것이 곤경에 빠진 그들에게는 득이 되었습니다."(11,5) 자연숭배와 우상숭배의 어리석음이 이야기 되고, 나아가 우상숭배의 기원에 대한 내용이 전개되는데 우상은 삶의 완전한 타락을 창출한다(14,12 – 21장). "우상들은 인간의 허영 때문에 세상에 들어왔으니 그것들이 얼마 못가 끝장난다는 것은 이미 정해진 일이다"(14,14).
		191) 이 마지막 단락은 앞의 것들보다 더 길 뿐만 아니라 특히 복잡하다. 탈출기의 재앙 이야기에서부터 시작하여 이스라엘인들의 운명과 이집트인들의 운명을 연이어 비교하는 것이 이 단락의 주를 이룬다. 그러나 이러한 일련의 비교들은 자주 본론에서 벗어나는 이야기와 우상 숭배에 관한 논쟁으로 중단된다. 아무튼 엄격한 대조와 냉혹한 어조는 저자가 유다교의 가치들을 옹호하면서, 누가 되었든 자기의 공동체를 괴롭히는 모든 자를 경계시키기 위한 것이라고 생각된다. 그는 처음부터 자기가 따라가는 원칙을 제시한다. 곧 하느님께서 당신의 적들을 벌하는 데에 사용하시는 도구가 이스라엘들에게는 혜택을 가져다 주는 데에 이용된다는 것이다(11,5). 이 원칙에 따라 이집트인들을 징벌하는 물(피로 변한 나일 강)이 광야에서는 이스라엘인들의 갈증을 풀어 준다고 말한다(11,4 – 14). 이어서 저자는 동물 숭배에 관한 논쟁을 벌인다. 그러나 곧바로 하느님께서는 알맞게 벌하시고 또 참회로 이끌기 위하여 벌하신다는 사실을 강조한다(11,15 – 12,2). 저자는 바로 이러한 전망에서 가나안인들이 전멸당하기 전에 말벌들이 수행한 기능을 해석한다(12,3 – 11). 어쨌든 하느님께서는 더없이 공정하게 심판하신다. 그리고 그분께서 징벌을 알맞게 내리신다는 것은 원칙적으로 이스라엘인들에게 득이 되라는 것이다(12,12 – 22). 동물 숭배에 관한 논쟁은 풍자적인 말로 계속된다(12,23 – 27). 그 다음에 저자는 우상 숭배의 두 가지 큰 형태를 구분해 낸다. 곧 자연을 신격화하는 것과(13,1 – 9) 사람이 손으로 만든 것들을 경배하는 것이다(13,10 – 14,11). 교활한 방식으로 도입된 이 둘째 형태의 우상 숭배는(14,12 – 21) 사람들의 삶을 더할 나위 없이 부패시켰다(14,22 – 31). 이스라엘인들은 신앙 생활을 하면서 우상 숭배에 빠지지 않도록 조심한다. 그러나 다른 모든 민족은 진흙으로 신을 빚어 내는 도공 자신처럼 우상 숭배에 떨어지고 만다(15,1 – 19). 저자는 16장에서 다시 이스라엘인들과 이집트인들을 비교하기 시작하는데, 여섯 가지를 연이어 비교한다. 곧 메추라기 기적과 개구리 재앙(16,1 – 4), 이스라엘인들의 상처를 고친 구리뱀과 이집트인들을 물어 죽인 치명적인 해충들(16,5 – 14), 만나와 우박(16,15 – 29), 암흑의 재앙과 불기둥(17,1 – 18,4), 이집트 맏아들들의 죽음과 이스라엘인들이 광야에서 겪은 죽음(18,5 – 25), 그리고 이집트인들이 홍해에 빠져 죽은 일과 이스라엘인들이 그 곳을 마른 발로 건넌 일이다(19,1 – 12). 이집트인들은 이방인들을 소돔 주민보다 더 거칠게 대하여 벌을 받은 것이다(19,13 – 17). 저자는 마지막으로 이집트 탈출의 기적들을 다시 한 번 거론하면서 그것들을 우주를 구성하는 기본 요소들에 관한 학설과 관련짓는다(19,18 – 21). 지혜서는 이어서 찬미가 형태로 된 짧은 결론과 함께 끝을 맺는다(19,22).

여러분은 옛 인간을 그 행실과 함께 벗어버리고, 새 인간을 입은 사람입니다. 새 인간은 자리를 창조하신 분의 모상에 따라 끊임없이 새로워지면서 참 지식에 이르게 됩니다. (콜로 3, 10-11)

그리스도의 평화가 여러분의 마음을 다스리게 하십시오. (콜로 3, 15)

언제나 기뻐하십시오. 끊임없이 기도하십시오. 모든 일에 감사하십시오. 이것이 그리스도 예수님 안에서 살아가는 여러분에게 바라시는 하느님의 뜻입니다. (1테살 4, 16-18)

영원한 생명은 거짓이 없으신 하느님께서 창조 이전에 약속하신 것입니다. (티토 1, 2)

바이블테라피 26 수련 7 성체조배

성체조배

-박문식

네가 내 앞에 무릎을 꿇고 있을 때
나의 감실로부터 감미로운 빛이 너를 감싼다
너는 그저 내 사랑 앞에 네 마음을 열어다오
조용하게 평온하게 뛰는 네 심장을 내 것으로 가까이 가져와 다오
나는 네가 내 앞에 고요히 머무르길 바란다
네 청을 들어달라고 하지도 말고
눈물을 닦아달라고 하지도 말고
무거운 짐을 덜어달라고 하지도 말고
그저 여기 내 앞에 머물러 있기만을 바란다
우리 둘의 존재를 하나로 섞자
우리의 바램들을 하나로 모으고
우리 둘만의 고요를 사랑하자
그저 "신뢰함"을 여기서 체험하자
내가 만일 피곤하면 나는 너의 평화로움 안에서 쉬고
네가 만일 피곤하면 내게 와서 쉬고
내가 만일 냉대 받음으로 인해 마음의 상처를 받으면
나에 대한 너의 특별한 관심만으로 나는 위로를 받을 것이다
여기에 머물러 있어다오
원하는 것 아무것도 없이..... 그러면
빛이 나는 네 얼굴을 본 사람들이
"어디에 있었는데? 무슨 불이 네 얼굴을 비추었기에?" 하며 물을거야
그리고는 그들도 차디찬 세상으로부터
너를 깨끗하게 해준 그 따스함에로 달려올거야
그들 모두를 데려오렴
너도 여기에 있고

집회서 / 바룩서
Ecclesiasticus / Book of Baruch

26

집회서는 구약성경에서(예언서들은 제외하고) 저자가 자기 책 안에 자신에 대한 정보를 제공한 유일한 책이다. 저서에 저자 자신의 소개를 담는 풍습은 헬레니즘의 영향으로 보인다. 집회서의 저자는 자기 이름을 "시라의 아들 예수"(50,27; 51,30)라 밝힌다. 히브리어 이름으로는 벤 시라요 그리스식 이름으로는 시라키데스이다. 늦어도 성 치프리아노 시대 이후부터 그리스도교에서는 이 책의 이름을 라틴어로 에클레시아스티쿠스(Ecclesiasticus, 교회의 책 또는 모임의 책)라 부르면서 새로 입교한 사람들을 교육시키는 데 이 책의 가르침을 이용하였다. 우리말의 명칭도 여기서 유래한다. 한편 유다 문학 전통에서는 이 책의 이름을 '벤 시라의 잠언' 또는 단순히 '벤 시라의 책'이라고 불렀다. 전자의 이름은 이미 예로니모에게도 알려져 있었다. 주요 그리스어 수사본들은 '시라의 아들 예수의 지혜' 또는 '시라의 지혜'라는 책이름을 전해 준다.

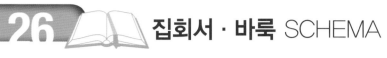

26 집회서 · 바룩 SCHEMA

날짜	성경 구절	주요 내용
첫 째 날	집회서 1 – 7	• 시라의 지혜 제1부 지혜와 금언들(1 – 7) 집회서 1 – 이웃에게 자비를 베풂
둘 째 날	8 – 15	• 제1부 지혜와 금언들(8 – 15) 집회서 2 – 깊이 생각하고 행동하여라
셋 째 날	16 – 23	• 제2부 하느님과 창조, 그리고 금언들(16 – 23) 집회서 3 – 참 지혜와 거짓 지혜
넷 째 날	24 – 31	• 제3부 지혜와 율법, 그리고 금언들(24 – 31) 집회서 4 – 건강

날짜		성경 구절	주요 내용
다 째	섯 날	32 – 41	• 제4부 하느님 경외와 처세(32 – 41) 집회서 5 – 죽음
여 째	섯 날	42 – 51	• 제5부 하느님의 영광(42 – 50) • 시라의 아들 예수의 기도(51) 집회서 6 – 사라의 아들 예수의 기도
일 째	곱 날	바룩 1 – 6	• 바룩의 참회기도(1 – 2) • 지혜에 관한 명상(3) • 예루살렘을 위한 권고와 위로(4 – 5) • 예레미야가 바빌론으로 끌려 간 포로들에게 전한 편지(6) 바룩 1 – 예레미야가 포로들에게 전한 편지

60. 집회서의 구성과 내용

헬레니즘은 다양한 문화의 혼합, 종교적 통합주의, 종족과 종교의 경계를 없애려는 보편주의, 그리고 자연의 위력과 인간의 문화를 찬양하는 경향들 때문에 그 자체로서 유다교의 생존에 커다란 위협이 될 수밖에 없었다. 벤 시라는 스토아 철학의 개념들과 같은 그리스 문화의 유익한 관습들을 받아들이는 데 조금도 인색하지 않았다. 그러나 그는 새로운 사상과 풍습 안에서 자신의 종교가 요구하는 본질적인 규범이나 원칙에 위배되는 요소들을 발견하고 그것들에 휩쓸리지 말라고 경고한다(2,12 - 14). 그는 당대의 경건한 유다인들이 느끼던 불안을 함께 나눈다. 그들은 서로 다른 두 세계의 안목과 사상이 더 이상 평화적으로 공존할 수 없다는 것, 그리고 둘 가운데 하나를 선택해야 할 시간이 임박했음을 깨닫는다. 또한 그는 가까운 장래에 예루살렘 자체 안에서 사제 계급과 고위 관직에 속한 사람들이 배교로 치닫기 시작하고 많은 사람들이 두 세계 사이에서 극심한 갈등을 겪으리라는 불길한 예감을 가지게 된다(1마카 1 - 2 참조).[192]

💙 192 　벤 시라는 기원전 200년경에 예루살렘에서 살았고 그의 저서는 기원전 180년경에 기록되었다. 이 사실은 집회서의 그리스어 본문이 전해 주는 두 가지 정보에 의해서 확인된다. 본문 머리글에 보면 이 책의 번역자인 벤 시라의 손자는 프톨레매오 7세(170 - 116년)인 유에르게테스 임금 치세 38년, 곧 기원전 132년부터 이집트에 머물면서 이 책을 번역하는 일에 손을 댄다. 따라서 그와 할아버지 벤 시라의 나이 차이를 감안하면 이 책이 그로부터 50년 전에 쓰여졌을 것이라는 추정이 충분히 가능해진다. 다른 한편 벤 시라는 역사적으로 위대한 인물들을 거론하면서 대사제 시몬을 높이 찬양하고 있다(50,1 - 24). 시몬은 안티오쿠스 3세가 예루살렘을 점령할 당시(198년)에 대사제직을 수행하고 있었다. 그런데 이 책 안에는 시몬의 아들 오니아 3세가 폐위된(174년) 후에 일어났던 비극적 상황과 안티오쿠스 에피파네스(175 - 164년) 치하의 극심한 박해에 대한 어떤 암시도 찾아볼 수 없다. 이 사실은 집회서의 저술 연대를, 유다인들이 외세의 지배에 있었지만 아직 어느 정도 자유를 누리고 있었던 시절과 마카베오 집안의 봉기(167년)로 시작된 격렬한 저항 시절의 중간으로 잡게 만든다.

이런 위험 앞에서 벤 시라는 유다이즘의 종교적이고 문화적인 애국심, 하느님과 세계에 대한 자신의 생각 및 선민의식을 변호하기 위하여 글을 쓴다. 그는 동료 종교인들에게 이스라엘은 자신들에게 계시된 율법을 통하여 참 지혜를 지니고 있기 때문에 현실에 만연된 헬레니즘 문명의 불명료한 사상을 조금도 부러워할 필요가 없다는 사실을 역설한다. 저자는 자신의 주장을 효과적으로 펼치기 위하여 전통적인 종교와 일반에게 널리 알려진 지혜를 종합하고 여기에 자신의 개인적 체험을 덧붙여 논증을 한층 심화시킨다.

구분	장 - 절	주 제	내 용
서언	1,1 - 16,23	지혜의 본성과 지혜에서 얻은 수혜	지혜는 육을 지닌 모든 인간에게 주어졌다 (1,10) - 지혜는 하느님으로부터 오는 것이기에 하느님을 두려워하는 것이야말로 참된 지혜를 얻는 출발점이 된다. - 주님을 두려워하는 사람은 그분의 말씀에 순종하는데, 그분 말씀 중에서 우선적인 것이 부모를 공경하는 것이다. - 다음으로 이웃에게 자비를 베푸는 것과 올바른 대인관계를 형성하는 것을 강조한다.
금언집	16,24 - 23,28	하느님과 인간 그리고 윤리도덕	창조주 하느님께 관계되는 교의를 제시 (16,24)한다. 즉 창조 사업에 나타난 하느님의 지혜에 대해 이야기 하는 것으로 시작된다. - 사람은 다른 창조물에 비교하여 특별한 대우를 받았고, 선과 악을 분별할 능력도 있기 때문에 자신이 한 행동에 대해서는 책임을 져야 한다. 그러나 회개하는 자들에게는 하느님께서 자비를 보이신다. - 현명한 사람은 하느님을 두려워 하는 까닭에 여러가지 면에서 어리석은 자와 대비된다.

	24,1 – 32,13	가정과 사회 안에서의 지혜 	지혜를 인격화시켜서 스스로 자신을 소개하도록 한다. 지혜는 모든 사물이 창조되기 이전에 이미 먼저 창조되었고, 이스라엘 안에서 특별한 방법으로 상존하고 있다. 즉 율법 안에 지혜가 담겨져 있다는 것이다(24장) – 창조와 하느님의 정의 – 주님을 두려워함 – 가정생활, 아내와 여자, 우정 – 경제와 재물, 정치, 이웃돕기, 자선과 음식 – 여러가지 덕행들 – 말의 중요성 이렇게 삶의 자리에서 일어나는 여러가지 경우에 대한 올바른 태도를 말한다.
	32,14 – 42,14	덕 있는 삶 	모세의 율법과 그것을 지켜야 한다는 확신을 강조한다(32,14). – 그는 이교도의 결정론자와는 달리 인간의 자유의지를 설정한 후, 율법에 기반을 두고 인생을 살아갈 것과 현명한 사람들의 지혜를 따르라고 권유한다. – 실생활에 적용되는 분별과 절제의 지혜에 대해 이야기한다.
하느님과 선 조들 찬양	42,15 – 50,24	현현된 신적 지혜 – 자연에서(42,15 – 43,33) – 역사에서(44,1 – 50,24) 	창조주와 그 분의 업적에 대한 찬양과 이스라엘 선조들의 찬양을 소개한다(42,15). – 자연에 나타난 하느님의 전지전능을 숙고한 다음, 인간은 하느님의 속성을 헤아릴 수 있는 능력도 없고 그분께 합당한 찬양을 드릴 수도 없다고 결론내린다. – 그는 하가다 미드라쉬 형태로 이스라엘의 역사적 인물에 대한 재평가 및 재해석을 내린다. 여기서 그는 신 중심적인 시각을 견지하면서 계약과 제사 예식을 강조한다.
부록	50,25 – 51,3		사마리아인들에 대한 독설(50,25 – 26) 위험에서 구해주신 하느님께 감사의 기도를 드림(51,1 – 12) 결론시로 지혜의 습득에 대한 노래(51,13 – 30)

집회서의 저자는 변화된 세상 안에서 새로운 위험에 직면해 있으면서도 유다인으로서 성실하게 살아가기를 원하는 모든 사람들에게 유다 전통의 총체적 가르침을 전수하고자 한다. 그는 유다교의 본질을 놓치지 않기 위하여 전통을 고수하는 보수주의자이면서도 현실이 어떤 것인지, 새로운 상황이 어떻게 전개될 것인지를 정확하게 파악하고 있다. 여기서 이 책에 언급된 수많은 사상들을 간단하게라도 소개하기란 매우 어렵다. 인생의 문제들 중 다루지 않은 것이 거의 없다. 우정, 자선, 자녀 교육, 여성 또는 아내, 의학과 질병, 부와 가난, 종을 다루는 법, 잔치와 밥상 예법에서부터 이스라엘의 옛 역사, 제사와 경신례, 하느님, 율법, 창조, 인간의 자유, 죽음에 이르기까지. 그러나 이 모든 주제에 앞서 이스라엘 안에서 이미 옛 전통의 상속자로 자처하는(33,16 – 18) 지혜에 대한 글(1,1 – 10; 24; 50,27; 51,13 – 30)이 중요한 자리를 차지한다.

바이블테라피 **27** 두 개의 깃발에 대한 묵상(전쟁)
Bible Therapy

두 개의 깃발에 대한 묵상

인간은 참된 안정과 만족을 누리기 위하여 자기 자신 스스로의 힘으로 온갖 노력을 다해야 한다고 생각하곤 한다. 그래서 물질적인 것을 소유하고 조종하며 타인의 삶을 조정함으로써 자기충족감을 얻고자 한다. 하지만 이러한 일련의 묵상을 통해서 알게 되는 것은 피조물 안에서는 결코 자기 충족감이 있을 수 없다는 것이고, 하느님 외에는 그 어느 것에도 안정과 만족을 얻을 수 없다는 것이다. 오직 그리스도의 모범을 따라 성부께 우리 자신을 온전히 맡길 때 가능하다는 것이다.

이냐시오는 이 묵상을 통해서 인간 안에 깃들어 있는 긴장, 즉 본성과 자신의 본연(본질) 사이에 일어나는 긴장을 이끌어 내서 표면화시키고 있다. 즉 무엇인가 획득하기를 추구하는 본성과 움켜쥔 손을 놓으라는 본연의 움직임 사이의 긴장을 드러내주고 있다. 이냐시오는 이 긴장을 두 개의 대립된 이미지를 통해서 두 개의 가치 체계가 어떻게 정반대의 모습으로 우리의 영혼을 이끌어 가는지를 보여준다.

곧 하나의 깃발 사탄의 작전(140-142)은 사탄의 역동성 곧 세상 안에 있는 사탄의 역동성, 암흑세력의 활발한 움직임에 관한 비유이다. 사탄의 역동성은 소유하려는 욕구, 존경 받고자 하는 욕구, 존재하고자 하는 욕구를 통해서 인간의 삶을 무질서하게 만듦으로서 자유를 파괴하고 항상 하느님을 선택하려고 하는 지배적인 열망을 파괴하는 것을 목표로 삼는다.

또 다른 하나의 깃발은 그리스도의 것인데 그것은 영적인 가난을 유지하는 것이며, 가난과 모욕과 겸손을 위해 기도하고 열망할 수 있는 이유가 이 묵상을 통해 분명해 진다.

마카베오 상 · 하권은 헬레니즘 시대, 선택된 민족 이스라엘의 역사를 알려 주는 유일한 책이다. 그러나 그 중에서 셀류코스 4세 통치 말기인 기원전 176년부터 유다의 대사제 요한 히르카누스가 즉위하는 기원전 134년까지 반세기 가량의 역사만을 다룬다. 그 때에 유다 땅은 셀류코스 왕조의 속국이었다. 안티오키아를 수도로 하는 셀류코스 제국은 지중해에서 이란의 평원 지대까지 넓게 펼쳐져 있었으나, 로마인들과 파르티아인들의 압박과 끊임없는 왕위 계승 분쟁으로 급속히 약화되어 가고 있었다.

마카베오 상권과 하권은 주제가 비슷하다. 유다 마카베오와 그 형제들이 하느님의 도움으로 유다 민족의 자주 독립을 되찾고, 안티오쿠스 4세 에피파네스가(기원전 175 – 164년) 말살하려던 종교의 자유를 되찾았다는 것이다. 그러나 이 두 책은 서로 독립적이면서 다루는 시기에도 약간의 차이가 있다. 마카베오서는 전부 그리스 말로 전해진다. 그리고 하권은 본디부터 그리스 말로 쓰여졌다.

날짜	성경 구절	주요 내용	
첫 째 날	마카베오 상 1 – 4	• 유다에 대한 안티코오스의 박해(1) • 마타티아스의 이민족 제사 거부와 투쟁(2) • 유다가 승리하고 성전을 정화하여 　다시 봉헌함(3 – 4)	마카베오 상 1 – 마타티아스의 이민족 제사 거부와 투쟁
둘 째 날	5 – 8	• 시몬이 길앗과 갈릴래아 유다인들을 구출함(5) • 시온이 포위됨(6) • 유다인들이 니카노르를 무찌름(7) • 유다인들이 로마와 동맹을 맺음(8)	마카베오 상 2 – 유다인들과 니카노르의 전쟁
셋 째 날	9 – 12	• 요나탄이 유다의 후계자가 되어 사악한 지들을 　없애버림(9) • 알렉산드로스가 요나탄과 맹약을 맺음(10) • 요나탄이 데메트리오스와 동맹을 맺음(11) • 요나탄과 시몬이 승리하였으나 요나탄이 　붙잡힘(12)	마카베오 상 3 – 요나탄이 유다의 후계자가 됨
넷 째 날	13 – 16	• 시몬이 요나탄의 뒤를 잇고, 요나탄이 죽음(13) • 시몬의 영광/시몬에 대한 찬사(14) • 안티오코스가 시몬을 배신함(15) • 시몬과 그의 아들들이 살해됨(16)	마카베오 상 4 – 안티오코스가 시몬을 배신함

날짜		성경 구절	주요 내용
다 째	섯 날	마카베오 하 1 – 4	• 이집트에 사는 유다인들에게 보내는 편지(1 – 2) • 성전의 재물을 탈취하려 한 헬리오도로스에게 내린 징벌과 회개(3) • 대사제가 된 메넬라오스의 악행(4) 마카베오 하 1 – 이집트에 사는 유다인들 에게 보내는 편지
여 째	섯 날	5 – 10	• 안티오코스가 보낸 자들이 유다인들을 억압하고 학살함(5) • 이교 예식을 강요하는 자들에게 맞선 유다인들(6 – 7) • 유다인들의 항전(8 – 9) • 예루살렘과 성전을 정화함(10) 마카베오 하 2 – 유다인들의 항전
일 째	곱 날	11 – 15	• 리시아스의 화친 제안을 받아들임(11) • 계속된 유다의 승리와 협정(12 – 13) • 알키모스의 모략으로 유다와 니카노르가 갈라짐(14) • 니카노르가 하느님을 모독하여 유다인들이 니카 노르를 쳐 이기다(15) 마카베오 하 3 – 계속된 유다의 승리와 협정

61. 마카베오 전쟁과 유다의 승리

책	장 – 절	흐름	내용
마카베오 상권	1 – 2	**전쟁사 서장**[120] 120) 마카베오 상권은 유다 마카베오, 그리고 그의 두 형제 요나단과 시몬의 무용담을 차례로 엮은 삼부작이다. 시몬은 유다 땅에 하스몬 왕조를 창시한 사람이다. 저자는 알렉산더 대왕과 그 후계자들, 특히 유다 지방에 그리스 관습과 문화를 강요하려고 했던 에피파네스의 시도를 입문으로 간략하게 소개한 다음(1장), 마따디아 사제와 그 아들들의 반란 이야기로 들어간다(2장)	이교도 문화(헬레니즘)와 유다문화(헤브라이즘)가 충돌 안티오쿠스 4세는 예루살렘 성전을 더럽히고 구역질나는 악한 행동을 서슴지 않았다(1장). 유다주의에서는 마타티아스가 중심이 되어, 충실한 유다인을 궐기하고 반역의 봉화를 들었다(2장).
		유다 마카베오의 행적[121] 121) 둘째 부분은 마타티아스의 셋째 아들인 유다 마카베오에 관한 이야기를 전한다. 유다 군대의 장수로 임명된 마카베오는 기원전 166년부터 160년까지 여섯 해 동안 독립 투쟁을 지휘한다(3장 – 9,22). 그는 먼저 에피파네스라고 불리는 안티오쿠스 4세가 페르시아에 원정을 가서 전쟁을 벌이는 동안, 유프라테스 강 서쪽 지역을 담당한 리시아 총독을 공격한다(3장 – 4,35). 마카베오 상권은 이어서, 에피파네스가 더럽힌 성전을 유다가 정화시킨 일과 주위 민족들을 굴복시킨 사실을 다루고(4,36 – 5장), 에피파네스의 죽음도 알린다(6,1 – 17). 같은 내용을 마카베오 하권도 전하는데, 먼저 9장에서 에피파네스의 죽음을, 그리고 10장에서 성전 정화를 이야기하는 이 하권의 순서가 더 맞는 것으로 판단된다. 그러나 하권에도 순서의 혼동이 없지는 않다. 11장에 나오는 편지들이 그 좋은 예이다. 에피파네스의 아들 안티오쿠스 5세의 통치 때에 리시아가 시도한 제2차 원정은 마카베오에게 이로운 쪽으로 결말이 난다(6,18 – 63). 그 뒤에 셀류코스 4세의 아들 데메트리오 1세는 자기 조카 안티오쿠스를 밀어 내고 왕위를 차지한 다음, 리시아를 바키데스로 교체한다. 그리고 데메트리오 1세와 바키데스는 유다의 대사제 알키모스의 사주를 받고, 유다 마카베오의 유격 부대를 추격하게 한다. 그러나 마카베오는, 데메트리오 1세가 유다 지방 담당 장수로 임명한 니가노르에게 대승을 거둔다(7장). 바로 이 날에(기원전 160년 3월 28일) 니가노르가 죽는데, 하권은 이 사건 이야기로 끝을 맺는다. 그러나 상권은 로마인들에 관한 특이한 찬사에 이어(8장), 바키데스가 군대를 이끌고 다시 돌아와 전투를 벌이는데 수적으로 불리한 상황에서 마카베오가 명예롭게 전사한다는 이야기를 전한다(9,1 – 22).	처음 마카베오라고 하는 유다가 등장한다. 그는 이 전쟁의 영웅이며 뛰어난 지휘관이다. 하느님께 대한 깊은 신앙을 가지고 군대를 지휘하고 하느님께 기도하는 용사이다(3장). 마카베오는 적군 사령관들을 쳐 부수고, 성전을 정화하고 사제를 뽑아 제물을 바치게 하였다(4장). 데메트리오스 1세 때, 성전을 파괴하려는 니가노르는 패하여 죽음을 당한다(5 –72장). 유다는 로마제국과 동맹을 맺으나 베레아 전투에서 전사한다.

책	장 – 절	흐 름	내 용
	9,23 – 12,53	**요나단의 행적[122]** 122) 셋째 부분에는 요나단이(기원전 160 – 143년) 등장한다(9,23 – 12장). 요나단은 데메트리오 1세와 그의 아들 데메트리오 2세가 처음에는 에피파네스의 손자(?) 알렉산더 발라스와, 다음에는 트리폰과 싸우는 기회를 적절히 이용한다. 트리폰은 먼저 알렉산더의 어린 아들 안티오쿠스 6세의 이름으로 나라를 다스리다가, 나중에는 자기가 직접 다스린다. 알렉산더가 기원전 152년에 대사제로 임명한 요나단은 트리폰과 동맹을 맺지만, 트리폰이 배신하는 바람에 불잡혀 포로가 되고 만다. 그래서 시몬이 요나단의 뒤를 잇는다. 그러나 트리폰이 시리아로 돌아가기 직전에 요나단을 처형하는데(기원전 143년 말; 13,23 – 24) 시몬은 이 일을 막지 못한다. 이 불행한 사건을 빼면, 대사제이며 영주인 시몬의(기원전 143 – 134년) 업적을 다루는 셋째 부분의(13 – 16장) 시대는 평온한 때였다. 시몬은 유다의 성읍들을 튼튼하게 하고 요빠와 가자라, 그리고 예루살렘 성채를 점령한다(기원전 141년 6월; 13,51). 기원전 142년 5월에 시몬이 데메트리오 2세와 다시 관계를 맺는데, 데메트리오 2세는 기원전 145년에 가서야 협약 내용을 인준한다(13,35; 11,30). 데메트리오 2세의 동기로서 파르티아인들에게 포로로 잡혔다가 풀려난 안티오쿠스 7세도 기원전 139년에 유다인들에게 특전을 인정하지만(15,1), 트리폰을 제거한 다음에는 시몬에게 등을 돌린다(15,25 – 41). 시몬은 나이를 먹자 자기 아들 요한 히르카누스에게 전권을 이양한다. 이 요한은 안티오쿠스 7세가 해안 지역 수장으로 임명한 켄데베우스를 패배시킨다(16,1 – 10).	유다의 후계자 요나탄은 항거와 독립의 전쟁을 계속 진행한다.
	13,1 – 16,24	얼마 뒤에 시몬은 사위 프톨레매오에게 살해되지만, 요한 히르카누스는 자기까지 죽이려는 프톨레매오의 흉계를 미리 알아차려 암살자들을 처단하고 정권을 장악한다(16,11 – 24). 그 전에 시몬은 스파르타와 로마와 맺은 계약을 갱신하고(14,16 – 24; 15,15 – 24), 지중해 동쪽 전 지역의 왕국들과 성읍들과 관계를 맺어 놓았다(15,22 – 23). **시몬의 행적** 	그는 정치적인 수완이 뛰어나 당시의 정치정세를 교묘하게 이용하여 대사제의 지위에 오른다. 비교적 정치도 안정되고 영토도 넓게 갖게되지만 트리폰의 배신 때문에 살해당한다. 시몬은 적 트리폰을 유다에서 물러가게 하고, 유다민족의 대사제, 장군, 지도자로서 데메트리오스 2세의 인정을 받는다. 그는 예루살렘에 있는 시리아 군을 쫓아내고, 로마, 스파르타, 안티오쿠스와 우호조약을 갱신한다. 그러나 안티오쿠스 7세는 또 유다인을 싫어하기 시작하였고, 시몬과 그의 두 아들은 안티오쿠스의 사위에게 살해되었다. 아들 요한 히르카노스가 뒤를 잇고 후에 하스모네 가문의 조상이 된다.
마 카 베 오 하 권	1 – 3	**이집트 유다인들에게 보낸 편지와 악한 제관** 	성전 봉헌 축제(하누카)를 이집트에서 지내라고 권고한다. 성전은 거룩한 것이며 침해할 수 없는 것임을 헬레오도로스의 예로써 보여준다. 그는 왕의 명령으로 예루살렘 성전의 보물을 약탈하려하다가 심한 천벌을 받게된다.

책	장-절	흐름	내용
마 카 베 오 하 권	1-3	이집트 유다인들에게 보낸 편지와 악한 제관	성전 봉헌 축제(하누카)를 이집트에서 지내라고 권고한다.
			성전은 거룩한 것이며 침해할 수 없는 것임을 헬레오도로스의 예로써 보여준다. 그는 왕의 명령으로 예루살렘 성전의 보물을 약탈하려 하다가 심한 천벌을 받게된다.
	4-7	헬레니즘의 강요와 박해[123] 123) 마카베오 하권의 저자는 다니엘서의 종말론을 발전시킨다. 이 종말론은, 플라톤의 영향을 받아 의인들의 영혼이 누리는 영원한 행복만을 말하는 지혜서보다, 영혼만이 아니라 육신까지 포함한 의인들의 부활을 가르치는 바리사이들의 종말론에 더 가깝다. 엘르아잘 노인의 경우에는, 부활을 받아들이지 않는 사두가이들의 전망 안에 머물러 있는 것처럼 보이지만(6,23), 죽은 다음 죄인이 받게 될 징벌을 배제하지 않는다(6,26).	제사장들이 민족의 사활을 돌보지 않고 대사제직을 빼앗으려고 서로 자리다툼만을 일삼는다. 그들이 바로 야손과 메넬라오스이다. 이 둘의 분규를 반란이라고 생각한 안티오쿠스 에피파네스는 군대를 이끌고와서 성전을 약탈하고 유다인들을 박해한다.
			이때 유명한 율법학자 엘아자르와 일곱 형제들과 그 어머니가 백성의 죄의 속죄 양으로 순교한다. 이 이야기는 최초로 알려진 순교사이다.[124] 124) 이 이야기의 비장한 문체는 일곱 형제에 대한 야손과 요약자의 감동에 찬 관심을 드러낸다. 이 가정의 고난은 역사적 사건임이 분명하다(1마카 1,62 - 63 참조). 그러나 이 이야기가 마카베오 하권에 자리잡기 이전에, 일곱이라는 상징적 수라든가, 임금이 직접 그 자리에 있었다는 것이라든가, 형벌의 잔혹성같이, 입에서 입으로 전해진 설화의 특징적 표지와 더불어 이미 하나의 민간 전승이 되어 있었다. 저자는 순교의 장소와 일곱 형제의 이름에 관하여 어떠한 구체적 단서도 제시하지 않는다. 이에 관해서는 마카베오 상권의 저자와 요세푸스도 침묵을 지킨다. 마카베오 하권을 바탕으로 말할 수 있는 것은, 형벌의 장소가 유다 땅에 있었으리라는 것이 전부이다(2마카 6,8 - 11 참조). 하권보다 한 세기 반이 지난 다음에 나온 제4마카베오서의 저자도 같은 생각이다. 이에 따르면, 유다인들을 박해하기로 임금이 결정을 내린 곳이 바로 예루살렘이다(4마카 4,23; 5,1; 8,1 참조). 이와는 달리 이른바 '안티오키아 전승'은 순교 장소를 유다로 보는 전통에 반대하여, '일곱 형제와 엘르아잘의 전설'과 함께 오랫동안 전해 온 안티오키아를 그들의 순교지로 내세운다. 안티오키아가 순교지라는 가설은 마카베오서 자체에서 추론해 낸 것이다. 유다 땅에서 박해가 벌어질 때에 에피파네스 임금이 안티오키아에 있었기 때문에, 일곱 형제를 처형하기 위하여 안티오키아로 이송하였으리라고 결론을 내린 것이다.

책	장 – 절	흐름	내용
	8 – 11	유다이즘의 승리와 유다의 승전	하느님의 노여움이 가라앉고 자비가 나타나자 유다 마카베오와 충실한 유다교로 조직된 군대는 성전을 더럽히는 자들을 공격하여 빛나는 승리를 거둔다. 그리하여 이스라엘은 구출되고 성전은 깨끗해지고 성전봉헌을 기념하는 새로운 축제가 마련된다.
			전투를 묘사하면서 저자는 현세를 넘어서 있는 하늘의 군대의 참여를 표현하는 것이 특징적이다.
	12 – 15		전사자들을 위하여 속죄제물을 바치다(12,38 – 45)[125].
			125) 마카베오 하권은 또 다른 신학의 발전을 보여 준다. 곧 죽은 이들의 죄를 속죄하기 위하여 산 이들이 바치는 기도와 제사가 효력을 지니고(2마카 12,40 – 45), 또 반대로 오니아스와 예레미야처럼 죽은 의인들이 산 이들을 위하여 중개 기도를 해 줄 수 있다는 것이다(15,11 – 16). 이 교리는 알렉산드리아의 필로도 이어받아 자기의 저술에서 성조들도 중개자로 거명한다. 히브 7,25에서 말하는 것처럼, 신약성경의 저자들에게는 예수님만이 유일한 중개자이시다(그러나 묵시 5,8도 참조). 나중에 개신교에서는 죽은 이들의 운명은 오로지 하느님의 결정 사항이라고 하면서, 신약성경의 가르침을 넘어서는 산 이들과 죽은 이들의 통교를 받아들이기를 거부한다. 그러나 동방과 서방 그리스도교의 역사에서 성인들의 중개 기도는 큰 역할을 해 왔다. 트리엔트 공의회에서는, 모든 은총이 그리스도를 통하여 주어진다는 점을 강조하면서도 동시에 이러한 성인들의 중개 역할을 인정한다. 죽은 이들을 위한 산 이들의 기도도 마찬가지이다. 그러나 루터는 2마카 12,44에 나오는 유다 마카베오의 견해를 원칙으로 삼을 수 없다고 판단한다. 이와 관련하여 개신교에서는 마카베오 상 · 하권을 경전으로 받아들이지 않는다는 사실도 고려해야 할 것이다.
			대사제 메넬라오스는 성전을 더럽힌 죄로써 하느님의 벌을 받고 죽는다(13장).
			성직 모독의 대죄를 지은 알키모스는 대사제였으나 유다가 그를 배척했기에 데메트리오스 왕의 원조를 청한다. 그래서 니가노르가 유다 총독으로 파견디고 알키모스를 대사제로 세우도록 명령했다. 그러나 니가노르는 성전을 더럽히고자한 벌로써 싸움터에서 죽는다.
			유다인들의 찬양이 이어진다.

New Testament

01. 신약성경의 형성과정

신약성서는 27권의 책으로 되어 있다. 27권의 책이 각각 편집되고 신약성서라는 한 작품으로 묶여지기까지는 지난한 과정을 거쳐왔다. 지금 우리 손에 놓여 있는 성경은 2000년 동안 전승되면서 많은 변화를 겪어왔다. 본문이 변하는 경우도 있었고, 지금의 우리는 성서가 쓰여지던 시기의 성서 세계와 역사적으로, 지리적으로, 또 문화적으로 다른 시, 공간에 놓여있다. 그러기에 이 문학 작품을 이해하는 데에는 근본적인 어려움이 있다. 그래서 신약성서가 쓰여지고 보급되던 당시의 조건 속에서 성경을 이해하는 것은 오늘날 우리 모두에게 꼭 필요한 일이다. 신약성서를 읽어나가기에 앞서 성서가 어떻게 탄생하고, 어떻게 퍼져 나갔는가라는 역사적, 종교적, 그리고 문화적 환경을 가능한 대로 자세히 이해하는 일은 성서를 깊이있게 읽어나가고 이해할 수 있는 중요한 지점이다. 주님의 말씀과 사도들의 설교는 오랫동안 구두(口頭)로만 보존된다. 그러다가 마지막 사도들이 세상을 떠날 때에야 비로소, 그들의 기본적인 가르침을 글로 적어 놓거나 그들이 편집한 것들을 안전하게 보존해야 할 필요성을 느끼게 된다. 초창기에는 구두 전통의 권위가 문서에 비해 크게 우세한 가운데에서도, 이렇게 해서 만들어진 새 작품들에 부여된 권위가 문제로 떠오른다.[193]

대략 150년부터 신약성서의 경전 형성에 결정적인 시대가 시작된다. 유스티노 순교자가 처음으로, 그리스도인들이 주일 집회 때 네 복음서를 봉독하며 복음서들에 성서와 비슷한 권위를 부여하면서 인용한다. 150년 직후, 교회 안에서 보편적으로 받아들여질 규범의 필요성을 느끼게 되자, 네 복음서를 모아 놓은 것에 관심을 기울이게 된다. '경전'에 해당하는 그리스 말은 '카논'이다. 이 용어는 히브리 말의 본디 '갈대'를 뜻하는데, 옛날에는 길게 뻗은 갈대가 길이를 재는 자로 사용되었다. 그래서 이 낱말이 '자'를 뜻하게 되고, 더 나아가서는 '척도, 기준, 표준, 규범' 등의 의미도 가지게 된다. 성서는 그리스도교에서 신앙과 생활의 규범이 되는 책이다. 그래서 4세기 중반부터 성서를 본격적으로 '카논'이라고 부르기 시작했다.

신약성경

기원전 323년에 알렉산드로스 대제가 죽은 뒤, 팔레스티나는 이집트와 시리아 지방을 나누어 다스리게 된 그리스계 임금들에게 종속된다. 이들은 유다인들에 대해서 상당히 다양한 자세를 취한다. 어떤 때에는 매우 관대하고, 어떤 때에는 유다인들을 자기들의 그리스 세계로 동화시키려고 난폭하기 그지없는 시도를 벌이기까지 한다. 그 가운데에서 가장 포악한 자가 시리아 셀레우코스 왕조의 안티오쿠스 4세 에피파네스 임금이다(기원전 175-164년). 아무튼 이들은 유다인들에게 그리스계 종교를 받아들이라고 강요함으로써, 유다인들의 종교적 배타주의를 난폭하게 억누르려고 한다. 이러한 박해의 정점은 예루살렘 성전이 제우스 신에게 봉헌되는 사건이다. 마카베오서가 전하는 이 사건의 결과로, '하시딤'이라고도 불리는 신심 깊은 유다인들은 모두 수동적으로 저항을 하거나 아예 적극적으로 반란을 일으키지 않을 수 없게 된다. 이들은 마침내 마카베오 형제들의 지휘 아래 군사적 봉기를 일으켜 정치적 · 종교적 독립을 어느 정도 회복한다. 그리고 이 상태는 약 백 년 동안 지속된다. 사실 마카베오 형제들의 조상 이름에서 유래하는 하스몬 왕조가, 로마 제국의 통치가 본격적으로 시작될 때까지 팔레스티나를 다스리게 된다. 그러다가 기원전 63년, 로마의 폼페이우스가 하스몬 왕가의 마지막 자손들 사이의 내분을 종결지으려고 예루살렘을 점령한다.

---

193) 이렇게 경전에 속하는 책은 그리스도교의 신앙과 생활에 규범으로 작용한다. 반면에 어떠한 책이 경전에 속하는지, 곧 성령의 감도로 저술되었는지는, 구약성서와 관련해서는 유다교가, 구약성서 및 신약성서와 관련해서는 그리스도교가 판단하였다. 그래서 '신약성서 경전'이라는 표현은 그리스도교의 경전으로 인정되고 받아들여진 책들과 아울러 경전이 확정될 때까지의 과정도 뜻하게 된다. 그리고 토빗서 · 유딧서 · 바룩서 · 지혜서 · 집회서 · 마카베오 상하권처럼, 성령의 영감(靈感)으로 쓰였음을 유다교와 개신교에서 부정하는 책들은 '제2경전', 아예 경전으로 채택되지 않은 책들은 '외경(外經)'이라고 부른다.

로마 제국이 팔레스티나를 다스리던 시대의 초기에는 헤로데 왕조가 역사의 전면에 등장한다. 대(大)헤로데가(마태 2,1) 가끔 공포 정치를 펴면서 기원전 40년에서 4년까지 다스린다. 잔인한데다가 다윗 혈통이 아니라 이두매아 출신이기 때문에, 대헤로데는 유다 백성에게 미움을 많이 받는다. 그가 죽자 세 아들이 왕국을 나누어 차지한다. 그 가운데 헤로데 안티파스는 갈릴래아와(루카 3,1) 페래아를 받아 기원전 4년부터 기원후 39년까지 다스린다. 바로 이자가 세례자 요한을 죽이고(마르 6,17-29) 예수님께서 재판을 받으실 때에 일정한 구실을 한 것으로 알려져 있다(루카 23,6-16). 유다와 사마리아를 차지한 아르켈라오와(마태 2,22) 페래아 이북의 영토를 차지한 필립보에(루카 3,1) 관해서는, 복음서 저자들이 그들의 이름만 전할 따름이다. 그러나 결정적 정치 권력은 언제나 로마 관리 곧 총독이 쥐고 있었다. 신약성서에는 이들 가운데 여러 명이 등장한다. 제5대 총독 본시오 빌라도는 기원후 27-37(또는 26-36)년에 난폭하게 직무를 수행한다. (로마의 역사가 타키투스에 따르면) 포악한 안토니우스 펠릭스는 기원후 52-60년에 총독으로 재직하는데, 그의 관할 구역에서 내란이 일어난 것은 그 자신의 탓이 컸다. 바오로 사도는 가이사리아에 있던 이 펠릭스에게 호송되어 재판을 받는다(사도 23,23—24,26). 펠릭스의 후임자는 페스도인데(사도 25—26장), 바오로는 이 총독 앞에서 로마 시민권을 이용하여 황제에게 상소한다(사도 25,11-12).

총독 통치는 헤로데 가문의 권력이 복구됨에 따라 잠시 중단되기도 한다. 이 때에 권좌에 오른 자가 대헤로데의 손자 아그리빠 1세이다. 신약성서에 따르면, 이 아그리빠가 갓 태어난 교회를 처음으로 박해한 자이다(사도 12,1-23). 헤로데 가문 치하의 이 중간 시기(기원후 39-44년)에도 팔레스티나의 상황은 개선되지 않는다. 마지막 총독들이 다스릴 때에 정치적 혼란은 더욱 커지다가, 66년에는 전국적으로 반란이 일어난다. 이를 유다인들의 제1차 독립 전쟁이라고 부르기도 한다. 그러나 로마 군대의 강경 진압으로, 마침내 70년에 예루살렘이 함락되고 성전이 파괴됨으로써 독립의 꿈이 좌절된다. 성전이 허물어지자 유다인들은 더 이상 경신례(敬神禮)를 거행할 수 없게 된다. 그리하여 유다인들의 정치적·종교적·민족적 체제가 역사상 최악의 환난 속에 빠져든다. 예루살렘이 함락된 70년 이후, 유다교의 역사는 종교적·정치적·지리적 구심점을 잃은 채, 지난 수백 년 동안 근동을 뒤흔든 정치적 격동에 따라 지중해 변 전체, 메소포타미아, 그리고 페르시아까지 흩어져 사는 수백만 유다인들의 디아스포라 역사로 축소된다. 여기저기 흩어진 유다인들의 이 거류지 곧 '디아스포라' 가운데에서 인구가 가장 많기로는 이집트의 알렉산드리아, 시리아의 안티오키아, 그리고 로마였다. 이 곳의 유다인들에게는 법적으로 특수한 신분이 인정되어, 저희끼리 모세의 율법에 바탕을 둔 종교적·민사적 행정을 펴

나갈 수 있었다. 디아스포라 유다인들의 종교적 · 문화적 삶은 회당을 중심으로 전개되었다. 회당은 전례 장소이면서 동시에 학교와 문화 공간의 기능을 수행하여, 거기에서 거행되는 전례는 근본적으로 기도, 그리고 토라 곧 율법의 봉독 및 설명으로 이루어졌다.

토라 곧 율법에 이어, 기원후 1세기 유다인들의 삶의 또 다른 구심점은 이론의 여지 없이 예루살렘 성전이었다. 온 백성의 종교적 · 민족적 감정이 바로 이 곳으로 모아진다. 사실 유다인들은 성전을 세상의 중심으로, 하느님께서 종말에 당신 자신을 드러내실 곳으로 생각하였다. 제의(祭儀)와 전례의 기능은 아론 집안의 후손 가운데에서 뽑힌 사제들이 수행한다. 사제들이 직무를 수행하는 동안 레위인들이 그들을 보조한다. 사제 계층 전체가 예루살렘의 이 성소를 중심으로 돌아간다. 사제들은 대사제의 최고 권위 아래 엄격히 조직되어 있었다. 그리고 대사제는 사제와 평신도 70명으로 이루어져 있으면서 유다인들의 민사와 종교 문제를 다루는 최고의 회(그리스 말로는 쉬네드리온, 아람 말로는 산헤드린)의 의장직도 맡는다.

예수님 시대에, 유다교(유다이즘)는 전능하시고 한 분뿐이신 주님에 대한 신앙과 절대적 규범인 토라의 존중에 바탕을 둔 동질의 사회적 · 종교적 조직이었다. 이 두 근본 요소에서 출발하는 유다인들의 사상은, 특히 종교 지도층의 폭넓은 관용을 누리며 매우 자유롭게 전개될 수 있었다.

유다인들의 삶은 율법을 통해서 비추는 하느님의 빛 속에 펼쳐진다. 유다인들에 따르면 율법은 하느님에게서 유래하는 것으로 완전하다. 그러나 구체적이고 개별적인 문제에 적용할 수 있으려면, 설명과 해석이 필요하다. 그리하여 수백 년 동안 설명하고 해석해 온 노력의 결과로 구약 성서의 '성문(成文) 율법'을 중심으로 이른바 '구두(口頭) 율법'이 발전하게 된다. 이 둘째 토라는 또 '조상들의 전통'이라고 불리는데, 랍비들의 끊임없는 승계를 통해서 모세에게까지 거슬러 올라간다고 여겨졌다. 신약성서에서는 이 토라 해석가들이 "율법학자"라고 불린다. 예수님 시대에 이들은 대중 특히 중간 계층에 상당한 권위를 행사한다. 이들은 유다인들의 사회에서 신학자와 법학자의 기능을 수행함으로써, 유다인들의 삶에 중요한 자리를 차지한다. 기원후 3세기부터, 랍비들은 그 때까지 입에서 입으로만 전해 내려온 율법학자들의 전통을 모두 글로 적는 작업에 착수한다. 이 방대한 작업은 미쉬나(= 율법의 반복, 곧 설명)를 만들어 내고, 이 미쉬나는 또 탈무드(= 가르침)의 일부를 이루게 된다.

백성은 사두가이보다는 이들의 반대파인 바리사이들을 선호한다. 사두가이들과는 반대로, 바리사이들이야말로 애국자이고 주님과 율법에 충성스러운 사람이며, 또 마카베오 시대에 안티오쿠스 에피파네스를 거슬러 일어난 반란에 동참한 그 유명한 '하시딤'의 후예라고 여겼던 것이다. 기원후 70년에 성전이 파괴되자, 전적으로 성전에 종속되었던 사두가이들도 자연히 몰락하게 된다. 이 때부터 공적 유다교는 오로지 바리사이적 경향으로만 나타나게 된다.

통상 '열혈당'이라고 불리는 분파에 관해서는 부분적인데다 해석하기도 어려운 가르침만 전해진다. 이 당은 바리사이파의 극단적인 한 지류를 이루었던 것 같다. 여기에 속한 당원들은 수단을 가리지 않고, 심지어 폭력을 써서라도 사람들에게 율법 준수를 강요하기로 작심한 이들이었다. 이들은 더러 야비한 노상 강도로 그려지기도 하지만, 그보다는 오히려 율법에서 직접 유래하지 않는 모든 형태의 권위에 완강히 반대하는 광신주의자였다. 이러한 이유로 열혈당원들은 중대한 율법 위반자, 특히 이교도 식민 통치자들의 협력자라고 판단되는 이들을 주저 없이 처형해 버렸다. 예수님, 그리고 바오로의 제자가 된 사람들 가운데 어떤 이들은 전에 이 열혈당과 관련이 있었을 수도 있다.

유다 사회의 주류에서 열혈당보다 더 멀리 떨어져 있었지만, 20세기 중반에 사해 곁 쿰란에서 수사본들이 발견된 이후에는, 열혈당보다 더 잘 알려진 분파로 에세네파(派)가 있다. 여기에 소속된 이들은 대부분 수도 생활을 하였다. 그러나 그들 가운데 어떤 이들은 쿰란의 대수도원 밖에 거주하면서, 팔레스티나 대중에게 상당한 영향력을 행사하였을 수도 있다. 이 에세네파는 여타 유다인들의 권위, 특히 대사제직에 대단히 적대적이었다. 그런데 이들은 매우 엄격한 유다인이면서도, 많은 이방 사상을 받아들여 자기들의 신학에 적응시켰다. 이들이 두 영(靈) 또는 두 권능의 근본적 대립을 바탕으로 매우 이원론적(二元論的)인 교리를 발전시키게 된 것은, 틀림없이 페르시아의 영향을 받은 결과일 것이다. 하나는 '선'이요 다른 하나는 '악'인 이 두 존재는 세상 마지막 날까지 무자비한 전투를 벌이는데, 결국은 '빛의 제후'가 '암흑의 천사'를 완전히 쳐이기게 된다.

기원후 1세기에 유다인들이 품고 있던 종말론적 희망은, 일관성 있는 단일체를 이루는 것과는 거리가 멀었다. 이 희망은 우선 체계화하기가 어렵고 쉽게 혼란을 일으키는 갖가지 생각들로 이루어져 있다. 분명히 말할 수 있는 것은 그리스도교 시대가 시작될 무렵, 이러한 생각들이 적어도 여러 특정 유다인 세계에서는 상당히 과격한 성향을 띠게 되었다는 사실이다. 이제 이스라엘의 불행이 너무나 커서, 역사적인 인간 메시아가 선택된 민족 이스라엘의 존엄성을 언젠가 복구시킬 수 있으리라는 희망은 더 이상 합리적이지 못하다는 것이다. 그리하여 현재의 상태를 바꿀 수 있는 분으로서 오직 하느님만 바라보게 된다. 거기에다 온 우주가 뒤집어지고 완전히 새로운 세상이 시작되어야만, 유다인들이 그토록 고대하던 전환이 실현되리라고 본다. 이러한 종말론적 '각본'에서 메시아의 위치가 항상 특별히 중요하지는 않다. 묵시 문학 저자들이 이와 관련하여 이야기할 때, 더 이상 예전처럼 지상적 메시아, 야훼님의 '기름부음받은이', 곧 다윗 가문 출신의 임금으로서 근본적으로 정치적이고 군사적인 직무를 맡아 하느님의 도움으로 민족의 해방과 번영을 보장하는 존재를 염두에 두지 않는 것으로 여겨진다. 메시아는 점점 인간보다는 하느님과 더 결부된 초자연적 존재의 모습으로 그려지는 경향을 띠게 된다. 묵시 문학의 어떤 작품들에서는 메시아가 '사람의 아들(또는, 인자)'이라는 이름을 지니게 된다. 그러면서도 근본적으로는 인간과 아무런 접촉점이 없고 고통을 받을 리도 전혀 없는 천상적 존재로 나타난다. 초기 그리스도인들은 그 시대의 이러한 메시아 사상과 묵시록적 사고(思考)에서 자료들을 이어받아 자기들의 그리스도론을 정립하게 된다. 그러나 이들이 동시대의 메시아 사상과 묵시 문학에서 '틀'을 가져오기는 하지만, 예수님의 수난과 죽음은 그 '틀'을 전혀 새로운 내용으로 채우게 만든다.
· 한국천주교중앙협의회, 『주석성경』, 신약성경 입문 참조

02. 영성이란 무엇인가?

영성(Spirituality)과 영적인 활동(기도하기, 명상하기, 성당에 가기 등)은 잘 구별해야 한다. 종교는 신성함(Sacrality)을 추구한다. 하지만 영성은 사람들이 그들의 삶 속에서 신성함을 찾고, 보존하고, 또한 필요하다면 변모시키기 위해 생각하고 느끼고, 행동하거나 서로 관계하는 모든 방식과 관련 있는 것이다.

모든 사람들이 영성을 가지고 있고, 영성은 우리 매일의 생각과 느낌, 행동들에 반영되면서 생명을 주거나 혹은 파괴적인 힘을 가하고 있다.

많은 의학자들이나 심리학자들은 그들의 치료 과정 중에서 영적인 문제를 다루어야 하는 상황에 직면하게 된다. (예: 임사체험, 심신상관의학, 말기 암 환자의 극적인 회복 등)
심리학이 언뜻 보기에는 영적 영역과 대립하는 것처럼 보일지 모르나 심리치료에 오랫동안 종사해 온 많은 이들은 영적인 문제에 대한 다양한 시도와 고민을 하고 있는 것을 보게 된다. 대부분의 치료사들이 특정한 치료적 접근들 (예: 인지행동치료, 정신분석치료, 인본주의적 치료 등)에 폭넓은 훈련과 경험을 쌓아 왔을지라도, 이러한 문제들을 다루면서 발생하는 영적인 문제들에 대해 그들은 상당한 혼란에 직면한다.

신학, 영성, 심리학의 관계문제를 고찰하면서 종교적이고 영적인 경험의 심리학, 심리치료에 있어서의 영성, 등등의 과목들이 점차 주목을 받고 있음은 주지의 사실이다.

과학의 발달과 (포스트)모더니즘적 사고는 종교(거룩함)의 영역을 상당히 위축시킨 듯 하지만 실재로 인간 삶의 많은 영역에서 발견되는 초월체험은 '영성'을 취급하는 전문가들에게 수 많은 과제와 책임의식을 가지게 한다. 신체적, 정신적 건강과 심리적 대처에서 종교의 역할에 대한 학문적 연구는 급격하게 발전하고 있다. 또한 이러한 연구결과가 내과, 정신과, 심리학, 행동주의의 모든 주요 의학, 심리학 저널에서 언급되고 있다는 것도 유의미한 사실이다. 말하자면, 효과들이 충분히 이해되지 않았고, 그 증거가 때때로 과장되는 면이 없지 않지만, 건강과 영적, 종교적 요소들이 밀접한 연관성이 있다는 것이 경험적으로 제시되고 있다는 것이다.
종교적 신념과 영성의 역할로 말기 암 환자가 극적으로 회복되는 사례를 우리 종교인들은 현대 의학의 권위자들과 함께 지켜 보았고, 그들도 이러한 문제들에 대해 고개를 갸웃할 수 밖에 없는 처지에 놓여있다. 존재하는 모든 것을 과학으로 이해할 수 없고, 존재하는 질병을 의학이 치료할 수 없다.

영성에 대한 물음은 우리를 매일 같이 살아있게 하고, 우리의 깊은 소망을 반영하며, 우리의 삶을 목적 있는 삶으로 의미 있게 만드는 것이 무엇일까? 삶의 의미는 무엇인가? 아니 존재하는 것들의 모든 의미는 무엇인가? 나의 인생은 무슨 의미인가? 이는 우주만물의 존재의미와 존재하고 있는 '나'와 어떻게 연관을 가지고 있는가? 라는 중차대한 존재론적 물음이다.

03. 영성과 신학

처음에 하나로 시작한 신학이 어떻게 현재와 같은 분화를 겪게 되었는지를 고찰해 볼 필요가 있다. 영성생활(특별히 그리스도교 안에서의 영성생활)은 그리스도교 안에서 고유한 측면을 갖는다. 즉, 하느님과의 대화, 계약, 개인적 성소 등 그리스도교적 실재를 구성하는 개념들을 고찰해야 한다. 이 개념들을 영성신학의 분과 안에서 논의하게 되는 것은 그리스도와의 관계, 성령의 활동, 향주덕(믿음, 희망, 사랑)의 본성 등 그리스도인의 생활조건을 해명하는 역할로 이미 교의 신학의 분과 안에서 취급되어졌지만 이제 한 걸음 더 나아가 그리스도인의 신앙생활에의 적용과 이해라는 측면에서 보다 적극적인 개념 해석이 요구되고 있는 것도 현실이다.

모든 신학적 성찰의 원천은 성경이다. 교부들은 성경에 기초한 주석을 통해서 그리스도인의 생활의 여러 가지 측면들을 발전시켰다. 그들의 방법론은 주로 성경본문을 따라가면서 성경의 여러 가지 의미들에 상응하는 다양한 이해의 수준을 제시하는 것이었다. 특별히 영혼의 진보와 기도생활에 대한 설명에 교부들은 훌륭하게 기여하고 있었다.

12세기 말엽과 13세기 전반을 통해 신학적 성찰은 학문적 형태를 취하는 경향을 노정하고 신학적 성찰은 성경주석으로 인식되면서 신학으로부터 점차 멀어지고 철학적 탐구에 가까워 지게 되었다. 신학교사들은 학문을 정립하기 위해 하느님 말씀을 객관적으로 취급하게 되었고 강의는 인격적 내면성을 상실하게 되었다.

신학이 여러 과목으로 분화되고 점점 더 추상적인 성격을 띠며 그리스도인의 생활에서 멀어져 간 것과 맞물려서 영성생활은 더욱 확고하게 독자성을 지니며 내적 생활의 영역으로 빠져들어 간다. 기도생활과 신심생활은 신학적 성찰로부터 멀어지고 때로는 대립하기까지 하였다. "준주성범"을 대표로 하는 근대신심이라는 영성조류와 함께 내적 생활이 영적인 논의에서 거의 유일한 주제가 되었다.

학문으로서의 신학은 점점 더 기술적-과학적 특성을 띠고 있다. 근본적인 세분화뿐만 아니라 세분화된 신학의 내부에서도 과학적 문화의 복합성에서 유래하는 전문화가 가속되고 있는 것이다. 교의분야에서는 새로운 역사적, 해석학적, 사변적 문제들이 제기되고 있으며, 윤리분야에서도 항상 새로운 범주의 문제들이 출현하고 있다. 다른 한편에서 영성신학은 심리학적 특성에 대한 강조와 함께 심리학 연구의 발전에 더욱 의존하고 있다. 심지어 기도 방법들에도 다른 영성적 맥락에서 탄생한 심리학적 훈련을 상당히 참조하기까지 한다.

영성이 교의신학에 의존되어 있다는 것은 거의 항상 전제되어 왔으며 일방적으로 강조되었다고 해도 과언이 아니다. 항상 지배적인 신학적 사고에 대한 반동으로 새로운 영성에 대한 모색이 탐구되었다. 중세 말의 너무 추상화된 유명론 신학에 대한 반응으로 "준주성범" 이라는 근대의 신심(devotio moderna)이 탄생하였다.

영성이 얼마나 교회의 교의를 참조하며 발전해 나가는지 우리는 영성사를 학습하면서 쉽게 이해 할 수 있게 된다. 모든 가톨릭 저술가들은 영성신학이 교회의 교의에 종속된다는 사실에 동의한다. 이제 게시된 교의의 서술형은 윤리신학의 명령형과 영적 체험의 기초를 위한 규범이다. 영성신학은 새로운 각도에서 교의신학을 창조한다. 교의신학은 그리스도인 생활의 통교가 성사를 통해 이루어지면서 우리로 하여금 교회의 일원이 되게 한다는 것을 말해준다. 은총생활과 그에 수반하는 덕들은 성경에 근거한 교의 안에 기술되어 있는데 바로 이 교의가 교의신학의 기초들을 제공하는 것이다.

오늘날 신학은 실존적이고 근본적이고 체험적인 의미까지 다루려고 노력하고 있다. 그러므로 영성이 교의신학에 의존한다고 말하기 보다는 신학이 영성에서 영감을 얻는다고 말하는 편이 더욱 옳을지도 모른다.

04. 종교와 영성

영성에 대한 정의가 막연할 수 있다. 하지만 종교와의 관련 하에서 영성의 개념을 제대로 정의할 필요를 느낀다. 영성과 종교라는 단어가 서로 호환되고 경계 없이 사용된 것이 사실이지만 그 단어의 의미는 종교가 종교집단의 구성원, 형식적인 행사에의 참여, 교리에 대한 지지, 교파에 대한 공식적인 이해, 고정적이고 객관적인 실체로 의미되었다면, 영성은 그와는 반대로 '생각과 경험의 사적인 영역을 가진' 이라는 일상어와 점점 연관되게 되었다. 종교와 영성은 서로 관련되어 있다 할지라도 대중의 마음 속에 초월적인 실재와 함께 제도적인 – 공공의 그리고 개인적인–사적인 종교적인 감성을 표현하는 것으로 보여진다.

최근의 대중문화가 영성을 종교로부터 구분하려 하는 것도 그러한 예 중의 하나라고 볼 수 있다. "예전에는 종교가 삶의 가치를 제공하는 유일한 구심점이었지만, 이제 현대문화는 종교 이상으로 삶에 대한 다양한 가치를 제공하고 실제 영향력을 갖고 있다"고 강조한다.
"현대문화는 거대한 삶의 방식으로 교회에 종속돼 있지 않다", "현대사회에서 세상을 바라보는 시각은 문화, 특히 대중문화의 틀을 통해 대부분 이뤄지는 현실". 실제 교회의 우월주의와 편협한 사고는 교회와 사회와의 소통을 막는 중요한 원인이 되고 있다.

종교와 영성은 계속해서 양극화 되어가고 있는 조짐을 보이고 있다. 종교는 계속해서 조직화 되려고 하지만, 개인은 조직을 이탈하고 개인의 신앙의 성숙을 도모한다. 종교가 개인의 영적 요구들을 더 이상 담아내지 못한다. 종교생활을 하면서 생겨나는 매너리즘(타성)이 조직에서의 끊임없는 이탈을 만들어 내고 때로는 강력한 반동으로 작용하기도 한다. 이것은 성직과 수도 생활 안에서도 마찬가지이다. 종교는 이제 현대인들에게 상당히 부정적으로 인식되기 시작되었으며, 제도와 조직으로서의 교회에 대한 이해를 가지고 있는 현 교회의 지도부 안에서 영성은 상당히 어려운 과제로 남게 된다.

우리는 이러한 종교와 영성의 분열을 조심스럽게 바라보아야 할 것이다. 즉, 종교와 영성이 제도적인 영역과 개인적인 영역으로 양극화 되는 모든 형태의 영적 표현이 사회적 상황에서 드러나고 결국 모든 조직화된 신앙의 전통들이 개인적인 사건들의 순서와 관계되어 있다는 것을 무시한다. 또한 정의를 이끌어내는 과정에서 은연중에 영성은 좋고 종교는 나쁘다! 는 생각을 가질 수 있다. 하지만 많은 사람들은 조직화된 종교 안에서 영성을 체험한다. 종교와 영성은 분리, 독립되어 있다기 보다는 연관, 상보의 관계에 있음을 잘 이해해야 한다. 또한 타 종교에 대한 이해와 저변의 관심은 종교 안에 영성을 통해 타종교와 더불어 살아갈 수 있는 길을 열어 나갈 수 있는 기회로서 작용 할 것이다 ▨

05. 성경의 모든 흐름은 예수 그리스도에게로 흘러간다!

신약성경 각 권의 핵심주제와 개요

성 서	주 제	내 용
마태오	유대인들을 위한 메시아	**유대인들의 염원–메시아의 도래를 중심으로 기술** – 그리스도의 초림(1–10장), 재림(11–29장) – 예수 그리스도의 족보의 비밀 – 세례자 요한의 증언(하느님의 어린양) – 예수의 가르침의 핵심(산상설교: 5장–7장) – 예수의 초자연적 능력, 기적(8–10장) – 예수의 죽음과 부활(21–28장)
마르코	메시아는 하느님의 종	**예수는 왕으로서 세상을 통치함에 하느님의 종으로서의 당신의 모습을 드러내심 (10,42–45)** – 섬김(1–10장), 희생(11–16장) – 예수께서 하신 말씀을 간략하게 기록(16장) – 부활 이전까지 누구도 예수를 주님이라 고백치 않음 – 16장 가운데 6장이 십자가 사건 마지막 주간 다룸 　종의 가장 큰 일은 대속 죽음임을 말해준다.
루카	사람의 아들, 인간 예수 – 치유자로서 해방자로서 　예수 기술	**내용이 가장 많은 복음서, 인자에 대한 기술, 의사예수** – 예수의 치유사건에 중심을 두며 치유자로서 예수고백 – 예수의 감정상태에 대해서도 많은 기술 – 참 하느님이며 참 사람임을 기술 – 예비(1–3장), 신원증명(4–8장), 가르침(9–18장) **절정(19–24장)** 그렇기 때문에 그분께서는 모든 점에서 형제들과 같아지셔야 했습니다. 자비로울 뿐만 아니라 하느님을 섬기는 일에 충실한 대사제가 되시어, 백성의 죄를 속죄하시려는 것이었습니다.(히브리서 2,17)
요한	예수님은 하느님	**하느님의 아들로서 예수님의 역할을 강조** – 그리스도가 다른 인간들과는 전혀 다른 절대적이고 유일무이한 분임을 강조한다(예수의 신성 강조) – 나는 ～이다! (빵, 빛, 문, 선한 목자, 부활, 생명, 길이요 진리요 생명이다, 포도나무다) – 7개의 기적: 물로 포도주(2), 고관아들치유(4), 38년된 병자(5), 오병이어(6), 바다 위 걸으심(6), 소경치유(9), 죽은 나자로 살리심(11)
사도행전	교회의 사도들	**교회의 초기역사** – 사도(보냄을 받은 자)들은 세상의 복음화를 위해 성령의 권능으로 세상을 향해 나아간다! – 부활 후 50일 성령강림 기점으로 교회 활동 재개(2) – 교회의 형성(1–7장), 교회의 과도기(8–12장), 교회의 확장(13–28장, 바오로의 전도 여행 4차) – 이방인들의 사도 바오로의 등장(다마스쿠스의 회개) – 유대인 공동체와 희랍계 그리스도교 공동체의 알력

로마서	하느님의 의로움	사도 바오로의 편지 가운데 으뜸의 위치
		– 창조된 세계와 인간 양심을 통해 '의'가 존재함 입증 – 인간에겐 의를 회복하기 위한 은총이 필요(구원) – 하느님의 어린양의 죽음으로 '의'를 회복
코린토(전)	교회의 문제가 해결	분열(1–4장), 징계(5–6장), 어려움(7–10장: 결혼, 음식) 무질서(11–14장: 순명, 성만찬, 영적 은사), 교리(15–16장) 나도 전해 받았고 여러분에게 무엇보다 먼저 전해 준 복음은 이렇습니다. 곧 그리스도께서는 성경 말씀대로 우리의 죄 때문에 돌아가시고 묻히셨으며, 성경 말씀대로 사흘날에 되살아나시어 케파에게, 또 이어서 열 두 사도에게 나타나셨습니다.(1코린토 15,3–5)
코린토(후)	바오로의 평판 문제 해결	바오로의 신뢰 문제가 다시 대두하자 자신에 대한 방어 – 감정적인 면들이 드러남 – 거짓 교사들에 대한 바오로의 분노 바오로의 해명(1–7장), 헌금을 위한 준비(8–9장) 바오로의 권위(10–13장: 사도권 방어, 기쁨, 의무)
갈라티아	자유의 복음	우리는 그리스도 안에서 죄의 속박에서 풀려남! – 구약의 율법은 의로움을 줄 수 없음 – 그리스도께 받은 가르침(1–2장), 율법은 노예 상태를 만들어 냄(3–4장), 자유는 오로지 복음에서(5–6장)
에페소	그리스도 안에서 높아짐	그리스도 안에서 그 분의 모든 것을 소유하여 부유해짐 – 하느님 자녀로서의 특권, 성부, 성자, 성령의 협조 – 그리스도 안에서 우리는 부유해짐(1–3장) – 그리스도 안에서의 새 생활(4–6장) 영적 은사 구원의 투구를 받아 쓰고 성령의 칼을 받아 쥐십시오. 성령의 칼은 하느님의 말씀입니다 (6,17)
필립보	하나(일치) 됨의 중요성	그리스도와 하나되고, 공동체에서 다른 형제들과 하나됨은 큰 기쁨의 원천임을 설명 – 옥중설교(1), 한마음으로 겸손해지라(2), 행위만으로는 불충분(3), 하느님을 통하여(4) – 하느님 앞에 바로 서는 것은 예수 그리스도를 통해 선물로 거저 오는 것이다.
콜로새	승천하신 교회의 머리	승천하신 그리스도는 교회 공동체를 형성하기 위하여 성령을 보내주셨다! 교회의 생명은 전적으로 그리스도에게 달려있다. – 여러분은 세례 때에 그리스도와 함께 묻혔고, 그리스도를 죽은 이들 가운데에서 일으키신 하느님의 능력에 대한 믿음으로 그리스도 안에서 그분과 함께 되살아났습니다(2,12)

성 서	주 제	내 용
1테살로니카	1테살로니카 재림 전의 승리	**테살로니카 인들은 자신들이 죽기 전에 주님이 오실 것으로 생각하고 믿었다.** 형제 여러분, 죽은 이들의 문제를 여러분도 알기를 바랍니다. 그리하여 희망을 가지지 못하는 다른 사람들처럼 슬퍼하지 말라는 것입니다. 명령의 외침과 대천사의 목소리와 하느님의 나팔 소리가 울리면, 주님께서 친히 하늘에서 내려오실 것입니다. 그러면 먼저 그리스도 안에서 죽은 이들이 다시 살아나고, 그다음으로, 그때까지 남아 있게 될 우리 산 이들이 그들과 함께 구름 속으로 들려 올라가 공중에서 주님을 맞이할 것입니다. 이렇게 하여 우리는 늘 주님과 함께 있을 것입니다.(4,13—17)
2테살로니카	2테살로니카 재림 전의 환난	**초대교회에 박해가 몰아치자 테살로니카 성도들은 주님 재림의 시기를 놓쳤다고 생각하며 예수님이 예언한 대 환란의 시기가 왔다고 생각했다.** 우리는 여러분이 그 모든 박해와 환난을 겪으면서도 보여 준 인내와 믿음 때문에, 하느님의 여러 교회에서 여러분을 자랑합니다. 이는 하느님의 의로운 심판의 징표로, 여러분이 하느님의 나라에 합당한 사람이 되게 하려는 것입니다. 사실 여러분은 하느님의 나라를 위하여 고난을 겪고 있습니다 (1,4—5).
1디모테오	디모테오에 대한 신뢰	**디모테오와 디도는 바오로의 영적 아들들이었다. 그래서 디모테오서 둘과 디도서를 사목서간이라 부른다.** 젊은 사목자가 지역교회에서 어떻게 처신해야 하는가? 사목을 하면서 만나게 되는 다양한 연령층과 조건들의 사람과 어떠한 관계를 만들어 나가야 할까? 이것이 바오로의 주된 관심사이다. **교회지도자의 자격** 자기 집안을 이끌 줄 모르는 사람이 어떻게 하느님의 교회를 돌볼 수 있겠습니까? 새로 입교한 사람도 안 됩니다. 교만해져서 악마가 받는 심판에 떨어질 위험이 있습니다. 또한 바깥 사람들에게도 좋은 평판을 받는 사람이어야 합니다. 그래야 비방을 받거나 악마의 올가미에 걸리지 않습니다.(3,5—7)
2디모테오	교회를 가르쳐라!	**디모테오의 입지를 바오로가 설명하며 권위를 부여한다. 사목자의 가장 중요한 본분은 하느님 말씀을 명백하고 실재적으로 가르치는 일이다. 바오로는 디모테오가 나이는 어리지만 진리 안에서 담대하라고 격려한다.** 성경은 그리스도 예수님에 대한 믿음을 통하여 구원을 얻는 지혜를 그대에게 줄 수 있습니다. 성경은 전부 하느님의 영감으로 쓰인 것으로, 가르치고 꾸짖고 바로잡고 의롭게 살도록 교육하는 데에 유익합니다.(3,15—16)
티토	거짓교사들을 규탄	**거짓교사들은 잘못된 동기와 잘못된 메시지를 가지고 있다. 공격이 최선의 방어라는 말처럼 사목자는 신심있는 교우들을 원로로 선발하고, 훈련시켜 양떼를 두루 살피도록 격려해야 한다.** 사실 우리도 한때 어리석고 순종할 줄 몰랐고 그릇된 길에 빠졌으며, 갖가지 욕망과 쾌락의 노예가 되었고, 악과 질투 속에 살았으며, 고약하게 굴고 서로 미워하였습니다.(3,3)

필레몬	오네시모를 용서함	콜로새의 성도 필레몬의 노예였던 오네시모는 주인에게서 도망쳐 로마로 갔다가 바오로를 만났다. 그는 바오로를 통하여 그리스도를 만났고, 그의 삶은 완전히 바뀌었다. 필레몬은 바오로가 잘 알던 사람이었다. 그래서 바오로는 도망간 노예 오네시모를 용서하라고 필레몬에게 편지를 쓴 것이다.
히브리서	그리스도인의 성숙을 촉구	예수 그리스도를 통해 거듭나는 순간 이제 갓 태어난 영적 유아로서 하느님 가족의 일원이 된다. 그리스도인들은 그 영적 성장의 발달의 단계가 서로 다르다. 히브리서에서는 그리스도인들의 6가지 위험을 지적한다. 표류(2), 의심(3-4), 불순명(4), 영적후퇴(5-6), 성령을 거스르는 것(10), 거부(12)
야고보서	믿음은 행동이 따라야 함	야고보 사도가 당시 소아시아 전역에 흩어져 살던 유대인 열 두 지파의 개종자들에게 쓴 편지이다. 구원은 오로지 믿는 자들에게 오는 것이지만 믿음만으로는 불가능하다. 믿음에 따르는 행동, 곧 시련과 유혹에 대한 담대함, 하느님의 말씀에 대한 순종, 다른 사람들을 공정하게 대하는 것, 아브라함과 라합과 같은 선행, 언행의 정결함, 하느님 앞에서 계획할 때의 겸손함, 고난과 질병 가운데서 인내함 등. 그대는 하느님께서 한 분이심을 믿습니까? 그것은 잘하는 일입니다. 마귀들도 그렇게 믿고 무서워 떱니다. 아, 어리석은 사람이여! 실천 없는 믿음은 쓸모가 없다는 사실을 알고 싶습니까? (2,19-20)
1베드로	고난 중의 인내	베드로는 오순절 성령강림으로 새 사람으로 변했다. 성도들의 고난과 시련에 대한 복음적 해석과 희망을 부여한다. 곧 고통은 하느님 말씀을 확인하고, 통찰하게 하며, 영적 성장을 자극하고, 세상의 외인들에게서 우리들의 신분을 더욱 확실하게 하고, 그리스도께서 박해자들에게 뿌리신 피를 통해 우리가 구원되었다는 것 등을 바라보게 하는 영적 유익을 우리에게 준다고 설명한다. 고난은 우리에게 유익한 것이지 우리의 죄 때문이 아님을 확신해야 한다.
2베드로	거짓교사들을 추방하라!	거짓교사들은 불법과 방탕한 삶을 부추기고, 주님의 재림 약속이 더디어 지는 것을 비웃었다. "내일이면 죽을 테니 흥청망청 먹고 마시자! 내세는 없으니 하고 싶은 것을 하면서 인생을 즐기자!"라고 말한다. 거짓 교사들을 폭로하고 추방해야 한다. 왜냐하면 그들은 그리스도의 몸을 침식하는 암세포와 같은 존재들이다. 우리의 주님이시며 구원자이신 예수 그리스도를 앎으로써 이 세상의 더러움에서 벗어난 그 사람들이 그것에 다시 말려들어 굴복 당하게 되면, 그들의 끝은 처음보다 더 나빠집니다. 의로움의 길을 알고서도 자기들이 받은 거룩한 계명을 저버린다면, 차라리 그 길을 알지 못하였던 편이 나을 것입니다.(2,20-21)
1요한	친교의 기쁨	요한의 세 편지는 친교에 관한 3부작을 이룬다. 첫째 편지는 하느님과의 교재, 둘째 편지는 거짓교사들과의 관계를 경계해야 함을, 셋째 편지는 참된 교사들과의 친교에 관련하여 언급한다. 첫째 편지는 하느님의 빛(1-2), 사랑(3-4), 생명(5) 친교는 나눔을 의미한다. 하느님의 빛과 사랑을 함께 나누는 것을 의미한다. 우리가 하느님을 사랑한다는 것은 이웃사랑을 통해서 드러난다.

성 서	주 제	내 용
2요한	**거짓교사들을 식별하라!**	둘째 편지에서는 자녀들을 잘 양육하여 진리 가운데로 걷게 하는 한 여인에 대한 칭찬이 이야기의 핵심 줄거리인데, 모든 순회 설교자들이 순수한 복음을 가르친 것은 아니라는 점을 상기시킨다. 주님의 사랑의 법에도 몇 가지 중요한 경계의 가르침이 있는데, 올바르지 못한 행실과 이단을 조심해야 한다.
3요한	**환대의 기쁨**	**예수를 올바른 눈으로 바라보는 참된 사목자를 환대하는 기쁨을 나누어야 한다.** 요한은 가이오스를 칭찬했다. 그가 경건하고 후한 접대의 본을 보였기 때문이다. 그러나 교만한 디오트레페스는 반대였다. 그는 성도들을 거부하고, 접대하려는 사람까지도 방해한다. 경건한 가이오스는 주변에 좋은 평판을 받게된다.
유다서	**배교자들에 대한 심판**	**유다서는 거짓교사에 대한 단호한 입장을 표명한다. 예수 그리스도를 부인하는 메시지를 갖고 교회에 들어온 경건치 못한 사람들에 대해서도 경고한다.** 하느님을 가볍게 생각하고, 하느님의 진리를 더럽히는 그런 지도자들이 아름답게 꾸민 말로 그럭저럭 교인들의 마음을 얻을 수 있을지 모르지만 그러한 허울 좋은 가식의 이면에는 사악한 본성이 감추어져 있다. 그들의 삶에는 성령이 없다. 진실한 그리스도인들은 정욕대로 행하지 않고 하늘에서 내려오는 하느님의 영으로 행한다.
요한묵시록	**미래에 대한 계시**	**요한은 전반부(1, 4, 5장)에서 그리스도의 모습을 묘사한 뒤 나머지 장에서는 미래의 베일을 벗기는 까닭을 설명한다.** 요한 묵시록은 대부분 미래에 이루어질 일들에 대한 기록이다. 곧 내가 본 것(1장, 과거, 이 책의 목적, 재림의 약속, 하느님의 예고)―이제 있는 일(2–3장, 현재, 아시아의 일곱 교회에 보내는 편지)―장차 할 일(4–22장)―주권의 심판자(4–5장): 대환란(6–18장): 재림(19장): 성도들의 통치(20장): 영원의 상태(21–22장)

06. 복음의 형성에 관련하여

예수님께서는 여러 가지 말씀을 하시고 하느님 나라의 기쁜 소식을 선포하신다. 제자들을 불러 모으시고 사람들의 갖가지 병을 고쳐 주시며 여러 가지 뜻 깊은 행동을 하신다. 이러한 예수님께서 수난을 겪으시고 돌아가신다. 그리고 직접 예고하신 대로 사흘 만에 부활하신다. 예수님의 부활로 제자들은 이제 열렬한 선교자가 된다. 그들은 예수님께서 과거에 하신 모든 언행을 새로운 '눈'과 '마음', 곧 '파스카 신앙'으로 돌아보게 된다. 이 파스카 신앙 속에서 그들은 예수님의 부활을 선포한다. 그리고 각 교회 공동체가 처한 상황에 따라, 그분의 말씀을 되풀이하고 그분께서 하신 여러 가지 일을 이야기한다. 이렇게 하여 약 사십 년 동안에 걸쳐 입에서 입으로 전해지는 여러 구전(口傳) 전통이 형성된다.

복음서는 설교이다. 그리고 역사에 남다른 관심을 보이는 루카도 포함하여(루카 1,1-4 참조), 복음서 저자들은 무엇보다도 먼저 '기쁜 소식'의 증인이 되려고 하였다. 그렇다고 해서 자기들이 전하는 것들의(역사적) 실체에 복음서 저자들이 무관심하였다는 뜻은 아니다. 그들은 예수님께서 하신 말씀의 자구적 내용, 그리고 그분께서 하신 행동의 정황과 세부 사항을 정확히 재구성하는 데에는 별 관심이 없다. 그보다 예수님의 말씀과 행동의 의미를 부각시키는 데에 큰 관심을 가진다. 복음서들은 다음의 네 개의 큰 단락으로 구성되어져 있다.

가. 예수님의 공생활 준비
나. 갈릴래아 전도
다. 예루살렘 상경
라. 예루살렘 선교 및 수난과 부활

07. 공관복음에 관련하여

현대의 독자들은 정확성을 중시한다. 늘 확증되고 재확인되는 사실을 추구한다. 이러한 현대인에게 복음서 문학은 조리가 없어 보여 당혹감을 느끼게 할 수 있다. 각 복음서의 줄거리에 연속성이 없을 뿐만 아니라 복음서들 사이에도 적지 않은 모순들이 드러난다.

이러한 문제들에 대한 대다수 학자들의 생각은 마태오 복음서와 루카 복음서가 두 개의 출전(出典)에서 나왔다는 이른바 '이출전설(二出典設)'에 동의한다. 이 가설에 따르면 마태오 복음서와 루카 복음서는 마르코 복음서에 직접적으로 종속된다. 그리고 마르코 복음서와는 무관한 또 다른 공통 원천이 있다(이 원천은 독일 말의 Quelle에 따라 흔히 'Q-문헌'이라고 부른다). 각 복음서의 고유한 전통들 외에, 마르코 복음서와 이 Q-문헌이 마태오 복음서와 루카 복음서의 주요 원천이었다는 것이다. 다음과 같은 도식으로 이 가설을 종합할 수 있다.

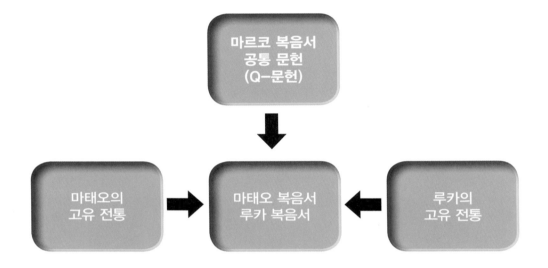

오늘날 이 가설은 그것이 처음 제기되었을 때보다 훨씬 복잡한 모습으로 제시된다. 그리고 이 가설은 마태오와 루카의 편집 작업에 관한 연구를 용이하게 해 주는 큰 장점을 지닌다. 또 이로써 공관 복음서들에서 보게 되는 첨가나 생략 또는 위치 변경 등이 잘 설명된다고 한다. 그러나 오늘날에는, 마태오 복음서와 루카 복음서에 공통된 Q-문헌이 이미 글로 정착된 것이었는지, 아니면 단순히 구전 원천이었는지, 또 마태오 복음서와 루카 복음서에서 이용된 마르코 복음서의 본문이 현재 우리가 가지고 있는 본문인지 아니면 다른 본문인지 하는 문제에 학자들이 과감히 답을 내놓지 못한다는 사실을 기억할 필요가 있다.

결국, 공관 복음서 문제를 다루는 데에 어떠한 비평적 가설을 채택한다 하더라도, 세밀한 작업만이 각 복음서 저자가 지닌 전망의 성격을 명확히 밝혀 낼 수 있다. 문학적 출처에 관한 연구가 공관 복음서들을 더욱 잘 이해하는 데에 유일한 방도가 아닐 뿐만 아니라, 어쩌면 가장 중요한 방도도 아니라는 사실을 덧붙여야 할 것이다. 그리고 복음서 문학이라는 독창적 현상 전체를 설명하려면, 출전, 구두 전승, 각 복음서가 태어난 공동체의 영향, 마지막 편집자들에 의한 다양한 자료들의 이용 등을 같이 고려해야 한다 ▨

· 한국천주교중앙협의회, 『주석성경』 신약편 입문 참조

멸망할 자들에게는 십자가에 관한 말씀이 어리석지만, 구원을 받을 우리에게는 하느님의 힘입니다. (1코린 1, 18)

부르심을 받은 이들에게 그리스도는 하느님의 힘이시며 하느님의 지혜이십니다. (1코린 1, 24)

하느님께서는 있는 것을 무력하게 만드시려고, 이 세상의 가장 비천한 것과 천대받는 것 곧 없는 것을 선택하셨습니다. (1코린 1, 28)

형제 여러분, 저마다 부르심을 받았을 때의 상태대로 하느님과 함께 지내십시오. (1코린 7, 24)

여러분에게 닥친 시련은 인간으로서 이겨내지 못할 시련이 아닙니다. 하느님은 성실하십니다. 그 분께서는 여러분에게 능력 이상으로 시련을 겪게 하지 않으십니다. 그리고 시련과 함께 그것을 벗어날 길도 마련해주십니다. (1코린 10, 13)

깨어 있으십시오. 믿음 안에 굳게 서있으십시오. 용기를 내십시오. 힘을 내십시오. 여러분이 하는 모든 일이 사랑으로 이루어지게 하십시오. (1코린 16, 13-14)

08. 공관 복음서들의 공통적인 성서 내용들

번 호	내 용	마태오	마르코	루 카
1	광야에 나타난 세례자 요한	3,1–12	1,1–8	3,1–9; 15–17
2	세례를 받으신 예수	3,13–17	1,9–11	3,21–22
3	광야에서 유혹을 받으신 예수	4,1–11	1,12–13	4,1–13
4	갈릴래아 전도 시작	4,12–17	1,14–15	4,14–15
5	첫 번째로 부르심 받은 어부 네사람	4,18–22	1,16–20	5,1–11
6	세상의 소금, 세상의 빛	5,13–16	950	14,34–35
7	이혼하지 말라	5,31–32	10,11–12	16,18
8	나병환자를 고치신 예수	8,1–4	1,40–45	5,12–16
9	많은 병자를 고치신 예수	8,14–17	1,29–34	4,38–41
10	잔잔해진 풍랑	8,23–27	4,35–41	8,22–25
11	마귀와 돼지떼	8,28–34	5,1–20	8,26–39
12	중풍병자를 고치신 예수	9,1–8	2,1–12	5,17–26
13	잔잔해진 풍랑	9,9–13	2,13–17	5,27–32
14	단식에 대한 질문	9,14–17	2,18–22	5,33–39
15	예수의 옷에 손을 댄 여자	9,18–22	5,21–43	8,40–56
16	열두 사도	10,1–4	3,13–19	6,12–16
17	열두 제자의 파견	10,5–15	6,7–13	9,1–6
18	박해를 각오하라	10,16–25	13,9–13	21,12–17
19	안식일의 주인	12,1–8	2,23–28	6,1–5
20	오그라든 손을 펴 주신 예수	12,9–14	3,1–6	6,6–11
21	베엘제불과 성령	12,22–32	3,20–30	11,14–23; 12,10
22	기적을 요구하는 세대	12,38–42	8,11–12	11,29–32
23	누가 내 어머니이며, 내 형제이냐?	12,46–50	3,31–35	8,19–21
24	씨뿌리는 사람의 비유	13,1–9	4,1–9	8,4–8
25	비유로 말씀하신 이유	13,10–17	4,10–12	8,9–10

번 호	내 용	마태오	마르코	루 카
26	비유의 설명	13,18–23	4,13–20	8,11–15
27	겨자씨의 비유	13,31–32	430–32	13,18–19
28	예언자는 고향에서 존경받지 못한다.	13,53–58	6,1–6	4,16–30
29	세례자 요한의 죽음	14,1–12	6,14–29	9,7–9
30	오천명을 먹이신 기적	14,13–21	6,30–44	9,10–17
31	하늘에 기적을 요구하는 유다인들	16,1–4	8,11–13	12,54–56
32	베드로의 고백	16,13–20	8,27–30	9,18–21
33	수난에 대한 첫 번째 예고	16,21–23	8,31–9,1	9,22–27
34	예수의 영광스러운 변모	17,1–8	9,2–8	9,28–36
35	마귀에게 사로잡힌 아이	17,14–20	9,14–29	9,37–43
36	수난에 대한 두 번째 예고	17,22–23	9,30–32	9,43–45
37	천국에서 가장 위대한 사람	18,1–5	9,33–37	9,46–48; 22,24–27
38	죄의 유혹	18,6–9	9,42–48	17,1–2
39	어린이들을 축복하신 예수	19,13–15	10,13–16	18,15–17
40	부자청년: 낙타와 바늘귀	19,16–26	10,17–27	18,18–27
41	백배의 상	19,27–30	10,28–31	18,28–30
42	수난에 대한 세 번째 예고	20,17–19	10,32–34	18,31–34
43	예리고의 두 소경	20,29–34	10,46–52	18,35–43
44	예루살렘 입성.	21,1–11	11,1–11	19,28–38
45	성전 뜰에서 쫓겨난 상인들	21,12–17	11,15–19	19,45–48
46	예수의 권한에 대한 질문	21,23–27	11,27–33	20,1–8
47	포도원 소작인이 비유	21,33–46	12,1–12	20,9–19
48	카이사르의 것은 카이사르에게	22,15–22	12,13–17	20,20–26
49	부활에 대한 토론	22,23–33	12,18–27	20,27–40
50	첫째가는 계명	22,34–40	12,28–34	10,25–28

번 호	내 용	마태오	마르코	루 카
51	그리스도는 누구의 자손인가?	22,41-46	12,35-37	20,41-44
52	위선자에 대한 책망	23,1-36	12,38-40	11,37-52; 20,45-47
53	성전 파괴에 대한 예언	24,1-2	13,1-2	21,5-6
54	재난의 시작	24,3-14	13,3-13	21,7-19
55	가장 큰 재난	24,15-28	13,14-23	21,20-24
56	사람의 아들이 오시는 날	24,29-31	13,24-27	21,25-28
57	무화과 나무의 비유	24,32-35	13,28-31	21,29-33
58	그 날과 그 시간	24,36-44	13,32-37	17,26-30;34-36
59	예수를 죽일 음모	26,1-5	14,1-2	22,1-2
60	배반을 약속한 유다	26,14-16	14,10-11	22,3-6
61	최후의 만찬	26,17-30	14,12-26	22,7-23
62	베드로의 장담	26,31-35	14,27-31	22,31-34
63	게쎄마니에서의 기도	26,36-46	14,32-42	22,39-46
64	잡히신 예수	26,47-56	14,43-50	22,47-50
65	대사제 앞에 서신 예수	26,57-68	14,53-65	22,54-55; 63-71
66	예수를 세 번 부인한 베드로	26,69-75	14,66-72	22,56-62
67	빌라도 앞에 끌려 가신 예수	27,1-2	15,1	23,1-2
68	빌라도의 심문	27,11-14	15,2-5	23,3-5
69	사형판결을 받으신 예수	27,15-26	15,6-15	23,13-25
70	십자가에 못 박히신 예수	27,32-44	15,21-32	23,26-43
71	숨을 거두신 예수	27,45-56	15,33-41	23,44-49
72	무덤에 묻히신 예수	27,57-61	15,42-47	23,50-56
73	부활하신 예수	28,1-10	16,1-8	24,1-12
74	제자들의 사명	28,16-20	16,14-18	24,36-49

09. 역사순으로 본 네 복음서

번호	사 건	마태오	마르코	루 카	요 한

1 예수의 탄생, 소년시절
| | | | 1, 7 - 52 | |

51 "하늘 높은 곳에는 하느님께 영광, 땅에서는 그가 사랑하시는 사람들에게 평화!" 예수는 부모를 따라 나자렛으로 돌아와 부모에게 순종하며 살았다. 그 어머니는 이 모든 일을 마음 속에 간직하였다. 52 예수는 몸과 지혜가 날로 자라면서 하느님과 사람의 총애를 더욱 많이 받게 되었다.

2 예수의 족보
| 1, 1 - 17 | | 3, 23 - 28 | |

17 아브라함에서 다윗까지가 십 사 대이고, 다윗에서 바빌론으로 끌려 갈 때까지가 십 사 대이며, 바빌론으로 끌려 간 다음 그리스도까지가 또한 십 사대이다.

3 세례자 요한의 출생예고
| | | 1, 5 - 25 | |

13 그 때에 천사가 이렇게 말하였다. "두려워하지 말라. 즈카르야야, 하느님께서 네 간구를 들어 주셨다. 네 아내 엘리사벳이 아들을 낳을 터이니 아기의 이름을 요한이라 하여라.

4 예수의 탄생예고
| | | 1, 26 - 38 | |

30 "두려워하지 말라. 마리아, 너는 하느님의 은총을 받았다. 31 이제 아기를 가져 아들을 낳을 터이니 이름을 예수라 하여라.32 그 아기는 위대한 분이 되어 지극히 높으신 하느님의 아들이라 불릴 것이다. 주 하느님께서 그에게 조상 다윗의 왕위를 주시어 33 야곱의 후손을 영원히 다스리는 왕이 되겠고 그의 나라는 끝이 없을 것이다" 하고 일러 주었다.

5 마리아 엘리사벳 방문
| | | 1, 39 - 56 | |

51 주님은 전능하신 팔을 펼치시어 마음이 교만한 자들을 흩으셨습니다. 52 권세있는 자들을 그 자리에서 내치시고 보잘 것 없는 이들을 높이셨으며 53 배고픈 사람은 좋은 것으로 배불리시고 부유한 사람은 빈손으로 돌려 보내셨습니다.

| 6 | 요한 세례자 출생 | | | 1,57 – 80 | |

79 "죽음의 그늘 밑 어둠 속에 사는 우리에게 빛을 비추어 주시고 우리의 발걸음을 평화의 길로 이끌어 주시리라."

| 7 | 요셉에게 천사가 나타남 | 1,18 – 25 | | | |

20 요셉이 이런 생각을 하고 있을 무렵에 주의 천사가 꿈에 나타나서 "다윗의 자손 요셉아, 두려워하지 말고 마리아를 아내로 맞아 들이어라. 그의 태중에 있는 아기는 성령으로 말미암은 것이다.

| 8 | 예수탄생(베들레헴) | | | 2,1 – 7 | |

7 드디어 첫아들을 낳았다. 여관에는 그들이 머무를 방이 없었기 때문에 아기는 포대기에 싸서 말구유에 눕혔다

| 9 | 목동들의 경배와 찬양 | | | 2,1 – 7 | |

14 "하늘 높은 곳에는 하느님께 영광, 땅에서는 그가 사랑하시는 사람들에게 평화" 20 목자들은 자기들이 듣고 보고 한 것이 천사들에게 들은 바와 같았기 때문에 하느님의 영광을 찬양하며 돌아 갔다.

| 10 | 동방박사들의 경배 | 2,1 – 12 | | | |

9 동방에서 본 그 별이 그들을 앞서 가다가 마침내 그 아기가 있는 곳 위에 이르러 멈추었다. 10 이를 보고 그들은 대단히 기뻐하면서 11 그 집에 들어가 어머니 마리아와 함께 있는 아기를 보고 엎드려 경배하였다. 그리고 보물 상자를 열어 황금과 유향과 몰약을 예물로 드렸다.

번 호	사 건	마태오	마르코	루 카	요 한
11	예수의 성전봉헌, 시므온과 안나			2,21 - 38	

29 "주여, 이제는 말씀하신 대로 이 종은 평안히 눈감게 되었습니다. 30 주님의 구원을 제 눈으로 보았습니다. 31 만민에게 베푸신 구원을 보았습니다. 32 그 구원은 이방인들에게는 주의 길을 밝히는 빛이 되고 주의 백성 이스라엘에게는 영광이 됩니다."

| 12 | 이집트로 피난가는 예수의 가족 | 2,13 - 15 | | | |

13 주의 천사가 요셉의 꿈에 나타나서 "헤로데가 아기를 찾아 죽이려 하니 어서 일어나 아기와 아기 어머니를 데리고 에집트로 피신하여 내가 알려 줄 때까지 거기에 있어라" 하고 일러 주었다.

| 13 | 헤로데가 무죄한 아이들을 죽임 | 2,16 - 18 | | | |

18 "라마에서 들려 오는 소리, 울부짖고 애통하는 소리, 자식 잃고 우는 라헬, 위로마저 마다는 구나!" 하신 말씀이 이루어졌다.

| 14 | 나자렛으로 돌아온 예수 | 2,19 - 23 | | 2,39 - 40 | |

19 헤로데가 죽은 뒤에 주의 천사가 에집트에 있는 요셉의 꿈에 나타나서 20 "아기의 목숨을 노리던 자들이 이미 죽었으니 일어나 아기와 아기 어머니를 데리고 이스라엘 땅으로 돌아 가라" 하고 일러 주었다. 21 요셉은 일어나서 아기와 아기 어머니를 데리고 이스라엘 땅으로 돌아 왔다.

| 15 | 성전에서 예수를 잃어버리다 | | | 2,41 - 52 | |

48 어머니는 예수를 보고 "예야, 왜 이렇게 우리를 애태우느냐? 너를 찾느라고 아버지와 내가 얼마나 고생했는지 모른다" 고 말하였다. 49 그러자 예수는 "왜, 나를 찾으셨습니까? 나는 내 아버지의 집에 있어야 할 줄을 모르셨습니까?" 하고 대답하였다.

번호	사 건	마태오	마르코	루카	요한
16	광야의 세례자 요한	3,1 - 12	1,1 - 8	3,1 - 18	

3 "광야에서 외치는 이의 소리가 들린다. '너희는 주의 길을 닦고 그의 길을 고르게 하여라'" 고 기록되어 있는 대로 4 세례자 요한이 광야에 나타나 "회개하고 세례를 받아라. 그러면 죄를 용서받을 것이다" 하고 선포하였다.

17	예수의 세례	3,13 - 17	1,9 - 11	3,21 - 23	

15 예수께서 요한에게 "지금은 내가 하자는 대로 하여라. 우리가 이렇게 해야 하느님께서 원하시는 모든 일이 이루어진다" 하고 대답하셨다. 그제야 요한은 예수께서 하자시는 대로 하였다. 16 예수께서 세례를 받으시고 물에서 올라 오시자 홀연히 하늘이 열리고 하느님의 성령이 비둘기 모양으로 당신 위에 내려 오시는 것이 보였다. 17 그 때 하늘에서 이런 소리가 들려 왔다. "이는 내 사랑하는 아들, 내 마음에 드는 아들이다."

18	광야의 유혹	4,1 - 11	1,12 - 13		

"사람이 빵으로만 사는 것이 아니라 하느님의 입에서 나오는 모든 말씀으로 살리라' 고 하지 않았느냐?" 하고 대답하셨다. 그러자 예수께서는 "사탄아, 물러 가라! 성서에 '주님이신 너희 하느님을 경배하고 그분만을 섬겨라' 고 하시지 않았느냐?" 하고 대답하셨다.

19	세례자 요한의 증언				1,15 - 34

29 "이 세상의 죄를 없애시는 하느님의 어린 양이 저기 오신다. 30 내가 전에 내 뒤에 오시는 분이 한 분 계신데 그분은 사실은 내가 태어나기 전부터 계셨기 때문에 나보다 앞서신 분이라고 말한 것은 바로 이분을 두고 한 말이었다. 31 나도 이분이 누구신지 몰랐다. 그러나 내가 와서 물로 세례를 베푼 것은 이분을 이스라엘에게 알리려는 것이었다."

20	예수의 부르심				1,35 - 42

38 "너희가 바라는 것이 무엇이냐?" 하고 물으셨다. 41 그는 먼저 자기 형 시몬을 찾아 가 "우리가 찾던 메시아를 만났소" 하고 말하였다. (메시아는 그리스도라는 뜻이다) 42 그리고 시몬을 예수께 데리고 가자 예수께서 시몬을 눈여겨 보시며 "너는 요한의 아들 시몬이 아니냐? 앞으로 너를 게파라 부르겠다" 하고 말씀하셨다. (게파는 베드로 곧 바위라는 뜻이다.)

|번호|	사 건		마태오	마르코	루 카	요 한

21 필립보와 나타나엘   1,43 - 51

48 "필립
보가 너를 찾아 가기 전에 네가 무화과나무 아래 있는 것을 보았다." 예수께
서 이렇게 대답하시자 49 나타나엘은 "선생님, 선생님은 하느님의 아들이
시며 이스라엘의 왕이십니다" 하고 말하였다.

22 카나의 혼인잔치   2,1 - 12

6 유다
인들에게는 정결 예식을 행하는 관습이 있었는데 거기에는 그 예식에 쓰이
는 두세 동이들이 들어가는 돌항아리 여섯 개가 놓여 있었다. 7 예수께서 하인들에
게 "그 항아리마다 모두 물을 가득히 부어라" 하고 이르셨다.

예수의 공생활 제 1 기

23 성전정화   2,13 - 25

14 뜰에서
소와 양과 비둘기를 파는 장사꾼들과 환금상들이 앉아 있는 것을 보시고 15
밧줄로 채찍을 만들어 양과 소를 모두 쫓아내시고 환금상들의 돈을 쏟아
버리며 그 상을 둘러 엎으셨다. 16 그리고 비둘기 장수들에게 "이것들을 거
두어 가라. 다시는 내 아버지의 집을 장사하는 집으로 만들지 말라" 하고 꾸
짖으셨다. 17 이 광경을 본 제자들의 머리에는 '하느님이시여, 하느님의 집
을 아끼는 내 열정이 나를 불사르리이다' 하신 성서의 말씀이 떠올랐다.

24 니코데모와의 대화   3,1 - 21

3 "정말
잘 들어 두어라. 누구든지 새로 나지 아니하면 아무도 하느님의 나라를 볼
수 없다" 하고 말씀하셨다. 4 니고데모는 "다 자란 사람이 어떻게 다시 태
어날 수 있겠습니까? 다시 어머니 뱃속에 들어 갔다가 나올 수야 없지 않
습니까?" 하고 물었다. 5 "정말 잘 들어 두어라. 물과 성령으로 새로 나지
않으면 아무도 하느님 나라에 들어 갈 수 없다. 6 육에서 나온 것은 육이며
영에서 나온 것은 영이다.

25 예수가 유다에서 세례   3,22

22 예수
께서는 제자들과 함께 유다 지방으로 가셔서 그 곳에 머무르시면서 세례를
베푸셨다.

| 26 | 세례자 요한의 최후증언 | | | | 3,23 - 30 |

27 요한은 제자들에게 이렇게 말하였다. "사람은 하늘이 주시지 않으면 아무것도 받을 수 없다. 30 "그분은 더욱 커지셔야 하고 나는 작아져야 한다."

| 27 | 세례자 요한의 투옥 | | | 3,19 - 20 |

19 빛이 세상에 왔지만 사람들은 자기들의 행실이 악하여 빛보다 어둠을 더 사랑했다. 이것이 벌써 죄인으로 판결받았다는 것을 말해 준다. 20 과연 악한 일을 일삼는 자는 누구나 자기 죄상이 드러날까 봐 빛을 미워하고 멀리한다.

| 28 | 유다에서 갈릴래아로 | 4,12 | 1,14 | 4,14 - 15 | 4,1 - 3 |

1 예수께서 요한보다 더 많은 제자를 얻으시고 세례를 베푸신다는 소문이 바리사이파 사람들의 귀에 들어 갔다. 2 (사실은 예수께서 세례를 베푸신 것이 아니라 제자들이 베푼 것이었다.) 3 예수께서는 그것을 아시고 유다를 떠나 다시 갈릴래아로 가기로 하셨는데 4 그 곳으로 가자면 사마리아를 거쳐야만 하였다.

| 29 | 예수와 사마리아 여자 | | | | 4,4 - 42 |

13 예수께서는 "이 우물물을 마시는 사람은 다시 목마르겠지만 14 내가 주는 물을 마시는 사람은 영원히 목마르지 않을 것이다. 내가 주는 물은 그 사람 속에서 샘물처럼 솟아 올라 영원히 살게 할 것이다" 하셨다. 15 이 말씀을 듣고 그 여자는 "선생님 그 물을 저에게 좀 주십시오. 그러면 다시는 목마르지도 않고 물을 길으러 여기까지 나오지 않아도 되겠습니다" 하고 청하였다.

| 30 | 갈릴래아 전도 | 4,17 | 1,14 - 15 | 4,14 - 15 | 4,43 - 45 |

16 어둠 속에 앉은 백성이 큰 빛을 보겠고 죽음의 그늘진 땅에 사는 사람들에게 빛이 비치리라" 하신 말씀이 이루어졌다. 17 이 때부터 예수께서는 전도를 시작하시며 "회개하라. 하늘 나라가 다가 왔다" 하고 말씀하셨다. 18 예수께서 갈릴래아 호숫가를 걸어 가시다가 베드로라는 시몬과 안드레아 형제가 그물을 던지고 있는 것을 보셨다. 그들은 어부였다.

46 예수께서는 전에 물로 포도주를 만드신 적이 있는 갈릴래아의 가나에 다시 가셨다. 거기에 고관 한 사람이 있었는데 그의 아들이 가파르나움에서 앓아 누워 있었다.

예수의 공생활 제 2 기

28 회당에 모였던 사람들은 이 말씀을 듣고는 모두 화가 나서 29 들고 일어나 예수를 산 벼랑까지 끌고 가서 밀어 떨어뜨리려 하였다. 30 그러나 예수께서는 그들의 한가운데를 지나서 자기의 갈 길을 가셨다.

31 그 뒤 예수께서는 갈릴래아의 마을 가파르나움으로 내려 가셨다. 거기에서도 안식일에 사람들을 가르치셨는데 32 그 말씀에 권위가 있었기 때문에 듣는 사람마다 그 가르치심에 경탄하여 마지 않았다.

4 예수께서는 말씀을 마치시고 시몬에게 "깊은 데로 가서 그물을 쳐 고기를 잡아라" 하셨다. 5 시몬은 "선생님, 저희가 밤새도록 애썼지만 한 마리도 못 잡았습니다. 그러나 선생님께서 말씀하시니 그물을 치겠습니다" 하고 대답한 뒤 6 그대로 하였더니 과연 엄청나게 많은 고기가 걸려 들어 그물이 찢어질 지경이 되었다

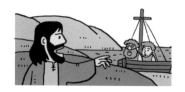

8 이것을 본 시몬 베드로는 예수의 발 앞에 엎드려 "주님, 저는 죄인입니다. 저에게서 떠나 주십시오" 하고 말하였다. 9 베드로는 너무나 많은 고기가 잡힌 것을 보고 겁을 집어 먹었던 것이다. 그는 동료들과 10 제베대오의 두 아들 야고보와 요한도 똑같이 놀랐는데 그들은 다 시몬에게 "두려워하지 말라. 너는 이제부터 사람들을 낚을 것이다" 하고 말씀하시자 11 그들은 배를 끌어다 호숫가에 대어 놓은 다음 모든 것을 버리고 예수를 따라 갔다.

번호	사 건	마태오	마르코	루 카	요 한
36	가파르나움에서 – 악령들린자 치유		1,21 – 28	4,33 – 37	

33 때마침 그 회당에 더러운 마귀가 들린 한 사람이 와 있다가 큰 소리로 34 "나자렛 예수님, 왜 우리를 간섭하시려는 것입니까? 우리를 없애려고 오셨습니까? 나는 당신이 누구신지 압니다. 하느님께서 보내신 거룩한 분이십니다" 하고 외쳤다. 35 예수께서는 "입을 다물고 이 사람에게서 썩 나가거라" 하고 꾸짖으셨다. 그러자 마귀는 사람들이 보는 앞에서 그 사람을 쓰러뜨리고 떠나 갔다.

| 37 | 베드로 장모의 치유 | 8,14 – 17 | 1,29 – 34 | 4,38 – 41 | |

38 예수께서는 회당을 떠나 시몬의 집으로 가셨다. 그 때 시몬의 장모가 마침 심한 열병으로 앓고 있었는데 사람들이 그 부인을 고쳐 달라고 간청하였다. 39 예수께서 그 부인 곁에 서서 열이 떨어지라고 명령하시자 부인은 열이 내려 곧 일어나서 사람들을 시중들었다.

| 38 | 두 번째 갈릴래아 전도 | 4,23 – 25 | 1,38 – 39 | 4,43 – 44 | |

22 그들은 곧 배를 버리고 아버지를 떠나 예수를 따라 갔다. 23 예수께서 온 갈릴래아를 두루 다니시며 회당에서 가르치고 하늘 나라의 복음을 선포하시며 백성 가운데서 병자와 허약한 사람들을 모두 고쳐 주셨다. 24 예수의 소문이 온 시리아에 퍼지자 사람들은 갖가지 병에 걸려 신음하는 환자들과 마귀 들린 사람들과 간질병자들과 중풍병자들을 예수께 데려 왔다. 예수께서는 그들을 모두 고쳐 주셨다.

| 39 | 나병환자 치유 | 8,1 – 4 | 1,40 – 45 | 5,12 – 16 | |

12 예수께서 어느 동네에 계실 때에 온 몸이 나병으로 문드러진 사람 하나가 나타났다. 그는 예수를 보자 땅에 엎드려 간청하며 "주님, 주님께서는 하시고자 하시면 저를 깨끗이 고쳐 주실 수 있으십니다" 하고 말씀드렸다. 13 예수께서 손을 내밀어 그에게 대시며 "그렇게 해 주마. 깨끗하게되어라" 하시자 곧 그의 나병이 깨끗이 나았다. 14 예수께서는 "아무에게도 이 일을 말하지 말고 다만 사제에게 가서 몸을 보이고 모세가 명한 대로 예물을 드려 네 몸이 깨끗해진 것을 사람들에게 증명하여라"

| 40 | 중풍병자 치유 | 9,2 – 8 | 2,2 – 12 | 5,18 – 26 | |

18 그 때 사람들이 중풍들린 사람을 침상에 눕혀 가지고 와서 예수 앞에 데리고 가려 하였으나 19 사람들이 많아서 병자를 안으로 데리고 들어 갈 수가 없었다. 그래서 그들은 지붕으로 올라가 기와를 벗겨 구멍을 내고 병자를 요에 눕힌 채 사람들에게 둘러 싸여 있는 예수 앞에 내려 보냈다.

번호	사 건	마태오	마르코	루 카	요 한
41	세리 마태오 부르심	9,9 – 13	2,13 – 17	5,27 – 32	

9 예수께서 그 곳을 떠나 길을 가시다가 마태오라는 사람이 세관에 앉아 있는 것을 보시고 "나를 따라 오라" 하고 부르셨다. 바리사이파 사람들은 예수의 제자들에게 "어찌하여 당신네 선생은 세리와 죄인들과 어울려 음식을 나누는 것이오?" 하고 물었다. 12 예수께서 이 말을 들으시고 "성한 사람에게는 의사가 필요하지 않으나 병자에게는 필요하다. 13 너희는 가서 '내가 바라는 것은 동물을 잡아 나에게 바치는 제사가 아니라 이웃에게 베푸는 자선이다' 하신 말씀이 무슨 뜻인가를 배워라. 나는 선한 사람을 부르러 온 것이 아니라 죄인을 부르러 왔다" 하고 말씀하셨다.

| 42 | 예루살렘 상경(유월절) | | | | 5,1 |

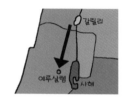

1 얼마 뒤에 유다인의 명절이 되어 예수께서 예루살렘에 올라 가셨다.

| 43 | 베짜타 못가의 병자치유 | | | | 5,2 – 16 |

6 예수께서 그 사람이 거기 누워 있는 것을 보시고 또 아주 오래된 병자라는 것을 아시고는 그에게 "낫기를 원하느냐?" 하고 물으셨다. 7 병자는 "선생님, 그렇지만 저에겐 물이 움직여도 물에 넣어 줄 사람이 없습니다. 그래서 저 혼자 가는 동안에 딴 사람이 먼저 못에 들어 갑니다." 하고 대답하였다.

| 44 | 아들의 권한과 아버지의증언 | | | | 5,17 – 47 |

24 "정말 잘 들어 두어라. 내 말을 듣고 나를 보내신 분을 믿는 사람은 영원한 생명을 얻을 것이다. 그 사람은 심판을 받지 않을 뿐만 아니라 이미 죽음의 세계에서 벗어나 생명의 세계로 들어 섰다.

| 45 | 밀이삭을 자른 제자들 – 안식일 논쟁 | 12,1 – 8 | 2,23 – 28 | 6,1 – 5 | |

27 예수께서는 이어서 이렇게 말씀하셨다. "안식일이 사람을 위하여 있는 것이지, 사람이 안식일을 위하여 있는 것은 아니다.

번 호	사 건	마태오	마르코	루카	요 한
46	오그라든 손을 펴주시다	12,9 – 13	3,1 – 5	6,6 – 10	

4 사람들을 향하여는 "안식일에 착한 일을 하는 것이 옳으냐? 악한일을 하는 것이 옳으냐? 사람을 살리는 것이 옳으냐? 죽이는 것이 옳으냐?" 하고 물으셨다. 그들은 말문이 막혔다. 5 예수께서는 그들의 마음이 완고한 것을 탄식하시며 노기 띤 얼굴로 그들을 둘러 보시고 나서 손이 오그라든 사람에게 "손을 펴라" 하고 말씀하셨다. 그가 손을 펴자 그 손은 이전처럼 성하게 되었다.

47	바리사이들의 음모	12,14	3,6	6,11	

6 그러나 바리사이파 사람들은 나가서 즉시 헤로데 당원들과 만나 예수를 없애 버릴 방도를 모의하였다.

48	열 두 제자의 선발	10,1 – 4	3,13 – 19	6,12 – 16	

13 예수께서 산에 올라가 마음에 두셨던 사람들을 부르셨다. 그들이 예수께 가까이 왔을 때에 14 예수께서는 열 둘을 뽑아 사도로 삼으시고 당신 곁에 있게 하셨다. 이것은 그들을 보내어 말씀을 전하게 하시고, 15 마귀를 쫓아내는 권한을 주시려는 것이었다.

49	산상설교	5,1 – 7. 29		6,20 – 49	

3 "마음이 가난한 사람은 행복하다. 하늘 나라가 그들의 것이다. 4 슬퍼하는 사람은 행복하다. 그들은 위로를 받을 것이다. 5 온유한 사람은 행복하다. 그들은 땅을 차지할 것이다. 6 옳은 일에 주리고 목마른 사람은 행복하다. 그들은 만족할 것이다. 7 자비를 베푸는 사람은 행복하다. 그들은 자비를 입을 것이다. 8 마음이 깨끗한 사람은 행복하다. 그들은 하느님을 뵙게 될 것이다. 9 평화를 위하여 일하는 사람은 행복하다. 그들은 하느님의 아들이 될 것이다. 10 옳은 일을 하다가 박해를 받는 사람은 행복하다. 하늘 나라가 그들의 것이다. 11 나 때문에 모욕을 당하고 박해를 받으며 터무니 없는 말로 갖은 비난을 다 받게 되면 너희는 행복하다. 12 기뻐하고 즐거워하여라. 너희가 받을 큰 상이 하늘에 마련되어 있다. 옛 예언자들도 너희에 앞서 같은 박해를 받았다." 13 "너희는 세상의 소금이다. 만일 소금이 짠 맛을 잃으면 무엇으로 다시 짜게 만들겠느냐? 그런 소금은 아무데도 쓸 데 없어 밖에 내버려 사람들에게 짓밟힐 따름이다. 14 너희는 세상의 빛이다. 산 위에 있는 마을은 드러나게 마련이다.

50	백부장의 하인 치유	8,5 – 14		7,2 – 10	

5 백인대장은 "주님, 저는 주님을 제 집에 모실 만한 자격이 없습니다. 그저 한 말씀만 하시면 제 하인이 낫겠습니다.

번호	사 건	마태오	마르코	루카	요한
51	다시살아난 과부의 아들			7,11 – 17	

13 주께서는 그 과부를 보시고 측은한 마음이 드시어 "울지 말라" 하고 위로하시며 14 앞으로 다가서서 상여에 손을 대시자 메고 가던 사람들이 걸음을 멈추었다. 그 때에 예수께서 "젊은이여, 일어나라" 하고 명령하셨다.

| 52 | 세례자 요한의 메시아 질문과 대답 | 11,2 – 6 | | 7,18 – 23 | |

5 소경이 보고 절름발이가 제대로 걸으며 나병 환자가 깨끗해지고 귀머거리가 들으며 죽은 사람이 살아나고 가난한 사람들에게 복음이 전하여진다. 6 나에게 의심을 품지 않는 사람은 행복하다." 7 요한의 제자들이 물러 간 뒤에 예수께서 군중에게 요한을 두고 이렇게 말씀하셨다. "너희는 무엇을 보러 나갔더냐? 바람에 흔들리는 갈대냐?" 8 아니면 무엇을 보러 나갔더냐? 화려한 옷을 입은 사람이냐? 화려한 옷을 입은 사람은 왕궁에 있다.

| 53 | 코라진과 벳사이다 | 11,20 – 24 | | | |

20 예수께서 기적을 가장 많이 행하신 동네에서 회개하지 않으므로 그 동네들을 꾸짖으셨다. 21 "코라진아, 너는 화를 입으리라. 베싸이다야, 너도 화를 입으리라. 너희에게 베푼 기적들을 띠로와 시돈에서 보였더라면 그들은 벌써 베옷을 입고 재를 머리에 들쓰고 회개하였을 것이다.

| 54 | 향유를 부은 여인 | | | 7,36 – 48 | |

47 잘 들어 두어라. 이 여자는 이토록 극진한 사랑을 보였으니 그만큼 많은 죄를 용서받았다. 적게 용서받은 사람은 적게 사랑한다." 48 그리고 예수께서는 그 여자에게 "네 죄는 용서받았다" 하고 말씀하셨다.

| 55 | 빚을 탕감받은 두 사람 | | | 7,41 – 43 | |

41 "어떤 돈놀이꾼에게 빚을 진 사람 둘이 있었다. 한 사람은 오백 데나리온을 빚졌고 또 한 사람은 오십 데나리온을 빚졌다. 42 이 두 사람이 다 빚을 갚을 힘이 없었기 때문에 돈놀이꾼은 그들의 빚을 다 탕감해 주었다. 그러면 그 두 사람 중에 누가 더 그를 사랑하겠느냐?" 43 시몬은 "더 많은 빚을 탕감받은 사람이겠지요" 하였다. 예수께서는 "옳은 생각이다" 하시고…

번호	사건	마태오	마르코	루카	요한
56	세 번째 갈릴래아 전도			8,1 – 3	

1 그 뒤 예수께서는 여러 도시와 마을을 두루 다니시며 하느님 나라를 선포하시고 그 복음을 전하셨는데 열두 제자도 같이 따라 다녔다. 2 또 악령이나 질병으로 시달리다가 나온 여자들도 따라 다녔는데 그들 중에는 일곱 마귀가 나간 막달라 여자라고 하는 마리아,

| 57 | 베엘제불과 성령 | 12,24 – 37 | 3,22 – 30 | 11,14 – 20 | |

14 예수께서 벙어리마귀 하나를 쫓아내셨는데 마귀가 나가자 벙어리는 곧 말을 하게 되었다. 군중은 이것을 보고 깜짝 놀랐다. 15 그러나 더러는 "그는 마귀의 두목 베엘제불의 힘을 빌어 마귀들을 쫓아낸다" 고 말하였으며 16 또 예수의 속을 떠보려고 하늘에서 오는 기적을 보여 달라고 하는 사람도 있었다.

| 58 | 기적을 요구하는 세대 | 12,38 – 45 | | | |

38 그 때에 율법학자와 바리사이파 사람 몇이 예수께 "선생님, 우리에게 기적을 보여 주셨으면 합니다" 하고 말하자 39 예수께서 이렇게 말씀하셨다. "악하고 절개 없는 이 세대가 기적을 요구하지만 예언자 요나의 기적 밖에는 따로 보여 줄 것이 없다. 40 요나가 큰 바다 괴물의 뱃속에서 삼 주야를 지냈던 것같이 사람의 아들도 땅 속에서 삼 주야를 보낼 것이다.

표징을 보고싶어요!

| 59 | 누가 어머니요 형제인가 | 12,46 – 50 | 3,31 – 35 | 8,19 – 21 | |

47 그래서 어떤 사람이 예수께 "선생님, 선생님의 어머님과 형제분들이 선생님과 이야기를 하시겠다고 밖에 서서 찾고 계십니다" 하고 알려 드렸다. 48 예수께서는 말을 전해 준 사람에게 "누가 내 어머니이며 내 형제들이냐?" 하고 물으셨다. 49 그리고 제자들을 가리키시며 "바로 이 사람들이 내 어머니이며 내 형제들이다. 50 하늘에 계신 내 아버지의 뜻을 실천하는 사람이면 누구나 다 내 형제요 자매요 어머니이다" 하고 말씀하셨다.

| 60 | 책망 받는 바리사이와 율법학자 | | | 11,37 – 54 | |

39 그래서 주께서 이렇게 말씀하셨다. "너희 바리사이파 사람들은 잔과 접시의 겉은 깨끗이 닦아 놓지만 속에는 착취와 사악이 가득 차 있다. 46 그러자 예수께서는 "너희 율법교사들도 화를 입을 것이다. 너희는 견디기 어려운 짐을 남에게 지워 놓고 자기는 그 짐에 손가락 하나 대지 않는다.

| **61** | 어리석은 부자의 비유 | | | 12,16 – 20 | |

18 '옳지! 좋은 수가 있다. 내 창고를 헐고 더 큰 것을 지어 거기에다 내 모든 곡식과 재산을 넣어 두어야지. 19 그리고 내 영혼에게 말하리라. 영혼아, 많은 재산을 쌓아 두었으니 너는 이제 몇 년 동안 걱정할 것 없다. 그러니 실컷 쉬고 먹고 마시며 즐겨라' 하고 말했다. 20 그러나 하느님께서는 '이 어리석은 자야, 바로 오늘 밤 네 영혼이 너에게서 떠나 가리라. 그러니 네가 쌓아 둔 것은 누구의 차지가 되겠느냐?' 고 하셨다.

| **62** | 먼저 하느님의 나라 | | | 12,22 – 32 | |

29 무엇을 먹을까 무엇을 마실까 하고 염려하며 애쓰지 말라. 30 그런 것들은 다 이 세상 사람들이 찾는 것이다. 너희의 아버지께서는 이 모든 것이 너희에게 있어야 할 것을 잘 알고 계신다. 31 너희는 먼저 하느님의 나라를 찾아라.

| **63** | 혼인잔치의 비유 | | | 12,36 – 38 | |

36 마치 혼인잔치에서 돌아 오는 주인이 문을 두드리면 곧 열어 주려고 기다리고 있는 사람들처럼 되어라. 37 주인이 돌아 왔을 때 깨어 있다가 주인을 맞이하는 종들은 행복하다. 그 주인은 띠를 매고 그들을 식탁에 앉히고 곁에 와서 시중을 들어 줄 것이다. 38 주인이 밤중에 오든 새벽녘에 오든 준비하고 있다가 주인을 맞이하는 종들은 얼마나 행복하겠느냐?

| **64** | 약은 청지기의 비유 | | | 12,42 – 48 | |

45 그러나 만일 그 종이 속으로 주인이 더디 오려니 하고 제가 맡은 남녀 종들은 때려 가며 먹고 마시고 술에 취하여 세월을 보낸다면 46 생각지도 않은 날 짐작도 못한 시간에 주인이 돌아 와서 그 종을 동강내고 불충한 자들이 벌받는 곳으로 처넣을 것이다. 47 자기 주인의 뜻을 알고도 아무런 준비를 하지 않았거나 주인의 뜻대로 하지 않은 종은 매를 많이 맞을 것이다.

| **65** | 불을 지르러 왔다 | | | 12,49 – 59 | |

49 "나는 이 세상에 불을 지르러 왔다. 이 불이 이미 타올랐다면 얼마나 좋았겠느냐? 50 내가 받아야 할 세례가 있다. 이 일을 다 겪어 낼 때까지는 내 마음이 얼마나 괴로울지 모른다. 51 내가 이 세상을 평화롭게 하려고 온 줄로 아느냐? 아니다. 사실은 분열을 일으키러 왔다.

| 66 | 열매맺지 못하는 무화과 | | | 13,6 – 9 | |

7 그래서 포도원지기에게 '네가 이 무화과나무에서 열매를 따 볼까하고 벌써 삼 년째나 여기 왔으나 열매가 달린 것을 한번도 본 적이 없으니 아예 잘라 버려라. 쓸데 없이 땅만 썩일 필요가 어디 있겠느냐?' 하였다.

| 67 | 씨뿌리는 사람의 비유 | 13,3 – 9 | 4,3 – 20 | 8,4 – 15 | |

15 길바닥에 떨어졌다는 것은 마음 속에 뿌려지는 그 말씀을 듣기는 하지만 날쌔게 달려드는 사탄에게 그것을 빼앗겨 버리는 사람들을 두고 하는 말이다. 16 씨가 돌밭에 떨어졌다는 것은 그 말씀을 듣고 기꺼이 받아 들이기는 하지만 17 그 마음 속에 뿌리가 내리지 않아 오래 가지 못하고 그 후에 말씀 때문에 환난이나 박해를 당하게 되면 곧 넘어지는 사람들을 두고 하는 말이다. 18 그리고 씨가 가시덤불 속에 떨어졌다는 것은 그 말씀을 듣기는 하지만 19 세상 걱정과 재물의 유혹과 그 밖의 여러 가지 욕심이 들어 와서 그 말씀을 가로막아 열매를 맺지 못하는 사람들을 두고 하는 말이다. 20 그러나 씨가 좋은 땅에 떨어졌다는 것은 그 말씀을 듣고 잘 받아들여 삼십 배, 육십 배, 백 배의 열매를 맺는 사람들을 두고하는 말이다."

| 68 | 가라지의 비유 | 13,24 – 30 | | | |

29 주인은 '가만 두어라. 가라지를 뽑다가 밀까지 뽑으면 어떻게 하겠느냐? 30 추수 때까지 둘 다 함께 자라도록 내버려 두어라. 추수 때에 내가 추수꾼에게 일러서 가라지를 먼저 뽑아 단으로 묶어 불에 태워 버리게 하고 밀은 내 곳간에 거두어 들이게 하겠다' 고 대답하였다."

| 69 | 겨자씨의 비유 | 13,31 – 32 | 4,31 – 32 | 13,18 – 19 | |

31 하늘 나라는 겨자씨에 비길 수 있다. 어떤 사람이 밭에 겨자씨를 뿌렸다. 32 겨자씨는 모든 씨앗 중에서 가장 작은 것이지만 싹이 트고 자라나면 어느 푸성귀보다도 커져서 공중의 새들이 날아 와 그 가지에 깃들일 만큼 큰 나무가 된다."

| 70 | 누룩의 비유 | 13,33 | | 13,20 – 21 | |

33 예수께서 또 다른 비유를 그들에게 말씀하셨다. "어떤 여자가 누룩을 밀가루 서 말 속에 집어 넣었더니 온통 부풀어 올랐다. 하늘 나라는 이런 누룩에 비길 수 있다."

| 71 | 보물과 진주, 그물 | 13,44 – 51 | | | |

44 "하늘 나라는 밭에 묻혀 있는 보물에 비길 수 있다. 그 보물을 찾아 낸 사람은 그것을 다시 묻어 두고 기뻐하며 돌아 가서 있는 것을 다 팔아 그 밭을 산다."

| 72 | 잔잔해진 풍랑 | 8,24 – 27 | 4,37 – 41 | 8,23 – 25 | |

24 그 때 마침 바다에 거센 풍랑이 일어나 배가 물결에 뒤덮이게 되었는데 예수께서는 주무시고 계셨다. 25 제자들이 곁에 가서 예수를 깨우며 "주님, 살려 주십시오. 우리가 죽게 되었습니다" 하고 부르짖었다. 26 예수께서 그들에게 "그렇게도 믿음이 없느냐? 왜 그렇게 겁이 많으냐?" 하시며 일어나서 바람과 바다를 꾸짖으시자 사방이 아주 고요해졌다.

| 73 | 마귀와 돼지떼 | 8,28 – 34 | 5,1 – 20 | 8,26 – 39 | |

29 그런데 그들은 갑자기 "하느님의 아들이여, 어찌하여 우리를 간섭하시려는 것입니까? 때가 되기도 전에 우리를 괴롭히려고 여기 오셨습니까?" 하고 소리질렀다. 30 마침 거기에서 조금 떨어진 곳에 놓아 기르는 돼지떼가 우글거리고 있었는데 31 마귀들은 예수께 "당신이 우리를 쫓아 내시려거든 저 돼지 속으로나 들여 보내 주십시오" 하고 간청하였다.

| 74 | 12년 동안 하혈한 여인 | 9,20 – 22 | | | |

22 예수께서 돌아 서서 그 여자를 보시고 "안심하여라, 네 믿음이 너를 낫게 하였다" 하고 말씀하시자 그 여자는 대뜸 병이 낳았다.

| 75 | 회당장 야이로의 딸 – 죽음과 소생 | 9,18 – 26 | 5,22 – 43 | 8,41 – 56 | |

42 그의 열 두 살 쯤 된 외딸이 거의 죽게 되었던 것이다. 예수께서 그 집으로 가실 때 군중이 그를 에워 싸고 떠밀며 쫓아 갔다. 43 그들 중에는 열 두 해 동안이나 하혈병을 앓고 있는 여자가 있었다. 그 여자는 여러 의사에게 보이느라고 가산마저 탕진하였지만 아무도 그 병을 고쳐 주지 못하였다.

76 | 소경 두 사람의 치유 | 9,27 – 34 | | |

27 소경 두 사람이 따라 오면서 "다윗의 자손이여, 저희에게 자비를 베풀어 주십시오" 하고 소리쳤다. 28 예수께서 집 안으로 들어 가시자 그들은 거기까지 따라 들어 왔다. 그래서 예수께서 "내가 너희의 소원을 이루어 줄 수 있다고 믿느냐?" 하고 물으셨다. "예, 믿습니다, 주님" 하고 그들이 대답하자 29 예수께서는 그들의 눈을 만지시며 "너희가 믿는 대로 될 것이다" 하고 말씀하셨다. 30 그러자 그들의 눈이 뜨이었다. 예수께서 그 일을 아무에게도 알리지 말라고 단단히 일러 두셨지만 31 그들은 나가서 예수의 소문을 그 지방에 두루 퍼뜨렸다.

예수의 공생활 제 3기

77 | 고향에서 배척받은 예수 | 13,53 – 58 | 6,1 – 6 | |

53 예수께서는 이 비유들을 다 말씀하시고 나서 그 곳을 떠나 54 고향으로 가셔서 회당에서 가르치셨다. 사람들은 놀라며 "저 사람이 저런 지혜와 능력을 어디서 받았을까? 55 저 사람은 그 목수의 아들이 아닌가? 어머니는 마리아요, 그 형제들은 야고보, 요셉, 시몬, 유다가 아닌가? 56 그리고 그의 누이들은 모두 우리 동네 사람들이 아닌가? 그런데 저런 모든 지혜와 능력이 어디서 생겼을까?" 하면서 57 예수를 도무지 믿으려 하지 않았다. 예수께서는 그들에게 "어디서나 존경을 받는 예언자도 제 고향과 제 집에서만은 존경을 받지 못한다" 하고 말씀하셨다.

78 | 열 두 제자의 파견 | 10,5 – 42 | 6,7 – 13 | 9,1 – 6 |

8 그리고 여행하는 데 지팡이 외에는 아무것도 지니지 말라고 하시며 먹을 것이나 자루도 가지지 말고 전대에 돈도 지니지 말며 9 신발은 신고 있는 것을 그대로 신고 속옷은 두 벌씩 껴입지 말라고 분부하셨다. 10 그리고 이렇게 말씀하셨다. "어디서 누구의 집에 들어 가든지 그 고장을 떠나기까지 그 집에 머물러 있어라. 11 그러나 너희를 환영하지 않거나 너희의 말을 듣지 않는 고장이 있거든 그 곳을 떠나면서 그들을 경고하는 표시로 너희의 발에서 먼지를 털어 버려라." 12 이 말씀을 듣고 열 두 제자는 나가서 사람들에게 회개하라고 가르치며 13 마귀들을 많이 쫓아내고 수많은 병자들에게 기름을 발라 병을 고쳐 주었다.

79 | 세 번째 갈릴래아 여행 | 9,35 – 38 | 6,6 | 9,7 – 9 |

35 예수께서는 모든 도시와 마을을 두루 다니시며 가시는 곳마다 회당에서 가르치시고 하늘 나라의 복음을 선포하셨다. 그리고 병자와 허약한 사람들을 모두 고쳐 주셨다. 36 또 목자 없는 양과 같이 시달리며 허덕이는 군중을 보시고 불쌍한 마음이 들어 37 제자들에게 이렇게 말씀하셨다. "추수할 것은 많은데 일꾼이 적으니 38 그 주인에게 추수할 일꾼들을 보내 달라고 청하여라."

80 | 헤로데의 오해 | 14,1 – 2 | 6,14 – 16 | |

14 예수의 이름이 널리 알려져 마침내 그 소문이 헤로데왕의 귀에 들어 갔다. 어떤 사람들은 "그에게서 그런 기적의 힘이 나타나는 것을 보면 죽은 세례자 요한이 다시 살아난 것이 틀림없다" 고 말하는가 하면 15 더러는 엘리야라고도 하고, 또 더러는 옛 예언자들과 같은 예언자라고도 하였다. 16 그러나 예수의 소문을 들은 헤로데왕은 "바로 요한이다. 내가 목을 벤 요한이 다시 살아난 것이다" 하고 말하였다.

번호	사 건	마태오	마르코	루 카	요 한
81	요한의 투옥과 죽음	14,6 – 12	6,21 – 29		

6 그 무렵에 마침 헤로데의 생일이 돌아 와서 잔치가 벌어졌는데 헤로디아의 딸이 잔치 손님들 앞에서 춤을 추어 헤로데를 매우 기쁘게 해 주었다. 7 그래서 헤로데는 소녀에게 무엇이든지 청하는 대로 주겠다고 맹세하며 약속하였다. 8 그러자 소녀는 제 어미가 시키는 대로 "세례자 요한의 머리를 쟁반에 담아서 이리 가져다 주십시오" 하고 청하였다.

| 82 | 열 두 제자의 귀환 | | 6,30 – 31 | | |

30 사도들이 돌아 와서 자기들이 한 일과 가르친 것을 예수께 낱낱이 보고하였다. 31 예수께서는 제자들에게 "따로 한적한 곳으로 가서 함께 좀 쉬자" 고 말씀하셨다. 찾아 오는 사람이 너무 많아서 그들은 음식을 먹을 겨를조차 없었던 것이다. 32 예수의 일행은 배를 타고 따로 한적한 곳을 찾아 떠났다.

| 83 | 오천 명을 먹이신 기적 | 14,15 – 32 | 6,35 – 44 | 9,12 – 17 | 6,1 – 15 |

5 예수께서는 큰 군중이 자기에게 몰려 오는 것을 보시고 필립보에게 "이 사람들을 다 먹일 만한 빵을 우리가 어디서 사올 수 있겠느냐?" 하고 물으셨다. 6 이것은 단지 필립보의 속을 떠보려고 하신 말씀이었고 예수께서는 하실 일을 이미 마음 속에 작정하고 계셨던 것이다. 7 필립보는 "이 사람들에게 빵을 조금씩이라도 먹이자면 이백 데나리온어치를 사온다 해도 모자라겠습니다" 하고 대답하였다. 8 제자 중의 하나이며 시몬 베드로의 동생인 안드레아는 9 "여기 왠 아이가 보리빵 다섯 개와 작은 물고기 두 마리를 가지고 있습니다마는 이렇게 많은 사람에게 무슨 소용이 되겠습니까?" 하고 말하였다. 10 예수께서 그들에게 "사람들을 모두 앉혀라" 하고 분부하셨다. 마침 그 곳에는 풀이 많았는데 거기에 앉은 사람은 남자만 약 오천 명이나 되었다. 11 그 때 예수께서는 손에 빵을 드시고 감사의 기도를 올리신 다음 거기 앉아 있는 사람들에게 달라는 대로 나누어 주시고 다시 물고기도 그와 같이 하여 나누어 주셨다. 12 사람들이 모두 배불리 먹고 난 뒤에 예수께서는 제자들에게 "조금도 버리지 말고 남은 조각을 다 모아 들여라" 하고 이르셨다. 13 그래서 보리빵 다섯 개를 먹고 남은 부스러기를 제자들이 모았더니 열 두 광주리에 가득 찼다.

| 84 | 물 위를 걸으신 기적 | 14,22 – 33 | 6,45 – 52 | | |

27 예수께서 제자들을 향하여 "나다, 안심하여라. 겁낼 것 없다" 하고 말씀하셨다. 28 베드로가 예수께 "주님이십니까? 그러시다면 저더러 물 위로 걸어 오라고 하십시오" 하고 소리쳤다. 29 예수께서 "오너라" 하시자 베드로는 배에서 내려 물 위를 밟고 그에게로 걸어 갔다. 30 그러다가 거센 바람을 보자 그만 무서운 생각이 들어 물에 빠져 들게 되었다. 그는 "주님, 살려주십시오!" 하고 비명을 질렀다. 31 예수께서 곧 손을 내밀어 그를 붙잡으시며 "왜 의심을 품었느냐? 그렇게도 믿음이 약하냐?" 하고 말씀하셨다. 32 그리고 함께 배에 오르시자 바람이 그쳤다.

번호	사 건	마태오	마르코	루 카	요 한

85 겐네사렛에서의 치유   14,34 – 36

34 그들이 바다를 건너 겐네사렛 땅에 이르렀을 때에 35 그 곳 사람들이 예수를 알아 보고 그 부근 지방에 두루 사람을 보내어 온갖 병자들을 다 데려 왔다. 36 그리고 그들은 병자들이 예수의 옷자락만이라도 만지게 해 달라고 청하였다. 만진 사람은 모두 깨끗이 나았다.

86 유다인들의 전통논쟁   15,1 – 9   7,1 – 13

7 이 위선자들아, 이사야는 바로 너희를 두고 이렇게 예언하였다. 8 '이 백성이 입술로는 나를 공경하여도 마음은 나에게서 멀리 떠나 있구나! 9 그들은 나를 헛되이 예배하며 사람의 계명을 하느님의 것인 양 가르친다."

87 티로와 시돈에서 가나안 여인을 치유   15,21 – 28   7,24 – 30

26 예수께서는 "자녀들이 먹을 빵을 강아지에게 던져 주는 것은 옳지 않다" 하며 거절하셨다. 27 그러자 그 여자는 "주님, 그렇긴 합니다마는 강아지도 주인의 상에서 떨어지는 부스러기는 주워 먹지 않습니까?" 하고 말하였다. 28 그제야 예수께서는 "여인아! 참으로 네 믿음이 장하다. 네 소원대로 이루어질 것이다" 하고 말씀하셨다. 바로 그 순간에 그 여자의 딸이 나았다.

88 데카폴리스에서 갈릴래아로   7,30

30 그 뒤 예수께서는 띠로 지방을 떠나 시돈에 들르셨다가 데카폴리스 지방을 거쳐 갈릴래아 호수로 돌아 오셨다.

89 귀먹은 반벙어리의 치유   7,31 – 36

31 그 때에 사람들이 귀먹은 반벙어리를 예수께 데리고 와서 그에게 손을 얹어 주시기를 청하였다. 32 예수께서는 그 사람을 군중 사이에서 따로 불러내어 손가락을 그의 귓 속에 넣으셨다가 침을 발라 그의 혀에 대시고 33 하늘을 우러러 한숨을 내쉰 다음 "에파타" 하고 말씀하셨다. "열려라" 라는 뜻이었다. 34 그러자 그는 귀가 열리고 혀가 풀려서 말을 제대로 하게 되었다. 35 예수께서는 이 일을 아무에게도 말하지 말라고 엄하게 이르셨으나 그럴수록 사람들은 더욱 더 널리 소문을 퍼뜨렸다. 36 사람들은 "귀머거리를 듣게 하시고 벙어리도 말을 하게 하시니 그분이 하시는 일은 놀랍기만 하구나" 하며 경탄하여 마지 않았다.

| 90 | 치유와 기적 – 갈릴래아호수 | 15,29 – 31 | | | |

29 예수께서 그 곳을 떠나 갈릴래아 호숫가를 지나서 산에 올라 가 앉으셨다. 30 그러자 많은 군중이 절름발이와 소경과 곰배팔이와 벙어리와 그 밖의 많은 병자를 예수의 발 앞에 데려다 놓았다. 예수께서는 그들을 다 고쳐 주셨다. 31 그리하여 벙어리가 말을 하고 곰배팔이가 성해지고 절름발이가 제대로 걷고 소경이 눈을 뜬 것을 군중이 보고 크게 놀라 이스라엘의 하느님을 찬양하였다.

| 91 | 사천명을 먹이신 기적 | 15,32 – 38 | 8,1 – 9 | | |

32 그 때에 예수께서 제자들을 불러 "이 많은 사람들이 벌써 사흘 동안이나 나와 함께 지내면서 아무것도 먹지 못하였으니 참 보기에 안 되었구나. 가다가 길에서 쓰러질지도 모르니 그들을 굶겨 보내서야 되겠느냐?" 하고 말씀하셨다. 33 제자들이 "이런 외딴 곳에서 이 많은 사람들을 배불리 먹일 만한 빵을 어떻게 구하겠습니까?" 하자 34 예수께서 "빵이 몇 개나 있느냐?" 하고 물으셨다. 그들이 "빵 일곱 개와 작은 물고기 몇 마리뿐입니다" 하니까 35 예수께서는 사람들을 땅에 앉게 하시고 36 빵 일곱 개와 물고기를 손에 들고 하느님께 감사의 기도를 드리신 다음 떼어서 제자들에게 주셨다. 제자들은 그것을 사람들에게 나누어 주었다. 37 사람들은 모두 배불리 먹었다. 그리고 남은 조각을 주워 모으니 일곱 바구니에 가득 찼다. 38 먹은 사람은 여자와 어린이들 외에 남자만도 사천 명이나 되었다.

| 92 | 기적을 요구하는 유다인들 | 16,1 – 4 | 8,10 – 12 | | |

1 바리사이파 사람들과 사두가이파 사람들이 와서 예수의 속을 떠 보려고 하느님의 인정을 받았다는 표가 될 만한 기적을 보여 달라고 하자 2 예수께서 이렇게 대답하셨다. "너희는 저녁 때에는 '하늘이 붉은 것을 보니 날씨가 맑겠구나' 하고
3 아침에는 '하늘이 붉고 흐린 것을 보니 오늘은 날씨가 궂겠구나' 한다. 이렇게 하늘을 보고 날씨는 분별할 줄 알면서 왜 시대의 징조는 분별하지 못하느냐? 4 악하고 절개 없는 이 세대가 기적을 요구하나 요나의 기적밖에는 따로 보여 줄 것이 없다." 그리고 나서 예수께서는 그들을 뒤에 두고 떠나 가셨다.

| 93 | 벳사이다에서 맹인을 치유 | | 8,22 – 26 | | |

23 예수께서는 소경의 손을 잡고 마을 밖으로 데리고 나가서 그의 두 눈에 침을 바르고 손을 얹으신 다음 "무엇이 좀 보이느냐?" 하고 물으셨다. 24 그러자 그는 눈을 뜨면서 "나무 같은 것이 보이는데 걸어 다니는걸 보니 아마 사람들인가 봅니다" 하고 대답하였다. 25 예수께서 다시 그의 눈에 손을 대시자 눈이 밝아지고 완전히 성해져서 모든 것을 똑똑히 보게 되었다.

| 94 | 베드로의 신앙고백(가이사 -) | 16,13 - 20 | 8,27 - 30 | 9,18 - 21 | |

13 예수께서 필립보의 가이사리아 지방에 이르렀을 때에 제자들에게 "사람의 아들을 누구라고 하더냐?" 하고 물으셨다. 14 "어떤 사람들은 세례자 요한이라고 하고 어떤 사람들은 엘리야라하고 또 예레미야나 예언자 가운데 한 분이라고 하는 사람들도 있습니다." 제자들이 이렇게 대답하자 15 예수께서 이번에는 "그러면 너희는 나를 누구라고 생각하느냐?" 하고 물으셨다. 16 "선생님은 살아 계신 하느님의 아들 그리스도이십니다." 시몬 베드로가 이렇게 대답하자 17 예수께서는 "시몬 바르요나, 너에게 그것을 알려 주신 분은 사람이 아니라 하늘에 계신 내 아버지시니 너는 복이 있다. 18 잘 들어라. 너는 베드로이다. 내가 이 반석 위에 내 교회를 세울 터인즉 죽음의 힘도 감히 그것을 누르지 못할 것이다. 19 또 나는 너에게 하늘 나라의 열쇠를 주겠다. 네가 무엇이든지 땅에서 매면 하늘에도 매여 있을 것이며 땅에서 풀면 하늘에도 풀려 있을 것이다" 하고 말씀하셨다.

| 95 | 예수의 죽음과 부활예고 | 16,21 - 28 | 8,31 - 38 | 9,22 - 27 | |

21 그 때부터 예수께서는 제자들에게 자신이 반드시 예루살렘에 올라가 원로들과 대사제들과 율법학자들에게 많은 고난을 받고 그들의 손에 죽었다가 사흘 만에 다시 살아날 것임을 알려 주셨다. 22 베드로는 예수를 붙들고 "주님, 안 됩니다. 결코 그런 일이 있어서는 안 됩니다" 하고 말리었다. 23 그러나 예수께서는 베드로를 돌아다 보시고 "사탄아, 물러가라. 너는 나에게 장애물이다. 너는 하느님의 일을 생각하지 않고 사람의 일만을 생각하는구나" 하고 꾸짖으셨다. 24 그리고 제자들에게 이렇게 말씀하셨다. "나를 따르려는 사람은 누구든지 자기를 버리고 제 십자가를 지고 따라야 한다. 25 제 목숨을 살리려고 하는 사람은 잃을 것이며 나를 위하여 제 목숨을 잃는 사람은 얻을 것이다. 26 사람이 온 세상을 얻는다 해도 제 목숨을 잃으면 무슨 소용이 있겠느냐? 사람의 목숨을 무엇과 바꾸겠느냐?

| 96 | 타볼산의 변모 | 17,1 - 13 | 9,2 - 13 | 9,28 - 36 | |

2 엿새 후에 예수께서 베드로와 야고보와 요한만을 따로 데리시고 높은 산으로 올라 가셨다. 그 때 예수의 모습이 그들 앞에서 변하고 3 그 옷은 세상의 어떤 마전장이도 그보다 더 희게 할 수 없을 만큼 새하얗고 눈부시게 빛났다. 4 그런데 그 자리에는 엘리야가 모세와 함께 나타나서 예수와 이야기하고 있었다. 5 그 때 베드로가 나서서 "선생님, 저희가 여기서 지내면 얼마나 좋겠습니까! 여기에 초막 셋을 지어 하나는 선생님을 모시고 하나는 모세를, 하나는 엘리야를 모셨으면 합니다" 하고 예수께 말하였다. 6 베드로는 다른 제자들과 함께 겁에 질려서 무슨 말을 해야 좋을지 몰라 엉겁결에 그렇게 말했던 것이다. 7 바로 그 때에 구름이 일며 그들을 덮더니 구름 속에서 "이는 내 사랑하는 아들이니 너희는 그의 말을 잘 들어라" 하는 소리가 들려 왔다.

17 그들 가운데 한 사람이 나서서 "선생님, 악령이 들려 말을 못하는 제 아들을 선생님께 보이려고 데려 왔습니다. 18 악령이 한번 발작하면 그 아이는 땅에 딩굴며 거품을 내뿜고 이를 갈다가 몸이 뻣뻣해지고 맙니다. 그래서 선생님의 제자들에게 악령을 쫓아내 달라고 했더니 쫓아내지 못했습니다" 하였다. 19 예수께서는 "아, 이 세대가 왜 이다지도 믿음이 없을까! 내가 언제까지 너희와 함께 살며 이 성화를 받아야 한단 말이냐? 그 아이를 나에게 데려 오너라" 하셨다. 20 그들이 아이를 예수께 데려 오자 악령이 예수를 보고는 곧 아이에게 심한 발작을 일으키게 했다. 그래서 아이는 땅에 넘어져 입에 거품을 흘리며 딩굴었다.

21 그들이 갈릴래아에 모여 있을 때에 예수께서 이런 말씀을 하셨다. "사람의 아들은 멀지 않아 사람들에게 잡혀 22 그들의 손에 죽었다가 사흘 만에 다시 살아날 것이다." 이 말씀을 듣고 제자들은 매우 슬퍼하였다.

23 그들이 가파르나움에 이르렀을 때에 성전세를 받으러 다니는 사람들이 베드로에게 와서 "당신네 선생님은 성전세를 바칩니까?" 하고 물었다. 24 "예, 바치십니다." 베드로가 이렇게 대답하고 집에 들어 갔더니 예수께서 먼저 "시몬아, 너는 어떻게 생각하느냐? 세상 임금들이 관세나 인두세를 누구한테서 받아내느냐? 자기 자녀들한테서 받느냐? 남한테서 받느냐?" 하고 물으셨다. 25 "남한테서 받아냅니다" 하고 베드로가 대답하자 예수께서 다시 이렇게 말씀하셨다. "그렇다면 자녀들은 세금을 물지 않아도 되지 않겠느냐? 26 그러나 우리가 그들의 비위를 건드릴 것은 없으니 이렇게 하여라. 바다에 가서 낚시를 던져 맨 먼저 낚인 고기를 잡아 입을 열어 보아라. 그 속에 한 스타테르짜리 은전이 들어 있을 터이니 그것을 꺼내서 내 몫으로 갖다 내어라."

1 그 때에 제자들이 예수께 와서 "하늘 나라에서는 누가 가장 위대합니까?" 하고 물었다. 2 예수께서 어린이 하나를 불러 그들 가운데 세우시고 3 "나는 분명히 말한다. 너희가 생각을 바꾸어 어린이와 같이 되지 않으면 결코 하늘 나라에 들어가지 못할 것이다. 4 그리고 하늘 나라에서 가장 위대한 사람은 자신을 낮추어 이 어린이와 같이 되는 사람이다. 5 또 누구든지 나를 받아 들이듯이 이런 어린이 하나를 받아 들이는 사람은 곧 나를 받아 들이는 사람이다" 하고 대답하셨다.

101 잃은 양 한 마리의 비유 18,11 – 13

11 "너희의 생각은 어떠하냐? 어떤 사람에게 양 백 마리가 있었는데 그 중의 한 마리가 길을 잃었다고 하자. 그 사람은 아흔 아홉 마리를 산에 그대로 둔 채 그 길을 잃은 양을 찾아 나서지 않겠느냐? 12 나는 분명히 말한다. 그 양을 찾게 되면 그는 길을 잃지 않은 아흔 아홉 마리 양보다 오히려 그 한 마리 양 때문에 더 기뻐할 것이다. 13 이와 같이 하늘에 계신 너희의 아버지께서는 이 보잘 것 없는 사람들 가운데 하나라도 망하는 것을 원하시지 않는다."

102 무자비한 종의 비유 18,22 – 34

21 예수께서는 이렇게 대답하셨다. "일곱 번뿐 아니라 일곱 번씩 일흔 번이라도 용서하여라." 22 "하늘 나라는 이렇게 비유할 수 있다. 어떤 왕이 자기 종들과 셈을 밝히려 하였다. 23 셈을 시작하자 일만 달란트나 되는 돈을 빚진 사람이 왕 앞에 끌려 왔다. 24 그에게 빚을 갚을 길이 없었으므로 왕은 '네 몸과 네 처자와 너에게 있는 것을 다 팔아서 빚을 갚아라' 고 하였다. 25 이 말을 듣고 종이 엎드려 왕에게 절하며 '조금만 참아 주십시오. 곧 다 갚아 드리겠습니다' 하고 애걸하였다. 26 왕은 그를 가엾게 여겨 빚을 탕감해 주고 놓아 보냈다. 27 그런데 그 종은 나가서 자기에게 백 데나리온 밖에 안 되는 빚을 진 동료를 만나자 달려들어 멱살을 잡으며 '내 빚을 갚아라' 고 호통을 쳤다. 28 그 동료는 엎드려 '꼭 갚을 터이니 조금만 참아 주게' 하고 애원하였다. 29 그러나 그는 들어 주기는커녕 오히려 그 동료를 끌고 가서 빚진 돈을 다 갚을 때까지 감옥에 가두어 두었다. 30 다른 종들이 이 광경을 보고 매우 분개하여 왕에게 가서 이 일을 낱낱이 일러 바쳤다. 31 그러자 왕은 그 종을 불러 들여 '이 몹쓸 종아, 네가 애걸하기에 나는 그 많은 빚을 탕감해 주지 않았느냐? 32 그렇다면 내가 너에게 자비를 베푼 것처럼 너도 네 동료에게 자비를 베풀었어야 할 것이 아니냐?' 하며 33 몹시 노하여 그 빚을 다 갚을 때까지 그를 형리에게 넘겼다.

103 갈릴래아에서 유다지방으로 19,1 10,1 9,51 7,10 – 14

1 예수께서는 이 말씀을 마치시고 갈릴래아를 떠나 요르단강 건너편 유다 지방으로 가셨는데 2 사람들이 또 많이 몰려 왔으므로 거기서도 병자들을 고쳐 주셨다.

104 칠십 명의 제자파견 10,1 – 16

1 그 뒤 주께서 달리 일흔 두 제자를 뽑아 앞으로 찾아 가실 여러 마을과 고장으로 미리 둘씩 짝지어 보내시며 2 이렇게 분부하셨다. "추수할 것은 많은데 일꾼이 적으니 주인에게 추수할 일꾼들을 보내 달라고 청하여라. 3 떠나라. 이제 내가 너희를 보내는 것이 마치 어린 양을 이리떼 가운데 보내는 것과 같구나. 4 다닐 때 돈주머니도 식량자루도 신도 지니지 말 것이며 누구와 인사 하느라고 가던 길을 멈추지도 말라. 16 이렇게 꾸짖으시고 제자들에게 "너희의 말을 듣는 사람은 나의 말을 듣는 사람이고 너희를 배척하는 사람은 나를 배척하는 사람이며 나를 배척하는 사람은 나를 보내신 분을 배척하는 사람이다" 하고 말씀하셨다.

번호	사 건	마태오	마르코	루 카	요 한
105	주님을 따르려면	8,19 – 22		9,57 – 62	

너는 나를 따라라,
죽은 이들의 장사는 죽은 이들이
지내도록 내버려 두어라.

59 다른 사람에게 "나를 따라 오너라" 하고 말씀하시자 그는 "선생님, 먼저 집에 가서 아버지 장례를 치르게 해 주십시오" 하고 청하였다. 60 예수께서는 "죽은 자들의 장례는 죽은 자들에게 맡겨 두고 너는 가서 하느님 나라의 소식을 전하여라" 하셨다. 61 또 한 사람은 "선생님, 저는 선생님을 따르겠습니다. 그러나 먼저 집에 가서 식구들과 작별 인사를 나누게 해 주십시오" 하고 말하였다. 62 예수께서는 "쟁기를 잡고 뒤를 자꾸 돌아다 보는 사람은 하느님 나라에 들어 갈 자격이 없다" 하고 말씀하셨다.

| **106** | 초막절 예수의 가르침 | | | | 7,10 – 53 |

12 그리고 군중 사이에서는 예수를 두고 이러쿵 저러쿵 말들이 많았다. "그는 좋은 분이오" 하는 사람이 있는가 하면, "아니오, 그는 군중을 속이고 있소" 하는 사람도 있었다. 17 하느님의 뜻을 실천하려는 사람이면 이것이 하느님으로부터 나온 가르침인지 또는 내 생각에서 나온 가르침인지를 알것이다. 18 제 생각대로 말하는 사람은 자기 영광을 구하는 사람이다. 그러나 자기를 보내신 분의 영광을 위해서 힘쓰는 사람은 정직하며 그 속에 거짓이 없다. 24 겉모양을 보고 판단하지 말고 공정하게 판단하라." 37 그 명절의 고비가 되는 마지막 날에 예수께서는 일어서서 이렇게 외치셨다. "목마른 사람은 다 나에게 와서 마셔라. 38 나를 믿는 사람은 성서의 말씀대로 그 속에서 샘솟는 물이 강물처럼 흘러 나올 것이다." 39 이것은 예수께서 당신을 믿는 사람들이 받을 성령을 가리켜 하신 말씀이었다.

| **107** | 간음한 여인을 구하심 | | | | 8,1 – 11 |

7 그들이 하도 대답을 재촉하므로 예수께서는 고개를 드시고 "너희 중에 누구든지 죄없는 사람이 먼저 저 여자를 돌로 쳐라" 하시고 8 다시 몸을 굽혀 계속해서 땅바닥에 무엇인가 쓰셨다. 9 그들은 이 말씀을 듣자 나이 많은 사람부터 하나 하나 가 버리고 마침내 예수 앞에는 그 한가운데 서 있던 여자만이 남아 있었다. 10 예수께서 고개를 드시고 그 여자에게 "그들은 다 어디 있느냐? 너의 죄를 물던 사람은 아무도 없느냐?" 하고 물으셨다. 11 "아무도 없습니다. 주님." 그 여자가 이렇게 대답하자 예수께서는 "나도 네 죄를 묻지 않겠다. 어서 돌아 가라. 그리고 이제부터 다시는 죄짓지 말라." 하고 말씀하셨다.

| **108** | 착한 사마리아 사람 | | | 10,25 – 37 | |

25 어떤 율법교사가 일어서서 예수의 속을 떠보려고 "선생님, 제가 무슨 일을 해야 영원한 생명을 얻을 수 있겠습니까?" 하고 물었다. 26 예수께서는 "율법서에 무엇이라고 적혀 있으며 너는 그것을 어떻게 읽었느냐?" 하고 반문하셨다. 27 "'네 마음을 다하고 네 목숨을 다하고 네 힘을 다하고 네 생각을 다하여 주님이신 네 하느님을 사랑하라. 그리고 네 이웃을 네 몸같이 사랑하라' 고 하였습니다." 36 자, 그러면 이 세 사람 중에서 강도를 만난 사람의 이웃이 되어 준 사람은 누구였다고 생각하느냐?" 하고 대답하자 예수께서는 "너도 가서 그렇게 하여라" 하고 말씀하셨다.

109 주님을 따르려면   8,19 – 22   9,57 – 62

38 예수의 일행이 여행하다가 어떤 마을에 들렀는데 마르타라는 여자가 자기 집에 예수를 모셔 들였다. 39 그에게는 마리아라는 동생이 있었는데 마리아는 주님의 발치에 앉아서 말씀을 듣고 있었다. 40 시중드는 일에 경황이 없던 마르타는 예수께 와서 "주님, 제 동생이 저에게만 일을 떠맡기는데 이것을 보시고도 가만 두십니까? 마리아더러 저를 좀 거들어 주라고 일러 주십시오" 하고 말하였다. 41 그러나 주께서는 이렇게 대답하셨다. "마르타, 마르타, 너는 많은 일에 다 마음을 쓰며 걱정하지만 42 실상 필요한 것은 한 가지뿐이다. 마리아는 참 좋은 몫을 택했다. 그것을 빼앗아서는 안 된다."

110 한 밤중에 찾아온 친구   11,5 – 13

5 예수께서는 그들에게 또 이렇게 말씀하셨다. "너희 중 한 사람에게 어떤 친구가 있다고 하자. 한밤중에 그 친구를 찾아 가서 '여보게, 빵 세 개만 꾸어 주게. 6 내 친구 하나가 먼 길을 가다가 우리 집에 들렀는데 내어 놓을 것이 있어야지' 하고 사정을 한다면 7 그 친구는 안에서 '귀찮게 굴지 말게. 벌써 문을 닫아 걸고 아이들도 나도 다 잠자리에 들었으니 일어나서 줄 수가 없네' 하고 거절할 것이다. 8 잘 들어라. 이렇게 우정만으로는 일어나서 빵을 내어 주지 않겠지만 귀찮게 졸라대면 마침내는 자리에서 일어나 그의 청을 들어 주지 않겠느냐? 9 그러므로 나는 말한다. 구하여라, 받을 것이다. 찾아라, 얻을 것이다. 문을 두드려라, 열릴 것이다. 10 누구든지 구하면 받고 찾으면 얻고 문을 두드리면 열릴 것이다. 11 생선을 달라는 자식에게 뱀을 줄 아비가 어디 있겠으며 12 달걀을 달라는데 전갈을 줄 사람이 어디 있겠느냐? 13 너희가 악하면서도 자녀에게 좋은 것을 줄 줄 알거든 하늘에 계신 아버지께서야 구하는 사람에게 더 좋은 것 곧 성령을 주시지 않겠느냐?"

111 파견된 70제자의 귀환   10,17 – 24

17 일흔 두 제자가 기쁨에 넘쳐 돌아와 "주님, 저희가 주님의 이름으로 마귀들까지도 복종시켰습니다" 하고 아뢰었다. 18 예수께서 "나는 사탄이 하늘에서 번갯불처럼 떨어지는 것을 보았다. 19 내가 너희에게 뱀이나 전갈을 짓밟는 능력과 원수의 모든 힘을 꺾는 권세를 주었으니 이 세상에서 너희를 해칠 자는 하나도 없다. 20 그러나 악령들이 복종한다고 기뻐하기보다도 너희의 이름이 하늘에 기록된 것을 기뻐하여라" 하고 말씀하셨다.

112 태생소경의 치유   9,1 – 41

5 내가 이 세상에 있는 동안은 내가 세상의 빛이다." 6 이 말씀을 하시고 예수께서는 땅에 침을 뱉아 흙을 개어서 소경의 눈에 바르신 다음 7 "실로암 연못으로 가서 씻어라" 하고 말씀하셨다.(실로암은 "파견된 자" 라는 뜻이다)소경은 가서 얼굴을 씻고 눈이 밝아져서 돌아 왔다. 39 예수께서는 "내가 이 세상에 온 것은 보는 사람과 못 보는 사람을 가려, 못 보는 사람은 보게 하고 보는 사람은 눈멀게 하려는 것이다" 하고 말씀하셨다. 40 예수와 함께 있던 바리사이파 사람 몇이 이 말씀을 듣고 "그러면 우리들도 눈이 멀었던 말이오?" 하고 대들었다. 41 예수께서는 "너희가 차라리 눈먼 사람이라면 오히려 죄가 없을 것이다. 그러나 너희는 지금 눈이 잘 보인다고 하니 너희의 죄는 그대로 남아 있다" 하고 대답하셨다.

번호	사건	마태오	마르코	루카	요한
113	착한 목자의 비유				10,1 – 17

11 "나는 착한 목자이다. 착한 목자는 자기 양을 위하여 목숨을 바친다. 12 목자가 아닌 삯꾼은 양들이 자기 것이 아니기 때문에 이리가 가까이 오는 것을 보면 양을 버리고 도망쳐 버린다. 그러면 이리는 양들을 물어 가고 양떼는 뿔뿔이 흩어져 버린다. 13 그는 삯꾼이어서 양들을 조금도 생각하지 않기 때문이다. 14 나는 착한 목자이다. 나는 내 양들을 알고 내 양들도 나를 안다. 15 이것은 마치 아버지께서 나를 아시고 내가 아버지를 아는 것과 같다. 나는 내 양들을 위하여 목숨을 바친다.

| **114** | 유다인들에게 반대받는예수 | | | | 10,19 – 39 |

35 성경 말씀은 영원히 참되시다. 36 아버지께서는 나에게 거룩한 일을 맡겨 세상에 보내 주셨다. 너희는 내가 하느님의 아들이라고 한 말 때문에 하느님을 모독한다고 하느냐? 37 내가 아버지의 일을 하지 않고 있다면 나를 믿지 않아도 좋다. 38 그러나 내가 그 일을 하고 있으니 나를 믿지 않더라도 내가 하는 일만은 믿어야 할 것이 아니냐? 그러면 너희는 아버지께서 내 안에 계시고 또 내가 아버지 안에 있다는 것을 확실하게 알게 될 것이다." 39 그 때에 유다인들이 다시금 예수를 붙잡으려고 했으나 예수께서는 그들의 손에서 벗어나 몸을 피하셨다.

| **115** | 요르단 강을 건너가시다 | | | | 10,40 – 42 |

40 예수께서는 다시 요한이 전에 세례를 베풀던 요르단강 건너편으로 가시어 거기에 머무르셨다. 41 그 때 많은 사람들이 예수께 몰려 와서 서로 "요한은 기적을 보여 주지 못했지만 그가 이 사람에 관해서 한 말은 모두 사실이었다" 고 하면서 42 많은 사람이 거기에서 예수를 믿게 되었다.

| **116** | 죽은 라자로를 살리심 | | | | 11,1 – 46 |

1 마리아와 마르타 자매가 사는 베다니아 동네에 라자로라는 병자가 있었다. 2 앓고 있는 라자로는 마리아의 오빠였다. 마리아는 주님께 향유를 붓고 머리털로 주님의 발을 닦아 드린 적이 있는 여자였다. 3 마리아와 마르타는 예수께 사람을 보내어 "주님, 주님께서 사랑하시는 이가 앓고 있습니다" 하고 전했다. 9 예수께서는 "낮은 열 두 시간이나 되지 않느냐? 낮에 걸어 다니는 사람은 세상의 빛을 보기 때문에 걸려 넘어지지 않는다. 10 그러나 밤에 걸어 다니면 빛이 없기 때문에 걸려 넘어질 것이다" 하시며 11 이어서 "우리 친구 라자로가 잠들어 있으니 이제 내가 가서 깨워야겠다" 하고 말씀하셨다. 21 마르타는 예수께 이렇게 말하였다. "주님, 주님께서 여기에 계셨더라면 제 오빠는 죽지 않았을 것입니다. 22 그러나 지금이라도 주님께서 구하시기만 하면 무엇이든지 하느님께서 다 이루어 주실 줄 압니다." 25 예수께서는 "나는 부활이요 생명이니 나를 믿는 사람은 죽더라도 살겠고 26 또 살아서 믿는 사람은 영원히 죽지 않을 것이다. 너는 이것을 믿느냐?" 하고 물으셨다. 마르타는 27 "예, 주님. 주님께서는 이 세상에 오시기로 약속된 그리스도 이시며 하느님의 아드님이신 것을 믿습니다" 하고 대답하였다. 43 "라자로야, 나오너라" 하고 큰 소리로 외치시자 44 죽었던 사람이 밖으로 나왔는데 손발은 베로 묶여 있었고 얼굴은 수건으로 감겨 있었다. 예수께서 사람들에게 "그를 풀어 주어 가게 하여라" 하고 말씀하셨다.

번호	사 건	마태오	마르코	루 카	요 한
117	광야근처에서 에프라임으로				11,54

54 그래서 예수께서는 그 이상 더 유다 지방에서 드러나게 나다니지 않으시고 그 곳을 떠나 광야 근처에 있는 지방으로 가시어 제자들과 함께 에프라임이라는 동네에 머물러 계셨다.

| **118** | 갈릴래아 – 요르단강건너유다 | 19,1 – 2 | 10,1 | | |

1 예수께서는 이 말씀을 마치시고 갈릴래아를 떠나 요르단강 건너편 유다 지방으로 가셨는데 2 사람들이 또 많이 몰려 왔으므로 거기서도 병자들을 고쳐 주셨다.

| **119** | 18년간 불구였던 여인치유 | | | 13,10 – 17 | |

15 주께서 이 말을 들으시고 "이 위선자들아, 너희 가운데 누가 안식일이라 하여 자기 소나 나귀를 외양간에서 풀어내어 물을 먹이지 않느냐? 16 이 여자도 아브라함의 자손인데 십 팔 년 동안이나 사탄에게 매여 있었다. 그런데 안식일이라 하여 이 여자를 사탄의 사슬에서 풀어 주지 말아야 한단 말이냐?" 하셨다. 17 이 말씀에 예수를 반대하던 자들은 모두 망신을 당하였으나 군중은 예수께서 행하시는 온갖 훌륭한 일을 보고 모두 기뻐하였다.

| **120** | 구원에 이르는 좁은 문 | | | 13,23 – 30 | |

23 그런데 어떤 사람이 "선생님, 구원받을 사람은 얼마 안 되겠지요?" 하고 물었다. 예수께서 사람들에게 이렇게 대답하셨다. 24 "사실 많은 사람들이 구원의 문으로 들어 가려고 하겠지만 들어 가지 못할 것이다. 그러니 좁은 문으로 들어 가도록 있는 힘을 다하여라.

| **121** | 수종병자의 치유 | | | 14,1 – 6 | |

3 예수께서는 율법교사들과 바리사이파 사람들을 향하여 "안식일에 병을 고쳐 주는 일이 법에 어긋나느냐? 어긋나지 않느냐?" 하고 물으셨다. 5 그들에게 다시 물으셨다. "너희는 자기 아들이나 소가 우물에 빠졌다면 안식일이라고 하여 당장 구해내지 않고 내버려 두겠느냐?" 6 그들은 이 말씀에 아무 대답도 못하였다.

| 번 호 | 사 건 | 마태오 | 마르코 | 루 카 | 요 한 |

122 잔치에 초대받은 사람들   14,15 - 24

16 예수께서 이렇게 말씀하셨다. "어떤 사람이 큰 잔치를 준비하고 많은 사람들을 초대하였다. 17 잔치 시간이 되자 초대받은 사람들에게 자기 종을 보내어 준비가 다 되었으니 어서 오라고 전하였다. 18 그러나 초대받은 사람들은 한결같이 못 간다는 핑계를 대었다. 첫째 사람은 '내가 밭을 샀으니 거기 가 봐야 하겠소. 미안하오' 하였고 19 둘째 사람은 '나는 겨릿소 다섯 쌍을 샀는데 그것들을 부려 보러 가는 길이오. 미안하오' 하였으며 20 또 한 사람은 '내가 지금 막 장가들었는데 어떻게 갈 수가 있겠소?' 하고 말하였다. 21 집주인은 대단히 노하여 그 종더러 '어서 동네로 가서 한길과 골목을 다니며 가난한 사람, 불구자, 소경, 절름발이들을 이리로 데려 오너라' 하고 명령하였다. 24 잘 들어라. 처음에 초대받았던 사람들 중에는 내 잔치에 참여할 사람이 하나도 없을 것이다."

123 예수의 제자가 되려면   14,25 - 33

26 "누구든지 나에게 올 때 자기 부모나 처자나 형제 자매나 심지어 자기 자신마저 미워하지 않으면 내 제자가 될 수 없다. 27 그리고 누구든지 자기 십자가를 지고 나를 따라 오지 않으면 내 제자가 될 수 없다." 33 너희 가운데 누구든지 나의 제자가 되려면 자기가 가지고 있는 것을 모두 버려야 한다."

124 잃은 양의 비유   15,1 - 7

1 세리들과 죄인들이 모두 예수의 말씀을 들으려고 모여 들었다. 2 이것을 본 바리사이파 사람들과 율법학자들은 "저 사람은 죄인들을 환영하고 그들과 함께 음식까지 나누고 있구나!" 하며 못마땅해 하였다. 3 그래서 예수께서는 그들에게 비유로 말씀하셨다. 4 "너희 가운데 누가 양 백 마리를 가지고 있었는데 그 중에서 한 마리를 잃었다면 어떻게 하겠느냐? 아흔 아홉 마리는 들판에 그대로 둔 채 잃은 양을 찾아 헤매지 않겠느냐?

125 잃었던 은전의 비유   15,8 - 10

8 "또 어떤 여자에게 은전 열 닢이 있었는데 그 중 한 닢을 잃었다면 어떻게 하겠느냐? 그 여자는 등불을 켜고 집안을 온통 쓸며 그 돈을 찾기까지 샅샅이 다 뒤져 볼 것이다. 10 잘 들어 두어라. 이와 같이 죄인 하나가 회개하면 하느님의 천사들이 기뻐할 것이다."

126 탕자의 비유   15,11 - 32

21 아들은 '아버지, 저는 하늘과 아버지께 죄를 지었습니다. 이제 저는 감히 아버지의 아들이라고 할 자격이 없습니다' 하고 말하였다. 22 그렇지만 아버지는 하인들을 불러 '어서 제일 좋은 옷을 꺼내어 입히고 가락지를 끼우고 신을 신겨 주어라. 23 그리고 살찐 송아지를 끌어내다 잡아라. 먹고 즐기자! 24 죽었던 내 아들이 다시 살아 왔다. 잃었던 아들을 다시 찾았다' 하고 말했다. 그래서 성대한 잔치가 벌어졌다.

번호	사 건	마태오	마르코	루카	요 한

127 약은 청지기의 비유   16,1 – 13

13 "한 종이 두 주인을 섬길 수는 없다. 한 편을 미워하고 다른 편을 사랑하거나 또는 한 편을 존중하고 다른 편을 업신여기게 마련이다. 하느님과 재물을 함께 섬길 수는 없다."

128 부자와 라자로   16,19 – 31

25 아브라함은 '얘야, 너는 살아 있을 동안에 온갖 복을 다 누렸지만 라자로는 불행이란 불행을 다 겪지 않았느냐? 그래서 지금 그는 여기에서 위안을 받고 너는 거기에서 고통을 받는 것이다. 26 또한 너희와 우리 사이에는 큰 구렁텅이가 가로놓여 있어서 여기에서 너희에게 건너 가려 해도 가지 못하고 거기에서 우리에게 건너 오지도 못한다' 고 대답하였다.

129 죄의 유혹과 용서   17,1 – 4

1 예수께서 제자들에게 이렇게 말씀하셨다. "죄악의 유혹이 없을 수 없지만 남을 죄짓게 하는 사람은 참으로 불행하다. 2 이 보잘 것 없는 사람들 가운데 누구 하나라도 죄짓게 하는 사람은 그 목에 연자맷돌을 달고 바다에 던져져 죽는 편이 오히려 나을 것이다. 3 조심하여라. 네 형제가 잘못을 저지르거든 꾸짖고 뉘우치거든 용서해 주어라. 4 그가 너에게 하루 일곱 번이나 잘못을 저지른다 해도 그 때마다 너에게 와서 잘못했다고 하면 용서해 주어야 한다."

130 종의 의무   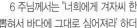 17,5 – 10

6 주님께서는 "너희에게 겨자씨 한 알만한 믿음이라도 있다면 이 뽕나무더러 '뿌리째 뽑혀서 바다에 그대로 심어져라' 하더라도 그대로 될 것이다" 하고 말씀하셨다. 10 너희도 명령대로 모든 일을 다 하고 나서는 '저희는 보잘 것 없는 종입니다. 그저 해야 할 일을 했을 따름입니다' 하고 말하여라."

131 예수의 재림에 대한 가르침   17,20 – 37

27 노아가 방주에 들어 간 바로 그 날까지 사람들은 먹고 마시고 장가들고 시집가고 하다가 마침내 홍수에 휩쓸려 모두 멸망하고 말았다. 28 또한 롯 시대와 같은 일도 일어날 것이다. 사람들은 먹고 마시고 사고 팔고 심고 집 짓고 하다가 29 롯이 소돔을 떠난 바로 그 날 하늘에서 불과 유황이 쏟아져 내리자 그들은 모두 멸망하고 말았다. 30 사람의 아들이 나타나는 날에도 이와 같은 일이 일어날 것이다." 31 "그 날 지붕에 올라 가 있던 사람은 집 안에 있는 세간을 꺼내려 내려 오지 말라. 밭에 있던 사람도 그와 같이 집으로 돌아가서는 안 된다. 32 롯의 아내를 생각해 보아라! 33 누구든지 제 목숨을 살리려는 사람은 잃을 것이며 제 목숨을 잃는 사람은 살릴 것이다.

132 과부와 불의한 재판관 | 18,1 - 8

7 하느님께서 택하신 백성이 밤낮 부르짖는데도 올바르게 판결해 주지 않으시고 오랫동안 그대로 내버려 두실 것 같으냐? 8 사실 하느님께서는 그들에게 지체없이 올바른 판결을 내려 주실 것이다. 그렇지만 사람의 아들이 올 때에 과연 이 세상에서 믿음을 찾아 볼 수 있겠느냐?"

133 바리사이와 세리의 기도 | 18,9 - 14

11 바리사이파 사람은 보라는 듯이 서서 '오, 하느님! 감사합니다. 저는 다른 사람들과는 달리 욕심이 많거나 부정직하거나 음탕하지 않을 뿐더러 세리와 같은 사람이 아닙니다. 12 저는 일주일에 두 번이나 단식하고 모든 수입의 십분의 일을 바칩니다' 하고 기도하였다. 13 한편 세리는 멀찍이 서서 감히 하늘을 우러러 보지도 못하고 가슴을 치며 '오, 하느님! 죄 많은 저에게 자비를 베풀어 주십시오' 하고 기도하였다. 14 잘 들어라. 하느님께 올바른 사람으로 인정받고 집으로 돌아 간 사람은 바리사이파 사람이 아니라 바로 그 세리였다. 누구든지 자기를 높이면 낮아지고 자기를 낮추면 높아질 것이다."

134 결혼과 이혼의 가르침 | 19,3 - 12 | 10,2 - 12

4 그러자 예수께서는 "처음부터 창조주께서 사람을 남자와 여자로 만드셨다는 것과 5 또 '그러므로 남자는 부모를 떠나 제 아내와 합하여 한 몸을 이루리라' 고 하신 말씀을 아직 읽어 보지 못하였느냐? 12 처음부터 결혼하지 못할 몸으로 태어난 사람도 있고 사람의 손으로 그렇게 된 사람도 있고 또 하늘 나라를 위하여 스스로 결혼하지 않는 사람도 있다. 이 말을 받아 들일 만한 사람은 받아 들여라."

135 어린이들을 축복하신 예수 | 19,13 - 15 | 10,13 - 16 | 18,15 - 17

14 예수께서는 "어린이들이 나에게 오는 것을 막지 말고 그대로 두어라. 하늘 나라는 이런 어린이와 같은 사람들의 것이다" 하고 말씀하셨다.

136 부자청년: 낙타와 바늘귀 | 19,16 - 30 | 10,17 - 31 | 18,18 - 30

16 한번은 어떤 사람이 예수께 와서 "선생님, 제가 무슨 선한 일을 해야 영원한 생명을 얻겠습니까?" 하고 물었다. 21 예수께서는 "네가 완전한 사람이 되려거든 가서 너의 재산을 다 팔아 가난한 사람들에게 나누어 주어라. 그러면 하늘에서 보화를 얻게 될 것이다. 그러니 내가 시키는 대로 하고 나서 나를 따라 오너라" 하셨다. 22 그러나 그 젊은이는 재산이 많았기 때문에 이 말씀을 듣고 풀이 죽어 떠나 갔다. 23 예수께서는 제자들에게 이렇게 말씀하셨다. "나는 분명히 말한다. 부자는 하늘 나라에 들어 가기가 어렵다. 24 거듭 말하지만 부자가 하느님 나라에 들어 가는 것보다는 낙타가 바늘귀로 빠져 나가는 것이 더 쉬울 것이다."

| 137 | 포도원 일꾼과 품삯 | 20,1 - 16 | | | |

11 그들은 돈을 받아 들고 주인에게 투덜거리며 12 '막판에 와서 한 시간 밖에 일하지 않은 저 사람들을 온종일 뙤약볕 밑에서 수고한 우리들과 똑같이 대우하십니까?' 하고 따졌다. 13 그러자 주인은 그들 가운데 한 사람을 보고 '내가 당신에게 잘못한 것이 무엇이오? 당신은 나와 품삯을 한 데나리온으로 정하지 않았소? 14 당신의 품삯이나 가지고 가시오. 나는 이 마지막 사람에게도 당신에게 준 만큼의 삯을 주기로 한 것이오. 15 내 것을 내 마음대로 처리하는 것이 잘못이란 말이오? 내 후한 처사가 비위에 거슬린단 말이오?' 하고 말하였다. 16 이와 같이 꼴찌가 첫째가 되고 첫째가 꼴찌가 될 것이다."

| 138 | 예수의 수난과 부활예고 | 20,17 - 19 | 10,32 - 34 | 18,31 - 34 | |

18 "우리는 지금 예루살렘으로 올라 가고 있다. 거기에서 사람의 아들은 대사제들과 율법학자들의 손에 넘어 가 사형 선고를 받을 것이다. 19 그리고 이방인들의 손에 넘어 가 조롱과 채찍질을 당하며 십자가에 달려 죽었다가 사흘 만에 다시 살아나게 될 것이다."

| 139 | 종들의 종: 섬기는 자 | 20,20 - 26 | 10,35 - 45 | | |

25 예수께서는 그들을 가까이 불러 놓고 "너희도 알다시피 세상에서는 통치자들이 백성을 강제로 지배하고 높은 사람들이 백성을 권력으로 내리누른다. 26 그러나 너희는 그렇게 해서는 안 된다. 너희 사이에서 높은 사람이 되고자 하는 사람은 남을 섬기는 사람이 되어야 하고 27 으뜸이 되고자 하는 사람은 종이 되어야 한다. 28 사실은 사람의 아들도 섬김을 받으려 온 것이 아니라 섬기러 왔고 많은 사람을 위하여 목숨을 바쳐 몸값을 치르러 온 것이다" 하셨다.

| 140 | 예리코의 두 소경 | 20,29 - 34 | 10,46 - 52 | 18,35 - 43 | |

31 사람들이 떠들지 말라고 꾸짖었으나 그들은 더욱 큰 소리로 "다윗의 자손이신 주님, 우리에게 자비를 베풀어 주십시오" 하고 외쳤다. 32 예수께서 걸음을 멈추시고 그들을 부르신 다음, "나에게 바라는 것이 무엇이냐?" 하고 물으셨다. 33 "주님, 눈을 뜨게 해 주십시오." 이 말에 34 예수께서 측은한 마음이 들어 그들의 눈에 손을 대시자 그들은 곧 눈을 뜨게 되었다. 그리고 예수를 따랐다.

| 141 | 세리 자캐오를 부르심 | | | 19,2 - 10 | |

5 예수께서 그 곳을 지나시다가 그를 쳐다보시며 "자캐오야, 어서 내려 오너라. 오늘은 내가 네 집에 머물러야 하겠다" 하고 말씀하셨다. 6 자캐오는 이 말씀을 듣고 얼른 나무에서 내려 와 기쁜 마음으로 예수를 자기 집에 모셨다. 7 이것을 보고 사람들은 모두 "저 사람이 죄인의 집에 들어 가 묵는구나!" 하며 못마땅해 하였다. 8 그러자 자캐오는 일어서서 "주님, 저는 제 재산의 반을 가난한 사람들에게 나누어 주렵니다. 그리고 제가 남을 속여 먹은 것이 있다면 그 네 갑절은 갚아 주겠습니다" 하고 말씀드렸다. 9 예수께서 자캐오를 보시며 "오늘 이 집은 구원을 얻었다. 이 사람도 아브라함의 자손이다. 10 사람의 아들은 잃은 사람들을 찾아 구원하러 온 것이다" 하고 말씀하셨다.

142 금화의 비유   19,11 – 27

20 '주인님, 주인님이 주신 금화가 여기 그대로 있습니다. 저는 이것을 수건에 싸 두었습니다. 21 주인님은 지독한 분이라 맡기지도 않은 것을 찾아 가고 심지도 않은 데서 거두시기에 저는 무서워서 이렇게 하였습니다.' 22 이 말을 들은 주인은 '이 몹쓸 종아, 나는 바로 네 입에서 나온 말로 너를 벌주겠다. 내가 맡기지도 않은 것을 찾아 가고 심지도 않은 것을 거두는 지독한 사람으로 알고 있었단 말이지? 23 그렇다면 너는 왜 내 돈을 돈 쓰는 사람에게 꾸어 주지 않았느냐? 그랬으면 내가 돌아 와서 이자까지 붙여서 원금을 돌려 받을 수 있지 않았겠느냐?' 하며 호통을 친 다음 24 그 자리에 서 있던 사람들에게 '저자에게서 금화를 빼앗아 금화 열 개를 가진 사람에게 주어라' 하고 일렀다. 26 주인은 '잘 들어라. 누구든지 있는 사람은 더 받겠고 없는 사람은 있는 것마저 빼앗길 것이다. 27 그리고 내가 왕이 되는 것을 반대하던 내 원수들은 여기 끌어 내다가 내 앞에서 죽여라' 하고 말하였다."

143 베타니야의 마리아와 향유   26,6 – 13   14,3 – 9   12,2 – 8

3 그 때 마리아가 매우 값진 순 나르드 향유 한 근을 가지고 와서 예수의 발에 붓고 자기 머리털로 그 발을 닦아 드렸다. 그러자 온 집안에 향유 냄새가 가득 찼다. 4 예수의 제자로서 장차 예수를 배반할 가리옷 사람 유다가 5 "이 향유를 팔았더라면 삼백 데나리온은 받았을 것이고 그 돈을 가난한 사람들에게 나누어 줄 수 있었을 터인데 이게 무슨 짓인가?" 하고 투덜거렸다. 6 유다는 가난한 사람들을 생각해서가 아니라 그가 도둑이어서 이런 말을 한 것이다. 그는 돈주머니를 맡아 가지고 거기 들어 있는 것을 늘 꺼내 쓰곤 하였다. 7 예수께서는 이렇게 말씀하셨다. "이것은 내 장례일을 위하여 하는 일이니 이 여자 일에 참견하지 말라. 8 가난한 사람들은 언제나 너희와 함께 있겠지만 나는 언제나 함께 있지는 않을 것이다."

성주간–주일

144 나귀를 타고 예루살렘 입성   21,1 – 11   11,1 – 11   19,29 – 40   12,12 – 19

12 명절을 지내러 와 있던 큰 군중은 그 이튿날 예수께서 예루살렘에 들어 오신다는 말을 듣고 13 종려나무 가지를 들고 예수를 맞으러 나가, "호산나! 주의 이름으로 오시는 이여, 이스라엘의 왕 찬미 받으소서!" 하고 외쳤다. 14 예수께서는 새끼 나귀를 보시고 거기에 올라 앉으셨다. 이것은 성서에, 15 "시온의 딸아, 두려워하지 말라. 네 임금이 너에게로 오신다. 새끼 나귀를 타고 오신다" 하신 말씀 그대로였다. 18 군중이 예수를 맞으러 나간 것도 예수께서 이렇게 기적을 보여 주셨다는 말을 들었기 때문이다. 19 바리사이파 사람들은 "자, 이제는 다 틀렸습니다. 모든 사람이 다 그를 따라 가고 있지 않습니까?" 하며 서로 걱정하였다.

145 예루살렘의 눈물   19,41 – 44

41 예수께서 예루살렘 가까이 이르러 그 도시를 내려다 보시고 눈물을 흘리시며 42 한탄하셨다. "오늘 네가 평화의 길을 알았더라면 얼마나 좋았을까! 그러나 너는 그 길을 보지 못하는구나. 43 이제 네 원수들이 돌아 가며 진을 쳐서 너를 에워 싸고 사방에서 쳐들어 와 44 너를 쳐부수고 너의 성안에 사는 백성을 모조리 짓밟아 버릴 것이다. 그리고 네 성안에 있는 돌은 어느 하나도 제자리에 얹혀있지 못할 것이다. 너는 하느님께서 구원하러 오신 때를 알지 못하였기 때문이다."

성주간 월요일

146 무화과 나무를 저주하심   21,18 – 21   11,12 – 19

18 이튿날 아침에 예수께서 성안으로 들어 오시다가 마침 시장하시던 참에 19 길가에 무화과나무 한 그루가 서 있는 것을 보시고 그리로 가셨다. 그러나 잎 사귀 밖에는 아무것도 보이지 않았으므로 그 나무를 향하여 "이제부터 너는 영원 히 열매를 맺지 못하리라" 하고 말씀하셨다. 그러자 무화과나무는 곧 말라 버렸 다. 20 제자들이 이것을 보고 놀라서 "무화과나무가 어찌하여 그렇게 당장 말라 버렸습니까?" 하고 물었다. 21 예수께서는 이렇게 말씀하셨다. "나는 분명히 말한 다. 너희가 의심하지 않고 믿는다면 이 무화과나무에서 본 일을 할 수 있을 뿐만 아니라 이 산더러 '번쩍 들려서 바다에 빠져라' 하더라도 그대로 될 것이다.

147 성전정화   21,12 – 13   11,15 – 17   19,45 – 46

45 예수께서 성전 뜰 안으로 들어 가 상인들을 쫓아내시며 46 "성서에 '내 집은 기도하는 집이다' 라고 기록되어 있지 않느냐? 그런데 너희는 성전을 '강도들의 소굴' 로 만들었다" 하고 나무라셨다. 47 예수께서는 날마다 성전에서 가르치셨는데 대사제들과 율법학자들과 백성의 지도 자들은 예수를 잡아 죽일 궁리를 하고 있었다.

148 성전에서 병자치유   21,14

14 그 때 예수께서는 성전 뜰 안에 있던 소경들과 절름발이들이 앞으로 나오자 그들을 모두 고쳐 주셨다.

성주간 화요일

149 예수의 권한에 대한 질문   21,23 – 27   11,27 – 33   20,1 – 8

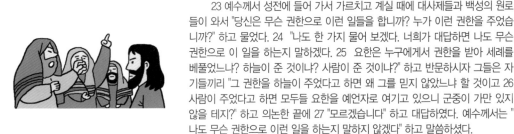

23 예수께서 성전에 들어 가서 가르치고 계실 때에 대사제들과 백성의 원로 들이 와서 "당신은 무슨 권한으로 이런 일들을 합니까? 누가 이런 권한을 주었습 니까?" 하고 물었다. 24 "나도 한 가지 물어 보겠다. 너희가 대답하면 나도 무슨 권한으로 이 일을 하는지 말하겠다. 25 요한은 누구에게서 권한을 받아 세례를 베풀었느냐? 하늘이 준 것이냐? 사람이 준 것이냐?" 하고 반문하시자 그들은 자 기들끼리 "그 권한을 하늘이 주었다고 하면 왜 그를 믿지 않았느냐 할 것이고 26 사람이 주었다고 하면 모두들 요한을 예언자로 여기고 있으니 군중이 가만 있지 않을 테지?" 하고 의논한 끝에 27 "모르겠습니다" 하고 대답하였다. 예수께서는 " 나도 무슨 권한으로 이런 일을 하는지 말하지 않겠다" 하고 말씀하셨다.

150 두 아들의 비유   21,28 – 32

28 "또 이런 것은 어떻게 생각하느냐? 어떤 사람이 두 아들을 두었는데 먼저 맏 아들에게 가서 '얘야, 너 오늘 포도원에 가서 일을 하여라' 하고 일렀다. 29 맏아들은 처음에는 싫다고 하였지만 나중에 뉘우치고 일하러 갔다. 30 아버지는 둘째 아들에 게 가서도 같은 말을 하였다. 둘째 아들은 가겠다는 대답만 하고 가지는 않았다. 31 이 둘 중에 아버지의 뜻을 받든 아들은 누구이겠느냐?" 하고 예수께서 물으셨다. 그 들이 "맏아들입니다" 하고 대답하자 예수께서는 이렇게 말씀하셨다. "나는 분명히 말 한다. 세리와 창녀들이 너희보다 먼저 하느님의 나라에 들어 가고 있다.

151 포도원 소작인의 비유   21,33 - 41   12,1 - 9   20,9 - 16

33 "또 다른 비유를 들겠다. 어떤 지주가 포도원을 하나 만들고 울타리를 둘러 치고는 그 안에 포도즙을 짜는 큰 확을 파고 망대를 세웠다. 그리고는 그것을 소작인들에게 도지로 주고 멀리 떠나 갔다. 34 포도철이 되자 그는 그 도조를 받아 오라고 종들을 보냈다. 35 그런데 소작인들은 그 종들을 붙잡아 하나는 때려 주고 하나는 죽이고 하나는 돌로 쳐 죽였다. 36 지주는 더 많은 종들을 다시 보냈다. 소작인들은 이번에도 그들에게 똑같은 짓을 했다. 37 주인은 마지막으로 '내 아들이야 알아 보겠지' 하며 자기 아들을 보냈다. 38 그러나 소작인들은 그 아들을 보자 '저자는 상속자다. 자, 저자를 죽이고 그가 차지할 이 포도원을 우리가 가로채자' 하면서 서로 짜고는 39 그를 잡아 포도원 밖으로 끌어 내어 죽였다. 40 그렇게 했으니 포도원 주인이 돌아 오면 그 소작인들을 어떻게 하겠느냐?" 41 사람들은 이렇게 대답하였다. "그 악한 자들을 모조리 죽여 버리고 제때에 도조를 바칠 다른 소작인들에게 포도원을 맡길 것입니다."

152 혼인잔치의 비유   22,1 - 14   14,15 - 24

8 그리고 나서 종들에게 '혼인 잔치는 준비되었지만 전에 초청받은 자들은 그만한 자격이 없는 자들이었다. 9 그러니 너희는 거리에 나가서 아무나 만나는 대로 잔치에 청해 오너라' 하고 말하였다. 10 그래서 종들은 거리에 나가 나쁜 사람 좋은 사람 할 것 없이 만나는 대로 다 데려 왔다. 그리하여 잔치집은 손님으로 가득찼다. 11 임금이 손님들을 보러 들어 갔더니 예복을 입지 않은 사람이 하나 있었다. 그를 보고 12 '예복도 입지 않고 어떻게 여기 들어 왔소?' 하고 물었다. 그는 할 말이 없었다. 13 그러자 임금이 하인들에게 '이 사람의 손발을 묶어 바깥 어두운 데 내어 쫓아라. 거기서 가슴을 치며 통곡할 것이다' 하고 말하였다. 14 부르심을 받은 사람은 많지만 뽑히는 사람은 적다."

153 세금논쟁: 카이사르의 것   22,15 - 22   12,13 - 17   20,20 - 26

18 예수께서 그들의 간악한 속셈을 아시고 "이 위선자들아, 어찌하여 나의 속을 떠보느냐? 19 세금으로 바치는 돈을 나에게 보여라" 하셨다. 그들이 데나리온 한 닢을 가져 오자 20 "이 초상과 글자는 누구의 것이냐?" 하고 물으셨다. 21 "카이사르의 것입니다." 그들이 이렇게 대답하자 "그러면 카이사르의 것은 카이사르에게 돌리고 하느님의 것은 하느님께 돌려라" 하고 말씀하셨다. 22 그들은 이 말씀을 듣고 경탄하면서 예수를 떠나 갔다.

154 사두가이들과의 부활토론   22,23 - 33   13,18 - 27   20,27 - 40

28 칠 형제가 모두 그 여자와 살았으니 부활 때에 그 여자는 누구의 아내가 되겠습니까?" 29 예수께서 이렇게 대답하셨다. "너희는 성서도 모르고 하느님의 권능도 모르니까 그런 잘못된 생각을 하는 것이다. 30 부활한 다음에는 장가드는 일도, 시집가는 일도 없이 하늘에 있는 천사들처럼 된다. 31 죽은 사람의 부활에 관하여 하느님께서 너희에게 하신 말씀을 아직 읽어 본 일이 없느냐? 32 '나는 아브라함의 하느님이요, 이사악의 하느님이요, 야곱의 하느님이다' 라고 하시지 않았느냐? 이 말씀은 하느님께서 죽은 이들의 하느님이 아니라 살아 있는 이들의 하느님이라는 뜻이다."

| **155** | 첫째가는 계명(바리사이파) | 22,34 – 40 | 12,28 – 34 | | |

35 그들 중 한 율법교사가 예수의 속을 떠보려고 36 "선생님, 율법서에서 어느 계명이 가장 큰 계명입니까?" 하고 물었다. 37 예수께서 이렇게 대답하셨다. "네 마음을 다하고 목숨을 다하고 뜻을 다하여 주님이신 너희 하느님을 사랑하라.' 38 이것은 가장 크고 첫째가는 계명이고, 39 '네 이웃을 네 몸같이 사랑하라' 는 둘째 계명도 이에 못지 않게 중요하다. 40 이 두 계명이 모든 율법과 예언서의 골자이다."

| **156** | 그리스도는 누구의 자손? | 22,41 – 46 | 12,35 – 37 | 20,41 – 44 | |

42 "너희는 그리스도를 어떻게 생각하느냐? 그는 누구의 자손이겠느냐?" 하고 물으셨다. 그들이 "다윗의 자손입니다"하고 대답하자 43 예수께서 다시 물으셨다. "그러면 다윗이 성령의 감화를 받아 그를 주님이라고 부른 것은 어떻게 된 일이냐? 44 '주 하느님께서 내 주님께 이르신 말씀, 내가 네 원수를 네 발 아래 굴복시킬 때까지 너는 내 오른편에 앉아 있으라' 하고 다윗이 읊지 않았느냐? 45 다윗이 그리스도를 주님이라고 불렀는데 그리스도가 어떻게 다윗의 자손이 되겠느냐?" 46 그들은 한 마디도 대답하지 못하였다. 그리고 그 날부터는 감히 예수께 질문하는 사람이 없었다.

| **157** | 위선자 바리사이를 책망 | 23,1 – 39 | 12,38 – 40 | 20,45 – 47 | |

11 너희 중에 으뜸가는 사람은 너희를 섬기는 사람이 되어야 한다. 12 누구든지 자기를 높이는 사람은 낮아지고 자기를 낮추는 사람은 높아진다." 13 "율법학자들과 바리사이파 사람들아, 너희 같은 위선자들은 화를 입을 것이다. 너희는 하늘 나라의 문을 닫아 놓고는 사람들을 가로 막아 서서 자기도 들어 가지 않으면서 들어 가려는 사람마저 못 들어 가게 한다." 27 "율법학자들과 바리사이파 사람들아, 너희 같은 위선자들은 화를 입을 것이다. 너희는 겉은 그럴싸해 보이지만 그 속에는 죽은 사람의 뼈와 썩은 것이 가득 차 있는 회칠한 무덤 같다. 28 이와 같이 너희도 겉으로는 옳은 사람처럼 보이지만 속은 위선과 불법으로 가득 차 있다." 29 "율법학자들과 바리사이파 사람들아, 너희 같은 위선자들은 화를 입을 것이다.

| **158** | 과부의 헌금 | | 12,41 – 44 | 21,1 – 4 | |

43 그것을 보시고 예수께서는 제자들을 불러 이렇게 말씀하셨다. "나는 분명히 말한다. 저 가난한 과부가 어느 누구보다도 더 많은 돈을 헌금궤에 넣었다. 44 다른 사람들은 다 넉넉한 데서 얼마씩 넣었지만 저 과부는 구차하면서도 있는 것을 다 털어 넣었으니 생활비를 모두 바친 셈이다."

| **159** | 예수를 찾아온 이방인들 | | | | 12,20 – 36 |

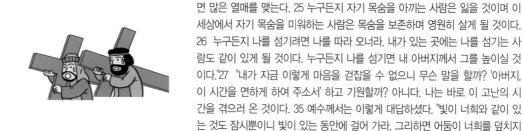

24 정말 잘 들어 두어라. 밀알 하나가 땅에 떨어져 죽지 않으면 한 알 그대로 남아 있고 죽으면 많은 열매를 맺는다. 25 누구든지 자기 목숨을 아끼는 사람은 잃을 것이며 이 세상에서 자기 목숨을 미워하는 사람은 목숨을 보존하며 영원히 살게 될 것이다. 26 누구든지 나를 섬기려면 나를 따라 오너라. 내가 있는 곳에는 나를 섬기는 사람도 같이 있게 될 것이다. 누구든지 나를 섬기면 내 아버지께서 그를 높이실 것이다."27 "내가 지금 이렇게 마음을 걷잡을 수 없으니 무슨 말을 할까? '아버지, 이 시간을 면하게 하여 주소서' 하고 기원할까? 아니다. 나는 바로 이 고난의 시간을 겪으러 온 것이다. 35 예수께서는 이렇게 대답하셨다. "빛이 너희와 같이 있는 것도 잠시뿐이니 빛이 있는 동안에 걸어 가라. 그리하면 어둠이 너희를 덮치지 못할 것이다. 어둠 속을 걸어 가는 사람은 자기가 어디로 가는지 모른다.

| **160** | 유다인들의 불신 | | | | 12,37 – 50 |

46 나는 빛으로서 이 세상에 왔다. 그러므로 누구든지 나를 믿는 사람은 어둠 속에서 살지 않을 것이다. 47 어떤 사람이 내 말을 듣고 지키지 않는다 하더라도 나는 그를 단죄하지 않을 것이다. 나는 이 세상을 단죄하러 온 것이 아니라 구원하러 왔기 때문이다. 48 그러나 나를 배척하고 내 말을 받아 들이지 않는 사람을 단죄하는 것이 따로 있다. 내가 한 바로 그 말이 세상 끝 날에 그를 단죄할 것이다. 49 나는 내 마음대로 말하지 않고 나를 보내신 아버지께서 무엇을 어떻게 말하라고 친히 명령하시는 대로 말하였다. 50 나는 그 명령이 영원한 생명을 준다는 것을 안다. 그래서 나는 무엇이나 아버지께서 나에게 일러 주신 대로 말하는 것뿐이다."

| **161** | 성전파괴에 대한 예언 | 24,1 – 14 | 13,1 – 13 | 21,5 – 19 | |

4 예수께서는 이렇게 대답하셨다. "아무에게도 속지 않도록 조심하여라. 5 장차 많은 사람이 내 이름을 내세우며 나타나서 '내가 그리스도다!' 하고 떠들어 대면서 수많은 사람들을 속일 것이다. 6 또 여러 번 난리가 일어나고 전쟁 소문도 듣게 될 것이다. 그러나 정신을 차리고 당황하지 말아라. 그런 일이 꼭 일어나고야 말 터이지만 그것으로 그치는 것은 아니다. 7 한 민족이 일어나 딴 민족을 치고, 한 나라가 일어나 딴 나라를 칠 것이며, 또 곳곳에서 기근과 지진이 일어날 터인데 8 이런 일들은 다만 고통의 시작일 뿐이다." 9 "그 때에는 사람들이 너희를 잡아 법정에 넘겨 갖은 고통을 겪게 하고 마침내는 사형에 처하게 할 것이다. 또 너희는 나 때문에 온 세상 사람들에게 미움을 받을 것이다. 10 그리고 많은 사람이 떨어져 나가 서로 배반하고 서로 미워할 것이며 11 거짓 예언자가 여기 저기 나타나서 많은 사람들을 속일 것이다. 12 또 세상은 무법 천지가 되어 사람들의 마음 속에서 따뜻한 사랑을 찾아 볼 수 없게 될 것이다. 13 그러나 끝까지 참는 사람은 구원을 받을 것이다.

24 거짓 그리스도와 거짓 예언자들이 나타나서 어떻게 해서라도 뽑힌 사람들마저 속이려고 큰 기적과 이상한 일들을 보여 줄 것이다. 25 이것은 내가 미리 말해 두는 것이다. 26 그러므로 사람들이 '그리스도가 광야에 나타났다' 해도 나가지 말고 '그리스도가 골방에 있다' 해도 믿지 말아라. 27 동쪽에서 번개가 치면 서쪽까지 번쩍이듯이 사람의 아들도 그렇게 나타날 것이다. 28 시체가 있는 곳에는 독수리가 모여 드는 법이다." 29 "그런 재난의 기간이 지나면 곧 해가 어두워지고 달은 빛을 잃을 것이며 별들은 하늘에서 떨어지고 모든 천체가 흔들릴 것이다. 30 그러면 하늘에는 사람의 아들의 표징이 나타날 것이고 땅에서는 모든 민족이 가슴을 치며 울부짖을 것이다. 그 때에 사람들은 사람의 아들이 하늘에서 구름을 타고 권능을 떨치며 영광에 싸여오는 것을 보게 될 것이다.

8 미련한 처녀들은 그제야 슬기로운 처녀들에게 '우리 등불이 꺼져가니 기름을 좀 나누어 다오' 하고 청하였다. 9 그러나 슬기로운 처녀들은 '우리 것을 나누어 주면 우리에게도, 너희에게도 다 모자랄 터이니 너희 쓸 것은 차라리 가게에 가서 사다 쓰는 것이 좋겠다' 고 하였다. 10 미련한 처녀들이 기름을 사러 간 사이에 신랑이 왔다. 준비하고 기다리고 있던 처녀들은 신랑과 함께 혼인 잔치에 들어 갔고 문은 잠겨졌다. 11 그 뒤에 미련한 처녀들이 와서 '주님, 주님, 문 좀 열어 주세요' 하고 간청하였으나 12 신랑은 '분명히 들으시오. 나는 당신들이 누구인지 모릅니다' 하며 외면하였다. 13 그 날과 그 시간은 아무도 모른다. 그러니 항상 깨어 있어라."

24 그런데 한 달란트를 받은 사람은 와서 '주인님, 저는 주인께서 심지 않은 데서 거두시고 뿌리지 않은 데서 모으시는 무서운 분이신 줄을 알고 있었습니다. 25 그래서 두려운 나머지 저는 주인님의 돈을 가지고 가서 땅에 묻어 두었습니다. 보십시오, 여기 그 돈이 그대로 있습니다' 하고 말하였다. 26 그러자 주인은 그 종에게 호통을 쳤다. '너야말로 악하고 게으른 종이다. 내가 심지 않은 데서 거두고 뿌리지 않은 데서 모으는 사람인 줄을 알고 있었다면 27 내 돈을 돈 쓸 사람에게 꾸어 주었다가 내가 돌아 올 때에 그 돈에 이자를 붙여서 돌려 주어야 할 것이 아니냐? 28 여봐라, 저 자에게서 한 달란트마저 빼앗아 열 달란트 가진 사람에게 주어라. 29 누구든지 있는 사람은 더 받아 넉넉해지고 없는 사람은 있는 것마저 빼앗길 것이다.

| 165 | 최후의 심판 | 25,31 – 46 | | | |

33 양은 오른편에, 염소는 왼편에 자리잡게 할 것이다. 35 너희는 내가 굶주렸을 때에 따뜻하게 맞이하였다. 36 또 헐벗었을 때에 입을 것을 주었으며 병들었을 때에 돌보아 주었고 감옥에 갇혔을 때에 찾아 주었다.' 37 이 말을 듣고 의인들은 이렇게 말할 것이다. '주님, 저희가 언제 주님께서 주리신 것을 보고 잡수실 것을 드렸으며 목마르신 것을 보고 마실 것을 드렸습니까? 38 또 언제 주님께서 나그네 되신 것을 보고 따뜻이 맞아 들였으며 헐벗으신 것을 보고 입을 것을 드렸으며, 39 언제 주님께서 병드셨거나 감옥에 갇히신 것을 보고 저희가 찾아가 뵈었습니까?' 40 그러면 임금은 '분명히 말한다. 너희가 여기 있는 형제 중에 가장 보잘 것 없는 사람 하나에게 해 준 것이 바로 나에게 해 준 것이다' 하고 말할 것이다." 41 "그리고 왼편에 있는 사람들에게는 이렇게 말할 것이다. '이 저주받은 자들아, 나에게서 떠나 악마와 그의 졸도들을 가두려고 준비한 영원한 불 속에 들어 가라.

| 166 | 예수를 죽일 음모 | 26,1 – 5 | 14,1 – 2 | 22,1 – 2 | |

3 그 무렵 대사제들과 백성의 원로들이 가야파라는 대사제 관저에 모여 4 흉계를 꾸며 예수를 잡아 죽이려고 모의하였다. 5 그러면서도 "백성이 소동을 일으킬지 모르니 축제 기간만은 피하자" 고 하였다.

| 167 | 배반을 약속한 유다 | 26,14 – 16 | 14,1 – 11 | 22,3 – 6 | |

14 그 때에 열 두 제자의 하나인 가리옷 사람 유다가 대사제들에게 가서 15 "내가 당신들에게 예수를 넘겨 주면 그 값으로 얼마를 주겠소?" 하자 그들은 은전 서른 닢을 내주었다. 16 그 때부터 유다는 예수를 넘겨 줄 기회만 엿보고 있었다.

| **성목요일** | | | | | |

| 168 | 무교절 준비 | 26,17 – 19 | 14,12 – 16 | 22,7 – 13 | |

17 무교절 첫날에 제자들이 예수께 와서 "선생님께서 드실 과월절 음식을 어디에다 차렸으면 좋겠습니까?" 하고 물었다. 18 예수께서는 이렇게 일러 주셨다. "성 안에 들어 가면 이러 이러한 사람이 있을 터이니 그 사람더러 '우리 선생님께서 자기 때가 가까웠다고 하시며 제자들과 함께 댁에서 과월절을 지내시겠다고 하십니다' 고 말하여라."

169 최후의 만찬 26,20 – 29 14,17 – 18 22,14 – 18

26 그들이 음식을 먹을 때에 예수께서 빵을 들어 축복하시고 제자들에게 나누어 주시며 "받아 먹어라. 이것은 내 몸이다." 하시고 27 또 잔을 들어 감사의 기도를 올리시고 그들에게 돌리시며 "너희는 모두 이 잔을 받아 마셔라. 28 이것은 나의 피다. 죄를 용서해 주려고 많은 사람을 위하여 내가 흘리는 계약의 피다.

170 베드로의 장담 26,33 – 35 22,24 – 34

33 그 때 베드로가 나서서 "비록 모든 사람이 주님을 버릴지라도 저는 결코 주님을 버리지 않겠습니다" 하였다. 34 그러자 예수께서 베드로에게 "내 말을 잘 들어라. 오늘 밤 닭이 울기 전에 너는 세 번이나 나를 모른다고 할 것이다" 하고 말씀하셨다. 35 베드로가 다시 "저는 주님과 함께 죽는 한이 있더라도 결코 주님을 모른다고는 하지 않겠습니다" 하고 장담하였다. 다른 제자들도 모두 그렇게 말하였다.

171 제자들의 발을 씻기심 13,1 – 17

4 식탁에서

일어나 겉옷을 벗고 수건을 허리에 두르신 뒤 5 대야에 물을 떠서 제자들의 발을 차례로 씻고 허리에 두르셨던 수건으로 닦아 주셨다. 6 시몬 베드로의 차례가 되자 그는 "주께서 제 발을 씻으시렵니까?" 하고 말하였다. 7 예수께서는 "너는 내가 왜 이렇게 하는지 지금은 모르지만 나중에는 알게 될 것이다" 하고 대답하셨다. 8 베드로가 "안 됩니다. 제 발만은 결코 씻지 못하십니다" 하고 사양하자 예수께서는 "내가 너를 씻어 주지 않으면 너는 이제 나와 아무 상관도 없게 된다" 하셨다. 9 그러자 시몬 베드로는 "주님, 그러면 발뿐 아니라 손과 머리까지도 씻어 주십시오" 하고 간청하였다. 10 예수께서는 "목욕을 한 사람은 온 몸이 깨끗하니 발만 씻으면 그만이다. 너희도 그처럼 깨끗하다. 그러나 모두가 다 깨끗한 것은 아니다" 하고 말씀하셨다.

172 배반자 유다에 대한 지적 26,21 – 25 14,18 – 21 22,21 – 23 13,21 – 30

26 예수께서는 "내가 빵을 적셔서 줄 사람이 바로 그 사람이다" 하셨다. 그리고는 빵을 적셔서 가리옷 사람 시몬의 아들 유다에게 주셨다. 27 유다가 그 빵을 받아 먹자마자 사탄이 그에게 들어 갔다. 그 때 예수께서는 유다에게 "네가 할 일을 어서 하여라" 하고 이르셨다. 28 그러나 그 자리에 앉아 있던 사람들은 예수께서 왜 그에게 이런 말씀을 하셨는지 아무도 몰랐다. 29 유다가 돈주머니를 맡아 보고 있었기 때문에 더러는 예수께서 유다에게 명절에 쓸 물건을 사오라고 하셨거나 가난한 사람들에게 무엇을 주라고 하신 줄로만 알았다. 30 유다는 빵을 받은 뒤에 곧 밖으로 나갔다. 때는 밤이었다.

번 호	사 건	마태오	마르코	루 카	요 한
173	성체성사를 세우심	26,26 – 29	14,22 – 25	22,19 – 20	

22 그들이 음식을 먹고 있을 때에 예수께서 빵을 들어 축복하시고 제자들에게 떼어 나눠 주시며 "받아 먹어라. 이것은 내 몸이다" 하고 말씀하셨다. 23 그리고 잔을 들어 감사의 기도를 올리신 다음 제자들에게 건네시자 그들은 잔을 돌려 가며 마셨다. 24 그 때에 예수께서 이렇게 말씀하셨다. "이것은 나의 피다. 많은 사람을 위하여 내가 흘리는 계약의 피다. 25 잘 들어 두어라. 하느님 나라에서 새 포도주를 마실 그 날까지 나는 결코 포도로 빚은 것은 마시지 않겠다."

| **174** | 예수의 고별사 | | | | 14,1 – 31 |

6 예수께서는 "나는 길이요 진리요 생명이다. 나를 거치지 않고서는 아무도 아버지께 갈 수 없다. 7 너희가 나를 알았으니 나의 아버지도 알게 될 것이다. 이제부터 너희는 그분을 알게 되었다. 아니 이미 뵈었다" 하고 말씀하셨다. 12 정말 잘 들어 두어라. 나를 믿는 사람은 내가 하는 일을 할뿐만 아니라 그보다 더 큰 일도 하게 될 것이다. 그것은 내가 이제 아버지께 가서 13 너희가 내 이름으로 구하는 것이면 무엇이든지 이루어 주겠기 때문이다. 그러면 아들로 말미암아 아버지께서 영광을 받으실 것이다. 16 내가 아버지께 구하면 다른 협조자를 보내 주셔서 너희와 영원히 함께 계시도록 하실 것이다. 17 그분은 곧 진리의 성령이시다. 세상은 그분을 보지도 못하고 알지도 못하기 때문에 그분을 받아 들일 수 없지만 너희는 그분을 알고 있다. 그분이 너희와 함께 사시며 너희 안에 계시기 때문이다. 26 이제 아버지께서 내 이름으로 보내 주실 성령 곧 그 협조자는 모든 것을 너희에게 가르쳐 주실뿐만 아니라 내가 너희에게 한 말을 모두 되 새기게 하여 주실 것이다." 27 "나는 너희에게 평화를 주고 간다. 내 평화를 너희에게 주는 것이다. 내가 주는 평화는 세상이 주는 평화와는 다르다. 걱정하거나 두려워하지 말라.

| **175** | 성령의 약속과 기도(제자들) | | | | 16,1 – 17. 26 |

5 나는 포도나무요 너희는 가지다. 누구든지 나에게서 떠나지 않고 내가 그와 함께 있으면 그는 많은 열매를 맺는다. 나를 떠나서는 너희가 아무것도 할 수 없다. 12 내가 너희를 사랑한 것처럼 너희도 서로 사랑하여라. 이것이 나의 계명이다. 13 벗을 위하여 제 목숨을 바치는 것보다 더 큰 사랑은 없다. 14 내가 명하는 것을 지키면 너희는 나의 벗이 된다. 16 너희가 나를 택한 것이 아니라 내가 너희를 택하여 내세운 것이다. 그러니 너희는 세상에 나가 언제까지나 썩지 않을 열매를 맺어라. 그러면 아버지께서는 너희가 내 이름으로 구하는 것을 다 들어 주실 것이다. 17 서로 사랑하여라. 이것이 너희에게 주는 나의 계명이다." 18 "세상이 너희를 미워하거든 너희보다도 나를 먼저 미워했다는 것을 알아 두어라. 19 너희가 만일 세상에 속한 사람이라면 세상은 너희를 한 집안 식구로 여겨 사랑할 것이다. 그러나 너희는 세상에 속하지 않았을 뿐더러 오히려 내가 세상에서 가려낸 사람들이기 때문에 세상이 너희를 미워하는 것이다.

176 성령의 약속과 기도(제자들) | | | | 16,1 – 17. 26

8 그분이 오시면 죄와 정의와 심판에 관한 세상의 그릇된 생각을 꾸짖어 바로잡아 주실 것이다. 9 그분은 나를 믿지 않은 것이 바로 죄라고 지적하실 것이며 10 내가 아버지께 돌아 가고 너희가 나를 보지 못하게 된다는 것이 하느님의 정의를 나타내시는 것이라고 가르치실 것이고 26 그 날이 오면 너희는 내 이름으로 아버지께 구할 것이다. 따라서 내가 너희를 위하여 따로 아버지께 구하지 않겠다는 말이다.

177 겟쎄마니 동산에서의 기도 | 26,36 – 46 | 14,32 – 42 | 22,40 – 46 | 18,1

38 예수께서 근심과 번민에 싸여 그들에게 "지금 내 마음이 괴로워 죽을 지경이니 너희는 여기 남아서 나와 같이 깨어 있어라" 하시고는 39 조금 더 나아가 땅에 엎드려 기도하셨다. "아버지, 아버지께서는 하시고자만 하시면 무엇이든 다 하실 수 있으시니 이 잔을 저에게서 거두어 주소서. 그러나 제 뜻대로 마시고 아버지의 뜻대로 하소서." 40 기도를 마치시고 세 제자에게 돌아 와 보시니 제자들은 자고 있었다. 그래서 베드로에게 "너희는 나와 함께 단 한 시간도 깨어 있을 수 없단 말이냐? 41 유혹에 빠지지 않도록 깨어 기도하라. 마음은 간절하나 몸이 말을 듣지 않는구나!" 하시며 한탄하셨다. 42 예수께서 다시 가셔서 "아버지, 이것이 제가 마시지 않고는 치워질 수 없는 잔이라면 아버지의 뜻대로 하소서" 하고 기도하셨다. 43 그리고 제자들에게 돌아 오시니 그들은 여전히 자고 있었다. 그들은 너무나 지쳐서 눈을 뜨고 있을 수가 없었던 것이다.

178 유다의 배신 | 26,47 – 56 | 14,43 – 52 | 22,47 – 53 | 18,3 – 13

47 예수의 말씀이 채 끝나기도 전에 열 두 제자의 하나인 유다가 다가왔다. 그를 따라 대사제들과 백성의 원로들이 보낸 무리가 칼과 몽둥이를 들고 몰려왔다. 48 배반자는 그들과 미리 암호를 짜고 "내가 입맞추는 사람이 바로 그 사람이니 붙잡아라" 고 일러 두었던 것이다. 49 그는 예수께 다가 와서 "선생님, 안녕하십니까?" 하고 인사하면서 입을 맞추었다.

179 말코의 귀가 잘리다(베드로) | 26,51 – 52 | 14,47 | 22,49 – 50 | 18,10 – 11

50 예수께서 "자 이 사람아, 어서 할 일이나 하라" 하고 말씀하시자 무리가 달려들어 예수를 붙잡았다. 51 그 때 예수와 함께 있던 사람들 중 하나가 칼을 빼어 대사제의 종의 귀를 쳐서 잘라 버렸다. 52 그것을 보시고 예수께서는 그에게 "칼을 도로 칼집에 꽂아라. 칼을 쓰는 사람은 칼로 망하는 법이다.

번호	사건	마태오	마르코	루카	요한

| **180** | 대사제 앞에 서신 예수 | 26,57 – 58 | 14,53 | 22,53 | 18,13 – 14 |

57 사람들은 예수를 붙잡아 대사제 가야파의 집으로 끌고 갔는데 거기에는 율법학자들과 원로들이 모여 있었다. 58 베드로는 멀찍이 떨어져서 예수를 뒤따라 대사제의 관저에까지 가서 일의 결말을 보려고 안으로 들어 가 경비원들 틈에 끼어 앉아 있었다.

| **181** | 예수를 세번 부인한 베드로 | 26,69 – 75 | 14,66 – 72 | 22,54 – 62 | 18,15 – 18 |

69 그 동안 베드로는 바깥 뜰에 앉아 있었는데 여종 하나가 그에게 다가 와 "당신도 저 갈릴래아 사람 예수와 함께 다니던 사람이군요" 하고 말하였다 70 베드로는 여러 사람 앞에서 "무슨 소린지 나는 모르겠소" 하고 부인하였다. 71 그리고 베드로가 대문께로 나가자 다른 여종이 그를 보고 거기 있는 사람들에게 "이 사람은 나자렛의 예수와 함께 다니던 사람이오" 하고 말하였다. 72 베드로는 맹세까지 하면서 "나는 그 사람을 알지 못하오" 하고 다시 부인하였다. 73 조금 뒤에 거기 섰던 사람들이 베드로에게 다가 오며 "틀림없이 당신도 그들과 한 패요. 당신의 말씨만 들어도 알 수 있소" 하고 말하였다. 74 그러자 베드로는 거짓말이라면 천벌이라도 받겠다고 맹세하면서 "나는 그 사람을 알지 못하오" 하고 잡아떼었다. 바로 그 때에 닭이 울었다. 75 베드로는 "닭이 울기 전에 세 번이나 나를 모른다고 할 것이다" 하신 예수의 말씀이 떠올라 밖으로 나가 몹시 울었다.

| **182** | 의회 앞에 선 예수 | 26,59 – 68 | 14,55 – 65 | 22,66 – 71 | 18,19 – 24 |

64 예수께서는 그에게 "그것은 너의 말이다" 하시고는 "잘 들어 두어라. 너희는 이제부터 사람의 아들이 전능하신 분의 오른편에 앉아 있는 것과 또 하늘의 구름을 타고 오는 것을 볼 것이다" 하고 말씀하셨다. 65 이 말을 듣고 대사제가 자기 옷을 찢으며 "이 사람이 이렇게 하느님을 모독했으니 이 이상 무슨 증거가 필요하겠소? 여러분은 방금 하느님을 모독하는 말을 듣지 않았소? 66 자, 어떻게 했으면 좋겠소?" 하고 묻자 사람들은 모두 "사형에 처해야 합니다" 하고 아우성쳤다. 67 그리고 그들은 예수의 얼굴에 침을 뱉고 주먹으로 치고 또 어떤 자들은 뺨을 때리면서 68 "그리스도야, 너를 때린 사람이 누구인지 알아 맞추어 보아라" 하면 조롱하였다.

| **183** | 빌라도 앞에 선 예수 | 27,1 – 2 | 15,1 – 5 | 23,1 – 5 | 18,28 – 38 |

1 날이 밝자 곧 대사제들은 원로들과 율법학자들을 비롯하여 온 의회를 소집하고 의논한 끝에 예수를 결박하여 빌라도에게 끌고 가 넘기었다. 2 빌라도는 예수께 "네가 유다인의 왕인가?" 하고 물었다. 예수께서는 "그것은 네 말이다" 하고 대답하셨다. 3 대사제들이 여러 가지로 예수를 고발하자 4 빌라도는 예수께 "보라. 사람들이 저렇게 여러 가지 죄목을 들어 고발하고 있는데 너는 할 말이 하나도 없느냐?" 하고 다시 물었다. 5 그러나 예수께서는 빌라도가 이상하게 여길 정도로 아무런 대답도 하지 않으셨다.

| **184** | 헤로데 앞에 서신 예수 | | | 23,6 – 12 | |

8 헤로데는 예수를 보고 매우 기뻐하였다. 오래 전부터 예수의 소문을 듣고 한번 보고 싶었던 것이다. 9 그래서 헤로데는 이것 저것 캐어 물었지만 예수께서는 아무런 대답도 하시지 않았다. 10 그 때 대사제들과 율법학자들도 거기 있다가 예수를 악랄하게 고발하였다. 11 헤로데는 자기 경비병들과 함께 예수를 조롱하며 모욕을 준 다음 화려한 옷을 입혀 빌라도에게 돌려 보냈다.

| **185** | 빌라도의 재판 | 27,15 – 26 | 15,6 – 15 | 23,13 – 25 | 18,39 |

14 이렇게 말하였다. "너희는 이 사람이 백성들을 선동한다고 끌고 왔지만 너희가 보는 앞에서 직접 심문을 했는데도 나는 너희의 고발을 뒷받침할 만한 아무런 죄상도 찾지 못하였다. 20 그들은 굽히지 않고 "십자가형이오! 십자가에 못 박으시오!" 하고 소리 질렀다.

| **186** | 사형선고를 받으심 | 27,26 – 30 | 15,15 | 23,24 | 19,1 – 16 |

28 그리고 예수의 옷을 벗기고 대신 주홍색 옷을 입힌 뒤 29 가시로 왕관을 엮어 머리에 씌우고 오른손에 갈대를 들린 다음 그 앞에 무릎을 꿇고 "유다인의 왕 만세!" 하고 떠들며 조롱하였다. 30 그리고 그에게 침을 뱉으며 갈대를 빼앗아 머리를 때렸다.

| **187** | 십자가를 지고 골고타로 | 27,31 – 33 | 15,20 – 22 | 23,26 | 19,16 – 17 |

31 이렇게 희롱하고 나서 그 겉옷을 벗기고 예수의 옷을 도로 입혀 십자가에 못박으러 끌고 나갔다. 32 그들이 나가다가 시몬이라는 키레네 사람을 만나자 그를 붙들어 억지로 예수의 십자가를 지고 가게 하였다. 33 그리고 골고타 곧 해골산이라는 데에 이르렀을 때에…

번호	사 건	마태오	마르코	루 카	요 한
188	십자가에 못박히신 예수	27,25 – 38	15,25 – 28	23,33 – 38	19,18 – 27

25 예수를 십자가에 못박은 때는 아침 아홉 시였다. 26 예수의 죄목을 적은 명패에는 "유다인의 왕" 이라고 씌어 있었다. 27 예수와 함께 강도 두 사람도 십자가형을 받았는데 하나는 그의 오른편에 다른 하나는 왼편에 달렸다. 32 낮 열 두 시가 되자 온 땅이 어둠에 덮여 오후 세 시까지 계속되었다. 33 세 시에 예수께서 큰 소리로 "엘리 엘리 레마 사박타니?" 하고 부르짖으셨다. 이 말씀은 "나의 하느님, 나의 하느님, 어찌하여 나를 버리셨나이까?" 라는 뜻이다. 34 거기에 서 있던 사람들 몇이 이 말을 듣고 "저것 봐! 이 사람이 엘리야를 부르는구나" 하였다.

| 189 | 예수의 옷을 찢어 제비뽑다 | | | | 19,23 – 24 |

23 예수를 십자가에 못박아 단 병사들은 예수의 옷가지를 가져다가 네 몫으로 나누어서 한 몫씩 차지하였다. 그러나 속옷은 위에서 아래까지 혼솔 없이 통으로 짠 것이었으므로 24 그들의 의논 끝에 "이것은 찢지 말고 누구든 제비를 뽑아 차지하기로 하자" 하여 그대로 하였다. 이리하여 "그들은 내 겉옷을 나누어 가지며 내 속옷을 놓고는 제비를 뽑았다" 하신 성서의 말씀이 이루어졌다.

| 190 | 유다인들의 조롱 | 27,39 – 43 | 15,29 – 32 | 23,25 | |

39 지나가던 사람들이 머리를 흔들며 40 "성전을 헐고 사흘이면 다시 짓는다던 자야, 네 목숨이나 건져라. 네가 정말 하느님의 아들이거든, 어서 십자가에서 내려 와 보아라" 하며 모욕하였다. 41 같은 모양으로 대사제들과 율법학자들과 원로들도 42 "남은 살리면서 자기는 못 살리는구나. 저 사람이 이스라엘의 왕이래. 십자가에서 한번 내려 와 보시지. 그러면 우리가 믿고 말고. 43 저 사람이 하느님을 믿고 또 제가 하느님의 아들이네 했으니 하느님이 원하시면 어디 살려 보시라지" 하며 조롱하였다.

| 191 | 우도의 회개 | | | 23,39 – 43 | |

39 그러나 다른 죄수는 "너도 저분과 같은 사형선고를 받은 주제에 하느님이 두렵지도 않으냐? 40 우리가 한 짓을 보아서 우리는 이런 벌을 받아 마땅하지만 저분이야 무슨 잘못이 있단 말이냐?" 하고 꾸짖고는 41 "예수님, 예수님께서 왕이 되어 오실 때에 저를 꼭 기억하여 주십시오" 하고 간청하였다. 42 예수께서는 "오늘 네가 정녕 나와 함께 낙원에 들어 가게 될 것이다" 하고 대답하셨다. 43 낮 열 두 시쯤 되자 어둠이 온 땅을 덮어 오후 세 시까지 계속되었다.

| 192 | 마리아를 요한에게 부탁 | | | | 19,25 – 27 |

25 예수의 십자가 밑에는 그 어머니와 이모와 글레오파의 아내 마리아와 막달라 여자 마리아가 서 있었다. 26 예수께서는 당신의 어머니와 그 곁에 서 있는 사랑하시는 제자를 보시고 먼저 어머니에게 "어머니, 이 사람이 어머니의 아들입니다" 하시고 27 그 제자에게는 "이분이 네 어머니시다" 하고 말씀하셨다. 이때부터 그 제자는 마리아를 자기 집에 모셨다.

번 호	사 건	마태오	마르코	루카	요한
193	온 땅이 어둠에 덮힘	27,45	15,33	23,44	

45 낮 열 두 시부터 온 땅이 어둠에 덮여 오후 세 시까지 계속되었다.

번 호	사 건	마태오	마르코	루카	요한
194	예수의 죽음	27,46 – 50	15,37	23,46	

46 세 시쯤 되어 예수께서 큰 소리로 "엘리 엘리 레마 사박타니?" 하고 부르짖으셨다. 이 말씀은 "나의 하느님, 나의 하느님, 어찌하여 나를 버리셨나이까?" 라는 뜻이다. 47 거기에 서 있던 몇 사람이 이 말을 듣고 "저 사람이 엘리야를 부르고 있다" 고 말하였다. 48 그리고 그 중의 한 사람은 곧 달려 가 해면을 신 포도주에 적시어 갈대 끝에 꽂아 예수께 목을 축이라고 주었다. 49 그러나 다른 사람들은 "그만두시오. 엘리야가 와서 그를 구해 주나 봅시다" 하고 말하였다. 50 예수께서 다시 한번 큰 소리를 지르시고 숨을 거두셨다.

번 호	사 건	마태오	마르코	루카	요한
195	성전휘장이 둘로 찢어짐	27,51	15,38	23,45	

51 바로 그 때에 성전 휘장이 위에서 아래까지 두 폭으로 찢어지고 땅이 흔들리며 바위가 갈라지고

번 호	사 건	마태오	마르코	루카	요한
196	백부장의 고백	27,54	15,39	23,47 – 48	

54 백인대장과 또 그와 함께 예수를 지키고 있던 사람들이 지진을 비롯하여 여러 가지 일들이 일어나는 것을 보고 "이 사람이야말로 정말 하느님의 아들이었구나!" 하며 몹시 두려워하였다.

번 호	사 건	마태오	마르코	루카	요한
197	무덤에 묻힌 예수	27,57 – 61	15,46 – 47	23,53	19,39 – 42

57 날이 저물었을 때에 아리마태아 사람인 부자 요셉이라는 사람이 왔는데 그도 역시 예수의 제자였다. 58 이 사람이 빌라도에게 가서 예수의 시체를 내어 달라고 청하자 빌라도는 쾌히 승낙하여 내어 주라고 명령했다. 59 그래서 요셉은 예수의 시체를 가져다가 깨끗한 고운 베로 싸서 60 바위를 파서 만든 자기의 새 무덤에 모신 다음 큰 돌을 굴려 무덤 입구를 막아 놓고 갔다. 61 그 때에 무덤 맞은편에는 막달라 여자 마리아와 다른 마리아가 앉아 있었다.

번 호	사 건	마태오	마르코	루 카	요 한
198	무덤의 경비	27,62 – 66			

62 그 날은 명절을 준비하는 날이었다. 그 다음 날 대사제들과 바리사이파 사람들은 빌라도에게 몰려 와서 63 이렇게 말하였다. "각하, 그 거짓말장이가 살아 있을 때에 사흘 만에 자기는 다시 살아난다고 말한 것을 저희가 기억하고 있습니다. 64 그러니 사흘이 되는 날까지는 그 무덤을 단단히 지키라고 명령하십시오. 혹시 그의 제자들이 와서 시체를 훔쳐 감추어 놓고 백성들에게는 그가 죽었다가 다시 살아났다고 떠들지도 모릅니다. 이렇게 되면 이번 속임수는 처음 것보다 더 심한 혼란을 일으킬 것입니다." 65 빌라도는 그들에게 "경비병을 내어 줄 터이니 가서 너희 생각대로 잘 지켜 보아라" 하고 말하였다. 66 그들은 물러가서 그돌을 봉인하고 경비병을 세워 무덤을 단단히 지키게 하였다.

부활하신 예수(주님의 날)

| **199** | 지진이 일어나 돌이구름 | 28,2 – 4 | | | |

2 그런데 갑자기 큰 지진이 일어나면서 하늘에서 주의 천사가 내려와 그 돌을 굴려내고 그 위에 앉았다. 3 그 천사의 모습은 번개처럼 빛났고 옷은 눈같이 희었다. 4 이 광경을 본 경비병들은 겁에 질려 떨다가 까무러쳤다.

| **200** | 향유를 가지고 무덤에 | 28,1 – 7 | 16,1 – 5 | 24,1 – 2 | 20,1 |

7 그리고 빨리 제자들에게 가서 '예수께서는 죽었다가 다시 살아나셨고 당신들보다 먼저 갈릴래아로 가실 터이니 거기에서 그분을 뵙게 될 것이오' 하고 알려라. 나는 이 말을 전하러 왔다." 8 여자들은 무서우면서도 기쁨에 넘쳐서 제자들에게 이 소식을 전하려고 무덤을 떠나 급히 달려 갔다.

| **201** | 막달라 여자 마리아 | | | | 20,1 – 2 |

1 안식일 다음 날 이른 새벽의 일이었다. 아직 어두울 때에 막달라 여자 마리아가 무덤에 가 보니 무덤을 막았던 돌이 이미 치워져 있었다. 2 그래서 그 여자는 달음질을 하여 시몬 베드로와 예수께서 사랑하시던 다른 제자에게 가서 "누군가가 주님을 무덤에서 꺼내 갔습니다. 어디에다 모셨는지 모르겠습니다" 하고 알려 주었다.

| **202** | 막달라마리아가 제자들에게 | | 16,10 | | |

10 마리아는 예수를 따르던 사람들이 슬퍼하며 울고 있는 곳으로 찾아 가 이 소식을 전해 주었다.

번호	사 건	마태오	마르코	루카	요한
203	막달라 마리아에게 발현		16,9		20,11 – 17

9 일요일 이른 아침, 예수께서는 부활하신 뒤 막달라 여자 마리아에게 처음으로 나타나셨는데 그는 예수께서 일찍이 일곱 마귀를 쫓아 내어 주셨던 여자였다.

| 204 | 다른 여인들에게 나타나심 | 28,8 – 10 | | | |

8 여자들은 무서우면서도 기쁨에 넘쳐서 제자들에게 이 소식을 전하려고 무덤을 떠나 급히 달려 갔다. 9 그런데 뜻밖에도 예수께서 그 여자들을 향하여 걸어 오셔서 "평안하냐?" 하고 말씀하셨다. 여자들은 가까이 가서 그의 두 발을 붙잡고 엎드려 절하였다. 10 그러자 예수께서는 그 여자들에게 "두려워하지 말라. 가서 내 형제들에게 갈릴래아로 가라고 전하여라. 그들은 거기서 나를 만나게 될 것이다" 하고 말씀하셨다.

| 205 | 베드로에게 나타나심 | | | 24,34 | |

34 주께서 확실히 다시 살아나셔서 시몬에게 나타나셨다는 말을 하고 있었다.

| 206 | 엠마오로 가는 제자들에게 | | 16,11 – 13 | 24,13 – 35 | |

16 그러나 그들은 눈이 가리워져서 그분이 누구신지 알아 보지 못하였다. 17 예수께서 그들에게 "길을 걸으면서 무슨 이야기들을 그렇게 하고 있느냐?" 하고 물으셨다. 그러자 그들은 침통한 표정인 채 걸음을 멈추었다. 29 그들은 "이젠 날도 저물어 저녁이 다 되었으니 여기서 우리와 함께 묵어 가십시오" 하고 붙들었다. 그래서 예수께서 그들과 함께 묵으시려고 집으로 들어 가셨다. 30 예수께서 함께 식탁에 앉아 빵을 들어 감사의 기도를 드리신 다음 그것을 떼어 나누어 주셨다. 31 그제서야 그들은 눈이 열려 예수를 알아 보았는데 예수의 모습은 이미 사라져서 보이지 않았다. 32 그들은 "길에서 그분이 우리에게 말씀하실 때나 성서를 설명해 주실 때에 우리가 얼마나 뜨거운 감동을 느꼈던가!" 하고 서로 말하였다.

| 207 | 열 제자에게 나타나심 | | | 24,36 – 48 | 20,19 – 25 |

36 그들이 그런 이야기를 하고 있을 때에 예수께서 나타나 그들 가운데 서시며 "너희에게 평화가 있기를!" 하고 말씀하셨다. 37 그들은 너무나 놀랍고 무서워서 유령을 보는 줄 알았다. 38 예수께서는 그들에게 "왜 그렇게 안절부절 못하고 의심을 품느냐? 39 내 손과 발을 보아라. 틀림없이 나다! 자, 만져 보아라. 유령은 뼈와 살이 없지만 보다시피 나에게는 있지 않으냐?" 40 하시며 당신의 손과 발을 보여 주셨다. 41 그들은 기뻐하면서도 믿어지지 않아서 어리둥절해 있는데 예수께서는 "여기에 무엇이든 먹을 것이 좀 없느냐?" 하고 물으셨다. 42 그들이 구운 생선 한 토막을 드리니 43 예수께서는 그것을 받아 그들이 보는 앞에서 잡수셨다.

번호	사 건	마태오	마르코	루 카	요 한
208	열 한 제자에게 나타나심		16,14 – 18		20,26 – 29

26 여드레 뒤에 제자들이 다시 집 안에 모여 있었는데 그 자리에는 토마도 같이 있었다. 문이 다 잠겨 있었는데도 예수께서 들어 오셔서 그들 한가운데 서시며 "너희에게 평화가 있기를!" 하고 인사하셨다. 27 그리고 토마에게 "네 손가락으로 내 손을 만져 보아라. 또 네 손을 내 옆구리에 넣어 보아라. 그리고 의심을 버리고 믿어라" 하고 말씀하셨다. 28 토마가 예수께 "나의 주님, 나의 하느님!" 하고 대답하자 29 예수께서는 "너는 나를 보고야 믿느냐? 나를 보지 않고도 믿는 사람은 행복하다" 하고 말씀하셨다.

| 209 | 갈릴래아에서 제자들에게 | 28,16 – 20 | | | 21,6 – 14 |

16 열 한 제자는 예수께서 일러 주신 대로 갈릴래아에 있는 산으로 갔다. 17 그들은 거기에서 예수를 뵙고 엎드려 절하였다. 그러나 의심하는 사람들도 있었다. 18 예수께서는 그들에게 가까이 오셔서 이렇게 말씀하셨다. "나는 하늘과 땅의 모든 권한을 받았다. 19 그러므로 너희는 가서 이 세상 모든 사람들을 내 제자로 삼아 아버지와 아들과 성령의 이름으로 그들에게 세례를 베풀고 20 내가 너희에게 명한 모든 것을 지키도록 가르쳐라. 내가 세상 끝까지 항상 너희와 함께 있겠다."

| 210 | 제자들 앞에서 승천 | | 16,19 – 20 | 24,50 – 53 | |

19 주님이신 예수께서 제자들에게 말씀을 다 하시고 승천하셔서 하느님의 오른편에 앉으셨다. 20 제자들은 사방으로 나가 이 복음을 전하였다. 그리고 주께서는 그들과 함께 일하셨으며 여러 가지 기적을 행하게 하심으로써 그들이 전한 말씀이 참되다는 것을 증명해 주셨다. 21 그 여자들은 베드로와 그의 동료들에게 가서 그들이 들은 모든 것을 간추려서 이야기해 주었다. 22 그 뒤 예수께서는 친히 제자들을 해가 뜨는 곳에서 해가 지는 곳까지 보내시어 영원한 구원을 선포하는 거룩한 불멸의 말씀을 전하게 하셨다. 아멘.

시 기	사건	서간의 형성		
AD 30-40	오순절 : 성령강림 교회의 형성 사도들의 활동	사도 1 – 12		
AD 46-48	바오로의 1차 전도여행	13 – 15	갈라티아서	야고보
AD 49-50	예루살렘 공의회	15장		
AD 50-52 (약3년)	제2차 전도여행	16 – 18장	테살로니카 전서	테살로니카 후서
AD 53-58 (약4년)	제3차 전도여행	19 – 21장	코린토 전서 코린토 후서	로마서
AD 61-63	로마감옥 1차 투옥			
AD 63-66	제4차 전도여행	22 – 28장		필레몬/필리피서
			티모테오 전/후	티도서 베드로 전/후서
AD 66-67				
	바오로 설교		1,2,3. 요한	유다서 히브리서
	유다전쟁	요한묵시록		

바이블테라피 28 복음 나누기(양식1: 기본형 7단계)

눈 먼 이들이 보고 다리 저는 이들이 제대로 걸으며,
나병환자들이 깨끗해지고 귀먹은 이들이 들으며,
죽은 이들이 되살아나고 가난한 이들이 복음을 듣는다.
나에게 의심을 품지 않는 이는 행복하다. (마태 11,5-6)

복음 나누기는 성서를 읽고 묵상하면서 부활하신 그리스도를
만나 그분의 말씀을 듣고, 들은 말씀을 서로 나누고, 그 말씀에
따라 활동을 계획하는 것이다.

성서의 많은 언어들 안에서 사람이 되시어 우리 가운데 사신 그
리스도의 얼굴, 나에게 주시는 말씀을 찾아낸다. 그 말씀을 서
로에게 선포함으로써 자신들이 선포하는 그분을 현존하게 하고
주님께서 원하시는 일을 위해 서로 의논하는 시간이다. 살아계
신 그리스도의 인격과 친교를 이루고 그분의 뜻을 자신과 세상
에 실현한다.

복음 나누기에는 여러 종류가 있는데 그 내용과 목표는 다음과
같다. 이어지는 바이블테라피 28-35까지는 다양한 복음나누기
의 양식을 소개한다.

소공동체가 하느님과 겸손하게 살아가도록 도와준다.

- 부활하신 주님의 현존을 체험한다.
- 모임의 참석자들이 개인적으로 말씀과 만나도록 돕는다.
- 개인적인 나눔으로 믿음을 심화시켜 주도록 격려한다.
- 개인적인 유대를 깊게 한다.
- 모임 안에 신뢰감을 키운다.
- 공동체 활동을 계획하도록 영성적인 분위기를 만든다.

▶ 진행 순서

1. 주님을 초대한다.

"한 두 분이 기도로 예수님을 초대해 주십시오."

2. 성서 본문을 읽는다.

".... 복음 ... 장을 펴 주십시오."
"어느 분이 ... 절부터 ... 절까지 읽어 주십시오."
"다른 분이 본문을 다시 한 번 읽어 주십시오."
(다른 번역본이 있으면, 그것을 읽을 수도 있다.)

3. 성서 본문 중 마음에 닿는 단어나 구절을 선택해서 묵상한다.

"마음에 와 닿는 단어나 짧은 구절을 선택하여 큰소리로, 기도
하듯이 세 번씩 읽어 주십시오. 읽는 사이에는 잠시 침묵을 지
키십시오."
(전체 본문을 다시 읽는다.)
"어느 분이 본문을 다시 한 번 읽어 주십시오."

4. 침묵하며 하느님의 말씀을 듣는다.

"...분 동안 침묵하며 하느님께서 우리에게 말씀하시도록 합시다."

5. 마음 안에 들여온 말씀을 나눈다.

"당신에게 개인적으로 와 닿는 말씀은 무엇입니까?"
('영적 체험'이나 '생명의 말씀'에 대한 체험을 나눌 수도 있다.
어떤 참석자가 성서 구절에 관한 '나눔'이 아니라 '설명'을 할지
라도 그 설명에 관하여 '토론'하지 않는다.)

6. 모임에서 해야할 활동에 대하여 토의한다.

가) "지난번 모임에서 결정한 활동에 관하여 보고해 주십시오."
나) "우리가 이번 주(달)에 해야할 새로운 일은 어떤 것이 있습니까?"
- 무엇을 할 것입니까?
- 누가 할 것입니까?
- 언제 할 것입니까?

7. 자발적으로 함께 기도한다.

"마음에 우러나는 대로 자유롭게 기도합시다."
(혹은 잘 아는 기도나 성가로 마칠 수 있다.)

많은 사람이 자유 기도를 잘 못하는 경향이 있다. 그런 사람들
에게도 복음 나누기는 새로운 기도를 위한 영감을 제공한다.

- 하느님과 개인적으로 접촉하게 해준다.(1, 3단계)
- 하느님 앞에서 하는 침묵의 가치를 알게 해준다.(4단계)
- 관상을 체험할 수 있는 힘을 준다.(3단계)
- 하느님의 눈으로 자신들의 일상생활을 바라보게 한다.(6단계)
- 자기 자신만을 바라보던 사람들을 해방시키고 타인의 필요에
  관심을 두게 한다.(5, 6단계)

참조. 서울대교구 사목국, 「사목을 위한 성서의 사용」, 1993.

마태오 복음서는 2세기부터 '교회의 복음서'로 여겨져 왔다. 이것은 이 복음서가 "교회"에 관하여 전하는 전통 때문일 것이다(16,18과 18,18). 또한 이 복음서에 들어 있는 자료의 풍부성과 그것의 질서정연한 배열 때문에 마태오복음서는 가치 있는 자료로 남아있다. 아무튼 이 복음서 저자가 우리에게 주려고 하지도 않았고 또 줄 수도 없는 바를 요구하지만 않으면, 이 복음서는 오늘날에도 계속 '교회의 복음서'일 수 있다.

복음나누기의 다양한 양식을 편집하여 게재할 수 있도록 과정에 도움을 주신 서울대교구 사목국장 손희송 신부님과 천주교 중앙협의회 노주현 비비안나, 수원교구 복음화사목국장 문희종 신부님과 정용재 과장님, 주교회의 소공동체 위원회 사제위원 이성현 신부님께 진심으로 감사드립니다. 7가지의 양식은 서울대교구 사목국의 1993년 발간된 「사목을 위한 성서의 사목」을 참조 인용하였습니다.

1. 개요

신약성서 27권중 첫 번째로 나오는 마태오 복음은 예수의 말씀과 교회공동체를 위한 설교를 가장 풍부하게 담고 있으며 초기 그리스도교 신자들의 생활 규범으로서 교회의 발전에 영향을 끼친 책이다.

2. 저자 및 집필시기

2세기 초 소아시아 히에라플리스의 빠삐아스 주교는 마태오 사도가 히브리어로 복음서를 썼다는 기록을 남겼지만 마태오에 관해서 아는 바가 적다. 마태오라는 이름은 예수시대 팔레스티나에 통용되던 아람어 이름인데 '하느님의 선물'이라는 뜻으로 마태오는 부르심을 받기 전 세리였다. 집필시기는 예수어록과 마르코 복음서를 참고로 하여 쓰여진 점으로 보아 교회와 유다백성 사이에 결별이 일어났던 70년경 이후로 추정된다.

3. 집필동기

히브리어나 아람어를 그리스어로 풀이해 주는 것으로 보아 시리아 지방(그리스어 사용)의 유대계 그리스도인들을 위해 쓰인 것이다. 공동체가 점차 유대교의 테두리를 벗어나 이방인들에게로 열려가면서 그리스도인들을 박해하는 유대교의 관계를 정리하고 내적으로 예수 그리스도의 말씀과 행적에 바탕을 둔 공동체가 되어야 함을 일깨우고자 써졌다.

4. 주요내용

모두 28장으로 구성되어 있으며 다섯 편의 설교를 중심으로 예수의 말씀과 행적을 전해주고 있다.

(1) **예수는 누구인가** : 마태오는 족보를 통해 예수를 아브라함의 자손이요 다윗의 후손으로 태어난 메시아임을 밝히고 있다. 구약의 예언이 예수에게서 성취되었고 이로써 유대인으로 하여금 예수가 메시아임을 받아들이게 하고 있다. 또한 그는 성령으로 잉태되고 죽으신 지 사흘만에 부활하신 예수를 하느님의 아들로서 임마누엘, 세상 종말까지 우리와 함께 계시는 분이라 증언하고 있다.

(2) **교회를 위하여** : 예수는 이스라엘 안에서 하느님 나라가 다가왔음을 선포하셨다. 그러나 유대교와 그리스도교의 갈등을 겪음으로써 유대교에서 벗어나 그리스도를 중심으로 한 새로운 하느님의 백성 공동체를 형성 발전시키고 있다. 특히 마태오는 예수 그리스도의 언행을 규범으로 삼아 그리스도 안의 한 형제로서 사랑과 용서를 바탕으로 서로에게 봉사함으로써 참 제자 공동체가 되어야함을 강조하고 있다.

5. 마태오의 구성과 내용

첫째 부분(3,1-13,58)에서 예수님께서는 당신 자신을 드러내신다. 그러나 유대인들은 그분을 거부하고 믿지 않는다. 말씀에서나 행동에서나 절대적 권능을 지니신 그분께서는(4,12-9,34) '기쁜 소식'을 선포하라고 제자들을 보내신다(9,35-10,42). 이제 사람들은 그분 쪽에 설지 반대쪽에 설지 선택해야 한다. 곧 청중은 이미 일어난 기적들(11-12장) 또는 비유를 통한 새로운 가르침(13장)을 계기로 자기들 앞에서 일어나는 일을 알아보도록 촉구된다. 그러나 예수님께서는 마침내 고향 사람들에게 배척을 받으신다(13,53-58).

둘째 부분(14-28장)에서 예수님께서는 십자가를 통하여 당신을 부활의 영광으로 이끄는 길을 걸어 가신다. 두 가지 움직임이 이 이야기에 활기를 불어넣는다. 한 가지 움직임은 예수님께서 먼저 지리적 바탕 위에서(14,1-16,20), 그 다음에는 교의적(敎義的) 바탕 위에서(16,21-20,34) 당신의 공동체에 특수한 가르침을 내릴 수 있도록 도와 준다. 두 번째 움직임은 예루살렘에서 일어나는데, 예수님께서는 그 곳으로 장엄하게 들어가셔서 성전을 '차지하신다'(21,1-22). 그 뒤에 그분께서는 적대자들과 맞서신다. 곧 세 개의 비유로 하느님의 뜻을 드러내시고(21,28-22,14), 그들과 벌어진 논쟁을 승리로 끝내시고 그들의 함정도 훌륭히 벗어나신 다음(22,15-46), 율법학자들과 바리사이들의 위선을 책망하신다(23장). 또 온 세상이 받을 심판을 예고하신다(24-25장). 그리고 나서 사람들이 당신을 재판하고 단죄하도록 내버려 두신다(26-27장). 그러나 하느님께서는 그분을 다시 살리신다(28장).

날짜	성서 구절	주요 내용	
첫 째 날	1–4	• 예수 그리스도의 족보와 탄생(1) • 동방 박사들의 방문 　/헤로데가 아기들을 학살함(2) • 예수님께서 세례자 요한에게 세례를 받으심(3) • 갈릴래아 전도의 시작 　/어부 네 사람을 제자로 부르심(4)	 마태오 1 – 예수 그리스도의 족보와 탄생
둘 째 날	5–7	• 산상설교(5–7)	 마태오 2 – 산상설교
셋 째 날	8–9	• 예수님이 보이신 기적(병자들을 고치심)(8–9)	 마태오 3 – 치유
넷 째 날	10–13	• 열두 사도를 뽑으시고 파견하심(10) • 세례자 요한의 질문에 답변하심 　/세례자 요한에 관하여 말씀하심(11) • 안식일에 손이 오그라든 사람을 고치심(12) • 비유를 들어 말씀하심(씨 뿌리는 사람, 가라지, 　겨자씨, 누룩, 보물, 진주 상인, 그물) 　/고향 나자렛에서 무시를 당하심(13)	 마태오 4 – 제자선발과 파견

날짜		성서 구절	주요 내용
다째	섯날	14–18	• 세례자 요한의 죽음/오천 명을 먹이신 기적과 물 위를 걸으신 기적(14) • 가나안 여자의 믿음/사천 명을 먹이심(15) • 베드로가 예수님을 그리스도라고 고백함 /수난과 부활의 첫번째 예고(16) • 영광스러운 모습으로 변모하심 /수난과 부활의 두 번째 예고(17) • 형제가 죄를 지으면 깨우쳐 주고, 몇 번이고 용서하여라(18) 마태오 5 – 기적
여째	섯날	19–22	• 하느님 나라와 부자(19) • 선한 포도밭 주인의 비유 /수난과 부활의 세 번째 예고(20) • 예루살렘에 입성하시어 성전을 정화하시다(21) • 혼인잔치의 비유/가장 큰 계명(22) 마태오 6 – 비유
일째	곱날	23–28	• 율법 학자들과 바리사이들을 꾸짖으심(23) • 성전의 파괴를 예고하심/깨어 있어라(24) • 열 처녀, 탤런트의 비유/최후의 심판(25) • 유다가 예수님을 배신함/겟세마니에서 기도하심/ 잡히어 최고 의회에서 심문을 받으심 /베드로가 예수님을 모른다고 함(26) • 빌라도에게 신문을 받고 사형선고를 받으심/ • 십자가에 못 박혀 숨을 거두시고 묻히심(27) • 부활하시어 제자들에게 나타나시고 사명을 부여하심(28) 마태오 7 – 수난과 죽음 그리고 부활

10. 마태오 복음의 전개와 주요내용

	주 제	내 용
1,1– 2,23	예수그리스도의 족보, 탄생, 피신	예수 그리스도의 족보와 처녀의 잉태, 예수의 탄생을 이야기하면서 "예수는 인류의 구세주"라는 선언을 하고 있다. – 족보에 등장하는 다섯명의 여인들은 모두 비정상적인 방법으로 족보를 이어나간다(타마르, 라합, 룻, 우리야의 아내 바쎄바, 마리아). – 예수의 족보는 아브라함에서 예수에 이르기까지 14대(7*2)가 세 번 반복되면서 예수의 탄생은 하느님의 특별한 섭리에 의해서 진행되어져 왔음을 강조한다. "그리하여 모든 세대의 수는 아브라함에서 다윗까지가 14대, 다윗부터 바빌론 유배까지가 십사 대이며, 바빌론 유배부터 그리스도까지가 십사 대이다"(1.17) – 동방박사들의 방문(2,5–6)"유다 땅 베들레헴아 너는 유다의 주요 고을 가운데에서 결코 가장 작은 고을이 아니다. 너에게서 통치자가 나와 내 백성 이스라엘을 보살피리라"(참조. 미카 5,1; 2사무 5,2)" – 이집트로 피신하는 예수의 가족(2,13) "꿈에 주님의 천사가 나타나 '일어나 아기와 그 어머니를 데리고 이집트로 피신하여, 내가 너에게 일러줄 때까지 거기 있어라" – 헤로데가 아기들을 학살하다(2,16) "라마에서 소리가 들린다. 울음소리와 애끓는 통곡소리, 라헬이 자식들을 잃고 운다. 자식들이 없으니 위로도 마다한다" 헤로데가 죽자 천사의 안내로 요셉은 다시 이스라엘땅으로 돌아옴. 저자는 "이리하여 주께서 예언자를 시켜 하신 말씀이 이루어졌다" 는 말을 세 번이나 되풀이한다. 즉, 예수는 구약에서부터 예언된 메시아라는 것, 예수에게서 구약의 예언이 성취되었다는 것을 말한다.
3,1– 4,11	메시아의 준비	세례자 요한이 광야에서 외친다. "회개하여라! 하늘나라가 가까이 왔다" 요한은 이사야 예언자가 말한 바로 그 사람이다. "광야에서 외치는 이의 소리, 너희는 주님의 길을 마련하여라. 그분의 길을 곧게 내어라"(3,2–3) – "나는 너희를 회개시키려고 물로 세례를 주지만 내 뒤에 오시는 분은 나보다 더 큰 능력을 지니신 분이시다. 그분께서는 너희에게 성령과 불로 세례를 주실 것이다."(3,11) – 예수가 요한에게 세례를 청하고 받으시자 하늘이 열리고 하느님의 영이 비둘기처럼 당신 위로 내려오시며 "이는 내가 사랑하는 아들. 내 마음에 드는 아들이다"(3,17) – 광야에서의 유혹(4,1–11) 빵의 유혹: '사람은 빵만으로 살지 않고 하느님의 입에서 나오는 말씀으로 산다' 거룩한 도성 성전 꼭대기에서: '주 너희 하느님을 시험하지 마라' 세상의 모든 나라와 영광을 보여주며: '주 너희 하느님만 경배하고 그분만을 섬겨라'

4,12–15,20	갈릴래아에서의 전교 활동 시작

가파르나움에서

– 어부 네 사람을 제자로 부르시다

"나를 따라오너라. 내가 너희를 사람 낚는 어부로 만들겠다"(4,19)

– 예수님과 군중

"예수님께서는 온 갈릴래아를 두루 다니시며 회당에서 가르치시고 하늘나라의 복음을 선포하시며, 백성 가운데에서 병자와 허약한 이들을 모두 고쳐 주셨다"(4,23)

– 산상설교(참된 행복)

"행복하여라, 마음이 가난한 사람들(하늘나라), 슬퍼하는 사람들(위로), 온유한 사람들(땅), 의로움에 주리고 목마른 사람들(만족), 자비로운 사람들(자비), 마음이 깨끗한 사람들(지복직관), 의로움 때문에 박해를 받는 사람들(하늘나라), 사람들이 나 때문에 너희를 모욕하고 박해하며, 너희를 거슬러 거짓으로 온갖 사악한 말을 하면, 너희는 행복하다! 기뻐하고 즐거워하여라, 너희가 하늘에서 받을 상이 크다. 사실 너희에 앞서 예언자들도 그렇게 박해를 받았다"(5,3–12)

"너희는 세상의 소금이다… 너희는 세상의 빛이다… 하늘과 땅이 없어지기 전에는, 모든 것이 이루어질 때까지 율법에서 한 자 한 획도 없어지지 않을 것이다… 자기 형제에게 성을 내는 자는 누구나 재판에 넘겨질 것이다… 음욕을 품고 여자를 바라보는 자는 누구나 이미 마음으로 그 여자와 간음한 것이다… 너희는 말할때에 '예'할 것은 '예'라고 '아니오'라고 할 것은 '아니오'라고만 하여라. 그 이상의 것은 악에서 나오는 것이다. 악인에게 맞서지 마라. 오히려 누가 네 오른 뺨을 치거든 다른 뺨마저 돌려 대어라. 너를 재판에 걸어 네 속옷을 가지려거든 겉옷까지 내주어라. 누가 너에게 천 걸음을 가자고 강요하거든 그와 함께 이천 걸음을 가 주어라. 달라는 자에게 주고 꾸려는 자를 물리치지 마라… 너희는 원수를 사랑하여라. 그리고 너희를 박해하는 자들을 위하여 기도하여라… 너희는 기도할 때 골방에 들어가 문을 닫은 다음, 숨어계신 네 아버지께 기도하여라… 기도할 때 빈 말을 되풀이하지 말아라… 주님의 기도… 올바른 단식… 사실 너희 보물이 있는 곳에 너희 마음이 있다… 눈은 몸의 등불이다. 네 눈이 맑으면 온몸도 환하고, 네 눈이 성하지 못하면 온몸도 어두울 것이다… 아무도 두 주인을 섬길 수 없다…무엇을 먹을까? 입을까? 마실까? 걱정하지 마라. 그러므로 내일을 걱정하지 마라. 내일 걱정은 내일이 할 것이다. 그 날 고생은 그 날로 충분하다… 남을 심판하지 마라… 거룩한 것을 개들에게 주지말고, 너희의 진주를 돼지들 앞에 던지지 마라. 그것들이 발로 그것을 짓밟고 돌아서서 너희를 물어뜯을지도 모른다… 청하여라, 너희에게 주실 것이다. 문을 두드려라, 너희에게 열릴 것이다…

그러므로 남이 너희에게 해 주기를 바라는 그대로 너희도 남에게 해 주어라. 이것이 예언서와 율법서의 정신이다… 너희는 그들이 맺은 열매를 보고 그들을 알아볼 수 있을 것이다"(5,13–7,29).

– 나병환자, 백인대장 종, 베드로의 장모와 병자의 치유(8,1–17)

– 풍랑을 가라앉히다

"주님 구해 주십시오. 저희가 죽게 되었습니다… 왜 겁을 내느냐? 이 믿음이 약한 자들아… 이분이 어떤 분이시기에 바람과 호수까지 복종하는가?"(8,23–27)

– 중풍병자의 치유. 마태오를 부르심, 세리들과 식사하심, 단식논쟁, 야이로의 딸과 하혈하는 여인의 치유, 눈 먼 두 사람(9장)

	주 제	내 용
		– 열 두 사도를 뽑으심, 열 두 사도의 파견, 박해를 각오하라는 분부 "육신은 죽여도 영혼은 죽이지 못하는 자들을 두려워하지 마라. 오히려 영혼도 육신도 지옥에서 멸망시킬 수 있는 분을 두려워하여라… 내가 세상에 평화를 주러 왔다고 생각하지 마라. 평화가 아니라 칼을 주러 왔다"(10, 34) – "제 목숨을 얻으려는 사람은 목숨을 잃고, 나 때문에 제 목숨을 잃는 사람은 목숨을 얻을 것이다."(10,39) – "고생하며 무거운 짐을 진 너희는 모두 나에게 오너라. 내가 너희에게 안식을 주겠다. 나는 마음이 온유하고 겸손하니 내 멍에를 매고 나에게 배워라. 그러면 너희가 안식을 얻을 것이다. (11,28) **– 제자들이 안식일에 밀 이삭을 뜯다**…안식일에 손이 오그라든 사람을 고치시다… 베엘제불의 힘을 빌려 마귀를 쫓아낸다고 모함을 받으신 예수 "나와 함께하지 않는 자는 나를 반대하는 자고, 나와 함께 모아들이지 않는 자는 흩어버리는 자다"(12,30)… "나무가 좋으면 그 열매도 좋고 나무가 나쁘면 그 열매도 나쁘다" (12,33)… **– 씨 뿌리는 사람의 비유**… '너희는 듣고 또 들어도 깨닫지 못하고 보고 또 보아도 알아보지 못하리라. 저 백성이 마음은 무디고 귀로는 제대로 듣지 못하고 눈은 감았기 때문이다. 이는 그들이 눈으로 보고 귀로 듣고 마음으로 깨닫고서는 돌아와 내가 그들을 고쳐주는 일이 없도록 하려는 것이다'(13, 14–15: 이사 6,9–10인용)… 가라지의 비유…겨자씨의 비유…누룩의 비유…보물의 비유와 진주상인의 비유… 그물의 비유…나제렛에서 무시를 당하심(13장) **– 헤로데가 예수님의 소식을 듣다**… 세례자 요한의 죽음… 오천명을 먹이신 기적이야기… 물 위를 건너시다… 겐네사렛에서 병자들을 고치시다 (14장)
15,21– 18,35	갈릴래아 밖의 이방지역 에서의 선교	**띠로와 시돈 이방지역에서 선교하시다.** – 조상들의 전통에 관한 논쟁… 가나안 여자의 믿음… 많은 병자를 고치시다… 사천 명을 먹이시다.(15장) **– 바리사이들과 사두가이들이 표징을 요구하다**… 바리사이들과 사두가이들의 누룩을 조심하여라… 베드로가 예수님을 하느님의 아들 그리스도라고 고백하다(16,16)… 수난과 부활에 대한 예고 "사탄아 물러가라, 너는 나에게 걸림돌이다. 너는 하느님의 일은 생각하지 않고 사람의 일만 생각하는구나"(16,23)… "누구든지 내 뒤를 따르려면 자신을 버리고 제 십자가를 지고 나를 따라야 한다. 정녕 자기 목숨을 구하려는 이는 목숨을 잃을 것이고, 나 때문에 자기 목숨을 잃는 사람은 목숨을 얻을 것이다(16,24–25). **– 예수의 영광스러운 변모(17,1–9)**… 아이의 마귀를 내쫓으시다… 성전세를 바치시는 예수(17장) – "너희는 이 작은 이들 가운데 하나라도 업신여기지 않도록 주의하여라"(18,10)…되 찾은 양의 비유… 형제가 죄를 지으면…두 사람이나 세사람이라도 내 이름으로 모인 곳에는 나도 함께 있다…일곱번씩 일흔번(일흔 일곱번이라도)용서하여라…매정한 종의 비유(18장)

19,1–20,34	예루살렘으로 향하시다	**예수와 제자들이 예루살렘으로 올라가는 목적** "우리는 지금 예루살렘으로 올라가고 있다. 거기에서 사람의 아들은 대사제들과 율법학자들의 손에 넘어가 사형을 선고받을 것이다"(20,18)
		– 혼인과 이혼… 혼인과 독신 "모태에서부터 고자로 태어난 이가 있고, 사람들 손에 의해 고자가 된 이들도 있으며, 하늘나라 때문에 스스로 고자가 된 이들도 있다. 받아들일 수 있는 사람은 받아들여라(19,12)… 어린이들을 사랑하시다…하느님의 나라와 부자 "부자가 하느님 나라에 들어가는 것보다 낙타가 바늘구멍으로 빠져나가는 것이 더 쉽다"(19,24)… "내 이름 때문에 집이나 형제나 자매, 아버지나 어머니, 자녀나 토지를 버린 사람은 모두 백 배로 받을 것이고 영원한 생명도 받을 것이다. 그런데 꼴찌가 첫째가 되고, 첫째가 꼴찌가 될 것이다"((19,29~30)
		– 포도밭 주인과 품삯 "친구여! 내가 당신에게 불의를 저지르는 것이 아니오. 당신은 나와 한 데나리온으로 합의하지 않았소? 당신 품삯이나 받아서 돌아가시오. 내 것을 가지고 내가 하고 싶은 대로 할 수 없다는 말이오? 아니면 내가 후하다고 해서 시기하는 것이오"(20,14~15)
		– 제베대오의 두 아들의 어머니의 청원 "너희 가운데 첫째가 되려는 이는 너희의 종이 되어야 한다"(20,27)
		– 예리코에서 눈 먼 두 사람을 고치시다(20,29~34)
21,1–25,46	예루살렘에서 하신 설교	**때가 다가온 줄 아시는 예수께서는 아무 꺼리낌 없이, 당신이 하느님의 아들 메시아임을 드러내고 선언한다.**
		– 예루살렘에 입성하시다… 성전을 정화하시다… 무화과 나무를 저주하시다…예수의 권한에 대한 질문… 두 아들의 비유 "너희는 그를 믿지 않았지만 세리와 창녀들은 그를 믿었다"(21,32)… 포도밭 소작인의 비유 "집짓는 이들이 내버린 돌 그 돌이 모퉁이의 머릿돌이 되었네. 이는 주님께서 이루신 일 우리 눈에 놀랍기만 하네"(21,42)
		– 혼인잔치의 비유… 황제에게 세금을 내는 문제…부활논쟁 "부활때에는 장가드는 일도 시집가는 일도 없이 하늘에 있는 천사들과 같아진다"(22,30)…가장 큰 계명(하느님 사랑, 이웃사랑)
		– 율법학자들과 바리사이들을 꾸짖으심… 예루살렘을 두고 한탄하시다…(23장)
		– 성전파괴를 예고하시다…가장 큰 재난…사람의 아들이 오시는 날…무화과 나무의 교훈…충실한 종과 불충실한 종…(24장)
		– 열 처녀의 비유… 탈랜트의 비유 "누구든지 가진 자는 더받아 넉넉해지고, 가진 것이 없는 자는 가진 것 마저 빼앗길것이다(25,29)…최후의 심판(25장)
26,1–27,66	수난과 죽음	**– 예수를 죽일 음모**…어떤 여인이 예수의 머리에 향유를 붓다…유다가 예수를 배신하다…최후의 만찬을 준비하다…제자의 배반을 예고… 성찬례를 제정하시다… 베드로의 배반을 예고… 겟세마니에서 기도하시다…잡히시다…최고의회에서 심문을 당하시다… 예수를 조롱하다… 베드로가 예수를 부인하다…(26장)
		– 빌라도 앞으로 끌려가시다…유다가 자살하다…빌라도에게 신문을 받으시다…사형선고를 받으시다…군사들이 예수를 조롱하다…십자가에 못박히다…숨을 거두시다… 묻히시다…경비병들이 무덤을 지키다… (27장)
28,1–20	부활	**– 부활하시다**…여자들에게 나타나시다…경비병들이 매수되다…제자들에게 나타나시어 사명을 주시다(28장)
		제자들의 사명은 이 세상 모든 사람들을 예수님의 제자로 삼아 아버지와 아들과 성령의 이름으로 그들에게 세례를 베풀고 주의 계명을 지키도록 가르치는 일이다.

바이블테라피 **29** 복음 나누기(양식2: 공동 응답양식)

> 여러분은 한때 어둠이었지만 지금은 주님 안에 있는 빛입니다.
> 빛의 자녀답게 살아가십시오. (에페 5, 8)

소공동체가 자기들의 개인적인 생활에만 머무르지 않고 주위에 있는 문제를 의식하도록 돕는다. 이웃이나 본당 사람들을 다정하게 사랑하도록 돕는다.
- 그 상황 속에서 각 개인에게 영적으로 필요한 요구 이상을 보도록 돕는다.
- 복음의 힘으로 삶의 문제를 공동체가 스스로 해결하게 한다.

▶ 공동응답의 적용

- '공동응답'은 평상시 '7단계'를 이용하던 소공동체가 가끔씩하는 것이다. 매주 모이는 공동체라면 한 달에 한 번 하는 것이 좋고, 한 달에 두 번 모이는 공동체에서는 가끔씩 하는 것이 좋다. 공동응답은 참석자들이 개인적인 삶의 차원을 넘어 영적인 시야를 넓히는데 도움이 될 것이다.
- 본당 전례 위원회는 주일 전례를 준비하는데 공동응답을 사용할 수 있다. 그 주일 성서 말씀이 '삶의 자리'를 찾는데 도움을 줄 것이다. 다시 말해서, 공동응답은 지역 공동체의 상황이 어떻게 성서에 반영되어 있는가를 찾는데 도움을 준다. 또한 강론자가 강론 중에 지역 공동체의 실질적인 문제를 거론할 수 있게 해주며, 듣는 이로 하여금 "하느님께서 이 문제에 관해 어떻게 생각하시는가"를 깨닫게 한다.

▶ 진행 순서: 도입

"우리는 '공동응답'이라고 부르는 성서 이용법을 진행합니다. 이 시간에는 하느님의 말씀이 우리 각자에게 어떻게 와 닿는가를 나누는 것이 아니라 공동체를 생각하고 나아가서는 우리 본당, 마을, 도시 또는 나라에서 안고 있는 문제를 생각해 봅니다. 성서 본문을 읽은 후 다음과 같은 질문을 하겠습니다."

"우리 공동체의 어떤 문제가 성서에서 언급되고 있습니까?"
"우리 공동체에 말씀하시는 하느님의 뜻은 무엇입니까?"

- 기도로 주님을 초대한다.

"한 두 분이 기도로 주님을 초대해 주십시오."

1. 하느님의 말씀을 귀담아 듣는다.

1) 성서 본문을 읽는다.

"... 복음 ... 장을 펴 주십시오."
"어느 분이 ... 절부터 ... 절까지 읽어 주십시오."
"다른 분이 본문을 다시 한 번 읽어 주십시오."
(다른 번역본이 있으면, 그것을 읽을 수도 있다.)

2) 단어나 구절을 선택한다.

"마음에 닿는 단어나 짧은 구절을 선택하여 큰소리로, 기도하듯이 세 번씩 읽어 주십시오. 읽는 사이에는 잠시 침묵을 지켜 주십시오."

3) 성서 본문을 다시 한 번 읽는다.

"어느 분이 본문을 다시 한 번 읽어 주십시오."

2. 성서 본문에 언급된 우리 공동체의 문제를 본다.

1) '즉석모임'에서 다음 질문을 토론한다.

"우리 본당, 이웃, 도시 또는 나라의 문제들 중에서 성서 본문에 언급된 문제와 비슷한 것은 무엇입니까?"
"다른 말로 표현하면, 그 성서 본문은 우리 공동체의 어떤 문제를 생각하게 합니까?"
- 토론 : 이 질문에 관해 5분간 토론한다. (즉석모임)
- 보고 : 각 그룹은 5분 후에 발표한다.

2) 문제 하나를 선정한다.

"발표한 문제 중 우리가 좀더 깊이 토론할 가치가 있는 문제 하나를 선정합시다. 어떤 것이겠습니까?"

3) 선정한 문제를 다음 질문으로 더 깊이 토론한다.

"이 문제에 관하여 더 많이 아는 사람이 있습니까?"
"왜 이런 문제가 있다고 생각합니까?"

3. 침묵하며 하느님의 말씀을 듣고 나눈다.

"하느님께서 우리 문제에 관하여 무슨 말씀을 하시는지 들읍시다."
"약 3분 동안 침묵하며 스스로에게 물어봅시다."
"하느님께서 우리 문제를 어떻게 보시는가?"
"하느님은 우리 문제에 대해 어떻게 느끼시고 생각하시고 말씀하시고 계시는가?"
"우리 삶의 문제와 연관된 성서 말씀이나 시편을 기억함도 좋습니다."
(3분이 지난 후)
"하느님께서 우리 문제에 관하여 어떤 충고를 주셨다고 생각하는지 서로 이야기합시다."

4. 모임에서 해야 할 활동에 대해 토의한다.

1) 활동 보고

"지난번 모임에서 결정한 활동에 관하여 보고해 주십시오."

2) '하느님 나라의 관점'에서 계획을 세운다.

"하느님께서 우리에게 원하시는 일은 무엇입니까?"
"무엇을, 누가, 언제 할 것입니까?"
- 자발적으로 함께 기도한다.

참조. 서울대교구 사목국, 「사목을 위한 성서의 사용」, 1993.

예수님의 활동은 먼저 갈릴래아에서(1,4), 그리고 이교도들의 땅까지 포함하는 그 주변 지역에서 펼쳐진다(7,24.31; 8,27). 이어서 예수님께서는 요르단 강 동녘의 베레아 지방과 서녘의 예리고를 거쳐(10장), 마침내 예루살렘으로 올라가신다(11,1). 마르코 복음서는 그 첫마디에서부터, "하느님의 복음"(1,14), 더 짧게는 그냥 "복음"이라고도 불리는(1,15) "하느님의 아드님 예수 그리스도의 복음"이(1,1) 주된 관심사임을 분명히 한다. 복음은 바오로 사도에게처럼 마르코에게도 모든 사람을 위한 '기쁜 소식'이다. 그리고 이 기쁜 소식을 받아들이느냐 않느냐에 따라, 하느님께서 예수님을 통하여 모든 사람을 위한 당신의 약속을 실현시키셨음을 믿는 그리스도교 신앙이 결정된다. 그래서 복음은 만민에게 선포되어야 한다(13,10; 14,9).

마르코는 예수님의 말씀을 과감히 이 새로운 상황에 적용시키기도 한다. 곧 예수님께서 부활하시어 이 세상을 떠나신 이제, 자신을 포기하고 그분을 위하여 모든 것을 버리는 것이 복음을 위하는 길이라는 것이다(8,35). 예수님의 삶과 죽음과 부활로 드러난 하느님의 구원 행위는, 제자들에게 맡겨진 말씀을 통하여 이 세상에 존속한다. 그렇기 때문에 제자들은 이 말씀 곧 복음을 위하여 자신을 온전히 투신해야 한다. 복음은 바로 사람들 사이에 계속되는 하느님의 구원 행위이다. 그래서 복음은 예수 그리스도와 관련된 하느님의 메시지 이상의 것이다. 바로 이러한 상황이 복음서를 저술하는 마르코가 서 있는 현주소이다. 그는 단순한 전기 작가가 아니다. 그는 사람들에게 단순히 옛날 이야기를 하지 않는다. 현재에 서서 현재를 위하여 이야기하는 것이다. 이 복음서 저자는 현재에서 출발하여 과거로 돌아가 현재의 "시작"을 이야기하고(1,1), 또 그러한 빛으로 현재를 살아가는 그리스도인들의 실존을 조명하고 특징짓는다.

· 한국천주교중앙협의회, 『주석성경』 마르코복음 입문 참조

1. 개요

예수의 말씀과 활동에 대해 처음으로 쓰여진 마르코 복음은 다른 복음서를 연구하는데 중요한 토대가 되고 있다. 이 복음서는 감추어진 메시아의 비밀이 예수의 행적과 죽음, 부활안에서 서서히 밝혀지는 증언록이라 볼 수 있다.

2. 저자와 집필시기

소아시아 지방에 있는 히에라뽈리스의 주교 빠삐아스에 의하면 바오로의 협조자요 베드로의 통역관이었던 마르코가 집필했다고 전해지는데 확실한 것은 해외문물을 익힌 유다계 그리스도인이라는 것 뿐이다. 집필시기는 예루살렘 성전이 파괴될 것이라는 13장의 예언에 비추어 기원후 70년 전후로 추산된다.

3. 집필동기

유대인들의 관습과 팔레스티나 지리를 자세히 설명한 점, 그리고 히브리어나 아람어를 그리이스어로 자세히 설명한 점 등을 비추어 외국에 살고 있는 그리스도인을 위해 쓰여졌다고 볼 수 있다.

4. 주요내용

마르코 복음은 16장으로 구성되어 있으며 역사적인 인물 예수에 대한 모습을 통해 예수가 누구인지 오늘을 사는 그리스도인의 모습은 어떠한지 되새기게 한다.

(1) 수난과 죽음에서 드러나는 메시아의 비밀 : "너희는 나를 누구라고 생각하느냐?"(8,29)라는 질문은 사도들로부터 오늘에 이르기까지 끊임없이 던져지는 그리스도의 물음이다. 성령의 힘을 빌어 베드로가 대답한 '메시아 비밀'은 악령들이나 치유받은 병자들, 제자들에게 당신이 누구인지 말하지 말라는 함구령과 예수의 신분을 알아보지 못하는 제자들의 무지함으로 표현되고 있다. "사람의 아들이 죽었다가 다시 살아날 때까지는 지금 본 것을 아무에게도 말하지 말아라" (9,9)는 예수의 말씀과 같이 이 '메시아 비밀'은 예수의 수난과 죽음, 부활을 통해 온전히 드러난다.

(2) 제자들이 가야할 길 : "나를 따르려는 사람은 누구든지 자기를 버리고 제 십자가를 지고 따라야 한다"는 예수의 말씀은 예수의 참된 모습과 그를 따르는 제자들이 갖추어야 할 자세를 온전히 이해하는 열쇠이다. 현세의 영광과 안일한 삶의 유혹에 쉽게 타협하는 현대인들에게 예수의 이러한 말씀은 깊은 의미를 던져준다. "사람의 아들도 섬김을 받으러 온 것이 아니라 섬기러"(10,45) 왔기에 예수를 따르는 이들 역시 예수가 가신길을 따르고 이웃을 섬기는 사람이 되어야 할 것이다.

마르코 SCHEMA

날짜	성서 구절	주요 내용	
첫 째 날	1-3	• 세례자 요한에게 세례를 받으심/어부 네 사람을 제자로 부르심/많은 병자들을 고치심(1) • 레위를 부르시고 세리들과 함께 음식을 드심 /단식 논쟁/새것과 헌 것(2) • 안식일에 병자를 고치심/열두사도를 뽑으심(3)	 마르코 1 예수의 세례
둘 째 날	4-5	• 비유로 말씀하심(씨 뿌리는 사람, 등불, 겨자씨)(4) • 야이로의 딸을 살리시고 하혈하는 부인을 고치심(5)	 마르코 2 씨 뿌리는 사람의 비유
셋 째 날	6-7	• 열두 제자를 파견하심/세례자 요한의 죽음 /오천 명을 먹이시고 물 위를 걸으심/겐네사렛 에서 병자들을 고치심(6) • 시리아 페키니아 여자의 믿음(7)	 마르코 3 제자들의 파견
넷 째 날	8-10	• 사천 명을 먹이심/바리사이들과 헤로데의 누룩을 조심하라고 말씀하심/베드로가 예수님을 그리스 도라고 고백함/수난과 부활의 첫 번째 예고(8) • 영광스러운 모습으로 변모하심 /수난과 부활의 두 번째 예고(9) • 하느님 나라와 부자 /수난과 부활의 세 번째 예고(10)	 마르코4 사천명을 먹이심

날짜		성서 구절	주요 내용
다 째	섯 날	11-12	• 예루살렘에 입성하시어 성전을 정화하시다(11) • 포도밭 소작인의 비유/가난한 과부의 헌금(12) 마르코 5 예루살렘 입성
여 째	섯 날	13-14	• 성전의 파괴를 예고하심 　/사람의 아들이 오시는 날/깨어있어라(13) • 예수님을 죽일 음모를 꾸밈/유다가 예수님을 배 　신하다/겟세마니에서 기도하심/잡히시어 최고 의 　회에서 신문을 받으심/베드로가 예수님을 모른다 　고 함(14) 마르코 6 성전 파괴 예언
일 째	곱 날	15-16	• 빌라도에게 신문을 받으시고 사형 선고를 받으 　심/군사들의 조롱을 받으심/십자가에 못 박혀 숨 　을 거두시고 묻히심(15) • 부활하시어 마리아 막달레나와 두 제자에게 나타 　나심/제자들에게 말씀하신 다음 승천하심(16) 마르코 7 사형선고

11. 마르코 복음의 전개와 주요내용

구분	주 제	내 용
1,1– 1,13	예수의 공생활 준비	저자는 마태오와 루카와는 달리 예수의 어린시절을 포함한 사적인 생활에 대해서는 거의 언급하지 않는다. 공생활을 위한 준비의 시간에 대해 짧은 언급을 한다. – 예수의 선구자 세례자 요한의 선포 "나는 너희에게 물로 세례를 주었지만 그분께서는 너희에게 성령으로 세례를 주실 것이다"(1,8) – 예수께서 세례를 받으시자 성령이 내리고 하늘에서 소리가 들린다. "너는 내가 사랑하는 아들, 내 마음에 드는 아들이다"(1,11) – 40일 동안 광야에서 사탄의 유혹을 받으시고 들짐승들과 함께 지내셨는데 천사들이 시중을 들었다.
1,14– 7,23	갈릴래아에서의 예수의 전교활동	예수께서 갈릴래아 지방을 중심으로 복음선교를 시작하신다. – "때가 차서 하느님 나라가 가까이왔다. 회개하고 복음을 믿어라."(1,15)… 어부 네 사람을 제자로 부르시다… 회당에서 더러운 영을 쫓아내시다… 시몬의 병든 장모를 고치시다… 많은 병자들을 고치시다… "다음 날 새벽 아직 캄캄할 때, 예수님께서는 일어나 외딴 곳으로 나가시어 그곳에서 기도하셨다"…나병환자를 고치시다(1장). – 중풍병자를 고치시다…레위를 부르시고 세리들과 함께 음식을 드시다… 단식논쟁 "새 포도주는 새 부대에 담아야 한다"…제자들이 안식일에 밀 이삭을 뜯다 "안식일이 사람을 위하여 생긴 것이지, 사람이 안식일을 위하여 생긴 것은 아니다"(2,27)… 안식일에 손이 오그라든 사람을 고치시다…군중이 호숫가로 모여들다… 열두사도를 뽑으시다…예수와 베엘제불…(3장) – 씨뿌리는 사람의 비유…등불의 비유… 저절로 자라는 씨앗의 비유… 겨자씨의 비유…풍랑을 가라앉히시다.(4장) – 마귀들과 돼지떼…야이로의 딸을 살리시고 하혈하는 부인을 고치시다.(5장) – 나자렛에서 무시를 당하시다… 열두 제자를 파견하시다…세례자 요한의 죽음…오천명을 먹이시다…물위를 걸으시다…겐네사렛에서 병을 고치시다…(6장) – 조상들의 전통에 관한 논쟁…시리아 페니키아(가나)여자의 믿음…귀먹고 말더듬는 이를 고치시다…(7장)
7,24–9,50	갈릴래아 밖에서의 예수의 전교여행	– 사천 명을 먹이시다…바리사이들이 표징을 요구하다… 바리사이들과 헤로데의 누룩을 조심하여라…벳사이다의 눈 먼이를 고치시다…베드로가 예수를 그리스도라고 고백하다…수난과 부활을 예고하시다… "정녕 자기 목숨을 구하려는 사람은 목숨을 잃을 것이고, 나와 복음 때문에 목숨을 잃는 사람은 목숨을 구할 것이다."(8,35) – 영광스러운 모습으로 변모하시다…엘리야 재림… 어떤 아이에게서 더러운 영을 내쫓으시다…수난과 부활을 두 번째로 예고하시다… 가장 큰 사람 "누구든지 첫째가 되려면, 모든 이의 꼴찌가 되고 모든 이의 종이 되어야 한다"(9,35)… 우리를 반대하지 않는 이는 지지하는 사람이다… 죄의 유혹을 단호히 물리쳐라 "지옥에서는 그들을 파먹는 구더기도 죽지 않고 불도 꺼지지 않는다" (9,48)

10,1–52	예루살렘으로 가는 여정	– 혼인과 이혼…어린이들을 사랑하시는 예수… 하느님의 나라와 부자… 수난과 부활의 세 번째 예고… 출세와 섬김… 예리코에서 눈 먼이를 고치시다…(10장)
11,1–13,37	예루살렘에서의 전교	– 예루살렘에 입성하시다…무화과 나무를 저주하시다… 성전을 정화하시다…말라버린 무화과 나무의 교훈…예수의 권한을 문제삼다…(11장) 포도밭 소작인의 비유… 황제에게 세금을 내는 문제…부활논쟁…가장 큰 계명 "마음을 다하고 생각을 다하고 힘을 다하여 그분을 사랑하는 것과 이웃을 자기자신처럼 사랑하는 것이 모든 번제물과 희생제물보다 낫습니다"(12,33)…가난한 과부의 헌금(12장)…성전파괴를 예고하시다…재난의 시작…(13장)
14,1–16,8	예수의 수난과 부활	– 예수님을 죽일 음모를 꾸미다…예수의 머리에 향유를 부은 여인… 유다가 예수를 배신하다… 최후의 만찬을 준비하다… 제자 배반을 예고하다…성찬례를 제정하시다…베드로의 배반을 예고하시다…겟세마니에서 기도하시다…잡히시다…최고의회에서 심문을 받으시다…예수를 조롱하다(14장)… 빌라도에게 신문을 받으시다…사형을 선고받으시다…군사들이 예수를 조롱하다… 십자가에 못박히시다…숨을 거두시다…묻히시다(15장)…부활하시다…(16,1–8)
16,9–22	예수의 발현과 승천	– 마리아 막달레나에게 나타나시다…두제자에게 나타나시다…제자들에게 나타나시어 사명을 부여하시다…승천하시다…끝맺음.

바이블테라피 Bible Therapy **30** 복음 나누기(양식3: 보고-듣고-사랑하기)

나에게 힘을 주시는 분 안에서
나는 모든 것을 할 수 있습니다. (필리 4, 13)

개인적인 문제와 사회적인 문제를 복음과 관련시킨다. 모임 안에 어느 정도 신뢰감이 조성된 후에야 이용이 가능하다. 보통은 '7단계'를 하고 가끔씩 사용하는 방법이다. 이 방법을 사용한 후에는 다시 '복음 나누기'의 기본인 '7단계'로 돌아가야 한다. 이 방법은 참석자들로 하여금 그들 일상의 평범한 사건 속에서 하느님을 발견하게 한다.

• 삶의 문제에서 출발한다.
• 모임 구성원들 간에 기쁘고 슬펐던 체험을 나눈다.
• 이런 체험이나 사건에 관하여, 비록 적절한 성서 구절을 인용할 수 없을지라도, 하느님의 부르심에 귀 기울인다.

▶ 진행 순서

도입

"오늘 우리의 모임은 하느님의 말씀을 읽으면서 시작하는 것이 아니라, 우리 일상생활의 현실을 바라봄으로써 시작합니다. 지금부터 '보고-듣고-사랑하기'를 단계에 따라 진행합니다."

• 주님을 초대한다.

"어느 분이 기도 중에 이 일을 해 주시겠습니까?"

1. 삶을 바라보기

"우리가 겪었던 최근의 경험을 이야기해 보도록 합시다."
"여러분이 겪은 중요한 체험이나 직접 경험한 일들을 간단하게 말씀 해 주십시오."
"직장이나 사회에서나 이웃 또는 가정에서 일어난 일을 말씀 해 주십시오."

"겪었던 일 중에 하나를 토론 주제로 선택합시다."
주제를 선택한 후 진행자는 다음 질문에 따라 토의한다.
"정확히 무슨 일이 일어났습니까?"
"우리가 그 일에 관련된 사실을 모두 알고 있습니까?"
"그 일에 관해 더 말씀해 주실 것은 없습니까?"
"왜 그런 일이 일어났습니까?"
"그런 일이 왜 일어났는지 이유를 찾아봅시다."
"여러분은 그 일에 관하여 어떻게 느끼십니까?"

2. 하느님께 귀 기울이기

"하느님께서는 이 사건에 관하여 어떻게 생각하고, 느끼실까요?"
약 3 – 5분간 침묵 중에 하느님께 귀를 기울입시다. 침묵하는 동안, 이 사건에 관한 우리의 느낌보다 하느님께서 느끼시고, 생각하시는 것에 귀를 기울입시다. 성서를 펴지 말고 이미 알고 있는 성서의 말씀이나 사건들을 침묵 가운데 떠올려 봅시다.

이렇게 상상해 보십시오: 하느님께서 지금 이 사건에 관해 말씀하신다면, 무슨 말씀을 하실까 상상해 봅시다.
"이제 이 사건에 관하여 하느님께서 어떻게 느끼셨을지 생각한 바를 나눕시다."
(이 때 연관된 성서 말씀을 읽거나, 기억나는 대로 이야기할 수 있다. 적절한 내용이 떠오르지 않으면, 그대로 다음 단계를 진행한다.)

3. 행동으로 사랑하기

"하느님께서는 우리가 무엇을 하기를 원하십니까?"
"누가, 무엇을, 언제 할 것입니까?"
• 자발적으로 함께 기도한다.

참조. 서울대교구 사목국,「사목을 위한 성서의 사용」, 1993.

루카는 복음서의 머리말에서 자기 작품의 주제와 집필 방법과 목적을 명시한다. 곧 교회가 수행하는 복음 선포의 출발점이 된 "일들"을 다루는데, 첫 증인들의 전통을 자세히 살펴보고 나서, 그들이 "전하여 준" 순서대로 이야기하겠노라고 밝힌다. 그리하여 데오필로도 지금까지 들어 온 이야기들이 진실되다는 사실을 알게 되리라고 말한다. 루카 복음서도 마태오 복음서 및 마르코 복음서와 전반적으로 구성이 동일하다. 곧 도입– 예수님의 갈릴래아 선교 활동 – 예루살렘 '상경기' – 수난과 부활을 통한 사명의 완수이다. 루카 복음서의 구성은 다른 복음서들에 비해 세밀하다. 곧 이러한 예수님의 역사에서 구원 역사의 시간과 공간이 돋보이게 짜여 있다는 것이다.

루카는 신약성서 저자들 가운데에서 현대인에게 아마도 가장 접근하기 쉬운 복음 해설가일 것이다. 사실 그의 그리스적 사고 방식과 문화, 명확성을 좋아하고 설명하는 데에 애쓰는 성향은 현대인들의 신앙감과 빠른 소통이 이루어지는 구조적 장점을 가지고 있다. 루카복음은 무엇보다도 현대의 독자들이 예수님의 신비에 다가갈 수 있도록 도와 줄 수 있는 많은 가능성을 가지고 있다. 그는 가난한 이들과 죄인들과 이교인들에 대한 특별한 관심과 함께, 하느님의 아드님을 '만민의 구원자', '생명의 주님'으로 드러낸다.

1. 개요

공관 복음서 중 세 번째 복음서인 루카 복음서에는 마태오 복음서나 마르코 복음서에 없는 내용(루카의 특수자료)을 꽤 많이 담고 있어 그리스도의 행적을 다양하고 풍부하게 전해준다. 특별히 '소외받는 이들의 복음서'라 불리우기도 하는 루카 복음서에는 예수 그리스도로 말미암은 찬미와 기쁨, 희망과 평화의 분위기가 넘쳐나고 있다.

2. 저자와 집필시기

무라또리오 경전목록(180년경 로마에서 쓰여짐)과 리옹의 주교 이레네오(130~200)는 바오로 서간에 나오는 바오로의 협조자인 의사 루카(골로 4,14; 2디모 4,11; 필레 1,24)가 루카 복음서와 사도행전을 썼다고 주장하였고 이는 교회의 전통적인 가르침으로 전래되었다. 또한 루카복음이 쓰여진 시기는 50~60년경에 쓰여진 예수의 어록과 70년경에 쓰여진 마르코 복음을 참조해서 80~90년에 쓰여졌다고 볼 수 있다.

3. 집필동기

이방인들에게 복음을 전하는 예수의 모습을 강조하고 읽는 이들을 위해 이스라엘의 지리를 설명하고 있을 뿐 아니라 히브리어나 아람어를 그리스어로 바꾸는가 하면 구약성서를 인용할 때도 그리스어로 기록된 칠십인역을 따르고 있어 이방계 그리스도인들을 위해 쓰여진 것으로 보여진다.

4. 주요내용

24장으로 구성된 루카복음서는 하느님 나라를 선포하는 예수를 중심으로 구원을 준비하는 구약과 구원이 이룩되는 신약으로 구원의 역사를 구분하며 예루살렘으로 향하는 예수의 여정을 따라 그분의 삶과 가르침을 전해주고 있다. 루카는 예수의 족보를 아담으로부터 거슬러 올라가 기록하고 있다. 이것은 온 인류의 조상인 아담을 통해 그리스도는 이스라엘만이 아니라 온 인류의 구원자임을 강조하고자 했던 것이다. 특별히 루카복음서에는 다른 복음서에 비해 가난하고 불쌍한 이들에게 대한 이야기를 많이 기록하고 있다. 불행은 죄의 결과라고 믿었던 당시의 생각과는 달리 소외당한 많은 이들을 위한 그리스도의 모습이 강조되고 있다. 또한 루카복음서는 기도하는 예수의 모습을 가장 많이 담고 있다. 세례를 받은 다음에, 열두 제자를 뽑기전에, 거룩한 변모때, 잡히던 날 밤에, 그리고 십자가에 달려 숨을 거두면서까지 중요한 시기때마다 기도하는 예수를 전하고 있다. 언제나 깨어 기도함이 중요하다는 것을 일깨우기 위한 것이다.

날짜	성서 구절	주요 내용	
첫 째 날	1-3	• 세례자 요한의 출생(1) • 예수님의 탄생/아기 예수님이 성전에서 봉헌됨 /예수님의 성장(2) • 세례자 요한의 설교/예수님이 세례를 받으심 /예수님의 족보(3)	 루카 1 – 예수 탄생 예고
둘 째 날	4-7	• 광야에서 유혹을 받으심/예수님이 보이신 기적(4) • 어부들을 제자로 부르심/예수님이 보이신 기적(5) • 안식일에 행하신 기적/예수님의 설교(6) • 예수님이 보이신 기적 /죄 많은 여자를 용서하심(7)	 루카 2 – 시몬의 장모 치유
셋 째 날	8-9	• 비유로 말씀하심/사람을 살리신 기적(8) • 열두 제자를 파견하심/오천명을 먹이신 기적 /수난과 부활의 예고(9)	 루카 3 – 씨 뿌리는 사람의 비유
넷 째 날	10-12	• 예루살렘으로 향하셔서 일흔 두 명의 제자를 파견 하심(10) • 주님의 기도/마귀를 쫓아내심/바리사이들과 율법 교사들을 꾸짖으심(11) • 예수님의 설교(12)	 루카 4 – 제자들의 파견

날짜		성서 구절	주요 내용
다 째	섯 날	13-18	• 비유로 말씀하심/안식일에 행하신 기적들(13-18) 루카 5 - 예루살렘 입성
여 째	섯 날	19-21	• 예수님과 자캐오/예루살렘에 입성하심/성전을 정 화하심(19) • 비유로 말씀하심/부활 논쟁(20) • 성전의 파괴와 예루살렘의 멸망을 예고하심 /깨어있으라고 말씀하심(21) 루카 6 - 예루살렘 안에서
일 째	곱 날	22-24	• 유다가 예수님을 배신함/최후의 만찬 /예수님께서 잡히시어 조롱당하심(22) • 빌라도에게 신문을 받고 사형 선고를 받으심 /십자가에 못박혀 숨을 거두시고 묻히심(23) • 예수님의 부활/제자들에게 나타나시어 사명을 부 여하심/승천하심(24) 루카 7 - 예수의 투쟁

12. 루카복음서의 구성과 전개

구분	주 제	내 용
1,1–2,52	예수님의 탄생과 어린 시절	머리말(1,1–4): 이 책을 쓴 목적, 즉 그리스도교의 믿음이 얼마나 정확한 역사적 사실을 토대로 하고 있는 가를 보여주려한다. – 세례자 요한의 출생예고(1,5–) – 예수의 탄생예고(1,26–) – 마리아가 엘리사벳을 방문하다(1,39–) – 마리아의 노래(1,46–) – 세례자 요한의 출생(1,57–) – 즈카르야의 노래(1,67–) – 예수의 탄생(2,1–) – 성전에서 아기 예수를 봉헌하다(2,22–) – 시메온과 한나의 예언(2,25–) – 예수의 유년과 소년시절(2,40–)[194]
3,1–9,50	예수의 갈릴래아 전도[195]	– 세례자 요한의 설교(3,1–) "광야에서 외치는 이의 소리. 너희는 주님의 길을 마련하여라. 그분의 길을 곧게 내어라. 골짜기는 모두 메워지고 산과 언덕은 모두 낮아져라. 굽은데는 곧아지고 거친 길은 평탄하게 되어라. 그리하여 모든 사람이 하느님의 구원을 보리라"(3,4–6) 요한은 옥에 갇히고, 예수의 세례받은 기사가 연이어 진다. – 예수의 족보 – 광야에서 유혹을 받으시다 – 갈릴래아 전도의 시작 – 나자렛에서 희년을 선포하시다 "주님께서 나에게 기름을 부어 주시니 주님의 영이 내 위에 내리셨다. 주님께서 나를 보내시어 가난한 이들에게 기쁜 소식을 전하고 잡혀간 이들에게 해방을 선포하며 눈먼 이들을 다시 보게 하고 억압받는 이들을 해방시켜 내보내며 주님의 은혜로운 해를 선포하게 하셨다."(4,16–19) – 부르심을 받은 사람들(5,1–11) – 열두 사도를 부르시다(6,12–) – 그리스도인의 생활자세/참행복(6장) 1) 원수를 사랑하는 것 2) 남에게 바라는 대로 남에게 해주는 것 3) 열매를 보면 나무를 안다 4) 말씀을 듣고 실행하는 것 – 세례자 요한도 예수도 배척을 당함(7장) – 죄많은 여인을 용서하시다(7,36–) – 여자들이 예수를 돕다(8,1–)…씨 뿌리는 사람…등불의 비유…예수의 참 가족…풍랑을 가라앉히다…마귀들과 돼지 떼…야이로의 딸을 살리시고 하혈하는 부인을 고치시다…(8장) – 열두 제자를 파견하시다(9,1–)[196]…오천명을 먹이시다…베드로가 예수를 그리스도라고 고백하다…수난과 부활에 대한 첫 번째 예고…예수를 따른다는 것…영광스러운 변모… 어린아이의 더러운 영을 내쫓으시다… 수난과 부활의 두 번째 예고… 가장 큰 사람…너희를 반대하지 않는 이는 지지하는 사람이다…

9,51-19,28	예루살렘을 향한 여정[197]     	예루살렘으로 향하시다… – 사마리아의 한 마을에서 예수를 받아들이지 않다(9,51) – 예수를 따르려면 "쟁기에 손을 대고 뒤를 돌아보는 자는 하느님 나라에 합당하지 않다."(9,62) – 일흔 두 제자를 파견하시다… 회개하지 않는 고을들 "너희 말 듣는 이는 내 말을 듣는 사람이고, 너희를 물리치는 자는 나를 물리치는 사람이며, 나를 물리치는 자는 나를 보내신 분을 물리치는 자이다" (10,16) …일흔 두 제자가 돌아오다…하느님 아버지와 아들…착한 사마리아인의 비유…마르타와 마리아 "마르타야! 마르타야! 너는 많은 일을 염려하고 걱정하고 있구나. 그러나 필요한 것은 한 가지 뿐이다"(10,41-42)… – 주님의 기도…끊임없이 간청하라(기도의 가르침)… 청하여라, 찾아라, 문을 두드려라…예수와 베엘제불…되돌아온 악령…참행복…요나의 표징…눈은 몸의 등불…바리사이들과 율법 교사들을 꾸집으시다…(11장)…두려워하지 말고 복음을 선포하라 "무엇을 말할까 걱정하지 마라. 너희가 해야 할 말을 성령께서 그때에 알려주실 것이다."(12,12)… – 재물에 대한 가르침(12,13-34) 탐욕을 조심하여라… 어리석은 부자의 비유 "어리석은 자야, 오늘 밤에 네 목숨을 되찾아갈 것이다. 그러면 네가 마련해 둔 것은 누구의 차지가 되겠느냐? 자신을 위해서는 재화를 모으면서 하느님 앞에서는 부유하지 못한 사람이 바로 이러하다" (12,20-21)… 세상 걱정과 하느님의 나라 – 깨어 있어라… 충실한 종과 불충한 종… 불을 지르러 왔다… 분열을 일으키러 왔다…시대를 알아보라…회개하지 않으면 멸망한다(12,35-13,5) – 열매를 맺지 못하는 무화과 나무/비유(13장) – 등 굽은 여자를 안식일에 고쳐주시다… 겨자씨의 비유… 누룩의 비유… 구원과 멸망…죽음에 직면한 예수… 예루살렘을 두고 탄식하시다…(13,35) – 수종을 앓는 이를 안식일에 고치시다… 끝자리에 앉아라…가난한 이들을 초대하여라… 혼인잔치의 비유… 버림과 따름 "누구든지 자기 소유를 다 버리지 않는 사람은 내 제자가 될 수 없다."(14,33) – 잃은 자를 찾아오시는 예수(15장): 잃었던 양, 잃었던 은전, 잃었던 아들(탕자)의 비유, 그리고 9,1-10의 자캐오의 비유를 통해 "사람의 아들은 잃은 사람들을 찾아 구원하러 온 것이다" (19,10) 라는 가르침을 주신다. – 하느님이냐 재물이냐… 돈을 좋아하는 바리사이들의 참 모습…율법과 하느님 나라…부자와 나자로의 비유…(16장) – 남을 죄짓게 하지 마라… 형제가 죄를 지으면 몇 번이고 용서하여라… 믿음의 힘… 나병환자 열 사람을 고쳐주시다…사람의 아들의 날…(17장) – 불의한 재판관의 비유…바리사이와 세리의 비유…어린이들을 사랑하시다…하느님 나라와 부자…따름과 보상…수난과 부활을 세번째로 예고…예리코에서 눈 먼이를 고치시다…(18장) – 예수와 자캐오…미나의 비유…

	주 제	내 용
19,29~ 24,53	예수의 수난, 죽음[198], 부활, 승천	– 예루살렘에 입성하시다… 예루살렘의 멸망을 예고하며 우시다… 성전을 정화하시다…(19장) – 예수님의 권한을 문제 삼다… 포도밭 소작인의 비유 "집짓는 이들이 내버린 돌 그 돌이 모퉁이의 머릿돌이 되었네. 그 돌 위에 떨어지는 자는 누구나 부서지고, 그 돌에 맞는 자는 누구나 으스라질 것이다(20,17)… 황제에게 내는 세금의 문제… 부활논쟁…다윗의 자손이시며 주님이신 예수그리스도…율법학자들을 조심하여라(20장) – 가난한 과부의 헌금… 성전파괴를 예고… 재난의 시작… 예루살렘 멸망의 예고…사람의 아들이 오시는 날…깨어있어라(21장) – 최후의 만찬; 새로운 계약(22,20): 모세는 숫송아지를 잡아 피를 제단에 뿌림으로써 하느님과 이스라엘의 계약을 체결하였다. 그 피가 곧 계약의 피(탈출 24,8)였다. 그러나 이스라엘은 우상을 숭배하고 계약을 지키지 않아 늘 어려움에 놓이게 된다. 예레미야가 말한 "새로운 계약"(예레 31,31)은 이제 예수의 피로 새로운 계약(1코린 11,25)이 맺어진다. – 십자가에 달리신 예수(28,33): "아버지 저들을 용서하여 주십시오, 그들은 자기가 하는 일을 모르고 있습니다." 예수는 원수 사랑을 가르쳤으며 몸소 실천하였다. – 부활하시다(24장)[199]…엠마오로 가는 두 제자에게 나타나시다…제자들에게 나타나시다…승천하시다.

루카는 이렇게 예수님 시대와 교회 시대를 명백히 구분하여, 역사 안에 펼쳐지는 하느님 위업의 여러 단계를 밝히려고 한다. 그는 복음서 시작 부분에서부터 구원이 '오늘 여기에서' 이루어졌다는 구원의 현재성을 강조한다(2,11; 3,22; 4,21. 그리고 5,26; 19,9; 23,43 참조). 이 세상에 생존하시는 첫 순간부터, 예수님께서는 하느님의 아드님이시고(1,35) 구원자이시며(2,11. 그리고 1,69.71.77; 2,30; 3,6 참조) 주님이시기 때문이다(2,11). 그리고 그분의 설교는 가난한 이들과 하층민들을 향한 구원의 메시지로 시작한다. 이들이 바로 이 메시지의 특권적 수신자이다(4,18. 그리고 7,22; 10,21 참조) 🔲

194) 우선 유년기 이야기(1,5-2,52)는 루카 복음서에만 나온다. 여기에서는 세례자 요한과 예수님을 체계적으로 나란히 배치시키면서, 요한이 예수님께 종속된다는 사실을 드러낸다. 또 일련의 초자연적 메시지를 통하여 예수님의 신비가 제시된다. 곧 예수님을 성령으로 잉태되신 분, 거룩하신 분, 하느님의 아드님(1,35), 구원자, 주님이신 그리스도(2,11), 하느님께서 베푸시는 구원, 그리고 모든 민족들의 빛으로 선포하는 메시지이다(2,30.32). 예수님은 동시에 당신 백성 중의 많은 이에게 배척받는 운명을 지니신 분이시기도 하다(2,34). 예수님의 신비가 복음서의 다음 부분에서 서서히 드러나기 전에 이렇게 이미 서두에서부터 계시가 이루어진다. 그래서 이 단락은 요한 복음서의 그리스도론적 서론(요한 1,1-18)과 견줄 수 있게 된다.

195) 갈릴래아 선교 활동(4,14-9,50). 예수님의 사명 수행의 이 첫 부분은 마태 15,21; 16,13과 마르 7,24.31; 8,27과 달리 전부 갈릴래아를 배경으로 한다. 루카는 이 단락을 스승님께서 나자렛 회당에서 하신 설교 장면으로 시작하는데(4,16-30), 바로 이 장면이 뒤따르는 복음서 이야기 전체를 미리 보여 주는 기능을 한다. 곧 구약성서의 바탕 위에서, 그리고 성령의 영감 속에 이루어지는 구원 예고, 이교인들에게 베풀어질 구원의 암시, 동포들의 배척과 살해 시도이다. 이후에 펼쳐지는 예수님의 사명 수행 이야기는 그분의 행적(무엇보다도 기적)과 말씀을 전한다. 그리고 이 부분에서 예수님께서는 제자들에게 당신과 가까워지는 첫 기회를 마련해 주신다.

196) 셋째 단락(8,1-9,50)에서 루카는 다시 마르 4,1-9,40을 따라간다(마르 6,45-8,26에 대해서만은 병행구를 제시하지 않는다). 여기에서는 열두 제자가 예수님의 사명 수행과 밀접히 결합한다. 이들은 이 단락의 시작인 8,1에서부터 언급된다. 이어지는 비유의 말씀에서는, 예수님의 청중 가운데에서 비유만 듣는 이들과 "하느님 나라의 신비를 아는 것이 허락된"(8,10) 이들이 구분된다. 그리고 제자들만을 대상으로 일어난 기적은, 그들에게 '도대체 이분이 누구이신가?'라는 질문을 하게 만든다(8,25). 또한 이 때에 열두 제자는 하느님의 나라를 선포하라는 사명을 받아 파견되고(9,1-6), 빵을 많게 하는 기적에도 적극적으로 동참한다(9,12). 예수님께서는 마침내 그들에게 당신 자신에 대하여 발언하기를 촉구하시는데, 베드로가 그분을 "하느님의 그리스도"이시라고 고백한다(9,20). 그러나 예수님의 신비에 관한 이 첫 발언은 곧바로 그 내용이 보충된다. 먼저 스승님 자신이 당신을 죽을 운명의 메시아로 규정하신다(9,22). 그리고 예수님의 영광스러운 변모 때, 하느님 아버지 자신도 신비로운 방식으로 예수님이 당신의 아드님이심을 선포하신다(9,35).

197) 예루살렘 '상경기'(9,51-19,27). 예수님의 사명 수행의 이 둘째 부분은 루카 복음서의 구성에서 가장 독창적인 부분이다. 여기에 나오는 많은 사료를 마태오 복음서 곳곳에서도 볼 수 있고, 더러는 마르코 복음서에서도 보게 된다. 그러나 루카만이 그 사료들을 여행이라는 틀에 맞추어 소개한다. 이 여행 이야기는, 예수님의 여정을 이제 곧 일어나게 될 파스카 사건에 맞추는 장엄한 문장으로 시작한다(9,51). 스승님께서는 예루살렘, 곧 구원이 실현되어야 하는 거룩한 도읍으로 향하는 길에 들어서신다. 13,22와 17,11에 나오는 예루살렘에 관한 다른 두 가지 언급을 경계로 이 부분을 세 단락으로 나눌 수도 있다. 그러나 그러한 구분은 순전히 형식적인 것에 그친다. 그렇게 구분된 세 단락 사이에 지리적인 연속성도 없고 교의적(教義的)인 발전도 없기 때문이다. 이 여행 이야기는 지리적 장소의 순서대로 전개되지 않는다(10,13-15와 13,31-33의 배경은 여전히 갈릴래아인 것으로 여겨지고, 13,34-35는 예수님께서 이미 예루살렘에서 설교하셨음을 전제한다). 곧 이 여정은 인위적이고 문학적인 틀에 불과하다. 루카는 자기의 사료들을 이 틀 안으로 모으고, 파스카 신비의 완수에 비추어 그것들을 배치시킨다. 이 부분에서는 전체적으로(10,21-24; 12,49-50; 18,31-33; 19,12-15) 빼고 기적보다 예수님의 말씀이, 그리스도의 신비를 드러내는 것보다 그분의 권유가 더 비중 있게 나타난다. 여기에서 스승님께서는 계속 이스라엘 사람들에게 말씀하신다. 바리사이들과 율법학자들을 엄하게 꾸짖으시고(11,37-52), 당신의 백성에게 회개하라고 촉구하신다(12,51-13,9). 그러면서도 그들이 당신의 촉구를 받아들이지 않을 것임도 내다보신다(13,23-35; 14,16-24). 그러나 그분께서는 무엇보다도 제자들에게 관심을 쏟으시어, 그들의 사명을 확정지으시고(9,52-10,20) 기도와(11,1-13) 자기 포기를 권고하신다(12,22-34.51-53; 14,26-33; 16,1-13; 18,28-30). 제자들에게 내리시는 이러한 가르침 가운데에서 많은 부분이, 예수님께서 그들 사이에 계시지 않게 되는 상황을 상정한다. 이는 예수님께서 '하늘에 들어올려지신다'는(9,51) 사실에 의해서 결정된 이 여행의 시각에 상응하는 것이다. 곧 제자들이 성령을 청하고(11,13), 사람들 앞에서 자기들의 스승님을 믿는다고 고백하며(12,1-12), 그분께서 다시 오심을 기다리고(12,35-40; 17,22-18,8; 19,11-27), 공동체 안에서 형제들을 돌보아야 하는 시간이 온다는 것이다(12,41-48). 루카는 18,15에서부터 다시 마태오(19,15)와 마르코(10,13)의 노선을 따라간다. 그러나 끝 부분에 자캐오의 구원과 특히 '미나의 비유'를 덧붙인다(19,1-10과 11-27절). 루카 복음서의 편집에서는 이 비유가, 예루살렘과 또 이 도시 주민이 배척하게 될 임금의 비극적인 대면을 준비하는 구실을 한다(19,11 앞 소제목의 각주 참조).

198) 수난과 부활을 통한 사명의 완수(19,28-24,53). 예수님의 사명 수행의 이 셋째 부분에서는, 예루살렘에서 완수되는 구원을 이야기한다. 여기에서 예루살렘은 십자가라는 비극적 사건에서 예수님을 상대하는 선택된 백성 이스라엘의 대표로 등장한다. 루카는 예수님께서 예루살렘에 입성하시는 초기 장면에서부터 이러한 사실을 선명하게 부각시킨다(19,29-48). 곧 스승님께서는 당신 자신을 임금으로 드러내시고(19,35-38), 임금으로 오시는 당신을 배척하는 이 고을을 두고 눈물을 흘리신다(41-44절). 그리고 성전에서 상인들을 내쫓으시고 또 그 곳에서 날마다 사람들을 가르치시어, 성전에 대한 당신의 권한을 보여 주신다(19,45-48).

199) 부활절 이야기(24장)는 다른 복음서와 달리 전부 예루살렘을 배경으로 한다. 루카 복음서에서는 부활하신 예수님께서 갈릴래아에 나타나셨다는 옛 전통이 언급되지 않는다(마태 26,32; 28,7.10.16-20; 마르 14,28; 16,7; 요한 21). 이는 틀림없이 사도행전과 대칭을 유지시키기 위해서일 것이다. 여기에 나오는 이야기들은 수난을, 하느님께서 그리스도를 당신의 영광으로 끌어들이실 목적으로 의도하신 여정이라고 해석한다(24,26). 그리고 이러한 하느님의 뜻은 구약성서에 기록되어 있는 것으로서(24,25-27.44-46), 예수님 자신이 이미 예고하신 바라는 사실을 보여 준다(24,7). 예수님께서는 마침내 열한 제자에게 나타나시어 그들이 의심을 버리게 하시고(24,36-43), 그들에게 증인으로서의 사명을 부여하신다(24,47-49). 이리하여 루카 복음서는 부활하신 분께서 주님이심을 드러내는 승천에 관한 첫째 이야기(51절)로 끝을 맺는다(둘째 이야기는 사도행전 첫 부분에 나온다).

바이블테라피 **31** 복음 나누기(양식4: 생활-성서-기록)

소공동체가 사회 문제에 관심을 가지도록 자극을 준다.

- 사회의 문제를 다루기 위한 차기 모임을 준비하도록 지도자를 돕는다.
- 공동체 구성원 모두에게 영향을 주는 상황을 선택한다.
- 모임에서 그 상황을 분석할 때 도움이 될만한 참고 질문을 준비한다.
- 참석자들이 복음에 비추어 그 상황을 보고 토론하게 할 성서 구절을 선정한다.

▶ 진행 순서

1. 생활 상황 오늘날 우리 생활의 문제점은

질문 :

- 누가 이 문제에 대하여 더 자세한 내용과 사실을 알고 있습니까?
- 이 문제에 관하여 사람들은 어떻게 느끼고 있습니까?
- 왜 그러한 문제가 생겨났습니까?
- 이 상황에서 고통 받는 사람은 누구이고 이익을 얻는 사람은 누구입니까?
- 우리의 특수한 문제를 다른 측면에서 볼 수 있는 기타 질문들

2. 하느님 말씀 우리 문제가 반영된 성서 본문은

질문:

- "맞는 말이다" 또는 "그런 말을 듣게 되어 기쁘다"라고 생각한 단어나 구절은 어떤 것입니까?
- 어떤 문장에서, "내가 기대한 말이 아니다"라고 생각했습니까?

다르게 생각한 이유를 말씀해 주십시오.

- 우리 문제에 관하여 여론은 뭐라고 합니까?
- 우리 문제에 관하여 라디오나 TV에서는 무엇이라고 보도합니까?
- 우리 문제를 성서의 메시지와 연결시키는데 도움을 줄 수 있는 기타 질문들 :

3. 응답 하느님께서는 우리가 무슨 일을 하기를 바라십니까?

"누가, 무엇을, 언제 할 것입니까?

참조. 서울대교구 사목국, 「사목을 위한 성서의 사용」, 1993.

제4복음서 역시 훨씬 이전부터 시작된 큰 전통에 따라, 세례자 요한이 등장한 때부터 주 예수님께서 하느님 아버지의 영광 속으로 들어가신 날까지(사도 1,21-22) 일어난 일들을 전한다. 특히 이 작품은 하나의 '증언'으로 제시된다. 이 복음서의 저자 요한이 진정한 의미의 복음서를 저술하려고 하였음은 확실하다. 매우 장엄한 어조로 펼쳐지는 신학적 머리글(1,1-18)에 이어, 저자는 첫째 부분에서 서로 연관된 여러 사건과 가르침을 전하려고 애쓴다(1,19-12,50). 둘째 부분에서는 예수님 수난 때의 일들과 부활하신 그리스도의 발현을 길게 이야기한다(13,1-21,35). 요한은 짤막한 맺음말에서 분명히 밝히듯(20,30-31), 특정 기적 또는 표징들을 가려 내어 전하면서 그 의미와 중요성을 부각시킨다. 이렇게 하는 목적은, 독자들인 그리스도인들이 메시아이시며 하느님의 아드님이신 예수님에 대한 신앙을 더욱 깊게 하고, 그럼으로써 하느님과의 일치 속에 이루어지는 자기들의 삶을 더욱 발전시키도록 이끌려는 데에 있다. 요한이 당시의 큰 철학적-종교적 흐름들이 합류하는 지역에 산 것은 확실하다고 말할 수 있다. 그 지역은 의심의 여지없이 그리스적 사상과 근동의 신비주의가 만나고, 유다교 자체도 바뀌어서 외부의 여러 영향에 개방적이었던 대도시였을 것이다. 그렇다고 요한이 보여 주는 사상의 뿌리 깊은 독창성을 무시해서는 안 된다. 이 독창성은 우선적으로 요한이 속한 그리스도교 공동체의 생활 및 말씀과 관련된다. 요한은 또 무엇보다도 그리스도교 공동체가 창건된 일련의 사건에 근거한다. 그리고 그리스도교에서 처음으로 신학 작업을 할 때에 신앙을 표현하기 위한 연구가 이루어졌는데, 요한은 그 혜택도 입었다고 본다. 학자들은 바오로, 특히 그의 옥중서간들, 또 교회 전통에서 에페소와 관련되는 문헌들과 많은 접촉점이 있음을 지적한다. 요한은 또한 그리스도교의 여러 전례문(典禮文)도 알고 있었다고 볼 수 있다. 요한은 이렇게 당시의 그리스도교 세계에 뿌리를 내리고 있었다. 그러면서도 그는 오랜 묵상 끝에 자기가 터득하게 되고 또 높이 평가하게 된 여러 사조에 대하여 완벽히 자유로운 입장에서 매우 독창적인 작품을 만들어 낸다. 그는 이 모든 것을 취합하여, 메시아이시며 하느님의 아드님이신(20,31) 예수님의 실체와 역할이라는 복합적이면서도 단순한 관점에 따라 그것들을 자기 것으로 동화시킨다.

· 한국천주교중앙협의회, 『주석성경』, 요한복음 입문 참조

1. 개요

세례에서 부활까지 예수의 행적과 말씀을 전해주는 복음서이지만 공관복음서와는 내용과 서술방식이 다르다. 저자는 공관복음서를 이미 알고 있었고 따라서 예수 그리스도와 그분 신비의 깊은 영상과 보완적인 측면을 기억에서 되살리려고 애쓴 것으로 보아 '공관복음서들의 보완'을 위해서 쓰여진 책이라 할 수 있다

2. 저자와 집필시기

넷째 복음서에는 '예수께서 사랑하신 제자' 또는 '다른 제자'라는 인물이 나오는데 소아시아 이레네오 주교는 '예수의 사랑받는 제자'가 사도 요한이며 그가 바로 이 복음서를 출간했음을 밝히고 있다. 오늘날 이 복음서의 저자가 요한이라고 확언하기는 어렵지만 그는 사도단의 한 사람으로 예수의 예루살렘 활동상을 직접 목격한 증인으로서 이 복음서를 썼다고 본다. 집필시기는 이집트에서 발견된 2개의 빠삐루스 조각이 중요하다. 가장 오래된 사본이 125년경으로 추정되는데, 이때 이미 요한 복음서가 이집트에 알려졌음으로 보아 복음서는 100년 이전에 완성되었을 것으로 생각된다. 또한 복음서를 살펴보면 그리스도와 그리스도 업적에 대한 교리가 확립되었고 교회와 유대교와의 분리, 영지주의에 대한 공박 흔적으로 보아 복음서는 1세기 말엽 소아시아 지방에서 저술된 것으로 보인다.

3. 집필동기

유대교와의 갈등을 겪는 장면들로 보아 이 복음서는 유다계 그리스도인들을 위해 쓰여졌다. 또한 당시 유행했던 영지주의 사상(영과 육을 구분지어 영적인 것을 중시하는 사상)의 영향으로 예수의 신적인 면만 강조하는 교회의 혼란을 바로 잡고자 복음서가 집필되었다.

4. 내용

모두 21장으로 구성되어 있으며 서문과 전반부의 예수의 공생활의 후반부의 수난시기로 구분지어 예수의 정체를 드러내고 있다.

(1) **서문** : 예수께 대한 깊은 묵상과 통찰을 바탕으로 예수 그리스도를 하느님이자 이 세상에 오신 하느님의 아들로 제시하고 그에 대한 믿음을 강조하고 있다.

(2) **유다인들에게 자신을 계시하시는 그리스도** : 예수께서 점차적으로 당신의 정체를 유다인들에게 드러내시는 과정과 그분에 대한 유다인들의 반응을 수록하고 있다.

(3) **당신을 믿는 이들에게 자신을 계시하시는 그리스도** : 최후만찬 뒤에 당신 제자들에게 행하신 설교와 수난사 및 부활하신 예수의 발현을 싣고 있다.

31

요한 SCHEMA

날짜	성서 구절	주요 내용	
첫 째 날	1–3	• 세례자 요한의 증언/하느님의 어린 양 /예수님의 첫 제자들(1) • 카나의 혼인잔치/성전을 정화하심(2) • 예수님과 세례자 요한(3)	 요한 1 – 세례자 요한의 증언
둘 째 날	4–6	• 사마리아 여자와 이야기하심/왕실 관리의 아들을 살리신 기적(4) • 병자를 고치심/예수님을 믿게 하는 증언(5) • 오천 명을 먹이심/물 위를 걸으심/생명의 빵에 관하여 말씀하심(6)	 요한 2 – 물 위를 걸으신 예수
셋 째 날	7–10	• 초막절에 유다인들을 가르치심/예수님을 믿지 않는 지도자들(7) • 간음하다 잡힌 여자의 이야기 /'나는 세상의 빛'이라고 말씀하심(8) • 소경을 고치심 /바리사이들이 그를 데려다 추궁함(9) • 목자의 비유/유다인들이 예수님을 배척함(10)	 요한 3 – 죄많은 여인
넷 째 날	11–13	• 라자로의 죽음과 다시 살리심(11) • 예수님께서 예루살렘에 입성하심/유다인들의 불신/예수님의 말씀과 심판(12) • 제자들의 발을 씻어주심/유다의 배신의 예고 /베드로가 당신을 모른다고 할 것을 예고하심(13)	표징을 보고 싶어요 요한 4 – 기적을 요구하는 세대

날짜		성서 구절	주요 내용
다 째	섯 날	14-17	• 성령을 약속하심(14) '나는 참 포도나무'라고 말씀하심(15) • 아버지에 관하여 드러내 놓고 알려줄 때가 왔다고 말씀하심(16) • 당신 자신과 제자들, 믿는 이들을 위하여 기도하심(17) 요한 5 - 예수의 고별사
여 째	섯 날	18-19	• 바리사이들에게 잡히심/베드로의 부인 /빌라도에게 신문을 받으심(18) • 십자가에 못박혀 숨을 거두고 묻히심(19) 요한 6 - 베드로의 배반
일 째	곱 날	20-21	• 부활하시어 마리아 막달레나와 제자들에게 나타나심(20) • 일곱 제자에게 나타나심 /베드로에게 따르라고 말씀하심(21) 요한 7 - 부활하신 예수

13. 요한복음서의 구성과 전개

구분	주제	내용
1,1–1,18	말씀의 신성과 강생	천지창조 이전부터 존재하신 그리스도 공관복음사가들이 예수의 인간적인 족보를 전하려고 한 것과는 달리, 요한복음은 예수가 인간이 되어 오시기 전 이미 하느님과 함께 계셨다고 하는 것으로 그 출발차원을 다르게 하고 있다. 즉 요한 복음서에서 그리스도 사건은 탄생으로부터 시작되는 것이 아니라 천지창조 이전부터 선재했다고 하는데에 그리스도 사건의 출발이 있는 것이다. 말씀과 하느님의 관계(1,1–2): "한 처음에 말씀이 계셨다. 말씀은 하느님과 함께 계셨는데 말씀은 하느님이셨다. 말씀의 역할(1,3): "모든 것은 그분을 통하여 생겨났고 그분없이 생겨난 것은 하나도 없다." 말씀과 사람의 관계(1,4–5): "그분 안에 생명이 있었으니 그 생명은 사람들의 빛이었다. 그 빛이 어둠 속에서 비치고 있지만 어둠은 그를 깨닫지 못하였다." 사람의 생명은 하느님이 주신 선물이고, 동시에 하느님의 은총이 들어설 수 있는 영역이 된다. 빛은 하느님의 계시와 은혜이다. 말씀과 세례자 요한의 사명(1,6–13): "그는 증언하러 왔다…빛을 증언하러 왔을 따름이다… 모든 사람을 비추는 참 빛이 세상에 왔다. 그분께서 세상에 계셨고 세상이 그분을 통해서 생겨났지만 세상은 그분을 알아보지 못하였다… 그분께서는 당신을 받아들이는 이들, 당신의 이름을 믿는 모든 이들에게 하느님의 자녀가 되는 권한을 주셨다" 은총과 진리가 충만하신 '말씀'이 사람이되셨다(1,14–18): "말씀이 사람이 되시어 우리 가운데 사셨다. 우리는 그분의 영광을 보았다"
1,19–12,50	공생활을 통하여 신성과 영광을 보이심	이 세상의 죄를 없애시는 어린 양(1,29–34)… 첫 제자들…필립보와 나타나엘을 부르시다. 카나의 혼인잔치(2,1–12)에서의 기적은 예수께서 그리스도요, 하느님의 아들이심을 드러내는 사건이다: "여인이시여! 저에게 무엇을 바라십니까? 아직 저의 때가 오지 않았습니다." 그러자 그분의 어머니는 "무엇이든지 그가 시키는 대로 하여라" 하고 말하였다. 그리스도 안의 새 생명(3,1–36): "물과 성령으로 새로 나지 않으면 아무도 하느님 나라에 들어갈 수 없다." 영원한 생명의 양식(6,22–65) "내 살을 먹고 내 피를 마시는 사람은 영원한 생명을 누릴 것이다" 예수는 세상의 빛(8,12): "나는 세상의 빛이다. 나를 따르는 이는 어둠 속을 걷지 않고 생명의 빛을 얻을 것이다." 예수는 착한 목자(10,7–16): "착한 목자는 자기 양을 위해 목숨을 바친다. 그러나 나에게는 이 우리 안에 들지 않은 양들도 있다. 나는 그들도 데려와야 한다. 그들도 내 목소리를 알아듣고 마침내 한 목자 아래 한 양떼가 될 것이다" 부활이요 생명이신 예수(11,17–44): "나는 부활이요 생명이니 나를 믿는 사람은 죽더라도 살겠고, 또 살아서 믿는 사람은 영원히 죽지 않을 것이다. 너는 이것을 믿느냐?"

		예루살렘 입성과 죽음을 예고하신 예수(12,1-36): 마리아가 예수의 발에 향유를 붓자 유다가 "어찌하여 저 향유를 삼백 데나리온에 팔아 가난한 이들에게 나누어 주지 않는가?" 반문하자 예수는 "사실 가난한 이들은 늘 너희 곁에 있지만, 나는 늘 너희 곁에 있지는 않을 것이다"라고 말씀하신다. 다시 예수는 "밀알 하나가 땅에 떨어져 죽지 않으면 한 알 그대로 남고, 죽으면 많은 열매를 맺는다. 자기 목숨을 사랑하는 사람은 목숨을 잃을 것이고, 이 세상에서 자기 목숨을 미워하는 사람은 영원한 생명에 이르도록 목숨을 간직할 것이다." 말씀하신다.
13,1-17,26	이별의 훈화-고별사	제자들의 발을 씻어준 예수(13,1-20): "내가 너희에게 한 일을 너희도 그대로 하라고 본을 보여 준 것이다" 라고 말씀하시며, 사랑을 실천할 것을 강조하신다. 새 계명(13,31-35): "서로 사랑하여라. 내가 너희를 사랑한 것처럼 너희도 서로 사랑하여라." 길과 진리와 생명이신 예수(14,6): "나는 길이요 진리요 생명이다. 나를 통하지 않고서는 아무도 아버지께 갈 수 없다." 믿는 사람의 기도의 효과적인 힘(14,12-14): "내가 진실로 진실로 너희에게 말한다. 나를 믿는 사람은 내가 하는 일을 할 뿐만 아니라, 그보다 더 큰 일도 하게 될 것이다. 내가 아버지께 가기 때문이다. 너희가 내 이름으로 청하면 내가 다 이루어 주겠다." 협조자, 진리의 성령의 약속(14,15-26): "보호자, 곧 아버지께서 내 이름으로 보내실 성령께서 너희에게 모든 것을 가르치고 내가 너희에게 말한 모든 것을 기억하게 해 주실 것이다" 예수의 평화(14,27-31): "내가 주는 평화는 세상이 주는 평화와 같지 않다. 너희 마음이 산란해지는 일도, 겁을 내는 일도 없도록 하여라." 나는 참 포도나무(15,1-12): "가지가 스스로 열매를 맺을 수 없는 것처럼 너희도 나에게 붙어있지 않으면 열매를 맺지 못할 것이다… 너희가 많은 열매를 맺고 참으로 나의 제자가 되면 내 아버지께서 영광을 받으실 것이다." 예수의 계명(15,11-17): "내가 너희를 사랑한것처럼 너희도 서로 사랑하여라, 친구들을 위하여 목숨을 내놓는 것보다 더 큰 사랑은 없다. 내가 명하는 것을 지키면 너희는 나의 친구가 된다." 성령께서 하시는 일(16,5-15): "보호자께서 오시면 죄와 의로움과 심판에 관한 세상의 그릇된 생각을 밝히실 것이다." 일치를 위한 기도(17장): "이 사람들이 진리를 위해 몸 바치는 사람들이 되게 하소서, 아버지 이 사람들이 모두 하나가 되게 하여 주십시오."
18,1-19,42	수난	잡히시다(18장)··· 한나스의 질문과 베드로의 배반···빌라도의 신문···사형선고를 받으시다. 요한 복음에서는 예수의 장엄한 순종을 더욱 중요하게 부각한다. 그리스도의 장엄한 순종은 그리스도의 영광과 같은 본질을 이룬다. 제 1아담은 불순종 때문에 죽음의 길을 갔다. 제 2아담인 그리스도께서는 순종하심으로써 영광된 생명의 부활을 차지하셨던 것이다. 곧 그분께서 "아버지께서 주신 이 고난의 잔을 내가 마셔야 하지 않겠느냐?" 하고 말씀하시며 순종하심으로써 구원사가 이루어진다.

	주 제	내 용
		다 이루신 예수(19장): 예수의 죽음의 원인은 그가 스스로 "하느님의 아들"이라고 했다는 증언때문이다(19,7). 그는 십자가에 못박혀 숨을 거두신다(19,30). 군사들이 예수의 옆구리를 창으로 찌르자 피와 물이 흘러나왔다. 그들은 예수의 시신을 모셔다가 유다인의 장례관습에 따라 향료와 함께 아마포로 감쌌다(19,42).
20,1–21,25	부활과 발현 종결	부활하신 예수의 발현 –막달라 여자 마리아에게: "내가 아직 아버지께 올라가지 않았으니 나를 더 이상 붙들지 마라."(20,17) –집에 모여 문을 닫고 있는 제자들에게: "성령을 받아라! 누구의 죄든지 용서해 주면 그가 용서받을 것이고, 그대로 두면 그대로 남아있을 것이다."(20,23) –토마의 불신앙: "나는 그분의 손에 있는 못자국을 직접 보고 그 못자국에 내 손가락을 넣어 보고 또 그분 옆구리에 내 손을 넣어보지 않고는 결코 믿지 못하겠소"(20, 25) 그러자 예수가 오시어 가운데 서시며 "네 손가락을 여기 대보고 내 손을 보아라. 네 손을 뻗어 내 옆구리에 넣어 보아라 그리고 의심을 버리고 믿어라. 너는 나를 보고서야 믿느냐? 보지 않고도 믿는 사람은 행복하다." –다시 일곱 제자들에게 나타나심: 153마리의 물고기를 건져올리다(21,11) 예수를 따르는 베드로(21,19): 부활하신 예수는 베드로에게 "너가 나를 사랑하느냐?"라고 세 번을 물으신다. 베드로는 자신의 지난 세 번의 배반을 기워갚고 예수에게 사랑을 고백한다. 예수께서는 베드로에게 "나를 따라라" 하고 말씀하신다. 맺는말(21,25)

주님의 눈은 당신을 사랑하는 이들 위에 머무시니 그들에게 든든한 방패요 힘 있는 버팀목이시며 열풍을 막아주는 쉼터요 한낮의 뙤약볕을 가려주는 그늘이시다. 또 비틀거리지 않게 지켜주시고 넘어지지 않게 붙잡아 주신다. (집회 34, 19)

행복하여라, 마음이 가난한 사람들! 하늘 나라가 그들의 것이다. (마태 5, 3)

너희는 먼저 하느님의 나라와 그분의 의로움을 찾아라. 그러면 이 모든 것들도 곁들여 받게 될 것이다. 그러므로 내일을 걱정하지 마라. 내일 걱정은 내일이 할 것이다. 그날 고생은 그날로 충분하다. (마태 6,33-34)

아버지, 하늘과 땅의 주님, 지혜롭다는 자들과 슬기롭다는 자들에게는 이것을 감추시고 철부지들에게는 드러내 보이시니, 아버지께 감사 드립니다. (마태 11, 25)

고생하고 무거운 짐을 진 너희는 모두 나에게 오너라. 내가 너희에게 안식을 주겠다. 나의 마음은 온유하고 겸손하니 내 멍에를 메고 나에게 배워라. 그러면 너희가 안식을 얻을 것이다. 정녕 내 멍에는 편하고 내 짐은 가볍다. (마태 11, 28-30)

바이블테라피 Bible Therapy **32** 복음 나누기(양식5: 아모스 프로그램)

소공동체나 다른 그룹들이 사회문제를 좀더 상세하게 성찰하도록 돕는다.
• 참석자들과 관련된 사회, 경제, 정치 문제에서 시작한다.
• 상황을 분석하고 그 문제의 근본 원인을 찾도록 돕는다.
• 사회, 경제, 정치 문제를 복음과 교회 문헌에 비추어 본다.
• 문제해결 방식을 이용한다.

▶ **진행 순서 〈아모스 프로그램 만드는 법〉**
• 공동체 내에서 '공동 관심사적인 주제'를 찾아낸다.
• 그 '공동 관심사적인 주제'의 요점을 잘 표현하는 이야기, 그림을 준비한다. '공동 관심사적인 주제'란 그 공동체의 모든 이들이 가게나 술집 등에서 이야기하는 문제를 말한다.
• 아모스 프로그램의 다섯 단계를 따라서 진행한다.

1. 삶을 바라본다.
이야기나 그림으로 삶의 문제 한 가지를 제시한다.
• 질문 : 이야기나 그림 안에서 무슨 일이 일어나고 있는가?

2. 왜? 라는 질문을 한다.
• 이 문제 속에 있는 사람들의 감정을 묘사한다.
• 그들은 왜 이렇게 느끼는가?
• 우리 자신의 공동체 내에서도 비슷한 일이 일어나는가?
• 왜 그런 일이 일어나는가. 그 이유는 무엇인가?

3. 하느님께 귀를 기울인다.
• 우리 문제와 연관된 성서 본문을 읽는다.
• 침묵을 지킨다.

• 개인적으로 마음에 와 닿는 성서 구절을 다른 이들과 함께 나눈다.
• 이 성서 본문은 우리 문제와 어떤 관련이 있는가?
• 우리 문제에 관해 하느님께서는 어떻게 생각하시는가?

4. 근본 원인을 찾는다.
• 다른 어떤 문제가 우리 문제와 연결되어 있는가?
• 교회의 지도자들은 우리 문제에 관해 무엇이라고 말하는가?
• '근본 원인 찾기'를 참조한다.

5. 확고한 계획을 세운다.
• 우리 문제에 대한 여러 해결책을 찾아본다.
• 어떤 해결책이 그리스도의 마음에 더 가까운가?
• 누가, 무엇을, 언제 할 것인가?

※사회 문제에 적극적인 활동 모임에서 이용한다. 이 프로그램을 가끔 이용한다면 구성원들에게 그리스도적 통찰력을 넓혀줄 수 있고, 현실 사회를 변화시키는데 참여할 수 있게 한다.

'복음 나누기 7단계'의 방법에 익숙한 모임에서만 이용하여야 한다. 상황 분석 훈련이나 '문제해결 방식'을 자주 실습한다면, 그 모임에서는 아모스 프로그램을 아주 잘 이용할 수 있게 될 것이다. 청소년 단체나 중·고등학교에서도 이용할 수 있다.

참조. 서울대교구 사목국, 「사목을 위한 성서의 사용」, 1993.

사도행전 ACTS OF THE APOSTLES

사도행전도 셋째 복음서처럼 바오로 사도의 동료인 루카의 작품이다. 루카는 사도행전에서 자기가 개인적으로 잘 아는 일들을 이야기한다. 200년쯤 되었을 때, 온 교회가 '사도들'에게서 유래하는 이 작품을 성서로 받아들인다. 그리하여 사도행전은 그리스도인들에게 진리와 신앙의 규범이 된다. 그리고 바로 이어서, 늦어도 4세기부터는 부활 시기의 성찬 전례 중에 이 사도행전이 봉독된다. 이렇게 사도행전은 초기 수백 년 동안 교회의 신앙에 빛을 비추어 준다. 또한 세례에서부터 시작하여 '일곱 봉사자 가운데 하나인 스테파노'가 그 첫 본보기를 보인 순교에 이르기까지, 그리스도인들의 삶에 활력을 부여하고 방향을 제시한다. 사도행전에 그려진 초기 그리스도교 공동체의 모습은 당시에 갓 태어나기 시작하는 수도 생활에도 큰 영감을 준다. 그 뒤로 모든 개혁 운동이나 선교 운동에는 반드시 복음과 바오로의 권고와 함께, 사도행전이 상기시키는 '사도적 삶'에 대한 향수가 섞여 있음을 보게 된다.

그러나 18세기부터는, 이렇게 오래 된 '해석'을 바탕으로 하는 여러 가지 확신이 이른바 비평적 성서학에서 문제시되기에 이른다. 이 비평적 학문에는 그 동안 과도한 점들도 없지는 않았지만, 그렇다고 그것의 업적이나 장점을 무시해서도 안 된다. 곧 이 현대적 성서학은 사도행전의 이해에 꼭 필요한 도구이다. 다만 이 학문을 엄격히 적용시켜, 학자들이 연이어 제기하는 가설들을 절대적 가치를 지닌 교의로 변질시키는 실수는 저지르지 말아야 한다. 그리고 이 학문이 지니는 한계를 뚜렷이 인식하고 있어야 한다.

1. 개요

사도행전은 교회의 기원과 성장에 관해 전해주는 책이다. 예루살렘에서 로마에 이르는 지역을 배경으로 예수 승천에서부터 30여년간인 기원후 30년경부터 61년까지 초대 교회 생활을 알려준다. 성령의 역할이 강조되어 있어 '성령의 복음서'라고도 한다. 사도행전이란 책명은 2세기에 와서 붙여진 것이다.

2. 저자와 집필시기

저자는 루가 복음서의 저자와 같은 인물이다. 원래 사도행전과 루가 복음서는 두 부분으로 구성된 단일 작품이었으나 150년경 4복음서를 함께 묶을 때 분리된 것이다. 저자 루카는 96년경 사도행전을 완성하였다.

3. 집필동기

예수 승천 이후 교회의 성장을 전하고자 했다. 교회의 탄생과 사도들이 복음을 선포하고 교회가 확장될 수 있었던 것은 성령의 도우심에 의한 것임을 상기시키고 있다. 또한 당시 로마 지배하에 겪는 온갖 시련과 박해를 극복하고 성령의 이끄심에 의탁함으로써 하느님 백성들이 위기 상황에서도 신앙을 굳건히 지켜 나갈 것을 일깨우고 있다.

4. 주요내용

모두 28장으로 되어 있다.

(1) 성령으로 탄생한 초기 그리스도교 공동체(1~5장): 성령은 예수께서 새로운 모습으로 우리와 함께 계시며 사도들을 예수 부활의 증인으로 삼아 세상 끝까지 복음을 선포하게 한다. 성령을 충만히 받은 베드로는 교회에 성령이 오심을 선포하고 온 이스라엘에 복음을 선포하면서 예수 그리스도의 이름으로 세례를 받도록 한다. 이로써 모인 초대 교회 신자들은 공동체를 이루어 사도들의 가르침을 듣고 기도로써 하나가 되어 가진 것을 서로 나누며, 도움으로써 한마음 한 몸을 이룬다.

(2) 시련과 박해 속에 성장하는 교회(6~12장): 초대 교회 공동체는 날로 성장하지만 교회 안팎으로 많은 시련을 당한다. 그러나 사도들은 더욱 기도와 말씀의 선포에 전념하기 위하여 7명의 보조자를 세워 신도들에게 봉사하도록 한다. 그 중 스테파노는 예수님을 증거하다 체포되어 순교하게 된다. 이것을 계기로 예루살렘에는 박해가 더욱 가열되는데 많은 그리스도인들은 박해를 피해 흩어져 복음의 씨앗을 널리 뿌리게 된다.

한편 교회를 박해하던 사울은 예수님의 부르심을 받고 개종하게 되고 교회는 계속되는 박해 중에서도 성령의 도우심으로 더욱 성장하고 복음은 널리 선포되어 간다.

(3) 바오로의 선교 여행(13~28장): 예루살렘 사도회의를 계기로 복음은 이방인 사이에 활발하게 선포되고 교회는 더욱 성장하게 된다. 바오로는 끊임없는 반대와 박해, 온갖 시련과 어려움을 겪지만 성령의 이끄심으로 3차에 걸친 선교 여행을 무사히 수행하면서 교회 공동체를 세운다. 선교여행을 마친 바오로는 수난이 예상되는 예루살렘에서 다시 로마로 가서 주님께서 이르신 땅끝까지 복음을 선포하는 사명을 수행한다.

32 📖 사도행전 SCHEMA

날짜	성서 구절	주요 내용	
첫 째 날	1-2	• 예수님의 승천/마티아가 사도로 뽑힘(1) • 성령 강림을 체험함/첫 신자 공동체의 생활(2)	사도 1 예수승천
둘 째 날	3-7	• 베드로가 불구자를 고침/많은 사람들에게 복음을 전파함(3) • 베드로와 요한이 최고의회에서 증언함/초대 교회의 공동체 생활(4) • 사도들이 기적을 일으킴/박해를 받음(5) • 스테파노가 체포되어 최고 의회에서 설교함/스테파노의 순교(6-7)	사도 2 사도들의 활동
셋 째 날	8-12	• 교회가 박해받음/복음이 사마리아에 전파됨(8) • 사울의 회심/사울이 예루살렘으로 감(9) • 코르넬리우스와 베드로가 환시를 봄/베드로가 코르넬리우스의 집에서 설교하고 사람들이 성령을 받음(10) • 안티오키아에 교회를 세우고 그 교회가 유다 지방의 신자들을 도움(11) • 야고보의 순교와 베드로의 투옥/베드로가 기적적으로 풀려남(12)	사도 3 교회의 박해와 사울 바오로의 회심
넷 째 날	13-15	• 바오로와 바르나바의 선교활동(13-14) • 사도회의에서 바오로와 바르나바를 안티오키아로 보내기로 결정함 • 바오로가 실라스와 함께 두 번째 선교여행을 떠남(15)	사도 4 예루살렘 공의회

날짜		성서 구절	주요 내용
다 째	섯 날	16–20	• 바오로와 실라스가 감옥에 갇혔다가 풀려남(16) • 바오로의 선교활동(17–18) • 바오로의 선교활동/바오로가 기적을 일으킴(19) 사도 5 바오로의 3차 선교여행
여 째	섯 날	21–26	• 바오로가 성전에서 체포되어 자신을 변호함 (21–22) • 바오로가 카이사리아로 총독에게 호송됨(23) • 바오로가 2년동안 감옥에 갇혀 지냄(24) • 바오로가 황제에게 상소함(25–26) 사도 6 바오로의 체포
일 째	곱 날	27–28	• 로마로 가는 배가 폭풍을 만나 배가 부서짐(27) • 몰타에서 지내다 로마로 가 그곳에서 선교함(28) 사도 7 바오로의 전도여행(로마행)

14. 사도행전의 구성과 전개

구분	주제	내용
1,1–5,42	교회의 시작	증인: 예수는 부활 후 40일 동안 제자들에게 나타나시어 그들을 준비시키신 후 오순절에 성령을 충만히 받게 한 후 그들로 하여금 복음을 전하게 하신다: "성령께서 너희에게 내리시면 너희는 힘을 받아, 예루살렘과 온 유다와 사마리아, 그리고 땅끝에 이르기까지 나의 증인이 될 것이다" (1,8).
	성령강림과 초대교회 공동체	성령강림: "갑자기 하늘에서 거센 바람이 부는 듯한 소리가 나더니, 그들이 앉아있는 온 집안을 가득채웠다. 그리고 불꽃 모양의 혀들이 나타나 갈라지면서, 각 사람 위에 내려 앉았다. 그러자 그들은 모두 성령으로 가득 차, 성령께서 표현의 능력을 주시는 대로 다른 언어들로 말하기 시작하였다." (2,2–5)…베드로의 설교로 3,000명이 세례를 받음…공동소유와 공동생활: "그들은 사도들의 가르침을 받고 친교를 이루며 빵을 떼어 나누고 기도하는 일에 전념하였다…신자들은 모두 함께 지내며 모든 것을 공동으로 소유하였다. 그리고 재산과 재물을 팔아 모든 사람에게 저마다 필요한 대로 나누어 주곤 하였다. 그들은 날마다 한마음으로 성전에 열심히 모이고 이 집 저 집에서 빵을 떼어 나누었으며, 즐겁고 순박한 마음으로 음식을 함께 먹고, 하느님을 찬미하며 온 백성에게 호감을 얻었다" (2,42–47).
	베드로의 치유	앉은뱅이를 고친 베드로와 그 설교: 베드로가 말하였다. "나는 은도 금도 없습니다. 그러나 내가 가진 것을 당신에게 주겠습니다. 나자렛 사람 예수 그리스도의 이름으로 말합니다. 일어나 걸으시오." 그러면서 그의 오른 손을 잡아 일으켰다. 그러자 그가 즉시 발과 발목이 튼튼해져서 벌떡 일어나 걸었다. 그리고 그들과 함께 성전으로 들어가면서, 걷기도 하고 껑충껑충 뛰기도 하고 하느님을 찬미하기도 하였다(3,6–8).
	베드로와 요한의 증언	베드로와 요한이 최고의회에서 증언하다: "예수님께서는 '너희 집 짓는 자들에게 버림을 받았지만 모퉁이의 머릿돌이 되신 분'이십니다. 그 분 말고는 다른 누구에게도 구원이 없습니다. 사실 사람들에게 주어진 이름 가운데에서 우리가 구원받는 데에 필요한 이름은 하늘 아래 이 이름 밖에 없습니다"(4,11–12).
6,1–12,5	박해와 교회의 확산	일곱보조자의 선택과 일의 분담(6장) 스테파노의 설교와 순교(7장): "보십시오. 하늘이 열려있고 사람의 아들이 하느님 오른쪽에 서 계신 것이 보입니다."… "주 예수님, 제 영을 받아주십시오."… "주님, 이 죄를 저 사람들에게 돌리지 말아주소서". 사울의 박해와 복음의 전파(8장): 사울은 박해의 중심에 서 있었다. 박해는 동시에 교회의 분산을 통해 결과적으로 확산과 성장을 가져오게 하였다. 사울의 회심(9장): "사울아, 사울아 왜 나를 박해하느냐?"… "나는 네가 박해하는 예수다"… 사울은 사흘 동안 앞을 보지 못하였는데, 그동안 그는 먹지도 마시지도 않았다… 하나니아스라는 제자는 예수의 계시를 받고 사울에게 안수하자 사울이 눈에서 비늘 같은 것이 떨어지면서 다시 보게되었다. 그는 일어나 세례를 받은 다음 음식을 먹고 기운을 차렸다. "사울은 예루살렘에 이르러 제자들과 어울리려고 하였지만 모두 그를 두려워하였다. 그가 제자라는 것을 믿을 수가 없었던 것이다. 그러나 바르나바는 사울을 받아들여 사도들에게 데려가서 어떻게 그가 길에서 주님을 뵙게 되었고 주님께서 그에게 말씀하셨는지, 또 어떻게 그가 다마스쿠스에서 예수님의 이름으로 담대히 설교하였는지 그들에게 이야기해 주었다"(9,26–27).

13,1–21,16		베드로의 설교: 베드로가 입을 열어 말하였다 "나는 이제 참으로 깨달았습니다. 하느님께서는 사람을 차별하지 않으시고, 어떤 민족에서건 당신을 경외하며 의로운 일을 하는 사람은 다 받아주십니다. 하느님께서는 예수 그리스도 곧 만민의 주님을 통하여 평화의 복음을 전하시면서 이스라엘 자손들에게 보내신 말씀을 여러분은 알고 있습니다." (10,34–36)…"하느님께서는 다른 민족들에게도 생명에 이르는 회개의 길을 열어주셨다." (11,18).
	바오로의 3차 전교	제1차 전도여행(13,4–14,27): 바르나바, 바오로, 요한 마르코는 키프로스, 비시디아, 안티오키아, 이고니오, 리스트라에 복음을 전하였다. 요한 마르코는 키프로스 전교때만 동행하였고, 그 후에는 예루살렘으로 돌아간다. (13,13). 제2차 전도여행(15,36–16,40): 바오로는 실라와 함께 시리아와 길리기아 지방의 교회에 힘을 복돋아 주고 리스트라에서는 디모테오를 택하여 할례를 베풀고, 마케도니아로 떠난다. 제3차 전도여행(18,18–19,41): 바오로는 믿는 이들에게 주어지는 선물인 성령을 전혀 알지 못하는 에페소 신자들에게 성령세례를 베푼다. 에페소 원로들에게 한 바오로의 고별연설(20,17–38): "여러분은 늘 자신을 살피며 성령께서 맡겨주신 양떼들을 잘 돌보시오"…"바로 여러분 가운데에서도 진리를 왜곡하는 말을 하며 자기를 따르라고 제자들을 꾀어내는 사람들이 생겨날 것입니다… 이제 나는 하느님과 그 분의 은총의 말씀에 여러분을 맡깁니다. 그 말씀은 여러분을 굳건히 세울 수 있고, 또 거룩하게 된 모든 이와 함께 상속재산을 차지하도록 여러분에게 그것을 나누어 줄 수 있습니다."
21,17–28,31	붙잡힌 바오로의 증언	바오로는 야고보의 집을 방문하여 유다인들의 믿음을 위하여 정결예식을 거행한 다음 성전으로 들어갔다. 그리고 정결예식의 기한이 거의 끝날 무렵 아시아에서 온 유다인들이 성전에서 바오로를 붙잡아 바오로가 율법과 성전을 거스르는 사람이라고 고발한다(21장). 바오로의 설교: 바오로는 그 동안 자신의 삶을 고백하고, 자신에게 일어난 모든 일들을 설명하며 예수를 체험한 자기 고백을 대중들에게 풀어놓는다. 그리고 로마시민권을 행사한다(22장). 바오로는 바리사이와 사두가이의 틈을 이용하여 지혜를 발휘한다. 이리하여 바리사이와 사두가이 사이에 논쟁이 벌어지고, 큰 소란이 일어나자 바리사이파 사람 가운데에서 율법학자 몇 사람이 일어나 바오로를 옹호한다. 그 날 밤에 주님께서바오로 앞에 서시어 그에게 이르셨다. "용기를 내어라. 너는 예루살렘에서 나를 위하여 증언한 것처럼 로마에서도 증언해야 한다."(23,11) 유다인들이 바오로를 총독에게 고발하다… 바오로가 변론하다…바오로가 감옥에 갇혀지내다(24장)… 황제에게 상소하다… 아그리파스와 베르니케 앞에 서다(25장)… 아그리파스 임금 앞에서 변론하다…(26장)…로마로 출발하다… 바다에서 폭풍을 만나다…배가 부서지다…(27장) 바오로가 몰타섬에서 지내다… 몰타에서 로마로 가다…로마에서 선교하다(28장):바오로 사도는 이사야 예언자의 말을 인용하여 "저 백성이 마음은 무디고 귀로는 제대로 듣지 못하며 눈은 감았기 때문이다. 이는 그들이 눈으로 보고 귀로 듣고 마음으로 깨닫고서는 돌아와 내가 그들을 고쳐 주는 일이 없게 하려는 것이다." 당시 로마제국은 전 세계를 지배했다고 루카 저자는 생각하였기에 제국의 수도인 로마까지 가서 복음을 전했다는 이야기로 사도행전을 마무리 짓는 것은 1,8절의 내용으로 요약된다. 곧 "그러나 성령이 너희에게 오시면 너희는 힘을 받아 예루살렘과 온 유다와 사마리아 뿐만 아니라 땅끝에 이르기까지 어디에서나 나의 증인이 될 것이다."(1,8)

바이블테라피 Bible Therapy **33 복음 나누기(양식6: 공동체로 나누는 성독)**

〈성서를 읽기 전에 바치는 기도〉를 함께 하고 나서 나눔 모임 한가운데에 부활하신 주님을 모신다.

말씀이신 그리스도의 음성에 귀 기울이기
(문자적 의미) – 들려온 말씀/ Littera –

1. 한 사람이 성서 본문을 소리내어 찬찬히 두 번 읽는다.

읽는 동안 – 나머지 사람들은 자기에게 특별한 의미가 있는 말에 주의를 기울인다.

2. 1~2분 동안 침묵한다. 각자 마음에 와 닿는 단어나 구절을 새기며 고요히 되뇐다.

3. 나누기 각자 그렇게 마음에 와 닿은 단어나 구절만을 소리내어 두어 번 되풀이하며 서로 들려준다. (이때 다른 말은 보태지 않는다.)

말씀이신 그리스도께서 내게 무엇을 들려주시는가.
(신앙적 의미) – 깨달은 속뜻/ Sensus –

4. 다른 사람이 같은 성서 본문을 차분히 읽는다.

5. 2~3분 동안 침묵한다.

'이 성서 내용이 오늘 내 삶의 어느 부분에 와 닿는가?'에 대해 묵상한다.

6. 나누기 간단하게 "저는 …을 들었습니다. 저는 …을 보았습니다."하는 식으로 짤막하게 나눈다.

말씀이신 그리스도께서 내게 무엇을 바라시는가
(윤리적 의미) – 응답 기원/ Oratio –

7. 또 다른 사람이 같은 대목을 세 번째로 읽는다.

8. 2~3분 동안 침묵한다. '하느님께서는 오늘, 이제부터 내가 …을 하기 원하시는가?'에 대하여 묵상한다.

9. 나누기 각자 묵상한 바에 대하여 기도의 형태로 몇 마디씩 나눈다. (특별히 자기 오른쪽에 앉은 사람의 나누기에 마음을 기울인다.)

10. 나누기가 다 끝나면, 서로를(특히 오른쪽 사람을)위하여 기도한다. 나누기보다 침묵으로 기도하기를 원한다면 그렇다고 말한 다음 침묵으로 기도하고 "아멘"으로 마친다.

〈더 깊은 나눔을 할 경우에〉

말씀이신 그리스도를 마음에 모시고 고요히 머물기
– 관상기도/ Contemplatio –

11. 마지막으로 또 한 사람이 같은 대목을 정성들여 읽는다.

12. 시간 형편에 따라 10~20분 동안 각자 오늘 들은 말씀에 잠겨 침묵 중에 기도한다.

(자유로이 밖에 나가서 할 수도 있다.)

〈성서를 읽은 후에 바치는 기도〉를 함께 하고 나서 '주님의 기도'와 '영광송'으로 성독을 모두 마무리 한다.

참조. 서울대교구 사목국, 「사목을 위한 성서의 사용」, 1993.

로마서 EPISTLE TO THE ROMANS

학자들이 일반적으로 받아들이는 연대표에 따르면, 로마서는 57년이나 58년에 쓰여진 것으로 볼 수 있다. 그리고 겨울 동안에는 기후가 나빠 항해를 하지 않았기 때문에, 정기 항해가 속개되는 시기인 초봄이었을 것이 확실하다. 바오로가 이 서간을 직접 받아쓰게 하였다는 것, 곧 로마서의 친저성(親著性)에 관해서는 지금까지 한 번도 의혹이 제기된 적이 없다.

바오로의 모든 서간 가운데에서 로마서처럼 틀이 잘 짜여 있고 엄격한 구상이 드러나는 인상을 주는 본문도 없다. 로마서 역시 바오로가 쓴 대부분의 다른 서간들처럼 서로 선명히 구분되는 두 부분으로 나누어졌음을 모든 주석가가 인정한다. 곧 교리편(1-11장)과 권고 또는 훈계편이다(12-16장). 더 상세히 교리편(1-11장)을 네 개의 단락으로 구분한다면 (1) 하느님의 단죄 아래 이교인들과 유다인들이 겪는 곤궁과(1,18-3,20) 예수 그리스도를 믿는 모든 이가 그분을 통하여 받는 의화에 대한 기술(3,21-4,25). (2) 첫 아담에 따른 인류 공통의 곤궁과(5,1-14) 예수 그리스도와 이루는 연대에 의한 인류의 구원(5,15-6,23; 5장에서는 곤궁과 구원, 이 두 주제가 밀접히 뒤섞여 있다). (3) 율법의 종이 된 인류의 곤궁과(7,1-25) 성령에 의한 인류의 해방(8,1-39). (4) 그리스도를 배척함으로써 야기된 이스라엘의 곤궁과(9,1-10,21) 유다인들과 다른 민족들로 구성된 새 이스라엘에게 궁극적으로 길이 열리는 구원의 기술(11,1-36)로 나누어 볼 수 있을 것이다. 훈계편(12-16장)은 그리스도인으로서의 새로운 생활에 대한 기술과(12), 율법의 완성인 사랑의 실천(13-14장), 바오로의 여행 계획과 서간의 마무리 부분으로 나누어 볼 수 있다.

33 📖 로마서 SCHEMA

날짜	성서 구절	주요 내용	
첫 째 날	1-3	• 바오로가 로마를 방문하려는 원의(1) • 민족들과 율법(2) • 믿음으로 의롭게 되는 길(3)	로마 1
둘 째 날	4-5	• 아브라함의 믿음/믿음을 통하여 실현된 하느님의 약속(4) • 믿음으로 의롭게 된 이들의 삶과 희망(5)	로마 2
셋 째 날	6-8	• 세례로 그리스도와 하나가 된 우리(6) • 율법과 죄와 죽음(7) • 성령께서 주시는 생명 /하느님의 사랑과 믿는 이들의 확신(8)	로마 3

날짜	성서 구절	주요 내용
넷 째 날	9-12	• 하느님의 이스라엘 선택/하느님의 진노와 자비(9) • 모든 민족을 위한 주님의 구원(10-11) • 그리스도인으로써의 새로운 생활(12) 로마 4
다 째 섯 날	13-14	• 그리스도인과 권위/사랑은 율법의 완성(13) • 형제를 심판하지 마라(14) 사랑, 율법의 완성! 로마 5
여 째 섯 날	15-16	• 주님을 찬양하라/바오로의 여행 계획(15) • 끝 인사와 권고(16) 공동체의 일치 로마 6

15. 로마서의 구성과 내용 전개

구분	주 제	내 용
1,1–3,20	의화의 문제	복음의 핵심 "하느님의 아들"에 대하여 여러가지로 설명을 시도한다: "그분께서는 육으로는 다윗의 후손으로 태어나셨고, 거룩한 영으로는 죽은 이들 가운데서 부활하시어, 힘을 지니신 하느님의 아드님으로서 확인 되신 우리 주 예수 그리스도이십니다." (1,3–4) 예수 그리스도를 믿은 이는 누구나 구원을 받는다: "나는 복음을 부끄러워하지 않습니다. 복음은 먼저 유다인에게 그리고 그리스도인에게까지, 믿는 사람이면 누구에게나 구원을 가져다 주는 하느님의 힘이기 때문입니다."(1,16–17). 인간의 죄: "그들은 온갖 불의와 사악과 탐욕과 악의로 가득차 있고, 시기와 살인과 분쟁과 사기와 악덕으로 그득합니다. 그들은 험담꾼이고 중상꾼이며, 하느님을 미워하는 자고, 불손하고 오만한 자며, 허풍쟁이고 모략꾼이고, 부모에게 순종하지 않는 자며, 우둔하고 신의가 없으며 비정하고 무자비한 자입니다."(1,31) 율법을 통해서는 죄를 알게 될 뿐이다 "율법을 듣는 이가 하느님 앞에서 의로운 이가 아니라, 율법을 실천하는 이라야 의롭게 될 것이기 때문입니다."(2,13) "의로운 이가 없다. 하나도 없다. 깨닫는 이 없고 하느님을 찾는 이 없다. 모두 빗나가 다 함께 쓸모없이 되어 버렸다. 호의를 베푸는 이가 없다. 하나도 없다. 그들 목구멍은 열린 무덤, 혀로는 사람을 속이고 입술 밑에는 살무사의 독을 품는다. 그들의 입은 저주와 독설로 가득하고 발은 남의 피를 쏟는 일에 재빠르며 그들이 가는 길에는 파멸과 비참만이 있다. 그들은 평화의 길을 알지 못한다. 그들의 눈에는 하느님을 두려워하는 빛이 없다."(3,10–18)
3,21–4,25	하느님과의 올바른 관계	율법에서 믿음으로: "이렇게 모든 사람이 죄를 지어 하느님의 영광을 잃어버렸습니다. 그러나 그리스도 예수님 안에서 이루어진 속량을 통하여 그분의 은총으로 거저 의롭게 됩니다. 하느님께서는 예수님을 속량의 제물로 내세우셨습니다." (3,25–26) "사실 사람은 율법에 따른 행위와 상관없이 믿음으로 의롭게 된다고 우리는 확신합니다."(3,28) "아브라함이 하느님을 믿으니, 하느님께서 믿음을 의로움으로 인정해주셨다" (4,3) …"그는 희망이 없어도 희망하며, '너의 후손들이 저렇게 많아질 것이다.' 하신 말씀에 따라 '많은 민족의 아버지'가 될 것을 믿었습니다. 백 살가량되어, 자기 몸이 이미 죽은 것이나 다름 없고 사라의 모태도 죽은 것이라 여기면서도, 믿음이 약해지지 않았습니다. 그는 불신으로 하느님의 약속을 의심하지 않았을 뿐만 아니라, 오히려 믿음으로 더욱 굳세어져 하느님을 찬양하였습니다. 그리고 하느님께서는 약속하신 것을 능히 이루실 수 있다고 확신하였습니다."(4,18–21)
5,1–6,23	그리스도를 통한 화해	"환난은 인내를 자아내고 인내는 수양을, 수양은 희망을 자아냅니다. 그리고 희망은 우리를 부끄럽게 하지 않습니다."(5,3–5) "한 사람의 범죄로 모든 사람이 유죄판결을 받았듯이, 한 사람의 의로운 행위로 모든 사람이 의롭게 되어 생명을 받습니다. 한 사람의 불순종으로 많은 이가 죄인이 되었듯이, 한 사람의 순종으로 많은 이가 의로운 사람이 될 것입니다. 율법이 들어와 범죄가 많아지게 하였습니다. 그러나 죄가 많아진 그곳에 은총이 충만히 내렸습니다. 이는 죄가 죽음으로 지배한 것처럼, 은총이 우리 주 예수 그리스도를 통하여 영원한 생명을 가져다 주는 의로움으로 지배하게 하려는 것입니다."(5,18–21)

		"우리의 옛 인간이 그분과 함께 십자가에 못박힘으로써 지의 지배를 받는 몸이 소멸하여, 우리가 더 이상 죄의 종노릇을 하지 않게 되었습니다. 죽은 사람은 죄에서 벗어나기 때문입니다. 그래서 우리가 그리스도와 함께 죽었으니 그분과 함께 살리라고 우리는 믿습니다… 이와 같이 여러분 자신도 죄에서는 죽었지만 그리스도 예수님 안에서 하느님을 위하여 살고 있다고 생각하십시오."(6,6-8. 11)
		"죄가 주는 품삯은 죽음이지만, 하느님의 은사는 우리 주 그리스도 예수님 안에서 받는 영원한 생명이기 때문입니다."(6,23)
7,1-8,39	율법과 성령의 법	하느님의 법과 죄의 법: "나는 내가 하는 것을 이해하지 못합니다. 나는 내가 바라는 것을 하지 않고 오히려 내가 바라지 않는 것을 한다면 이는 율법이 좋다는 사실을 내가 인정하는 것입니다(…) 선을 바라면서도 하지 못하고, 악을 바라지 않으면서도 그것을 하고 맙니다. 그래서 내가 바라지 않는 것을 하면, 그 일을 하는 것은 더 이상 내가 아니라 내 안에서 자리 잡은 죄입니다. 여기에서 나는 법칙을 발견합니다. 내가 좋은 것을 하기를 바라는데도 악이 바로 내 곁에 있다는 것입니다. 나의 내적 인간은 하느님의 법을 두고 기뻐합니다. 그러나 내 지체 안에는 다른 법이 있어 내 이성의 법과 대결하고 있음을 나는 봅니다(…) 나는 과연 비참한 인간입니다. 누가 이 죽음에 빠진 몸에서 나를 구해 줄 수 있겠습니까? 우리 주 예수 그리스도를 통하여 나를 구해주신 하느님께 감사드립니다. 이렇듯 나 자신이 이성으로는 하느님의 법을 섬기지만, 육으로는 죄의 법을 섬깁니다." (7,15-25)
		그리스도 안에서 새로 태어난 자의 행복: "육을 따르는 자들은 육에 속한 것을 생각하고, 성령을 따르는 이들은 성령에 속한 것을 생각합니다. 육의 관심사는 죽음이고 성령의 관심사는 생명과 평화입니다. 육의 관심사는 하느님을 적대하는 것이기 때문입니다(…) 예수님을 죽은 이들 가운데에서 일으키신 분의 영께서 여러분 안에 사시면, 그리스도를 죽은 이들 가운데에서 일으키신 분께서 여러분 안에 사시는 당신의 영을 통하여 여러분의 죽을 몸도 다시 살리실 것입니다(…) 여러분이 육에 따라 살면 죽을 것입니다. 그러나 성령의 힘으로 몸의 행실을 죽이면 살 것입니다." (8,5-13)
		"사실 우리는 희망으로 구원을 받았습니다. 보이는 것을 희망하는 것은 희망이 아닙니다. 보이는 것을 누가 희망합니까? 우리는 보이지 않는 것을 희망하기에 인내심을 가지고 기다립니다. 이와 같이, 성령께서도 나약한 우리를 도와주십니다. 우리는 올바른 방식으로 기도할 줄 모르지만, 성령께서 몸소 말로 다 할 수 없이 탄식하시며 우리를 대신하여 간구해 주십니다. 마음 속까지 살펴보시는 분께서는 이러한 성령의 생각이 무엇인지 아십니다. 성령께서 하느님의 뜻에 따라 성도들을 위하여 간구하시기 때문입니다. 하느님을 사랑하는 이들, 그분의 계획에 따라 부르심을 받은 이들에게는 모든 것이 함께 작용하여 선을 이룬다는 것을 우리는 압니다."(8,24-28)
		"무엇이 우리를 그리스도의 사랑에서 갈라놓을 수 있겠습니까? 환난입니까? 역경입니까? 박해입니까? 굶주림입니까? 헐벗음입니까? 위험입니까? 칼입니까? (…) 저희는 온종일 당신 때문에 살해되며 도살될 어린 양처럼 여겨집니다. 그러나 우리는 우리를 사랑해주신 분의 도움에 힘입어 이 모든 것을 이겨내고도 남습니다. 나는 확신합니다. 죽음도, 삶도, 천사도, 권세도, 현재의 것도, 미래의 것도, 권능도, 저 높은 것도, 저 깊은 곳도, 그 밖의 어떠한 피조물도 우리 주 예수 그리스도 예수님에게서 드러난 하느님의 사랑에서 우리를 떼어 놓을 수 없습니다." (8,35-37)

	주제	내용
9,1–11,36	선택받은 백성의 구원	이스라엘의 신앙의 오류는 하느님께서 인간을 올바른 관계에 놓아주시는 길을 깨닫지 못하고 제 나름의 방법을 세우려고 하면서 하느님의 방법을 따르지 않았다. 그들은 믿음을 통해서가 아니라 자신의 공로를 통해서 구원을 얻으려고 생각하였다: "이스라엘은 의로움의 율법을 추구하였지만 그 율법에 이르지 못하였습니다. 왜 그렇게 되었습니까? 그것을 믿음으로 찾지 않고 행위로 찾을 수 있다고 여겼기 때문입니다. 그들은 걸림돌에 걸려 넘어진 것입니다. 이는 성경에 기록된 그대로입니다. '보라 내가 시온에다 걸려 넘어지게 하는 돌을 부딪혀 쓰러지게 하는 바위를 놓는다. 그를 믿는 이는 부끄러운 일을 당하지 않으리라'"(9,31–33) 구원은 만민에게– 예수 그리스도를 믿는 사람은 누구든지 하느님과의 올바른 관계를 가지게 된다: "믿음은 들음에서 오고 들음은 그리스도의 말씀으로 이루어집니다. '그들의 소리는 온 땅으로, 그들의 말은 누리 끝까지 퍼져 나갔다', '나는 민족도 아닌 무리를 너희가 시기하게 하고 어리석은 민족에게 너희가 분노하게 하리라', '나를 찾지도 않는 자들을 내가 만나주었고 나에 관하여 묻지도 않는 자들에게 나를 드러내 보였다.', '복종하지 않고 반항하는 백성에게 나는 온종일 팔을 벌리고 있다'(10,17–21). 이스라엘의 남은자들(11장): 이스라엘 백성들은 자기들이 찾던 것을 얻지 못하고, 선택된 이들만 그것을 얻었습니다. 나머지 사람들은 마음이 완고해졌습니다. 이는 성경에 기록된 그대로입니다. "하느님께서는 그들에게 사람을 마비시키는 영을, 보지 못하는 눈을 듣지 못하는 귀를 주시어 오늘날까지 이르게 하셨습니다."(11,7–8)
12,1–16,27	그리스도와 함께 사는 길	그리스도인의 새로운 생활–먼저 하느님께서 자신을 산 제물로 봉헌하라: "여러분은 현세에 동화되지 말고 정신을 새롭게 하여 여러분 자신이 변화되게 하십시오. 그리하여 무엇이 하느님의 뜻인지, 무엇이 선하고 무엇이 하느님 마음에 들며 무엇이 완전한 것인지 분별할 수 있게 하십시오" (12,1–2). 그리스도인의 생활규범: "희망 속에 기뻐하고 환난 중에 인내하며 기도에 전념하십시오. 여러분을 박해하는 자들을 축복하십시오. 기뻐하는 이들과 함께 기뻐하고 우는 이들과 함께 우십시오. 서로 뜻을 같이 하십시오. 오만한 생각을 버리고 비천한 이들과 어울리십시오. 스스로 슬기롭다고 여기지 마십시오. 아무에게도 악을 악으로 갚지 말고, 모든 사람에게 좋은 일을 해 줄 뜻을 품으십시오. 여러분쪽에서 할 수 있는 대로, 모든 사람과 평화로이 지내십시오. 사랑하는 여러분, 스스로 복수할 생각을 하지 말고 하느님의 진노에 맡기십시오. "그대의 원수가 주리거든 먹을 것을 주고, 목말라 하거든 마실 것을 주십시오. 그렇게 하는 것은 그대가 숯불을 그의 머리에 놓는 셈입니다.". 악에 굴복당하지 말고 선으로 악을 굴복시키십시오(12,12–21). 그리스도인과 권위–세상 모든 권위는 하느님께서 주시는 것: "간음해서는 안 된다. 살인해서는 안 된다. 도둑질해서는 안 된다. 탐내서는 안 된다."는 계명과 그 밖의 다른 계명이 있을지라도, 그것들은 모두 이 한마디 곧, "네 이웃을 너 자신처럼 사랑해야 한다"는 말로 요약됩니다. 사랑은 이웃에게 악을 저지르지 않습니다. 그러므로 사랑은 율법의 완성입니다.(13,9–10) "여러분이 잠에서 깨어날 시간이 이미 되었습니다. 이제 우리가 처음 믿을 때보다 우리의 구원이 더 가까워졌기 때문입니다. 밤이 물러가고 낮이 가까이 왔습니다. 그러니 어둠의 행실을 벗어 버리고 빛의 갑옷을 입읍시다. 대낮에 행동하듯이, 품위 있게 살아갑시다. 흥청대는 술잔치와 만취, 음탕과 방탕, 다툼과 시기 속에 살지 맙시다. 그 대신에 주 예수 그리스도를 입으십시오. 그리고 욕망을 채우려고 육신을 돌보는 일을 하지 마십시오"(13,11–14)

		형제를 심판하지 마라: "더 이상 서로 심판하지 맙시다. 오히려 형제 앞에 장애물이나 걸림돌을 놓지 않겠다고 결심하십시오. 나는 주 예수님 안에서 알고 있고 또 확신합니다. 무엇이든지 그 자체로 더러운 것은 없습니다. 다만 무엇이 더럽다고 생각하는 사람에게는 그것이 더럽습니다."(14,13-14)
		"하느님의 나라는 먹고 마시는 일이 아니라, 성령 안에서 누리는 의로움과 평화와 기쁨입니다. 그리스도를 이렇게 섬기는 이는 하느님 마음에 들고 사람들에게도 인정을 받습니다. 그러니 평화와 서로의 성장에 도움이 되는 일에 힘을 쏟읍시다."(14,17-18)
		공동체의 일치: "우리는 성경에서 인내를 배우고 위로를 받아 희망을 간직하게 됩니다. 인내와 위로의 하느님께서 여러분이 그리스도 예수님의 뜻에 따라 서로 뜻을 같이 하시어, 한마음 한목소리로 우리 주 예수 그리스도의 아버지 하느님을 찬양하게 되기를 빕니다"(15,4-6).
	맺음말	믿음을 혼란케 하는 사람들을 경계하라는 당부와 찬미의 노래로 끝맺는다.

바이블테라피 **34** 복음 나누기(양식7: 삶을 비추는 성독)
Bible Therapy

믿음에 행동이 따르지 않으면 그런 믿음은 죽은 것입니다.
(야고보 2,17)

성독으로 나 자신의 구원역사를 비추어 보기

목적 : 기도와 성찰로 (성서 본문 대신) 삶이나 일자리에서 일
어난 일을 비추어 보기

말씀이신 그리스도의 부드러운 이끄심에 귀 기울이기(문자적 의미)

1. 각자 몸과 마음을 고요히 한다 : 긴장을 풀고 편안하게, 그러
나 깨어있는 마음으로 앉는다. 눈을 감고 호흡에 집중한다.
2. 피정을 시작한 이래, 아니면 지난 주간이나 지난 달 동안,
집 안이나 직장에서 일어난 사건 또는 상황, 광경이나 만남
등을 고요히 회상해 본다.

고요히 되새기기, 성찰하기 (묵상)

3. 다음 사항에 차례로 집중한다.
① 그 때의 상황과 자세한 감정들, 사건의 전개 등을 회상한다.
② 어디서 마음이 가장 크게 움직였던가를 살펴본다. 어떠한
전환점이나 계기가 거기에 있었는가 생각해 본다.

③ 하느님께서는 거기에 어떤 식으로 현존하고 계신 것 같았
는가? 그 당시 얼마나 이를 깨닫고 있었는가? 그리고 지금
은 어떠한가?

축성하는 기도

4. 그 사건과 마음의 묵상을 속으로 축성하기 위하여, 즉 기도
안에서 하느님께 봉헌하기 위하여, 성서의 한 마디나 구절
을 사용한다. 하느님께서 그 사건과 묵상을 나의 선물로 받
아들이실 수 있도록 한다.

그리스도의 포옹을 받아들이기; 주님 앞에 고요히 머무르기 (관상)

5. 잠시 침묵 안에 머물라.

성독의 체험을 서로 나누기 (실행)

6. 진행자는 모임의 사람들을 도로 "공동체"가 되도록 부른다.
7. 모든 이가 간단히 나눈다. (아니면 계속 침묵 안에 머무른다.)

참조, 서울대교구 사목국, 「사목을 위한 성서의 사용」, 1993.

바오로 사도는 50년에서 52년까지, 적어도 열여덟 달 동안 코린토에서 복음을 선포하며 지낸다(사도 18,1-8). 코린토는 특별히 동방의 여러 종교가 매력을 발휘하는 종교의 중심지이기도 하였다. 코린토가 특별히 풍기가 문란한 것으로 유명하기는 하였지만, 당시 그리스-로마 세계의 다른 대도시들도 틀림없이 비슷하였을 것이다. 코린토 교회는 활기와 열성이 넘쳤다. 그러나 다른 한편으로는, 주변 환경에 따라 타락할 위험도 상당히 컸다. 방탕한 성 도덕(6,12-20), 논쟁과 다툼과 싸움(1,11-12; 6,1-11), 이교에서 유래하는 철학적 지혜의 유혹 등이 그것이다. 이러한 지혜가 겉으로는 그럴듯하게 그리스도적인 모습을 하고 교회 안으로 들어가서는(1,19-2,10), 코린토 사람들이 새로이 받아들인 그리스도교 신앙의 근본적인 확신을 왜곡시켜 버렸다(15장). 그리스도교라는 나무 자체는 튼튼하고 힘이 넘쳤지만, 자기와는 너무나 이질적인 땅에 뿌리를 내려야 했던 것이다. 이러한 특이한 상황에, 성령께서 당신의 풍성한 은사로 도움을 베푸신다(12-14장). 그리고 바오로는 자기의 서간에서, 이 어린 싹이 갖지 못한 그리스도적인 토양을 마련해 줌으로써 그러한 여건을 변모시키고자 한다.

이것이 바오로가 이 서간에서 관심을 기울이는 코린토의 상황이다. 그래서 우리는 이 서간에서, 이교 문화 속에 들어간 그리스도교 신앙이 어떠한 문제들에 봉착하였으며, 바오로는 또 그 문제들을 어떻게 해결하려고 하였는지 살펴보면서 코린토 전서를 읽어내려가자.

1. 개요

코린토 전서는 로마서 다음에 나오는 서간(편지글) 성서로, 사도 바오로가 '코린토 인들에게 보낸 첫째 편지'이다. 이 서간문에는 코린토 교우들이 처한 문제들이 다양하게 실려있어 초대 교회의 공동체 생활을 아는데 중요한 성서로 꼽히고 있으며, 우리가 잘 아는 '사랑의 송가'가 실려 있다.

2. 저자와 집필시기

사도 바오로가 2차 선교 여행 때 1년 6개월 동안 머무르며 하느님 말씀을 전한 코린토 교회가 성도덕의 문란과 분쟁으로 심각한 혼란에 빠졌음을 전해듣고 3차 선교여행을 하는 중 에페소에서 머무를 때(54~57년경) 쓰여졌다.

3. 주요내용

모두 16장으로 구성된 코린토 전서는 분쟁와 윤리적인 폐단, 결혼, 공동체 예배시 지켜야 할 자세, 부활신앙 등 코린토 교우들이 부딪친 문제들에 대한 대답들이 바오로의 사상과 신앙에 어우러져 담겨 있다. 다음과 같이 크게 다섯 부분으로 나뉘어져 있다.

(1) 분열에 대해(1,1~4,21) : 코린토 교회가 서로 편을 갈라 싸우는 것에 대해 그리스도께서는 결코 갈라지지 않았음을 강조하며, 같은 정신과 같은 사상으로 일치할 것을 호소하고 있다. 또한 사람의 지혜가 아닌 하느님의 능력에 믿음을 두어야 한다고 하면서 자신 역시 오직 십자가에 처형되신 그리스도만을 선포하고 있다고 강조한다.

(2) 그리스도의 지체(5,1~6,20) : 바오로는 신자 사이에서 일어나고 있는 근친 상간과 교만에 대해 꾸짖고 있다. 음행을 하는 자, 우상숭배자, 간음을 하는 자 등은 하느님의 나라를 상속받지 못한다고 하면서 비행과 악습이라는 묵은 누룩에서 벗어나 누룩없는 빵, 즉 순결과 진실을 지키라고 권고한다.

(3) 하느님의 영광을 위하여(7,1~11,1) : 여기서 바오로는 결혼에 대한 의무를 충실히 다할 것을 당부한다. 또 우상에게 바친 고기를 먹는 문제에 대하여 가르치고, 모든 것은 하느님의 영광을 위하여 행하여져야 한다고 말한다.

(4) 사랑이 없으면(11,2~14,40) : 만찬시에 드러나는 분열과 욕심을 지적하며 성찬례의 참 의미를 되새기고 있는 이 부분에서는 최후의 만찬이 주님을 기억하고 전하는 것인만큼 먼저 자신에 대해 성찰하라고 말한다. 또 모든 사람이 받은 은사는 사랑이 없으면 소용이 없기에 그리스도인의 생활은 사랑의 실천임을 강조하고 있다.

(5) 부활, 복음의 핵심(15,1~16,24) : 바오로는 그리스도의 부활이 신앙의 핵심임을 강조하며 모든 일을 사랑으로 이루라고 당부하며 서간을 끝맺고 있다.

34 📖 코린토 1서 SCHEMA

날짜	성서 구절	주요 내용	
첫 째 날	1-2	• 코린토 교회의 분열/십자가의 복음(1) • 하느님의 지혜(2)	 1 코린토 1
둘 째 날	3-4	• 주님에 대해 가르치는 사람이 아니라 주님에 대해 관심을 쏟아야 함(3) • 그리스도의 사도(4)	 1 코린토 2
셋 째 날	5-7	• 불륜에 대한 단죄(5) • 교우끼리의 송사는 그릇된 일임(6) • 혼인문제에 관한 답변(7)	 1 코린토 3
넷 째 날	8-9	• 우상에게 바쳤던 제물을 먹는 것은 약한 양심을 더럽히는 일임(8) • 사도로써의 본보기(9)	 1 코린토 4

날짜		성서 구절	주요 내용
다 째	섯 날	10–11	• 이스라엘의 역사가 주는 교훈 /무슨 일이나 하느님의 영광을 위하여 하라(10) • 전례 때에 여자들이 가져야 하는 자세 /주님의 만찬에 대한 훈계와 설명(11) 1 코린토 5
여 째	섯 날	12–14	• 하나이신 성령과 여러 은사 /하나인 몸과 여러 지체(12) • 사랑에 대한 노래(13) • 신령한 언어와 예언은 사람들을 위한 표징임(14) 사랑은 참고, 기다리고, 친절하며 시기하거나, 뽐내거나 교만하지 않으며 무례하거나 화내거나 자기 이익을 추구하지 않으며 1 코린토 6
일 째	곱 날	15–16	• 그리스도의 부활과 죽은 이들의 부활 /부활 때에 완성되는 인간의 구원(15) • 예루살렘 교회를 위한 모금 권고 /바오로의 여행 계획(16) 1 코린토 7

16. 1코린토 서간의 구성과 주요내용

구분	주제	내용
1,1– 4,21	코린토 교회 안의 당파와 분열	**바오로파, 아폴로파, 베드로파, 그리스도파 등 코린토 교회가 세례를 준 사람의 이름으로 분열되어 각축을 벌인다.** 이에 바오로는 "그리스도께서는 세례를 주라고 나를 보내신 것이 아니라 복음을 전하라고 보내셨습니다. 그리고 이 일을 말재주로 하라는 것이 아니었으니 그리스도의 십자가가 헛되지 않게 하려는 것입니다. 멸망할 자들에게는 십자가에 관한 말씀이 어리석은 것이지만, 구원을 받을 우리에게는 하느님의 힘입니다."(1,17–18). 그리스도는 유다인들에게는 걸림돌이고 다른 민족들에게는 어리석음입니다. 그렇지만 유다인이든 그리스인이든 부르심을 받은 이들에게 그리스도는 하느님의 힘이시며 하느님의 지혜이십니다. 하느님의 어리석음이 사람보다 더 지혜롭고 하느님의 약함이 사람보다 더 강하기 때문입니다. 형제 여러분, 여러분이 부르심을 받았을 때를 생각해 보십시오. 속된 기준으로 보아 지혜로운 이가 많지 않았고, 유력한 이도 많지 않았으며 가문이 좋은 사람도 많지 않았습니다. 그런데 하느님께서는 지혜로운 자들을 부끄럽게 하시려고 이 세상의 어리석은 것을 선택하셨습니다. 그리고 하느님께서는 강한 것을 부끄럽게하시려고 이 세상의 약한 것을 선택하셨습니다. 하느님께서는 있는 것을 무력하게 만드시려고, 이 세상의 비천한 것과 천대받는 것 곧 없는 것을 선택하셨습니다. 그리하여 어떠한 인간도 하느님 앞에서 자랑하지 못하게 하셨습니다. 그러나 하느님께서는 여러분을 그리스도 예수님 안에 살게 해 주셨습니다. (1,23–30) **하느님의 지혜:** "나는 여러분 가운데에 있으면서 예수 그리스도 곧 십자가에 못박히신 분 외에는 아무것도 생각하지 않기로 결심하였습니다… 여러분의 믿음이 인간의 지혜가 아니라 하느님의 힘에 바탕을 두게 하려는 것이었습니다… 그러나 현세적 인간은 하느님의 영에서 오는 것을 받아들이지 않습니다. 그러한 사람에게는 그것이 어리석음이기 때문입니다. 그것은 영적으로만 판단할 수 있기에 그러한 사람은 그것을 깨닫지 못합니다. 영적인 사람은 모든 것을 판단할 수 있지만, 그 자신은 아무에게도 판단받지 않습니다."(2,2.5.14–15) **복음선포자의 역할:** "여러분이 하느님의 성전이고 하느님의 영께서 여러분 안에 계시다는 사실을 여러분은 모릅니까? 누구든지 하느님의 성전을 파괴하면 하느님께서도 그자를 파멸시키실 것입니다. 하느님의 성전은 거룩하기 때문입니다. 여러분이 바로 하느님의 성전입니다. 아무도 자신을 속여서는 안됩니다."(3,16–18) "여러분은 벌써 배가 불렀습니다. 벌써 부자가 되었습니다. 여러분은 우리를 제쳐 두고 이미 임금이 되었습니다… 우리는 그리스도 때문에 어리석은 사람이 되었고, 여러분은 그리스도 안에서 슬기로운 사람이 되었습니다. 우리는 약하고 여러분은 강합니다. 여러분은 명예를 누리고 우리는 멸시를 받습니다. 지금 이 시간까지도, 우리는 주리고 목마르고 헐벗고 매맞고 집 없이 떠돌아 다니고 우리 손으로 애써 일합니다. 사람들이 욕을 하면 축복해 주고 박해를 하면 견디어 내고 중상을 하면 좋은 말로 응답합니다. 우리는 세상의 쓰레기처럼, 만민의 찌꺼기처럼 되었습니다. 지금도 그렇습니다."(4,10–13).

구분	주제	내용
5,1– 6,20	교회의 추문	**불륜에 대한 단죄:** 근친상간, 탐욕을 부리는 자, 강도들이나 우상숭배를 하는 자, 중상꾼, 주정꾼들과는 상종하지 말라는 가르침(5,9–11)
		교우끼리의 송사: "여러분이 서로 고소한다는 것부터가 이미 그릇된 일입니다. 왜 차라리 불의를 그냥 받아들이지 않습니까? 왜 차라리 그냥 속아주지 않습니까?" (6,7)
		몸은 그리스도의 지체요, 성령이 계시는 성전이다. 그러므로 몸으로 하느님의 영광을 드러내는 생활을 해야 한다: "사람이 짓는 다른 모든 죄는 몸 밖에서 이루어지지만, 불륜을 저지르는 자는 자기 몸에 죄를 짓는 것입니다. 여러분의 몸이 여러분 안에 계시는 성령의 성전임을 모릅니까?"(6,18–19).
7,1– 11,34	윤리문제에 대한 답변	**결혼과 독신의 문제–** 각 사람은 주님께서 나누어 주신 은총의 선물에 따라서 그리고 하느님께 부르심을 받았을 때의 처지대로 살아가야 한다: "부르심을 받은 자유인은 그리스도의 종입니다. 하느님께서 값을 치르고 여러분을 속량해 주셨습니다. 사람의 종이 되지 마십시오. 형제 여러분, 사람의 종이 되지 마십시오. 형제 여러분. 저마다 부르심을 받았을 때의 상태로 하느님과 함께 지내십시오." (7,23–24)… "혼인하지 않은 남자는 어떻게 하면 주님을 기쁘게 해 드릴 수 있을까 하고 주님의 일을 걱정합니다. 그러나 혼인한 남자는 어떻게 하면 아내를 기쁘게 할 수 있을까 하고 세상 일을 걱정합니다. 그래서 그는 마음이 갈라집니다 (7,32–34).
		"나는 아무에게도 메이지 않은 자유인이지만, 되도록 많은 사람을 얻으려고 스스로 모든 사람의 종이 되었습니다… 약한 이들을 얻으려고 약한 이들에게는 약한 사람처럼 되었습니다. 나는 어떻게 해서든지 몇 사람이라도 구원하려고, 모든 이에게 모든 것이 되었습니다. 나는 복음을 위하여 이 모든 일을 합니다. 나도 복음에 동참하려는 것입니다." (9,19.22–23).
		"모든 경기자는 모든 일에 절제를 합니다. 그들은 썩어 없어질 화관을 얻으려고 그렇게 하지만, 우리는 썩지 않는 화관을 얻으려고 하는 것입니다.. 그러므로 나는 목표가 없는 것처럼 달리지 않습니다. 나는 내 몸을 단련하여 복종시킵니다. 다른 이들에게 복음을 선포하고 나서, 나 자신이 실격자가 되지 않으려는 것입니다." (9,25–27).
		"여러분에게 닥친 시련은 인간으로서 이겨내지 못할 시련이 아닙니다. 하느님은 성실하십니다. 그분께서는 여러분에게 능력 이상으로 시련을 겪게 하지 않으십니다. 그리고 시련과 함께 그것을 벗어날 길도 마련해 주십니다." (10,13).
		주님의 만찬: "여러분 가운데에 분열이 있다는 말이 들리는데, 나는 그것이 어느 정도 사실이라고 믿습니다. 하기야 여러분 가운데에 분파도 있어야 참된 이들이 드러날 것입니다."(11,18–19) 주님께서 오실 때까지, 여러분은 이 빵을 먹고 이 잔을 마실적마다 주님의 죽음을 전하는 것입니다.(11,26).

구분	주제	내용
12,1-14,40	성령의 선물과 교회 안에서의 질서	**성령의 선물:** 하느님께서는 각 사람에게 공동선을 위하여 성령을 드러내 보여 주십니다−지혜, 지식, 믿음, 치유, 기적, 예언, 영의식별, 이상한 언어, 이상한 언어의 해석(12,7−11). **하나의 몸과 여러지체:** "여러분은 그리스도의 몸이고 한 사람 한 사람이 그 지체입니다. 하느님께서 교회 안에 세우신 이들은, 첫째가 사도들이고 둘째가 예언자들이며, 셋째가 교사들입니다. 그다음은 기적을 일으키는 사람들, 그다음은 병을 고치는 은사, 도와주는 은사, 지도하는 은사, 여러 가지 신령한 언어를 말하는 은사를 받은 사람들입니다. 모두 사도일 수야 없지 않습니까? 모두 예언자일 수야 없지 않습니까? 모두 교사일 수야 없지 않습니까? 모두 기적을 일으킬 수야 없지 않습니까? 모두 병을 고치는 은사를 가질 수야 없지 않습니까? 모두 신령한 언어로 말할 수야 없지 않습니까?"(12,27−30). 사랑은 참고, 기다리고, 친절하며 시기하거나, 뽐내거나 교만하지 않으며 무례하거나 화내거나 자기 이익을 추구하지 않으며 **사랑:** "사랑은 참고 기다립니다. 사랑은 친절합니다. 사랑은 시기하지 않고 뽐내지 않으며 교만하지 않습니다. 사랑은 무례하지 않고 자기 이익을 추구하지 않으며 성을 내지 않고 앙심을 품지 않습니다. 사랑은 불의에 기뻐하지 않고 진실을 두고 함께 기뻐합니다. 사랑은 모든 것을 덮어주고 모든 것을 믿으며 모든 것을 바라고 모든 것을 견디어 냅니다"(13,4−7)
15,1-16,24	육신의 부활과 인사	**부활 때 완성되는 인간의 구원:** "죽은 이들이 어떻게 되살아 나는가? 그들이 어떤 몸으로 되돌아 오는가? 하고 묻는 이가 있을 수 있습니다. 어리석은 사람이여! 그대가 뿌리는 씨는 죽지 않고서는 살아나지 못합니다… 죽은 이들의 부활도 이와 같습니다. 썩어 없어질 것으로 묻히지만 썩지 않는 것으로 되살아 납니다. 비천한 것으로 묻히지만 영광스러운 것으로 되살아 납니다. 약한 것으로 묻히지만 강한 것으로 되살아 납니다. 물질적인 몸으로 묻히지만 영적인 몸으로 되살아납니다. 물질적인 몸이 있으면 영적인 몸도 있습니다."(15,35−36. 42−44) "우리 모두 죽지 않고 다 변화할 것입니다. 순식간에, 눈 깜빡할 사이에, 마지막 나팔소리에 그리될 것입니다. 나팔이 울리면 죽은 이들은 썩지 않는 몸으로 되살아 나고 우리는 변화할 것입니다. 이 썩는 몸은 썩지 않는 것을 입고, 이 죽는 몸은 죽지 않는 것을 입어야 합니다. 이 썩는 몸이 썩지 않는 것을 입고 이 죽는 몸이 죽지 않는 것을 입으면 그때에 성경에 기록된 말씀이이루어 질 것입니다. '승리가 죽음을 삼켜버렸다. 죽음아, 너의 승리가 어디있느냐? 죽음아, 너의 독침이 어디 있느냐? 죽음의 독침은 죄이며 죄의 힘은 율법입니다. 우리 주 예수 그리스도를 통하여 우리에게 승리를 주시는 하느님께 감사드립시다. 그러므로 사랑하는 여러분, 굳게 서서 흔들리지 말고 언제나 주님의 일을 더욱 많이 하십시오. 여러분의 노고가 헛되지 않음을 여러분은 알고 있습니다."(15,51−58).

힘과 용기가 되는 말씀

환난은 인내를 자아내고 인내는 수양을, 수양은 희망을 자아냅니다. 그러므로 희망은 우리를 부끄럽게 하지 않습니다. 우리가 받은 성령을 통하여 하느님의 사랑이 우리 마음에 부어졌기 때문입니다. (로마 5, 3-5)

우리의 옛 인간이 그 분과 함께 십자가에 못 박힘으로써 죄의 지배를 받는 몸이 소멸하여, 우리가 더 이상 죄의 종 노릇을 하지 않게 되었습니다. (로마 6, 6)

우리는 보이지 않는 것을 희망하기에 인내심을 가지고 기다립니다. (로마 8, 25)

무엇이 우리를 바로 그리스도의 사랑에서 갈라놓을 수 있겠습니까? 환난입니까? 역경입니까? 박해입니까? 굶주림입니까? 위험입니까? 칼입니까? (로마 8, 35)

나는 확신합니다. 죽음도, 삶도, 천사도, 권세도, 현재의 것도, 미래의 것도, 권능도, 저 높은 곳도, 저 깊은 것도 그 밖에 어떠한 피조물도 우리 주 그리스도 예수님에게서 드러난 하느님의 사랑에서 우리를 떼어놓을 수 없습니다. (로마 8, 38-39)

다른 계명이 있을지라도, 그것들은 모두 이 한마디 곧 "네 이웃을 너 자신처럼 사랑해야 한다"는 말로 요약됩니다. (로마 13, 9)

그리스도께서 여러분을 기꺼이 받아들이신 것처럼, 여러분도 하느님의 영광을 위하여 서로 기꺼이 받아들이십시오. (로마 15, 7)

바이블테라피 **35** 복음나누기 7단계의 평가

1단계

- 자발적으로 초대의 기도에 임하고 있는가?
- 초대의 기도가 올바른 초대의 기도인가 아니면 그냥 개인 기도인가?
- 초대의 기도가 진행되는 동안의 공동체 분위기는 어떠한가?
- 몇 명이나 초대의 기도에 참여하고 있는가?
- 초대의 기도를 방해할 만한 다른 기도를 먼저 바치지는 않는가?

2단계

- 공동체 모임을 진행하기 위해 진행자가 준비를 했다고 생각하는가?
- 진행자의 진행속도는 적당한가?
- 참석자 모두 성서를 지참했는가?
- 진행자가 성서의 장과 절을 분명히 발음해 주었는가?
- 진행자가 모든 사람들이 성서를 펼친 후에 읽기를 권하고 있는가?
- 성서를 찾는 동안 소란스러움은 없었는가? 혹은 외부의 방해요소는?
- 진행자의 권유에 의해 성서를 읽는가?
- 독서자의 성서 읽는 속도는 어떠한가?
- 침묵이 잘 유지되고 있는가?
- 공동체 구성원들이 귀를 기울여 성서를 듣는가 아니면 따라 읽는가?

3단계

- 너무 긴 문장을 선택하지는 않는가?
- 많은 사람들이 참여하고 있는가?
- 다른 사람들의 발표에 귀를 기울이는가?
- 너무 빨리 말해버리지는 않는가?
- 혹시 무의미한 단어나 문장을 발표하지는 않는가?
- 누군가에 의해 발표하기를 강요 받지는 않는가?

4단계

- 침묵시간은 정확히 지켜지는가?
- 침묵시간에 참석자들은 정말 묵상을 하고 있는가?
- 혹시 침묵을 방해하는 요소는 없는가?

5단계

- 자발적으로 나누기를 하는가?
- 진정한 나누기인가 아니면 토론이나 강의 혹은 설교인가?
- 자신의 솔직한 삶(개인적 경험)을 나누고 있는가 아니면 타인 이야기인가?
- 다른 사람의 나눔에 참견하거나 문제를 제기하지는 않는가?
- 몇 명이나 나누기에 참여하나?
- 참가자들이 귀 기울여 경청하는가?
- 한 사람이 너무 오랫동안 나누기를 주도하지는 않는가?
- 나누기가 강요당하는가?
- 자신의 삶 속에서 복음의 의미를 발견하는가?

6단계

- 누가 우리의 도움을 필요로 하는지를 먼저 생각하는가?
- 각 위원들이 활발하게 활동거리를 제시하는가?
- 지난번 활동에 대한 진지한 반성이 있는가?
- 한 사람 혹은 몇 사람에 의해 활동이 정해지는가? 아니면 모두가 참여하는가?
- 활동 정하기에서 역할 분담이 이루어지는가?
- 구체적인 시간과 장소가 정해지는가 아니면 추상적인 활동인가?
- 혹시 기도를 활동으로 정하지는 않는가?

7단계

- 자발적인 기도인가 강요된 기도인가?
- 기도내용이 공동체 모임의 내용과 무슨 연결이 있는가?
- 모두가 참여하는가?
- 누군가가 기도를 주도하지는 않는가?
- 진지한 기도인가?

바오로는 자기가 없는 틈을 타서 코린토 교회에 들어간 적대자들과 논쟁을 벌이고 또 신자들을 설득하려고 애를 쓴다. 코린토 2서는 바오로 사도의 서간 가운데에서 가장 논쟁적인 편지라고 할 수 있다. 사랑이 넘치는 말과 가차없이 꾸짖는 말, 분노에 찬 말과 애정이 넘치는 말 등 여러 가지 말투를 능숙하게 뒤섞어 신자들에게 호소한다.

사실 코린토 2서는 세 부분으로 구성되어 있는데(1–7장; 8–9장; 10–13장), 그 가운데 마지막 부분이 하나의 독립된 단락처럼 되어 있다. 이 단락에서 바오로는 자기의 사도직을 아주 강력히 옹호한다.

1. 개요

코린토 후서는 '코린토인들에게 보낸 둘째 편지'로 초대 교회의 선교상황과 바오로 사도의 선교활동에 대한 역사적인 증거를 담고 있으며, 삼위일체 신앙을 가장 명백하게 담고 있는 성서이다.

2. 저자와 집필시기

바오로는 코린토 전서와 후서 사이에 한통의 편지('눈물의 편지'라 불리우는)를 보냈다고 밝히고 있다. 이 눈물의 편지가 코린토 후서에 포함되었는가 하는 문제는 아직 논란의 여지가 있으나 여기서는 눈물의 편지 중 일부가 코린토 후서 10~13장이며, 1~9장까지는 나중에 보낸 '화해의 편지'라는 견해에 따르고자 한다.대체로 이 두통의 편지는 55~57년 사이에 쓰여졌다고 보여진다.

3. 주요내용

모두 13장으로 쓰여진 코린토 후서는 사도 바오로를 거부했다가 회개하는 등 코린토 교회의 혼란스러운 상황을 생생하게 전해주는 책으로, 코린토 교회의 구원과 모든 교회의 일치에 대한 바오로의 열정이 흘러 넘치고 있다.

(1) 사도직에 대한 소신(1,1~7,16) : 코린토 교회가 자신과 화해하기를 원한다는 소식을 들은 바오로는 먼저 하느님께 감사하고 그동안 자신이 받은 오해에 대해 변호하면서 사도직에 대한 소신을 밝힌다. 사도란 하느님으로부터 파견된 그리스도의 향기이며, 모든 이를 하느님과 화해하도록 하는 화해의 봉사자로서 모세보다 위대한 몫을 맡았다고 강조하고는 자신을 포함한 사도들은 두려움과 갈등 속에서 환난을 받아왔지만 하느님이 주시는 위로를 받으며 신뢰와 희망 안에서 살아왔다고 말한다.

(2) 선행의 완수(8,1~9,15) : 코린토 교회와 화해하는 기쁨을 전한 바오로는 티토를 통해 청했던 바와 같이 예루살렘 교회를 위한 모금 운동을 완결하라고 권고한다. 심한 환난 속에서도 능력 이상으로 이 선행에 참가한 마케도니아 교회들을 모범으로 들면서 서로 베푸는 너그러움에 대해 하느님께서는 의로움의 수확을 주실 것이라고 말하며 코린토 교회를 격려하고 있다.

(3) 내가 찾고자 하는 것은(10,1~13,13) : 이 부분은 앞의 1~9장 보다 먼저 쓰여져 코린토 교회에 보내진 '눈물의 편지'의 일부로 여겨진다. 바오로는 누가 하느님께 속해 있는지 똑바로 보라며 반대자들과 코린토 교회의 교우들을 꾸짖고 있다. 그리고는 자신 안에는 그리스도의 진실이 있다는 확신을 전하고 있다. 마지막으로 바오로는 코린토 교회의 교우들이 교화되어 구원받기 원한다는 자신의 간절한 염원을 전하고 있다.

35

코린토 2서 SCHEMA

날짜	성서 구절	주요 내용	
첫 째 날	1-2	• 환난을 겪을 때마다 위로해주시는 하느님 /바오로의 코린토 방문 연기(1) • 잘못한 자에 대한 용서/우리는 그리스도의 향기 (2)	 2 코린토 1
둘 째 날	3-5	• 새 계약의 일꾼(3) • 질그릇에 담긴 보물(하느님의 영광을 알아보는 빛)(4) • 믿음에 따른 삶/화해의 봉사직(5)	 2 코린토 2
셋 째 날	6-7	• 우리는 살아 계신 하느님의 성전(6) • 사람들의 회개에 대한 바오로의 기쁨(7)	 2 코린토 3

날짜	성서 구절	주요 내용
넷 째 날	8–9	• 그리스도인의 헌금/티토 일행의 파견 알림(8) • 성도들의 준비를 위해 형제들을 파견함(9) 2 코린토 4
다 섯 째 날	10–11	• 자기의 사도직을 옹호하는 바오로(10) • 의로움의 일꾼처럼 위장한 거짓 사도들(11) 2 코린토 5
여 섯 째 날	12–13	• 바오로가 받은 환시와 계시/코린토 교회에 대한 바오로의 염려(12) • 마지막 경고와 인사(13) 2 코린토 6

17. 2코린토 서간의 구성과 주요내용

<table>
<tr><th>구분</th><th>주 제</th><th>내 용</th></tr>
<tr><td>1,1– 2,17</td><td>인사, 방문 계획 변경

</td><td>바오로는 코린토 신자들에게 하느님은 '위로'하시는 분이심을 말하고자 한다. 인간에게 시련과 환난은 그치지 않고 이 시련을 통하여 이스라엘은 다시 일어서게 된다. 올바른 사람에 있어서 환난은 종교적인 의미에서 하느님을 다시 생각하게 하며 하느님의 도우심을 구하며 청하게 한다.
"하느님께서는 우리가 환난을 겪을 때마다 위로해 주시어, 우리도 그분에게서 받은 위로로, 온갖 환난을 겪는 사람들을 위로할 수 있게 하십니다. 그리하여 그리스도의 고난이 우리에게 넘치듯이, 그리스도를 통하여 내리는 위로도 우리에게 넘칩니다"(1,4–5).
"구원받을 사람들에게나 멸망할 사람들에게나 우리는 하느님께 피어오르는 그리스도의 향기입니다. 멸망할 사람들에게는 죽음으로 이끄는 죽음의 향내고, 구원받을 사람들에게는 생명으로 이끄는 생명의 향내입니다"(2,14–16).</td></tr>
<tr><td>3,1– 5,21</td><td>새 계약의 일꾼:사도직
</td><td>신약의 사도직은 구약의 사도직보다 더 영광스럽다. 옛 계약을 전하는 모세가 영광스러웠다면 새 계약을 전하는 사도의 직분은 더 영광스러운 것이다. 새 계약의 일꾼들은 주님과 같은 모습으로 변화하여 영광스러운 상태로 옮아갈 것이다:
<table>
<tr><th>옛 계약</th><th>새 계약</th></tr>
<tr><td>돌판(3,3)</td><td>살로 된 마음이라는 판(3,3)</td></tr>
<tr><td>문자는 죽인다(3,6)</td><td>성령은 살린다(3,6)</td></tr>
<tr><td>죽음의 직분(3,7)</td><td>성령의 직분(3,3,8)</td></tr>
<tr><td>단죄로 이끄는 직분(3,9)</td><td>의로움으로 이끄는 직분(3,9)</td></tr>
<tr><td>사라질 것(3,11)</td><td>길이 남을 것(3,11)</td></tr>
<tr><td>너울이 벗겨지지 않은 옛것(3,14)</td><td>지식의 빛(4,6)</td></tr>
<tr><td>일시적 영광(3,7)</td><td>하느님의 영광(4,6)</td></tr>
<tr><td>모세의 얼굴에 나타난 영광(3,7)</td><td>그리스도 얼굴에 나타난 영광(4,6)</td></tr>
</table>
"우리는 온갖 환난을 겪어도 억눌리지 않고, 난관에 부딪혀도 절망하지 않으며, 박해를 받아도 버림받지 않고, 맞아 쓰러져도 멸망하지 않습니다. 우리는 언제나 예수님의 죽음을 몸에 짊어지고 다닙니다. 우리 몸에서 예수님의 생명도 드러나게 하려는 것입니다."(4,8–10)
"그러므로 우리는 낙심하지 않습니다. 우리의 외적 인간은 쇠태해 가더라도 우리의 내적인간은 나날이 새로워집니다. 우리가 지금 겪는 일시적이고 가벼운 환난이 그지없이 크고 영원한 영광을 우리에게 마련해 줍니다. 보이는 것이 아니라 보이지 않는 것을 우리가 바라보기 때문입니다. 보이는 것은 잠시 뿐이지만 보이지 않는 것은 영원합니다. 우리의 이 지상 천막이 허물어 지면 하느님께서 마련하신 건물 곧 사람 손으로 짓지 않은 영원한 집을 하늘에서 얻는다는 사실을 우리는 압니다"(4,16–5,1)
"그분께서는 모든 사람을 위하여 돌아가셨습니다. 살아있는 이들이 이제는 자신을 위하여 살지 않고, 자기들을 위하여 돌아가셨다가 되살아나신 분을 위하여 살게 하시려는 것입니다. 옛것은 지나갔습니다. 보십시오. 새것이 되었습니다. 이 모든 것은 그리스도를 통하여 우리를 당신과 화해하게 하시고 또 우리에게 화해의 직분을 맡기신 하느님에게서 옵니다… 우리는 그리스도의 사절입니다"(5,15.17.18.20)</td></tr>
</table>

6,1– 7,16	7,16 하느님 일꾼으로서의 생활 	"많이 견디어 내고 환난과 재난과 역경을 겪으면서도 매질과 옥살이와 폭동을 겪으면서도 그렇게 합니다… 순수와 지식과 인내와 호의와 성령과 거짓없는 사랑으로, 진리의 말씀과 하느님의 힘으로 그렇게 합니다. 오른 손과 왼손에 의로움의 무기를 들고, 영광을 받거나 모욕을 당하거나, 중상을 받거나 칭찬을 받거나 우리는 늘 그렇게 합니다. 우리는 속이는 자 같이 보이지만 실은 진실합니다. 인정을 받지 못하는 자 같이 보이지만 실은 인정을 받습니다. 죽어 가는 자 같이 보이지만 이렇게 살아있습니다. 벌을 받는 자같이 보이지만 죽임을 당하지는 않습니다. 슬퍼하는 자같이 보이지만 실은 많은 사람을 부유하게 합니다. 아무것도 가지지 않은 자같이 보이지만 실은 모든 것을 소유하고 있습니다. 코린토 신자 여러분, 우리는 여러분에게 솔직히 말하였습니다. 우리의 마음은 활짝 열려있습니다. 우리가 여러분을 옹색하게 대하는 것이 아니라 여러분의 속이 옹색한 것입니다."(6,4–11) "우리는 모든 면에서 환난을 겪었습니다. 밖으로는 싸움이고 안으로는 두려움이었습니다."(7,5). 바오로는 코린토인들과 서로 화해가 이루어졌다는 것을 전제로 하고 코린토 교회에 대하여 들은 반가운 소식을 기뻐하며, 신뢰의 말을 하며 맺는다.
8,1– 9,15	예루살렘 교회를위한 모금 	헌금의 원칙에 대하여 바오로는 설명한다. 헌금의 정도는 제 분수대로 아니 그 이상이라도 힘껏 희사하되, 기쁜 마음으로, 참 사랑으로 해야 한다. 부유하지만 가난한 삶을 사셨던 그리스도의 모범을 따르고, 가난한 교우들을 도와주어 고통을 덜게 하는 것은 그리스도 사랑의 증거이며, 많이 준다는 것은 주는 사람에게 큰 유익이 된다. 왜냐하면 그리스도인에게 있어서 준다는 것은 잃는 것이 아니라, 씨를 뿌리는 것과 같기 때문이다. 재림의 날에 거두어 들일 것이다. "적게 뿌리는 이는 적게 거두어 들이고, 많이 뿌리는 이는 많이 거두어 들입니다. 저마다 마음에 작정한 대로 해야지, 마지못해 하거나 억지로 해서는 안됩니다. 하느님께서는 기쁘게 주시는 이를 사랑하십니다."(9,6–7).
10,1– 12,13	바오로의 사도적 권위 	바오로는 그를 비방하거나 헐뜯는 자들에게 자신의 진실함을 증언한다. "우리가 속된 방식으로 살아간다고 생각하는 몇 몇 사람들에게는 내가 확신을 가지고 담대해질 작정입니다(…) 우리가 비록 속된 세상에서 살아갈 지언정, 속된 방식으로 싸우는 것은 아닙니다. 우리의 전투 무기는 속된 것이 아닙니다. 그것은 하느님 덕분에 어떠한 요새라도 무너뜨릴 수 있을 만큼 강력합니다. 우리는 잘못된 이론을 무너뜨리고, 하느님을 아는 지식을 가로막고 일어서는 모든 오만을 무너뜨리며, 모든 생각을 포로로 잡아 그리스도께 순종시킵니다(…) 사실 그들은 저희끼리 서로 대어보고 저희끼리 견주어 보고 있으니 분별 없는 자들입니다(…) 인정을 받는 사람은 스스로 자신을 내세우는 자가 아니라 주님께서 내세워 주시는 사람입니다." (10,2.3–5.12.18) "그래서 내가 자만하지 않도록 하느님께서 내 몸에 가시를 주셨습니다. 그것은 사탄의 하수인으로 나를 줄 곧 찔러 대 내가 자만하지 못하게 하시려는 것이었습니다."(12,7) "'너는 내 은총을 넉넉히 받았다. 나의 힘은 약한 데에서 완전히 드러난다' 하고 말씀하셨습니다… 그렇기 때문에 나는 그리스도의 힘이 나에게 머무를 수 있도록 더없이 기쁘게 나의 약점을 자랑하렵니다. 나는 그리스도를 위해서라면 약함도 모욕도 재난도 박해도 역경도 달갑게 여깁니다. 내가 약할 때에 오히려 강하기 때문입니다."(12,9–19).
12,14–13,13	방문계획과 마지막 권고	"사실 그리스도께서는 약한 모습으로 십자가에 못박히셨지만, 이제는 하느님의 힘으로 살아계십니다. 우리도 그리스도 안에서 약하지만, 여러분을 대할 때에는 하느님의 힘으로 그리스도와 함께 살아있을 것입니다."(13,4)

바이블테라피 36 회심

"회개하여라! 하늘나라가 다가왔다"(마태 3,1-2)

구약성서를 읽어오면서 등장한 많은 인물들을 돌아보자. 아담과 하와, 카인과 아벨, 노아의 자녀 셈과 함과 야펫, 아브라함, 이사악과 이스마엘, 야곱과 에사오, 요셉과 그의 형제들, 사울과 다윗, 솔로몬과 바쎄바, 예로보암과 르호보암, 아하즈와 므나쎄, 등등 그들의 불신과 죄악, 죄의 본질과 형상들을 바라보자. 그들의 우상과 교만, 이기심과 자애심…

이제 예수의 이름을 부르자! 고요하고 부드럽게 호흡을 맞추어 되풀이하라. "주 예수 그리스도님 자비를 베푸소서!" 몸으로 지은 죄를 용서받기 위해 마음을 다하여 기도하자. 내 안의 잘못된 동기들과 삶의 방향들, 편견과 아집, 독선과 오만, 하느님의 뜻 보다는 나의 뜻이 이루어지기를 바라는 마음을 내려놓자. 내 안에 있는 성령의 능력이 예수를 통해서 하느님 아버지께 자비와 겸허한 회개의 은혜를 청할 때까지 호흡을 맞추어 계속 예수의 이름을 부르라!

"주 예수 그리스도님 자비를 베푸소서!"

바오로의 사명 수행은 줄곧 유다교에 집착하는 이들의 반대에 부닥친다. 사도행전의 저자 루카는 이들의 주장을 다음과 같이 요약한다: "모세의 관습에 따라 할례를 받지 않으면 여러분은 구원을 받을 수 없습니다"(사도 15,1). 그리스도교를 유다교의 틀 속에 집어 넣으려는 이 유다계 신자들은, 다른 민족과 다른 종교 출신의 그리스도인들에게까지 모세 율법의 굴레를 씌우려고 한다. 사도행전을 이용하여, 갈라티아서가 말하는 역사적 사건들을 더 자세히 알 수 있고 또 갈라티아 지방에서 일어난 위기도 자리 매김할 수 있다.

구체적으로는, 바오로가 누구에게 서간을 써 보냈으며 언제 보냈는가, 또 사도가 갈라티아 교회의 어떠한 잘못을 문제삼았으며, 그 잘못을 퍼뜨린 적대자들은 누구인가 등이 주요 문제로 부각된다. 갈라티아의 신자들에게 잘못된 가르침을 퍼뜨려 위기를 초래한 자들은 누구인가? 한 가지는 분명한 것 같다. 소요를 일으켜 바오로 사도에게 단죄받는 이 사람들은, 이교에서 개종한 신자들에게 모세 율법의 준수(3,2-3; 4,21; 5,4), 특히 할례의 의무를 부과하려고 했다는 것이다(2,3-4; 5,2; 6,12). 사도행전에서 자주 언급되는 바와 같이, 이들은 유다교를 고집하는 유다계 그리스도인일 수 있다. 바오로는 갈라티아 신자들이 다른 설교가들을 선호할 경우에 그것이 자기에게 잘못을 저지르는 일이 된다고 불평하지 않는다(4,12). 중요한 것은 유일한 복음의 진리이다. 또 이 복음이 선포하는 자유, 하느님의 자녀들이 누리는 새 삶의 특징을 이루는 이 자유의 원천인 그리스도의 십자가가 관건이다.

복음은 새 세상을 건설하는 구원의 선포이다. 모든 이에게 조건 없이 베풀어지는 구원, 곧 보편적이고 무상적인 구원의 선포이다. 유다교에 집착하는 자들은 계속 옛 세상에 살면서 갈라티아 신자들을 그 곳으로 끌어들이려고 한다. 그들은 구약성서를 가장 중요한 것으로 내세우는 바람에 복음을 무너뜨리고 만다. 바오로는 그와 반대로, 그리스도께서 구약성서의 약속들을 실현시키실 때에만 구약성서가 비로소 그 참뜻을 얻게 된다는 사실을 보여 준다.

1. 개요

바오로가 갈라티아인들에게 보낸 편지이다. 1세기경 갈라티아는 로마제국의 한 주였으며 지금의 터키에 해당하는 지역으로 여러 민족이 모여 있었던 곳이다. 바오로는 2차 전도 여행시 갈라티아에 교회를 세웠다. 그러나 갈라티아 그리스도교 공동체가 복음을 받아들이는데 있어 유다계와 이방계 그리스도인 사이에 적지 않은 갈등과 분열이 야기되었다. 이러한 시대상을 배경으로 갈라티아서는 초대교회가 부딪혀야 했던 문제를 생생하게 전해주고 있다. 특히 유다교와 그리스도교의 관계, 모세 율법과 그리스도교 신앙의 관계를 분명하게 규명해준 책이라 할 수 있다.

2. 저자 및 집필시기

저자는 바오로다. 그는 54년경 제3차 전도 여행 중 에페소에서 갈라티아서를 집필하였다.

3. 집필동기

갈라티아 교회를 혼란에 빠뜨린 이단으로부터 신도들을 보호하려는 의도에서 이 책을 썼다. 바오로는 할례와 모세의 율법 준수를 강요하며 자신의 사도직을 부정하여 사도적 권위와 가르침을 위태롭게 만드는 유다계 그리스도인에 맞서 복음의 진리를 바로 세우고자 하였다. 이로써 유다계와 이방계 그리스도인의 분열을 막고 갈라티아 교회의 신도들을 참된 하느님의 자녀로 살아가도록 이끌고자 했다.

4. 주요내용

모두 6장으로 반대자들에게 대한 반론을 통해 바오로 자신의 사도직을 변호하고 예수 그리스도를 통한 올바른 신앙과 복음의 진리를 전하고 있다.

(1) **바오로의 사도직(1~2장) :** 바오로는 갈라티아 교회에서 자신의 사도직을 부인하며 이단을 전하는 일부 유다계 그리스도인들에 대항하여 사도직을 변호하고 복음의 진리를 바로 세우고자 하였다. 바오로는 그가 전하는 복음이 예수 그리스도의 계시로부터 비롯된 것임을 말하고 자신은 하느님의 부르심을 받아 사도가 된 경위를 밝힌다. 또한 베드로가 유다인의 사도라면 자신은 이방인의 사도라는 것을 다른 사도들이 인정하였음을 역설한다. 그리고 유다인이 두려워서 이방인 앞에서 거짓 행동을 한 베드로를 나무라면서 인간은 율법을 지킴으로써가 아니라 예수 그리스도께 대한 신앙으로 구원됨을 일깨운다.

(2) **믿음으로 하느님의 자녀가 됨(3~4장) :** 바오로는 그릇된 복음에 현혹된 갈라티아 교회의 신도들을 꾸짖으면서 그리스도인은 믿음으로 하느님의 자녀가 되었음을 강조한다. 율법의 속박에서 해방된 모든 그리스도인은 예수 그리스도 안에서 하나이며 하느님의 아들로 하느님을 "아빠, 아버지"라 부르는 하느님의 자녀답게 살아갈 것을 촉구하고 있다.

(3) **성령 안에서 그리스도인의 자유(5~6장) :** 율법의 굴레에서 해방된 그리스도인은 하느님의 자녀로서 성령을 받아 자유로워졌음을 이야기한다. 모든 그리스도인은 자유를 위하여 부르심을 받았으므로 성령께서 이끄시는 대로 살도록 권고하면서 그리스도 예수를 믿는 사람에게는 할례나 비할례가 중요한 것이 아니라 오직 사랑으로 행동하는 신앙이 중요함을 일깨운다. 특히 성령의 열매와 육정의 열매를 제시하면서 성령의 지도에 따라 자유인답게 모든 신도들이 형제적 사랑을 실천하도록 촉구하고 있다

36

갈라티아 SCHEMA

날짜	성서 구절	주요 내용	
첫 째 날	1	• 갈라티아 신자들에게 인사말/ • 바오로가 사도로 부르심을 받은 경위	
둘 째 날	2	• 바오로가 베드로를 나무람/ • 믿음으로 얻는 구원	
셋 째 날	3	• 율법과 성령/율법과 믿음/율법과 약속	

날짜	성서 구절	주요 내용
넷 째 날	4	• 종살이에서 자유로/하가르(시나이 산)와 사라 : 옛 계약과 새 계약
다 째 섯 날	5	• 그리스도인의 자유/육과 성령
여 째 섯 날	6	• 그리스도의 법/마지막 권고와 축복

18. 갈라티아서의 구조와 내용

구분	주제	내용
1,1– 2,21	바오로의 선교와 사도적 권위	**바오로는 예수님의 직접계시로 말미암아 그 사도직을 받았다.** "내가 지금 사람들의 지지를 얻으려고 하는 것입니까? 하느님의 지지를 얻으려고 하는 것입니까? 아니면, 사람들의 비위를 맞추려고 하는 것입니까? 내가 아직도 사람들의 비위를 맞추려고 하는 것이라면, 나는 더 이상 그리스도의 종이 아닐 것입니다."(1,10) **바오로의 사도직(1,11–2,10)** 1,11–24: 바오로는 부활하신 그리스도에게서 이민족들에게 복음을 선포하라는 사명을 받는다. 그가 은총으로 선택과 부르심을 받은 것은 바로 이 사명 때문이다. 2,1–10: 구원은 모든 사람에게 조건 없이 베풀어진다. 그러므로 이민족들은 할례의 의무를 지지 않는다. 이는 베드로와 예루살렘 교회도 공식적으로 인정한 복음의 진리이다. **바오로의 복음(2,11–21):** 그럼에도 베드로는 갈라티아 교우들이 당하는 것처럼, 유다교를 고집하는 자들의 압력에 못 이겨 복음의 진리와, 그 진리가 요구하는 선택에 충실하지 못한다. 바오로는 이 진리를 고수하고 또 '믿음과 율법'이라는 한 쌍의 대립 명제로 그 근본적인 선택을 명확히 한다. 이 선택은 십자가에 못박히신 그리스도, 곧 우리 개개인을 위하여 당신의 목숨을 내놓으신 그리스도 때문에 이루어진다. 율법을 준수하는 행위로 하느님 앞에서 자신을 의롭게 할 수 있다는 쪽을 선택한 사람들은, 그리스도의 죽음을 쓸모없는 것으로 만들어 버린다. 반면에, 그리스도에 의해 의롭게 됨을 받아들이고 자신을 스스로 구원할 수 있다는 자만심을 온전히 포기한 이들은, 그리스도의 죽음이 자기들에게서 구원의 풍성한 열매를 맺었음을 드러낸다. 그들은 하느님의 아드님이신 예수 그리스도의 사랑 가득한 생명에 힘입어 살아가는 것이다. "나는 하느님을 위하여 살려고, 율법과 관련해서는 이미 율법으로 말미암아 죽었습니다. 나는 그리스도와 함께 십자가에 못박혔습니다. 이제는 내가 사는 것이 아니라 그리스도께서 내 안에 사시는 것입니다."(2,19–20)
3,1– 4,31	율법과 믿음	**구원 역사에서 드러나는 믿음과 율법(3,6–4,7)** 3,6–14: 하느님의 구원 계획 안에서는, 믿음의 사람 아브라함에게 주어진 약속이 그리스도께 해당되고, 그분을 통하여 어떠한 차별도 없이 모든 믿는 사람들에게도 해당된다. 이렇게 약속된 구원은 성령이 사람들에게 주어짐으로써 실현된다. 3,15–29: 율법은 성령이 주어지기 위한 조건으로 이스라엘들에게 제시되지 않았다. 그것은 죄인들에게 부과된 것이다. 그들이 종처럼 죄에 매여 있음을 드러내고 구원은 그리스도에 대한 믿음에 있다는 사실을 보여 주고자 그리되었다. 예수 그리스도를 통하여, 그리고 그분 안에서 그들은 해방되고 다시 하나가 된다. 하느님의 자녀가 될 것이기 때문이다. 4,1–7: 구원의 역사는 사람들이 세상의 종살이에서 하느님의 자녀들이 누리는 자유로 성령을 통하여 건너가게 해 주신 예수 그리스도 안에서 완성된다. 종살이로 되돌아가지 말라는 권고(4,8–4,31) 4,8–20: 자기 "자녀"들에 대한 바오로의 불안. 복음이 그들을 해방시켰는데 이제 그들을 다시 종살이로 되돌아가게 하려는 시도가 자행되는 것이다. 4,21–31: 자유로워지려면 아브라함의 자손이 되어야 한다. 그러나 육이 아니라 성령에 따라 그리되어야 한다.

구분	주제	내용
5,1– 6,10	그리스도 예수 안에서의 자유 :성령께서 주시는 열매	5,1-12: 갈라티아 신자들은 그리스도께서 자기들에게 무상으로 베푸시는 은총에, 또 믿고 사랑하고 바랄 수 있게 해 주시는 성령에게 마음을 열고 자유롭게 살아가야 한다. 5,13-26: 육과 성령의 근본적 대립 6,1-10: 성령께서는 신자들을 그리스도의 법에 충실하게 해 주시어 심판에서 해방시켜 주신다.
6,11–18	마지막 권고와 축복	바오로는 다시 한 번 갈라티아 신자들을 그리스도의 십자가 앞에 내세운다. 이 십자가야말로 머리말에서 언급된 대로(1,4) 악한 옛 세상을 끝맺는다. 십자가에 달리신 그리스도께서 이루신 구원으로 새로운 창조가 시작된다. 믿음으로만 동참할 수 있는 이 새 창조에서, 인간은 성령에 따라 살아가기 때문에 율법에서 해방된다.[201] 💟 194) 갈라티아서는 모든 시대의 그리스도인들에게, 그리고 교회 자신에게 질문을 던진다. 그리스도인들이 과연 진정한 신앙인인가. 믿음으로 모든 공포에서 해방된 사람들인가, 교회가 옛날 갈라티아의 신자들이 처해 있던 상황을 아직도 극복하지 못한 것은 아닌가 하는 질문들이다. 물론 그리스도교 안에는 더 이상 유다교를 고집하는 사람들이 없다. 그리고 이제 그리스도인들에게는 갈라티아의 신자들을 위협하던 것과 같은 교리상의 위험도 그렇게 크지 않다. 그러나 교회의 제반 제도가, 갈라티아서가 역설하는 것과는 반대쪽으로 신자들을 이끌어 가지는 않는지 반성해야 할 것이다. 그리스도인들 역시, 자기들의 구원은 틀림이 없다는 잘못된 확신, 그리스도의 율법을 하느님과 문제없이 지내려는 방편으로 전락시키고서는 그것을 다 준수하고 있다는 그릇된 자부심에 빠질 수 있다. 그리고 갖가지 제도에 둘러싸인 교회는 자칫 신자들에게 그러한 오류를 조장할 수도 있다. 오순절에 성령에 의하여 시작된 교회는 인간의 행위나 업적이라든가, '육적' 곧 인간적 구조나 체제에 힘입어 완전함에 도달할 수 있다고 자부할 수가 없다. 만일 그렇게 한다면, 사람들에게 믿음과 하느님의 자녀로서의 자유를 가르치는 대신에 그들을 다시 종살이로 몰고 갈 수가 있는 것이다. 갈라티아서는 이렇게 교회로 하여금 그 제도가 과연 무엇을 지향하는지 반성하게 한다. 곧 유일한 복음을 바탕으로 일치를 이루는 공동체, 성령과 함께 모든 사람에게 문을 활짝 열고 그들을 위하여 봉사하는 공동체, 그리고 보편적인 형제자매들의 공동체를 이루는 것을 목적으로 하느냐 하는 것을 되돌아보게 한다. 이는 비단 과거만이 아니라, 오늘날에도 그리고 앞으로도 늘 현실적으로 제기되는 질문이다. 그리고 끊임없이 재발견되는 복음의 힘에 따라 늘 새롭게 혁신하라는 부르심이기도 하다.

바이블테라피 Bible Therapy **37** 악한생각

"참으로 사람을 더럽히는 것은 사람에게서 나오는 것들인데 음행, 도둑질, 살인, 간음, 탐욕, 악의, 사기, 방탕, 시기, 중상, 교만, 어리석음 같은 여러 가지 악한 생각들이다." (마르코 7,20-23)

01 침묵

성서는 계시의 원천이라고 우리는 교회의 가르침을 통해 잘 알고 있다. 그런데 침묵은 또 다른 위대한 하느님의 계시를 알아차리는 길이다. 그리하여 사막의 교부들과 은수자들은 침묵을 통하여 하느님께 오르는 계단을 발견하기도 하였다. 침묵은 단순히 입에 재갈을 물리는 것 만이 아님을 명심해야 한다. 이는 외적인 침묵과 함께 내적인 고요(침묵)를 수반해야 참된 내면의 고요로 나아갈 수 있는 것이다.

1) 10분간 조용히 침묵한다.

- 마음과 정신이 온전히 조용해지도록!
- 조용히 눈을 감는다. 엄지손가락으로 귀를 막고, 나머지 손가락으로 눈을 덮는다!

2) 10분이 지나면 눈을 뜬다.

- 원하는 사람은 자기가 무엇을 했고 무엇을 체험했는지 이야기 한다.
- 마음을 고요히 가라앉히기 위하여 자신이 어떠한 방법을 시도했는지 설명해준다.
- 침묵 속에서 체험한 것은 무엇인가?

3) 다시 눈을 감고 마음이 방황하고 있다는 사실을 알아차리라!

- 고요, 침묵은 여러분에게 여러분 자신을 알려 줄 것이다.
- 어디에서 내적 혼돈이 시작되는지, 생명의 지속에 대한 불안, 불완전한 의탁 등.
- 찾는 것이 아니라 바라보는 것이다. 그러한 나 자신을 바라보는데 주의하라!
- 계시는 지식이 아니다. 여러분은 의식하기 시작했고 알아차리기 시작하였다.

성부께서 한 말씀을 하셨다. 그것이 바로 성자였다. 어느 때고 성부는 영원한 침묵으로 이 말씀을 하신다
– 십자가의 성요한

에페소는 로마제국의 아시아 지방의 수도였으며, 상업과 종교의 중심지였으며 동방 무역이 지나가는 큰 항구도시였다. 그곳은 여신 아르테미스를 섬기는 중심적인 곳이었으며 그 여신의 유명한 신전이 있었던 곳이다. 또한 바오로가 맹수와 싸웠던 경기장이 있었다(1 코린토 15,32). 바오로는 1차 선교여행때 에페소 교회를 세웠고, 2차 선교 여행중에는 머물렀고(사도 18,19-21), 3차 여행때는 약 3년간 머물렀다. 에페소서는 전통적으로 필립비서, 콜로새서서, 필레몬서와 함께 '옥중 서간'이라고 불린다.

교회는 하느님의 구원 행위 곧 새로운 창조가 실제로 이루어지는 곳이다. 이러한 교회의 "머리"가 바로 예수 그리스도이시다. 교회는 이 "머리"에서 시작하여, 하느님께서 예정하신 대로 우주적 차원으로까지 팽창해 나아간다. 서간의 필자는 바로 이러한 전망으로 신자들을 이끌어 간다. 그는 교회의 이러한 역동성을 '몸의 성장'과 '하느님 집의 건설'이라는 두 가지 표상을 교차시켜 가면서 표현해 낸다. 교회는 이스라엘인들과 이민족들로 이루어진 한 공동체이다. 세례로 이 "몸"의 지체가 된 그리스도인들은 하느님을 찬미하면서, 그리고 진리를 깨닫고 그것에 순종하면서 하느님의 새로운 창조에 동참하게 된다. 그들도 새롭게 창조되는 것이다.

에페소서는 크게 두 부분으로 나누어 살펴볼 수 있다.

1. 첫째 부분(1-3장)에서는 전례와 교리교육에서 쓰이는 특징적인 문체를 사용하여, 하느님의 구원 행위가 지향하는 귀결점이 바로 교회임을 드러낸다
2. 둘째 부분(4-6장)은 세례를 받은 신자들에 대한 권고라고 제목을 붙일 수 있다.

1. 개요

에페소서는 그리스도 안에서의 일치를 강조하고 있다. 특히 그리스도의 '교회의 신비'를 파악하는데 있어 중요한 서간으로 그리스도를 머리로 하는 신비체인 교회를 통해 전 인류에게 미치고 있는 구원, 곧 그리스도와 인류를 연결시켜 주는 매개체로서의 교회를 새로운 각도에서 제시하고 있다. 옥중에서 쓴 편지이기에 필리피서, 콜로새서, 필레몬서와 함께 옥중서간이라 불리운다.

2. 저자 및 집필시기

저자 및 집필연대에 관해서 여러 학설이 대립된다. 바오로 순교 이후 80~100년경 그의 제자 중 한사람이 그의 정신에 따라 그의 이름을 빌어 집필된 것으로 추정된다.

3. 집필동기

교회에 닥친 위기를 극복하고자 이 편지를 썼다. 에페소는 로마제국 지배하에 있는 소아시아 지방의 큰 항구도시이며 수도였다. 바오로는 제1차 전도여행 때 이곳에 교회를 세웠으며 3차 전도여행 중에는 3년간 머물면서 선교활동의 중심지로 삼았던 곳이다. 당시 에페소는 로마제국의 세계 시민사상이라는 정책 아래 많은 물자와 문화의 교류가 있었고 이에 따라 개인주의와 종교 혼합주의 및 비역사적인 사상이 만연하였다. 이에 교회는 심한 위기감을 느끼면서, 그리스도인의 역할을 상기시키고 모든 교회가 그리스도 안에서 일치하여 위기를 극복하도록 촉구하였다.

4. 주요내용

모두 6장으로 그리스도를 통하여 이루어진 구원, 교회의 역할, 그리스도인의 새로운 생활 등에 대해서 이야기하고 있다.

(1) 구원의 신비와 교회(1,1~3,21) : 그리스도로 말미암아 누릴 수 있는 성도들의 영적 특권과 이 것을 성취하기 위한 바오로의 사명에 관하여 기록하고 있다. 예수 그리스도야 말로 교회의 근원이요 중심이며 하느님은 그리스도를 통하여 영원한 구원계획의 신비를 드러내셨다. 그리스도의 십자가로 유다인과 이방인들은 화해하고 하나로 일치되었음을 말하고, 교회는 바로 예수 그리스도를 머리로 하는 몸이요 지체로서 하느님의 성전임을 선포하고 있다. 따라서 바오로는 교회를 통해 하느님의 위대한 구원경륜을 모든 이에게 전하면서 모든 사람들이 하느님의 사랑의 신비를 깨닫고 그리하여 하느님의 계획이 완성될 수 있기를 기도한다.

(2) 그리스도인의 생활(4,1~6,24) : 그리스도인은 부르심을 받은 하느님의 자녀답게 생활해야 함을 일깨우고 있다. 희망도 주님도 믿음도 세례도 하나이며, 아버지 하느님도 한 분임을 강조하면서 이전의 어두움의 생활을 버리고 그리스도인의 미덕인 사랑을 실천하며 살아가도록 권하고 있다. 또한 악의 세력에 대항할 수 있도록 하느님의 무기로 완전무장하고 성령의 도우심으로 늘 깨어 기도할 것을 이야기하고 있다. 그리고 복음을 전할 사명을 띤 자신을 위하여 담대하게 복음의 진리를 전할 수 있도록 기도해 줄 것을 당부하고 있다.

37 에페소서 SCHEMA

날짜	성서 구절	주요 내용	
첫 째 날	1	• 에페소의 신자들에게 인사말 • 그리스도를 통하여 베풀어진 여러 은총 • 바오로의 신자들을 위한 기도	 에페소 1 바오로의 인사와 기도
둘 째 날	2	• 죽음에서 생명으로(하느님의 선물) • 모든 민족들이 그리스도 안에서 하나가 됨	 에페소 2 그리스도 안에서 하나
셋 째 날	3	• 이민족들을 위한 바오로의 사도직 • 교회를 위한 기도	 에페소 3 교회를 위한 기도

날짜	성서 구절	주요 내용
넷 째 날	4	• 그리스도의 몸인 교회의 일치 • 영과 마음이 새로워진 새 생활의 규범 에페소 4 교회는 그리스도의 몸
다 째 섯 날	5	• 빛의 자녀답게 살아가라 • 아내와 남편의 자세 에페소 5 빛의 자녀의 삶
여 째 섯 날	6	• 자녀와 부모–종과 주인의 자세 • 영적 투쟁을 위한 굳셈 • 끝 인사 에페소 6 영적투쟁

19. 에페소서의 구성과 내용

구분	주 제	내 용
1,1– 1,14	하느님의 계획과 그리스도	먼저 인사에 이어(1,1–2), 특별히 유다교 전례에서 쓰이던 문학 유형으로 하느님의 가없는 은총을 노래하는 찬양이 펼쳐진다(1,3–14) "그것은 때가차면 하늘과 땅에 있는 만물을 그리스도 안에서 그분을 머리로 하여 한데 모으는 계획입니다."(1,10)
1,15–2,22	그리스도는 교회의 머리, 몸	깨달음을 주시기를 비는 기도에, 우주의 으뜸이시며 교회의 머리이신 그리스도를 기리는 찬미가 이어진다(1,15–23). 2장에서는 그리스도에게서 이루어진 대전환을 노래한다. 이 대전환 덕분에 죽은 것이나 마찬가지였던 이들이 되살아나고(2,1–10), 분열되고 소외되었던 이들이 다시 하느님과 화해하게 된다(2,11–22). 은총에 의한 구원이 각 사람에게까지 미치게 되어, 그 결과로 모든 인간이 그리스도 안에서 일치를 이룬다. 이렇게 이스라엘인들과 이민족들을 가르는 장벽이 사라져 둘이 화해하게 되었는데, 이는 온 우주의 화해를 선포하는 것이기도 하다. 이러한 화해를 개시하는 것이 바로 사도이다. "여러분도 전에는 잘못과 죄를 저질러 죽었던 사람입니다. 그안에서 여러분은 한 때 이 세상의 풍조에 따라, 공중을 다스리는 지배자, 곧 지금도 순종하지 않는 자들 안에서 작용하는 영을 따라 살았습니다. 우리도 다 한때 그들 가운데에서 우리 육의 욕망에 이끌려 살면서, 육과 감각이 원하는 것을 따랐습니다." (2,1–3) "그리스도는 우리의 평화이십니다… 둘을 가르는 장벽인 적개심을 허무셨습니다. 또 그 모든 계명과 조문과 함께 율법을 폐지하셨습니다. 그렇게 하여 당신 안에서 두 인간을 하나의 새 인간으로 창조하시어 평화를 이룩하시고, 십자가를 통하여 양쪽을 한 몸안에서 하느님과 화해시키시어 그 적개심을 당신 안에서 없애셨습니다. 여러분은 사도들과 예언자들의 기초 위에 세워진 건물이고 그리스도 예수님께서는 바로 모퉁잇돌이십니다. 그리스도 안에서 전체가 잘 결합된 이 건물이 주님 안에서 거룩한 성전으로 자라납니다. 여러분도 그리스도 안에서 성령을 통하여 하느님의 거처로 함께 지어지고 있습니다." (2,14–16.20–21)
3,1– 3,21	진리의 계시자인 그리스도	3장은 바오로 사도가 하느님의 구원 계획에서 차지하는 위상을 밝힌다(3,1–13). 이 첫째 부분은 그리스도의 무한한 사랑을 노래하는 찬미 기도와(3,14–19) 하느님을 기리는 영광송으로 끝을 맺는다(3,20–21). "아버지께서 당신의 풍성한 영광에 따라 성령을 통하여 여러분의 내적 인간이 당신 힘으로 굳세어지게 하시고, 여러분의 믿음을 통하여 그리스도께서 여러분의 마음 안에 사시게 하시며, 여러분이 사랑에 뿌리를 내리고 그것을 기초로 삼게 하시기를 빕니다."(3,16–17).
4,1– 16	그리스도 안에서 일치	사도는 일치 속에 살아갈 것을 공동체에 권유한다. 그는 신도들에게 이렇게 권유하려고 직무 수행자들의 활동으로 이루어지는 그리스도의 몸의 성장에 관하여 길게 이야기한다(4,1–16). "겸손과 온유를 다하고, 인내심을 가지고 사랑으로 서로 참아주며, 성령께서 평화의 끈으로 이루어주신 일치를 보존하도록 애쓰십시오. 하느님께서 여러분을 부르실 때에 하나의 희망을 주신 것처럼, 그리스도의 몸도 하나이고 성령도 한 분이십니다. 주님도 한 분이시고 믿음도 하나이며 세례도 하나이고 만물의 아버지이신 하느님도 한 분이십니다. 그분은 만물위에, 만물을 통하여, 만물 안에 계십니다…

		그분께서 어떤 이들은 사도로, 어떤 이들은 예언자로, 어떤 이들은 복음선포자로, 어떤 이들은 목자나 교사로 세워주셨습니다…그러면 우리는 더 이상 어린아이가 아닐 것입니다. 어린 아이들은 사람들의 속임수나 간교한 계략에서 나온 가르침의 온갖 풍랑에 흔들리고 이리저리 밀려 다닙니다. 우리는 사랑으로 진리를 말하고 모든 면에서 자라나 그분에게까지 이르러야 합니다. 그분은 머리이신 그리스도이십니다." (4,2-15)
4,17-5,20	 그리스도 안에서의 새생활	초대 교회에서 이행한 교리교육의 전통적 주제들을 되풀이하는 것으로 이루어진다. 곧 옛 생활 방식을 버리고 새 생활 방식에 따라 살아가라는 것이다. 그러려면 그리스도를 옷처럼 입어야 하고(4,17-31) 하느님을 본받아야 하며(4,32-5,2) 어둠을 벗어나 빛 속으로 들어가야 한다(5,3-20). "잠자는 사람아 깨어나라. 죽은 이들 가운데에서 일어나라. 그리스도께서 너를 비추어 주시리라… 시간을 잘 쓰십시오. 지금은 악한 때입니다. 그러니 어리석은 자가 되지 말고, 주님의 뜻이 무엇인지 깨달으십시오. 술에 취하지 마십시오. 거기에서 방탕이 나옵니다. 오히려 성령으로 충만해지십시오."(5,14-18)
5,21-6,24		그리스도 안에서 새롭게 정립된 가정 내의 인간 관계, 곧 아내와 남편, 자녀와 부모, 종과 주인의 관계를 펼쳐 보인다(5,21-6,9). 거기에는 그리스도와 그분의 교회가 부부와 같은 관계를 이룬다는 설명이 포함된다(5,25-32). 끝으로 악의 세력들과 전투를 벌이기 위해서 그리스도적 무장을 갖추라는 권고가 나온다(6,10-17). "악마의 간계에 맞설 수 있도록 하느님의 무기로 완전히 무장하십시오. 우리의 전투 상대는 인간이 아니라, 권세와 권력들과 이 어두운 세계의 지배자들과 하늘에 있는 악령들입니다. 그러므로 악한 날에 그들에 대항 할 수 있도록… 진리로 허리에 띠를 두르고 의로움의 갑옷을 입고 굳건히 서십시오. 발에는 평화의 복음을 위한 준비의 신을 신으십시오. 무엇보다도 믿음의 방패를 잡으십시오. 여러분은 악한 자가 쏘는 불 화살을 그 방패로 막아서 끌 수 있을 것입니다. 그리고 구원의 투구를 받아쓰고 성령의 칼을 받아 쥐십시오. 성령의 칼은 하느님의 말씀입니다."(6,14-17). 기도하라는 권유와(6,18-20) 짧은 소식에 이어서(6,21-22) 마지막 인사말로 끝을 맺는다(6,23-24).

16. 에페소서와 콜로새서 비교

에페소서가 다른 서간과 비슷하다는 사실에서 문제가 일어난다. 에페소서에서 역사적 자료의 모습을 지닌 모든 사항이 콜로새서에도 거의 그대로 나온다는 것이다. 그리고 이 두 서간의 관계는, 에페소서가 콜로새서를 이용한다는 사실로 정리된다(에페 6,21-22). 게다가 이 서간에 따르면, 사도는 자기가 서간을 써 보내는 신자들을 개인적으로 알지 못한다(1,15). 그래서 이 서간의 수신 공동체는 에페소의 교회가 될 수 없다. 바오로가 그 곳에 비교적 오랜 기간 머물렀기 때문이다. 에페소서와 콜로새서는 역사적 배경만이 아니라 문제도 비슷하다.

에페소서와 콜로새서에는 내용이 비슷하거나 표현까지 거의 같은 구절이 많은데, 그 가운데에서 다음의 것들이 특별히 돋보인다.

	에페소서	콜로새서	
1,6-7	사랑하시는 아드님 안에서 우리에게 베푸신 그 은총의 영광을 찬양하게 하셨습니다. 우리는 그리스도 안에서 그리스도의 피를 통하여 속량을, 곧 죄의 용서를 받았습니다.	아버지께서는 우리를 어둠의 권세에서 구해 내시어 당신께서 사랑하시는 아드님의 나라로 옮겨주셨습니다. 이 아드님 안에서 우리는 속량을, 곧 죄의 용서를 받습니다.	1,13-14
1,13	여러분도 그리스도 안에서 진리의 말씀, 곧 여러분을 위한 구원의 복음을 듣고 그리스도 안에서 믿게 되었을 때, 약속된 성령의 인장을 받았습니다.	그 믿음과 사랑은 여러분을 위하여 하늘에 마련되어 있는 것에 대한 희망에 근거합니다.	1,5
1,15	그래서 나도 주 예수님에 대한 여러분의 믿음과 모든 성도를 향한 여러분의 사랑을 전해듣고…	그래서 우리도 그 소식을 들은 날부터 여러분을 위하여 끊임없이 기도하며 간청하고 있습니다. 곧 여러분이 모든 영적 지혜와 깨달음 덕분에 하느님의 뜻을 아는 지식으로 충만해져…	1,9
1,15-16	기도 중에 여러분을 기억하며 여러분 때문에 끊임없이 감사를 드립니다.	우리는 여러분을 위하여 기도할 때면 늘 우리 주 예수 그리스도의 아버지 하느님께 감사를 드립니다. 그리스도 예수님에 대한 여러분의 믿음과 모든 성도들을 향한 여러분의 사랑을 우리가 전해들었기 때문입니다.	1,3-4
2,1.5	여러분도 전에는 잘못과 죄를 저질러 죽었던 사람입니다… 잘못을 저질러 죽었던 우리를 그리스도와 함께 살리셨습니다.	여러분은 잘못을 저지르고 육의 할례를 받지 않아 죽었지만, 하느님께서는 여러분을 그분과 함께 다시 살리셨습니다. 그분께서는 우리의 모든 잘못을 용서해 주셨습니다.	2,13
2,2-3	그 안에서 여러분은 한 때 이 세상의 풍조에 따라, 공중을 다스리는 지배자, 곧 지금도 순종하지 않는 자들 안에서 작용하는 영을 따라 살았습니다. 우리도 한 때 그들 가운데에서 우리 육의 욕망에 이끌려 살면서, 육과 감각이 원하는 것을 따랐습니다.	여러분도 전에 이러한 것들에 빠져 지낼 때에는 그렇게 살아갔습니다. 그러나 이제는 분노, 격분, 악의, 중상, 또 여러분의 입에서 나오는 수치스러운 말 따위는 모두 버리십시오.	3,7-8
3,1-13	이민족들을 위한 바오로의 사도직: 우리는 그리스도 안에서 그분에 대한 믿음으로, 확신을 가지고 하느님께 담대히 나아갈 수 있습니다. 그러므로 내가 여러분을 위하여 겪는 환난 때문에 낙심하는 일이 없기를 바랍니다. 이 환난이 여러분에게 영광이 됩니다.	교회를 위한 바오로의 사도직: 이제 나는 여러분을 위하여 고난을 겪으며 기뻐합니다 (…) 그리스도는 영광의 희망이십니다. 우리는 이 그리스도를 선포합니다(…) 나는 내 안에서 힘차게 작용하는 그리스도의 기운을 받아 열심히 노력하고 있습니다.	1,24-29
4,15-16	우리는 사랑으로 진리를 말하고 모든 면에서 자라나 그분에게까지 이르러야 합니다. 그분은 머리이신 그리스도이십니다. 그분 덕분에, 영양을 공급하는 각각의 관절로 온 몸이 잘 결합되고 연결됩니다.	온 몸은 이 머리로부터 관절과 인대를 통하여 영양을 공급받고 잘 연결되어, 하느님께서 원하시는 대로 자라는 것입니다.	2,19

	에페소서	콜로새서	
4,22-24	곧 지난 날의 생활방식에 젖어 사람을 속이는 욕망으로 멸망해 가는 옛 인간을 벗어버리고, 여러분의 영광 마음이 새로워져, 진리의 의로움과 거룩함 속에서 하느님의 모습에 따라 창조된 새 인간을 입어야 한다는 것입니다.	서로 거짓말을 하지 마십시오. 여러분은 옛 인간을 그 행실과 함께 벗어 버리고, 새 인간을 입은 사람입니다. 새 인간은 자기를 창조하신 분의 모상에 따라 끊임없이 새로와지면서 참 지식에 이르게 됩니다.	3,9-10
5,6	여러분은 어느 누구의 허황한 말에도 속아넘어가지 마십시오. 그러한 것 때문에 하느님의 진노가 순종하지 않는 사람들에게 내립니다.	이것들 때문에 하느님의 진노가 순종하지 않는 자들에게 내립니다.	3,6
5,19-20	시편과 찬미가와 영가로 서로 화답하고, 마음으로 주님께 노래하며 그분을 찬양하십시오. 그러면서 모든 일에 언제나 우리 주 예수 그리스도의 이름으로 하느님 아버지께 감사드리십시오.	그리스도의 말씀이 여러분 가운데 풍성히 머무르게 하십시오. 지혜를 다하여 서로 가르치고 타이르십시오. 감사하는 마음으로 하느님께 시편과 찬미가와 영가를 불러드리십시오. 말이든 행동이든 무엇이나 주 예수님의 이름으로 하면서, 그분을 통하여 하느님 아버지께 감사드리십시오.	3,16-17
5,21-6,9	아내와 남편: 아내 에게 남편에게 순종하라 명하고 남편에게는 그리스도께서 하신 것처럼 아내를 사랑하라고 명하신다.	그리스도인의 가정: 아내, 자녀, 종에게 순종하라 권고한다.	3,18-4,1
6,18-20	여러분은 늘 성령 안에서 온갖 기도와 간구를 올려 간청하십시오. 그렇게 할 수 있도록 인내를 다하고 모든 성도들을 위하여 간구하며 깨어 있으십시오. 그리고 내가 입을 열면 말씀이 주어져 복음의 신비를 담대히 알릴 수 있도록 나를 위해서도 간구해 주십시오. 이 복음을 전하는 사절인 내가 비록 사슬에 매여 있어도, 말을 해야 할 때에 이 복음에 힘입어 담대해 질 수 있도록 말입니다.	기도에 전념하십시오. 감사하는 마음으로 기도하면서 깨어있으십시오. 말씀을 전할 수 있는 문을 하느님께서 열어주시어 우리가 그리스도의 신비를 말할 수 있도록 우리를 위해서도 기도해 주십시오. 나는 그 신비를 위하여 갇혀있습니다. 그러니 내가 마땅히 해야 하는 말로 그 신비를 분명히 드러낼 수 있도록 기도해 주십시오.	4,2-4
6,21	내 사정이 어떠한지, 내가 무엇을 하고 있는지 여러분도 알 수 있도록, 주님 안에서 사랑하는 형제이며 충실한 일꾼인 티키코스가 모든 것을 알려줄 것입니다.	주님 안에서 사랑하는 형제이고 충실한 일꾼이며 나의 동료 종인 티키코스가 내 모든 사정을 여러분에게 알려 줄 것입니다.	4,7

에페소서가 보이는 성격을 고려할 때, 이 서간은 본디 전례 중에 이루어졌던 찬미와 훈계였다고 생각할 수 있다. 이것이 글로 쓰인 다음, 바오로 사도의 서간집에 들어갈 수 있도록 서간의 형태를 갖추게 된 것이다. 에페소서에는 바오로의 전형적인 주제가 더욱 풍부하게 나온다.

바이블테라피 **38** 몸의 감각
Bible Therapy

"건강한 사람에게는 의사가 필요하지 않으나 병자에게는 필요하다. 나는 의인을 불러 회개시키러 온 것이 아니라 죄인들을 불러 회개시키러 왔다."(루카 5,32)

자신의 병세를 알지 못하면 병을 치유할 수 없다. 의사에게 병을 보여주고 알려야 진단과 처방이 따른다. 스스로를 거룩하다고 말하는 의인은 예수가 필요 없지만 겸손한 이들에게는 예수가 필요하다.

그 동안 우리들의 기도는 몸을 중요하지 않게 생각하였다. 그러나 의사 루카는 복음에서 몸의 치유에 대하여 많이 언급한다. 몸의 치유는 마음의 치유와 연결되어 있다. 곧 몸에 병이 생기는 이유는 마음에서 비롯되며 마음이 치유되면 몸도 치유된다. 인간은 전인전인 치유를 요구한다. 인간은 영혼과 육신으로 하나된 존재이다. 몸의 감각을 알아차린다는 것은 그래서 영혼의 감각을 알아차리는 것만큼이나 중요한 기도의 방법이란 사실을 알아야 한다.

02. 몸의 감각을 알아차려야 한다.

1) 자기 어깨에 닿아 있는 옷을 의식 하라!

2) 자기 등에 닿아 있는 옷을 의식하라!

3) 앉아 있는 의자 등받이에 자기 등이 닿아 있다는 것을 의식하라!

4) 무릎 위에 편안히 놓여 있는 손을 의식하라!

5) 엉덩이와 넓적다리가 의자에 닿아 있는 것을, 눌리는 것을 의식하라!

6) 어깨 – 등 – 오른손 – 왼손 – 무릎 – 넓적다리 – 발을 차례로 의식하라!

*주의할 것은 각 부분의 감각을 의식하는데 1~2초 가량 소용하고, 다른 부분으로 의식을 옮겨가야 한다. 많은 경우 사람들은 머리로 살아간다. 수많은 공상과 생각을 하지만 자신의 감각활동을 거의 의식하지 못한다. 많은 생각들이 과거에 대한 후회와 미래에 대한 걱정으로 향한다. 과거의 잘못과 죄의식, 지난날의 업적, 피해를 본 사람에 대한 분개, 미래에 대한 불안, 재난에 대한 걱정, 다가올 기쁨에 대한 설레임 등, 하지만 기도를 잘 하려면 현재에 머무르는 능력을 키울 수 있어야 한다. 생각하고 말하는 영역에서 벗어나 느끼고, 의식하고, 사랑하고 직관하는 영역으로 옮겨가는 법을 배워야 한다. 지금 우리의 수련은 생각하는 것에 대한 수련이 아니라 느끼는 것에 대한 수련이다. 하지만 여러분의 지각, 인식 집중력, 주의력은 아직도 둔하고 느리며 충분히 발달되어 있지 못하다.

필리피서 THE PHILIP

38

필리피는 마케도니아의 동부 지역, 에게 해에서 내륙 쪽으로 이십여 킬로미터 떨어진 곳으로, 평야가 내려다보이는 산기슭에 자리잡고 있었다. 이 평야에서는 농사를 많이 지었고, 또 그 둘레를 에워싼 산에는 금광과 은광도 있었다. 알렉산드로스 대왕의 아버지 필리포스 2세가 기원전 360년경에 이 고장을 자기의 왕국 마케도니아에 합병한다. 그리고 나서 고을을 건설하고 방어 시설을 튼튼히 하여 자기의 이름을 따라 '필리비'라고 부르게 하였다. 기원전 31년에는 로마 황제 아우구스토가 이 도시에 특권을 부여하고, 퇴역 군인들을 이주시켜 로마의 식민 고을로 만들었다. 바오로 사도는 49년이나 50년, 제2차 선교 여행 때에 실라와 디모테오를 데리고 필립비로 간다. 바오로가 이 서간을 쓸 때, 그는 앞으로 어떠한 판결을 받을지도 모르는 채 감옥에 갇혀 있었다. 그래서 이 서간은 통상 에페소서, 골로사이서, 필레몬서와 함께 '옥중 서간'으로 분류된다.

바오로는 멀리 떨어져 있으면서도 필리피에 있는 사랑하는 신자들을 매우 가깝게 느낀다. 그는 서간 전체에 걸쳐 되풀이되는 주제 하나를 서두에서부터 시작한다. 곧 그리스도 안에서 이루어지는 형제들의 친교인데, 이것이 기쁨의 원천이 되기도 한다. 감옥에 갇힌 바오로는 앞으로 자기가 어떻게 될지 알지 못한다. 그러나 그는 자기의 옥살이가 어떤 형태로 매듭을 짓든 간에, 복음은 더욱 힘차게 뻗어 가리라고 확신하면서 그리스도께서 이루실 승리의 표징을 미리 보기도 한다. 그는 사도로서의 임무를 다시 수행할 수 있기를 바라면서, 신자들에게 신앙을 위한 투쟁을 굳건히 지속해 가라고 권고한다. 그러한 투쟁은 또한 겸손과 봉사의 마음으로 일치를 보존하려는 노력과 더불어 이루어져야 한다고 바오로는 권고한다.

1. 개요

바오로가 필리피인들에게 보낸 편지이다. 로마제국의 속주인 필리피는 동부 마케도니아에 위치한 도시로 기원전 42년경 로마 식민지로 예속되면서 커지기 시작하였다. 바오로는 제2차 전도 여행중 이곳에 머물면서 복음을 선포하고 교회를 세웠다.
역시 옥중서간으로 바오로 자신의 마음을 사르고 있던 신앙과 사랑에서 우러나오는 대로 글로 옮긴 것인데 그리스도 안에서 갖는 희망과 기쁨을 전하고 있다.

2. 저자 및 집필시기

바오로이다. 바오로가 필리피인들에게 보냈던 세 통의 편지들을 한 데 엮은 것으로 후대에 오면서 교회에서 바오로의 서간들을 수집하는 과정 중에 하나로 엮어졌으리라 추측된다. 옥중서간이나 정확하게 언제 쓰여졌는지는 알 수 없다. 다만 학자들에 의해 필리피서가 후기 옥중서간들 보다는 초기 서간들과 유사한 점을 들어 55년경 바오로가 에페소에서 집필한 것으로 추정된다.

3. 집필동기

바오로는 자신이 감옥에 있을 때 도움을 준 필리피 교인들에게 고마운 뜻을 전하고자 애정어린 이 편지를 썼다. 바오로는 헌금과 선물을 가지고 온 에바프로티도에게 자신의 서신을 필리피 교인들에게 보냈는데 이 서신에서 바오로는 필리피 교회 공동체와 더불어 신앙의 기쁨을 나누고 싶다는 간절한 마음과 함께 주님 안에 굳건히 서서 생활할 것을 당부하고 있다.

4. 주요내용

모두 4장으로 되어 있다.

(1) 그리스도는 삶의 모든 것(1,1~1,26) : 바오로는 함께 복음을 전하고 고생을 한 필리피 교인들에게 감사를 드리며 비록 자신이 갇혀있는 몸이지만 그것이 오히려 그리스도를 전파하는 것이므로 기쁜 일이라고 한다. 또한 바오로는 자신에게 그리스도는 생의 전부이기에 살든지 죽든지 간에 온 생을 통틀어 그리스도의 영광을 드러내는 것이라고 말한다.

(2) 예수 그리스도의 겸손과 순명(1,27~2,30) : 바오로는 필리피 교인들에게 당신 자신을 낮추셔서 십자가에 달려 죽기까지 순종하셨던 예수 그리스도를 본받도록 일깨우고 있다. 그리하여 그리스도 안에서 한마음 한뜻으로 일치하여 악하고 비뚤어진 세상에 흠없는 하느님의 자녀로 살아갈 것을 당부하고 있다.

(3) 이단에 대한 경고와 훈계(3,1~4,9) : 진정한 구원은 율법에 의한 것이 아니라 그리스도를 믿고 그리스도와 하나가 되는 것이다. 때문에 바오로 자신은 이 목표를 향하여 달음질 칠 뿐이며 또한 필리피 교인들에게 자신을 본받으라고 말한다. 그리하여 주님 안에 항상 기뻐하고 감사하는 마음으로 굳세게 살아 갈 것을 권하고 있다.

(4) 필리피인들에게 대한 감사와 축복(4,10~23) : 바오로는 고생을 함께 하여 준 필리피 교인들에게 감사를 전하고, 하느님께서 필요한 모든 것을 그들에게 풍성히 채워 주실 것이라 말한다. 마지막으로 바오로는 주 예수 그리스도의 은총이 그들 마음에 내리시기를 비는 인사로 편지를 끝맺고 있다.

38 📖 필리피서 SCHEMA

날짜	성서 구절	주요 내용	
첫 째 날	1	• 필리피 신자들에게 인사말 • 필리피 신자들을 위한 기도 • 믿음을 위한 투쟁	
둘 째 날	2	• 일치와 겸손의 권고 • 하느님의 흠 없는 자녀로 이 세상의 별처럼 빛날 수 있도록 하라 • 티모테오와 에파프로디토스의 파견	
셋 째 날	3	• 참된 의로움의 갈망 • 목표를 향한 달음질(하느님께서 그리스도 안에서 우리를 하늘로 부르시어 주시는 상)	
넷 째 날	4	• 에우오디아와 신티케에게 권고함 • 에파프로디토스 편에 보내준 선물에 대한 감사 • 끝 인사	

20. 필리피서의 구성와 주요내용

구분	주 제	내 용
1,1–1.26	그리스도는 존재의 이유	**공동체를 위한 기도(1.1–11):** "여러분 가운데에서 좋은 일을 시작하신 분께서 그리스도 예수님의 날까지 그 일을 완성하시리라고 나는 확신합니다. 내가 여러분 모두를 이렇게 생각하는 것이 나로서는 당연합니다… 그리고 내가 기도하는 것은 여러분의 사랑이 지식과 온갖 이해로 풍부해져 무엇이 옳은지 분별할 줄 알게 되는 것입니다."(1,6–10). **주님의 영광을 위하여(1,12–26):** 사도 바오로의 큰 기쁨과 힘은 생활을 통해 그리스도의 영광을 드러내는 것이며 그에게는 그리스도가 생의 전부였다."사실 어떤 이들은 시기심과 경쟁심으로 그리스도를 선포하지만, 어떤 이들은 선의로 그 일을 합니다(…) 사실 나에게는 삶이 곧 그리스도이며 죽는 것이 이득입니다."(1,15.21).
1,27–2,30	일치와 겸손	**신앙을 위한 투쟁(1,27–30):** 예수를 믿는 다는 것은 큰 은혜이지만, 그분을 위하여 고난을 겪는 것도 하느님의 자비에서 오는 또 하나의 귀중한 선물이요 특권인 것이다 "여러분이 한 뜻으로 굳건히 서서 한마음으로 복음에 대한 믿음을 위하여 함께 싸우고, 어떠한 경우에도 적대자들을 겁내지 않는다는 소식말입니다. 이것이 그들에게는 멸망의 징표이며 여러분에게는 구원의 징표로 하느님에게서 오는 것입니다." **그리스도의 찬미가(2,1–11):** "무슨 일이든 이기심이나 허영심으로 하지 마십시오. 오히려 겸손한 마음으로 서로 남을 자기보다 낫게 여기십시오. 저마다 자기 것만 돌보지 말고 남의 것도 돌보아 주십시오. 그리스도 예수께서 지니셨던 바로 그 마음을 여러분 안에 간직하십시오… 당신 자신을 낮추시어 죽음에 이르기까지, 십자가 죽음에 이르기까지 순종하셨습니다. 그러므로 하느님께서도 그분을 드높이 올리시고, 모든 이름 위에 뛰어난 이름을 그분께 주셨습니다. 그리하여 예수님의 이름 앞에 하늘과 땅 위와 땅 아래에 있는 자들이 다 무릎을 꿇고 예수 그리스도는 주님이시라고 모두 고백하며 하느님 아버지께 영광을 드리게 하셨습니다." **하느님의 흠없는 자녀(2,12–18):** "하느님은 당신 호의에 따라 여러분 안에서 활동하시어, 의지를 일으키고 그것을 실천하게도 하시는 분이십니다. 무슨 일이든 투덜거리거나 따지지 말고 하십시오. 그리하여 비뚤어지고 뒤틀린 세대에서 허물없는 사람, 순결한 사람, 하느님의 흠 없는 자녀가 되어, 이 세상에서 별처럼 빛날 수 있도록 하십시오."
3,1–4,23	그리스도의 완덕의 삶	**그리스도와 하나 되는 것(3,1–11):** "개들을 조심하십시오. 나쁜 일꾼들을 조심하십시오… 나에게 이롭던 것들을 나는 그리스도 때문에 모두 해로운 것으로 여기게 되었습니다… 나는 그리스도 때문에 모든 것을 잃었지만 그것들을 쓰레기로 여깁니다. 나는 죽음을 겪으시는 그분을 닮아, 그분과 그분 부활의 힘을 알고 그분 고난에 동참하는 법을 알고 싶습니다. 그리하여 어떻게든 죽은 이들 가운데에서 살아나는 부활에 이를 수 있기를 바랍니다." **그리스도적 완덕(3,12–21):** "나는 이미 그것을 얻은 것도 아니고 목적지에 다다른 것도 아닙니다. 그것을 차지하려고 달려갈 따름입니다… 나는 내 뒤에 있는 것을 잊어버리고 앞에 있는 것을 향하여 내달리고 있습니다. 하느님께서 그리스도 예수님 안에서 우리를 하늘로 부르시어 주시는 상을 얻으려고, 그 목표를 향하여 달려가고 있는 것입니다… 내가 이미 여러분에게 자주 말하였고 지금도 눈물을 흘리며 말하는데, 많은 사람이 그리스도의 십자가의 원수로 살아가고 있습니다. 그들의 끝은 멸망입니다. 그러나 우리는 하늘의 시민입니다. 그리고 그곳에서 구세주로 오실 주 예수 그리스도를 고대합니다. **기쁨과 평화(4,4–9):** "주님 안에서 기뻐하십시오. 거듭 말합니다. 기뻐하십시오. 여러분의 너그러운 마음을 모든 사람이 알 수 있게 하십시오. 주님께서 가까이 오셨습니다. 아무 것도 걱정하지 마십시오. 어떠한 경우에든 감사하는 마음으로 기도하고 간구하며 여러분의 소원을 하느님께 아뢰십시오." **선물에 대한 감사와 작별인사(4,10–23):** "나는 비천하게 살 줄도 알고 풍족하게 살 줄도 압니다. 배부르거나 배고프거나 넉넉하거나 모자라거나 그 어떠한 경우에도 잘 지내는 비결을 알고 있습니다. 나에게 힘을 주시는 분 안에서 나는 모든 것을 할 수 있습니다."

바이블테라피 **39** 생각을 다스려 나가기
Bible Therapy

과연 악한 일을 일삼는 자는 누구나 자기 죄상이 드러날까 봐 빛을 미워하고 멀리한다. 그러나 진리를 따라 사는 사람은 빛이 있는 데로 나아간다. 그리하여 그가 한 일은 모두 하느님의 뜻을 따라 한 일이라는 것이 드러나게 된다. (요한 3,20-21)

03. 생각을 다스려 나가기

1) 분심이 다가올 때는 눈을 감지 말고 살짝 뜨고 있는 것도 좋은 방법입니다. 1m 앞을 바라볼 수 있도록 살짝 눈을 뜨십시오!

2) 어떤 한 점이나 어떤 물체(정면의 십자가 혹은 가까이 둔 성물, 고상 등)를 바라보십시오! 시선을 모으고 정신을 집중하여 바라보십시오!

3) 분심을 막는 또 다른 방법은 등을 똑바로 세우는 것입니다.

4) 또 하나의 분심을 제거하는 방법은 마음 속에 떠오르는 생각들을 전부 알아차리는 것입니다. 떠오르는 자기생각들을 따라다니는 것입니다. 창가에 앉아 있는 사람이 길 가는 사람을 바라보듯이 자기의 생각들을 바라보는 것입니다.

5) 그리고 내가 생각하고 있음을 의식하십시오!

• 나는 생각하고 있다! ....나는 생각하고 있다!......생각....생각..

• 분심 중에 발생하는 (혹은 침묵 가운데 발생하는) 온갖 감정들(사랑, 두려움, 분노, 원한 슬픔, 수치심, 쓰라림, 기타의 감정 등)을 기록하십시오!

단 네 개의 장으로 되어 있어서 분량은 적지만 신학적 설명의 내용은 광대한 콜로새서는 전통적으로 에페소서, 필립비서, 필레몬서와 함께 '옥중 서간'으로 분류된다. 바오로 사도가 감옥에 갇혀 있는 동안에 콜로새 신자들에게 보낸 서신이라는 것이다.

콜로새서에서는 우주의 으뜸이신 그리스도께서 하늘에 좌정하신 사실과 또 그와 관련된 공간이 지배적인 요인으로 작용한다. 그러나 둘 다 똑같은 사실을 선포하기 위한 것이다. 곧 그리스도께서는 단 한 번으로 모든 사람을 위하여 돌아가셨다가 부활하셨다는 것이다. 단 한 번으로 모든 사람을 위하여 그리하셨으므로, 우리 역시 그분과 하나가 된다. 그리하여 우리의 삶은 그리스도의 삶과 연결되어, 악의 세력들이 분주히 움직이면서 우리의 해방을 방해하던 그 '천상 세계'에 승리자로 자리잡게 되었다. 이는 우리에게 현실을 도외시하는 도피 생활을 부추기는 것이 아니다. 이 서간 끝 부분이 보여 주는 것처럼, 우리가 참된 삶을 살아가도록 이끌어 주는 것이다. 콜로새서에 따르면, 바오로는 자기와 함께 감옥에서 지내려고 온 에바프라 편에 콜로새 공동체가 위기에 처해 있다는 소식을 듣고, 디키고와 오네시모를 그 곳으로 보낸다. 아마도 디키고가 이 서간을 가지고 갔을 것이다(4,7-9. 그리고 에페 6,21 참조). 바오로는 비록 그 곳의 교회 공동체들을 직접 세우지는 않았지만, 감옥에 갇혀 있는 까닭에 자기가 직접 가서 개입할 수 없으므로 그들을 자기의 대변인으로 보내어, 시련을 겪고 있는 그 곳 신도들을 돕게 한 것이다.

바오로는 신자들 자신이 야기하는 난관도 많이 거쳐 왔다. 그러나 과거에 코린토나 갈라티아에서 일어난 것과는 달리, 바오로와 경쟁을 벌인다거나 아예 그의 사도직을 부정하는 것과 같은 인간적인 문제가 골로사이에서는 결정적인 역할을 하지 않았던 것 같다. 이 곳에서는 이단적인 사상이 문제인데, 천신들의 세계에 대한 갖가지 상상, 금욕주의, 계율 중시 등이 그리스도에 대한 믿음을 보완해 주고, 신도들에게 신비에 대한 더욱 고차원적인 지식을 가져다 주며, 그들의 희망에 더 잘 부합하는 신앙 생활에 대하여 더욱 높은 깨달음을 가져다 준다는 것이다.

1. 개요

콜로사이는 바오로 제자인 에바프라가 전교하여 교회를 설립한 곳이다. 콜로사이는 에페소에서 타르소와 시라올 가는 길목에 위치해 있어 여러 지방의 언어, 문화와 종교 등이 교류되고 있었다. 이러한 시대상을 배경으로 콜로새서는 그 당시 유행하고 있던 이단자들의 용어나 개념 등을 그리스도께 대한 확고한 신앙 안에서 받아들임으로써 복음선포에 사용하고 있다. 에페소서, 필리피서, 필레몬서와 함께 4대 옥중서간에 속하며 그리스도의 심오한 진리를 전해주는 귀중한 서간이다.

2. 저자 및 집필시기

저자 바오로에 대해 논란이 많다. 이 서간의 언어 및 표현방법이 바오로의 주요 서간과 다른 것으로 보아 학자들은 저자를 바오로 신학에 조예가 깊었던 바오로의 제자라고 주장하고 있다. 집필연대는 바오로의 순교이후인 80년경으로 추정된다.

3. 집필동기

그릇된 가르침에 현혹되지 않도록 콜로사이 성도들을 일깨우고자 이 편지를 썼다. 당시 소아시아에 여러 가지 언어, 문화 및 종교들이 교류되면서 콜로사이 교회는 유대교, 그노시스 사상, 그리스도교가 혼합되면서 예수의 신성부정, 천사숭배와 지나친 금욕생활의 강요 등 그릇된 이단설에 침해를 받고 있었다. 저자는 이 때문에 생긴 문제들을 해결하고자 올바른 교리와 권유로써 콜로사이 교회에 도움을 주고자 하였다.

4. 주요내용

모두 4장으로 그리스도 안에서 드러난 구원 신비와 그리스도인의 신앙 생활에 관해 언급하고 있다.

(1) 인사와 감사(1,1~1,12) : 바오로는 콜로사이 성도들에게 하느님의 은총과 평화를 내려 주시길 청하면서 그들의 착실한 생활을 두고 하느님께 감사를 드리고 있다. 또한 콜로사이에 복음을 전해준 에바프라에 대한 찬사와 함께 자신은 콜로사이 성도들을 위하여 늘 기도하여 왔음을 밝히고 있다.

(2) 그리스도의 신비(1,13~2,3) : 그리스도 안에 드러난 구원의 신비를 찬양하고 있다. 주 그리스도는 만물을 지배하시는 분으로 교회의 머리이시며 하늘과 땅의 모든 것을 서로 화해시키는 참다운 평화를 이룩하시는 분이시다. 때문에 성도들은 믿음의 기초 위에 복음의 희망을 저버리지 말고 신앙생활을 굳건히 하라고 한다.

(3) 거짓 가르침(2,4~3,4) : 성도들은 세례를 받음으로써 그리스도와 함께 묻혔고 또 그리스도와 함께 살아났으니 사람의 전통을 따르는 가르침이나 율법과 규정, 육적인 허영심을 만족시키는 금욕생활 등 헛된 가르침에 넘어가지 않도록 그리스도께 대한 믿음을 더욱 굳건히 하고 천상의 것을 추구할 것을 당부하고 있다.

(4) 신앙생활에 대한 훈계와 끝인사(3,5~4,18) : 그리스도인은 낡은 인간을 벗어 버리고 새 인간으로 갈아 입은 사람이다. 그러므로 그리스도인 공동체는 서로 사랑하고 용서하며 하느님의 말씀을 듣고 성시와 찬송가로 하느님을 찬양하라고 한다. 끝으로 항상 깨어 감사하는 마음으로 기도할 것을 당부하고 형제들에게 안부의 인사를 전하고 있다.

39 　콜로새서 SCHEMA

날짜	성서 구절	주요 내용	
첫 째 날	1	• 콜로새 신자들에게 인사말 • 콜로새 교회를 위한 기도 • 그리스도 찬가 • 하느님과 화해한 콜로새 공동체	
둘 째 날	2	• 그리스도 안에서 이루어지는 충만한 삶을 권고 • 그리스도와 함께 하는 새 삶	
셋 째 날	3	• 그리스도와 함께 하는 새 삶 • 그리스도인의 가정의 모습	
넷 째 날	4	• 여러 가지 권고 • 끝 인사	감사하는 마음으로 기도하면서 언제나 깨어 있으십시오.

21. 콜로새서의 구성과 내용

구분	주제	내용
1,1–1,23	그리스도의 우월성	그리스도 찬가(1,15–19): "그분은 보이지 않는 하느님의 모상이시며, 모든 피조물의 맏이십니다. 만물이 그분 안에서 창조되었기 때문입니다. 하늘에 있는 것이든 땅에 있는 것이든 보이는 것이든 보이지 않는 것이든 왕권이든 주권이든 권세든 권력이든 만물이 그분을 통하여 또 그분을 향하여 창조되었습니다. 그분께서는 만물에 앞서 계시고 만물은 그분 안에서 존속합니다. 그분은 또한 당신 몸인 교회의 머리이십니다." "여러분은 한때 악행에 마음이 사로잡혀 하느님에게서 멀어지고 그분과 원수로 지냈습니다. 그러나 이제 하느님께서는 당신 아드님의 죽음을 통하여 그분의 육체로 여러분과 화해하시어, 여러분이 거룩하고 흠 없고 나무랄데 없는 사람으로 당신 앞에 설 수 있게 해 주셨습니다. 다만 여러분은 믿음에 기초를 두고 꿋꿋하게 견디어 내며 여러분이 들은 복음의 희망을 저버리지 말아야 합니다."(1,21–23).
1,24–2,3	심오한 진리 –그리스도	"그리스도는 영광의 희망이십니다. 우리는 이 그리스도를 선포합니다. 그리고 모든 사람을 그리스도 안에서 완전한 사람으로 굳건히 서 있게 하려고, 우리는 지혜를 다하여 모든 사람을 타이르고 모든 사람을 가르칩니다. 이를 위하여 나는 내 안에서 힘차게 작용하는 그리스도의 기운을 받아 열심히 노력하고 있습니다… 내가 이렇게 하는 것은 여러분과 그들이 마음의 용기를 얻고 사랑으로 결속되어, 풍부하고 온전한 깨달음을 모두 얻고 하느님의 신비 곧 그리스도를 아는 지식을 갖추게 하려는 것입니다. 그리스도 안에 지혜와 지식의 모든 보물이 숨겨져 있습니다."
2,4–2,15	그리스도와 거짓 지혜	거짓 교사가 주장하는 지혜를 예수 그리스도의 지혜와 지식의 보화에 대비시키고 있다(2,4–8). 거짓 교사들의 주장은 세속의 원리를 기초로 인간이 만들어 전해 준 것이지 그리스도를 기초로 한 것은 아니다. 그리스도는 하느님의 완전한 신성을 가지고 계시며, 모든 은혜의 샘이시고 천사들의 머리이시며, 참된 할례를 주시는 분이시다. 우리들의 죄를 대신하시고 율법을 폐지하셨으며 권세와 권력들의 무장을 해제하여 그들을 공공연한 구경거리로 삼으시고, 그리스도를 통하여 그들을 이끌고 개선행진을 하셨습니다.
2,16–3,4	지상 것에서 천상 것으로	콜로새서를 써 보내는 동기. 필자는 콜로새에 나타난 '이단' 설교가들이 전파하는 교리와 그에 따른 준수 사항이 가져오는 위험을 경고한다. 이 논쟁적인 단락 한가운데, 그리스도께서 악의 세력들을 쳐부수신 승리를 다시 기리는 말이 나온다. 신자들이 세례로 동참하게 되는 이 승리는(2,6–15), 다시 종살이로 몰고 가려는 모든 시도에 맞서 그리스도인들이 누리는 자유의 바탕이 된다(2,16–3,4). 오류에 대한 반박(2,16–3,4) 유다교의 행사, 미신행위, 거짓예배와 육신의 고행 등으로 보여지는 교사들의 위장된 겸손과 생활의 오류를 반박한다. "여러분은 그리스도와 함께 죽어 이 세상의 정령들에게서 벗어났으면서도, 어찌하여 아직도 이 세상에 살고 있는 것처럼 규정에 매여… 그것들은 없어져 버리는 것들에 대한 규정으로, 인간의 법규와 가르침에 따른 것들일 뿐입니다. 그런 것들은 자발적인 신심과 겸손과 육신의 고행을 내세워 지혜로운 것처럼 들리지만, 육신의 욕망을 다스리는 데에는 아무런 가치도 없습니다…여러분은 그리스도와 함께 살아났으니 저 위에 있는 것을 추구하십시오. 위에 있는 것을 생각하고 땅에 있는 것을 생각하지 마십시오. 여러분은 이미 죽었고, 여러분의 생명은 그리스도와 함께 하느님 안에 숨겨져 있기 때문입니다."
3,5–3,17	그리스도인의 생활원칙	그리스도인은 옛 생활을 청산하여 낡은 인간을 벗어버린다. 그리스도인이 피해야 할 것은 '이웃에 대한 사랑을 거스르는 것'이다. "여러분 안에 있는 현세적인 것들, 곧 불륜, 더러움, 욕정, 나쁜 욕망, 탐욕을 줄이십시오. … 이제는 분노, 격분, 악의, 중상, 또 여러분의 입에서 나오는 수치스러운 말 따위는 모두 버리십시오. 서로 거짓말을 하지 마십시오. 여러분은 옛 인간을 그 행실과 함께 벗어버리고, 새 인간을 입은 사람입니다. 새 인간은 자기를 창조하신 분의 모상에 따라 끊임없이 새로워지면서 참지식에 이르게 됩니다." 새로운 인간으로 갈아입어야 한다. (3,10–17) 새 인간으로의 변화는 미리 이루어진 것이지만 매일같이 끊임없이 진보해 나간다(10). 그리스도의 지체로서의 모든 인간은 구별이 없다(11). 사랑은 덕의 매듭이다(12–14). 평화의 생활(15). 영적진보(16), 모든 것 되시는 예수와 함께 우리를 축복해주시는 아버지께 감사드리면서 모든 것을 주 예수 그리스도의 이름으로해 나가야 한다.
3,18–4,18	새생활의 인간관계	"기도에 전념하십시오. 감사하는 마음으로 기도하면서 깨어 있으십시오…바깥 사람들에게는 지혜롭게 처신하고 시간을 잘 쓰십시오. 여러분의 말은 언제나 정답고 또 소금으로 맛을 낸 것 같아야 합니다. 그리하여 여러분은 누구에게나 어떻게 대답해야 할지 알아야 합니다"(4,2.5–6).

바이블테라피 Bible Therapy **40** 호흡 감각

사도 바오로는 예루살렘으로 향하는 여행의 여정을 앞두고 동료들의 간곡한 만류에 "왜들 이렇게 울면서 남의 마음을 흔들어 놓는 겁니까? 주 예수를 위해서 나는 예루살렘에 가서 묶일 뿐만 아니라 죽을 각오까지도 되어 있습니다" 하고 대답하였다. (사도 21, 13)

04. 호흡 감각해 나가기

1) 이제 호흡을 의식해 나갑니다.

- 공기가 콧구멍으로 들어가고 나가는 것을 의식하십시오!
- 숨을 깊이 들이마시려 하지 말고 공기가 콧구멍으로 들어가고 나가는 것에 집중!
- 10분에서 15분 정도 계속 하십시오!

- 근육을 긴장하지 않도록 해야 합니다.
- 숨을 들이쉴 때 공기가 콧구멍의 어디에 와 닿는지 의식하십시오!
- 또 숨을 내쉴 때에는 어느 부분에 와 닿는지 느껴 보십시오!

2) 들이 마실 때의 차가움과 내쉴 때의 따스함을 알아차리십시오!

- 숨을 들이쉬고 내쉴 때의 그 미세한, 미미한 감각들을 정신을 차리고 알아채십시오!
- 이 훈련을 10~15 분 가량 집중하여 지속하십시오!

3) "너의 호흡이 너의 가장 훌륭한 친구이다. 어떤 곤경에 처하든지 다시 호흡에다 마음을 모아라! 그러면 네 마음이 달래지고 호흡이 너를 인도해 줄 것이다!"

바이블테라피 Bible Therapy **41** 호흡 감각

알아차리기(깨달음)와 관상은 서로 다르다는 사실을 정확히 인식해야 합니다.

- 기도는 말과 이미지, 생각을 통하여 하느님과의 이야기를 시도하는 것입니다.
- 하지만 관상이라는 것은 말, 이미지, 생각을 최소한으로 사용하거나 하나도 사용하지 않고 하느님과 대화하는 것을 뜻합니다.
- 대개 하느님과 우리들과의 만남은 간접적입니다. 그분에 대한 포착은 말이나 이미지로 불가능한 것입니다. 그분은 우리들의 "마음"을 통해서 다가오십니다. 이 마음이 온전할수록 우리는 그 분을 깨끗하고 선명하게 인식할 수 있을 것입니다. 마음을 둘러싸고 있는 불순물들을 제거해야 합니다. 불순물들이란 우리가 하느님과 대화할 때 그분과 우리 사이에 끼어드는 수많은 생각과 말과 이미지들입니다. 그리하여 말과 생각의 침묵은 우리를 하느님께로 이끌어 나가고 마음이 사랑으로 가득 차 있다면 종종 가장 힘 있는 대화와 일치의 표현양식이 될 수 있을 것입니다.
- 지성이라는 기계가 끊임없이 생각과 말을 만들어 내는 이상 "마음"은 활동하기가 어려워 집니다. 가령 눈 먼 사람의 촉감이나 청각이 얼마나 예민한지 아십니까? 시력을 잃게 되면 다른 감각들이 더 많이 발달한다는 것은 아주 자연스러운 것입니다. 그리하여 하느님과 대화를 시작할 때는 바로 이 지성에 붕대를 동여매야 합니다.

- 지성을 침묵하게 하면 기도하는 사람은 좌절하게 되거나 그 어둠 속에서 자신이 아무것도 할 수 없고, 시간을 낭비하고 있다고 허무감을 토로 할 것입니다. 그러나 여기에서 한 걸음 더 나아갈 수 있다면 그 공허와 무위, 무 안에 조용히 머무르다 보면 서서히 처음에는 순간적으로 나중에는 보다 지속적인 양상으로 그 어둠 속에서 타오르고 있는 작은 불빛을 발견하게 될 것입니다.
- 그러면 어떻게 지성을 가만히 있게 만드는가? 이것이 우리의 과제입니다. 지성을 멈추게 하는 것은 참으로 어려운 작업입니다. 여기에 또 중요한 원리 하나가 있습니다. "가시 하나를 다른 가시로 뽑아낸다!" 곧 한 가지 생각을 사용하여 다른 잡다한 여러 가지 생각들을 없애버리는 것입니다. 자기 마음을 단단히 묶어 둘 수 있는 어떤 한 가지 생각, 한 모습, 한 문장이나 단어를 사용하는 것입니다. 지성을 공백상태로 만드는 것은 불가능한 일입니다. 그리고 짧은 기도문의 반복을 통해 산만한 정신의 상태를 알게 되고 그 기도문이 입술을 떠나가게 되면 고요하게 되어 "마음"은 아무런 방해를 받지 않게 됩니다.
- 우리가 마지막에 깨닫게 된 하나의 결론은 자신의 호흡이나 몸의 감각을 통하여 정신을 집중하는 것은 엄밀한 의미에서 하나의 관상이라는 사실입니다.
- 여러분이 이러한 기도를 시도함에 있어 영적 분별력을 가진 지도자를 꼭 만나야 합니다.
- 중요한 것은 많이 생각하는 것이 아니라 많이 사랑하는 것이란 사실!

바오로가 테살로니카에 도착한 것은 제2차 선교 여행을 하고 있던 50년이다. 이로써 테살로니카는 바오로 사도가 발을 들여 놓은 유럽 대륙의 첫 대도시가 된다. 로마인들은 현대로 치면 고속도로라고 할 수 있는 가도(街道)들을 제국 내에 많이 건설하였다. 이러한 테살로니카는 비단 마케도니아 왕국 시대만이 아니라, 로마 제국 시대에도 정치적으로 중요한 역할을 수행한다. 이 곳은 특히 기원전 149년, 점점 더 심해지는 로마의 속박에서 벗어나려고 마케도니아인들이 들고일어났을 때 반란의 중심지가 된다.

사도행전에 따르면, 바오로는 실바노와 디모테오를 데리고 필립비를 떠나 테살로니카로 간다(사도 17,1-10). 그러나 그 곳에 사는 유다인들이 거세게 반발하는 바람에, 바오로는 활동을 멈추고 서둘러 그 곳을 떠나게 된다. 유다인들은 군중을 선동하여 소란을 일으키면서, 몇몇 신자들을 고을 수령들에게 끌고 가 그들이 황제의 법령을 어긴다고 고발한다(사도 17,5-9). 그리하여 테살로니카 신자들은 밤을 틈타 바오로와 실바노를 베레아로 떠나 보낸다. 그러나 테살로니카의 유다인들은 그 곳까지 쫓아가 바오로의 설교를 방해한다. 사도는 이렇게 갓 태어난 공동체를 떠난다. 이러한 사정을 생각하면, 박해 중에 혼자 버려진 이 새 신자들에 대한 그의 불안을 이해하게 된다. 또한 이들에게 격렬한 어조를 사용하며 유다인들에 관하여 이야기하는 것도 납득이 간다(1테살 2,15-16).

테살로니카 전서 EPISTLE TO THE THESSALONIANS

1. 개요

신약성서중 제일 먼저 쓰여진 성서이다. 항구도시이며 마케도니아주의 수도로 번영과 명성을 누린 테살로니카는 바오로가 제2차 전도여행 때 이곳에 복음을 선포하면서 교회를 세웠다. 테살로니카 교인들에 대한 바오로의 사랑과 애정을 엿볼 수 있는 이 서간은 초대교회의 신앙과 문제점을 알 수 있는 귀중한 책이다.

2. 저자 및 집필시기

바오로는 제2차 전도여행(50~52년경)중 코린토에 머물면서 이 편지를 썼다. 대략 51년경에 집필한 것으로 보인다.

3. 집필동기

바오로는 필리피에서 활동 중 추방당하게 되자 테살로니카로 가서 복음을 선포하지만 유다인의 방해로 쫓겨난다. 그러던 중 바오로는 테살로니카 교인들이 환난 중에서도 굳건히 서 있다는 티모테오의 보고를 받고 기뻐하며, 그곳 교인들에게 감사와 사랑을 전하고자 이 편지를 썼다. 또한 당시 테살로니카인들을 동요케 했던 예수 재림에 대한 문제에 대해 바로 해명함으로써 그들을 격려하고 위로하고자 했다.

4. 주요내용

모두 5장으로 테살로니카 교인들에 대한 감사와 사랑, 신자다운 생활을 위한 교훈 등을 이야기한다.

(1) 바오로와 테살로니카 교회(1,1~3,13) : 바오로가 테살로니카 교회 성도들에게 품고 있는 애정을 적고 있다. 바오로는 테살로니카 교회 성도들이 많은 환난 중에서도 신자다운 믿음의 활동과 사랑의 수고로 주 예수 그리스도께 대한 희망을 잃지 않은 것에 대해 감사를 드린다. 바오로는 온갖 모욕과 심한 박해를 견디면서도 오직 하느님의 영광을 위하여 복음을 전하였음을 밝히고, 그 말씀을 하느님의 말씀으로 믿고 받아들인 테살로니카인들에게 아버지 같은 사랑으로 하느님을 기쁘게 해 드릴 수 있는 생활을 하도록 권고하고 있다. 또한 바오로는 그 곳 성도들을 다시 만나 그들의 부족한 믿음을 채워 줄 수 있기를 간절히 기도하고, 그들이 주님께 대한 믿음을 더욱 굳건히 지키고 서로 사랑하여 하느님 앞에 거룩하고 흠 없는 사람으로 나설 수 있게 되기를 기원하고 있다.

(2) 신앙생활에 대한 훈계와 끝인사(4,1~5,28) : 하느님을 기쁘게 해드리는 그리스도인의 올바른 삶의 자세에 대해 이야기하고 있다. 하느님이 원하시는 것은 성도들 모두 거룩한 사람이 되는 것이므로, 이교도들처럼 욕정에 빠지지 않도록 하며 서로 사랑할 것을 권고하고 있다. 또한 부활하신 예수께서 재림하시면 죽은 이들을 부활시키고 살아있는 이들도 언제나 주님과 함께 있게 되리라고 한다. 그러므로 성도들은 도둑같이 올 그 날을 믿음과 사랑으로 가슴에 무장을 하고 구원의 희망으로 투구를 쓰고 깨어 기다리라고 한다. 끝으로 주님 안에서 서로 도와주고 힘이 되어 격려하면서 모든 이에게 선을 행하며, 항상 기뻐하고 감사하면서 어떤 처지에서든지 감사하라고 한다. 그리고 테살로니카 교인들에게 그리스도께서 은총을 내려 주시기를 기원하고 있다.

테살로니카 후서 EPISTLE TO THE THESSALONIANS

1. 개요

예수 재림에 대한 바오로의 가르침을 많이 담고 있다. 초대교회의 생활과 희망을 엿볼 수 있는 매우 귀중한 자료로 우리가 물려받은 신앙의 소박한 원형을 대하게 된다. 테살로니카 전서와 함께 신약성서 중 제일 먼저 쓰여졌으며 그리스도교 최초의 공적인 문서라 할 수 있다.

2. 저자 및 집필시기

정확히 알 수 없다. 사도 바오로가 저자라고 하지만 테살로니카 전서와 비교해 볼 때 문체와 종말에 대한 생각에 차이점을 보이고 있다. 특히 종말에 대한 가르침에서 전서와는 달리 후서에서는 세말을 앞둔 일련의 전조와 사건을 열거하고 있어 테살로니카 후서의 저자를 바오로 제자라고 추정한다. 바오로가 제2차 전도여행 중 코린토에 머물면서 테살로니카 교인들에게 첫 번째 편지를 쓴 후 그 다음해인 52년경 두 번째 편지를 썼다. 그러나 바오로의 제자가 썼다면 약 1세기 말경으로 추측된다.

3. 집필동기

박해와 고통이 계속되는 가운데 1세기경 교회는 세상 종말 임박설로 소란스러웠다. 주님의 날이 이미 왔다는 광신자들의 그릇된 가르침에 혼란에 빠진 몇몇 신도들은 게으름과 공리공론을 일삼으며 공동체의 질서를 어지럽혔다. 이에 바오로는 그리스도 재림 전 두 가지 전조인 교인들의 신앙 배반과 반 그리스도의 출현을 설명하고, "일하기 싫은 사람은 먹지도 말라"고 하여 무의도식하는 자들을 엄중히 꾸짖으며 부지런히 일하여 충실히 살 것을 일깨우고자 했다.

4. 주요내용

모두 3장으로 주님의 재림에 대한 희망과 현실 속에서 실현되는 하느님의 계획을 설명하고 있다.

(1) 인사와 감사기도(1,1~1,2) : 박해와 혼난 중에서도 잘 견디어 믿음을 지켜온 테살로니카 교인들에게 감사의 인사를 전하고 있다. 바오로는 지금 그들이 겪고 있는 고통이 하느님 나라를 위한 것이므로 장차 하느님 나라를 차지할 것이라고 격려한다. 또한 그는 테살로니카 교인들을 위해서 기도하며 선을 행하려는 그들의 의향과 행실을 하느님의 능력으로 완성시켜 주시기를 간구하고 있다.

(2) 굳건한 신앙(2,1~3,5) : 주님의 날이 이미 왔다는 그릇된 가르침에 흔들려서는 안 됨을 일깨운다. 주님이 오시기 전에 사람들은 먼저 하느님을 배반하게 되고 악한 자의 출현으로 온갖 거짓 기적과 표징으로 혼란에 빠질 것이라고 한다. 바오로는 구원을 주시는 하느님의 진리를 믿으면서 굳건한 신앙으로 전해 준 전통을 충실히 지킬 것을 당부하고 있다. 주님의 인도로 교인들이 그리스도의 인내를 본받도록 간구하고 있다.

(3) 근면에 관한 훈계와 끝인사(3,6~3,18) : 주님의 날이 가까웠다고 게으름을 피우고 남의 일에만 참견하는 사람들을 경고하면서 말없이 일해서 제 힘으로 벌어 먹으라고 한다. 또한 낙심하지 말고 꾸준히 선한 일을 하도록 타이르며 모두에게 주님의 평화와 은총이 함께 하시기를 기도하고 있다.

40-41 테살로니카 전 · 후서 SCHEMA

날짜	성서 구절	주요 내용
첫 째 날	테살로니카 전 1	• 테살로니카 신자들에게 인사말 • 테살로니카 신자들의 믿음
둘 째 날	2–3	• 바오로의 테살로니카 선교의 이유 (2) • 테살로니카로 다시 가려는 바오로 (3)
셋 째 날	4	• 하느님 뜻에 맞는 삶을 살라 • 주님의 재림
넷 째 날	5	• 주님의 재림을 기다리며 깨어있어라 • 마지막 권고와 인사

날짜		성서 구절	주요 내용
다 째	섯 날	테살로니카 후 1	• 테살로니카 신자들에게 인사말 • 주님의 재림 때에 이루어질 심판
여 째	섯 날	2	• 종말의 표징에 대해 흔들리지 말라는 권고 • 구원받도록 뽑힌 이들 – 테살로니카 신자들에 대한 격려
일 째	곱 날	3	• 사도들을 위한 기도 요청 • 게으름에 대한 경고 • 축복과 끝 인사

22. 테살로니카 전서의 구성과 주요내용

구분	주 제	내 용
1,1–3,13	인사와 감사	은총과 평화의 인사(1,1)–복음선포의 성과에 대한 감사(1,2–10) 순결하고 권위있는 복음선포의 선교활동(2,1–12) 하느님의 말씀을 잘 받아들이는 신자들의 좋은 자세(2,13–16): "우리는 하느님께서 우리를 인정하여 맡기신 복음을 그대로 전합니다. 사람들의 비위를 맞추려는 것이 아니라 우리 마음을 시험하시는 하느님을 기쁘게 해 드리려는 것입니다. 여러분도 알다시피, 우리는 한 번도 아첨하는 말을 하지 않았고 구실을 붙여 탐욕을 부리지도 않았습니다. 하느님께서 그 증인이십니다. 우리는 사람들에게서 영광을 찾지도 않았습니다."(2,4–6) 테살로니카를 떠난 후의 바오로의 태도: "여러분의 힘을 복돋아 주고 여러분의 믿음을 격려하여, 이 환난 속에서 아무도 흔들리지 않게 하려는 것이었습니다."(3,2–3).
4,1–5,11	정결과 형제애, 재림	바오로는 테살로니카 신자들이 처음 입교할 때 특별히 정결과 형제애에 대하여 말하고 있다. 하느님께서 원하시는 것은 거룩한 사람이 되는 것(4,3)이며 또 서로 사랑하는 일에 더욱 더 힘쓰기를 권고한다(4,10) 죽은 형제들의 부활 당시에는 바오로나 테살로니카 신도들이나 가릴 것 없이 모두 다 가까운 시일에 종말이 올 것이라고 생각하였다. 그런데 몇 몇 신도들은 먼저 죽었다. 그래서 예수께서 가까운 시일에 오셔도 죽은 사람들은 구원받지 못할 것이라고 염려한다. 바오로는 예수 부활을 보라고 하면서 실망하지 말라고 위로한다(4,13–18): "형제 여러분, 죽은 이들의 문제를 여러분도 알기를 바랍니다. 그리하여 희망을 가지지 못하는 다른 사람들처럼 슬퍼하지 말라는 것입니다. 예수님께서는 돌아가셨다가 다시 살아나셨음을 우리는 믿습니다. 이와 같이 하느님께서는 예수님을 통하여 죽은 이들을 그분과 함께 데려가실 것입니다… 명령의 외침과 대천사의 목소리와 하느님의 나팔소리가 울리면, 주님께서 친히 하늘에서 내려오실 것입니다. 그러면 먼저 그리스도 안에서 죽은 이들이 다시 살아나고, 그 다음으로, 그때까지 남아있게 될 우리 산 이들이 그들과 함께 구름속으로 들려 올라가 공중에서 주님을 맞이할 것입니다. 이렇게 하여 우리는 늘 주님과 함께 있을 것입니다. 그러니 이러한 말로 서로 격려하십시오(4,16–18). 종말에 대비하는 몇 가지 권고(5,1–11): "여러분은 모두 빛의 자녀이며 낮의 자녀들입니다. 우리는 밤이나 어둠에 속한 사람들이 아닙니다. 그러므로 이제 우리는 다른 사람들처럼 잠들지 말고, 맑은 정신으로 깨어 있을 수 있도록 합시다. 잠자는 이들은 밤에 자고 술에 취하는 이들은 밤에 취합니다. 그러나 우리는 낮에 속한 사람이니, 맑은 정신으로 믿음과 사랑의 갑옷을 입고 구원의 희망을 투구로 씁시다. 하느님께서는 우리가 진노의 심판을 받도록 정하신 것이 아니라, 우리 주 예수 그리스도를 통하여 구원을 차지하도록 정하셨습니다. 그리스도께서는 우리가 살아 있든지 죽어 있든지 당신과 함께 살게 하시려고, 우리를 위하여 돌아가셨습니다."(5,5–10).
5,12–5,28	권고와 작별 인사	공동체 생활에 대한 일반적인 훈화: "무질서하게 지내는 이들을 타이르고 소심한 이들을 격려하고 약한 이들을 도와주며 참을성을 가지고 모든 사람을 대하십시오. 아무도 다른 이에게 악을 악으로 갚지 않도록 주의하십시오. 서로에게 좋고 또 모든 사람에게 좋은 것을 늘 추구하십시오. 언제나 기뻐하십시오. 끊임없이 기도하십시오. 모든 일에 감사하십시오. 이것이 그리스도 예수님 안에서 살아가는 여러분에게 바라시는 하느님의 뜻입니다(5,14–17). 성령의 불(5,19–20)–성령의 선물을 소중히 간직하라고 권고한다: "성령의 불을 끄지 마십시오. 예언을 업신 여기지 마십시오. 모든 것을 분별하여, 좋은 것은 간직하고, 악한 것은 무엇이든 멀리하십시오. 평화의 하느님께서 친히 여러분을 완전히 거룩하게 해 주시기를 빕니다." (5,19–23). 마지막으로 다신 한 번 거룩하고 흠없는 생활을 하도록 권고하며 이어서 기도해 주기를 간청하고 은총과 축원의 인사로 맺는다.

23. 테살로니카 후서의 구성과 주요내용

구분	주 제	내 용
1,1– 1,12	핍박받는 자들에 대한 격려	사도 바오로는 박해 중에 믿음과 사랑을 굳게 지키고 굳굳히 살아가고 있음을 칭찬하면서 하느님께 감사하고 있다. 또 고통의 가치를 말하며 현재의 고통은 하느님 나라를 차지할 표지로 말한다. 하느님께서는 마지막 날에 현재의 고통을 갚아 주시지만, 하느님을 거부한 사람들은 처벌을 받게 된다는 것을 말해준다: "하느님께서는 정녕 의로우시어, 여러분에게 환난을 겪게 하는 자들에게는 환난으로 갚으시고, 환난을 겪는 여러분에게는 우리와 같이 안식으로 갚아 주실 것입니다. 그때에 그분께서는 타오르는 불에 휩싸여 오시어, 하느님을 모르는 자들과 우리 주 예수님의 복음에 순종하지 않는 자들에게 벌을 주실 것입니다."(1,6–7. 8).
2,1– 3,5	주님의날 이전의 표징과 신자들을 위한 격려	재림의 시기(2,1–3): "주님의 날이 이미 왔다고 말하더라도, 쉽사리 마음이 흔들리거나 불안해 하지 마십시오"(2,2) 반역자와 그 악한 자를 붙들고 있는 자(2,3–7): "먼저 배교하는 사태가 벌어지고 무법자가 나타나야 합니다. 멸망하게 되어 있는 그 자는 신이라고 일컬어지는 모든 것과 예배의 대상이 되는 것들에 맞서 자신을 그보다 더 높이들어 올립니다"(2,3–4). 신도들은 하느님의 선택을 받으며, 예수님으로 말미암아 구원을 받고 성령에 의하여 믿음에로 구원을 받고 성령에 의하여 믿음에로 부르심을 받아 거룩하게 될 사람들이다. 이것을 생각하고 바오로는 기도하지 않을 수 없었다. 그들이 부르심을 잃지 않도록 간청하지 않을 수 없었다. (2,15–17): "그러므로 형제여러분, 굳건히 서서 우리의 말이나 편지로 배운 전통을 굳게 지키십시오"(2,15)
3,6– 3,18	게으름에 대한 경고와 작별인사	종말이 왔다고 게으름을 피우는 등. 무질서한 생활을 하는 자들에게 권고하고 "일하기 싫어하는 사람은 먹지도 말라"고 경고한다. "우리는 여러분과 있을 함께 있을 때에 무질서하게 살지 않았고, 아무에게서도 양식을 거저 얻어먹지 않았으며, 오히려 여러분 가운데 누구에게도 폐를 끼치지 않으려고 수고와 고생을 하며 밤낮으로 일하였습니다… 그런데 여러분 가운데서 무질서하게 살아가면서 일은 하지 않고 남의 일에 참견만 하는 자들이 있다고 합니다. 그러한 사람들에게 우리는 주 예수 그리스도의 이름으로 지시하고 권고합니다. 묵묵히 일하여 자기 양식을 벌어먹도록 하십시오."(3,11–12). 평화의 축복으로 작별인사를 한다(3,16–18)

바이블테라피 Bible Therapy **42-45** 들숨과 날숨

나는 내가 하는 일을 도무지 알 수가 없습니다. 내가 해야 겠다고 생각하는 일은 하지 않고 도리어 해서는 안 되겠다고 생각하는 일을 하고 있으니 말입니다. (…) 여기에서 나는 한 법칙을 발견했습니다. 곧 내가 선을 행할 때는 언제나 바로 곁에 악이 도사리고 있다는 것입니다. 내 몸 속에는 내 이성의 법과 대결하여 싸우고 있는 다른 법이 있다는 것을 알고 있습니다. (로마 7,15-23)

05. 나의 숨 안에 숨어계시는 하느님

1) 눈을 감고 잠시 동안 몸의 감각을 하나하나 알아차리십시오! *(앞의 예시처럼)*

- 호흡을 의식하십시오!
- 그런데 이제 하나 변화시켜야 할 것은 이제 자신이 숨 쉬고 있는 공기 속에는 하느님의 권능과 현존이 충만하다는 사실, 그 공기는 나를 둘러싸고 있는 드넓은 대양의 공기라는 사실을 인식하십시오! 그 바다는 하느님의 현존과 그분의 존재가 짙게 물들어 있는 바다라는 것을 인식하십시오!
- 매 번 숨을 쉬면서 우리는 하느님의 권능과 현존을 마시고 있는 것입니다!
- 호흡은 생명, 영, 성령입니다!

- 숨을 들이마실 때 자기 안으로 들어오고 계시는 하느님의 성령을 기억하십시오!
- 나의 하느님!(들숨), 나는 당신을 사랑합니다!(날숨)
- 나의 주님!(들숨), 자비를 베푸소서!(날숨)
- 주님은 나의 방패!(들숨), 나의 피난처!(날숨)
- 나의 하느님!(들숨), 나를 당신께 맡깁니다!(날숨)

2) 이렇게 하느님 안에서 느끼는 많은 감정들을 잘 생각하고 호흡을 통해 표현하십시오!

- 삶의 어려웠던 순간들
- 좌절했던 시간들
- 방황했던 시간들
- 너무나 슬퍼서 한 없이 울었던 시간들
- 울 수조차 없었던 시간들
- 기쁨과 환희의 순간들
- 평화와 충만함의 순간들
- 분노했던 순간들
- 우울했던 시간들
- 사랑했던 시간들

모두를 호흡 안에서 ...... 머물러 그때의 느낌과 감정들을 한껏 떠올려 보십시오!

바오로의 이름으로 전해져 내려온 이른바 '바오로계 문헌' 가운데에서 티모테오 1서와 2서, 그리고 티도서는 문학상으로든 교리상으로든 비슷한 성격을 지닌 한 부류를 이룬다. 그리고 아주 짧은 필레몬서를 빼면, 이 세 서간만 수신인이 한 사람이다. 바오로계의 다른 서신들은 모두 공동체에 보낸 것이기 때문에, 이러한 면에서도 티모테오와 티토에게 보낸 세 서간은 특이한 경우가 된다. 18세기 초엽 이후 이 서신들은 전통적으로 '사목 서간'이라고 불린다. 사실 이 명칭이 근본적으로 교회의 원로 '사목자'가 젊은 사목자에게 보내는 지침을 담고 있는 이 문헌들의 특성을 잘 드러낸다.

바오로의 이름으로 전해져 내려온 이른바 '바오로계 문헌' 가운데에서 티모테오 1서와 2서, 그리고 티도서는 문학상으로든 교리상으로든 비슷한 성격을 지닌 한 부류를 이룬다. 그리고 아주 짧은 필레몬서를 빼면, 이 세 서간만 수신인이 한 사람이다. 바오로계의 다른 서신들은 모두 공동체에 보낸 것이기 때문에, 이러한 면에서도 디모테오와 디도에게 보낸 세 서간은 특이한 경우가 된다. 18세기 초엽 이후 이 서신들은 전통적으로 '사목 서간'이라고 불린다. 사실 이 명칭이 근본적으로 교회의 원로 '사목자'가 젊은 사목자에게 보내는 지침을 담고 있는 이 문헌들의 특성을 잘 드러낸다.

대부분의 사도들이 세상을 떠나자, 감독과 원로와 같은 교회 지도자들의 책임이 강조되기에 이른다. 이러한 관점에서 사목 서간은 1세기 말의 상황을 반영한다. 우리에게까지 전해져 내려온 바오로의 서간들 가운데에서 필레몬에게 보낸 서신이 가장 짧다.

1 티모테오/2 티모테오 EPISTLE TO TIMOTHY

1. 개요

공동체에 보낸 편지가 아니라 제자 티모테오에게 보낸 서간이다. 교회의 직분, 교계제도와 조직, 지도자 선택과 이단 등 교회의 사목자에게 주는 조언과 충고를 싣고 있어 티토서와 함께 사목서간이라 불리운다.

2. 저자 및 집필시기

바오로가 아들같이 사랑하는 티모테오에게 보낸 편지로 되어 있다. 그러나 문체와 내용, 신학적 용어와 어휘들이 바오로가 직접 쓴 편지와 다른 것으로 보아 바오로를 따르는 후대 사람에 의해 쓰여진 것으로 보인다. 서기 63~67년 사이에 기록된 것으로 간주되나 후대에 완성되었다면 바오로가 죽은 후 100년경 집필한 것으로 추정된다.

3. 집필동기

교회의 지도자에게 교의적인 가르침과 사목적 지침을 제시하고자 했다. 바오로는 1세기말 교회 안에 침투해 있던 이단설에 대해 당시 유행하던 그리스, 로마 철학의 문제와 어휘, 논증 방식을 통해서 잘못을 일깨우고자 했다. 또한 굳건한 신앙 안에서 다가올 박해와 어려움에 대처하여 언제 어디서나 복음선포에 최선을 다 할 것과 동시에 직무에 충실할 것을 당부하고 있다.

4. 주요내용

티모테오 전, 후서는 각각 6장, 4장으로 참된 사목자의 자세와 이단에 대한 경고를 쓰고 있다.

● 전서

(1) 이단과 복음(1,1~20) : 바오로는 티모테오에게 사목자로 교회 안에 그릇된 가르침이 전해지지 않도록 주의하라고 한다. 또한 선포된 가르침을 바탕으로 삼아 싸우면서 복음을 전파하기를 당부한다.

(2) 교회의 예배와 질서(2,1~4,16) : 바오로는 모든 사람을 위해서 기도하고, 신도들은 깨끗한 마음으로 예배할 것을 당부한다. 또 교회의 직분과 기능에 대해 이야기하고, 지도자 선택의 신중과 거짓 가르침에 대해 경고하면서 지도자는 말이나 행동, 신앙에서 신도들의 모범이 될 것을 당부하고 있다.

(3) 교회안의 규율과 권고(5,1~6,21) : 여러 상황의 신도들에게 충고하면서 과부들을 보살피고 교회 원로들을 존중하라고 한다. 영원한 생명을 얻기까지 믿음의 싸움을 끝까지 계속하라고 한다.

● 후서

(1) 감사와 격려(1,1~18) : 바오로는 하느님께 감사를 드리며, 그리스도의 복음 전파를 위하여 뽑힌 티모테오에게 은총의 선물을 잘 간직하라고 한다.

(2) 바오로의 애정어린 충고와 지시(2,1~3,17) : 바오로는 자신에게 배운 바를 사람들에게 전하라 하고 그리스도의 충실한 군인답게 모든 고난을 참을성 있게 받으라고 한다. 마지막 때 세상이 더 악해지므로 인내와 사랑을 보존하고 성경을 잘 익혀 선한 일을 할 수 있는 준비를 갖추라 한다.

(3) 복음 선포와 고별사(4,1~4,22) : 바오로는 어떤 상황에서든 꾸준히 복음을 선포하고 자신의 직무에 충실하라고 한다. 끝으로 인사를 나누며 주님의 은총이 함께하기를 빈다.

티도 TITUS

1. 개요

바오로가 티도에게 보낸 편지이다. 티도는 원래 이방인 출신으로 바오로의 제자가 된 사람이다. 후에 그는 그레데섬에 있는 몇몇 교회의 원로가 되었다. 바오로는 티도를 통해 교회 사목자들의 직무이행에 필요한 사목지침을 전하고 있다. 티모테오 전, 후서와 함께 사목서간이라 불리운다.

2. 저자 및 집필시기

바오로가 티도에게 보낸 것으로 되어 있다. 그러나 바오로가 직접 쓴 서간과 비교하여 문체나 내용 면에서 다른 점이 있어 바오로를 따르는 후대 사람에 의해 집필된 것으로 보인다. 바오로 사후 대략 100년경 쓰여진 것으로 추정된다.

3. 집필동기

1세기경 교회는 그레데인들에 대한 평판이 좋지 않았다. 때문에 참된 성화가 필요하였고 사목자들은 여러 가지 도움을 받아야만 하였다. 저자는 그레데의 위기적 상황을 고려하여 티도에게 이 편지를 썼다. 제자는 티도에게 주교들과 장로들을 임명하여 지방교회의 질서를 확립케 하고, 이단설을 거슬러 싸우며 교회내 각계 각층의 계급들을 잘 보살피도록 권고하고 있다. 특히 사목자들이 교회를 조직하고 교회의 정통 가르침을 전수하며, 이단자들을 배척하는 일에 이르기까지 초기 교회의 실질적인 문제에 대해 어떻게 풀어나가야 하는지 일러주고자 했다. .

4. 주요내용

모두 3장으로 교회 사목자의 자질과 의무, 그 협조자와 신자들이 취해야 할 자세에 대해 이야기한다.

(1) **인사와 티도의 사명(1,1~1,16)** : 바오로는 하느님께서 뽑으신 사람들의 믿음을 도와주고 하느님께서 약속해 주신 영원한 생명에 대한 희망을 전해주기 위해서 사도가 되었으며, 자신과 같은 믿음의 생활을 하는 티도에게 이 편지를 띄운다고 하였다. 티도가 그레데섬에 홀로 남은 것은 교회의 원로들을 임명하기 위함이다. 원로나 하느님 집안을 관리하는 감독자는 교회가 가르치는 진실된 말씀을 굳게 지키는 사람이어야 한다. 그래야 남을 가르칠 수도 있고 반대자들을 반박할 수도 있기 때문이다. 아울러 반역하는 유다인들과, 더러운 이익을 위해 가르쳐서는 안 될 것을 가르치는 그레데인들을 엄하게 다스리라고 한다.

(2) **사목자의 의무와 하느님의 은총(2,1~3,11)** : 나이 많은 남자와 여자, 젊은이와 종들에게 자기 위치에 맞는 몸가짐과 생활로 좋은 행동의 본보기가 되라고 한다. 모든 사람의 구원은 하느님 은총에 있다. 이러한 하느님의 은총은 불경건한 생활과 세속적인 욕망을 버리고 그리스도의 영광의 복된 희망의 날을 기다리며 살게 해준다. 이 때문에 바오로는 티도에게 큰 권위를 가지고 이러한 일들을 가르치라고 한다. 또한 통치자, 지배자들에게 복종하고 하느님을 믿는 사람들은 선행을 하는데 전념하도록 가르치라 한다.

(3) **권고와 마지막 인사(3,12~3,15)** : 개인적인 권고와 교우들이 선행에 앞장서 남에게 절실히 필요한 것들을 채워줄 줄 아는 사람이 되도록 당부한다. 끝으로 신도들에게 문안인사를 드리고 하느님 은총이 모두에게 함께 하시기를 빈다.

필레몬 PHILEMON

1. 개요

필레몬서는 바오로의 서간 중 가장 짧은 것으로 그리스도의 사랑에 예민하고 섬세하게 반응하는 바오로의 감성과 인간성을 잘 나타내고 있다. 바오로가 지역 교회나 사목자들에게 보낸 서간과는 달리 필레몬에게 보낸 것으로 에페소서, 필리피서, 콜로새서와 함께 4대 옥중서간에 속한다.

* '옥중서간'이란 이름은 바오로가 자신을 '죄수'라고 지칭하면서 그 이름이 유래하였다.

2. 저자 및 집필시기

옥중에서 바오로가 썼다. 54~56년경 에페소에서 집필한 것으로 추정된다. 바오로는 에페소에서 도망나온 노예 오네시모를 만났고 거기서 다시 오네시모를 주인인 필레몬에게 돌려 보내면서 이 편지를 쓴 것으로 보인다.

3. 집필동기

바오로는 콜로사이를 도망쳐 나온 노예 오네시모를 위하여 필레몬에게 이 편지를 썼다. 필레몬과 오네시모는 둘 다 바오로의 도움을 받아 그리스도인이 된 사람들로 필레몬은 노예의 주인으로 오네시모를 죽일 수도 있지만 그리스도안에 한 형제로서 오네시모를 받아줄 것을 요구하고 있다. 바오로는 오네시모를 아들과 같이 여겼으며 일의 동반자로 삼았다. 이같이 바오로는 오네시모와의 관계를 통해 그리스도의 사랑 앞에 유다인이나 이방인이 따로 없듯이 노예와 자유인이 따로 없음을 명백히 밝히고자 하였다. 나아가 모든 그리스도인은 주님을 믿는 믿음 안에 한 형제임을 일깨워 주고자 하였다.

4. 주요내용

모두 25절로 도망간 노예 문제를 그리스도의 사랑 안에서 이야기하고 있다.

(1) 문안인사(1,1~3절) : 갇혀 있는 바오로는 필레몬과 그의 집에 모이는 교우들에게 편지를 띄우면서 그들에게 하느님의 은총과 평화가 내리시기를 기원하고 있다.

(2) 필레몬과 사랑과 믿음(1,4~7절) : 바오로는 주 예수께 대한 굳건한 믿음으로 성도들을 사랑하는 필레몬을 생각하면서 하느님께 늘 감사를 드린다. 바오로는 성도들에게 사랑을 베푸는 필레몬을 통해 큰 기쁨과 위안을 얻었다면서 필레몬이 그리스도를 믿음으로 얻는 축복이 얼마나 큰지 깨닫게 되기를 빌고 있다.

(3) 오네시모를 위한 바오로의 부탁과 마지막 인사(1,8~25) : 바오로는 필레몬에게 그의 노예이며 도망쳤던 오네시모를 맞아 줄 것을 간청하고 있다. 바오로는 자신이 갇혀 있는 동안에 얻은 믿음의 아들 오네시모가 전에는 쓸모없는 사람이었지만 이제는 쓸모 있는 사람이 되었다고 하면서 이제부터 그리스도 안에 종이 아닌 사랑하는 교우로서 같은 처지임을 말하고 있다. 또한 오네시모가 진 빚을 다 갚겠다고 하면서 믿음 안에서 이 문제가 해결되기를 바라고 있다. 끝인사와 함께 주 예수 그리스도께 은총을 내려 주시기를 빌고 있다.

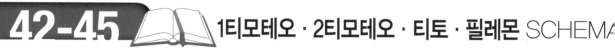
날짜	성서 구절	주요 내용	
첫 째 날	티모테오 전 1	• 티모테오에게 보내는 인사말 • 그릇된 가르침에 대한 경고 • 바오로의 감사 • 티모테오에게 책무를 알려줌	
둘 째 날	2-3	• 모든 사람을 위한 기도 권고 • 올바른 예배 자세(2) • 교회 지도자와 봉사자의 자격(3)	
셋 째 날	4-6	• 거짓 교사들에 관한 경고 • 그리스도의 훌륭한 일꾼 – 티모테오를 격려(4) • 신자들을 대하는 자세에 대한 권고 • 과부들에 관한 지침/원로들에 관한 지침(5) • 종들에 관한 지침/이단과 탐욕에 관한 경고 • 믿음을 위한 싸움을 하는 티모테오를 격려 • 부자들에 관한 지침/마지막 권고와 인사(6)	
넷 째 날	티모테오 후 1-2	• 티모테오에게 보내는 인사말 • 티모테오에 대한 감사와 격려(1) • 그리스도의 훌륭한 군사답게 굳세어지기를 격려 • 인정받는 일꾼으로 하느님 앞에 설 수 있도록 애쓸 것(2)	

날짜		성서 구절	주요 내용
다 째	셋 날	3-4	• 마지막 때의 타락상(3) • 마지막 지시 • 개인적인 부탁과 끝 인사(4)
여 째	셋 날	티토 1-3	• 티토에게 보내는 인사말 • 교회 지도자의 자격/크레타 신자들의 상황 설명(1) • 여러 부류의 사람들에 관한 지시 • 하느님의 은총은 모든 사람들을 위한 것임(2) • 다른 사람들에 대한 태도 지시/부탁과 인사(3)
일 째	곱 날	필레몬 1	• 필레몬에게 보내는 인사말 • 필레몬의 믿음과 사랑에 대한 감사 • 아들 오네시모스에 대한 바오로의 부탁

24. 1티모테오서의 구성과 주요내용

구분	주제	내용
1,1-1,20	이단과 복음	**거짓교설에 대한 경고**–율법은 의인을 위해서 있는 것이 아니라, 건전한 교리에 어긋나는 이들을 다스리기 위해서 있을 뿐이다(1,3-11): 하느님 자비에 대한 감사–모든 그리스도인들은 하느님의 자비에 대해 감사하는 생활이 필요하다는 것을 보여준다(1,12-20):
2,1-3,16	교회의 공적 예배와 직분	**기도에 대하여**–모든 사람들을 위하여 기도해야 한다. 하느님께서는 모든 사람을 구원하고자 하신다(2,1-8). 교회 지도자의 자격–자기를 다스리고 남을 가르치는 능력이 있고, 가정을 다스리고 사회에 덕을 베푸는 사람(3,1-7): "어떤 사람이 감독직분을 맡고 싶어한다면, 감독은 나무랄데가 없어야 하고, 한 아내의 충실한 남편이어야 하며, 절제할 줄 알고 신중하고 단정하며 손님을 잘 대접하고 또 가르치는 능력이 있어야 합니다. 술꾼이나 난폭한 사람이 아니라, 관대하고 온순하고 돈 욕심이 없으며 자기 집안을 잘 이끌고 아주 품위 있게 자녀들을 순종시키는 사람이어야 합니다. 자기 집안을 이끌 줄 모르는 사람이 어떻게 하느님의 교회를 돌 볼 수 있겠습니까? 새로 입교한 사람도 안됩니다. 교만해져서 악마가 받는 심판에 떨어질 위험이 있습니다. 또한 바깥 사람들에게도 좋은 평판을 받는 사람이어야 합니다. 그래야 비방을 받거나 악마의 올가미에 걸리지 않습니다"(3,1-7). **봉사자의 자격**–감독의 자격과 비슷하나 남을 가르치는 능력이 있어야 한다는 것과 새 신자는 안된다는 것의 두 가지 자격은 빠져있다: "봉사자들도 마찬가지로 품위가 있어야 하고, 한 입으로 두말하지 않으며, 술에 빠져서도 안 되고 부정한 이익을 탐내서도 안 됩니다. 그리고 깨끗한 양심으로 믿음의 신비를 간직한 사람이어야 합니다. 또 그들을 먼저 시험해 보고 나서 흠 잡을 데가 없는 경우에만 봉사직을 수행하게 해야 합니다. 여자들도 마찬가지로 품위가 있어야 하고, 남을 험담하지 않으며, 절제할 줄 알고 모든 일에 성실해야합니다. 봉사자들은 한 아내의 충실한 남편이어야 하고, 자녀들과 자기 집안을 잘 이끄는 사람이어야 합니다. 사실 봉사직을 훌륭히 수행하는 이들은 좋은 명성을 얻고, 그리스도 예수님에 대한 믿음에 더욱 큰 확신을 얻게 됩니다." (3,8-13).
4,1-6,21	사목자의 자세	사목자의 사명과 언행–말, 행실, 사랑, 믿음, 순결의 모범이 되고, 성경을 읽고 열심히 기도하며, 직무에 정성을 다하라. 자신을 조심하고 가르친 내용을 살피며, 노인을 공경하고, 젊은 형제 자매는 친형제에게 대하듯 순결한 마음으로 충고하라(4,12-5,2): **거짓교사들에 대한 경고(4,1-5)**… 그리스도의 훌륭한 일꾼 (4,6-15): "저속하고 망령된 신화들을 물리치십시오. 신심이 깊어지도록 자신을 단련하십시오. 몸의 단련도 조금은 유익하지만 신심은 모든 면에서 유익합니다…아무도 그대를 젊다고 업신여기지 못하게 하십시오. 그러니 말에서나 행실에서나 사랑에서나 믿음에서나 순결에서나, 믿는 이들의 본보기가 되십시오. 내가 갈때까지 성경봉독과 권고와 가르침에 열중하십시오. 그대가 지닌 은사, 곧 원로단의 안수와 예언을 통하여 그대가 받은 은사를 소홀리 하지 마십시오. 그리하여 그대가 더욱 나아지는 모습이 모든 사람에게 드러나도록 하십시오"

교회의 규범들(5,3-6,2)과 다양한 권고(6,3-19)

과부들에 대한 지침(5,3-5,16): "무의탁 과부는 곧 의지할 데 없이 홀로 된 여자는 하느님께 희망을 걸고 밤낮으로 끊임없이 간구와 기도를 드립니다. 그러나 제 욕심대로 사는 과부는 살아 있어도 죽은 몸입니다… 과부 명단에 오를 수 있는 이는 예순 살 이상으로 한 남편의 충실한 아내였고, 선행으로 좋은 평판을 받는 여자여야 합니다."(5,5-6)

원로들에 대한 지침: "설교하고 가르치는 일에 애쓰는 이들에게… '타작 일을 하는 소에게 부리망을 씌워서는 안된다 또 일꾼이 품삯을 받는 것은 당연하다. 두 사람이나 세 사람의 증인이 없으면 원로에 대한 고발을 받아들이지 마십시오. 줄곧 죄를 짓는 이들은 모든 사람 앞에서 꾸짖어, 다른 사람들도 두려움을 가지게 하십시오"(5,17-20).

이단과 탐욕에 관한 경고: "우리 주 예수 그리스도의 건전한 말씀과 신심에 부합되는 가르침을 따르지 않으면, 그는 교만해져서 아무것도 깨닫지 못할 뿐만 아니라 논쟁과 설전에 병적인 열정을 쏟습니다. 이러한 것에서부터 시기와 분쟁과 중상과 못된 의심과 끊임없는 알력이 나와, 정신이 썩고 진리를 잃어버린 사람들 사이에 번져 갑니다. 그들은 신심을 이득의 수단으로 생각하는 자들입니다… 사실 돈을 사랑하는 것이 모든 악의 뿌리입니다. 돈을 따라다니다가 믿음에서 멀어져 방황하고 많은 아픔을 겪은 사람들이 있습니다."(6,3-5. 10)

믿음을 위한 싸움(6,11-12. 14): "그 대신에 의로움과 신심과 믿음과 사랑과 인내와 온유를 추구하십시오. 믿음을 위하여 훌륭히 싸워 영원한 생명을 차지하십시오. 우리 주 예수 그리스도께서 나타나실 때까지 흠 없고 나무랄때 없이 계명을 지키십시오…홀로 불사불멸하시며 다가갈 수 없는 빛 속에 사시는 분 어떠한 인간도 뵌 일이 없고 뵐 수도 없는 분이십니다."

부자들에 대한 지침: "현세에서 부자로 사는 이들에게는 오만해지지 말라고 지시하십시오. 또 안전하지 못한 재물에 희망을 두지말고, 우리에게 모든 것을 풍성히 주시어 그것을 누리게 해 주시는 하느님께 희망을 두라고 지시하십시오"(6,17).

마지막 권고와 인사(6,20-21)

25. 2티모테오서의 구성과 주요내용

구분	주 제	내 용
1,1–1,18	복음과 봉사에 충실하라는 간청	**굳은 믿음과 충실함에 대한 감사(1,3–5):** "나는 밤낮으로 기도할 때 마다 끊임없이 그대를 생각하면서, 내가 조상들과 마찬가지로 깨끗한 양심으로 섬기는 하느님께 감사를 드립니다."(1,3) **신앙고백에 대한 격려**–바오로는 디모테오에게 하느님께 받은 은사를 불타오르게 하고, 하느님에 대한 확고한 증거를 갖기를 부탁한다. 또 복음을 위한 고난에 대비해야 하고, 그가 받은 가르침에 충실하기를 권고한다: "나는 그대에게 상기시킵니다. 내 안수로 그대가 받은 하느님의 은사를 다시 불태우십시오. 하느님께서는 우리에게 비겁함의 영을 주시는 것이 아니라, 힘과 사랑과 절제의 영을 주셨습니다. 그러므로 그대는 우리 주님을 위하여 증언하는 것을 부끄러워하지 말고, 그분 때문에 수인이 된 나를 부끄러워하지 마십시오. 오히려 하느님의 힘에 의지하여 복음을 위한 고난에 동참하십시오"(1,15–18). **지지자와 반대자(1,15–18)** 아시아에 사는 모든 이들은 바오로를 져 버렸지만 오네시포로스 집안은 여러 번 바오로에게 생기를 돋우어 주었으며, 그가 사슬에 묶인 것을 부끄러워 하지 않았다.
2,1–4,8	이단에 대한 태도	**그리스도의 훌륭한 군사:** "그리스도 예수님의 훌륭한 군사답게 고난에 동참하십시오. 경기를 하는 사람도 규칙대로 경기를 하지 않으면 승리의 화관을 얻지 못합니다. 애쓰는 농부가 소출의 첫 몫을 받는 것이 당연합니다."(2,5–6) 바오로는 디모테오에게 가르친 구원의 진리를 신자들이 잊어버리지 않게 하라고 지시한다. 왜냐하면 가르침의 중심은 수난하고 죽음을 통해 부활하신 그리스도가 우리에게 진정한 구원이 되시기 때문이다. "나는 선택된 이들을 위하여 이 모든 것을 견디어 냅니다. 그들도 그리스도 예수님 안에서 받는 구원을 영원한 영광과 함께 얻게 하려는 것입니다. '우리가 그분과 함께 죽었으면 그분과 함께 살 것이고 우리가 견디어 내면 그분과 함께 다스릴 것이며 우리가 그분을 모른다고 하면 그분도 우리를 모른다고 하실 것입니다.'(2,10–12) "속된 망언을 피하십시오. 그것은 사람들을 점점 더 큰 불경에 빠지게 합니다. 그들의 말은 악성 종양처럼 사방을 파먹어 들어갈 것입니다"(2,16–17) "청춘의 욕망을 피하고, 깨끗한 마음으로 주님을 받들어 부르는 이들과 함께 의로움과 믿음과 사랑과 평화를 추구하십시오. 어리석고 무식한 논쟁을 물리치십시오. 알다시피 그것은 싸움을 일으킬 뿐입니다. 주님의 종은 싸워서는 안됩니다. 오히려 모든 사람에게 친절하게 잘 가르치며 참을성이 있어야 하고, 반대자들을 온유하게 바로잡아 주어야 합니다. 그러면 하느님께서 그들을 회개시키시어 진리를 깨닫게 해 주실 수도 있습니다. 또 악마에게 붙잡혀 그의 뜻을 따르던 그들이 정신을 차려 악마의 올가미에서 벗어날 수도 있습니다."(2,22–26) **마지막 때의 타락상(3,2–6. 8–9):** "사람들은 자신과 돈만 사랑하고 허풍을 떨고 오만하며, 남을 중상하고 부모에게 순종하지 않으며, 감사할 줄 모르고 하느님을 무시하며, 비정하고 매정하며, 남을 험담하고 절제할 줄 모르며, 난폭하고 선을 미워하고 배신하며, 무모하고 교만하며, 하느님 보다 쾌락을 더 사랑하면서 겉으로는 신심이 있는 체하여도 신심의 힘은 부정할 것입니다…저들은 정신이 썩고 믿음의 낙오자가 된 사람들입니다. 그러나 저들은 더 이상 앞으로 나아가지 못할 것입니다."

		마지막 지시-성경으로 무장하라(3,12-17): "사실 그리스도 예수님 안에서 경건하게 살려는 이들은 모두 박해를 받을 것입니다… 성경은 그리스도 예수님에 대한 믿음을 통하여 구원을 얻는 지혜를 그대에게 줄 수 있습니다. 성경은 전부 하느님의 영감으로 쓰인 것으로, 가르치고 꾸짖고 바로잡고 의롭게 살도록 교육하는 데에 유익합니다. 그리하여 하느님의 사람이 온갖 선행을 할 능력을 갖춘 유능한 사람이 되게 해 줍니다."
4,1-4,22	말씀 선포	"말씀을 선포하십시오. 기회가 좋든지 나쁘든지 꾸준히 계속하십시오. 끈기를 다하여 사람들을 가르치면서, 타이르고 꾸짖고 격려하십시오… 호기심에 가득 찬 그들은 자기들의 욕망에 따라 교사들을 모아들일 것입니다. 그리고 진리에는 더 이상 귀를 기울이지 않고 신화쪽으로 돌아설 것입니다. 그러나 그대는 어떠한 경우에도 정신을 차리고 고난을 견디어 내며, 복음선포자의 일을 하고 그대의 직무를 완수하십시오… 내가 이 세상을 떠날 때가 다가온 것입니다. 나는 훌륭히 싸웠고 달릴 길을 달렸으며 믿음을 지켰습니다. 이제는 의로움의 화관이 나를 위하여 마련되어 있습니다. 의로운 심판관이신 주님께서 그날에 그것을 나에게 주실 것입니다."(4,2-8) **개인 소식 및 맺음말:** 바오로의 편지는 사랑의 인사로 시작하고 사랑의 인사로 끝맺는다.

무엇보다도 먼저 서로 한결같이 사랑하십시오. 사랑은 많은 죄를 덮어 줍니다. (1베드 4, 8)

사랑하는 여러분, 시련의 불길이 여러분 가운데에 일어나더라도 무슨 이상한 일이나 생긴 것처럼 놀라지 마십시오. 오히려 그리스도의 고난에 동참하는 것이니 기뻐하십시오. 그러면 그분의 영광이 나타날 때에도 여러분은 기뻐하며 즐거워하게 될 것입니다. (1베드 4, 12-13)

누구든지 그분의 말씀을 지키면, 그 사람 안에서는 참으로 하느님의 사람이 완성됩니다. 그것으로 우리가 그분 안에 있음을 알게 됩니다. (1요한 2, 5)

우리는 그 분의 자녀입니다. 세상이 우리를 알지 못하는 까닭은 세상이 그분을 알지 못하였기 때문입니다. (1요한 3, 1)

우리가 서로 사랑하면, 하느님께서 우리 안에 머무르시고 그 분의 사랑이 우리에게서 완성됩니다. (1요한 4, 12)

26. 티토서의 구조와 주요내용

구분	주 제	내 용
1,1–1,16	티토의 사명 (크레타)	교회의 조직화: 교회지도자의 자격(1,5–9)과 이단, 곧 유다주의자들, 순종하지 않는 자, 우롱하는 자, 남을 속이는 자, 이런 이들은 전부 유다교에서 넘어온 이들이니 잘 단속하라고 권고한다. 하느님을 안다고 말은 하지만 실천에 있어서 하느님의 뜻을 준수하지 않는 사람 그것이 이른 바 실천적 무신론이다. 이러한 잘못된 믿음을 물리친다(1,10–16) 교회지도자의 자격(1,5–9): "한 아내의 충실한 남편이어야 하고 방탕하다는 비난을 받지 않아야 하며 순종하는 사람이어야 합니다. 또한 거만하지 않고 쉽게 화내지 않는 사람이어야 합니다. 술꾼이나 난폭한 사람이나 탐욕스러운 사람이 아니라, 손님을 잘 대접하고 선을 사랑해야 하며, 신중하고 의롭고 거룩하고 자제력이 있으며, 가르침을 받은대로 진정한 말씀을 굳게 지키는 사람이어야 합니다. 그래야 건전한 가르침으로 남을 격려할 수 있고 반대자들을 꾸짖을 수도 있습니다." 크레타 신자들(1,10–11): "순종하지 않고 쓸데없는 말을 하며 남을 속이는 자들이, 특히 할례 받은 자들 가운데에 많습니다. 그들이 입을 다물도록 만들어야 합니다. 그들은 부정한 이익을 얻으려고, 가르쳐서는 안 되는 것까지 가르치면서 여러 집안을 온통 망쳐놓고 있습니다."
2,1–3,8	그리스도적 생활	나이 많은 남자의 규범(2,2)…나이 많은 여자의 규범(2,3–5)…젊은 남자들의 규범(2,6–8)…종들의 규범(2,9–10)…모든 사람들을 위한 하느님의 은총(2,11–15)… "사실 우리도 한 때 어리석고 순종할 줄 몰랐으며 그릇된 길에 빠졌으며, 갖가지 욕망과 쾌락의 노예가 되었고, 악과 질투 속에 살았으며, 고약하게 굴고 서로 미워하였습니다."(3,3) "성령을 하느님께서는 우리 구원자이신 예수 그리스도를 통하여 우리에게 풍성히 부어 주셨습니다. 그리하여 우리는 그분의 은총으로 의롭게 되어, 영원한 생명의 희망에 따라 상속자가 되었습니다." (3,6–7)
3,9–3,15	이단자에 대한 경계와 맺는 말	"분파를 일으키는 사람에게는 한 번 또 두 번 경고한 다음에 관계를 끊으십시오" (3,10). 개인적인 권고와 마지막 인사(3,12–15): "교우들도 선행에 전념해서 남에게 절실히 필요한 것들을 채워줄 줄 아는 사람이 되어야 합니다". 즉 사랑은 실재의 선행으로 나타내야 하는 것이다.

27. 필레몬서의 구성과 주요내용

구분	주 제	내 용
1,1-1,3	인사	필리피서와 필레몬(수신인)서는 바오로의 옥중서간이다.
1,4-1,7	필레몬의 믿음과 사랑	오네시모스는 주인에게 많은 손해를 끼치고 도망간 노예로서 당시 노예법에 의하면 사형받을 죄인이었다. 오네시모스는 훌륭한 사람 바오로를 찾고 거기서 바오로의 옥바라지를 다 하였다. 그리고 바오로의 감화를 받아 열심한 그리스도인이 되었다. 그러나 당시의 법에 따르면 오네시모스는 필레몬의 소유였다.
1,8-19	오네시모스에 대한 부탁	필레몬에게는 쓸모없는 사람이었던 오네시모스는 이제 사회적인 면에서나 신앙적인 면에서 쓸모있는 사람(오네시모스)이 되었다.
1,20-25	인사	"그대여! 그렇습니다. 나는 주님 안에서 그대의 덕을 보려고 합니다. 그리스도 안에서 내 마음이 생기를 얻게하여 주십시오"(20).

바이블테라피 **46** 고요하게 머물기

이 썩을 몸이 불멸의 옷을 입고 이 죽을 몸이 불사의 옷을 입게 될 때에는 "승리가 죽음을 삼켜 버렸다. 죽음아 네 승리는 어디 갔느냐? 죽음아 네 독침은 어디 있느냐? 라는 성서 말씀이 이루어 질 것입니다. 그러므로 사랑하는 형제 여러분 굳건히 서서 흔들리지 말고 언제든지 주님의 일을 열심히 하십시오, 주님을 위해서 하는 노력은 결코 헛되지 않다는 것을 명심하십시오" (1코린토 16, 54-58)

06. 고요하게 있기

부동자세, 움직이지 않으며 고요하게 있는 연습도 필요합니다. 우리들은 무엇 때문인지도 모르게 계속해서 움직이고 부산합니다. 기도에 들어가기 위해서는 무엇보다 자신을 고요하게 만드는 것이 필요합니다. 가만히 머물러 있을 수 있는 것부터 배워야 합니다. 조용함, 고요함 자체가 기도가 될 수 있습니다.

1) 몸의 감각을 알아차리는 연습을 다시 반복합니다.

• 하지만 이번에는 머리끝에서 발끝까지 한 부분도 빼 놓지 않고 옮아가면서 온 몸을 의식하십시오! 각 부분의 감각을 알아차리십시오! (15분 정도 계속합니다)

• 하지만 이번에는 몸을 움직이지 않음을 의식해야 합니다. 움직이고 싶거나 긁고 싶거나 하는 일체의 움직임을 막으십시오! 움직이고자 하는 맘이 서서히 사라지게 되고 숨이 다시 고요해 질 것입니다!

2) 꼼짝하지 않는 것은 엄청난 고통입니다. 그리고 근육이 긴장 할 수도 있습니다. 그러면 어떠한 부분이 긴장하는지 느껴보십시오!

3) 신체적인 고통을 느낄 수도 있습니다. 이러한 나의 부동자세를 거스르는 반란의 움직임이 몸에서 일어날 것입니다. 팔다리를 움직이거나 자세를 바꾸어 고통을 덜하게 하려는 유혹을 물리치십시오! 그리고 그 아픔을 예의 주시하십시오!

4) 초심자들이 겪게 되는 고통은 긁고 싶은 충동입니다. 그것은 몸의 감각들을 알아차리기 시작했다는 신호입니다. 사실 그러한 감각들은 늘 그 자리에 있었지만 우리가 의식하지 못하고 있었던 것입니다. 그 가려움이 사라질 때까지 그것을 의식하며 가만히 머물러 있어야 합니다. 그 충동을 물리쳐야 합니다.

• 이제 천천히 두 팔을 본래의 자세로, 머리를 본래의 위치로 돌이키십시오!

• 계속 반복해서 이러한 자세를 반복하십시오!

5) 이제 손을 컵 모양으로 혹은 성작을 감싸고 있는 모습으로 만들어 보십시오!

• 그리고 천천히 3번의 동작을 반복해 보십시오!

• 이제 하느님께 향하고 있는 자세에서 하느님께 드리고 싶은 말씀을 드리십시오!

히브리서 EPISTLE TO THE HEBREWS

히브리서는 상당 부분을 할애하여 구약성서의 여러 경신례(敬神禮)와 제사에 관하여 길게 이야기한다. 그러면서 아주 유연하게 구약성서의 본문과 사건을 상징적으로 해석하고, 지상 현실과 천상 원형 사이의 관계, 또 역사적 사실과 하느님의 영원성 사이의 관계를 제시한다. 옛날에는 히브리서를 바오로의 다른 서간들처럼 두 단락으로, 곧 교리 부분(1,1-10,18)과 도덕 부분(10,19-13,25)으로 나누곤 하였다. 그러나 이는 필자의 의도를 제대로 반영하지 못한다. 그리스도인의 믿음과 삶을 일치시키려고 애쓰는 필자는 처음부터 교리에 관한 설명과 삶에 관한 권고를 번갈아 제시한다(2,1-4; 3,7-4,16; 5,11-6,12 참조). 근래에는 더러 다음과 같이 세 부분으로 나누기도 한다. ㄱ. 하느님의 말씀(1,1-4,13); ㄴ. 그리스도의 사제직(4,14-10,18); ㄷ. 그리스도인의 삶(10,19-13,25). 이러한 구분이 특정 사항들을 돋보이게는 하지만, 이 서간의 전체적인 모습에는 잘 부합되지 못하는 면이 있다.

교리와 관련하여 히브리서가 한 기여는 무엇보다도 그리스도의 신비를 사제직이라는 개념으로 설명한 것임을 쉽게 파악할 수 있다. 사실 신약성서 전체에서 유일하게 히브리서에서만 그리스도와 관련하여 사제와 대사제라는 칭호가 쓰인다. 이는 매우 중요한 사실이다. 바로 이 사실을 통하여 그리스도교 신앙, 그리고 경신례라는 구약성서 전통의 주요 흐름 사이에 존재하는 관계가 표현되기 때문이다. 구체적으로는 제사와 전례, 사제직, 이스라엘의 하느님을 모시는 성소 등이다. 그리스도인의 위치는 무엇보다도 먼저 하느님과 사제적(司祭的) 관계를 맺는 것으로 정의된다. 구약에서 거행된 속죄일의 전례는(레위 16) 실질적인 효과를 가져다 주지 못하는 시도로, 결국은 미래의 것을 가리키는 예표일 수 밖에 없었다(9,9; 10,1). 이 예표가 처음이자 마지막으로 이루어진 그리스도의 희생으로 완전한 현실이 된다. '우리에게는 대사제가 계신다'(8,1. 그리고 4,14-15; 10,21). 이 완전한 대사제께서 최종적이며 결정적으로 참 성소에 들어가시어(9,12), 이제는 하느님 면전에서 우리의 대리인으로 일해 주신다(7,25; 9,24). 대사제 그리스도께서 우리에게 길을 열어 주신 것이다. 그에 따라 우리는 확신을 가지고 하느님께 나아가도록 부르심을 받는다(4,16; 7,19; 10,22). 죄는 없어지고(9,26; 10,12) 원수는 멸망하였으며(2,14), 궁극적 해방이 주어졌다(2,15; 9,12). 이제 그리스도인들은 앞으로 올 세상의 행복에 한몫을 차지하게 되었다(6,4-5). 그들은 이제 궁극적인 나라를 이어받는 것이다(12,28). 이러한 그리스도인들에게는 이미 새 시대가 시작되었다(1,2; 9,26).

1. 개요

히브리서는 그리스도교로 개종한 히브리인들에게 보낸 편지이다. 이 서간의 주된 관심사는 그리스도의 사제직으로 십자가의 희생제물로 자신을 바치신 '그리스도야말로 진정한 대사제'임을 말하고 있다. 문체가 아름답고 세련되었으며 구약성서가 풍부하게 인용되어 있다.

2. 저자 및 집필시기

저자에 대해 논란이 많다. 다만 오랜 그리스도교 전승에 의해 바오로의 서간으로 간주되고 있다. 그러나 히브리서가 그 내용의 전개, 사상, 문학적 특성, 언어와 문체의 구조 등에서 바오로의 서간과 많은 차이점이 있어 저자는 그리이스어가 능통하며 바오로의 영향을 받은 사람으로 추정된다. 96년경 로마의 클레멘스가 히브리서를 인용한 사실로 보아 그 기록 연대를 대략 80~90년경으로 보고 있다.

3. 집필동기

당시 교회는 도미티아누스 황제의 박해의 위험과 신도들이 배교할 위기에 처해 있었다. 이에 저자는 믿음이 약한 유대 그리스도인들에게 자신을 십자가의 제물로 바치신 그리스도의 희생제사를 통해 이루어진 구원을 되새기고, 하느님께서 그리스도를 통해 세우신 약속을 일깨우고자 했다. 그리하여 어떠한 시련과 박해에도 굴하지 않는 굳건한 믿음으로 그들의 신앙을 견고하게 하고자 했다.

4. 주요내용

모두 13장으로 그리스도로 말미암은 구원과 그리스도를 따르는 길에 대해 이야기하고 있다.

(1) 하느님의 아들이며 말씀이신 예수 그리스도 (1,1~4,13) 그리스도가 어떤 분이신지를 일깨우고 있다. 하느님의 아들이시며 말씀이신 예수 그리스도는 구약의 모세나 천사들보다는 위대하신 분으로 모든 사람을 위하여 친히 사람이 되시어 고난을 당하시고 십자가에 죽기까지 하셨다. 그러므로 우리가 그분으로부터 선포되기 시작한 구원을 명심하고 신앙을 굳게 지켜나간다면 하느님의 안식에 들어가게 될 것이라고 한다.

(2) 그리스도 안에서 완성된 대사제직(4,14~10,31) 그리스도는 자신의 몸과 피를 단 한번 희생제물로 바치심으로써 새로운 계약의 중재자로 영원한 구원의 원천이 되셨다. 그리고 우리는 그리스도의 피로 죄에서 해방되었으므로 희망을 굳게 지키고 서로 사랑하며 선행을 실천할 것을 당부하고 있다.

(3) 시련속의 인내(10,32~13,25) 시련을 인내하고 신앙을 증거한 구세사의 의인들을 상기시키고 있다. 약속해 주신 바를 얻기 위해서는 어떠한 환난과 박해 속에서도 믿음을 지키고 인내하면서 하느님 뜻을 실천해야 함을 강조하고 있다. 또한 모든 시련은 하느님께서 보여주신 사랑의 표지로 그리스도께서 겪으신 치욕을 신앙으로 받아들이라고 한다. 끝으로 그리스도인답게 참된 신앙을 간직하고 인내하며 교회에 순종함으로써 하느님께서 기쁘게 받으실 선행과 나눔의 제사를 드리라고 한다.

46 📖 히브리서 SCHEMA

날짜	성서 구절	주요 내용
첫 째 날	1-2	• 하느님께서 아드님을 통하여 우리에게 말씀하심 • 천사들보다 위대하신 하느님(1) • 고귀한 구원을 소홀히 하지 말라 • 구원의 영도자이신 예수님(2)
둘 째 날	3-4	• 모세보다 위대하신 예수님 • 하느님께서 주시는 안식(3) • 하느님께서 주시는 안식(4)
셋 째 날	5-6	• 위대한 대사제이신 예수님(5) • 성숙한 신앙생활을 위한 자세 • 약속하신 것을 상속 받을 이들에게 보여주시는 하느님의 확실한 약속(6)
넷 째 날	7-8	• 멜키체덱의 사제직 • 멜키체덱과 같은 대사제(7) • 새 계약의 대사제(8)

날짜		성서 구절	주요 내용
다 째	섯 날	9–10	• 옛 계약의 제사 구성/새 계약의 제사 구성(9) • 유일한 희생 제사의 효과 • 충실한 신앙생활로 생명을 얻자고 말함(10)
여 째	섯 날	11–12	• 믿음(11) • 시련과 인내 • 하느님의 은총과 부르심에 합당한 생활을 하도록 힘써야함(12)
일 째	곱 날	13	• 참된 공동체의 모습 • 축복과 끝 인사

28. 히브리서의 구성과 주요내용

구분	주 제	내 용
1,1– 1,4	서론	첫 단락에서 하느님께서는 이제 예언자를 통하지 않고 아들을 통하여 말씀하신다. 구세사의 연속적 성격을 분명하게 밝히며 하느님의 계시가 과거에는 단편적, 불완전하게 나타난 것이 이제는 당신의 아들에게서 완전하게 밝혀지고 있음을 제시한다. "하느님께서는 예전에 예언자들을 통하여 여러 번에 걸쳐 여러 가지 방식으로 조상들에게 말씀하셨지만, 이 마지막 때에는 아드님을 통하여 우리에게 말씀하셨습니다."(1,1–2).
1,5– 2,18	그리스도의 이름	둘째 단락(1,5–2,18)에서 필자는 그리스도의 "이름"을 정의하는 데에 관심을 기울인다. 곧 하느님과의 관계에서(1,5–14), 또 인간과의 관계에서(2,5–18) 그리스도의 위치를 확정짓는 것이다. 이러한 자리 매김을 더욱 명확히 하기 위하여 천사들의 위치와 비교하기도 한다. 이러한 설명은 그리스도의 사제직을 밝히는 것으로 끝을 맺는다(2,17). 하느님과의 관계에서 그리스도의 의미(1,5–1,14): 그리스도가 천사보다 더 높은 이유를 일곱 개의 성서구절을 통하여 증명한다. 그리스도는 하느님의 아들이요 하느님 자신으로서 그 분을 통해 메시아에 대한 모든 소망이 이루어졌다. "인간이 무엇이기에 그를 기억해 주십니까? 사람이 무엇이기에 그를 돌보아 주십니까? 천사들보다 잠깐 낮추셨다가 영광과 존귀의 관을 씌어주시고 만물을 그의 발아래 두셨습니다." (2,6–8) "예수님께서도 그들과 함께 피와 살을 나누어 가지셨습니다. 그것은 죽음의 권능을 쥐고 있는 자 곧 악마를 당신의 죽음으로 파멸시키시고, 죽음의 공포 때문에 한 평생 종살이에 얽매어 있는 이들을 풀어주시려는 것이었습니다…그분께서는 고난을 겪으시면서 유혹을 받으셨기 때문에, 유혹을 받는 이들을 도와주실 수가 있습니다."(2,14–15. 18)
3,1– 5,10	위대한 대사제 예수	셋째 단락(3,1–5,10)에서는 모든 사제직의 두 가지 근본적인 특성이 어떻게 그리스도 안에서 실현되는지 보여 준다. 그리스도께서는 곧 하느님께 신임을 받은 사제이시며(3,1–6) 모든 사람들과 굳게 결속된 사제이시다(4,15–5,10). 이러한 그리스도의 위치는 모세와 동시에 (3,2) 아론의 위치에 비길 수 있다(5,4). 이 두 가지 비교 사이에, 필자는 충실한 신앙에 관하여 길게 권면한다(3,7–4,14). "그러므로 성령께서 말씀하시는 그대로입니다. '오늘 너희가 그분의 소리를 듣게 되거든 마음을 완고하게 갖지마라. 광야에서 시험하던 날처럼 반항하던 때처럼. 거기에서 너희 조상들은 내가 한 일을 보고서도 나를 떠보려고 시험하였다. 사십 년 동안 그리하였다. 그래서 나는 그 세대에게 화가 나 말하였다. 언제나 마음이 빗나간 자들, 그들은 내 길을 깨닫지 못하였다. 그리하여 나는 분노하며 맹세하였다. 그들은 내 안식처에 들어가지 못하리라" (3,7–11) " '오늘' 이라는 말이 들리는 한 여러분은 날마다 서로 격려하며, 죄의 속임수에 넘어가 완고해지는 사람이 하나도 없도록 하십시오. 우리가 보듯이 과연 그들은 불신 때문에 안식처에 들어가지 못했습니다." (3,13. 19) "우리 모두 저 안식처에 들어갈 수 있도록 힘을 씁시다. 사실 하느님의 말씀은 살아있으며 어떤 쌍날칼보다 날카롭습니다. 그래서 사람 속을 꿰찔러 혼과 영을 가르고 관절과 골수를 갈라, 마음의 생각과 속셈을 가려냅니다. 하느님 앞에서는 어떠한 피조물도 감추어져 있을 수 없습니다. 그분 눈에는 모든 것이 벌거숭이로 드러나 있습니다."(3,11–13) "예수는 큰 소리로 부르짖고 눈물을 흘리며 기도와 탄원을 올리셨고, 아드님이셨지만 고난을 겪으심으로써 순종을 배우셨습니다. 그리고 완전하게 되신 뒤에는 당신께 순종하는 모든 이에게 영원한 구원의 근원이 되셨으며, 하느님에게서 멜키체덱과 같은 대 사제로 임명되셨습니다." (5,7–10)

5,11-10,39	멜키세덱의 모범을 따른 대사제	넷째 단락(5,11-10,39)에서 필자는 자기의 기본 교리를 완전히 펼쳐 보인다. 그리스도의 사제직이 지니는 여러 특성을 밝히는 것이다. 그리스도께서는 새로운 부류의 대사제이시다(7,1-28). 그리스도께서 당신 자신을 희생제물로 바치신 것은 예전의 제의(祭儀)와 완전히 다른 것으로, 이러한 희생을 통하여 그분께서는 참 성소로 들어가는 문을 활짝 여셨다(8,1-9,28). 그리고 우리에게 실제로 죄의 용서를 얻어다 주셨다(10,1-18). 그리스도의 이 희생으로 옛 사제직과 옛 율법과 옛 계약이 종말을 고한다. 이 셋째 부분이 다른 단락들보다 더 중요하다는 사실은, 서론(5,11-6,20)과 결론(10,19-39)이 갖추어져 있다는 데에서도 드러난다.

성숙한 신앙생활: "여러분은 단단한 음식이 아니라 젖이 필요한 사람이 되었습니다. 젖을 먹고 사는 사람은 모두 아기이므로, 옳고 그름을 가리는 일에 서툽니다. 단단한 음식은 성숙한 사람들을 위한 것입니다. 그들은 경험으로, 좋고 나쁜 것을 분별하는 훈련된 지각을 가지고 있습니다. 그러므로 그리스도에 관한 초보적인 교리를 놓아두고 성숙한 경지로 나아갑시다. 다시 기초를 닦을 필요는 없습니다. 그 기초는 곧 죽음의 행실에서 돌아서는 회개와 하느님에 대한 믿음, 세례에 관한 가르침과 안수, 죽은 이들의 부활과 영원한 심판입니다. 한 번 빛을 받아 하늘의 선물을 맛보고 성령을 나누어 받은 사람들이, 또 하느님의 선한 말씀과 앞으로 올 세상의 힘을 맛본 사람들이 떨어져 나가면 그들을 다시 새롭게 회개하도록 만들 수가 없습니다."(5,12-6,6).

새 계약의 제사: "염소와 황소의 피, 그리고 더러워진 사람들에게 뿌리는 암송아지의 재가 그들을 거룩하게 하여 그 몸을 깨끗하게 한다면, 하물며 영원한 영을 통하여 흠 없는 당신 자신을 하느님께 바치신 그리스도의 피는 우리의 양심을 죽음의 행실에서 얼마나 더 깨끗하게 하여 살아계신 하느님을 섬기게 할 수 있겠습니까? 그러므로 그리스도께서는 새 계약의 중개자이십니다. 첫째 계약 아래에서 저지른 범죄로부터 사람들을 속량하시려고 그분께서 돌아가시어, 부르심을 받은 이들이 약속된 영원한 상속 재산을 받게 해 주셨기 때문입니다."(9,13-15)

충실한 신앙생활: "그러니 진실한 마음과 확고한 믿음을 가지고 하느님께 나아갑시다. 우리의 마음은 그리스도의 피가 뿌려져 악에 물든 양심을 벗고 깨끗해졌으며, 우리의 몸은 맑은 물로 말끔히 씻겨졌습니다. 우리가 고백하는 희망을 굳게 간직합시다. 서로 자극을 주어 사랑과 선행을 하도록 주의를 기울입시다… 하느님의 아드님을 짓밟고, 자기를 거룩하게 해 준 계약의 피를 더러운 것으로 여기고, 은총의 성령을 모독한 자는 얼마나 더 나쁜 벌을 받아야 마땅하겠습니까? 예전에 여러분이 빛을 받은 뒤에 많은 고난의 싸움을 견디어 낸 때를 기억해 보십시오. 어떤 때에는 공공연히 모욕과 환난을 당하기도 하고, 어떤 때에는 그러한 처지에 빠진 이들에게 동무가 되어 주기도 하였습니다"(10,22-24. 29. 32-33)

11,1-12,13	신앙과 인내	그리스도의 희생으로 열린 길로 신자들을 이끌어 가려고 필자는 넷째 단락(11,1-12,13)에서 영성 생활의 두 가지 근본적인 면을 강조한다. 선조들의 모범에 따른 믿음과(11,1-40) 그에 따른 인내이다(12,1-13).

"우리도 온갖 짐과 그토록 쉽게 달라붙는 죄를 벗어버리고, 우리가 가야 할 길을 꾸준히 달려갑시다. 그러면서 우리 믿음의 영도자이시며 완성자이신 예수님을 바라봅시다."(12,1-2).

"죄인들의 그러한 적대행위를 견디어 내신 분을 생각해 보십시오. 그러면 낙심하여 지쳐 버리는 일이 없을 것입니다."(12,3)

"내 아들아, 주님의 훈육을 하찮게 여기지 말고 그분께 책망을 받아도 낙심하지 마라. 주님께서는 사랑하시는 이를 훈육하시고 아들로 인정하시는 모든 이를 채찍질하신다."(12,5-6).

"그러므로 맥 풀린 손과 힘 빠진 무릎을 바로 세워 바른 길로 달려가십시오. 그리하여 절름거리는 다리가 접질리지 않고 오히려 낫게 하십시오." (12,12)

12,14-13,25	의화의 열매를 맺는 말	다섯째 단락(12,14-13,18)에서는 끝으로, 거룩함과 평화의 길로 정진하라고 신자들에게 권고하면서 그리스도적 삶이 어떠해야 하는지 보여 준다.

"모든 사람과 평화롭게 지내고 거룩하게 살도록 힘쓰십시오"(12,14).

"돈 욕심에 얽매여 살지말고 지금 가진 것으로 만족하십시오"(13,5).

"주님께서 나를 도와주시는 분이시니 나는 두려워하지 않으리라. 사람이 나에게 무엇을 할까보냐?"(13,6)

바이블테라피 Bible Therapy **47** 몸으로 하는 기도

"우리는 순결과 지식과 끈기와 착한 마음을 가지고 성령의 도우심과 꾸밈없는 사랑과 진리의 말씀과 하느님의 능력으로 살고 있습니다. 두 손에는 정의의 무기를 들고 영광을 받거나 수치를 당하거나 비난을 받거나 칭찬을 받거나 언제든지 하느님의 일꾼답게 살아갑니다. 우리는 속이는 자 같으나 진실하고 이름없는 자 같으나 유명하고 죽은 것 같으나 이렇게 살아있습니다. 슬픔을 당해도 늘 기뻐하고 가난하지만 많은 사람들을 부요하게 만들고 아무것도 가진 것이 없지만 사실은 모든 것을 가지고 있습니다 (2코린토 6, 6–10).

07. 몸으로 하는 기도

1) 이제 손과 손가락을 아주 가만히 움직여서 두 손을 무릎 위에 놓은 다음 손바닥을 위로 향하게 하고 손가락을 한데 모으십시오! 가만히 천천히....

- 손바닥의 감각을 의식하십시오! 그리고 그 자세 자체를 의식하십시오!
- 이는 모든 종교전통에서 사용되는 공통된 자세입니다.
- 이것이 나에게 어떠한 의미가 있는 지 서로 이야기를 나눌 수 있습니다.

2) 두 팔을 편안하게 옆으로 늘어뜨리고 똑바로 서십시오! 그리고 자신이 하느님 앞에 있다는 것을 의식하십시오!

- 이제 여러분의 몸짓을 통해 그분에게 "나의 하느님! 당신께 나를 바칩니다!"를 표현하는 기도를 몸으로 표현해 보십시오!
- 천천히 움직임 하나하나를 의식하며 당신을 하느님께 열어 보이십시오!
- 그리고 과연 이러한 움직임이 자신의 무엇을 표현하고 있는 지 확인해 보십시오!

3) 팔을 앞으로 쭉 펴고 두 손을 천천히 올려서 마룻바닥과 평행을 이루게 하십시오!

- 이제 손을 천천히 돌려 손바닥이 하늘을 향하게 하고 손가락을 한데 모아 쭉 펴십시오!
- 그리고 고개를 천천히 들면서 하늘을 향해 바라보십시오!
- 그리고 팔을 하늘로 향하도록 쭉 펴십시오!
- 그리고 천천히 감고 있는 눈을 뜨십시오! 하느님을 바라보십시오!

야고보서 EPISTLE OF JAMES

47

그리스도인들과 에세네파의 경향을 지닌 유다인들을 결합시킬 수 있는 것은 다른 무엇보다도 그들이 공동으로 실천하는 윤리이다. 여기에서부터 야고보서가 도덕적 문제에 부여하는 우월적 중요성, 그리고 유다교적인 주제와 그리스적인 주제의 긴밀한 연결이 나온다. 이러한 연결을 통해서 야고보서의 교훈이 그리스계 유다교와 관계되는 것이다. 야고보서의 저자는 2,14-26에서 바오로의 교리와 관련하여 논쟁을 펼친다. 믿음으로만 구원에 이를 수 있다는 바오로의 교리를 바탕으로 실천은 아예 필요 없다고 주장하는 이들이 있었던 것이다. 저자는 이러한 잘못된 해석을 맹렬히 논박한다.

교회 역사를 통하여 이 서간이 그리스도교 성서로 인정받는 데에 어려움이 있었다는 사실은 중요한 의미를 담고 있다. 1세기의 그리스도교 신학에는 큰 흐름이 여럿 있었는데, 야고보서는 그 안에 들지 못하였다는 것이다. 개신교 쪽에서는 한때, 야고보서에는 복음적인 것이 하나도 들어 있지 않고(루터) 그리스도론과 구원론이 불충분하다고 하면서 이 서간을 경시하였다. 그러나 이제는 그러한 부정적인 자세가 바뀌었다. 가톨릭 쪽에서는 병자성사를 정당화하는 데에(5,14-15 참조), 그리고 더 유감스럽게도, 믿음을 통한 구원이라는 개신교의 교리를 논박하는 데에(2,14-26) 이 서간이 주로 이용되었다.

1. 개요

야고보서는 디아스포라 12지파에 보낸 편지이나 그리스-로마 전역에 흩어져 사는 유대계 그리스도인 전체를 대상으로 하고 있다. 극히 실천적 내용을 담고 있으며 선행의 필요성을 강조하고 있다. 신약성서 중 유일하게 '병자에 대한 도유'를 언급하고 있다.

* 디아스포라 : '흩어짐'이라는 의미로 헬레니즘과 초기 그리스도교 시대에 그리스와 로마 세계로 흩어져 살았던 유대인을 가리킨다.

2. 저자 및 집필시기

저자를 야고보라고 밝히고 있으나 정확하지 않다. 후대에 오면서 희랍어에 능통한 유대계 그리스도인에 의해 쓰여졌으리라 여겨진다. 예수님의 동생 야고보에 의해 쓰여졌다면 그가 순교한 62년 이전이 분명하나 후대에 쓰여졌다면 100년경을 전후하여 기록된 것으로 보여진다.

3. 집필동기

당시 신자들은 세속적 가치관을 무분별하게 받아들이고 있을 뿐만 아니라 바오로의 가르침을 잘못 받아들여 예수를 믿는 믿음만 있으면 자기 행실이야 어떻든 자동적으로 구원받으리라는 매우 안일한 생각을 하고 있었다. 이에 저자는 신도들로 하여금 하느님의 뜻에 맞는 신앙생활을 할 것을 일깨우고자 하였다. 즉 행동 없는 믿음은 죽은 믿음이므로 하느님의 말씀을 듣고 그것을 생활에 옮겨 실천할 것을 촉구하고 있다.

4. 주요내용

모두 5장으로 그리스도인이 지녀야 할 자세에 대해 이야기하고 있다.

(1) 신앙의 증거(1,1~2,27) : 시련과 유혹을 견디어 낸 사람을 위로하면서 여러 가지 시련을 당할 때 믿음으로 하느님께 간구하라고 한다. 또한 마음 안에 하느님의 말씀을 받아들이고 어려움 중에 있는 고아나 과부들을 돌보아주며 가난한 이들에게 자비를 베풀라고 한다. 행동없는 믿음은 죽은 믿음이므로 신앙생활에는 행동이 뒤따라야 함을 강조하고 있다.

(2) 신앙생활의 실천(3,1~4,12) : 혀는 인체의 아주 작은 부분으로 하느님을 찬양하기도 하지만 사람을 저주하기도 한다. 그러므로 말의 실수를 삼가고 혀를 잘 다스리라고 한다. 그리고 지혜로운 사람답게 온유한 마음으로 착한 생활을 하라고 한다. 주님 앞에 자신을 낮추며 순결한 마음을 지니고 형제간에 서로 화목하게 지낼 것을 권하고 있다.

(3) 경고와 훈계(4,13~5,20) : 허영에 들뜬 장담을 삼가고 마땅히 해야 할 착한 일을 행하라고 한다. 또한 온갖 욕심으로 가난한 이를 착취하는 부자들을 경고하고 세상 재물의 덧없음을 일깨우고 있다. 주님의 날이 가까이 왔으므로 매사에 인내하며 마음을 굳게 하라고 한다. 그리고 어려운 이웃을 위해 기도하고 기쁜 마음으로 찬양노래를 부르며 서로 죄를 고백하고 바른 길을 가도록 도와 주라고 한다.

47 야고보서 SCHEMA

날짜	성서 구절	주요 내용
첫 째 날	1	• 야고보가 열두 지파에게 보내는 인사말 • 주님에 대한 믿음과 시련과 지혜 • 시련과 유혹을 견디어내기를 원함 • 말씀을 듣고 실천하는 일
둘 째 날	2	• 사람에 대한 차별대우를 지양하고 자비를 베풀어라 • 믿음에 실천이 없는 것과 실천이 없는 믿음은 죽은 것이다
셋 째 날	3	• 말을 조심하라 • 하늘에서 오는 지혜
넷 째 날	4	• 세상의 친구는 하느님의 적 • 형제를 심판하지 마라 • 자만하지 마라
다 섯 째 날	5	• 부자들에 대한 경고 • 인내와 기도를 권고함

29. 야고보서의 구성과 주요내용

구분	주 제	내 용
1,1– 2,26	믿음과 시련을 통한 단련과 행동하는 마음	**시련을 잘 참아냄(1,2–4):** "나의 형제 여러분, 갖가지 시련에 빠지게 되면 그것을 다시 없는 기쁨으로 여기십시오. 여러분도 알고 있듯이, 여러분의 믿음이 시험을 받으면 인내가 생겨납니다." **하느님께 지혜를 청하는 기도(1,5–8):** "결코 의심하는 일 없이 믿음을 가지고 청해야 합니다. 의심을 하는 사람은 바람에 밀려 출렁이는 바다 물결과 같습니다… 그는 두 마음을 품은 사람으로 어떠한 길을 걷든 안정을 찾지 못합니다." "부자는 풀꽃처럼 쓰러질 것이기 때문입니다… 부자도 자기 일에만 골몰하다가 시들어 버릴 것입니다."(1,10–11). "모든 사람이 듣기는 빨리하되, 말하기는 더디 하고 분노하기도 더디 해야 합니다. 사람의 분노는 하느님의 의로움을 실현하지 못합니다(…) 말씀을 실행하는 사람이 되십시오. 말씀을 듣기만 하여 자신을 속이는 사람이 되지 마십시오 (…) 누가 스스로 신심이 깊다고 생각하면서도 제 혀에 재갈을 물리지 않아 자기 마음을 속이면, 그 사람의 신심은 헛된 것입니다."(1,22–23. 26) "하느님께서는 세상의 가난한 사람들을 골라 믿음의 부자가 되게 하시고, 당신을 사랑하는 이들에게 약속하신 나라의 상속자가 되게 하지 않으셨습니까? 그런데 여러분은 가난한 사람들을 업신여겼습니다. 여러분을 억누르는 사람들이 바로 부자가 아닙니까? 여러분을 법정으로 끌고가는 자들도 그들이 아닙니까? 여러분이 받는 그 존귀한 이름을 모독하는 자들도 그들이 아닙니까?"(2,5–7).
3,1– 3,12	말조심: 혀의 관리	"누가 말을 하면서 실수를 저지르지 않으면, 그는 자기의 온몸을 다스릴 수 있는 완전한 사람입니다. 말의 입에 재갈을 물려 복종하게 만들면 그 온 몸을 조종할 수 있습니다… 사람의 혀는 아무도 길들일 수 없습니다. 혀는 쉴 사이 없이 움직이는 악한 것으로 사람을 죽이는 독이 가득합니다… 같은 입에서 찬미와 저주가 나옵니다."(3,2–3. 8.10)
3,13–5,20	하느님의 지혜로 인내하고 기도함	질투와 다툼의 세속정신은 단죄를 받는다(3,13–4,12). 참 지혜는 하느님께로부터 오는 선물로, 평화를 가져다 준다. 이 신적인 지혜가 있는 곳에 평화와 겸손이 있다. 시기, 분열, 교만은 참 지혜에 반대되는 것이다: "시기와 이기심이 있는 곳에는 혼란과 온갖 악행도 있습니다. 그러나 위에서 오는 지혜는 먼저 순수하고, 그 다음으로 평화롭고 관대하고 유순하며, 자비와 좋은 열매가 가득하고, 편견과 위선이 없습니다."(3,16–17)
	세상의 친구는 하느님의 적	"하느님께서는 교만한 자들을 대적하시고 겸손한 이들에게는 은총을 베푸신다."(4,6). "마음을 정결하게 하십시오. 탄식하고 슬퍼하며 우십시오. 여러분의 웃음을 슬픔으로 바꾸고 기쁨을 근심으로 바꾸십시오."(4,9). 부자들에 대한 경고(…) 인내와 기도: "그러므로 형제여러분, 주님의 재림때까지 참고 기다리십시오. 땅의 귀한 소출을 기다리는 농부를 보십시오. 그는 이른 비와 늦은 비를 맞아 곡식이 익을 때까지 참고 기다립니다. 여러분도 참고 기다리며 마음을 굳게 가지십시오"(5,7–8). "무엇보다도 맹세하지 마십시오. 하늘을 두고도 땅을 두고도 무엇을 두고도 맹세하지 마십시오. 여러분은 '예' 할 것은 '예'하고 '아니요' 할 것은 '아니요'라고만 하십시오. 그래야 심판을 받지 않습니다."(5,12–13)

바이블테라피 **48** 권위와 지배욕의 치유
Bible Therapy

예수의 권위 앞에 내 모든 삶을 의탁하고, 지배에 대한 두려움도 그 분의 손에 맡길 수 있는 은총을 청하라!

1. 루카 10,1-12: 마태 16,13-20 묵상
2. 사도 1,6-8; 2,1-13
3. 1베드로 5,1-4 묵상

"하느님께서 여러분에게 맡기신 양떼를 잘 치십시오! 그들을 돌보되 억지로 할 것이 아니라 기쁜 마음으로 하십시오! 여러분에게 맡겨진 양떼를 지배하려 들지 말고 오히려 그들의 모범이 되십시오"

4. 자신과 공동체에게 묻는다

1) 나는 교회의 봉사를 하면서(같은 신자들과 함께)
- 교회의 권위를 올바르고 정당하게 사용해 왔는가?
- 남을 지배하고 조종하거나 통제하려고 하지는 않았는가?
- 교회의 권력문제로 다툼이나 분쟁에 휘말린 적은 없었는가?

- 교회의 책임이나 직책문제로 마음이 상하거나 상처받은 적은 없었는가?

2) 나는 교회의 봉사를 하면서(사제나 수도자와 함께)
- 사제들의 문제에 대해서 말하고 비판하지 않았는가?
- 수도자들의 생활이나 삶에 대해서 문제의식을 가지고 있지는 않는가?
- 교도권에 대해서 품었던 분노나 두려움은 없었는가?
- 교회에 대한 이해가 부족하다고 생각한 적이 있었는가?

3) 나는 교회의 영성생활에
- 적극적으로 참여하는 편인가?
- 그렇지 않다면 어떠한 이유 때문인가?
- 무엇이 신앙을 근본적으로 어렵게 하는가?
- 지금 나의 신앙에 가장 필요한 것 한 가지는?

1베드로/2베드로 EPISTLE OF PETER

필자는 "예수 그리스도의 사도인 베드로"인데(1,1), 교회 "원로"이며 "그리스도께서 겪으신 고난의 증인"이다(5,1). 그는 "실바노"에게 이 서신을 받아 쓰게 한다(5,12). 그 때에 그의 "아들" 마르코도 곁에 있었다(5,13). 그러나 많은 전문가들은 이 서간의 그리스 말은 갈릴래아의 어부였던 베드로가 썼다고 보기에는 너무나 훌륭하고(사도 4,13 참조), 베드로 1서의 몇몇 생각과 바오로의 신학 사이에 상당한 유사성이 있다는 점도 베드로의 친저성을 의심하게 만드는 사실로 지적된다. 그리고 복음서들이 우리에게 제시하는 것과 달리, 필자(베드로)가 예수님을 생전에 직접 알고 있었다는 사실을 조금도 드러내지 않고 예수님의 수난과 죽음을 일반적인 방식으로만 이야기하는 점으로 미루어 베드로가 이 서간의 필자일 수 없다고 생각한다.

베드로 1서는 신자 공동체들이 겪고 있는 대로 점점 커져 가는 난관 앞에서, 자기들에게 선포된 희망에 의지하여 꿋꿋이 견디어 가라고 권고한다. 필자는 더 나아가서, 신자들이 받은 희망은 결국 승리할 수 밖에 없다는 그 근본 성격을 강조한다. 이 희망이야말로 나날이 이어지는 삶에서 끈기와 기쁨으로 펼치는 활동의 근원이다.

베드로 2서는 묵시록과 함께, 신약성서의 책들 가운데에서 경전으로 인정받는 데에 가장 많은 어려움이 있었던 문헌이다. 필자는 교회에 잠입한 '불경한 자들'을 단죄한다(2,1). 이들은 과연 누구인가? 그리스도교로 개종하였다가 그리스도교 신앙을 부정하게 된 자들이다. 그리고 이제 거짓 자유를 퍼뜨려 공동체를 타락시키려고 한다(2,19).

베드로 1서 EPISTLE OF PETER

1. 개요

소아시아 지방의 그리스도인들에게 보낸 편지로 그리스도교 세례의 의미와 중요성에 관하여 언급하고 있다. 야고보서, 베드로 후서, 요한 1,2,3서, 유다서와 함께 '공동서간'이라 불린다.

* 공동서간 : 서간의 수신인이 어느 특정 인물, 특정 교회가 아니라 광범위한 독자들을 상대로 하여 저술된데서 공동서간이라 하였다.

2. 저자 및 집필시기

정교하고 세련된 그리스어 문장으로 보아 베드로가 저자일 가능성은 희박하다. 다만 바오로 계열의 전승과 팔레스티나 교회의 전승을 잘 알고 있던 이방계 그리스도인 중의 한 사람이 베드로 사도의 권위를 빌어 쓴 것으로 보인다. 65~67년경 베드로가 순교했으며 125년경 파피아스가 이 서간을 인용했던 것으로 보아 70년 이후 90년 이전 로마에서 쓰여진 것으로 보인다.

3. 집필동기

도미티아누스 황제 말기 그리스도인에 대한 박해가 로마 제국 전체로 확대되고 있었다. 저자는 박해받고 있던 소아시아 전역의 신도들을 격려하고 희망을 주며 그리스도의 수난에 함께하는 시련의 의미를 일깨우고자 하였다. 그리고 신자다운 생활에 용기를 주고자 하였다.

4. 주요내용

모두 5장으로 시련과 박해 가운데서 그리스도인의 삶에 대해 이야기하고 있다.

(1) 그리스도께 대한 희망(1,1~2,10) : 그리스도인은 하느님의 크신 자비로 새로이 태어난 사람으로, 죽은 이들 가운데서 다시 살아나신 예수 그리스도로 말미암아 산 희망을 가지게 된 사람이다. 그러므로 지금 당하고 있는 시련과 고난은 믿음을 순수하게 하여 장차 그리스도께서 나타나시는 날 영예와 영광을 차지하기 위함을 말하고 있다. 그리스도의 수난과 영광은 예고된 것으로 그리스도를 통하여 신령한 제사를 드리라고 한다. 모든 그리스도인은 선택된 하느님의 백성으로 시련과 박해 가운데서도 하느님께 희망을 두며 거룩한 사람이 되도록 노력하라고 한다.

(2) 고난 속에서의 신앙생활(2,11~5,14) : 영혼을 거슬러 싸우는 육적인 욕정을 멀리하고 하느님의 종으로 처신할 것을 권하고 있다. 한마음으로 서로 존경하고 사랑하며 시련을 오히려 기뻐하고 그리스도인의 참된 삶을 증거하라고 한다. 특히 교회의 원로들에게 하느님께서 맡겨주신 양들을 기쁜 마음으로 돌보며, 신도들은 자신을 낮추어 하느님의 권능에 복종하며 깨어 기도하고 굳건한 마음으로 잠시 지나가는 세상 고난에 흔들리지 말라고 한다. 끝으로 온갖 은총을 베푸시는 하느님을 찬양하며 모두에게 평화가 있기를 간구하고 있다.

베드로 2서 EPISTLE OF PETER

1. 개요

전 교회를 대상으로 한 일반 교서라 할 수 있다. 역시 공동서간으로 불리우며 당시 교회가 처한 공동의 문제를 다루고 있다. 서간의 문체가 우아하고 장중하다. 희랍어로 기술되어 있으며 헬레니즘식 종교적 용어들을 사용하고 있다.그리스도 이후 100년이 지나서 기록되었으므로 그리스도의 복음이 사람들에게 어떻게 받아들여져 왔는지 알 수 있다.

2. 저자 및 집필시기

저자를 시몬 베드로 사도라고 밝히고 있으나 논란이 많다. 사도시대 이후의 상황을 반영하고 있는 점으로 보아 사도 베드로 아닌 다른 사람이 베드로의 권위를 빌어 쓴 것으로 추정된다. 집필연대에 대해서도 정확하지 않다. 다만 1세기 말경 쓰여진 유다서를 많이 인용하고 바오로 서간들을 읽은 사실로 미루어 보아 사도시대가 지난 125년경 이후 쓰여진 것으로 보인다.

3. 집필동기

당시 교회는 그리스도를 거부하고 교회의 가르침을 부인하는 거짓 교사들과 주님의 재림을 의심하는 사람들로 인해 그리스도인들의 신앙생활은 위협받고 있었다. 이에 저자는 신앙에 혼란을 겪고 있는 그리스도인들에게 재림에 대한 희망과 확신을 불러 일으키고 교회 내에 퍼져있던 온갖 불신과 오류를 바로 잡고자 하였다.

4. 주요내용

모두 3장으로, 신앙을 위협받고 있는 신도들에게 신앙인으로서 지녀야 할 자세에 대해 이야기하고 있다.

(1) 인사 및 그리스도인의 희망(1,1~1,21) : 하느님과 우리 주 예수를 알게 됨으로써 은총과 평화가 충만하기를 빈다. 우리는 그리스도의 능력에 힘입어 하느님을 알게 되었다. 그러므로 열성을 다하여 믿음에 미덕을 더하고, 미덕에 지식을, 지식에 절제를, 절제에 인내를, 인내에 경건을, 경건에 형제애를, 형제애에 사랑을, 사랑에 만민에 대한 사랑을 더하며 하느님으로부터 받은 부르심과 선택을 굳건하게 함으로써 예수 그리스도의 영원한 나라에 들어 가라고 한다.

(2) 이단자들에게 대한 경고(2,1~2,22) : 거짓 예언자나 교사들은 이단을 끌어 들이고 주님을 부인하며 감언이설로 신도들을 착취한다. 이런 자들은 파멸과 심판을 받을 것이라 한다. 주님께서는 당신을 경외하는 자들을 유혹에서 건져 내시지만 육체의 더러운 욕망을 쫓고 하느님의 권위를 멸시하는 악한 자들은 자신들의 불의한 값으로 반드시 벌을 받으리라고 한다.

(3) 재림에 대한 희망과 마지막 권고(3,1~3,18) : 베드로는 신도들의 기억을 새롭게 하여 그들 안에 순수한 마음을 불러 일으키고 거룩한 예언의 말씀과 주의 계명을 되새기려 하였다. 또한 주님의 날은 도둑같이 다가올 것이므로 티와 흠이 없이 살면서 그날을 기다리라고 한다. 그리고 무법한 자들의 속임수에 빠져들어 자기의 확신을 잃는 일이 없도록 경고하면서 이제와 무궁토록 그분께서 영광 받으시기를 빌고 있다.

48 📖 1 베드로 · 2 베드로 SCHEMA

날짜	성서 구절	주요 내용	
첫 째 날	1 베드로 1	• 예수 그리스도의 부활로 인한 희망에 대한 감사 • 그 희망에 합당한 거룩한 생활을 하라	
둘 째 날	2	• 교회의 기초와 사명 • 선량한 국민이 되라 • 충실한 하인이 되라	
셋 째 날	3	• 아내와 남편이 서로를 대하는 자세 • 참다운 신앙 공동체의 자세 • 그리스도의 승리	

날짜	성서 구절	주요 내용	
넷 째 날	4	• 참그리스도인이 되기 위한 자세 • 그리스도인이 받는 고난을 부끄러워하지 말라	
다 섯 째 날	5	• 지도자들의 의무 • 겸손과 깨어있음 • 끝 인사	
여 섯 째 날	2 베드로 1-3	• 그리스도인의 소명/사도들과 예언자들의 증언(1) • 거짓 예언자들과 거짓 교사들을 주의(2) • 주님의 재림을 기다리는 우리의 자세(3)	

30. 1베드로 서간의 구성과 주요 내용

구분	주제	내용
1,1–2,10	산 희망과 거룩한 생활	**새 탄생과 영원한 상속**–신자가 그리스도의 수난의 공로와 부활의 효과에 참여할 수 있는 것은 하느님의 크신 자비 때문이다. 그러므로 그리스도인에게 가장 잘 어울리는 태도는 하느님 아버지의 은혜에 감사하고 찬양드리는 생활이다(1,3–12): "죽은 이들 가운데에서 다시 살아나신 예수 그리스도의 부활로 우리에게 생생한 희망을 주셨고, 또한 썩지 않고 더러워지지 않고 시들지 않는 상속재산을 얻게 하셨습니다."(1,3–4) "여러분이 지금 얼마 동안은 갖가지 시련을 겪으며 슬퍼하지 않을 수 없습니다. 그러나 그것은 불로 단련을 받고도 결국 없어지고 마는 금보다 훨씬 값진 여러분의 믿음의 순수성이 예수 그리스도께서 나타나실 때에 밝혀져, 여러분이 찬양과 영광과 영예를 얻게 하려는 것입니다. 여러분은 그리스도를 본 일이 없지만 그분을 사랑합니다. 여러분은 지금 그분을 보지 못하면서도 그분을 믿기에, 이루 말할 수 없는 영광스러운 기쁨 속에서 즐거워하고 있습니다. 여러분의 믿음의 목적인 영혼의 구원을 얻을 것이기 때문입니다."(1,6–9). **거룩한 생활(1,13–2,10)**: 불러주신 분의 뜻에 맞게 생활해야 하는 것이 부르심을 받은 사람들의 생활자세이다. 그분이 거룩하시니 신자들도 거룩해야 한다. 그리스도를 온전히 닮아야 하는 것이다. 이는 주님께서 주님께서 함께 하셔야 가능한 일이다: "여러분은 썩어 없어지는 씨앗이 아니라 썩어 없어지지 않는 씨앗, 곧 살아계시는 영원히 머물러 계시는 하느님의 말씀을 통하여 새로 태어났습니다. '모든 인간은 풀과 같고 그 모든 영광은 풀꽃과 같다. 풀은 마르고 꽃은 떨어지지만 주님의 말씀은 영원히 머물러 계시다' 바로 이 말씀이 여러분에게 전해진 복음입니다(1,23–25). **"주님께 나아가십시오.** 그분은 살아있는 '돌' 이십니다. 사람들에게는 버림을 받았지만 하느님께는 선택된 값진 돌이십니다. 여러분도 살아있는 돌로서 영적 집을 짓는 데에 쓰이도록 하십시오(⋯) 그러므로 믿는 여러분에게는 이 돌이 값진 것입니다. 그러나 믿지 않는 이들에게는 '집짓는 이들이 내버린 돌 그 돌이 모퉁이의 머릿돌이 되었네' 하는 그 돌이며, 또한 '차여 넘어지게 하는 돌과 걸려 비틀거리게 하는 바위'입니다. 그들은 정해진 대로, 말씀에 순종하지 않아 그 돌에 차여 넘어집니다.(2,4–8)
2,11–3,22	그리스도인의 여러가지 의무	**모범이 되어야 할 사도직**–죄가 없는 의로운 생활(2,11–12): "영혼을 거슬러 싸움을 벌이는 육적인 욕망들을 멀리하십시오."(2,11). 제도와 윗 사람에 대한 복종–세속의 통치권자에 대한 복종은 그가 '주님이 원하는 것'인 경우에만 의무가 된다. 그 세속의 통치권이 하느님의 법과 자연의 법을 어길 때 오히려 그리스도인은 권력에 저항하고 변혁할 책임이 있다(2,13–17): "여러분이 선을 행하여 어리석은 자들의 무지한 입을 막는것이 하느님의 뜻입니다. 자유인으로서 행동하십시오." 모든 사람을 존경하고 형제들을 사랑하며 하느님을 두려워해야 한다. 또한 그리스도의 고난을 따르라고 부르심을 받은 신도는 고난을 잘 이겨내야 한다(2,20–25): "잘못을 저질러 매를 맞을 때에는, 견디어 낸다고 한들 그것이 무슨 명예가 되겠습니까? 그러나 선을 행하는데도 겪게 되는 고난을 견디어내면, 그것은 하느님에게서 받은 은총입니다. '그는 죄를 저지르지 않았고 그의 입에는 아무런 거짓도 없었다. 그분께서는 모욕을 당하시면서도 모욕으로 갚지 않으시고 고통을 당하시면서도 위협하지 않으시고, 의롭게 심판하시는 분께 당신 자신을 맡기셨습니다."(2,20–23).

		부부사이의 상호의존과 사랑의 의무(3,1–7): "남편들도 아내를 존중하면서 이해심을 가지고 함께 살아가야 합니다. 그렇게 해야 여러분의 기도가 가로막히지 않습니다."(3,7). 참다운 신앙 공동체–형제처럼 서로 사랑해야 할 의무(3,8–12): "악을 악으로 갚거나 모욕을 모욕으로 갚지 말고 오히려 축복해 주십시오. '생명을 사랑하고 좋은 날을 보려는 이는 악을 저지르지 않도록 혀를 조심하고 거짓을 말하지 않도록 입술을 조심하여라. 악을 멀리하고 선을 행하며 평화를 찾고 또 추구하여라. 주님의 눈은 의인들을 굽어보시고 그분의 귀는 그들의 간구를 들으신다. 그러나 주님의 얼굴은 악을 행하는 자들에게 맞서신다."(3,10–12) "사람들이 여러분을 두렵게 하여도 두려워하지 말고 무서워하지 마십시오. 다만 여러분의 마음 속에 그리스도를 주님으로 거룩히 모십시오. 여러분이 지닌 희망에 관하여 누가 물어도 대답할 수 있도록 언제나 준비해 두십시오. 그러나 바른 양심을 가지고 온유하고 공손하게 대답하십시오. 그러면 그리스도 안에서 이루어지는 여러분의 선한 처신을 비방하는 자들이, 여러분을 중상하는 바로 그 일로 부끄러운 일을 당할 것입니다."(3,14–16).
4,1–5,14	은총의 선물, 봉사 고난 중에 감사	은총의 선물을 활용–은총의 선물은 서로 남을 위해 봉사하기 위한 것(4,10–11): "저마다 받은 은사에 따라 하느님의 다양한 은총의 훌륭한 관리자로서 서로를 위하여 봉사하십시오."(4,10). 고통의 문제–그리스도인이기 때문에 고난을 당하면 우리는 그리스도의 고난에 동참하는 것이므로 기뻐할 수 있다(4,12–19): "시련의 불길이 여러분 가운데에 일어나더라도 무슨 이상한 일이나 생긴 것처럼 놀라지 마십시오. 오히려 그리스도의 고난에 동참하는 것이니 기뻐하십시오(…) 그리스도의 이름때문에 모욕을 당하면 여러분은 행복합니다(…) 그리스도인으로서 고난을 겪으면 부끄러워하지 말고, 오히려 그 이름으로 하느님을 찬양하십시오"(4,12–13. 14. 16) 원로들의 특별한 임무–모범으로 양떼를 돌봄(5,1–4): "그들을 돌보되, 억지로 하지말고 하느님께서 원하시는 대로 자진해서 하십시오. 부정한 이익을 탐내서 하지말고 열성으로 하십시오. 여러분에게 맡겨진 이들을 위해서 지배하려고 하지말고, 양떼의 모범이 되십시오."(5,2–3). 모든 신자들의 의무–겸손을 옷처럼 항상 입고, 굳건한 믿음으로 악마를 대적해야 한다: "하느님께서는 교만한 자들을 대적하시고 겸손한 이들에게는 은총을 베푸십니다."(5,5). 맺는 말(5,12–14) 이 편지를 쓴 목적을 명기한다.

31. 2 베드로 서간의 구성과 주요 내용

구분	주 제	내 용
1,1– 1,21	신앙인의 믿음을 갖고 살라는 호소	**진실한 그리스도인의 생활:** "여러분은 열성을 다하여 믿음에 덕을 더하고 덕에 앎을 더하며, 앎에 절제를, 절제에 인내를, 인내에 신심을, 신심에 형제애를, 형제애에 사랑을 더하십시오."(1,4–7). "성경의 어떠한 예언도 임의로 해석해서는 안됩니다. 예언은 결코 인간의 뜻에서 나온 것이 아니라, 사람들이 성령에 이끌려 하느님에게서 받아 전한 것입니다"(1,20–21).
2,1– 2,22	이단자에 대한 지적과 탄핵	"그들은 물없는 샘이며 폭풍에 밀려가 버리는 안개입니다. 그들에게는 짙은 암흑이 마련되어 있을 따름입니다(…) '개는 자기가 게운대로 되돌아간다.' 그리고 '돼지는 몸을 씻고 나서 다시 진창을 뒹군다' 는 속담이 그들에게 그대로 들어맞았습니다."(2,17.22)
3,1– 3,18	재림과 세상 종말에 대한 믿음	"그날이 오면 하늘은 불길에 싸여 스러지고 원소들은 불에 타 녹아 버릴 것입니다. 그러나 우리는 그분의 언약에 따라, 의로움이 깃든 새 하늘과 새 땅을 기다리고 있습니다(…) 우리 주님께서 참고 기다리시는 것을 구원의 기회로 생각하십시오(…) 무식하고 믿음이 확고하지 못한 자들은 다른 성경구절들을 곡해 하듯이 그것들도 곡해하여 스스로 멸망을 불러옵니다."(3,12–13. 15. 16).

우리를 여러분과 함께 그리스도 안에서 굳세게 하시고 우리에게 기름 부어주신 분은 하느님이십니다. 하느님께서는 또한 우리에게 인장을 찍으시고 우리 마음 안에 성령을 보증으로 주셨습니다. (2코린 1, 21-22)

구원을 받을 사람에게나 멸망할 사람들에게나 우리는 하느님께 피어 오르는 그리스도의 향기입니다. (2코린 3, 15)

인정을 받는 사람은 스스로 자신을 내세우는 자가 아니라 주님께서 내세워 주시는 사람입니다. (2코린 10, 18)

내가 자랑해야 한다면 나의 약함을 드러내는 것들을 자랑하렵니다. (2코린 11, 30)

나는 그리스도를 위해서라면 약함도 모욕도 재난도 박해도 역경도 달갑게 여깁니다. 내가 약할 때 오히려 나는 강하기 때문입니다. (2코린 12, 10)

바이블테라피 **49** 우주만물의 새로운 의미이신 예수 그리스도

1. 요한 1,1–18: 예수는 말씀

예수는 새로운 말씀. 말씀은 대단한 힘이다. 말씀으로 모든 것이 이루어졌다. 능력이다. 에너지이다. 사랑이다. 선하다. 말씀을 통해 사람과 세상과 우주 만물의 의미가 밝혀졌고 충만해졌다. 창조의 의미가 알려진 것이다.

2. 루카 2,1–20: 예수의 탄생–육화

하늘엔 영광, 땅에는 평화! 그 분의 강생, 육화 사람됨은 우리와 동일한 조건을 가지심은 우리의 연약함을 그대로 이해하셨다는 것이다. 나의 모든 것을 다 아신다는 것이다. 아기의 연약함으로 당신의 능력을 드러내신 분. 나를 믿는 사람은 내가 하는 일을 할 뿐만 아니라, 그보다 더 큰 일도 하게 될 것이다. (요한 14, 12)

3. 루카 2, 41–50: 청년 예수

예수는 성전에서 학자들과 논쟁하며 자신의 지적인 능력을 배양했다. 자신만의 생각의 틀을 깨고 타인들과 대화를 나누고 소통한다는 것은 커다란 배움의 장이다. 소통은 성장과 학습의 장이다. 두려워해서는 안 된다. 소통을 위한 장을 마련하고 끊임없이 나아가야 한다. 정기적인 모임과 주제들을 선정하고 정기적인 학습세미나들을 만들어 낸다면 좋은 공동체, 소모임을 형성할 수 있을 것이다. 성경 공부를 위한 소모임을 형성하여 좋은 말벗 공동체를 형성하는 것도 교회 공동체에 활력을 줄 수 있는 좋은 방법의 하나가 될 수 있다.

4. 루카 2, 51–52. 노동자 예수

노동은 삶의 소중함을 깨닫게 해준다. 내 삶의 자리에서 구체적인 노동거리를 하나 만들어 보자.

5. 요한 1,9; 요한 2,8–10; 루카 2,32, 이사 42,6; 49,6: 예수는 빛

내 삶에 빛과 관련하여 떠 오르는 기억들을 돌이켜보자. 예수는 당신을 빛으로 설명한다. 나는 어떻게 세상의 빛으로 작용할 것인가?

6. 에제 47,1–12; 시편 1,3; 예레 2,13; 요한 7,37–39 예수는 생명의 물

물을 통해 생명을 체험한 적이 있는가? 물과 생명을 연관할 수 있는 영상을 살펴본다. 노아의 홍수의 장면이다. 4대강 사업으로 인한 생명의 파괴 장면 등을 살펴볼 수 있다.

7. 요한 6,32–40: 예수는 생명의 빵

빵을 통해 오시는 분. 빵이 없이 우리는 생명을 유지할 수 없다. 광야의 오천명을 먹이신 기적이야기의 본질은 나눔의 신비, 생명의 순환, 충만함이다. 예수는 생명의 길, 방법론이다.

8. 요한 10, 1.7: 예수는 문

문은 무엇을 말하는가? 문을 통하지 않고서는 어디론가 들어갈 수 없다. 어디선가 나올 수도 없다. 입구나 출구에는 통제가 이루어진다. 들어갈 수 있는 조건이나 자격이 주어진다. 그런데 바로 그러한 열쇠를 예수가 가지고 있다는 것이 우리의 믿음이다.

9. 요한 8,58: 생명과 존재의 만남

아브라함(생명)이 태어나기 전부터 계셨던(존재했던) 분. 당신을 통해서 과거와 현재, 현재와 미래가 만나게 된다. 시간과 영원이 만나게 된다. 존재와 본질이 통일된다. 겉과 속이 하나된다. 성과 속이 하나된다. 세상의 모든 분열이 하나된다.

10. 요한 14,6–7: 예수는 길이요 진리요 생명

조용히 침묵가운데 예수의 생애를 묵상하라. 그 분의 이름을 부르면서 그 분의 출생에서 성장, 공생활의 준비, 광야에서의 유혹과 갈릴래아에서의 전도, 고향에서의 배척, 가파르나움, 벳사이다와 코라진, 예루살렘으로 들어가시어 동산에서 밤새워 기도하시고 수난하시고 죽으시고 묻히시고 부활하시는 모든 사건들을 돌아보라! 그대가 기억하고 있는 복음의 사건들을 시간 순으로 나열하면서 주님과 대화를 나누어 보라!

1·2·3요한/유다
EPISTLE OF JOHN / JUDE

49

오류를 전파하는 자들은 누구인가? 그들은 "그리스도의 적"(1요한 2,18.22; 4,3; 2요한 7), "거짓 예언자"(1요한 4,1), "거짓말쟁이"(1요한 2,22), "속이는 자"라고 불린다(2요한 7). 그들은 이 세상에서 나와 이 세상에만 속한 자들로서(1요한 4,5), "사람을 속이는 영"이 이끄는 대로 행동한다(1요한 4,6). 이들은 얼마 전까지만 해도 공동체의 일원이었다(1요한 2,19. 그리고 2요한 9 참조). 그런데 이제는 그리스도에게서 유래하지 않는 교리를 퍼뜨려(2요한 10), 믿음을 충실히 지키는 신자들을 탈선시키려고 애를 쓴다(1요한 2,26; 3,7). 이들은 영지주의 형태의 신비주의에 빠져, 하느님을 완전히 안다고(1요한 2,4), 그분을 뵙는다고(1요한 3,6; 3요한 11), 그분과 일치를 이루며 산다고(1요한 2,3), 또 빛 속에 있다고 자처한다(1요한 2,9). 이들은 무엇보다도 그리스도론과 관련하여 예수님이 메시아-그리스도이심을 부정하고(1요한 2,22), 하느님의 아드님이심을 부정한다(1요한 4,15; 2요한 7). 또 그리스도의 강생을 부인하면서(1요한 4,2; 2요한 7), 이를테면 예수님을 둘로 갈라놓는다. 곧 역사의 예수님과 하느님의 아드님을 서로 다른 존재로 구분하고, 이 아드님께서 "물과 피를 통하여" 이 세상에 오셨음을 부인한다(1요한 5,6).

요한 1서와 달리 이 짧은 요한 2,3서는 서간의 성격을 모두 갖추고 있다. 2서의 수신인은 "선택받은 부인과 그 자녀들"인데, 이는 특정 개인들이 아니라 발신인인 "원로"가 자기에게 속한 아시아 속주의 여러 교회에 부여한 칭호이다. 이 신자들의 믿음은 성자의 강생을 부정하고(7절) 그리스도의 가르침을 충실히 지키지 않으면서(9절) 사람들을 오류에 빠뜨리게 하는 자들 때문에 위험에 처해 있다. 필자는 신자들을 그러한 오류에 미리 대비시킨다(8. 10-11절). 3서에서는 신자들은 진리를 아는 사람이므로(1절), 성부께서 내리셨고 또 교회 안에서 "처음부터" 전해 온 계명의 빛을 받으며(4-6절), 그 진리에 따라 살아가며(4절) 다른 이들을 사랑해야 한다(5절). 이는 요한 1서에서 길게 펼쳐지는 주제이기도 하다.

유다서는 신자들에게 '거짓 교사들'을 조심하라고 타이른다. 그런데 이들이 구체적으로 어떤 사람들이었는지 지금으로서는 분명하지 않다. 정통 그리스도교에 적대적인 이 인물들은, 곧 포식가, 난봉꾼, 욕심쟁이, 이기주의자 등으로 묘사된다. 그들은 교회에 분열을 가져오고 천사들을 모독하며 주 예수 그리스도를 부인한다고 지탄받는다.

요한의 첫째 서간 EPISTLE OF JOHN

1. 개요

요한의 첫째 서간은 신자들에게 바른 신앙과 도덕 생활을 제시해 주는 윤리서이며 교회 공동체를 이단으로부터 지키려는 호교서이다. 생명, 빛, 사랑, 진리 등의 개념과 죽음, 어두움, 미움, 거짓이라는 상반된 개념을 통해 그리스도교 진리의 핵심을 설명하고 있다. 요한계 모든 교회에 보낸 '공동 서간'이다.

2. 저자 및 집필시기

정확히 알 수 없다. 다만 어휘와 문체, 내용 등이 요한 복음서와 비슷하여 요한이 썼으리라고 한다. 요한의 첫째 서간에는 예수의 육화를 부인하는 영지주의자들에 대한 경고가 나온다. 또한 안티오키아의 주교 이냐시오가 110년경 아시아 교우들에게 영지주의자들을 조심하라는 편지를 보낸 것으로 미루어 보아 요한의 첫째 서간의 저작 연대는 대략 영지주의가 만연하던 100년경 소아시아 지방 특히 에페소에서 완성된 것으로 보인다.

3. 집필동기

하느님의 말씀인 예수 그리스도의 육화를 부정하는 이단이 아시아의 모든 교회에 번질 것을 우려하여 이 편지를 썼다. 당시 교회 안에는 예수의 육화를 부인하면서 예수께서 그리스도가 아니라고 말하는 반 그리스도, 거짓 예언자들인 영지주의자들이 생겨나 교회를 이탈하고 '성실한 신도들을 현혹시켰다. 이러한 상황에서 저자는 거짓 그리스도인들의 그릇됨을 경고하고, 이단을 바로 잡으며 그리스도인들의 올바른 신앙생활을 일러주고자 하였다.

4. 주요내용

모두 5장으로 이단자들에 대한 경고와 그리스도인의 참된 신앙 생활을 이야기하고 있다.

(1) **빛이신 하느님(1,1~2,27)** : 생명의 말씀을 선포하는 것은 하느님 아버지와 그분의 아들 예수 그리스도와 사귀는 친교를 서로 나누려고 하는데 있다. 하느님은 빛이시다. 그분이 빛 속에 계신 것처럼 우리도 빛 속을 거닐고 있다면 그분의 아들 예수 그리스도의 피로 우리 모든 죄가 깨끗하여 진다. 그러므로 세상을 좇지 말고 그분의 계명을 지키며 성령의 가르침에 충실하라고 한다.

(2) **하느님의 자녀(2,28~4,6)** : 하느님의 크신 사랑으로 우리는 하느님의 자녀라 불리게 되었다. 그러므로 우리는 하느님의 아들 예수 그리스도의 이름을 믿고 서로 사랑하라는 그분의 계명을 지킴으로써 영원한 생명을 누리게 되는 것이다. 또한 우리는 성령을 통해 예수 그리스도께서 사람의 몸으로 오셨다는 것을 고백할 수 있다. 참 하느님의 자녀답게 말로나 혀 끝으로 사랑하지 않고 행동으로 형제들을 사랑하라고 한다.

(3) **사랑이신 하느님(4,7~5,21)** : 하느님은 사랑이시다. 그분의 사랑은 우리의 죄를 용서해 주시기 위해 당신 아드님을 제물로 삼으시기까지 하셨다. 그러므로 우리는 서로 사랑해야 한다. 사랑 안에 머무르는 사람만이 하느님 안에 머물 수 있고 그분도 우리 안에 머물러 계시기 때문이다. 우리는 인간으로 오셔서 물로 세례를 받으시고 수난의 피를 흘리신 예수께서 하느님의 아들이심을 고백하며 그 믿음으로 세상을 이겨낸다. 성령은 하느님께서 영원한 생명을 우리에게 주셨고 그 생명이 당신의 아들안에 있다는 믿음을 더욱 확고하게 해준다.

요한의 둘째, 셋째 서간 EPISTLE OF JOHN

1. 개요

공동 서간이라고 불린다. 그러나 각각 한 공동체와 한 개인을 수신인으로 하고 있다. 요한의 둘째 편지는 '선택받은 귀부인'에게 쓴 것으로 요한이 사목하던 소아시아의 어느 교회를 가리키는 말이다. 요한의 셋째 편지는 가이오라는 사람에게 보낸 것으로 사도 활동에서 빚어진 불상사가 언급되어 있다. 특히 순회 전도자, 지역 교회의 책임자, 지방 교회의 구체적인 생활 교리에 대한 감독권 등 초기 교회의 체제를 간접적으로 엿볼 수 있다.

2. 저자 및 집필시기

정확히 알 수 없다. 다만 저자를 원로라고 밝히고 있는데 이 원로는 당시 교회에서 매우 영향력 있는 인물로 생각된다. 따라서 요한의 둘째 셋째 편지의 저자는 사도 요한이거나 아니면 그의 제자들이라 추정된다. 역시 요한 복음서가 쓰여진 90년경 이후 영지주의가 퍼져 있었던 100년경 에페소에서 쓰여진 것으로 보인다.

3. 집필동기

신자들을 이단으로부터 보호하고 교회의 가르침을 충실히 따르도록 하기 위하여 이 편지를 썼다. 당시 교회에는 예수의 육화를 부인하는 영지주의가 생겨났고 지역교회에서는 원로의 권위를 무시하는 이가 있었다. 이에 저자는 요한의 둘째 편지를 통해 이단자들의 그릇된 사상을 경계하고 그리스도의 참된 가르침을 잃지 않도록 당부하고 요한 3서를 통해 주님의 이름으로 파견된 이들을 받아들일 것을 촉구하고 있다. 요한 서간은 하나같이 우리 모두가 하느님 앞에 평등한 '어린 자녀들'임을 가르치고자 했는데 신도들로 하여금 하느님의 계명을 되새기며 선을 행하는 참 그리스도인으로 살아갈 것을 일깨우고 있다.

4. 주요내용

요한의 둘째 편지와 셋째 편지는 각각 13절, 15절로 되어 있다. 예수의 육화를 부인하는 이단 자들에 대한 경계와 전도자들에 대한 협조 및 참된 그리스도인의 자세에 대해 이야기하고 있다.

(1) **그리스도의 가르침(2요한 1,1~13절)** : 진리와 사랑으로 살아가는 신도들에게 하느님과 그의 아들 예수 그리스도께서 은총과 자비를 충만히 내려 주시기를 빈다. 원로가 이 편지를 쓰는 것은 속이는 자들이 세상에 많이 나타났기 때문이다. 이들은 예수 그리스도께서 사람의 몸으로 오셨다는 것을 인정하지 않는 그리스도의 적들이다. 때문에 원로는 신도들에게 스스로 조심하고 수고해서 얻은 것을 잃지 말라고 한다. 그리스도의 가르침 안에 머물면서 서로 사랑하고 하느님의 계명을 따르는 참된 그리스도인의 삶에 대해 이야기하고 있다.

(2) **그리스도인의 자세(3요한 1,1~15절)** : 원로는 진실한 생활로 진리를 좇아서 살고 있는 가이오에게 이 편지를 쓰고 있다. 교우들을 위해서 모든 일을 성실히 처리하고 있는 가이오에게 감사의 뜻을 전하며 다시 한 번 교회의 일꾼을 돌보아 주는 협력자에 대해 이야기하고 있다. 또한 사도의 권위를 무시하고 교회의 우두머리가 되려는 야심을 품고있는 디오드레페의 잘못을 지적하면서 가이오에게 하느님으로부터 난 사람답게 선한 것을 본받으라고 한다.

유다 JUDE

1. 개요

모든 그리스도교 신자들에게 보낸 '공동 서간'이다. 그러나 유다교 전형적인 비유들을 쓰고 있는 것으로 보아 유다교에서 개종한 신자들에게 보낸 편지이다.

2. 저자 및 집필시기

저자를 '예수 그리스도의 종이며 야고보의 동생 유다'라고 밝히고 있으나 정확하지 않다. 다만 사도시대 이후의 사람으로 소아시아 어느 지방의 유다계 그리스도인에 의해 쓰여진 것으로 보인다. 2세기 초에 쓰여진 베드로 후서가 유다서를 인용하고, 1세기 후반에 쓰여진 야고보서를 알고 있는 사실로 미루어 보아 이 책의 저작 연대는 대략 1세기 말경으로 추정된다.

3. 집필동기

당시 교회는 이단자들의 그릇된 가르침과 그들의 타락한 생활로 말미암아 심각한 분열 위기에 처해 있었다. 거짓 교사들과 이단자들은 사도의 가르침을 왜곡하고 자유 분방한 생활로 많은 신자들은 현혹시켰다. 이에 저자는 이단자들의 실상을 고발하고 장차 그들이 받을 심판을 이야기하고 있다. 또한 신자들이 믿음을 굳건히 지켜나가도록 구약성서와 사도들의 말씀을 상기시키고, 하느님께 대한 사랑과 믿음 안에서 구원에 대한 희망을 잃지 않도록 권고하고 있다.

4. 주요내용

모두 25절로 이단자들의 방탕한 생활상을 이야기 하고 있다.

(1) 인사 및 거짓 교사들에 관한 경계(1,1~16) : 하느님께서 자비와 은총을 충만히 내려 주시기를 빈다. 우리 모두가 받은 구원에 관해서 이야기하면서 교회 안에 생겨난 이단자들의 방탕한 생활상을 다시 한 번 일깨우고 있다. 이단자들은 하느님의 은총을 남용하고 방탕한 생활을 일삼아 예수 그리스도를 부인하는 자로서 이미 단죄받았다. 그들은 육체를 더럽히고 자기 욕심대로 흥청망청 먹어대며 하느님의 권위를 업신여긴다. 이러한 자들은 하느님의 심판 날에 자기들이 저지른 불경건한 행위로 영원한 암흑 속에 빠져 들어갈 것이므로 성도들은 자신의 믿음을 굳건히 지키고 이를 위해 힘써 싸우라고 한다.

(2) 그리스도인들에 대한 권고(1,17~25절) : 이단자들에 대한 경각심을 일깨우면서 사도들의 말씀을 깊이 되새기라 고 한다. 이단자들은 본능적인 욕정을 좇아서 살면서 분열을 일삼는 자들이다. 그러나 그리스도인은 고귀한 믿음의 터전 위에 스스로를 세우고 성령의 도우심을 받아 기도하는 자로서 영원한 생명으로 인도하시는 우리 주 예수 그리스도의 자비를 기다리며 언제나 하느님 사랑 안에 머물라고 한다. 끝으로 우리를 구원하시는 오직 한 분이신 하느님께서 우리 주 예수 그리스도를 통하여 영광과 찬미를 받으시기를 빌고 있다.

49 📖 요한 1 · 2 · 3서 · 유다 SCHEMA

날짜	성서 구절	주요 내용	
첫 째 날	요한1 1	• 머리말 : 생명의 말씀 • 우리도 그분처럼 빛 속에서 살아가야 한다	
둘 째 날	2	• 사랑의 계명을 준수하라 • 그리스도인과 세상	
셋 째 날	3	• 의로움의 실천 • 사랑의 실천	
넷 째 날	4	• 영을 식별하여 아는 태도 • 사랑과 믿음	

날짜		성서 구절	주요 내용
다 째	섯 날	5	• 사랑의 뿌리인 믿음 • 맺음말 : 영원한 생명

여
째
	섯
	날
		요한2/
		요한3
			• 진리와 사랑 안에서 살아가야 함
			• 이단자들을 멀리하라(요한2)
			• 가이오스에게 인사말/선교사들에 대한 협력을
			  부탁함
			• 디오트레페스에 대한 경고/데메트리오스에 대한
			  칭찬/끝 인사(요한3)

일 째	곱 날	유다	• 거짓 교사들이 받을 심판 • 적들에게 자비를 베풀라고 말함 • 주님을 찬송함

32. 요한 1,2,3서/유다서의 구성과 주요내용

구분	주 제	내 용
1,1–2,28	생명의 말씀	하느님과 나누는 친교의 기준—첫째 설명(1,5–2,28): 1. 죄에서 벗어나 빛 속에서 살아감(1,5–2,2) 2. 사랑의 계명 준수(2,3–11) 3. 세상과 "그리스도의 적" 앞에 선 그리스도인의 믿음(2,12–28) "만일 우리가 하느님과 친교를 나눈다고 말하면서 어둠 속에서 살아간다면, 우리는 거짓말을 하는 것이고 진리를 실천하지 않는 것입니다(…) 만일 우리가 죄 없다고 말한다면, 우리는 자신을 속이는 것이고 우리 안에 진리가 없는 것입니다. 우리가 우리 죄를 고백하면, 그분은 성실하시고 의로우신 분이시므로 우리의 죄를 용서하시고 우리를 모든 불의에서 깨끗하게 해 주십니다. 만일 우리가 죄를 짓지 않았다고 말한다면, 우리는 그분을 거짓말쟁이로 만드는 것이고 우리 안에 그분의 말씀이 없는 것입니다." "빛 속에 있다고 말하면서 자기 형제를 미워하는 사람은 아직도 어둠에 있는 자입니다. 자기 형제를 사랑하는 사람은 빛 속에 머무르고, 그에게는 걸림돌이 없습니다. 그러나 자기 형제를 미워하는 자는 어둠 속에 있습니다. 그는 어둠 속에서 살아가면서 자기가 어디로 가는지 모릅니다. 어둠이 그의 눈을 멀게 하였기 때문입니다." (2,9–11). "여러분은 세상도 또 세상 안에 있는 것들도 사랑하지 마십시오. 누가 세상을 사랑하면, 그 사람 안에는 아버지 사랑이 없습니다. 세상에 있는 모든 것, 곧 육의 욕망과 눈의 욕망과 살림살이에 대한 자만은 아버지에게서 온 것이 아니라 세상에서 온 것입니다. 세상은 지나가고 세상의 욕망도 지나갑니다. 그러나 하느님의 뜻을 실천하는 사람은 영원히 남습니다."(2,15–17)
2,29–4,6	사랑의 계명	하느님과 나누는 친교의 기준—둘째 설명(2,29–4,6): 신앙 곧 하느님과 나누는 친교는 여기에서 부자 관계로 서술되는데, 하느님의 자녀들을 알아보는 기준은 이러하다. 1. 의로움을 실천하고 죄를 짓지 않음(2,29–3,10) 2. 하느님 아드님의 모범에 따라 사랑을 실천함(3,11–24) 3. 예수 그리스도에 대한 믿음에 따라 영을 식별함(4,1–6) "세상이 여러분을 미워하여도 놀라지 마십시오. 우리는 형제들을 사랑하기 때문에 우리가 이미 죽음에서 생명으로 건너갔다는 것을 압니다. 사랑하지 않는자는 죽음 안에 그대로 머물러 있습니다. 자기 형제를 미워하는 자는 모두 살인자입니다. 그리고 여러분도 알다시피, 살인자는 아무도 자기 안에 영원한 생명을 지니고 있지 않습니다. 그분께서 우리를 위하여 당신 목숨을 내놓으신 그 사실로 우리는 사랑을 알게 되었습니다. 그러므로 우리도 형제들을 위하여 목숨을 내놓아야 합니다."(3,13–16) "사랑하는 여러분, 아무 영이나 다 믿지 말고 그 영이 하느님께 속한 것인지 시험해 보십시오… 예수 그리스도께서 사람의 몸으로 오셨다고 고백하는 영은 모두 하느님께 속한 영입니다. 그러나 예수님을 믿는다고 고백하지 않는 영은 모두 하느님께 속하지 않는 영입니다. 그것은 '그리스도의 적'의 영입니다."(4,1–3).

4,6–5,12  		하느님과 나누는 친교의 기준—셋째 설명(4,7–5,12): 부정적 기준 곧 죄를 끊어 버리는 것은 더 이상 언급되지 않는다. 두 가지 긍정적 기준 곧 사랑 및 믿음과 관련하여 그것들의 궁극적 근원으로까지 거슬러 올라간다. 지금까지는 교훈적인 면과(2,3–11) 그리스도론적인 면에서(3,11–24) 고찰되었는데, 이번에는 그 본연의 신적인 면에서 고찰된다(4,7–9.16). 믿음은 앞의 두 단계에서 교회적 행위 곧 신앙 고백으로 서술되었는데(2,22–25; 3,23; 4,2–6 참조), 이번에는 신학적 현실 곧 하느님의 아드님(의 이름)에 대한 믿음으로 제시된다(5,5.10. 그리고 5,13 참조). 1. (이 마지막 단계에서는 죄를 끊어 버리는 것이 생략된다) 2. 사랑은 하느님에게서 내려와 믿음 안에 뿌리를 내린다(4,7–21) 3. 하느님의 아드님에 대한 믿음—사랑의 뿌리(5,1–12) "하느님께서 우리에게 베푸시는 사랑을 우리는 알게 되었고 또 믿게 되었습니다. 하느님은 사랑이십니다. 사랑 안에 머무르는 사람은 하느님 안에 머무르고 하느님께서도 그 사람 안에 머무르십니다. 사랑이 우리에게서 완성되었다는 것은, 우리도 이 세상에서 그분처럼 살고 있기에 우리가 심판 날에 확신을 가질 수 있다는 사실에서 드러납니다. 사랑에는 두려움이 없습니다. 완전한 사랑은 두려움을 쫓아냅니다. 두려움은 벌과 관련되기 때문입니다. 두려워하는 이는 아직 자기의 사랑을 완성하지 못한 사람입니다. 우리가 사랑하는 것은 그분께서 먼저 우리를 사랑하셨기 때문입니다(…) 눈에 보이는 자기 형제를 사랑하지 않는 사람이 보이지 않는 하느님을 사랑할 수는 없습니다(4,16–20).
5,13–21	맺음말 (5,13–21) 영원한 생명	"누구든지 자기 형제가 죄를 짓는 것을 볼 때에 그것이 죽을 죄가 아니면 그를 위하여 청하십시오. 하느님께서 그에게 생명을 주실 것입니다… 우리는 하느님께 속한 사람들이고 온 세상은 악마의 지배 아래 놓여 있다는 것을 압니다… 자녀 여러분 우상을 조심하십시오"(5,16.19.21).
요한의 둘째 편지		
4	진리와 사랑	"서로 사랑하라는 것입니다. 그리고 그 사랑은 우리가 그분의 계명에 따라 살아가는 것이고, 그 계명은 그대들이 처음부터 들은 대로 그 사랑 안에서 살아가야 한다는 것입니다."
7	이단자들	"속이는 자들이 세상으로 많이 나왔습니다. 그들은 예수 그리스도께서 사람의 몸으로 오셨다고 고백하지 않는 자들입니다. 그런 자는 속이는 자며 '그리스도의 적'입니다. 여러분은 우리가 일하여 이루어 놓은 것을 잃지 않고 충만한 상을 받을 수 있도록 자신을 살피십시오.
요한의 셋째 편지		
9	디오트레페스	"디오트레페스가 우리를 받아들이지 않고 있습니다. 그는 나쁜 말로 우리를 헐뜯고 있습니다. 그것도 모자라, 그 형제들을 받아들이지 않을 뿐만 아니라 받아들이려는 이들까지 방해하며 교회에서 쫓아냅니다."
11	데메트리오스	"데메트리오스는 모든 사람들뿐만 아니라 진리 자체로부터도 좋은 평판을 받고 있습니다. 우리도 그를 위하여 증언합니다. 그대는 우리의 증언이 참 되다는 것을 알고 있습니다."

유다서		
3	저짓교사들이 받을 심판	"저들은 불평꾼이며 불만꾼으로 자기 욕망에 따라 살아가는 자들입니다. 잇속을 챙기려고 사람들에게 아첨하면서 입으로는 큰 소리칩니다."
17	권고	"마지막 때에 자기의 불경한 욕망에 따라 사는 조롱꾼이 나타날 것이다" 하고 말하였습니다. 저들은 분열을 일으키는 자들로서, 현세적 인간이며 성령을 지니지 못한 자들입니다. 사랑하는 여러분, 여러분은 지극히 거룩한 믿음을 바탕으로 성장해 나아가십시오. 성령안에서 기도하십시오. 하느님의 사랑 안에서 자신을 지키며, 영원한 생명으로 이끌어 주시는 우리 주 예수 그리스도의 자비를 기다리십시오. 의심하는 이들에게 자비를 베푸십시오. 어떤 이들은 불에서 끌어내어 구해 주십시오. 또 어떤 이들에게는 그들의 살에 닿아 더러워진 속옷까지 미워하더라도 두려워하는 마음으로 자비를 베푸십시오"
25	찬송	"우리의 유일하신 구원자 하느님께서 우리 주 예수 그리스도를 통하여 영광과 위엄과 권능과 권세가 창조 이전부터 그리고 이제와 앞으로 영원히 있기를 빕니다."

서로 사랑하라!

선을 행하는 이는 하느님께 속한 사람,

바이블테라피 49 수련7 기도의 효과와 두뇌작용

기도는 우리 몸의 감각 메커니즘을 조절한다. 우리의 몸은 모든 감각이 통합된 시스템으로 이것이 조화롭게 균형 잡혀 움직여질 때 평화롭고 최대의 기능이 발휘된다. 몸의 구성단위인 수십조의 세포는 살아 있는 감각단위로서 각기 의식을 가지고 있다. 이 세포들의 의식을 의도적인 지각활동을 통해 일깨우고 서로서로를 연결시켜 순수의식으로 고취하는 것이 명상이다. 복잡한 혼돈의 현대를 사는 우리는 명상으로 평화와 자유를 누리며 행복하게 살 수 있다.

마음의 균형과 조화가 무너지면 신체의 리듬이 깨어져 건강을 해치는 원인이 된다. 두려움, 부정적인 생각, 불쾌하고 어두운 감정 등은 모두 우리 뇌의 신경단위인 뉴런연결 작용을 부정적으로 만들어낸다. 이를 극복하기 위해서는 부정적인 뉴런의 흐름을 만드는 부정적인 생각을 차단하고 새로운 흐름을 만들어야 한다. 기도를 생활화하면 부정적인 흐름이 점점 약화되어 결국에는 사라진다.

서양에서 '기도하기'에 대한 최초의 과학적 연구는 1960년에 시작되었는데, 하버드 의과대학 허버트 벤슨 교수의 연구가 대표적이다. 벤슨 교수는 1967년 초월기도 수행자 36명을 대상으로 연구한 결과 명상 전후에 혈압, 심박 수, 체온 등 생리현상의 변화가 뚜렷함을 밝혀냈다. 깊은 기도 상태에서는 명상 이전에 비해 산소 소비량이 17%줄고, 심박 수는 분당 3차례 느려지고, 뇌파 가운데 잠잘 때 나오는 세타파(4~7Hz)가 활성화되는 등 심신이 이완Relax

되는 반응이 나타났다. 최근에 서울대 병원 권준수 교수도 비슷한 결과를 얻었다. 기도초기에는 알파파(8~13Hz)가 많이 나오다가 후기에는 세타파가 한꺼번에 터져 나오는 현상을 확인했다고 한다.

사람의 뇌는 정상적으로 깨어나 활동할 때 초당 13~30Hz의 베타파를 방출하고, 수면직전 또는 눈을 감고 쉴 때나 사랑할 땐 8~12Hz의 알파파를 내보낸다. 명상할 때나 잠들었을 때는 보통4~7Hz의 세타파를, 깊은 잠에 골아 떨어졌을 땐 0.5~3Hz의 델타파를 일으킨다. 결국 기도 중에는 명백히 잠을 자지 않는 명상 상태에서 수면 중에 나오는 세타파를 일으키는 등 몸과 마음이 매우 안정되고 편안한 상태를 보임을 알 수 있다.

하버드 의대 벤슨 교수는 인도의 시크교도들을 대상으로 기능성 자기 공명 영상촬영 장치를 이용해 기도할 때의 뇌 혈류를 측정한 결과 대체로 뇌 전체의 혈류 속도는 느려졌지만 감정과 기억 등을 관장하는 뇌의 깊은 곳에 있는 변연계limbic system에서는 예외적으로 혈액 흐름이 활성화되는 현상을 발견했다. 변연계는 개체 및 종족유지를 위한 본능적, 성적 욕구와 정서 감정을 주재하는 뇌 중심부의 중추 기구로서 행동의 의욕, 학습, 기억과정에도 깊이 관여한다. 변연계는 뇌간Brain stem과 대뇌피질Cerebral Cortex사이에 깊이 위치한 신경세포의 집단으로 구성되어 있다. 전체 뇌중에서 가장 먼저 출현하여 2 ~ 3억년전에 진화된 것이다.

상세히 분류하면 '해마hippocampus'라는 언어적 기억, 의식적 기억, 특히 쾌감을 담당하는 소기관, '편도amygdala'라는 감정적 기억, 무의식적 기억으로 공포나 분노를 담당하는 소기관으로 분류된다. 실제 깊은 명상에 들어가면 초현실적 체험을 하게 된다고 한다. 일상적 인식으로서는 생각할 수 없는 경험이라고 한다.

불교에서는 생각이 끊어진 자리에서, 불성佛性을 바라보는 것이라고 하는데, 모든 생명이 가지고 있는 근본 마음자리라고 한다. 그러한 것을 체험하면 말로 표현할 수 없는 환희심歡喜心을 맛보게 되는데 그 상태를 삼매三昧에 들었다고 한다. 명상 중에 변연계가 활성화 되는 변화는 이러한 현상을 증명하고 있는 것이다. 또 위스콘신대학 리

처드 데이비슨 교수는 명상상태에 들어가면 머리 앞부분인 전전두엽pre-frontal cortex에서 우측활성은 떨어지고 좌측이 활성화되는 현상도 발견했다.

우측부위는 스트레스와 싸우는 작용을 하고 좌측은 만족감을 증가시키는 작용을 한다. 부정적 사고의 소유자는 우측 전전두엽이 발달해 있지만 긍정적사고의 소유자는 좌측이 더 활성화되어 있어 명상을 하는 사람은 어려운 상황 속에서도 더 긍정적인 태도로 상황을 풀어간다는 것이다.

또 다른 실험에 의하면 전전두엽이 면역기능과도 관련 있다는 것이 밝혀졌다. 데이비슨 박사는 57-60세의 남녀 52명을 대상으로 가장 행복했던 일과 슬프거나 두려웠던 일을 한 가지씩 떠올리도록 하고 긍정적 생각을 관장하는 뇌 부위인 좌측 전전두엽과 부정적 감정을 조절하는 우측 전전두엽의 전기적 활동량을 측정했다. 이어 이들에게 표준 독감백신을 접종하고 2개월 간격으로 세 차례에 걸쳐 독감백신에 대항해 어느 정도의 항체가 형성되었는지를 혈액검사를 통해 평가했다. 결과는 우측 전전두엽의 전기활동이 가장 컸던 사람이 항체형성이 가장 저조하고, 그 반대로 좌측 전전두엽의 전기활동이 가장 많았던 사람은 항체형성이 왕성한 것으로 나타났다. 이 결과는 부정적인 생각이 면역기능을 크게 떨어뜨린다는 사실을 보여주는 것이라고 데이비슨 박사는 말했다.

기도에 대한 이런 과학적 연구들이 축적되면서 많은 의사들은 심장병, 에이즈, 암 등과 같은 만성적, 난치성 질병의 고통을 예방하고 완화하거나 적어도 통제하기 위해 기도 생활을 권하고 있다. 또한 기도생활은 우울증, 과잉행동장애, 주의력 결핍증 등과 같은 뇌의 이상 작용으로 초래되는 심적 불균형상태를 정상으로 회복시키기 위해서도 많이 활용되고 있다. 시애틀 근방의 킹스 카운티 교정시설에 수감된 재소자들을 대상으로 비파사나 명상을 하루에 11시간씩 10일간 실시한 결과 재범률이 75%에서 56%로 감소한 것으로 나타났다. 이처럼 어떠한 상황 속에서도 명상을 함으로서 마음의 여유를 조금만 가지면 마음과 몸 건강에 도움을 줄 뿐 아니라 사람자체가 조화롭고 편안한 인간으로 바뀐다는 것이다.

바이블테라피 Bible Therapy **50** 인지치료: 불길한 예감의 숫자에 대한 인지변화

144,000이라는 숫자는 묵시 7,4 이하와 14,1 이하에 나오는데, 이스라엘 지파에서 나와 이마에 도장을 받은 사람들, 또는 선택된 사람들을 말한다. 이 숫자 역시 상징적이다. 144,000은 이스라엘의 지파수 12를 두 번 곱하고 여기에 고대 이스라엘 군대의 한 부대 단위인 1,000을 곱하여 얻은 숫자로서 이스라엘의 충만함을 가리킨다. 144,000=12×12×1,000을 약간 달리 해석할 수도 있다.

처음 12는 이스라엘의 지파수, 두 번째 12는 12사도단, 그리고 1,000은 하느님께 속한 무한한 숫자로 이해할 수도 있다. 어떻든 두 경우 다 144,000이라는 숫자는 엄청나게 많은 숫자를 가리킨다. 따라서 이 숫자를 근거로 구원받을 사람들의 수를 144,000명으로 제한하려는 여호와의 증인이나 여타 비슷한 신흥종교들의 시도는 모두 잘못된 것이다. 오히려 이 숫자는 하느님의 구원에 초대된 자들이 무척 많으리라는 사실을 암시하는 것으로 보아야 한다. 요한묵시록과 같은 계열의 저서 요한복음은 세상 전체를 구원하시려는 하느님의 의지를 분명하게 드러낸다. "하느님은 이 세상을 극진히 사랑하셔서 외아들을 보내주시어 그를 믿는 사람은 누구든지 멸망하지 않고 영원한 생명을 얻게 하여 주셨다. 하느님이 아들을 세상에 보내신 것은 세상을 단죄하시려는 것이 아니라 아들을 시켜 구원하시려는 것이다."(요한 3,16—17)

그 다음, 666은 완전한 숫자 7에서 하나가 부족한 6이 셋이 모였으니, 가장 부족한 또는 불길한 숫자로 통한다. 묵시록 13장은 로마제국 자체를 하느님을 모독하는 짐승으로 암시한다. 묵시 13,18에 따르면 이 짐승을 가리키는 숫자 666이

실제로는 사람의 이름을 표시하는 것이라고 한다. 말하자면 다니 2,27—28에서 네부카드네자르가 바빌론 제국과 동일시되듯, 여기서도 로마황제가 로마제국을 뜻할 수 있다. 따라서 흉수 666은 당시에 교회를 가장 심하게 박해하던 로마황제를 가리킨다고 볼 수 있다. 그러면 묵시록의 저자는 구체적으로 어떤 황제를 지목하는 것일까? 십중팔구 네로 황제를 염두에 둔 것 같다. 히브리어로 네로 황제는 네론 체살(Neron Caesar)인데, 이 이름의 히브리어 알파벳 자음을 숫자로 환원시켜 그 수를 모두 더하면 666이 된다. 5세기의 한 묵시록 사본은 짐승의 숫자를 666대신 616으로 바꾸어놓았다. 이는 네로 황제의 라틴어 이름(Nero Caesar)에 따라 계산한 결과이다. 히브리어나 그리스어 각 알파벳은 저마다 고유한 숫자를 의미할 수 있다. 이렇게 히브리어 낱말을 숫자로 환산하는 방법을 전문적인 용어로 '게마트리아'라고 한다.

이처럼 666이 흉수로서 초대 그리스도교회의 원수, 또는 적그리스도(Anti—Christ)를 뜻한 데 반해, 초세기 그리스도교의 한 외경에 따르면, 888은 예수 그리스도를 가리키는 길수로 통하였다.(Sibylline Oracles 1,324—329) 888은 완전 숫자인 7에 하나를 더한 8이 세 개나 모였으니, 가장 좋은 숫자일 수밖에 없다. 이렇게 무언가에 대한 강박이나 사회적인 통념, 인식, 잘못된 정보 등이 우리에게 불길한 예감이나 잘못된 신념을 주입시켜 부정적인 행동을 촉발시키거나 잘못된 판단을 내릴 수 있는 근거가 되기도 한다. 올바로 아는 것도 좋은 치료의 방편이 될 수 있다는 사실을 잊지 말아야 한다.

요한묵시록 BOOK OF REVELATION

교회는 이미 박해를 겪었고, 또 로마 제국의 공식적인 반대에 봉착했다. 다른 한 편으로, 고대하던 그리스도의 재림이 늦어지고 또 지체 기간이 길어짐에 따라, 어떤 이들은 타협적인 자세와 열성 없는 태도를 보이고 다른 이들은 실망하고 의문을 품으며 조급한 마음을 드러낸다. 묵시록에서 이 주제는 무엇보다도 하느님 계획의 결정적 단계가 파스카 사건으로 계시되고, 곧 마지막 때가 임박하였다. 하느님의 신비 안에서 그 때가 이미 시작되었기 때문이다. 묵시록은 "아시아에 있는 일곱 교회"가 수신인으로 되어 있다(1,4.11; 2-3). 이는 현재의 소아시아 남서쪽, 에페소를 주도(州都)로 하는 아시아 속주(屬州)의 신자 공동체들을 가리킨다.

묵시록은 네로 황제의 박해와 예루살렘 파괴 사이, 곧 65-70년이나 도미티아누스 황제의 통치 말기의 박해, 곧 91-96년경에 씌여졌을 것으로 사료된다. 여기에서 주된 어려움은 연이어지는 환시를 어떻게 해석하느냐에 있다. 임박한 재림을 향하여 역사가 다가가는 과정을 다소간 상징적으로 가리키는 것인가? 아니면, 이 환시의 연속이 종말을 향한 과정의 여러 단계가 아니라, 그리스도의 승리와 교회의 상황과 세상 심판의 다양한 면을 차례로 서술하려는 가상의 틀에 불과한가? 이에 대한 선택은 중대한 결과를 가져온다. 무엇을 선택하느냐에 따라 묵시록 전체의 주석이 달라지기 때문이다.

이 책은 첫 눈에도 크게 두 부분으로 나눌 수 있다. '교회에 보내는 서간' 형태로 제시되는 예언 부분(1,9-3,22), 그리고 좁은 의미의 묵시 문학에 속하는 부분이다(4,1-22,5). 둘째 부분에서는 전체적으로 묵시 문학의 관습적 도식을 볼 수 있다: 세말의 전조(6,1-11,19) → 직접적인 시련과 대격돌(12,1-20,15) → 완결과 최종 현시(21,1-22,5). 그런데 요한 묵시록에서는 이러한 도식이 (일곱 인장, 일곱 나팔, 일곱 대접 등) 이른바 '칠진법(七進法)'과 환시의 활용으로 더욱 풍부해지고 복잡해진다. 이러한 방식으로 저자는 암시를 더욱 늘려 가고 구약성서의 많은 본문을 요약하며 교회와 현 시대의 신비에 관한 묵상을 펼쳐 갈 수 있게 된다.

1. 개요

신약의 마지막 책으로 편지 형태의 머리말과 맺음말, 일곱 교회에 보내는 서간과 여러 가지 환시들로 되어 있다. 요한 복음, 요한1,2,3서와 함께 '요한계 문헌'으로 분류된다.

* 요한계 문헌 : 요한 복음서, 요한 1,2,3서, 요한 묵시록을 가르킨다. 책의 저자가 모두 요한이라는 이름으로 전해지며 문체와 용어, 교의 등이 서로 밀접히 관련되어 있어 다섯 권의 책을 한 계열로 분류된 것이다.

2. 저자 및 집필시기

요한이 예수 그리스도의 계시를 받아 아시아에 있는 일곱 교회에 편지를 썼다고 밝히고 있으나 복음서와 서간의 저자가 묵시록까지 썼는지는 정확하지 않다. 다만 묵시록의 저자가 묵시문학과 예언양식을 잘 알고 있는 것으로 보아 그는 유다계 그리스도인이라 추정된다. 요한이 도미티아누스 황제의 박해로 유배당한 파트모스섬에서 1세기 말경 집필한 것으로 보인다.

3. 집필동기

로마 제국의 도미티아누스 황제는 자신을 신이라하여 황제 숭배를 강요했고 많은 그리스도인들이 목숨을 걸고 이를 거부함에 따라 대대적인 박해가 시작되었다. 이에 저자는 하느님께서 보여주신 환시를 통해 예수 그리스도를 고난받는 어린양, 죽음을 통해 부활하신 분임을 일깨워 고통받는 그리스도인을 위로하고 희망과 용기를 주고자 하였다. 또한 믿음의 눈으로 현재 세계의 움직임을 바라보도록 이끌며 아무리 가혹한 박해를 당하더라고 신앙에 충실하도록 일깨우고 있다.

4. 주요내용

모두 22장으로 되어 있다.

(1) 일곱 교회에 보낸 편지(1,1~3,22) : 일곱 별과 일곱 등경의 비밀은 일곱 교회를 말하는 것으로 당시 소아시아의 에페소, 스미르나, 베르가모, 티아디라, 사르디스, 필라델피아, 라오디게이아 교회에 각기 상황에 맞추어 격려와 칭찬, 훈계와 경고 및 책망 등을 이야기하고 있다.

(2) 일곱 인으로 봉인된 두루마리(4,1~8,5) : 하늘의 옥좌에 앉아 계시는 분과 어린 양에게 찬양을 드린다. 미래에 일어날 일이 기록된 두루마리의 일곱 봉인을 어린 양이 떼어 냄으로써 하느님의 계획이 드러난다. 세상의 운명은 구세주요 심판자이신 예수 그리스도의 손에 달렸음을 이야기하고 있다. 또한 모든 재앙은 주님의 재림을 예고하고 준비시킨다. 시련과 환난을 이겨낸 선택된 백성들이 누리게 될 천상행복을 이야기하면서 시련에 처한 교회에 힘과 용기를 북돋우고 있다.

(3) 일곱 나팔(8,6~11,19) : 천사들의 나팔소리와 함께 재앙이 덮치고 많은 사람이 죽임을 당하게 된다. 마침내 일곱째 나팔이 울림으로서 하느님의 신비가 완성된다. 하늘의 성전이 열리고 계약의 궤가 나타나 예언자가 전한 기쁜 소식이 그대로 이루어져 새 계약의 시대가 열림을 알린다.

(4) 여인과 용, 두 짐승(12,1~14,20) : 하느님의 새로운 백성을 상징하는 태양을 입은 여인과 사탄을 가르키는 용의 환시이다. 그리스도인들은 두 짐승으로 상징되는 로마제국의 황제들에 의해 시련을 당하고 있지만 희생제물이며 믿는 이의 머리이신 어린 양은 최후의 승리를 거둔다. 그 때까지 성도들은 굳은 믿음과 인내로 자신의 신앙을 지켜야 한다. 끝으로 심판을 의미하는 땅의 추수와 포도수확의 상징을 통해서 선택된 자들의 구원과 저주받은 자들에 대해 이야기하고 있다.

(5) 마지막 심판의 준비(15,1~19,10) : 최후의 재난이 내리고 마침내 온갖 우상숭배와 악습으로 물들은 로마제국이 패망한다는 환시를 전한다. 그리고 하느님의 종이요 백성은 어린 양의 신부로서 혼인 잔치를 위한 몸단장을 끝냈다고 한다.

(6) 새 하늘과 새 땅(19,11~22,21) : 흰 말을 타신 분의 출현은 그리스도의 재림에 관한 환시로, 승리자로 오시는 그리스도께서 악의 세력을 완전히 굴복시킨 후, 그가 다스릴 천년왕국이 다가옴을 알린다. 이 때 신앙을 지키며 순교한 이들에게는 그리스도와 함께 천년동안 군림하게 될 것이며, 그 후 생명의 책에 기록된 대로 최후의 심판이 내려지고 새 하늘과 새 땅이 열린다고 한다.

요한묵시록 SCHEMA

날짜	성서 구절	주요 내용	
첫 째 날	1-3	• 요한이 아시아에 있는 일곱 교회에 인사함 /요한의 소명(1) • 에페소/스미르나/페르가몬/티아티라 신자들에게 보내는 주님의 말씀(2) • 사르디스/필라델피아/라오디케이아 신자들에게 보내는 주님의 말씀(3)	
둘 째 날	4-6	• 요한이 목격한 천상 예배(4) • 요한이 목격한 봉인된 두루마리와 어린 양(5) • 어린양이 뜯으신 처음 여섯 봉인(6)	
셋 째 날	7-9	• 하느님의 백성인 교회 /선택된 이들의 무리인 교회(7) • 어린양이 뜯으신 일곱째 봉인과 금 향로 /일곱 천사 중 처음 네 천사의 나팔(8) • 다섯째 나팔과 여섯째 나팔(9)	
넷 째 날	10-12	• 마지막 천사와 작은 두루마리(10) • 두 증인에 의한 두 번째 불행과 일곱째 나팔(11) • 쇠 지팡이로 모든 민족들을 다스릴 아들을 낳은 여인과 하늘로부터 쫓겨난 용(12)	

날짜		성서 구절	주요 내용
다 째	섯 날	13–14	• 하느님을 모독하는 말을 하는 입을 가진 한 짐승과 육백육십육을 뜻하는 또 하나의 짐승(13) • 어린양과 흠 없는 그의 백성/심판의 예고/마지막 수확(14)
여 째	섯 날	15–19	• 마지막 일곱 재앙의 예고(15) 하느님의 진노가 담긴 일곱 대접(16) • 대탕녀 바빌론에게 내릴 심판(17) • 바빌론의 패망(18) • 어린양의 혼인/흰 말을 탄 '성실하시고 참되신 분'(19)
일 째	곱 날	20–22	• 그리스도의 천 년 통치/사탄의 패망/생명의 책에 의한 마지막 심판(20) • 새 하늘과 새 땅/새 예루살렘(21) • 새 예루살렘/천사의 말을 인용한 맺음말(22)

33. 요한묵시록의 구성과 주요내용

구분	주제	내용
1,1–1,20	서언 영상의 시작	**아시아의 일곱교회에 글을 보내다(1,4–5):** "모든 눈이 그분을 볼 것입니다. 그분을 찌른 자들도 볼 것이고 땅의 모든 민족들이 그분 때문에 가슴을 칠 것입니다."(1,7). "지금도 계시고 전에도 계셨으며 또 앞으로 오실 전능하신 주 하느님께서 '나는 알파요 오메가다'하고 말씀하십니다"(1,8). "두려워하지 마라. 나는 처음이며 마지막이고 살아있는 자다. 나는 죽었지만, 보라, 영원무궁토록 살아있다. 나는 죽음과 저승의 열쇠를 쥐고 있다. 그러므로 네가 본 것과 지금 일어나는 일들과 그 다음에 일어날 일들을 기록하여라" (1,18–19)
2,1–3,22	아시아 교회에 보내는 일곱 편지	**에페소 신자들에게 보내는 말씀(2,1–7):** "나는 네가 한 일과 너의 노고와 인내를 알고, 또 네가 악한 자들을 용납하지 못한다는 것을 안다(…) 너는 인내심이 있어서 내 이름 때문에 어려움을 겪으면서도 지치는 일이 없었다. 그러나 너에게 나무랄 것이 있다. 너는 처음에 지녔던 사랑을 저버린 것이다. 그러므로 네가 어디서 추락했는지 생각해 내어 회개하고, 처음에 하던 일들을 다시 하여라. 네가 그렇게 하지 않고 회개하지 않으면, 내가 가서 네 등잔대를 그 자리에서 치워버리겠다(2,2–5). **스미르나 신자들에게 보내는 말씀(2,8–11):** "나는 너의 환난과 궁핍을 안다. 네가 앞으로 겪을 고난을 두려워하지 마라. 너는 죽을 때까지 충실하여라. 그러면 내가 생명의 화관을 너에게 주겠다." 페르가몬 신자들에게 보내는 말씀(2,12–17): "승리하는 사람에게는 숨겨진 만나를 주고 흰 돌도 주겠다. 그 돌에는 그것을 받는 사람 말고는 아무도 모르는 새 이름이 새겨져 있다." **티아티라 신자들에게 보내는 말씀(2,18–28):** "보라 내가 그를 병상에 던져 버리겠다. 그와 간음하는 자들도 그와 함께 저지르는 소행을 회개하지 않으면 큰 환난 속으로 던져버리겠다. 그리고 그의 자녀들을 죽음으로 몰아넣겠다. 그리하여 내가 사람의 속과 마음을 꿰뚫어 본다는 것을 모든 교회가 알게 될 것이다. 나는 너희가 한 일에 따라 각자에게 갚아주겠다. '사탄의 깊은 비밀'을 알려고도 하지 않은 이들에게 나는 말한다. 너희에게는 다른 짐을 지우지 않겠다. 다만 내가 갈 때까지 너희가 진 것을 굳게 지켜라. 승리하는 사람, 내 일을 끝까지 지키는 사람에게는 민족들을 다스리는 권한을 주겠다." **사르디스 신자들에게 보내는 말씀(3,1–6):** "승리하는 사람은 이처럼 흰 옷을 입을 것이다. 그리고 나는 생명의 책에서 그의 이름을 지우지 않을 것이고, 내 아버지와 그분의 천사들 앞에서 그의 이름을 안다고 증언할 것이다." **필라델피아 신자들에게 보내는 말씀(3,7–13):** "승리하는 사람은 내 하느님 성전의 기둥으로 삼아 다시는 밖으로 나가는 일이 없게 하겠다. 그리고 내 하느님의 이름과 내 하느님의 도성, 곧 하늘에서 내 하느님으로부터 내려오는 새 예루살렘의 이름과 나의 새 이름을 그 사람에게 새겨 주겠다." **라오디케이아 신자들에게 보내는 말씀(3,14–22):** "너는 차지도 않고 뜨겁지도 않다. 네가 차든지 뜨겁든지 하면 좋으련만! 네가 이렇게 미지근하여 뜨겁지도 않고 차지도 않으니, 나는 너를 입에서 뱉어 버리겠다(…) 내가 사랑하는 사람들을 나는 책망도 하고 징계도 한다. 그러므로 열성을 다하고 회개하여라. 보라, 내가 문 앞에 서서 문을 두드리고 있다. 누구든지 내 목소리를 듣고 문을 열면 나는 그의 집에 들어가 그와 함께 먹고 그 사람도 나와 함께 먹을 것이다."

4,1–11,14	심판의 진행	천상예배(4장): "거룩하시다, 거룩하시다, 거룩하시다, 전능하신 주 하느님 전에도 계셨고 지금도 계시며 또 앞으로 오실 분!"
		봉인된 두루마리와 어린 양(5장): "울지 마라, 보라, 유다지파에서 난 사자, 곧 다윗의 뿌리가 승리하여 일곱 봉인을 뜯고 두루마리를 펼 수 있게 되었다(…) 주님께서는 두루마리를 받아 봉인을 뜯기에 합당하십니다. 주님께서 살해되시고 또 주님의 피로 모든 종족과 언어와 백성과 민족 가운데에서 사람들을 속량하시어 하느님께 바치셨기 때문입니다. 주님께서는 그들이 우리 하느님을 위하여 한 나라를 이루고 사제들이 되게 하셨으니 그들이 땅을 다스릴 것입니다."
		처음 여섯 봉인(6장): "어린 양이 여섯번째 봉인을 뜯으셨을 때 큰 지진이 일어나고…산과 바위를 향하여 말하였습니다. '우리 위로 무너져, 어좌에 앉아계신 분의 얼굴과 어린 양의 진노를 피할 수 있도록 우리를 숨겨다오'".
		하느님의 백성인 교회(7장): "저 사람들은 큰 환난을 겪어 낸 사람들이다. 저들은 어린 양의 피로 자기들의 긴 겉옷을 깨끗이 빨아 희게 하였다(…) 하느님께서는 그들의 눈에서 모든 눈물을 닦아 주실 것이다."
		어린 양이 두루마리의 봉인들을 차례로 개봉하면서 그 내용이 상징적 예시와 함께 실현되어 간다. 이것은 세례의 운명이 구세주요 심판관이신 그리스도의 손에 달렸음을 뜻한다. 11장에서부터 묵시록의 무대는 성전에 서 있는 예루살렘으로 바뀌어진다. 그리스도의 증인들의 승리가 나온다(8–11장).
12,1–14,5	적 그리스도	여인과 용(12,1–6): 태양을 입은 여인은 성모 마리아, 교회, 이스라엘과 예루살렘을 상징한다. 용은 악마, 사탄을 가리키고, 사탄은 신자들을 박해하는 자들과 동일시된다. – 미카엘이 용을 이기다(12,7–12): 승리는 어린 양의 피로써 얻어진다. – 용이 사내아이를 낳은 여인을 공격하지만 실패한다(12,13–18). – 바다와 땅에서 두 마리 짐승이 올라옴(13장) – 어린 양의 인호를 받은자들과 짐승의 인호를 받은 자들과의 대립(14장) – 어린 양의 편에 선 자들(14,1–5)

14,6–22,5	**하느님의 심판**	심판이 가까이 왔음을 알린다(14,6–20): "이제부터 주님 안에서 죽은 이들은 행복하다고 기록하여라(…) 그렇다. 그들은 고생 끝에 이제 안식을 누릴 것이다. 그들이 한 일이 그들을 따라가기 때문이다(…) '그 날카로운 낫을 대어 땅의 포도나무에서 포도송이들을 거두어 들이십시오. 포도가 다 익었습니다.' "

하느님의 심판

심판이 가까이 왔음을 알린다(14,6–20): "이제부터 주님 안에서 죽은 이들은 행복하다고 기록하여라(…) 그렇다. 그들은 고생 끝에 이제 안식을 누릴 것이다. 그들이 한 일이 그들을 따라가기 때문이다(…) '그 날카로운 낫을 대어 땅의 포도나무에서 포도송이들을 거두어 들이십시오. 포도가 다 익었습니다.' "

하느님의 분노와 일곱 대접(15,5–16,21)

– 그리스도의 적을 정복한 승리자(15,1–4)

– 분노의 일곱 대접과 일곱 재앙(15,5–16,21)

바빌론에 대한 심판(17,1–19,10)로마제국을 상징하는 바빌론이 탕녀로 비유됨

– 탕녀 바빌론의 멸망(17–18장): 우상숭배와 그에 따른 폐습의 로마를 의인화

– 바빌론의 심판과 어린 양의 혼인잔치(19,1–10)

– 그리스도의 재림과 적 그리스도의 전멸(19,11–21)

사탄의 패망, 마지막 심판(20장)

– 천년 왕국의 사탄의 감금(20,1–3)

– 첫째 부활(20,4–6)

– 사탄의 패망, 보편적 부활과 마지막 심판(20,7–15)

하느님의 영원한 나라(21,1–22,5): 새 하늘과 새 땅, 새 예루살렘

"하느님 친히 그들의 하느님으로서 그들과 함께 계시고 그들의 눈에서 모든 눈물을 닦아 주실 것이다. 다시는 죽음이 없고 다시는 슬픔도 울부짖음도 괴로움도 없을 것이다. 이전 것들이 사라져 버렸기 때문이다(…) 다 이루어졌다. 나는 알파이며 오메가이고 시작이며 마침이다. 나는 목마른 사람에게 생명의 샘에서 솟는 물을 거저 주겠다. 승리하는 사람은 이것들을 받을 것이며, 나는 그의 하느님이 되고 그는 나의 아들이 될 것이다. 그러나 비겁한 자들과 불충한 자들, 역겨운 것으로 자신을 더럽히는 자들과 살인자들과 불륜을 저지르는 자들, 마술쟁이들과 우상숭배자들, 그리고 모든 거짓말쟁이들이 차지할 몫은 불과 유황이 타오르는 못뿐이다. 이것이 두 번째 죽음이다."

| **22,6–22,21** | **맺음말** | "목마른 사람은 오너라. 원하는 사람은 생명수를 거저 받아라"(22,17). |

맺음말

"목마른 사람은 오너라. 원하는 사람은 생명수를 거저 받아라"(22,17).

그리스도의 통치는 미래에 언젠가 일어날 사건이 아니라 현실이다. 묵시록에는 주님의 영광스러운 재림과 마지막 심판이 마치 하나의 각본처럼 그려져 있다. 오늘 사람들의 행위는 단순히 지금 일어났다가 바로 소멸되는 것으로 그치지 않는다. 그것은 영원까지 이어지는 역사 속에서, 그러한 역사를 이끄는 하느님의 신비 속에서 이루어진다. 매 순간 인간은 자기가 어디에 소속되는지 드러내고 그에 따라 자기 운명을 만들어 간다. 매 순간 그의 믿음의 진실성이 밝혀지고 그에 따라 심판이 이루어진다. 그를 둘러싸고, 또 그 안에서 현세의 우상 숭배와 오직 한 분이신 그리스도에 대한 믿음 사이에 양보할수 없는 대결이 벌어진다. 이 말씀은 방심도 경솔도 타협도 용납하지 않는다. 그와 반대로 자기의 전 존재를 직접 투신하도록 유도한다. 묵시록은 인간의 현존을 재림의 전망 속에 배치함으로써, 주 예수님께서 역사의 근원에 계신 것과 같이 역사의 종말에도 계시다는 사실을 상기시킨다.

34. 맺음말 : 시작과 끝

창세기 1-3장	요한묵시록 20장-22장
하느님	하느님
처음의 하늘과 땅	마지막 하늘과 땅
처음의 안식	마지막 안식
낙원을 잃음	낙원을 회복
생명나무와 강	생명 나무와 강
남편과 아내	어린양과 신부
사탄의 승리	사탄의 패배
심판을 선언	심판을 집행
하느님의 얼굴이 감추어짐	하느님의 얼굴을 볼 것임
저주를 선언	저주가 제거
문이 닫힘	문이 결코 닫히지 않음
죽음이 모든 인간을 덮침	더 이상 죽음이 없음
모든 얼굴이 눈물로 젖음	모든 눈물이 씻기워짐
밤과 함께 두려움이 다가옴	밤이 없으므로 두려움이 없음
생명나무로부터 추방	생명나무에 대한 권리를 찾음
지상낙원으로 쫓겨남	천국 도성을 물려받음
인간이 들어오지 못하도록 거룹들이 막음	거룹(천사)들이 인간을 환대함

글을 맺으며 창세기(시작)와 요한묵시록(끝)을 비교해 본다. 축복으로 시작된 인간 생명과 우주가 인간의 죄로 인하여 본래의 진면목을 상실했으나 어린 양의 희생과 죽음으로 우리는 다시 새 하늘, 새 땅을 얻게되었다. 믿음이 아니고서는 볼 수 없고, 들을 수 없는 하늘나라의 신비를 바라보며 고통받는 모든 이들의 눈물이 씻기워지고, 하느님의 정의와 사랑이 가득한 새 하늘, 새 땅을 그려본다 ▦

천주교 인천교구

400-090 인천광역시 중구 답동 3번지
Tel:82-32-765-6961 Fax:82-32-765-6987
E-mail:incheon@caincheon.or.kr

DIOCESE OF INCHEON

3 Dap-dong, Jung-gu, Incheon
400-090 KOREA
http://www.caincheon.or.kr

2013. 9. 13.

친애하는 지성용 신부님께,

　　주님의 은총이 신부님과 함께 하시길 기원합니다.

　　신부님께서 신청하신 "바이블테라피-마음, 치유와 수련" 출판과 관련하여 인천교구 출판물 검열관 김현수 신부님의 청원을 거쳐 이 책의 출판을 허락합니다.

　　출판하실 단행본 뒷면에 다음과 같이 인쇄하여 출판하시기 바랍니다.

> Nihil Obstat :
> Rev. Thomas Kim
> Censor Librorum
> Imprimatur :
> Most Rev. Boniface CHOI Ki-San, D.D.
> Episc. Incheon
> 2013. 9. 12.

　　신부님의 "바이블테라피-마음, 치유와 수련" 는 성서 내용을 바탕으로 심신의 치유와 하느님과의 일치하는 복된 신앙생활의 길잡이 역할을 할 수 있는 서적으로 보입니다. 교회의 가르침과 규정에 어긋남이 없으므로 출판하시는 데에 문제가 없습니다.

　　예수 그리스도의 사랑과 평화를 빕니다.

주님 안에서,

천주교 인천교구장 최 기 산 보니파시오 주교

참고한 서적

1　　200주년 신약성서 번역위원회, 『200주년 신약성서 주해』, 분도출판사 2000.

2　　한국천주교주교회의 성서위원회, 『주석성경』, 한국천주교중앙협의회 2010.

3　　X. 레옹-뒤프르 외, 광주가톨릭대학 역, 『성서신학사전』, 분도출판사 1984.

4　　P. Rossano et al., *Nuovo Dizionario di Teologia Biblica*, Paoline, Italy 1988.

5　　R.E. Brown et al., *Nuovo Grande Commentario Biblico*, Queriniana, Italia 1990.

6　　R.E. Brown et al., *The New Jerome Biblical Commentary*, GeoffreyChapman 1990.